櫻田鼓缶原著
梶山沓丘校補

通俗詳解 五行易指南

東京 心友社藏

通俗詳解

五行易指南

桜田虎門

五行易指南序

夫れト筮の道は易に本づく、而して易は宇宙に在りて變通窮まりなし、蓋し日月代る〳〵明に、四序遞に推すは天地の易なり、奇偶は斯に畫し、剛柔象を呈するは伏義の易なり、象を立て辭を繫げ、失得を明辨するは文王周公の易なり、範圍曲に成り、幽明兼通ずるは孔氏の易なり、易は三古を閱し、四聖を歷て而して其道大に備はる、以て焉に加ふる莫し、古を去ること漸く遠く、易の道岐れて兩途となる、儒者は其義を推して以て皇道を宏にし、術士は其數を衍べて以て民用を濟す、亦皆三古三聖の遺にして天地の易なり、降りて晩季に及び、風澆く俗醨く、憂虞紛錯悔吝多緒なり、是を以て、後の其數を衍ぶる者、六甲に配し、五類を立つ、然して後能く志を通じ疑を斷ず、命を受くること響の如し、占ふて驗あらざるは無し、蓋し陰陽剖判して五氣斯に行はる、是の故に、天地の數、十に至りて極まる、伏義は其象に則とり、大禹は其義を叙ぶ、圖書の文、書傳の說、固に已に昭々たり、然れば則ち五行なるものは陰陽の分なり、陰陽は五行の合なり、易は陰陽に外ならず、豈能く五行に外ならんや、是れ其兩を五にし、其合を析き、變通して窮りなき所以なり、唯その出づる三古に後れて四聖に述せられず、是を以て、儒者或は其の不經を疑ふなり、予が如き愚も亦嘗て心を四聖の易に潛め、既に其義を推し、又其數を衍て、而して竊に後世の從ふ所を鄙しむ、比年講誦の餘、旁ら其術を試み、深く其妙に服す、是に於て、始て卜筮の法を知り、兼て五行の尤も民用に切なるを推す、則ち後世に出づと雖も古聖に悖らず、固に亦天地の易なり、然れども今世其法を傳ふる者、專ら其數に任じて其義を明にせず、獨り其末を逐ふて終に其本を遺る、則ち亦大に古の術士に異なり、宜なり儒者の議する所となる、予是を以て自ら揆らず、竊に五行の占法を取り、參ゆるに四聖の遺意を以てし、錄して十卷を成す、名けて五行易指南と曰ふ、顧ふに小道末技術士の尙ぶ所にして、君子の重んずる所に非ざるなり、然れども德を抱きて自ら隱れ、簾を市中に垂るゝ者、或は斯に取るあらば、則ち既に以て能く民用を濟すに足らば、又以て不經の誚を免がるべきなり。

文化丙子春正月

虎門鼓缶子書於數學書院

凡例に代へて

右の原序は素と漢文であつて、妙味も亦自ら其中に存するのであるけれども、大方に讀み易からしめんが爲め右の如く假名文に譯したのである。

本書の由來する所及び成立の詳細に就ては、旣に前記の序文中に悉してあるから敢て蛇足を避けたのである。

今本書を校補するに方りては、成るべく原著者の趣旨を虧損せざらんことを努め、且つ占驗例題の如き、往々現代に照して奇異に感ずるものなきに非ざるも、占法を知悉するの筌蹄となるに於て大に利するものあるを覺えたれば、採錄したのである。

大正十四年一月

校補者誌す

目次

天篇總說

地篇　卦象説

人篇應用例

目次終

五行易指南

櫻田鼓缶子原著
梶山杏丘校補

天篇總說

第一章　五行易の綱要

天《てん》の覆《おほ》ふ所《ところ》、地《ち》の載《の》する限《かぎ》り、有《あ》らゆる森羅萬象《しんらはんしやう》は、之《これ》を大別《たいべつ》するときは陰《いん》と陽《やう》との二氣《き》に過《す》ぎないので、例《たと》へば晝《ひる》あれば夜《よ》あり、暑《しよ》あれば寒《かん》あり、晴《はれ》あれば雨《あめ》あり、男《をとこ》あれば女《をんな》あり、君《きみ》あれば臣《しん》あり、正《せい》あれば邪《じや》あり、善《ぜん》あれば惡《あく》あり、長《ちやう》あれば短《たん》あり、賢《けん》あれば愚《ぐ》あるの類《るゐ》である、而《しか》して此《こ》の陽《いん》陰《やう》の二氣《き》は恰《あた》かも響《ひゞき》の聲《こゑ》に應《おう》ずるが如《ごと》く、或《あるひ》ば影《かげ》の形《かたち》に隨《したが》ふが如《ごと》くであつて、決《けつ》して陰《いん》は陰《いん》、陽《やう》は陽《やう》と各自《かくじ》單獨《たんどく》に孤立《こりつ》して存在《そんさい》するを許《ゆる》さるゝものでない、必《かなら》ず共存《きようそん》して相交《あひまじ》はる所《ところ》に五行《ぎやう》が分岐《ぶんぎ》して來《く》るのである、即《すなは》ち五行《ぎやう》といふは水《すゐ》、火《くわ》、木《もく》、金《きん》、土《ご》の五元素《げんそ》の總稱《そうしよう》であつて、其名稱《そのめいしよう》の起原《きげん》は隨分古《ずゐぶんふる》いもので、書經《しよきやう》の洪範《こうはん》に見《み》えてゐるのが即《すなは》ちそれである、同書《どうしよ》に『五行《ぎやう》は、一に曰《いは》く水《みづ》、二に曰《いは》く火《ひ》、三に曰《いは》く木《き》、四に曰《いは》く金《かね》、五に曰《いは》く土《つち》、水《みづ》をば潤下《じゆんか》と曰《い》ひ、火《ひ》をば炎上《えんじやう》と曰《い》ひ、木《き》をば曲直《きよくちよく》と曰《い》ひ、金《かね》をば從革《じうかく》と曰《い》ひ、土《つち》は茲《こゝ》に稼穡《かしよく》す、潤下《じゆんか》は鹹《かん》を作《な》し、炎上《えんじやう》は苦《く》を作《な》し、曲直《きよくちよく》は酸《さん》を作《な》し、從革《じうかく》は辛《しん》を作《な》し、稼穡《かしよく》は甘《かん》を作《な》す』とあるを觀《み》れば、それより巳來此說《このかたこのせつ》の傳統《でんとう》もあつたことであらうと想《おも》はれるのであるが、或《あるひ》は彼《か》の秦火《しんくわ》の厄《やく》に遭《あ》つて焚《や》かれて亡《なく》なつたものか、或《あるひ》は全《まつた》く無《な》かつたものか、今日《こんにち》之《これ》を徵《ちよう》とすべき史乘《しじよう》の存《そん》せぬので、遺憾《ゐかん》ながら其事《そのこと》は不明《ふめい》に屬《ぞく》するのである、然《しか》るに降《くだ》つて漢《かん》の世《よ》に至《いた》り、所在之《しよざいこれ》を攻究《こうきう》する者《もの》が續出《ぞくしゆつ》して來《き》て、遂《つひ》には明《あきら》かに五行說《ぎやうせつ》といふ銘《めい》を打《う》つた一派《に》さへ起《おこ》り、延《ひ》いて今日《こんにち》に至《いた》つて居《ゐ》るのである。

顧《かへり》みて我邦《わがくに》の狀況《じやうきやう》を察《み》るに、往昔《むかし》は現時《げんじ》と異《ちが》つて、凡《すべ》て漢土《かんど》の文物《ぶんぶつ》を受入《うけい》れて來《き》たので、夙《つと》に曆數《れきすう》等《とう》と共《とも》に此說《このせつ》に關《くわん》する史籍《しせき》も舶載《はくさい》せられ、或《あるひ》は往々遣外生《わう〳〵けんぐわいせい》等《ら》に依《よ》つて將來《しやうらい》し流布《るふ》せられたが、その範《はん》圍《ゐ》は極《きは》めて廣《ひろ》からずして、頗《すこぶ》る一少局部《せうきよくぶ》に耽讀《たんどく》さるゝに過《す》ぎなかつたのみならず、當時《たうじ》の學者間《がくしやかん》には、僅《わづか》に消閑《せうかん》の一小餘技《せうよぎ》ぐらゐに見《み》られて居《ゐ》たのである、然《しか》るに機運《きうん》の進展《しんてん》は妙《めう》なもので、文化文政《ぶんくわぶんせい》の交《かう》に至《いた》り、遽然《きよぜん》として四方《はう》の學者《がくしや》が之《これ》を講明《かうめい》するやうになつた、而《しか》して未《いま》だ曾《かつ》て漢土《かんど》にても唱《とな》へられざる五行易《ぎやうえき》の名稱《めいしよう》さへ創冠《さうくわん》せられ、因襲《いんしふ》以《もつ》て今日《こんにち》に至《いた》つて居《ゐ》るのである。

由來《ゆらい》此《こ》の五行易《ぎやうえき》なるものは、五行《ぎやう》の生尅制化《しやうこくせいくわ》によりて吉凶存亡《きつきようそんばう》の千變《べん》萬化《くわ》を推《すゐ》し窮《きは》むるものであつて、陰陽《いんやう》が動靜《どうせい》して五行《ぎやう》となり、而《しか》して萬物《ぶつ》を造化《ざうくわ》するのであるから、天地《てんち》の間《あひだ》に於《お》ける一事《じ》一物《ぶつ》として五行《ぎやう》に外《ほか》なることはないのである、加《くは》ふるに五行《ぎやう》は陰陽《いんやう》の細分《さいぶん》したものであるから、專《もつぱ》ら陰陽《いんやう》の兩端《りやうたん》だけで驗《こゝろ》むるものに比《ひ》すれば、更《さら》に精密《せんみつ》であつて的切《てきせつ》なることがある、例《たと》へば、一歲《さい》の間《あひだ》のことを占《うらな》ふにしても、周易《しうえき》よりするときは春《はる》とか夏《なつ》とか云《い》ふことだけは明《あきら》かに辯《べん》ずるけれども、同《おな》じ春《はる》と云《い》つても、二月《ぐわつ》であるとか三月《ぐわつ》であるとか云《い》ふことを判然《はんぜん》と辯明《べんめい》したり、夏《なつ》と云《い》つても、果《はた》して四月《ぐわつ》であるか又《また》は五月《ぐわつ》であるとか云《い》ふことを明《あきら》かに判斷《はんだん》することは出來《でき》ないのであるけれども、此《こ》の五行易《ぎやうえき》ではそれを明斷《めいだん》し得《え》らるゝのである。

之《これ》を要《えう》するに、五行易《ぎやうえき》の法《はふ》は八卦《くわ》六十四卦《くわ》を以《もつ》て五行《ぎやう》に分屬《ぶんぞく》し、それに納甲《なつかふ》、飛神《ひしん》、伏神《ふくしん》、世《せ》、應《おう》六親《しん》などを配《はい》して、何《なに》か事《こと》ありて占《うらな》ふ時《とき》に當《あた》りて已《すで》に卦《くわ》を得《う》れば、その占《うらな》ふ時《とき》の年月日《ねんぐわつぴ》の十干《かん》十二支《し》とを相照《あひてら》し合《あは》せ、そして其《そ》の生尅虛實《しやうこくきよじつ》を以《もつ》て吉凶《きつきよう》を判斷《はんだん》するのである、但《たゞ》し此易《このえき》に使用《しよう》する年月日《ねんぐわつぴ》は且《しば》らく舊《きう》に依《よ》つて陰曆《いんれき》を採用《さいよう》してあるから、學修者《がくしうしや》は豫《あらかじ》め此事《このこと》を含《ふく》んで居《を》らねばならぬ。

第二章　卜筮は誠敬を主とするの説

何事《なにごと》でも爾《さ》うであるが、殊《こと》に人《ひと》の爲《ため》に卜筮《ぼくぜい》する者及《ものおよ》び其《そ》の卜筮《ぼくぜい》を依頼《いらい》する者共《ものとも》に、心《こゝろ》に誠敬《せいけい》を存《そん》することが第《だい》一の要諦《えうてい》である、然《しか》るに世《よ》の卜筮《ぼくぜい》を事《こと》とする者《もの》を觀《み》るに、多《おほ》くは自己《じこ》の本業《ほんげふ》を失《うしな》つて、商《しやう》賣《ばい》するには資本《もとで》が足《た》らず、農《のう》や工《こう》を務《つと》めやうと思《おも》つても其《そ》の辛勞《しんらう》に耐《た》へない所《ところ》から、聊《いさゝ》か卜筮《ぼくぜい》を學《まな》んで愚夫愚婦《ぐふぐふ》を誘《おび》き、安座《あんざ》してゐて利《り》を貪《むさぼ》ることを專《せん》一として居《ゐ》る、それ故《ゆゑ》に來《きた》つて占《うらなひ》を乞《こ》ふ者《もの》が、誠《せい》心誠意《しんせい、》であらうが有《あ》るまいが、其樣《そん》なことには毫《がう》も頓着《とんちやく》しない、唯謝金《たゞしやきん》さへ得《う》れば吾事足《わがことた》れりと云《い》ふ風《ふう》であるから、其《そ》の卜筮《ぼくぜい》する所《ところ》の的《あた》らないことが多《おほ》い所以《ゆゑん》である、又《また》一種《しゆ》の人《ひと》があつて、別《べつ》に衣食《いしよく》の心配《しんぱい》は無《な》く、又金錢《またきんせん》などを獲《え》やう抔《なぞ》といふ了簡《れうけん》は無《な》いけれども、卜筮《ぼくぜい》してやつて恩《おん》を市《う》り、或《あるひ》は自分《じぶん》には斯樣《かやう》な秘術《ひじゆつ》を心得《こゝろえ》て居《ゐ》る、と口《くち》には出《だ》して言《い》はないが心《こゝろ》に誇《ほこ》り智《ち》を衒《てら》ひ、そして人《ひと》に貴《たつと》び重《おも》んぜらるゝことを悦《よろこ》ぶから、來《きた》り占《うらな》ふ者《もの》に取《と》つては金錢《きんせん》の出費《しゆつぴ》が要《か》らないので、輕々《かるがる》しく來《き》て託《たの》むことになる、甚《はなはだ》しいのになると、一つ彼奴《きやつ》の腕試《うでだめ》しをして遣《や》れとか、或《あるひ》は戯笑《ぎせう》の材料《ざいれう》にして遣《や》れとか云《い》ふやうな工合《ぐあひ》で、更《さら》に誠敬《せいけい》の意《い》のない者《もの》がある、そんな根性《こんじやう》では的《あた》るものでない。

右樣《みぎやう》な次第《しだい》よりして、當《あた》るも八卦《け》當《あた》らぬも八卦《け》などゝ云《い》ふ俗諺《ことわざ》を生《しやう》じて來《く》るのであるが、凡《およ》そ卜筮《ぼくぜい》して鬼神《きじん》の告《つげ》を得《う》るには、祭祀祈禱《さいしきたう》して鬼神《きしん》が其《そ》の齋場《さいぢやう》に格《いた》りて保佑《はいう》を得《う》ると同《おな》じ義《ぎ》であつて、專《もつぱ》ら誠心誠《せいしんせい》意であらねばならぬのである、古語《こご》に『至誠之道《しせいのみち》、可㆓以前知㆒《もつてぜんちすべし》』と曰《い》ひ、又《また》『至誠者通㆓於神㆒《しせいはしんにつうず》』と曰《い》ふが如《ごと》く、自己《じこ》が何所《どこ》までも至誠《しせい》でありさへすれば、それが必《かなら》ず鬼神《きしん》に通《つう》じて吉凶《きつきよう》を前知《ぜんち》せられぬといふ事《こと》のある筈《はず》のものではない、それが確《たしか》に前知《ぜんち》せられぬいふは畢竟卜《ひつきやうぼく》する者及《ものおよ》び託《たく》する者共《ものとも》に誠《せい》意が缺《か》けて居《ゐ》るからである、甚《はなは》だ野鄙《やひ》な俚歌《りか》であるが『女郎《ぢよらう》に誠《まこと》がないとは噓《うそ》よ、誠《まこと》あるまで通《かよ》はずに』と、其語《そのご》は甚《はなは》だ卑《いや》しいけれども、誠敬《せいけい》の如何《いか》に大切《たいせつ》であるかと云《い》ふことは、此《こ》の一首《しゆ》の俚歌《りか》の中《うち》に悉《つく》されて居《ゐ》る、須《すべか》らく玩味《ぐわんみ》すべきてある。

第三章　八不筮の說

凡《およ》そ卜筮《ぼくぜい》すると云《い》ふことは、人類《じんるゐ》が自己《じこ》の智慮《ちりよ》では何《ど》うしても考《かんが》へ及《およ》ばず、究《きは》み盡《つく》されないから、白《しろ》とも黑《くろ》とも決斷《けつだん》し難《がた》い事《こと》があるに方《あた》り、謂《いは》ゆる術《じゆつ》ない時《とき》の神憑《かみだの》みで、そこで始《はじ》めて鬼神《きしん》に請《ねが》ふて未《み》來《らい》のことを知《し》る法《はふ》であるから、少《すこ》したりとも自己《じこ》に誠《まこと》ならざる心《こゝろ》、蟠《わだかま》りがあるか、又《また》は兎《う》の毛《け》ほどでも道理《だうり》に違《たが》ふやうなことがあれば、たとひ如何樣《いかやう》の卦面《くわめん》を得《え》たからとて、毫《がう》も効驗《しるし》のあるものではない、それ故《ゆゑ》に今《いま》八不筮《ふぜい》の法《はふ》を立《た》てゝ學者《がくしや》の禁則《きんそく》とする。即《すなは》ち

(一)には姦《かん》よこしま、盗《たう》ぬすみ、邪淫《じやいん》妻以外のまじはり、不忠《ふちう》君主に對し臣僕の務を缺くこと、不孝《ふかう》父母に對して子たる者の行を缺くことのことは、縦《よし》んば占《うらな》ひましても驗《しるし》のあるものでない、何故《なぜ》といふ迄《まで》もなく、是等《これら》の事柄《ことがら》は、天《てん》は勿論《もちろん》のこと世《よ》の人《ひと》の等《ひと》しく惡《にく》み嫌《きら》ふ所《ところ》の行爲《おこなひ》であるから、何《なに》か夫等《それら》のことに就《つ》いて手前勝手《てまへがつて》なことを占《うらな》ふたとても、爭《いか》でか鬼《き》神《しん》がその請《こひ》を受入《うけい》れられて吉凶《きつきよう》などを告《つ》げらるゝ筈《はず》のあるものでない、決《けつ》してそれは許《ゆる》されないのである、左《さ》れば易《えき》は君子《くんし》の爲《ため》に謀《はか》り、小人《せうじん》の爲《ため》に謀《はか》らずと云《い》つてあるが如《ごと》く、常《つね》に意《こゝろばせ》が誠《まこと》で、且《か》つ行《おこなひ》の正《たゞ》しい君子大人《くんしたいじん》の爲《ため》には善《よ》き相談相手《さうだんあひて》となつて吉凶消長《きつきようせうちやう》を告《つ》げらるゝが、之《これ》に反《はん》して、常《つね》に心《こゝろ》のねぢけた、行《おこなひ》の良《よ》からぬ者《もの》の爲《ため》には、斷《だん》じて相談相手《さうだんあひて》となつて、吉凶禍福《きつきようくわふく》を前知《ぜんち》せしむると云《い》ふことはないのである。

(二)には其《そ》の事柄《ことがら》の實際《じつさい》を包《つゝ》み隱《かく》して占《うらな》ふ時《とき》には驗《しるし》のあるものでないから、託《たの》みに來《き》た人《ひと》がありとても、其者自身《そのものじしん》の秘密《ひみつ》に屬《ぞく》することで、どうも筮者《ぜいしや》にも語《かた》り難《にく》いといふ慚愧《ざんき》から眞實《しんじつ》のことを語《かた》らないで、サア私《わたし》の身《み》の上《うへ》とでも申《まを》しませうか、マア行末《ゆくすゑ》のことでありますと云《い》ふやうな曖昧《あいまい》なことを云《い》ふ者《もの》であつたら、其樣《そのやう》な者《もの》のことは、如何《いか》に筮者《ぜいしや》の一方《ぱう》だけが眞劍《しんけん》になつて誠《まこと》を盡《つく》して掛《かゝ》つたとて、鬼《き》神《しん》は必《かなら》ず瞑鑒《めいかん》して居《を》らるゝので、どうしても其《そ》の筋道《すぢみち》を明《あきら》かに知《し》ることが出來《でき》ないから、そんな場《は》合《あひ》には占《うらな》はぬが宜《よろ》しい。

(三)には人《ひと》の爲《ため》に占《うらな》つてやる位置《ゐち》に居《を》る者《もの》は、その來《きた》りて卜筮《ぼくぜい》を託《たの》みに來《き》た者《もの》の心持《こゝろもち》を能《よ》く看破《かんぱ》するだけの眼力《がんりき》や洞察力《どうさつりよく》を備《そな》へて居《を》らねばならぬ、その位《くらゐ》の力量《りきりやう》を具有《ぐいう》してゐなければ卜《ぼく》して驗《けん》を得《え》られるものでない、元來筮者《ぐわんらいぜいしや》は其人《そのひと》に代《かは》りて其事《そのこと》に任《にん》じ、そして其及《そのおよ》ばざる所《ところ》を鬼神《きしん》に謀《はか》るのであるから、人《ひと》の爲《ため》に手紙《てがみ》を代書《だいしよ》したり、又《また》は事付《ことづけ》を傳《つた》へたりして夫等《それら》の答《こたへ》を得《え》て、之《これ》を委託者《ゐたくしや》に通《つう》ずるとは違《ちが》つて、其《そ》の責任《せきにん》は頗《すこぶ》る重大《ぢうだい》なるものが存《そん》するからである。

(四)には、一卦《くわ》を以《もつ》て身《み》の上《うへ》も、尋《たづ》ね物《もの》も、病氣《びやうき》のこともと云《い》ふやうに、それもこれも兼《かね》て占《うらな》ふといふやうなことをしては効驗《かうけん》のあるものではない、何故《なぜ》なれば、あれも是《これ》も混然雜然《ごつたくさ》にしては、事《こと》が專一《せん》に行《ゆ》かない、專一《せん》に往《ゆ》かなければ何《ど》うしても散亂《さんらん》する、二兎《と》を追《お》ふ者《もの》は一兎《と》を獲《え》ずと云《い》ふが如《ごと》く、或《あるひ》は一個《こ》の石塊《いしころ》で二羽《は》の鳥《とり》を打《う》ち落《おと》すなどゝ云《い》ふことは、たゞ考《かんが》へ得《う》るだけであつて、之《これ》を實現《じつげん》することは至難《しなん》に屬《ぞく》するのである、易數《えきすう》とても其《そ》の如《ごと》く、成《な》るほど甲《かふ》から乙《おつ》に變《かは》つて行《ゆ》くことは確《たしか》であつても、其《そ》の變化《へんくわ》が甲乙丙丁《かふおつへいてい》の何《いづ》れにも通用《つうよう》することは出來《でき》ないのであるから、そんな場合《はあひ》には占《うらな》はぬが宜《よろ》しい。

(五)には、同一《どう》の事《こと》を續《つゞ》けざまに再《ふた》び占《うらな》ふときは驗《しるし》のあるものではない、是《これ》は一たび鬼神《きしん》の告《つ》げた所《ところ》を厚《あつ》く信《しん》ぜずして疑念《ぎねん》を抱《いだ》き、且《か》つ妻妾《さいせふ》や奴僕《ぼくら》等と彼是《かねこ》れと評議《ひやうぎ》したり相談《さうだん》を凝《こら》したりするのは、ツマリ自己《じこ》に確信《かくしん》の誠意《せいい》が至《いた》らぬからである、古語《こご》に、再三《さい》すれば瀆《けが》す、瀆《けが》せば則《すなは》ち告《つ》げずと云《い》ふのは此事《このこと》である、假《か》りに再三《さい》すれば、その都度《つど》卦面《くわめん》は變《かは》つて來《く》るにしても、今度《こんど》は自分《じぶん》で其中《そのなか》のどれを探《さ》つて宜《よ》いか、之《これ》が撰擇《せんたく》に迷《まよ》つて來《く》ることになる、是《これ》を以《もつ》て再三《さい》せぬが良《よ》いのである。

(六)には事《こと》の便宜《びんぎ》にまかせ、例《たと》へば隣家《りんか》の誰某《たれそれ》が行《ゆ》くからと云《い》ふやうな幸便《かうびん》にまかせ、その次手《ついで》に見《み》て來《き》て貰《もら》はうと云《い》ふやうなのは、占《うらな》つても驗《しるし》のあるものでない、何《なん》となれば、託《たく》する者自身《ものじしん》に誠敬《せいけい》の心《こゝろ》が籠《こも》つてゐないから、鬼神《きしん》もそんな素見了簡《ひやかしれうけん》の者《もの》は見限《みかぎ》つて眞《しん》の吉凶禍福《きつきようくわふく》を告《つ》げらるゝものでないからである。

(七)には、人《ひと》の爲《ため》に占《うらな》ふ者《もの》は、必《かなら》ず其《そ》の事柄《ことがら》、その人《ひと》、その物等《ものとう》に就《つ》いて、是等《これら》を詳細《しやうさい》に辯明《べんめい》してゐなければ効驗《かうけん》のあるものではない、何故《なぜ》なれば、占者自身《せんじやじしん》に其《そ》れらを講明《かうめい》してゐなければ用神《ようしん》事《この》は後に說《と》くを的當《てきたう》し難《がた》いのみならず、その筋道《すぢみち》を盡《こと〴〵》く說《と》き明《あか》して全《まつた》く餘薀《よ うん》なき所《ところ》まで徹底《てつてい》することが出來《でき》ないからである。

(八)には人《ひと》の爲《ため》に占《うらな》ふにしても、託《たく》する者《もの》がその言葉《ことは》の上《うへ》に現《あら》はして述《のぶ》る所《ところ》が、全《まつた》くその心《こゝろ》の中《なか》に思《おも》ひ含《ふく》んで居《ゐ》る所《ところ》のものと符合《ふがふ》しないことは占《うらな》ふても驗《しるし》がない、是《これ》は已《すで》に前《まへ》にも述《の》べたるが如《ごと》く、その事柄《ことがら》を隱《かく》して占《うらな》つても驗《しるし》のないものと同《どう》一の理《り》であるからである。

凡《およ》そ右《みぎ》に掲《かゝ》げ出《いだ》した所《ところ》の八ヶ條《でう》の一にも觸《ふ》れるやうな過失《あやまち》も錯誤《さくご》もないことは勿論《もちろん》、其上《そのうへ》何所《どこ》までも誠《まこと》を盡《つく》し、そして法《はふ》の如《ごと》くに占《うらな》ふときは、たとひ百年《ねん》の久《ひさ》しき後《のち》の事《こと》であらうと、或《あるひ》は千里《り》萬里《り》の遠《とほ》きを隔《へだ》つる所《ところ》のことであらうとも、一旦卦面《たんくわめん》が與《あた》へられたる以上《いじやう》は、其場《そのば》を立《た》たず、坐《ゐ》ながらにして掌《たなごころさ》を指すが如《ごと》く明《あきらか》に知《し》り得《え》らるゝことは毫《がう》も疑《うたがひ》ないのである、而《し》かも此《かく》の如《ごと》くにしても効驗《かうけん》が現《あら》はれぬと云《い》ふは、皆筮者自身《みなぜいしやじしん》の不明《ふめい》に由《よ》ることであつて、決《けつ》して鬼神《きしん》が人《ひと》を欺《あざむ》く譯《わけ》の者《もの》でもなければ又全《またまつた》く筮法《ぜいはふ》の及《およ》ばぬ次第《しだい》の者《もの》でもない、されば筮者《ぜいしや》は退《しりぞ》いて深《ふか》く自《みづか》ら省《かへり》みる所《ところ》がなくてはならぬのである。

第四章　八卦及び六十四卦の五行分屬法

既《すで》に第《だい》一章《しやう》に於《おい》て此《こ》の五行易《ぎやうえき》なるもの　法則《はふそく》は、八卦《くわ》及《およ》び六十四卦《くわ》を以《もつ》て五行《ぎやう》に分屬《ぶんぞく》するものであると云《い》ふことを述《の》べましたが、それは果《はた》して如何《いか》なる工合《ぐあひ》に分類歸屬《ぶんるゐきぞく》せしむるのであるかと云《い》ふに、即《すなは》ち左《き》の方法《はうにふ》に依《よ》るのである。

八卦《くわ》と五行《ぎやう》との關係《くわんけい》

右の如く、乾(天)と兌(澤)の二卦は金に屬し、離(火)は火に屬し、震(雷)と巽(風)の二卦は木に屬し、坎(水)は水に屬し、艮(山)と坤(地)の二卦は土に屬するのである、而して是等の三畫が重なりて六畫となりたるものを擧ぐれば左の如くである。

六十四卦と五行との關係

乾爲天
天地否
火地晉

天風姤
風地觀
火天大有

天山遯
山地剝

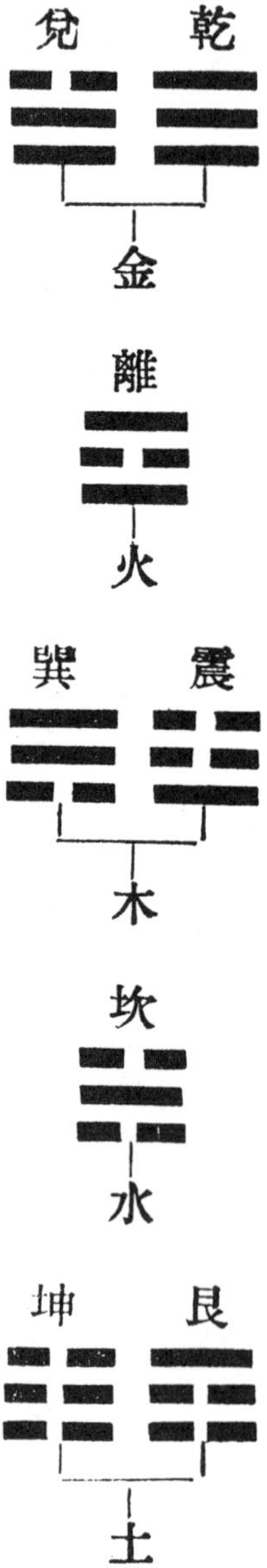

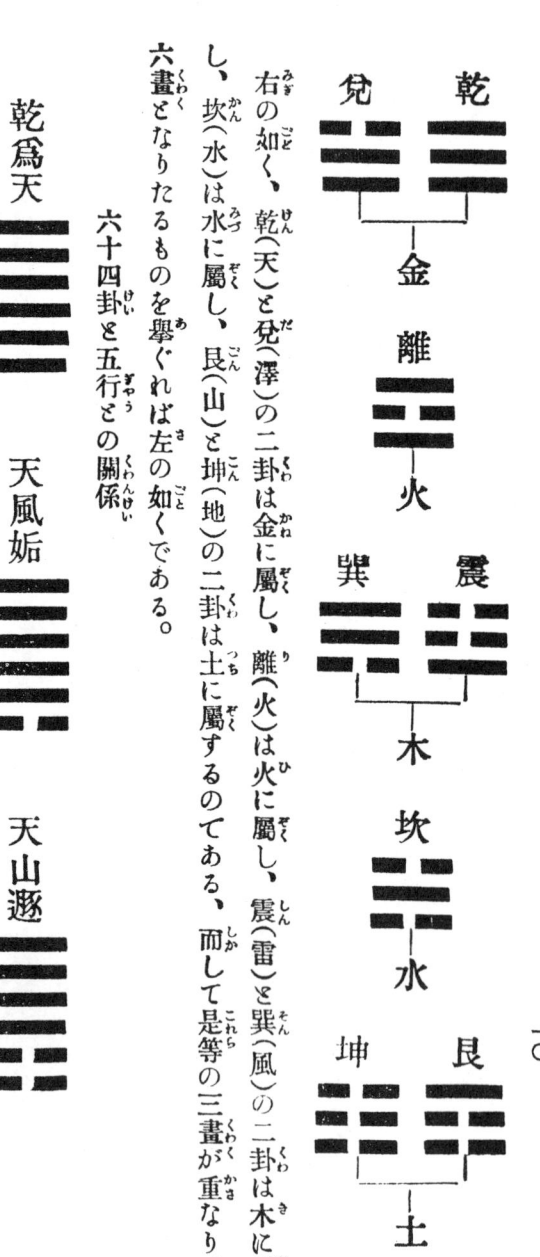

兌爲澤

澤水困

澤地萃

澤山咸

水山蹇

地山謙

雷山小過

雷澤歸妹

右《みぎ》を兌宮《だきう》の八卦《くわ》と云《い》つて、皆金《みなかね》に屬《ぞく》するのである。

離爲火

火山旅

火風鼎

火水未濟

山水蒙

風水渙

天水訟

天火同人

右《みぎ》を離宮《りきう》の八卦《くわ》と云《い》つて、皆《みな》火《ひ》に屬《ぞく》するのである。

震爲雷 ䷲

雷地豫 ䷏

雷水解 ䷧

雷風恒 ䷟

地風升 ䷭

水風井 ䷯

澤風大過 ䷛

澤雷隨 ䷐

右《みぎ》を震宮《しんきう》の八卦《くわ》と云《い》つて、皆《みな》木《き》に屬《ぞく》するのである。

巽爲風 ䷸

風天小畜 ䷈

風火家人 ䷤

風雷益 ䷩

天雷无妄 ䷘

火雷噬嗑 ䷔

山雷頤 ䷚

山風蠱 ䷑

右《みぎ》を巽宮《そんきう》の八卦《くわ》と云《い》つて、皆木《みなき》に屬《ぞく》するのである。

坎爲水

水澤節

水雷屯

水火既濟

澤火革

雷火豐

地火明夷

地水師

右《みぎ》を坎宮《かんきう》の八卦《くわ》と云《い》つて、皆水《みなみづ》に屬《ぞく》するのである。

艮爲山

山火賁

山天大畜

山澤損

火澤睽

天澤履

風澤中孚

風山漸

右《みぎ》を艮宮《ごんきう》の八卦《くわ》と云《い》つて、皆土《みなつち》に屬《ぞく》するのである。

坤爲山 ䷁

地雷復 ䷗

地澤臨 ䷒

地天泰 ䷊

雷天大壯 ䷡

澤天夬 ䷪

水天需 ䷄

水地比 ䷇

右《みぎ》を坤宮《こんきう》の八卦《はつくわ》と云《い》つて、皆土《みなつち》に屬《ぞく》するのである。

第五章　卦を求むるの法

我々人類《われ〳〵じんるゐ》は高等動物《かうとう〳〵ぶつ》だとか、或《あるひ》は萬物《ばんぶつ》の靈長《れいちやう》だとか云《い》つて、自分免許《じぶんめんきよ》で誇《ほこ》つて居《ゐ》るけれども、薄紙《はくし》一枚《まい》を隔《へだ》てた向《むか》ふのことは分《わか》らない、況《ま》して夫《それ》より複雜《こみいつ》たり、錯綜《こんが》らかつた事《こと》に出會《でつくわ》せば、その結着《をさまり》はどう付《つ》くことか見當《けんたう》が付《つ》かない、爾《さ》ういふ岐路《ぎろ》に立《た》つて打迷《うちまよ》ふ場合《はあひ》には、速《すみや》かに之《これ》が判別《はんべつ》を鬼神《きしん》に質《たゞ》すに如《し》くはないのである、而《し》かも現今《げんこん》の如《ごと》く科學萬能《くわがくばんのう》を謳歌《おうか》する人達《ひとたち》は、卜筮《ぼくぜい》などいふ者《もの》は迷信家《めいしんか》の喜《よろこ》ぶ所《ところ》のもので、苟《いやし》くも知《ち》識階級者《しきかいきふしや》の執《と》るべきものでない抔《など》と傲語《がうご》して居《を》るにも拘《かゝ》はらず、往々事《わう〳〵こと》に當《あた》りて處斷《しよだん》に迷《まよ》ひ、自《みづか》ら苦《くるし》んで居《を》る者《もの》が尠《すくな》くない、實《じつ》に憫《あはれ》むべきではあるまいか。

それは兎《と》も角《かく》として、此《こ》の五行易《ぎやうえき》に於《おい》ては、鬼神《きしん》に質《たゞ》すに方法《はうはふ》がある、即《すなは》ち算木《さんぎ》と筮竹《ぜいちく》とを以《もつ》てするのであつて、恰《あだ》かも近時非常《きんじひじやう》なる發達《はつたつ》を遂《と》げたる無線電話《むせんでんわ》の如《ごと》きもので、如何《いか》に無線電話《むせんでんわ》と云《い》つたからとて、全《まつた》く相互《さうご》の間《あひだ》に之《これ》を通《つう》じ之《これ》を受《う》くべき何物《なにもの》も無《な》かつたならば、その効果《かうくわ》を擧《あ》ぐることは出《で》來《き》ないのでゐる、是《こゝ》を以《もつ》て相互《さうご》の間《あひだ》には彼《か》の線條《せんでう》こそないが、宇宙《うちう》の間《あひだ》に瀰漫《びまん》してゐる所《ところ》の電波《でんぱ》なるものを利用《りよう》すると同時《どうじ》に、甲《かふ》には送話機《そうわき》を設《まう》け、乙《おつ》には受話機《じゆわき》を備《そな》へて、そして相互《さうご》の間《あひだ》に用《よう》を辨《べん》じて居《を》るのである、それと同《おな》じく、鬼神《きしん》の諗告《しんこく》は直接吾人《ちよくせつごじん》の耳朶《みゝ》に聽《き》くことは出來《でき》ないけれども、前陳《ぜんちん》の如《ごと》く、自分《じぶん》が至誠《しせい》を捧《さゝ》げて掛《かゝ》れば、卜筮《ぼくぜい》を通《つう》じて神告《しんこく》を獲《う》ることが出來《でき》るのである、傳《つた》ふる所《ところ》に依《よ》れば、彼《か》の易學《えきがく》の大家高島呑象翁《たいかたかしまどんしやうをう》は、卜筮《ぼくぜい》に方《あた》りては深《ふか》く自《みづか》ら心《こゝろ》を清《きよ》めて神《かみ》に祈《いの》り、そして充分精神《じうぶんせいしん》を其所《そこ》に集注《しふちう》し、仍《やが》て指頭《しとう》に靈感《れいかん》を覺《おぼ》ゆるに至《いた》らなければ筮竹《ぜいちく》を剖《わか》つことを敢《あへ》てせられなかつたと云《い》ふことである、此《か》くありてこそ始《はじ》めて神《かみ》の啓示《けいじ》が獲《え》らる・のである、我々相互《われ〳〵さうご》の間《あひだ》でも、若《もし》も先方《せんぱう》の者《もの》の言動《げんどう》が餘《あま》りに傲慢不遜《がうまんふそん》であれば、たとひ語《かた》る所《ところ》は別《べつ》に虛僞《きよぎ》はないとしても、快《こゝろよ》く之《これ》を受入《うけい》れられるものでない、殊《こと》に神《かみ》は非禮《ひれい》を享《う》け給《たま》ふものではないからである。

そこで現今世上《げんこんせじやう》には略筮法《りやくぜいはふ》とか稱《しよう》する方法《はうはふ》が行《おこな》はれて居《を》るが、是《これ》は甚《はなは》だ所由《いはれ》なき杜撰《づさん》なことなれば、今《いま》は古《むかし》より傳《つた》はる所《ところ》のもの即《すなは》ち朱子《しゆし》の易學啓蒙《えきがくけいまう》の明蓍策《めいしさく》に基《もと》きて講説《かうせつ》することにする、其《そ》の文《ぶん》に曰《いは》く

大衍之數《たいえんのすう》五十、而蓍一根百莖《しかもしはいつこんひやくけい》、可レ當二大衍之數一者二《たいえんのすうにあつべきものに》、故揲レ蓍之法《ゆゑにしをせつするのはふ》、取二五十莖一爲二一握一《ごじつけいをとつていちあくとなす》、置二其一不レ用《そのいつをおいてもちゐず》、以象二太極一《もつてたいきよくにかたどる》、而其當レ用之策《しかもそのまさにもちゆべきのさく》、凡四十有九《およそしじふいうく》、蓋兩儀體具《けだしりやうぎのたいそなはる》、而未レ分之象也《しかもいまだわかれざるのしやうなり》。

天地陰陽《てんちいんやう》及《およ》び奇偶《きぐう》等《とう》の數《すう》を大《おほい》に布衍《ふえん》して行《ゆ》けば其數《そのすう》は五十である、而《しか》して蓍《めどぎ》といふ草《くさ》は、一本《ほん》の根《ね》から百本《ほん》の莖《くき》が地上《ちじやう》に叢生《さうせい》するものであるから、丁度大衍《ちやうどたいえん》の數《すう》に當《あ》てゝ見《み》ると二つある、それ故《ゆゑ》に蓍《めどぎ》を揲《かぞ》へる方法《はうはふ》は、この半數《はんすう》の五十莖《けい》を取《と》りて、それを手《て》に一握《ひとにぎり》として持《も》ち、その中《なか》から一本《ほん》を除《のぞ》いて別《べつ》に置《お》いて用《もち》ゐない、即《すなは》ちそれは太極《たいきよく》に象《かたど》るのである、已《すで》に一本《ほん》を除《のぞ》いたから、今當《いまゝさ》に用《もち》ゆべき物《もの》の數《すう》は四十九本《ほん》である、有《いう》といふ字《じ》は。と云《い》ふ位《くらゐ》で別《べつ》に意味《いみ》ある譯《わけ》ではない、さて其《そ》の四十九本《ほん》の中《なか》には、陰陽兩儀《いんやうりやうぎ》の體《たい》が具《そな》はつては居《を》るけれども、未《いま》だ陰《いん》とも陽《やう》とも分割《ぶんかつ》せられない象《かたち》であるが、五行《ぎやう》の夙《つと》に此中《このなか》に包藏《はうざう》せられて居《を》ることは言《い》ふに及《およ》ばないのである。

分而爲レ二《わかちてにとなし》、以象レ兩《もつてりやうにかたどる》。

その一握《ひとにぎり》とした四十九本《ほん》の策《もの》を分《わ》けて二つとして左右《さいう》の手《て》に把《と》る、此《これ》で始《はじ》めて太極《たいきよく》が剖《わか》れて陰陽《いんやう》の兩儀《りやうぎ》となると同時《どうじ》に、即《すなは》ち左《ひだり》の手《て》にあるは是《こ》れ天《てん》に象《かたど》り、右《みぎ》の手《て》にあるものは是《こ》れ地《ち》に象《かたど》るのである。

掛《いつをかけて》レ一、以《もつてさんにかたどる》象レ三。

右《みぎ》の如《ごと》く一握《ひとにぎり》を左手《ゆんで》と右手《めて》とに分《わか》ち、かくて右手《めて》に握《にぎ》りたる者《もの》の中《なか》より一本《ほん》を取《と》つて、之《これ》を左《ひだり》の手《て》の小指《こゆび》と無名指《むめいし》との間《あひだ》に掛《はさ》むのである、既《すで》に前《まへ》の如《ごと》くにして天地《てんち》の兩儀《りやうぎ》が立《た》つた所《ところ》に、今《いま》また此《こ》の一本《ほん》を掛《はさ》んで之《これ》を人《ひと》に象《かたど》り、前《まへ》の天地《てんち》に配《はい》して是《これ》を三才《さい》に象《かたど》るのである。

揲《これをせつするにしをもつてし》レ之以レ四、以《もつてしじにかたどる》象ニ四時一。

これを揲《せつ》するは數《かぞ》ふることを云《い》ふので、右手《めて》に握《にぎ》りたるものは暫《しば》らく傍《かたはら》に置《お》き、其中《そのなか》より前《まへ》に云《い》ふが如《ごと》く一本《ほん》を取《と》りて左手《ゆんで》の小指《こゆび》の間《あひだ》に挾《はさ》みたる後《のち》、右手《めて》を以《もつ》て左手《ゆんで》に握《にぎ》りたる策《もの》を四本《ほん》づゝ數《かぞ》へて別《わ》けて行《ゆ》くので、此《こ》の四本《ほん》づゝ一緒《いつしよ》に數《かぞ》へると云《い》ふことは、即《すなは》ち春夏秋冬《しゆんかしうとう》の四時《じ》に象《かたど》るのである。

歸《きをろくにきし》ニ奇於扐一、以《もつてじゆんにかたどる》象レ閏。

こゝに奇《き》といふは、前項《ぜんこう》の如《ごと》く四策《さく》づゝ數《かぞ》へて行《い》つて餘《あま》りたる數《すう》を云《い》ふので、奇數偶數《きすうぐうすう》の場合《はあひ》に於《お》ける奇《き》といふのではない、その餘《あま》つた數《すう》が或《あるひ》は一であるか、或《あるひ》は二であるか又《また》は三であるか四であるか分《わか》らないが、兎《と》に角《かく》その餘《あま》りたる數《すう》を、今度《こんど》は左手《ゆんで》の中指《なかゆび》と無名手《むめいしゆ》との間《あひだ》に歸《はさ》むのであつて、此《か》くして閏《じゆん》に象《かたど》るのである、由來分《ゆらいぶん》を積《つ》んで閏月《じゆんげつ》を成《な》すのであるからである。

五歳再閏《ごさいふた・びじゆんあり》、故再扐而後掛《ゆゑにさいろくしてのちにかく》。

五年間《ねんかん》の中《うち》には閏月《じゆんげつ》が二度《ど》ある、此《こ》の閏《じゆん》は何《なに》に由《よ》りて生《しやう》ずるかと云《い》ふに、氣盈《きえい》と朔虚《さくきよ》とに因《よ》りて、一歳《さい》に十二日《にち》の餘《あま》りがあるからである、元來周天《ぐわんらいしうてん》は三百六十五度《ど》四分度《ぶんど》の一としてあつて、日《ひ》は日々《ひゞ》に天《てん》に及《およ》ばざること一度《ど》なれば、三百六十五日《にち》四分日《ぶんにち》の一にして天《てん》を一周《しう》するを一朞《き》とする、乃《すなは》ち一朞《き》の日《ひ》の全數《ぜんすう》を擧《あ》ぐれば三百六十六日《にち》ある、今《いま》三十日《にち》を以《もつ》て一月《ひとつき》とすれば、一年《ねん》は三百六十日《にち》となりて、餘《あま》りが六日《か》ある、又《また》一年《ねん》の内《うち》には小《せう》の月《つき》が六月《むつき》あつて、此《これ》に又《また》六日《か》の餘《あま》りがある、此《こ》の二つの餘《あま》りを合《あは》すれば十二日《にち》である、一年《ねん》に十二日《にち》づゝの餘《あま》りがあるとすれば、三年《ねん》には三十六日《にち》の餘《あま》りがある、それ故《ゆゑ》に三年《ねん》にして一月《ひとつき》の閏《うるふ》を置《お》くのであるが、それにしても尚《な》ほ六日《か》の餘《あま》りがある、然《しか》るに又《また》二年《ねん》を經《た》つ中《うち》に二十四日《か》の餘《あま》りが出《で》て來《く》るから、是《これ》を前《まへ》の六日《か》と合《がつ》すれば三十日《にち》となるから、此《こゝ》に又《また》一閏《じゆん》を置《お》くことにする、此《か》くて五歳《さい》に再度《さいど》の閏月《じゆんげつ》のあることが首肯《うなづか》れるであらう、蓍《めどぎ》を揲《かぞ》ふる一變《べん》し了《をは》るまで五節《せつ》があり、五節《せつ》の内《うち》には再扐《さいろく》がある、そして掛《くわ》一を一歳《さい》に象《かたど》り、左手《ゆんで》の策《さく》を揲《かぞ》ふるを二歳《さい》に象《かたど》り、奇《き》を無名指《むめいし》の間《あひだ》に扐《はさ》むのを一扐《ろく》となし、そして三歳《ざい》一閏《じゆん》に象《かたど》り、此《かく》て又《また》右手《めて》の策《さく》を揲《かぞ》ふるを四歳《さい》に象《かたど》り、奇《き》を中指《なかゆび》の間《あひだ》に歸《はさ》むを再扐《さいろく》となし、そして五歳再《さい〳〵》閏《じゆん》に象《かたど》るのである、而後掛《しかしてのちかく》とは第《だい》二變《へん》の始《はじ》めを云《い》ふのである、既《すで》に一變《べん》を畢《をは》りて、餘《あま》る所《ところ》の蓍《めどぎ》を一緒《しよ》に合《あは》せて之《これ》を二つに分《わか》ち、一を掛《か》けて後《のち》、揲《かぞ》へ扐《はさ》むことを前《まへ》の如《ごと》くする、此所《こゝ》に 而 後掛《しかしてのちかく》と云《い》ふのは、第《だい》二變《へん》の時《とき》も必《かなら》ず一を掛《か》くべしとの意《い》を明《あきらか》にしたものである、分《ぶん》、揲《せつ》、扐《ろく》のことは最早《はや》言《い》ふまでもないので、其《そ》れは省略《せいりやく》して單《たん》に掛《くわ》一のことのみを言《い》つたのである。

掛者懸㆓於小指之間㆒《かくるはせうしのあひだにかけ》、揲者以㆓大指食指間㆒而別㆑之《せつするはたいししよくしのあひだをもつてこれをわかつ》。

掛《か》けるとは一本《ほん》の策《さく》を小指《こゆび》の間《あひだ》に懸《か》けて措《お》く、と云《い》つてもツマリ挾《はさ》み置《お》くことで、揲《せつ》とは拇指《おやゆび》と人《ひと》差指《さしゆび》とで蓍《し》策《さく》を數《かぞ》へ分《わか》つことである。

奇謂㆓餘數㆒《きはようすうをいふ》、扐者扐㆓於中三指之兩間㆒也《ろくとはなかさんしのりやうかんにろくするなり》。

前《まへ》に奇《き》を扐《ろく》に歸《き》すと云《い》つた、その奇《き》といふは四本《ほん》づゝ數《かぞ》へて餘《あま》りたる數《すう》を謂《い》ふのであつて、扐《ろく》とは拇指《おやゆび》と小《こ》指《ゆび》とを除《のぞ》いた中《なか》の三指《し》即《すなは》ち人差指《ひとさしゆび》、中高指《なかたかゆび》、無名《くすり》指《ゆび》の三指《し》を云《い》ふので、最初《さいしよ》の掛《け》扐《ろく》の一は小《こ》指《ゆび》と無名《くすり》指《ゆび》との間《あひだ》に挾《はさ》んであるから、次《つい》で左手《ゆんで》に握《にぎ》りたる策《さく》を揲《かぞ》へた奇《あまり》を無名《くすり》指《ゆび》と中指《なかゆび》との間《あひだ》に扐《はさ》み、次《つい》で右手《めて》に握《にぎ》りたる策《さく》を揲《かぞ》へたる奇《あまり》は中指《なかゆび》と人差指《ひとさしゆび》との間《あひだ》に扐《はさ》むので、之《これ》を中《なか》の三指《し》の間《あひだ》に扐《ろく》すると云《い》ふのである。

大體《だい〳〵》に於《お》ける蓍《し》策《さく》の取扱方《とりあつかひかた》は右《みぎ》の如《ごと》くであるとして、尙《な》ほ卦爻《くわかう》を得《う》るの方法《はうはふ》を細說《さいせつ》するときは、

蓍凡四十有九《しはすべてしじふいうく》、信㆑手中分《てにまかせてちうぶんし》、各置㆓一手㆒《おの〳〵いつしゆにおき》、以象㆓兩儀㆒《もつてりやうぎにかたどり》、而掛㆓右手一策於左手小指之間㆒《しかしていうしゆのいつさくをさしゆのせうしのあひだにかけ》、以象㆓三歳㆒《もつてさんさいにかたどる》。

前《まへ》にも云《い》へるが如《ごと》く、蓍《めどぎ》の總數《そうすう》は五十本《ほん》であるけれども、其《そ》の中《なか》の一本《ほん》は太極《たいきよく》として除《のぞ》いてあるから、當面《たうめん》に使用《しよう》する者《もの》の數《すう》は四十九本《ほん》である、之《これ》を虛心坦懷《きよしんたんくわい》にして兩手《りやうて》に捧《さゝ》げ、次《つい》て神《かみ》に告《つ》げ（此事《このこと》は後《のち》に述《の》ぶ）、そして其間《そのかん》には毫末《がうまつ》も自己《じこ》の思慮分別《しりよふんべつ》を加《くは》へざるは勿論《もちろん》、何方《どちら》が多《おほ》からうか又《また》は少《すく》なからうか抔《など》と云《い》ふやうな私心《ししん》を交《まじ》ゆることなく、全《まつた》く秋空《しうくう》一天拭《てんねぐ》ふが如《ごと》き心境《しんきやう》に住《ぢう》して、手《て》に信《まか》せて、此《こ》の手《て》に信《まか》せると云《い》ふことが最《もつと》も大切《たいせつ》で、彼《か》の銃《じう》を發射《はつしや》する者《もの》が、狙《ねら》ひが付《つ》いたから此《これ》で引金《ひきがね》を引《ひ》いてやらうと急《きふ》に引《ひ》くやうな事《こと》をすれば、決《けつ》して的中《てきちう》するものでない、照尺《せうしやく》と呼吸《こきふ》とピッタリと合《あ》つて、其所《そこ》へ引《ひ》くともなしに自然《しぜん》に引金《ひきがね》を引《ひ》くときは必《かなら》ず的中《てきちう》すると云《い》はれて居《ゐ》る如《ごと》く、此《こ》の蓍策《しさく》を分《わか》つにも、拇指《ぼし》の指頭《しとう》に何《なん》となく神《かみ》が格《いた》り給《たま》ふた靈感《れいかん》を感《かん》ずると同時《どうじ》に之《これ》を分《わ》けねばならぬ、中分《ちうぶん》すると云《い》つても、何《なに》も双方《さうはう》必《かなら》ず同《おな》じやうな數《すう》でなければならぬと云《い》ふではなく、たゞ中程《なかほど》から分《わけ》れば宜《よ》いので、そしてその分《わ》けたものは一握《ひとにぎ》りづゝ各々《おの〳〵》左右《さいう》に手《て》に把《と》る、此《か》くして左《ひだり》を天《てん》とし右《みぎ》を地《ち》として兩儀《りやうぎ》に象《かたど》るのである、かくて右《みぎ》の手《て》に握《にぎ》りたる者《もの》の中《なか》より一本《ほん》を取《と》りて、左手《ひだりて》の小指《こゆび》と無名指《くすりゆび》との間《あひだ》に掛《はさ》んで人《じん》として三歲《さい》に象《かたど》り、此《こゝ》に天地人《てんちじん》の三歲《さい》が備《そな》はるのである。

遂以㆑四揲㆓左手之策㆒《つひにしをもつてさしゆのさくをせつし》、以象㆓四時㆒《もつてしじにかたどり》、而歸㆓其餘數於左手第四指間㆒《しかしてそのよすうをさしゆのだいしゝのあひだにきし》、以象㆑閏《もつてじゆんにかたどり》、又以㆑四揲㆓《またしをもつてしうしゆ》右手之策㆒《のさくをせつし》、而再歸㆓其餘數於左手第三指間㆒《しかしてふたゝびそのよすうをさしゆのだいさんしのあひだにきし》、以象㆓再閏㆒《もつてさいじゆんにかたどる》、是謂㆓一變㆒《これをいつぺんといふ》、其掛扐之數不㆓《そのけろくのすうはごならざれ》

五即九《ごすなはちくなり》。

既《すで》に一を掛《か》け畢《をは》つて、遂《つひ》に右手《みぎて》を以《もつ》て左手《ひだりて》の策《さく》を四つづゝ揲《かぞ》へて以《もつ》て四時《じ》に象《かたど》り、其《そ》の餘數《よすう》を左手《ひだりて》の中指《なかゆび》と無名指《くすりゆび》の間《あひだ》に歸《はさ》みて閏《じゆん》に象《かたど》り、次《つい》で左手《ひだりて》を以《もつ》て右手《みぎて》の策《さく》を四つづゝ揲《かぞ》へ、其《そ》の餘數《よすう》を再《ふた》び左《ひだり》手《て》の第《だい》三指《し》の間《あひだ》即《すなは》ち中指《なかゆび》と人差指《ひとさしゆび》との間《あひだ》に歸《はさ》んで再閏《さいじゆん》に象《かたど》るのである、此間《このかん》に五節《せつ》あると云《い》ふことを前《まへ》に述《の》べましたが、其《そ》の五節《せつ》といふことは、第《だい》一節《せつ》には一を掛《か》け、第《だい》二節《せつ》には揲《かぞ》へ、第《だい》三節《せつ》には扐《はさ》み、第《だい》四節《せつ》も亦揲《またかぞ》へ、第《だい》五節《せつ》には扐《はさ》むといふことであつて、此《こ》の五節《せつ》が畢《をは》つた所《ところ》を一變《ぺん》といふのであつて、さて小指《こゆび》に掛《か》けたる一と、指《ゆび》の兩間《りやうかん》に扐《はさ》みたる策《さく》とを合《あは》せて看《み》れば、其數《そのすう》は必《かなら》ず五でなければ九である。

得ㇾ五三《ごをうるものさん》、所ㇾ謂奇也《いはゆるきなり》。

第《だい》一變《ぺん》の際《さい》に於《お》ける掛扐《けろく》の策數《さくすう》は、五でなければ九である、併《しか》しその五を得《う》るには三樣《やう》の別《べつ》がある、即《すなは》ち第《だい》一變《ぺん》のとき一を掛《か》けて後《のち》、四つづゝ左右《さいう》の策《さく》を揲《かぞ》ふるに、餘數《よすう》が、左《ひだり》の手《て》に一が餘《あま》れば右《みぎ》の手《て》には必《かなら》ず三が餘《あま》り、又左《またひだり》の手《て》に二が餘《あま》れば右《みぎ》の手《て》にも亦必《またかなら》ず二が餘《あま》り、又左《またひだり》の手《て》に三が餘《あま》れば右《みぎ》の手《て》には必《かなら》ず一が餘《あま》る、即《すなは》ち上圖《じやうづ》の如《ごと》くである、依《よ》つて

左手《ゆんで》の一二三を以《もつ》て右手《めて》の三二一と合《あは》せ、それに掛《くわ》一を加《くは》ふるときは三段《だん》ともに五の數《すう》を得《う》るのである、此《か》く三段《だん》ともに五の數《すう》を成《な》すけれども各《かく》三様《やう》ともに異《ことな》つて居《ゐ》る、併《しか》し何《いづ》れも五であるから所謂《いはゆる》奇《き》也《なり》で、奇偶《きぐう》の奇《き》で俗《ぞく》にいふ半《はん》の數《すう》であつて、餘數《よすう》の奇《き》ではない、初《はじ》めに揲《かぞ》へて五を得《え》たのは奇《き》である、四は四つゞゝ數《かぞ》ふる一回分《くわいぶん》であるから奇《き》とし、八は四つゞゝ數《かぞ》ふる二回分《くわいぶん》であるから偶《ぐう》とする、數《かぞ》へて五を得《え》たる内《うち》から掛《くわ》一の數《すう》を除《のぞ》けば、只《たゞ》四策《さく》となるから奇《き》とするのである、是《これ》は一寸《ちよつと》異様《いやう》な感《かん》がするのであるが、五の中《なか》から掛《くわ》一を除《のぞ》けば即《すなは》ち四であるが、此《こ》の四を四で約《やく》すれば一となるから奇《き》であつて、即《すなは》ち兩儀《りやうぎ》の中《なか》では陽數《やうすう》である、その四で約《やく》することは、策《さく》を數《かぞ》ふるに四を以《もつ》て約《つゞ》めて一つ二つとする義《ぎ》であつて、五から掛《くわ》一を除《のぞ》いて、その餘數《よすう》を四にて約《つゞ》めて見《み》れば唯《たゞ》一である、故《ゆゑ》に奇《き》とするので、即《すなは》ち兩儀中《りやうぎちう》の陽《やう》の數《すう》であると云《い》ふ所以《ゆゑん》である、奇《き》は陽《やう》にて偶《ぐう》の陰《いん》なることは已《すで》に前述《ぜんじゆつ》した所《ところ》である。

因《ちなみ》に、揷圖《さふづ》の頭上《とうじやう》に記《しる》したる左《ひだり》は左手《ひだりて》を云《い》ひ、右《みぎ》は右手《みぎて》を云《い》ふものであつて、圖中《づちう》兩行《りやうぎやう》の點數《てんすう》は各自《かくじ》に扐《ろく》した餘數《よすう》を表《あら》はしたものである、そして中央《ちうあう》の一點《てん》は掛《くわ》一の一を表《あら》はしたものである。

得レ九者一《くをうるものいつ》、所レ謂偶也《いはゆるぐうなり》。

前《まへ》に擧《あ》げたるが如《ごと》く、第《だい》一變《へん》に於《おい》て掛扐《けろく》の數《すう》五を得《う》るものには三様《やう》あるが、五ならざれば九と云《い》つ

たが、同《おな》じ第《だい》一變《ぺん》の中《うち》ても九の數《すう》を得《う》るものは圖《づ》に示《しめ》すが如《ごと》く只《たゞ》一個《こ》に限《かぎ》られて居《を》る、即《すなは》ち一を掛《か》け

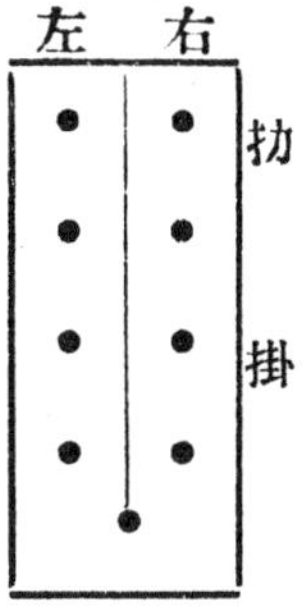

て後《のち》、四つづゝ左右《さいう》の策《さく》を數《かぞ》へて見《み》るに、初《はじ》め左手《ひだりて》に四本餘《ほんあま》れば、次《つい》で右《みぎ》の手《て》の者《もの》も亦必《またかなら》ず四本餘《ほんあま》るので、此《こ》の二者《しや》を合《あは》すれば八となるが、尙《な》ほ此《この》八に掛《くわ》一の數《すう》を加《くは》ふれば九となるのである、然《しか》るに此《こ》の掛《くわ》一の數《すう》を除《のぞ》けば餘《あま》りが元《もと》の八となる、その八を四にて約《やく》すれば二となるから偶《ぐう》である、偶《ぐう》は兩儀《りやうぎ》の中《うち》では陰《いん》の數《すう》たることは明《あきらか》である。

一變後《いつぺんのゝち》、除二前餘數一《まへのまへのよすうをのぞき》、復合二其見存之策一《ふたゝびそのげんそんのさくをがつすれは》、或四十《あるひはしじふ》、或四十四《あるひはしじふし》。

是《これ》よりは第《だい》二變《へん》の始《はじ》めになるのである、故《ゆゑ》に一變《ぺん》の後《のち》と言《い》ひ出《だ》してある、已《すで》に第《だい》一變《ぺん》の手順《てじゆん》を了《をは》つたならば、次《つい》で第《だい》二變《へん》を試《こゝろ》みねばならぬ、その手順《てじゆん》は已《すで》に第《だい》一變《ぺん》を試《こゝろ》むる際《さい》に於《おい》て掛扐《けろく》したる數《すう》、即《すなは》ち五か或《あるひ》は九の策《さく》を除《のぞ》いて別《べつ》に置《お》き、此《か》くて見《げん》(見《げん》は現《げん》に通《つう》ず)存《そん》して左右《さいう》に分《わか》れて居《ゐ》るものを一緒《しよ》にするものである、此際《このさい》は前《まへ》の第《だい》一變《ぺん》の際《さい》に掛扐《けろく》の數《すう》九であつたとすれば、現存《げんそん》の策《さく》は四十本《ほん》であるが、若《も》し又掛扐《またけろく》の數《すう》が五であつたとすれば四十四本《ほん》だけ現存《げんそん》して居《を》るのである。

分《ぶん》●掛《くわい》●揲《せつ》●歸如二前法一《きぜんほふのごとくす》。

さて右《みぎ》に述《の》べた現存《げんそん》せる四十本《ほん》か或《あるひ》は四十四本《ほん》の策《さく》を左手《ゆんで》に一握《ひとにぎ》りとして、神《かみ》に念《ねん》じたる後《のち》、左右《さいう》

に分《わか》ち、次《つい》で右手《めて》のもの一本《ほん》を左手《ひだりて》の小指《こゆび》の間《あねだ》に掛《か》け、次《つい》で先《ま》づ左手《ぴだりて》の策《さく》を四つづゝ揲《かぞ》へて、その餘《よ》數《すう》を左手《ひだりて》の無名指《くすりゆび》の間《あひだ》に歸《はさ》み、次《つい》で右手《みぎて》のものを揲《かぞ》へて餘《あま》りを左手《ひだりて》の中指《なかゆび》と人差指《ひとさしゆび》との間《あひだ》に歸《はさ》むことを、前法即《ぜんぱふすなは》ち第《だい》一變《へん》の如《ごと》くにするのである。

是謂二再變一《これをさいへんといふ》、其掛扐者不レ四則八《そのけろくはしならざればすなはちはちなり》。

既《すで》に分掛扐歸《ぶんくわもつき》して掛扐《けろく》の數《すう》を得《え》たものを再變即《さいへんすなは》ち二度目《どめ》の變化《へんくわ》と謂《い》ふのであつて、其《そ》の再變《さいへん》によりて得《う》る所《ところ》の掛扐《けろく》の數《すう》は、四であるか、左《さ》もなければ八である。

得レ四者二《しをうるものに》、所レ謂《いは》奇也《ゆるきなり》。

再變《さいへん》を試《こゝろ》むるときは、掛扐《けろく》の策數《さくすう》は必《かなら》ず四に現《あら》はれて來《く》るのであるが、其《そ》の現《あら》はれ方《かた》には圖《づ》の如《ごと》く二様《やう》ある、即《すなは》ち左《ひだり》が一なるときは右《みぎ》は必《かなら》ず二、左《ひだり》が二なるときは、右《みぎ》は必《かなら》ず一餘《あま》つて來《く》る、それに掛《くわ》

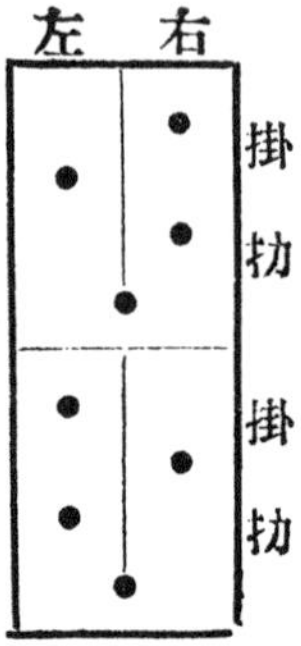

得レ八者二《はちをうるものに》、所レ謂《いは》偶也《ゆるぐうなり》。

一の數《すう》を加《くは》ふれば四となる、左《さ》れば當然偶《たうぜんぐう》であるべきに、其《そ》れを奇《き》であると云《い》ふは、前《まへ》の如《ごと》く掛《くわ》一を去《さ》れば三であるから奇《き》である、若《も》し掛《くわ》一を合《あは》せて四であるとして、その四を四で約《やく》すれば一となるから矢張《やは》り奇《き》である、故《ゆゑ》に陽數《やうすう》である。

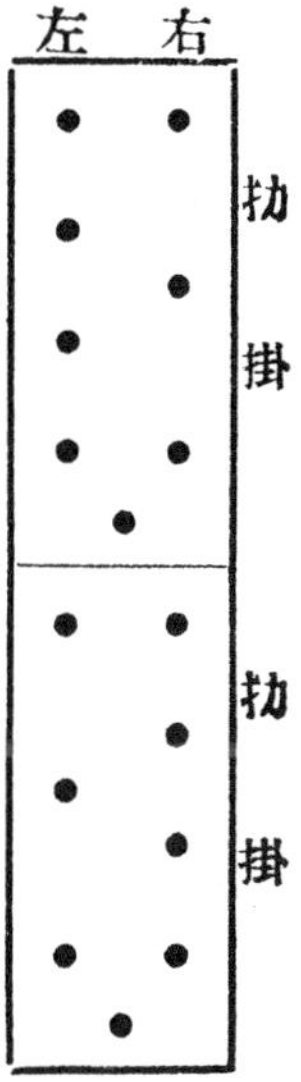

それから八の數《すう》を得《う》るものが二樣《やう》ある、即《すなは》ち圖《づ》の如《ごと》く、左《ひだり》が四なれば右《みぎ》は必《かなら》ず三、若《も》し又右《またみぎ》が四なれば必《かなら》ず左《ひだり》は三であつて、之《これ》に掛《くわ》一を加《くは》ふれば各々《おのおの》八となる、此《こ》の八を四で約《やく》すれば二となる、即《すなは》ち二も八も共《とも》に偶《ぐう》であつて、陰《いん》の數《すう》である。

再變之《さいへんの》後《のち》、除㆓前《まへ》兩次餘《のりやうじの上をのぞき》㆒、復合㆓見存之策《またげんそんのさくをがつす》㆒、或四十《あるひはしじふ》、或三十六《あるひはさんじふろく》、或三十二《あるひはさんじふに》。

これは第《だい》三變《へん》の始《はじ》めであつて、二度目《どめ》の變化《へんくわ》を見《み》た後《のち》には、前《まへ》の兩次即《りやうじすなは》ち第《だい》一變《へん》と第《だい》二變《へん》とに於《おい》て掛《け》扐《ろく》して餘《あま》つた數《すう》を除《のぞ》いて別《べつ》に置《お》き、此《か》くて再變《さいへん》を試《こゝろ》むる場《ば》合《あひ》に左《さ》右《いう》に分《わ》けてある見存《げんそん》のものを一つに合《あは》せて第《だい》三變《へん》に取掛《とりかゝ》るのである、その場《ば》合《あひ》に於《お》ける策數《さくすう》は、或《あるひ》は四十本《ほん》か、或《あるひ》は三十六本《ほん》か、或《あるひ》は三十二本《ほん》である、何故《なぜ》なれば、第《だい》一變《へん》に得《え》て別《べつ》に置《お》きたる五又《また》は九の餘數《よすう》と、再變《さいへん》に於《おい》て得《え》たる掛《け》扐《ろく》の策數《さくすう》四か或《あるひ》は八である、假《か》りに一變《へん》と再變《さいへん》の兩次《りやうじ》に得《え》たる掛《け》扐《ろく》の策數《さくすう》が五と四であつたとすれば、見存《げんそん》の策數《さくすう》は四十本《ほん》である、若《も》し兩次《りやうじ》に九と四か、或《あるひ》は五と八とを得《え》たるときは、過揲《くわせ》の策數《さくすう》は三十六本《ほん》で、若《も》し又兩次《またりやうじ》の掛《け》扐《ろく》が九と八であつたとすれば、過揲《くわせつ》の策《さく》は三十二本《ほん》だけ現存《げんそん》することゝなるのである。

分《ぶん》・掛《くわ》・揲《せつ》・歸如㆓前法㆒《きぜんはふのごとくす》、是謂㆓三變㆒《これをさんぺんといふ》、其掛扐者如㆓再變例㆒《そのけろくはさいへんのれいのごとくす》。

現存《げんそん》の策《さく》を一手《て》に握《にぎ》り、かくて左右《さいう》の兩手《りやうて》に分《わか》ち、次《つい》で右手《みぎて》の者《もの》の中《うち》より一本《ほん》を取《と》りて左手《ひだりて》の小指《こゆび》の間《あひだ》に掛《か》け、次《つい》で先《ま》づ左手《ひだりて》の策《さく》を揲《かぞ》へて餘數《よすう》を左手《ひだりて》の無名指《くすりゆび》の間《あひだ》に歸《はさ》み、次《つい》で右手《みぎて》の策《さく》を揲《かぞ》へて餘數《よすう》を左手《ひだりて》の人差指《ひとさしゆび》と中指《なかゆび》との間《あひだ》に歸《はさ》むことは前法《ぜんはふ》の如《ごと》くに行《おこな》ふ、是《これ》を三回目《くわいめ》の變化《へんくわ》と謂《い》ふのである、而《しか》して其《そ》の掛扐《けろく》の數《すう》の處分法《しよぶんはふ》は再變《さいへん》の場合《ばあひ》に於《お》けるが如《ごと》くするのである。

三變既畢《さんぺんすでにをはらば》、乃合㆓三變㆒《すなはちさんぺんをあはせ》、視㆓其掛扐之奇偶㆒《そのけろくのきぐうをみて》、以分㆓所㆑遇陰陽之老少㆒《もつてあふところのいんやうのらうせうをわかつ》、是爲㆓一爻㆒《これをいつかうとなす》。

一變《ぺん》二變《へん》三變《ぺん》ともに法《はふ》の如《ごと》くに分掛揲扐等《ぶんくわせつろくとう》の手續《てつゞき》を盡《つく》し畢《をは》つたならば、其《そ》の都度《つど》餘《あま》りて別《べつ》にして置《お》いた策《さく》を別々《べつ〴〵》に數《かぞ》へて見《み》て、三變共《べんとも》に奇《き》であるか或《あるひ》は偶《ぐう》であるか、或《あるひ》は二回《くわい》は奇《き》であるが一回《くわい》は偶《ぐう》であるとか、或《あるひ》は一回《くわい》は奇《き》で二回《くわい》は偶《ぐう》であるとか云《い》ふことを詳細《しやうさい》に檢《しら》べた上《うへ》で、其《そ》の遇《あ》ふ所《ところ》の陰陽《いんやう》の老《らう》少《せう》を分《わ》ける、之《これ》を一爻《かう》とするのである、易《えき》はもと三畫《くわく》の重《かさ》なりて斯《か》く ䷀ 六畫《くわく》をなせるものに因《よ》りて一卦《くわ》を成《な》すものである、そして之《これ》を呼《よ》ぶには、最下位《さいかゐ》より順次上《じゆんじうへ》に向《むか》つて數《かぞ》ふるのであつて、初爻《しよかう》(初九《しよきう》)、二爻《かう》(九二)　三爻《かう》(九三)　四爻《かう》(九四)　五爻《かう》(九五)と呼《よ》び、最上位《さいじやうゐ》のものは六爻《かう》と言《い》はずして上爻《じやうかう》(初六《しよりく》)と唱《とな》へることになつて居《ゐ》る、左《さ》れば一の卦面《くわめん》、例《たと》へば乾爲天《けんゐてん》であらうが坤爲地《こんゐち》であらうが、それを得《う》るまでには、爻《かう》ごとに三變《へん》であるから、都合《つがふ》十八變《へん》の手順《てじゆん》を履《ふ》まねばならぬのである、其《そ》れは最後《さいご》の話《はなし》であつて、初《はじ》め三變《べん》の時《とき》に、皆奇《みなき》を得《う》れば三奇《き》とし、之《これ》を老陽《らうやう》と云《い》ふのである、此《こ》の老陽《らうやう》に遇《あ》ふた時《とき》は、便宜上板面《べんぎじやうはんめん》なり又《また》は紙面《しめん》なりに（以下之《いかこれ》に準《じゆん》ず）□此《か》く記《しる》す、之《これ》を重《ちう》と云《い》ふのである、又《また》三變《べん》の中《うち》で二奇《き》一偶《ぐう》を得《え》たならば、之《これ》を少陰《せういん》として■ ■此《か》く記《き》す、之《これ》を折《せつ》と云《い》ふのである、又《また》三變《べん》の中《うち》で二偶《ぐう》一奇《き》を得《え》たならば、之《これ》を少陽《せうやう》として▬此《か》く記《き》す、之《これ》を單《たん》と云《い》ふのである、若《も》し三變《べん》ともに偶《ぐう》であつたならば、之《これ》を老陰《らういん》として✕此《か》く記《き》す、之《これ》を交《かう》と云《い》ふのである、而《しか》して老陰《らういん》は變《へん》じて少陽《せうやう》となり、老陽《らうやう》は變《へん》じて少陰《せういん》となるのであるから、是《これ》を變爻《へんかう》と云《い》ふのである、併《しか》し少陽《せうやう》と少陰《せういん》とは變《へん》ずることがない、是《こゝ》を以《もつ》て老陽老陰《らうやうらういん》のない者《もの》は是《これ》を不變《ふへん》の卦《くわ》と云《い》ふのである。

第六章　擲錢の占法

卜筮《ぼくぜい》を正確《せいかく》に行《おこな》ふには、前章《ぜんしやう》に説明《せつめい》したるが如《ごと》く、一爻《かう》ごとに三變《べん》を試《こゝろ》み、六爻《かう》に就《つ》いて凡《すべ》て十八

（一）

三奇三陽これを老陽とす。

（二）

三偶三陰これを老陰とす。

（三）

二奇一偶即ち二陽一陰これを少陽とす。

（四）

一奇二偶即ち二陰一陽これを少陰とす。

變《へん》を試《こゝろ》みなければならぬのであるが、若《も》し事《こと》が急《きふ》であるに拘《かゝ》はらず、生憎筮竹《あひにくぜいちく》の持合《もちあは》せがないとか、或《あるひ》は途上《とじやう》で筮竹《ぜいちく》を携《たづさ》へて來《こ》なかつた抔《など》いふ不便《ふべん》を除《のぞ》かんが爲《た》め、漢《かん》の京房《けいはう》なる者《もの》が、錢貨《せんくわ》を擲《な》げて占《うらな》ふこさを考案《かうあん》せられた、之《これ》に使用《しよう》する所《ところ》の錢貨《せんくわ》は、金貨《きんくわ》であらうが、銀貨《ぎんくわ》であらうが、又《また》は白銅貨《はくどうくわ》若《も》しくは銅貨《どうくわ》であらうとも、其《そ》の種類《しゆるゐ》は何《なん》でも構《かま》はない、只《たゞ》三個《こ》だけあれば事《こと》が足《た》るのである、依《よ》つて今《いま》茲《こゝ》には普《あよ》く貴賤上下《きせんしやうか》に通用《つうよう》せられて居《ゐ》る所《ところ》の一錢銅貨《せんどうくわ》を引用《いんよう》する事《こと》とした、さて此《こ》の擲錢《てきせん》を行《おこな》ふには其《そ》れに先《さき》だち錢貨《せんくわ》の表裏陰陽《へうりいんやう》を一定《てい》して置《お》かねばならぬ、故《ゆゑ》に今《いま》は圖《づ》に掲《かゝ》げたるが如《ごと》く、錢貨《せんくわ》に一錢《せん》の文字《もんじ》ある方《かた》を表《おもて》とし陽《やう》とし、桐《きり》の紋様《もんやう》のある方《はう》を裏《うら》とし陰《いん》と定《さだ》めて置《お》くのである、此《か》くて三個《こ》の錢《ぜに》は右手《みぎて》に摑《つか》むのであるが、只片手《たゞかたて》で拾《ひろ》つて摑《つか》んだゞけでは、毎時《いつ》も同《おな》じ錢樣《せんやう》の現《あら》はれて來《く》る虞《おそれ》があるから、一旦右手《たんみぎて》に握《にぎ》りたる後《のち》、更《さら》に左右兩手《さいうりやうて》の五指《し》を屈《ま》げて造《つく》りたる空洞《くうどう》の中《なか》にて二三回輕《くわいかる》く振《ふ》りて表裏《へうり》を交錯《かうさく》せしめたる後《のち》、更《あらた》めて右手《みぎて》に握《にぎ》り直《たゞ》ちに掌《てのひら》を開《ひら》き、四指《し》を揃《そろ》へて錢《ぜに》を其上《そのうへ》に載《の》せ、そして輕《かる》く先方《せんぱう》へ擲《な》げるのである、此《こ》の擲方《なげかた》が惡《わる》いと錢《ぜに》が横《よこ》ざまに散逸《さんいつ》して陰陽《いんやう》の區別《くべつ》に困難《こんなん》するから、擲錢《てきせん》と同時《どうじ》に輕《かる》く掌《てのひら》を手前《てまへ》に引《ひ》く加減《かげん》にしなければならぬ。

　元來《ぐわんらい》この擲錢法《てきせんはふ》では、既《すで》に前述《ぜんじゆつ》せる三變法《べんはふ》によりて得《え》たる掛扐《けろく》の餘數《よすう》は此《こ》の三個《こ》の錢貨《せんくわ》の中《なか》に包藏《はうざう》せられてあるものと見做《みな》してあるのであるから、此《こ》の三個《こ》の擲錢法《てきせんはふ》を六回繰返《くわいくりかへ》せば、三六十八變法《へんぱふ》に適應《てきおう》せらるゝ事《こと》となるのであるから、手數《てすう》に於《おい》て非常《ひじやう》に省略《せいりやく》せらるゝ事《こと》となるので便利重寶《べんりちようはう》である、殊《こと》に錢貨《せんくわ》の三個《こ》や五個位《こぐらゐ》は誰《たれ》でも常《つね》に懐中《くわいちう》してゐるので急場《きふば》の間《ま》に合《あ》はぬやうな事《こと》はない、尤《もつと》も時《とき》として同《おな》じ錢貨《せんくわ》の揃《そろ》はぬ場合《ばあひ》がある、そんな時《とき》は縱《よし》んば種類《しゆるゐ》が違《ちが》つても、表裏陰陽《へうりいんやう》を一定《てい》してさへ置《お》けば銀貨《ぎんくわ》と銅貨《どうくわ》と交《まじ》つても差支《さしつかへ》ないけれども、餘《あま》り重量《ぢうりやう》の違《ちが》つたものは宜《よろ》しくない。

それから錢貨《せんくわ》の現《あら》はれ方《かた》によつて老陽老陰少陰少陽《らうやうらういんせういんせうやう》の區別法《くべつはふ》は、前圖《ぜんづ》に示《しめ》した如《ごと》くであつて、老陰《らういん》老陽《らうやう》は如何《いか》に錢貨《せんくわ》が錯綜《さくそう》したからとて凡《すべ》て一樣《やう》であるから、魔誤《まご》つくやうな事《こと》はないが、少陽少陰《せうやうせういん》になると、(表)(裏)(表)と現《あら》はれても、又《また》は(表)(表)(裏)と現《あら》はれやうとも二奇《き》一偶《ぐう》であるから少陽《せうやう》たるに於《お》て差支《さしつかへ》ない、又少陰《またせういん》に於《お》ては(裏)(表)(裏)、或《あるひ》は(裏)(裏)(表)と現《あら》はれやうとも、二偶《ぐう》一奇《き》であるから少陰《せういん》たるに於《お》て差支《さしつかへ》のあるものではないのである。

因《ちなみ》に、老陽《らうやう》は變爻《へんかう》であつて、又動爻《またどうかう》とも云《い》ひ、本卦《ほんくわ》には陽《やう》であるが、變卦《へんくわ》には陰《いん》である、老陰《らういん》も亦變爻《またへんかう》であつて、又動爻《またどうかう》とも云《い》ひ、本卦《ほんくわ》には陰《いん》であるが變卦《へんくわ》には陽《やう》である、少陽《せうやう》は不變爻《ふへんかう》であつて、又靜爻《またせいかう》とも云《い》ひ、少陰《せういん》も亦不變爻《またふへんかう》であつて、又靜爻《またせいかう》とも云《い》ふのである。

但《たゞ》し錢貨《せんくわ》は必《かなら》ず形《かたち》の正《たゞ》しいものを撰《えら》び、能《よ》く洗《あら》ひ清《きよ》めて用《もち》ゐねばならぬ。

第七章　神に告ぐる文に就て

此事《このこと》に關《くわん》しては、從來世上《じうらいせじやう》に行《おこな》はれてゐる所《ところ》を見《み》るに、殊更《ことさら》に漢文《かんぶん》を藉《か》りて、假二爾泰筮《なんぢのたいぜい》(曲禮《きよくらい》には龜《き》とあり）有レ常《つねあるによる》、假ニ爾泰筮有一レ常《なんぢのたいぜいつねあるによる》と唱《とな》ふることになつて居《ゐ》るが、之《これ》は敢《あへ》て坊《はう》さんが古《ふる》い經文《きやうもん》を讀《よ》むやうに、必《かなら》ずしも其《そ》れに依《よ》らねばならぬと云《い》ふやうな法則《はふそく》のあるものではない、ツマリ祭祀祈禱《さいしきたう》の意味《いみ》であるから、如何《いか》に通俗《つうぞく》なる語調《ごてう》であらうとも、野鄙《やひ》に渉《わた》らず輕佻《けいてう》に失《しつ》せざる範圍《はんゐ》内《ない》に於《おい》て、至《し》誠《せい》の籠《こも》つたものであれば差支《さしつかへ》ないのである、例《たと》へば、今日何某《こんにちなにがし》の人《ひと》、何某《なにがし》の事件《じけん》に關《くわん》し、其吉凶可否《そのきつきやうかひ》を決《けつ》しかぬるに由《よ》り、之《これ》が判斷《はんだん》を神靈《しんれい》に質《たゞ》し奉《たてまつ》る、希《こひねがは》くば何卒《なにとぞ》愍《あはれ》みて告《つ》げ知《し》らしめ給《たま》へと、云《い》ふやうな工合《ぐあひ》で宜《よろ》しい。

元來《ぐわんらい》から云《い》へば、卜筮《ぼくぜい》を行《おこな》ふには、室内《しつない》の拵《こしら》へ方《かた》から用器《ようき》の製作法等《せいさくはふとう》も一定《てい》の方法《はうはふ》が嚴存《げんそん》して居《ゐ》るのである、けれども今《いま》は深《ふか》く其《そ》れに拘《かゝ》はるには及《およ》ばない、唯《た》だ手《て》を洗《あら》ひ、身《み》を潔《きよ》め、口《くち》を嗽《そゝ》ぎ、衣紋《えもん》を整《とゝの》ひ、一意《い》に誠敬《せいけい》の心持《こゝろもち》を失《うしな》はぬやうにしなければならぬのである。

第八章　納甲の說

納甲《なつかふ》とは、六十四卦《くわ》ともに卦爻《くわかう》ごとに十干《かん》十二支《し》を配《はい》するを云《い》ふので、甲乙丙丁等《かふおつへいていとう》を納《い》るゝといふ意《い》である、尙《な》ほ之《これ》を細說《さいせつ》するときは、

（一）十干《かん》に於《おい》ては甲《きのえ》、丙《ひのえ》、戊《つちのえ》、庚《かのえ》、壬《みづのえ》を陽《やう》とし、乙《きのと》、丁《ひのと》、巳《つちのと》、辛《かのと》、癸《みづのと》を陰《いん》とする。

(二)十二支《ち》に於《おい》ては子《ね》、寅《とら》、辰《たつ》、午《うま》、申《さる》、戌《いね》を陽《やう》とし、丑《うし》、卯《う》、巳《み》、未《ひつじ》、酉《とり》、亥《ゐ》を陰《いん》とする。

(三)八卦《け》に於《おい》ては乾《けん》、震《しん》、坎《かん》、艮《ごん》を陽《やう》とし、坤《こん》、巽《そん》、離《り》、兌《だ》を陰《いん》とする。

それ故《ゆゑ》に乾●の卦《くわ》に於《おい》ては、十干《かん》は陽日《やうじつ》の始《はじ》めである甲《きのえ》を初《しよ》二三の三爻《かう》とし、そして十干陽日《かんやうじつ》の終《をは》りである、壬《みづのえ》を四五上《じやう》の三爻《かう》とし、又《また》十二支《し》の陽辰《やうしん》たる子《ね》寅辰午申戌《とらたつうまさるいね》を初爻《しよかう》より上爻《じやうかう》までの六爻《かう》にそれ〳〵配當《はうたう》するのであるから、乾《けん》の初《しよ》九は甲子水《きのえね子は》 であつて、九二は甲寅木《きのえとら寅は》、九三は甲辰土《きのえたつ辰は》、九四は壬《みづのえ》午火《うま午は》、九五は壬 申金《みづのえさる申は》、上《じやう》九は壬 戌土《みづのえいね戌は》である。

●兌は少女《せうぢよ》ゆゑ、十干《かん》は坤《こん》の上爻《じやうかう》なる癸《みづのと》と相對《あひたい》する丁《ひのと》を以《もつ》て六爻《かう》を一貫《くわん》し、又《また》十二支《し》は、離《り》の上爻《じやうかう》たる巳《み》を初爻《しよかう》へ持《も》つて來《き》て、巳卯丑亥酉未《みうしゐとりひつじ》と數《かぞ》へるのであるから、初《しよ》九は丁巳火《ひのとみ巳は》、九二は丁卯木《ひのとう卯は》、六三は丁丑土《ひのとうし丑は》、九四は丁亥水《ひのとゐ亥は》、九五は丁酉金《ひのととり酉は》、上《じやう》六は丁 未土《ひのとひつじ未は》である。

●離は中女《ちうぢよ》ゆゑ、十干《かん》は中辰《ちうしん》を用《もち》ゐて終始己《しうしつちのと》とし、十二支《し》は巽《そん》の上爻《じやうかう》たる卯《う》を初爻《しよかう》へ持《も》つて來《き》て、卯《う》丑亥酉《うしゐとり》 未巳《ひつじみ》と數《かぞ》へるのであるから、初《しよ》九は 己 卯木《つちのとう卯は》、六二は 己 丑土《つちいとうし丑は》、九三は 己 亥水《つちのとゐ亥は》、九四は己 酉金《つちのととり酉は》、六五は 己 未土《つちのとひつじ未は》、上《じやう》九は己巳火《つちのとみ己は》 である。

●震は乾《けん》の長子《ちやうし》ゆゑ、乾《けん》と同《おな》じく十二支《し》の陽辰《やうしん》たる子《ね》寅辰午申戌《とらたつうまさるいね》を、初爻《しよかう》より上爻《じやうかう》までの六爻《かう》にそれ〳〵配當《はいたう》するけれども、十干《かん》は乾《けん》の甲《きのえ》と相對《あひたい》する庚《かのえ》を以《もつ》て六爻《かう》を一貫《くわん》するのであるから、震《しん》の初九《しよきう》は庚子《かのえね》水は、六二は庚寅《かのえとら》木は、六三は庚辰《かのえたつ》土は、九四は庚午《かのえうま》火は、六五は庚申《かのえさる》金は、上《じやう》九は庚戌《かのえいぬ》土はである。

●巽は長女《ちやうぢよ》ゆゑ、坤《こん》の初《しよ》六なる乙《きのと》と相對《あひたい》する辛《かのと》を以《もつ》て六爻《かう》を一貫《くわん》し、そして坤《こん》の上卦《じやうくわ》なる三爻《かう》の丑亥《うしゐ》酉《とり》を以《もつ》て下《げ》卦《くわ》の三爻《かう》とし、又坤《またこん》の下《げ》卦《くわ》なる三爻《かう》の未巳卯《ひつじみう》を以《もつ》て上卦《じやうくわ》の三爻《かう》とするのであるから、初《しよ》六は辛丑《かのとうし》土は、九二は辛亥《かのとゐ》水は、九三は辛酉《かのととり》金は、六四は辛未《かのとひつじ》土は、九五は辛巳《かのとみ》火は、上《じやう》九は辛卯《かのとう》木はである。

●坎は乾《けん》の中男《ちうなん》ゆゑ、十干《かん》は中辰《ちうしん》を用《もち》ゐて終始《しうし》皆戊《みなつちのえ》とし、十二支《し》は陽日中《やうじつちう》の子《ね》を後廻《あとまは》しにして、其《その》次《つぎ》の寅《とら》を初爻《しよかう》として、寅辰午申戌子《とらたつうまさるいぬね》と數《かぞ》ふるのであるから、坎《かん》の初《しよ》六は戊寅《つちのえとら》木は、九二は戊辰《つちのとたつ》土は、六三は戊午《つちのえうま》火は、六四は戊申《つちのえさる》金は、九五は戊戌《つちのえいぬ》土は、上《じやう》六は戊子《つちのえね》水はである。

●艮は乾《けん》の少男《せうなん》ゆゑ、十干《かん》は乾《けん》の上爻《じやうかう》なる壬《みづのえ》と相對《あひたい》する丙《ひのえ》を以《もつ》て六爻《かう》を一貫《くわん》し、又《また》十二支《し》は陽日中《やうじつちう》の子寅《ねとら》を後廻《あとまは》しとして其《そ》の次《つぎ》の辰《たつ》を初爻《しはかう》とし、辰午申戌子《たつうまさるいぬね》寅《とら》と數《かぞ》へるのであるから、艮《ごん》の初《しよ》六は丙辰《ひのえたつ》土は、六二は丙午《ひのえうま》火は、九三は丙申《ひのえさる》金は、六四は丙戌《ひのえいぬ》土は、六五は丙子《ひのえね》水は、上《じやう》九は丙寅《ひのえとら》木はである。

●坤の卦《くわ》に於《おい》ては、十干《かん》は陰日《いんじつ》の始《はじ》めたる乙《きのと》を以《もつ》て初《しよ》二三の三爻《かう》とし、そして十干陰日《かんいんじつ》の終《をは》りたる癸《みづのと》を以《もつ》て四五上《じやう》の三爻《かう》とする、元來坤《ぐわんらいこん》の初爻《しよかう》は未《ひつじ》にあるのであるから、其《そ》れより後戻《あともど》りして、未巳卯《ひつじみう》丑《うし》亥酉《ゐとり》といふ順序《じゆんじよ》(これは陰《いん》の特有《とくいう》である)にするのであるから、坤《こん》の初《しよ》六は乙未《きのとひつじ》土は、六二は乙巳《きのとみ》火は六三は乙卯木《きのとう卯は》、六四は癸丑土《みづのとうし丑は》、六五は癸亥水《みづのとゐ亥は》、上六《じやう》は癸酉金《みづのととり酉は》である、尚《な》ほ委《くはし》くは後《のち》に掲《か》ぐる圖《づ》を參看《さんかん》して知得《ちとく》せらるゝが宜《よろ》しい。

第九章　乾坤相交はりて六子を生ずるの說

前章《ぜんしやう》に於《おい》て、之《これ》は乾《けん》の長男《ちやうなん》であるとか、或《あるひ》は坤《こん》の中女《ちうぢよ》であるとか云《い》ひましたが、それは如何《いか》なる理《り》由《いう》に基《もとづ》くかと云《い》ふに、即《すなは》ち震《しん》と坎《かん》と艮《ごん》と三つは乾《けん》の陽《やう》より生《しやう》ずるのであるから、之《これ》を男卦《だんくわ》と云《い》ひ、巽《そん》と離《り》と兌《だ》の三つは坤《こん》の陰《いん》より生《しやう》ずるものなるが故《ゆゑ》に、之《これ》を女卦《ぢよくわ》と稱《しよう》するのである、而《しか》して乾《けん》は父《ち丶》で坤《こん》は母《は丶》であるから、此《こ》の乾坤《けんこん》の夫婦《ふうふ》が相交《あひまじ》はつて六子《し》を生《しやう》ずる事《こと》となるからである、即《すなは》ち乾《けん》の初爻《しよかう》が坤《こん》の初爻《しよかう》に交《まじ》はりて震《しん》となる、初爻《しよかう》は陽爻《やうかう》であるから、是《これ》を長男《ちやうなん》と云《い》ひ、乾《けん》の二爻《かう》が坤《こん》の二爻《かう》に交《まじ》はりて坎《かん》となる、此《こ》の場合《はあひ》は陽爻《やうかう》が中《なか》にあるから是《これ》を中男《ちうなん》と云《い》ひ、乾《けん》の三爻《かう》が坤《こん》の三爻《かう》に交《まじ》はりて艮《ごん》となる、此《こ》の場合《ばあひ》は陽爻《やうかう》が上爻《じやうかう》にあるので、既《すで》に長男《ちやうなん》と中男《ちうなん》と出來《でき》た後《あと》であるから、是《これ》を少男《せうなん》(下男《げなん》)と云《い》ふのである、次《つぎ》は坤《こん》の初爻《しよかう》が乾《けん》の初爻《しよかう》と交《まじ》はりて巽《そん》となる、此《こ》の場合《はあひ》は陰爻《いんかう》が初爻《しよかう》にあるから長女《ちやうぢよ》と云《い》ひ、坤《こん》の二爻《かう》が乾《けん》の二爻《かう》に交《まじ》はりて離《り》となる、此《こ》の場合《はあひ》は陰爻《いんかう》が中《なか》にあるから是《これ》を中女《ちうぢよ》と云《い》ひ、坤《こん》の三爻《かう》が乾《けん》の三爻《かう》に交《まじ》はりて兌《だ》となる、此《こ》の場合《はあひ》は陰爻《いんかう》が上爻《じやうかう》にある事《こと》となり、既《すで》に長女《ちやうぢよ》及《およ》び中女《ちうぢよ》を

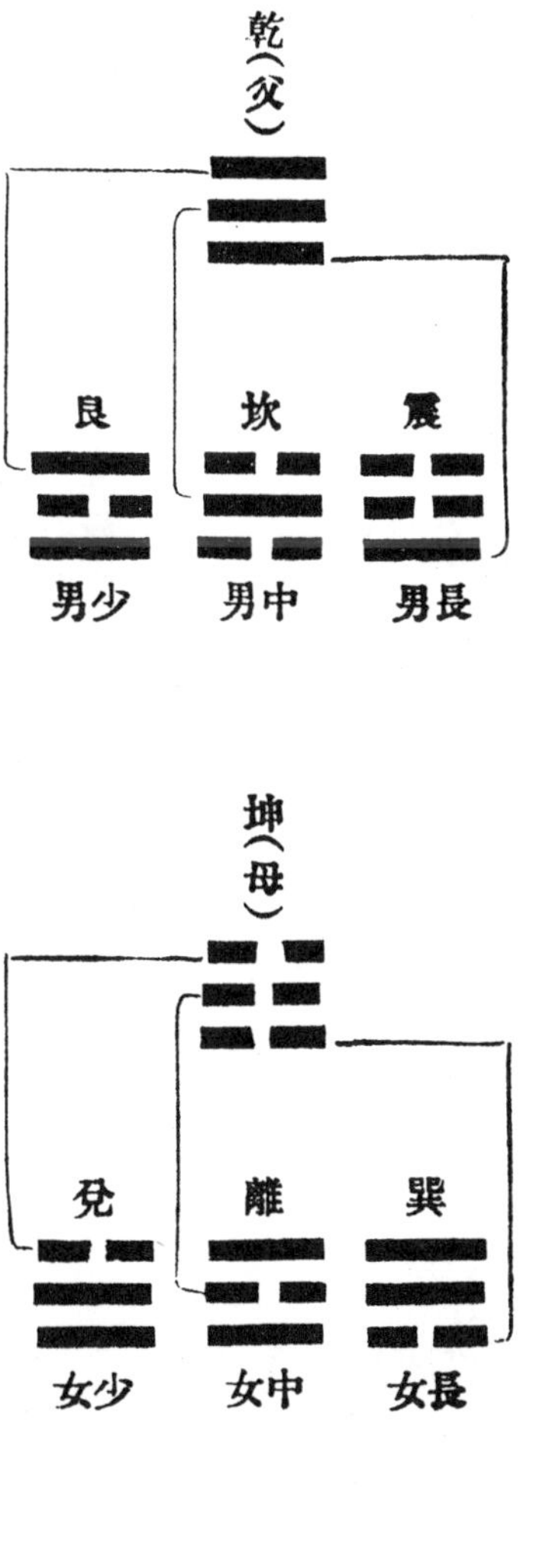

生《しやう》じた後《あと》であるから是《これ》を少女《せうぢよ》(下女《げぢよ》)と云《い》ふのである、尚《な》ほ委《くはし》くは圖《づ》を參照《さんせう》するが宜《よろ》しい。

第十章　十干及び十二支を五行に分屬する法

十干《かん》と十二支《し》とを五行《ぎやう》に分屬《ぶんぞく》するには、如何《いか》なる方法《はうはふ》に據《よ》るべきかと云《い》ふに、先《ま》づ十干《かん》の方《はう》を云《い》へば、

甲乙木　丙丁火　戊己土　庚辛金　壬癸水

と心得《こゝろえ》て居《を》れば宜《よろ》しい、次《つぎ》に十二支《し》を分屬《ぶんぞく》するには、

子水　丑土　寅木　卯木　辰土　巳火　午火　未土　申金　酉金　戌土
亥水

尚《な》ほ之《これ》を見《み》易《やす》くするならば、

更《さら》に之《これ》を記《き》憶《おく》し易《やす》からしめんが爲《ため》に、左《さ》の如《ごと》き一首《しゅ》の歌《うた》がある、曰《いは》く

亥子《ゐね》の水寅卯《みづとらう》は木《き》にて巳午《みうま》は火《ひ》
申酉金《さるとりきん》に四支《し》、（丑辰未戌《うしたつひつじいぬ》をいふ）は土《つち》なり

といふので、別段《べつだん》に寓意《ぐうい》があると云《い》ふではないけれども、チョット語路《ごろ》が良《よ》いので覺《おぼ》え易《やす》いのである。

第十一章　五行、八卦、十干、十二支と方位との關係及び圖

五行《ぎやう》と八卦《くわ》と十干《かん》と十二支《し》と方位《はうゐ》と分配關係《ぶんぱいくわんけい》を知《し》らんと欲《ほっ》するならば、左圖《さづ》を見《み》れば一目瞭然《もくれうぜん》であ

午 未 申 酉 戌 亥 子 丑 寅 卯 辰 巳
離 坤 兌 乾 坎 艮 震 巽
丙丁 庚辛 壬癸 甲乙
戊己

第十二章　五行生尅の説

生尅《しやうこく》(克《こく》)とは相生相尅《さうじやうさうこく》の略《りやく》であつて、此《こ》の五行易《ぎやうえき》に於《お》ては最《もつと》も重《おも》きをなす所《ところ》の要目《えうもく》である、故《ゆゑ》に之《これ》を分《わか》ちて説明《せつめい》することゝするが、其《そ》れに先《さき》だちて行《ぎやう》といふことを一言《げん》して置《お》かう、韻會《ゐんくわい》に『天地《てんち》の間《あひだ》を運《めぐ》り、未《いま》だ曾《かつ》て停息《ていそく》せず、故《ゆゑ》に名《なつ》く』とあるが如《ごと》く水火木金土《すゐくわもくきんど》の五つは、例《たと》へば春《はる》去れば夏《なつ》が來《きた》り秋《あき》が往《ゆ》けば冬《ふゆ》となり、其《そ》の冬《ふゆ》の嚴寒《げんかん》の中《なか》に一陽來復《やうらいふく》といふが如《ごと》く、運《めぐ》り運《めぐ》つて止《や》まない所《ところ》から名《なつ》けられたのである。

相生

相生《さうじやう》の中《なか》に五つある、それは即《すなは》ち左《さ》の如《ごと》くである。

水生木　水《みづ》が木《き》を生《しやう》ずると聞《き》いては如何《いか》にも不審《ふしん》に思《おも》はれるが、もと水《みづ》は木《き》の母《はゝ》である、左《さ》れば水《みづ》が盡《つ》きてなくなれば木《き》は枯《か》れて了《しま》う、たとひ根《ね》を立切《たちき》つた木《き》でも、之《これ》を水《みづ》に浸《ひた》して置《お》けば暫《しば》らく生《い》きて居《ゐ》る、是《こ》れ水生木《すゐしやうもく》の理《り》である、又彼《またか》の果實《くわじつ》を見《み》るに、其《そ》の未《いま》だ熟《じゆく》せざる前《まへ》は皆水《みなみづ》である、又草木《またくさき》の花卉《くわき》も、之《これ》を揉破《もみやぶ》れば皆水《みなみづ》となつて了《しま》う、是《こ》れ亦明《またあきらか》に水生木《すゐしやうぼく》の理《り》である、此《か》く云《い》はゞ、或《あるひ》は然《しか》らば土生木《どしやうぼく》とこそ云《い》ふべきで、草木《さうもく》は皆土《みなつち》から生《しやう》じて居《ゐ》る、若《も》し土《つち》がなければ其生《そのせい》を保《たも》ち難《がた》い、然《しか》るに水《すゐ》生木《しやうぼく》と云《い》ふは如何《いか》なる理由《りいう》に基《もとづ》くかと云《い》ふに、土《つち》はもと水《みづ》の夫《をつと》である、斷易天機《だんえきてんき》に、我《わ》が尅《こく》するものを妻財《さいざい》とすとあるを見《み》れば、土《つち》は水《みづ》の夫《をつと》たることは明《あきら》かである、もと〳〵父《ちゝ》なくして子《こ》を生《しやう》ずると云《い》ふ事《こと》のあらうべき筈《はず》はないのである、けれども父《ちゝ》は直接《ちよくせつ》に子《こ》を産《う》むものでなくて、母《はゝ》が直接《ちよくせつ》に子《こ》を産《う》むのである、故《ゆゑ》に土生木《どしやうぼく》と言《い》はずして水生木《すゐしやうぼく》と言《い》ふのである、蠡海集《れいかいしふ》にも、水生木《すゐしやうぼく》、水盛《みづさか》んなるときは、また漂《たゞよ》ひ流《なが》る、蓋《けだ》し生《しやう》ずるといへども反《かへ》つて忌《い》む、此《こ》れ謂《いは》ゆる生《しやう》ずる中《なか》に尅《こく》あるなりと言《い》つてある、以《もつ》て知《し》るべきではあるまいか。

木生火　木《き》は火《ひ》の母《はゝ》で、火《ひ》は木《き》の子《こ》である、左《さ》れば木《き》なくして火《ひ》の燃《もゆ》ると云《い》ふことは無《な》い、木《き》が盡《つ》きれば火《ひ》は消《き》えて了《しま》う、奥山《おくやま》の杉《すぎ》の叢立《むらだ》ちとも摺《す》れば、己《おの》が身《み》よりぞ火《ひ》を出《いだ》しけれと云《い》ふ歌《うた》の如《ごと》く、深山《しんざん》に於《お》ける木々《きゞ》が揉合《もみあ》へば火《ひ》が發《で》る、是《こ》れ木生火《もくしやうくわ》の理《り》である、併《しか》し金《かね》と金《かね》とを打合《うちあは》すれば火《ひ》が出《で》る又石《またいし》と石《いし》と打合《うちあは》して火《ひ》が出《で》る、又金《またかね》と石《いし》とを打合《うちあは》しても火《ひ》が出《で》る、のみならず彼《か》の天《てん》に電《いなづま》の火《ひ》がある是《これ》に由《よ》つて見《み》れば、火《ひ》を生《しやう》ずるには必《かなら》ず木《き》にのみ限《かぎ》つたことは無《な》いと反駁《はんばく》せらるゝかも知《し》らないが、成程《なるほど》それらの有《あ》ることは世人周知《せじんしうち》の事實《じじつ》であるけれども、併《しか》し夫等《それら》の火《ひ》には體《たい》がない、木《き》を假《か》りて始《はじ》めて燃《もゆ》るのであるから、そこで木生火《もくしやうくわ》と云《い》ふのである。

火生土　有《あ》らゆる物《もの》が燃《もゆ》るときは火《ひ》であつて、消《き》えれば灰《はひ》となつて了《しま》う、此《こ》の灰《はひ》と土《つち》とは一體《たい》である、故《ゆゑ》に火生土《くわしやうど》と云《い》ふ譯《わけ》である。

土生金　彼《か》の鑛山《くわうざん》よりは必《かなら》ず金屬《きんぞく》を生《しやう》ずる。是《こ》れ土生金《どしやうきん》の證據《しようこ》である、併《しか》し海中《かいちう》からも金屬《きんぞく》が採《と》れる、左《さ》れば土生金《どしやうきん》とばかり言《い》ふことは出來《でき》ないで、水生金《すゐしやうきん》とも稱《しよう》せねばならぬでは無《な》いかと言《い》はるゝ向《むき》もあらうけれども、その海中《かいちう》から採《と》れると云《い》つても、其《そ》れは水《みづ》からではなくて、矢張《やは》り海《うみ》の底《そこ》の土《つち》から生《しやう》ずるのであるから、是《これ》を土生金《どしやうきん》と云《い》つて毫《がう》も差支《さしつかへ》ないのである。

金生水　金《かね》を火《ひ》で炙《あぶ》れば、上《うへ》に水《みづ》が浮《う》いて來《く》る、是《こ》れ金生水《きんしやうすゐ》であると言《い》ふが、それは金《かね》が直《たゞ》ちに水《みづ》を生《しやう》じたのでは無《な》くて、火《ひ》に炙《あぶ》られて出《で》たのであるから、火生水《くわしやうすゐ》と云《い》ふべきに、其《そ》れを反《かへ》つて金生水《きんしやうすゐ》と云《い》ふは穩《おだや》かでないと云《い》はれやうが、成程《なるほど》それは一應御尤《おうごもつと》もであるけれども、もと〳〵火《ひ》は金《かね》の夫《をつと》としてある、左《さ》れば斷易天機《だんえきてんき》には、我《わ》が尅《こく》する者《もの》を妻財《さいざい》とすと云《い》ひ、格致餘論《かくちよろん》には、火《ひ》は肺《はい》なり、金《かね》の夫《をつと》たりと見《み》えて居《ゐ》る、夫《をつと》は自身《じしん》に子《こ》を產《う》む者《もの》ではなくて、直接《ちよくせつ》に產《う》む者《もの》は母《はゝ》である、是《こ》れ金生水《きんしやうすゐ》の理《り》である、又天《またてん》に金星《きんせい》あり、此星雨《このほしあめ》を主《つかさど》る、故《ゆゑ》に金生水《きんしやうすゐ》と曰《い》ふと云《い》つてある、又金石《またきんせき》一體《たい》と云《い》ふことが述《の》べてある、例《たと》へば、井戸《ゐど》を掘《ほ》り下《さ》げて、底《そこ》へ行《い》つて石沙《いさご》に掘《ほ》り當《あ》てれば水《みづ》が出《で》る、故《ゆゑ》に金生水《きんしやうすゐ》であるとも云《い》つてある、蠡海集《れいかいしふ》に、或人《あるひと》が問《と》ふには、五行相生《ぎやうさうじやう》の中《なか》で金生水《きんしやうすゐ》と云《い》ふことは分《わか》らないと云《い》はれたが、其《そ》れは斯《か》ういふ事《こと》を心得《こゝろえ》ぬからである、蓋《おも》ふに、金《かね》は氣《き》である、水《みづ》は氣《き》の聚《あつ》まりて生《しやう》ずるものである、故《ゆゑ》に金生水《きんしやうすゐ》である、又天《またてん》は金《かね》の體《たい》で、星《ほし》は金《かね》の精氣《せいき》であつて、天《てん》より降《くだ》るときは雨《あめ》となり、氣《き》が地《ち》より出《いづ》るときは泉《いづみ》となる、天《てん》は陽《やう》であつて變化《へんくわ》するものであるから、或《あるひ》は雨《う》あめふり暘《やう》晴天がある、地《ち》は陰《いん》であつて常《つね》を守《まも》るものであるから、泉《いづみ》が流《なが》れて息《や》まぬのであると説《と》いてある、以《もつ》て金生水《きんしやうすゐ》たることを會得《ゑとく》すべきである。

相尅

相尅《さうこく》にも亦《また》五つあつて、それは左《さ》の如《ごと》くである。

水尅火　如何《いか》なる猛火《まうくわ》でも水《みづ》の爲《ため》には打消《うちけ》されて了《しま》う、是《これ》は水《みづ》が火《ひ》を尅《こく》するからである。

火尅金　如何《いか》なる堅硬《けんかう》な金屬類《きんぞくるゐ》でも、鎔爐《ようろ》に入《い》れて火《ひ》に架《か》ければ忽《たちま》ちにして鎔解《ようかい》して了《しま》う、即《すなは》ち是《こ》れ火《ひ》が金《かね》を尅《こく》するからである。

金尅木　いかなる巨大《きよだい》な木材《もくざい》であらうとも、質《しつ》の硬《かた》い樹木《じゆもく》であらうとも、斧《をの》や鋸《のこぎり》の如《ごと》き金屬《きんぞく》に遇《あ》ふては、一堪《たま》りもなく伐《き》りさいなまれて了《しま》う、是《こ》れ金《かね》が木《き》に打克《うちか》つ證據《しようこ》である。

木尅土　例《たと》へば、草木《さうもく》の種《たね》を播《ま》いて置《お》けば、やがて土《つち》を穿《うが》つて芽《め》を出《だ》して來《く》る、又樹木《またじゆもく》を植《う》ゑんとするときは、その根幹《こんかん》の大小《だいせう》に由《よ》りて穴《あな》を穿《うが》ち土《つち》を去《と》る、又杭《またくひ》一本立《ぽんた》てるにしても、土《つち》を穿《ほ》らねばならぬ、是《こ》れ木《き》が土《つち》を尅《こく》する所以《ゆゑん》である。

土對水　水流《せゐりう》を堰《せ》き止《と》めたり、或《あるひ》は水路《すゐろ》を正《ただ》しくする爲《た》めには、土堤《どて》や堤防《ていばう》を築《きづ》けば、忽《たちま》ちにして功《こう》を奏《そう》する、彼《か》の暴雨《ばうふう》などの爲《ため》に河水《かすゐ》が氾濫《はんらん》して、今《いま》や堤防《ていばう》が決潰《けつくわい》しやうとした時《とき》でも、土俵《どへう》を堆《うづたか》く積《つ》めば、瞬《また》く間《ま》に之《これ》を喰《く》ひ止《と》めて了《しま》う、又清水中《またせいすゐちう》に一握《にぎり》の土《つち》を投《な》げ込《こ》めば濁《にご》つて了《しま》う、是皆土《これみなつち》が水《みづ》を尅《こく》するからである。

第十三章　幹合の說

世《よ》の中《なか》でも相互《さつご》に融合《ゆうがふ》しないものは油《あぶら》と水《みづ》のやうであると云《い》ひ、之《これ》に反《はん》して能《よ》く融和《ゆうわ》するものは水《みづ》と砂糖《さたう》の如《ごと》くであると云《い》ふやうに、互《たがひ》に反撥《はんぱつ》しないまでも融合《ゆうがふ》しないものがある、矢張《やは》り十干《かん》（幹《かん》）の中《なか》でも其《そ》れがある、今茲《いまこゝ》には其《そ》の相聚《あひあつ》まりて親《した》しく融合《ゆうがふ》するものを擧《あ》ぐれば左《さ》の如《ごと》くである。

甲・己
乙・庚
丙・辛
丁・壬
戊・癸

右《みぎ》の如《ごと》く組合《くみあは》せたものが即《すなは》ちそれである。

第十四章　支合の說

支合《しがふ》とは一名《めい》六合《がふ》とも云《い》ひまして、十二支《し》が二つづゝ相聚《あひあつ》まりて親《した》しく融合《ゆうがふ》するを云《い》ふので、その六合《がふ》とは、互《たがひ》に組合《くみあは》せたものが六つあるより名《なづ》けたのである。

子	寅	卯	辰	巳	午
丑	亥	戌	酉	申	未

右《みぎ》に掲《かゝ》げたる六つの如《ごと》く組合《くみあは》せたものは、相互《さうご》に融和《ゆうわ》することが出來《でき》るのである。

第十五章　六冲の説

六冲《ちう》は一名《めい》六衝《しやう》とも云《い》つて、同《おな》じ十二支《し》の中《なか》でも氣分《きぶん》の合《あ》はぬもの同士《どうし》が六つある。

子《ね》と午《うま》　丑《うし》と未《ひつじ》　寅《とら》と申《さる》　卯《う》と酉《とり》　辰《たつ》と戌《いぬ》　巳《み》と亥《ゐ》

右《みぎ》に擧《あ》げたる六つは、互《たがひ》に衝突《しようとつ》し合《あ》つて、殆《ほと》んど仇同士《かたきどうし》のやうに反撥《はんぱつ》して、決《けつ》して融和《ゆうわ》しないのである。

第十六章　六十四卦納甲飛伏世應卦身の圖

乾《けん》爲《い》天《てん》 本宮	天《てん》風《ぷう》姤《こう》	天《てん》山《ざん》遯《とん》	天《てん》地《ち》否《ひ》	風《ふう》地《ち》觀《くわん》	山《さん》地《ち》剝《はく》
壬戌父母世	壬戌父	壬戌父	壬戌應	卯才	丙寅才
申兄弟	申兄	申兄應	申兄身	巳官兄申	子子世兄申
午官鬼	午官應身	午官	午官	未父世	戌父身
甲辰父母應	辛酉兄	丙申兄	乙卯才世	卯才	乙卯才
寅妻財	亥子才寅	午官世才寅	巳官	巳官身	巳官應
子子孫	丑父世	辰父身子子	未父子子	未父應	未父
飛 壬戌 伏 癸酉	飛 辛丑 伏 甲子	飛 丙午 伏 甲寅	飛 乙卯 伏 甲辰	飛 辛未 伏 壬午	飛 丙子 伏 壬申

火《くわ》地《ち》晉《しん》	火《くわ》天《てん》大《たい》有《いう》	兌《だ》爲《ゐ》澤《たく》	澤《たく》水《すゐ》困《こん》	澤《たく》地《ち》萃《すゐ》	澤《たく》山《ざん》咸《かん》
游魂	歸魂	本宮			
⚊ 己巳官	⚊ 己巳官應	⚋ 丁未父世	⚋ 丁未父	⚋ 丁未父身	⚋ 丁未父應
⚋ 未父	⚋ 未父	⚊ 酉兄	⚊ 酉兄	⚊ 酉兄應	⚊ 酉兄
⚊ 酉兄世	⚊ 酉兄	⚊ 亥子身	⚊ 亥子應	⚊ 亥子	⚊ 亥子
⚋ 乙卯才身	⚊ 甲辰父世	⚋ 丁丑父應	⚋ 戊午官身	⚋ 乙卯才	⚊ 丙申兄世身
⚋ 巳官	⚊ 寅才身	⚊ 卯才	⚊ 辰父	⚋ 巳官世	⚋ 午官 才卯
⚋ 未父應 子子	⚊ 子子	⚊ 巳官	⚋ 寅才世	⚋ 未父身	⚋ 辰父
飛 己酉 伏 壬午	飛 甲辰 伏 乙卯	飛 丁未 伏 丙寅	飛 戊寅 伏 丁巳	飛 乙巳 伏 丁卯	飛 丙申 伏 丁丑

火《くわ》山《ざん》旅《りよ》	離《り》爲《ゐ》火《くわ》	雷《らい》澤《たく》歸《き》妹《まい》	雷《らい》山《さん》小《せう》過《くわ》	地《ち》山《さん》謙《けん》	水《すゐ》山《ざん》蹇《けん》
	宮本	魂歸	魂游		
⚊ 兄己巳	⚊ 世兄己巳 身	⚋ 應父庚戌	⚋ 父庚戌	⚋ 身兄癸酉	⚋ 子戊子
⚋ 子未	⚋ 子未	⚋ 身兄申	⚋ 兄申	⚋ 世子亥	⚊ 父戌
⚊ 應才酉	⚊ 才酉	⚊ 亥子官午	⚊ 亥子世官午	⚋ 父丑	⚋ 世兄申
⚊ 亥官 才丙申	⚊ 應官己亥	⚋ 世父丁丑	⚊ 兄丙申	⚊ 兄丙申	⚊ 身兄丙申
⚋ 身兄午	⚋ 子丑	⚊ 才卯	⚋ 身 卯才 官午	⚋ 卯才應官午	⚋ 卯才 官午
⚋ 卯父世子辰	⚊ 父卯	⚊ 官巳	⚋ 應父辰 身	⚋ 父辰	⚋ 應父辰
伏 卯巳 飛 辰丙	伏 子戊 飛 己巳	伏 申丙 飛 丑丁	伏 亥丁 飛 午庚	伏 酉丁 飛 亥癸	伏 亥丁 飛 申戊

天《てん》火《くわ》同《どう》人《じん》	天《てん》水《すゐ》訟《しよう》	風《ふう》水《すゐ》渙《くわん》	山《さん》水《すゐ》蒙《もう》	火《くわ》水《すゐ》未《び》濟《ぜい》	火《くわ》風《ふう》鼎《てい》
魂歸	魂游				
⚊ 應子壬戌 身	⚊ 子壬戌	⚊ 父辛卯	⚊ 父丙寅	⚊ 應兄己巳	⚊ 兄己巳
⚊ 才申	⚊ 才申	⚊ 世兄巳	⚋ 身官子	⚋ 子未	⚋ 應子未
⚊ 兄午	⚊ 世兄午	酉才 ⚋ 子未	身 ⚋ 酉才世子戌	⚊ 才酉	⚊ 才酉
⚊ 世官己亥	亥官 ⚋ 兄戊午	亥官 ⚋ 兄戊午	⚋ 兄戊午	亥官 ⚋ 世兄戊午	⚊ 才辛酉
⚋ 子丑	⚊ 子辰	⚊ 應子辰 身	⚊ 子辰	⚊ 子辰	⚊ 世官亥
⚊ 父卯	⚋ 應父寅 身	⚋ 父寅	⚋ 應父寅	⚋ 身父寅	卯父 ⚋ 身子丑
伏　飛	伏　飛	伏　飛	伏　飛	伏　飛	伏　飛
午戊亥己	酉己午壬	未己巳辛	酉巳戌丙	亥巳午戊	丑己亥辛

震《しん》為《ゐ》雷《らい》 本宮	雷《らい》地《ち》豫《よ》	雷《らい》水《すゐ》解《かい》	雷《らい》風《ふう》恒《ごう》	地《ち》風《ふう》升《しよう》	水《すゐ》風《ふう》井《せい》
⚋ 世才庚戌	⚋ 才庚戌	⚋ 才庚戌	⚋ 應才庚戌	⚋ 身官癸酉	⚋ 父戊子
⚋ 身官申	⚋ 官申	⚋ 應官申 身	⚋ 官申	⚋ 父亥	⚊ 世才戌 身
⚊ 子午	⚊ 應子午	⚊ 子午	⚊ 身子午	⚋ 午子世才丑	⚋ 午子 官申
⚋ 應才庚辰	⚋ 兄乙卯	⚋ 子戊午	⚊ 世官辛酉	⚊ 身官辛酉	⚊ 官辛酉
⚋ 兄寅	⚋ 身子巳	⚊ 世才辰	⚊ 寅兄 父亥	⚊ 寅兄 父亥	⚊ 寅兄應父亥
⚊ 父子	⚋ 子父世才未	⚋ 子父 兄寅	⚋ 才丑	⚋ 應才丑	⚋ 才丑
伏 飛 卯辛戌庚	伏 飛 子庚未乙	伏 飛 寅庚辰戊	伏 飛 辰庚酉辛	伏 飛 午庚丑癸	伏 飛 辛庚戌戊

	澤《たく》風《ふう》大《たい》過《くわ》	澤《たく》雷《らい》隨《ずゐ》	巽《そん》爲《ゐ》風《ふう》	風《ふう》天《てん》小《せう》畜《ちく》	風《ふう》火《くわ》家《か》人《じん》	風《ふう》雷《らい》益《えき》
	游魂	歸魂	本宮			
	丁未 才 身	丁未 才 應	辛卯 兄 世	辛卯 兄	辛卯 兄	辛卯 兄 應
	酉 官 世 子 午	酉 官 身	巳 子 身	巳 子	巳 子 應	巳 子 身
	亥 父 世 子 午	亥 父 子 午	未 才	未 才 應	未 才 身	未 才
	辛酉 官	庚辰 才 世	辛酉 官 應	甲辰 才 官 酉	巳亥 父 官 酉	庚辰 才 世 官 酉
	亥 官 兄 寅	寅 兄	亥 兄	寅 兄	丑 世	寅 兄
	丑 才 應	子 父	丑 才	子 父 世 身	卯 兄	子 父
飛	丁亥	庚辰	辛卯	甲子	己丑	庚辛
伏	庚午	辛酉	庚戌	辛丑	辛亥	辛酉

天《てん》雷《らい》无《ぶ》妄《ばう》	火《くわ》雷《らい》噬《ぜい》嗑《がふ》	山《さん》雷《らい》頤《い》	山《さん》風《ぷう》蠱《こ》	坎《かん》爲《ゐ》水《すゐ》	水《すゐ》澤《たく》節《せつ》
		游魂	歸魂	本宮	
━━━ 才 壬戌	━━━ 子 己巳	━━━ 兄 丙寅	━━━ 應兄 丙寅 身	━ ━ 世兄 戊子	━ ━ 身兄 戊子
━━━ 官申	━ ━ 世才未	━ ━ 巳子 父子	━ ━ 己子 父子	━━━ 官戌	━━━ 官戌
━━━ 世子午	━━━ 官酉	━ ━ 世才戌	━ ━ 才戌	━ ━ 父申	━ ━ 應父申
━ ━ 才 庚辰	━ ━ 才 庚辰	━ ━ 酉官身才 庚辰	━━━ 世官 辛酉	━ ━ 應才午	━ ━ 官 丁丑
━ ━ 兄寅	━ ━ 應兄寅 身	━ ━ 兄寅	━━━ 父亥	━━━ 官辰	━━━ 子卯
━━━ 應父子 身	━━━ 父子	━━━ 應父子	━ ━ 才丑	━ ━ 身子寅	━━━ 世才巳
飛 壬午 伏 辛未	飛 己未 伏 辛己	飛 丙戌 伏 辛未	飛 辛酉 伏 庚辰	飛 戊子 伏 己己	飛 丁巳 伏 戊寅

水《すゐ》雷《らい》屯《ちゆん》	水《すゐ》火《くわ》既《き》濟《せい》	澤《たく》火《くわ》革《かく》	雷《らい》火《くわ》豐《ほう》	地《ち》火《くわ》明《めい》夷《い》	地《ち》水《すゐ》師《し》
				游魂	歸魂
⚋ 兄戊子	⚋ 應兄戊子 身	⚋ 官丁未	⚋ 身官庚戌	⚋ 身父癸酉	⚋ 應父癸酉
⚊ 應官戌	⚊ 官戌	⚊ 父酉	⚋ 世父申	⚋ 兄亥	⚋ 兄亥
⚋ 父申	⚋ 父申	⚊ 世兄亥	⚊ 才午	⚋ 世官丑	⚋ 官丑
⚋ 午子 身官庚辰	⚊ 午才 世兄亥	⚊ 午才 兄亥	⚊ 午才 兄己亥	⚊ 午才 兄己亥	⚋ 世才戊午
⚋ 世子寅	⚋ 官丑	⚋ 官丑	⚋ 應官丑	⚋ 官丑	⚊ 官辰
⚊ 兄子	⚊ 子卯	⚊ 應子卯 身	⚊ 子卯	⚊ 應子卯	⚋ 身子寅
飛 伏	飛 伏	飛 伏	飛 伏	飛 伏	飛 伏
辰戌寅庚	午戌亥巳	申戌亥丁	戌戌申庚	申戌丑癸	亥巳午戌

艮《ごん》為《ゐ》山《さん》 本宮	山《さん》火《くわ》賁《ひ》	山《さん》天《てん》大《たい》畜《ちく》	山《さん》澤《たく》損《そん》	火《くわ》澤《たく》睽《けい》	天《てん》澤《たく》履《り》
⚊ 丙寅官世	⚊ 丙寅官	⚊ 丙寅官	⚊ 丙寅官應	⚊ 己巳父	⚊ 壬戌兄
⚋ 子才	⚋ 子才身	⚋ 子才應	⚋ 子才	⚋ 未兄才子	⚊ 申子世才子
⚋ 戌兄	⚋ 戌兄應	⚋ 戌兄	⚋ 戌兄	⚊ 酉子世	⚊ 午父
⚊ 丙申子應	⚋ 己亥才才申	⚊ 甲辰兄身子申	⚋ 丁丑兄世子申	⚋ 丁丑兄	⚋ 丁丑兄身
⚋ 午父	⚋ 丑兄午父	⚊ 寅官世父午	⚊ 卯官身	⚊ 卯官身	⚊ 卯官應
⚋ 辰兄	⚊ 卯官世	⚊ 子才	⚊ 巳父	⚊ 巳父應	⚊ 巳父
飛 丙寅 伏 丁未	飛 己卯 伏 丙辰	飛 甲寅 伏 丙午	飛 丁丑 伏 丙申	飛 己酉 伏 丙戌	飛 壬申 伏 丙子

魂游	魂歸	宮本			
風《ふう》澤《たく》中《ちう》孚《ふ》	風《ふう》山《さん》漸《ぜん》	坤《こん》爲《ゐ》地《ち》	地《ち》雷《らい》復《ふく》	地《ち》澤《たく》臨《りん》	地《ち》天《てん》泰《たい》
⚊ 官辛卯	⚊ 應官辛卯	⚋ 世子癸酉	⚋ 子癸酉	⚋ 子癸酉	⚋ 應子癸酉
⚊ 子才 父巳	⚊ 子才 父巳	⚋ 身才亥	⚋ 子亥	⚋ 應才亥	⚋ 子亥
⚋ 兄未	⚋ 兄未	⚋ 兄丑	⚋ 應兄丑	⚋ 身兄丑	⚋ 兄丑
⚋ 世子丙申	⚊ 世子丙申 身	⚋ 應官乙卯	⚋ 兄庚辰	⚋ 身兄丁丑	⚊ 世兄甲辰
⚊ 身父午 卯	⚋ 父午	⚋ 父巳	⚋ 巳父 官寅	⚊ 世官卯	⚊ 巳父才官寅 身
⚊ 應兄辰	⚋ 兄辰	⚋ 兄未	⚊ 世才子 身	⚊ 父巳	⚊ 才子
飛 辛未 伏 丙戌	飛 丙申 伏 丁丑	飛 癸酉 伏 壬戌	飛 庚子 伏 乙未	飛 丁卯 伏 乙己	飛 甲辰 伏 乙卯

雷《らい》天《てん》大《たい》壮《さう》	澤《たく》天《てん》夬《くわい》	水《すゐ》天《てん》需《じゆ》	水《すゐ》地《ち》比《ひ》
		游魂	歸魂
庚戌 兄	丁未 兄	戊子 才	戊子 才 應
申 子	酉 子 世	戌 兄	戌 兄
午 父 世	亥 才	申 子 世	申 子 身
辰 兄	甲辰 兄 身	甲申 兄 身	乙卯 官 世
寅 官	寅 官 應 父 巳	寅 官 父 巳	巳 父
子 才 應 身	子 才	子 才 應	未 兄
飛 庚午 伏 癸丑	飛 丁酉 伏 癸亥	飛 癸午 伏 癸丑	飛 乙卯 伏 甲辰

右《みぎ》の圖解中《づかいちう》にある、父《ふ》は父母《ふぼ》の略《りやく》、官《くわん》は官鬼《くわんき》の略《りやく》、兄《けい》は兄弟《けいてい》の略《りやく》、才《さい》は妻財《さいざい》の略《りやく》、子《し》は子孫《しそん》の略《りやく》であるから、是等《これら》を混同《こんどう》せぬやうに注意《ちうい》が肝要《かんえう》である。

第十七章 世と應との説

前章《ぜんせう》の圖解中《づかいちう》に世《せい》と書《か》き應《おう》と記《しる》してあるのは如何《いか》なる意味《いみ》かと云《い》ふに、例《たと》へば、

(1) 乾爲天《けんゐてん》、兌爲澤《だつゐたく》、離爲火《りゐくわ》、震爲雷《しんゐらい》、巽爲風《そんゐふう》、坎爲水《かんゐすゐ》、艮爲山《ごんゐさん》、坤爲地《こんゐち》の八卦《くわ》は、之《これ》を八純本宮《じゆんほんきう》の卦《くわ》と云《い》つて、上爻《じやうかう》（六爻《かう》の最上《さいじやう》に位《くらゐ》するもの）を以《もつ》て世《せい》とするのである。

(2) 天風姤《てんふうこう》、澤水困《たくすゐこん》、火山旅《くわざんりよ》、雷地豫《らいちよ》、風天小畜《ふうてんせうちく》、水澤節《すゐたくせつ》、山火賁《さんくわひ》、地雷復《ちらいふく》の八卦《くわ》は第《だい》一世《せい》の卦《くわ》と云《い》つて、初爻《しよかう》（六爻《かう》の最下《さいか》に位《くらゐ》するもの）を以《もつ》て世《せい》とするのである。

右《みぎ》の如《ごと》くにして漸次《ぜんじ》に、二世《せい》の卦《くわ》は二爻《かう》、三世《せい》の卦《くわ》は三爻《かう》、四世《せい》の卦《くわ》は四爻《かう》、五世《せい》の卦《くわ》は五爻《かう》を以《もつ》て世《せい》とするのであるが、

(3) 火地晋《くわちしん》、雷山小過《らいさんせうくわ》、天水訟《てんすゐしよう》の如《ごと》きは、六世《せい》と云《い》はずして游魂《いうこん》（後《のち》に出《いだ》す）の卦《くわ》と稱《とな》へて、四爻《かう》を以《もつ》て世《せい》とするのであるから、前《まへ》の四世《せい》の卦《くわ》と同《どう》一なのである。

(4) 次《つぎ》に火天大有《くわてんたいいう》、雷澤歸妹《らいたくきばい》、天火同人《てんくわどうじん》などの如《ごと》きは、歸魂《きこん》（後《のち》に出《いだ》す）の卦《くわ》と云《い》つて、三爻《かう》を以《もつ》て世《せい》とするのであるから、前《まへ》の三世《せい》の卦《くわ》と同《どう》一なのである。

應爻《おうかう》は、すべて上《うへ》にても下《した》にても、世爻《せいかう》との間《あひだ》に二爻《かう》を隔《へだ》てたるを云《い》ふのであつて、其《そ》の詳細《しやうさい》は前章《ぜんしやう》の納甲圖《なつかふづ》を參照《さんせう》して知悉《ちしつ》せらるべきである。

世《せい》と應《おう》との作用《さよう》に就《つい》ては、凡《すべ》て卜占《ぼくせん》の際《さい》には、世《せい》を以《もつ》て主《しゆ》とし自己《じこ》とし、應《おう》を以《もつ》て客《かく》とし他《た》とする

のであるから、例《たと》へば、旅行《りよかう》などの場合《ばあひ》には、應《おう》を以《もつ》て行先《ゆくさき》の土地《とち》とし、婚姻《こんいん》の場合《ばあひ》には、應《おう》を以《もつ》て婿《むこ》や嫁《よめ》などの家《いへ》とするの類《るゐ》である。

世爻《せかう》が發動《はつどう》するときは、首途旅立《かどでたびだち》には宜《よろ》しくない。

世爻《せかう》が空亡《くうばう》（後《のち》に出《いだ》す）するときは、後悔《こうくわい》して退《しりぞ》くか、又《また》は望《のぞみ》を失《うしな》ふものである。

世應《せおう》ともに動《うご》くときは、是迄《これまで》の事《こと》を改《あらた》めるか、又《また》は違變《ゐへん》するのである。

世應《せおう》ともに空亡《くうばう》して相合《あひがつ》するときは、虚約《きよやく》にして誠《まこと》なしとするのである。

世應《せおう》の間《あひだ》に忌神《きしん》（後《のち》に出《いだ》す）が發動《はつどう》するときは、事《こと》を妨《さまた》げて凶《きよう》である。

世爻《せかう》が忌神《きしん》を持《ぢ》するときは、何《なに》か憂疑《いうぎ》か阻隔《そかく》せらるゝことがある、但《たゞ》し克《こく》する場合《ばあひ》は宜《よろ》しいけれども、亦餘《またあま》りに太《はなは》だ過《す》ぎるのは宜《よろ》しくないのである。

世應《せおう》の間《あひだ》に忌神《きしん》が介在《かいざい》して居《ゐ》なくとも、發動《はつどう》するときは、物《もの》に隔《へだ》てあるものとすることがある。

世爻《せかう》が刑《けい》（後《のち》に出《いだ》す）に遇《あ》ひ、或《あるひ》は克《こく》に遭《あ》ふて忌神《きしん》より生《しやう》ずるときは、啻《たゞ》に事《こと》の成《な》らざるのみならず、時《とき》としては災咎《さいきう》を招《まね》くことがあるのである。

第十八章　卦身の説

已《すで》に第《だい》十六章《しやう》の納甲圖《なつかふづ》の中央《ちうあう》に、世應《せおう》と共《とも》に身《しん》と記《き》してあるのは此《こ》の卦身《くわしん》の略《りやく》である、その卦身《くわしん》といふは、陰《いん》の世《せ》は午《うま》の月《つき》より數《かぞ》へ初《はじ》め、陽《やう》の世《せ》は子《ね》の月《つき》より數《かぞ》へ初《はじ》めることになつて居《ゐ》て、何《いづ》れも初《しよ》爻《かう》より世《せ》に至《いた》るまでの數《すう》を掛身《くわしん》と云《い》ふのである、例《たと》へば、乾爲天《けんゐてん》の卦《くわ》であれば陽《やう》の世《せい》であるから、初《しよ》爻《かう》より子《ね》丑寅卯《うしとらう》辰巳《たつみ》と數《かぞ》へて行《ゆ》けば、丁度《ちやうど》巳《み》が其《そ》れに當《あた》るから是《これ》が卦身《くわしん》であるべきであるが、乾爲天《けんゐてん》には巳《み》の爻《かう》がないから、卦身《くわしん》はないのである、又天風姤《またてんふうこう》の卦《くわ》は陰《いん》の世《せ》なるゆゑ、初爻《しよかう》より午未申酉戌《うまひつじさるとりいぬ》亥《ゐ》と數《かぞ》へて行《ゆ》かうとするに、初爻《しよかう》の午《うま》の所《ところ》に世《せい》がある、卦中第《くわちうだい》四爻《かう》に午《うま》の爻《かう》があるから、之《これ》を卦身《くわしん》とするの類《たぐひ》である、他《た》の六十四卦《くわ》も亦皆《またみな》この例《れい》であつて、詳細《しやうさい》は納甲圖《なつかふづ》を參看《さんかん》して領解《りやうかい》せらるべきである。

卦身《くわしん》の爻《かう》は占《うらな》ふ所《ところ》の事柄《ことがら》の主要點《しゆえうてん》であつて、何《なに》か事件《じけん》を占《うらな》ふには其事件《そのじけん》の體《たい》とし、人物《じんぶつ》を占《うらな》ふには其人《そのひと》の身體容貌《しんたいようはう》とするのである、是《こゝ》を以《もつ》て卦身《くわしん》のない卦《くわ》は其事《そのこと》に總括《すべくゝ》りがない、縱《よし》んば卦身《くわしん》がありとても、其爻《そのかう》に病《やまひ》あるときは其事《そのこと》は成就《じやうじゆ》し難《がた》いのである、又《ま》時《とき》としては卦身《くわしん》の二つあるのがある、此卦《このくわ》に遇《あ》ふときは、人《ひと》と共同《きようさう》で事《こと》をするとか、或《あるひ》は官鬼《くわんき》に付《つ》いて動《うご》くときは爭《あらそ》ふことがある、之《これ》を要《えう》するに、卦身《くわしん》は出現《しゆつげん》するには宜《よろ》しいけれども、動《うご》くには不可《ふか》である。

第十九章　六親及び其の所屬說

この六親《しん》といふことに就《つい》て、近時《きんじ》或人《あるひと》は、事《じ》實上《じつじやう》に於《おい》て五つより外《ほか》なきゆゑ、自分《じぶん》は之《これ》を五親《しん》に改《あらた》むと云《い》つて、獨《ひと》り得々《とくとく》として居《を》らるゝけれども、其《そ》れは全《まつた》く僻說《へきせつ》であると思《おも》はれる、其《そ》れは『我《われ》を生《しやう》ずる者《もの》を父母《ふぼ》と爲《な》し』、『我《わ》が生《しやう》ずる者《もの》を子孫《しそん》と爲《な》し』、『我《わ》が尅《こく》する者《もの》を妻財《さいぐ》と爲《な》し』、『我《われ》を尅《こく》する者《もの》を官鬼《くわんき》と爲《な》し』、『比和《ひわ》する者《もの》を兄弟《けいてい》と爲《な》す』とある語《ご》に囚《とら》はれて、强《しひ》て劃然《かつきり》と五行《ぎやう》に當篏《あては》めんとした局小《きよくせう》の見《けん》から生《しやう》じたものに過《す》ぎないからである、又或人《またあるひと》は、父母《ふぼ》•子孫《しそん》•妻財《さいざい》•官鬼《くわんき》•兄弟《けいてい》この五つを六親《しん》と云《い》ふ、六とは六爻《かう》に配《はい》したるゆゑなり、亦《また》五類《るゐ》とも云《い》ふなり——我《われ》とはその卦《くわ》より云《い》ふ詞《ことは》なり云々《うんぬん》と說《と》いて居《を》る、此說《このせつ》は前者《ぜんしや》に比《くら》べて稍要《やゝえう》を得《え》たものとすべきで、殊《こと》に我《われ》とはその卦《くわ》より云《い》ふ詞《ことは》なりと云《い》ふより見《み》れば、之《これ》を直《たゞ》ちに自己《じこ》と解《かい》し、それに彼《か》の五類《るゐ》と對《たい》すれば六親《しん》であると云《い》つて差支《さしつかへ》ないのみならず、其《そ》の親和《しんわ》の意《い》も判明《はんめい》して來《く》るのである、是《こゝ》を以《もつ》て我《われ》を生《しやう》ずる者《もの》とは、例《たと》へば乾爲《けんゐ》天《てん》の卦《くわ》なれば金《きん》に屬《ぞく》するゆゑ、土《ど》爻《かう》戌辰を父母《ふぼ》とする、それは土生金《どしやうきん》であるからである、又我《またわれ》が生《しやう》ずる者《もの》は、乾爲《けんゐ》天《てん》の卦《くわ》なれば水爻子《すゐかうね》を子孫《しそん》とする、其《そ》れは金生水《きんしやうすゐ》であるからである、又我《おたが》が尅《こく》する者《もの》は、同卦《どうくわ》であれば木爻寅《もくかうとら》を妻財《さいざい》とする、それは金尅木《きんこくぼく》であるからである、又我《またわれ》を尅《こく》する者《もの》とは、同卦《どうくわ》であれば火《くわ》爻午《かううま》を官鬼《くわんき》とする、それは火尅金《くわこくきん》であるからである、比和《ひわ》とは性《しやう》の相同《あひおな》じきをいふので、同卦《どうくわ》であれば金爻申《きんかうさる》を兄弟《けいてい》とする、それは金《きん》と金《きん》とであるからである、斯様《かやう》な工合《くあひ》で六十四卦《くわ》は皆《みな》この例《れい》に洩《も》れぬので、その詳細《しやうさい》は已《すで》に納甲圖《なつかふづ》に示《しめ》されて居《を》る如《ごと》くである。

六親《しん》の作用《はたらき》は、父母伯叔師長《ふぼをぢをばしちやう》などを占《うらな》ふには、父母《ふぼ》の爻《かう》の強弱《きやうじやく》を考《かんが》へ、又子孫姪婿門人弟子《またしそんめひむこもんじんでし》などを占《うらな》ふには、子孫《しそん》の旺衰《わうすゐ》（後《のち》に出《いだ》す）を論《ろん》じ、妻妾又《さいせふまた》は金錢《きんせん》のことなどを占《うらな》ふには、妻財《さいざい》の生尅《しやうこく》を推考《すゐかう》し、仕官或《しくわんあるひ》は病症《びやうしやう》などのことを占《うらな》ふには、須《すべか》らく官鬼《くわんき》の吉凶《きつきよう》を斷《だん》じ、兄弟從兄弟《けいていいとこ》又《また》は同僚《どうれう》などのことを占《うらな》ふには、能《よ》く兄弟《けいてい》の生尅《しやうこく》を觀《み》て斷《だん》ずると云《い》ふやうにするのである。

六親の所屬

六親《しん》には各々《おのおの》その所屬《しよぞく》がある、今廣《いまひろ》く通《つう》じて用《もち》ゆるものを擧《あ》ぐれば左《さ》の如《ごと》くである。

(1)父母《ふぼ》の屬《ぞく》　高曾祖《かうそうそ》父母《ふぼ》、父母《ふぼ》、師匠《しやう》、家主《いへぬし》、寄親《きしん》、伯叔《をぢをば》父母《ふぼ》、姑《しうとめ》父方、外舅《ぐわいきう》母方、舅姑《きうこ》、父母《ふぼ》の同僚朋友《どうれうほういう》又《また》は年輩同《ねんぱいおな》じき親友《しんいう》、城《しろ》、館《やかた》、宅《たく》、宮室《きうしつ》、汽車駕籠汽船車馬《きしやかごきせんしやば》の類《るゐ》、衣服絹紬木綿《いふくけんちうもめん》の類《るゐ》、又服紗風《またふくさふ》呂敷鞄類《ろしきかばんるゐ》、傘《かさ》二重廻《ぢうまは》し外套簑笠《ぐわいたうみのかさ》、帽子《ばうし》冠類《かんむりるゐ》、書簡證文其他要書類《しよかんしようもんそのたえうしよるゐ》、書籍帳簿《しよせきちやうぼ》、雨《あめ》。

(2)官鬼《くわんき》の屬《ぞく》　官府《くわんぷ》、長官《ちやうくわん》の類《るゐ》、夫《をつと》、夫《をつと》の兄弟又《きやうだいまた》は同僚朋輩《どうれうほうはい》、親友《しんいう》、亂臣《らんしん》、盜賊《たうぞく》、邪崇《じやすう》、憂苦患難《いうくくわんなん》、病氣《びやうき》、死體《したい》、逆風《ぎやくふう》、刀劍《たうけん》の類《るゐ》、鬼神又《きじんまた》は神佛位牌幣束《しんぶつゐはいへいそく》の類《るゐ》、雷電《らいでん》。

(3)兄弟《けいてい》の屬《ぞく》　兄弟姉妹《けいていしまい》、從兄弟姉妹《じうけいていしまい》、姉婿妹婿妻《あねむこいもとむこつま》の兄弟《けいてい》、同僚同輩同學朋友《どうれうどうはいどうがくほういう》、風雲《ふううん》。

(4)妻財《さいざい》の屬《ぞく》　妻妾《さいせふ》、友人《いうじん》の妻妾《さいせふ》（すべて父母兄弟等《ふほけいていとう》に屬《ぞく》する者《もの》の外《ほか》は、友人等《いうじんとう》にあらずと雖《いへど》も、何《いづ》れの婦人女子《ふじんぢよし》にても、皆妻財《みなさいざい》を用神《ようしん》とすべし）、嫂《あによめ》、弟婦《ていふ》、下女下男《げぢよげなん》、雇人《やとひにん》、諸物《しよぶつ》の價《あたひ》、金銀財寶《きんぎんざいはう》、寶物《はうもつ》、物置土藏《ものおきどざう》又《また》は炭部屋《すみべや》薪小屋《まきごや》の類《るゐ》、すべて世帯道具《しよたいだうぐ》膳椀鍋釜簞笥《ぜんわんなべかまたんす》長持《ながもち》の類《るゐ》、天氣晴朗《てんきせいらう》、食物《しよくもつ》の類《るゐ》。

(5)子孫《しそん》の屬《ぞく》　男子女子《だんしぢよし》、孫曾孫玄孫《まごひこやしやご》、甥姪《をひめひ》、婿孫婿姪婿孫婦《むこまごむこめひむこまごをんな》　甥婦《をひをんな》の類《るゐ》、門人弟子《もんじんでし》、子分子方《こぶんこかた》、忠臣《ちうしん》、良將《りやうしやう》、藥劑《やくざい》、寺僧《じそう》、修驗《しゆげん》、牛馬猫犬鷄《ぎうばねこいぬとり》の類《るゐ》、飼鳥養魚《してうやうぎよ》の類《るゐ》、盃《さかづき》　銚子《てうし》煙管《きせる》煙草入《たはこいれ》團扇《うちわ》鼻紙《はながみ》の類《るゐ》、酒《しゆ》肴《かう》煙草《たはこ》菓子《くわし》の類《るゐ》、苦勞《くらう》を免《まぬが》れ災難《さいなん》を避《さ》くるの類《るゐ》、順風《じゆんぷう》、日月星《じつげつせい》。

右《みぎ》の外《ほか》、我《わ》が主君《しゆくん》は凡《すべ》て九五を以《もつ》て用神《ようしん》とし、親戚朋友等《しんせきほういうとう》の部《ぶ》に入《い》らざる他人《たにん》にして、僧尼《そうに》とか修《しゆ》驗《げん》とか、又《また》は盜賊等《たうぞくとう》の名《な》なきものは、皆應爻《みなおうかう》を以《もつ》て用神《ようしん》とする、其餘《そのよ》はみな六神《しん》の所屬《しよぞく》に定法《ぢやうはふ》があるけれども、兎《こ》に角天下《かくてんか》の萬類《はんるゐ》は窮《きは》まりなきものなれば、今玆《いまこゝ》に擧《あ》げざるものは各自《かくじ》に類推《るゐすゐ》して用《もち》ゆべきである、彼《か》の居室《きよしつ》には父母《ふほ》を用《もち》ゆるけれども、物置《ものおき》や土藏《どざう》には妻財《さいざい》を用神《ようしん》とし、食物《しよくもつ》には妻財《さいざい》を用《もち》ゆるが、酒《さけ》や菓子《くわし》には子孫《しそん》の爻《かう》を用神《ようしん》とすると云《い》ふ鹽梅《あんはい》であるから、よく〳〵推究考察《すゐかう〳〵さつ》せねばならぬのである。

第二十章　遊魂及び歸魂の說

前《まへ》の納甲《なつかふ》の圖解中《づかいちう》に、或卦《あるくわ》に限《かぎ》りて遊魂又《いうこんまた》は歸魂《きこん》と云ふことが記入《きにふ》せられてあつたが、其《そ》の理由《りいう》は如何《いかん》と云《い》ふに、即《すなは》ち遊《いう》とは其卦《そのくわ》の本宮《ほんきう》を出《い》で丶他宮《たきう》に出遊《しゆついう》するとの意《い》である、また魂《こん》とは形體《けいたい》に宿《やど》るところの精神《せいしん》である、左《さ》れば遊魂《いうこん》の卦《くわ》は、その形體《けいたい》は本宮《ほんきう》にあるけれども、精神《せいしん》は他宮《たきう》に出遊《しゆついう》するのである、例《たと》へば、乾《けん》（本宮《ほんきう》）の遊魂《いうこん》は火地晉《くわちしん》、兌《だ》（本宮《ほんきう》）の遊魂《いうこん》は雷山小過《らいさんせうくわ》、離《り》（本宮《ほんきう》）の遊魂《いうこん》は天水訟《てんすゐしやう》、震《しん》（本宮《ほんきう》）の遊魂《いうこん》は澤風大過《たくふうたいくわ》の類《るゐ》の如《ごと》きである、そして何《いづ》れも内卦《ないくわ》は本宮《ほんきう》の卦《くわ》と相反《あひはん》するのである、次《つぎ》に歸魂《きこん》の卦《くわ》といふは、一旦他宮《たんたきう》に出遊《しゆついう》したものが、復《ふた》び本宮《ほんきう》に歸《かへ》ると云《い》ふ意《い》である、例《たと》へば乾《けん》の歸魂《きこん》は火天大有《くわてんたいう》、兌《だ》の歸魂《きこん》は雷澤歸妹《らいたくきまい》、離《り》の歸魂《きこん》は天火同人《てんくわどうじん》、震《しん》の歸魂《きこん》は澤雷隨《らいたくずゐ》、巽《そん》の歸魂《きこん》は山風蠱《さんぷうこ》の類《るゐ》であつて、何《いづ》れも内卦《ないくわ》に本宮《ほんきう》の卦《くわ》がある、共《とも》に前《まへ》の納甲圖中《なつかふづちう》に擧《あ》げたれば就《つい》て看《み》らるべきである。

是等《これら》兩卦《りやうくわ》に就《つい》て判斷《はんだん》を下《くだ》すに當《あた》りては、

凡《およ》そ遊魂《いうこん》の卦《くわ》に遇《あ》ふときは、心《こゝろ》が落付《おちつ》かず或《あるひ》は旅行出遊《りよかうしゆついう》の義《ぎ》がある、婚姻《こんいん》を占《うらな》ふて此卦《このくわ》を得《う》るときは、家内《かない》が穩《おだや》かならざるか、又《また》は離別《りべつ》に至《いた》るの兆《てう》がある、又婢僕《またひぼく》を養《やしな》ふに、此卦《このくわ》を得《え》て世爻《せかう》を沖剋《ちうこく》するときは逃亡《たうばう》することがある、又身命《またしんめい》を占《うらな》ふて此卦《このくわ》を得《う》るときは、生涯《しやうがい》の内《うち》に旅行《りよかう》や遠地《ゑんち》に赴任《ふにん》することが多《おほ》きか、又《また》は借地借家《しやくちしやくや》などのことゝするの類《るゐ》である。

次《つぎ》に歸魂《きこん》の卦《くわ》は、本《もと》に復《ふく》するの心《こゝろ》あるか、又《また》は家《いへ》に歸《かへ》るやうな意《い》がある、逃亡《たうばう》のことを占《うらな》ふて此卦《このくわ》を得《う》るときは、其人《そのひと》は我家《わがや》に歸《かへ》りて隱《かく》るゝか、又《また》は頻《しき》りに歸《かへ》らんとする心《こゝろ》の萠《きざ》すの類《るゐ》とする、婚姻又《こんいんまた》は婢僕《ひぼく》などを養《やしな》ふに此卦《このくわ》を得《え》て六爻《かう》が安靜《あんせい》なるときは、永《なが》く落付《おちつ》きて動《うご》かないとするの類《るゐ》である。

若《も》し歸魂《きこん》の卦《くわ》が遊魂《いうこん》に變《へん》じ、又遊魂《またいうこん》が歸魂《きこん》に變《へん》じた場合《ばあひ》は、右《みぎ》に掲《かゝ》げたる所《ところ》に準《じゆん》じて推知《すゐち》すべきである。

第二十一章　用神の說

用神《ようしん》といふは、凡《およ》そ卜占《ぼくせん》するに當《あた》り其《そ》の人《ひと》、その物《もの》、その事《こと》として用《もち》ゆる爻《かう》を云《い》ふのである、即《すなは》ち自己《じこ》のことを占《うらな》ふには世爻《せかう》を用神《ようしん》とし、他人《たにん》のことを占《うらな》ふには應爻《おうかう》を用神《ようしん》とし、父母伯叔又《ふぼをぢをばまた》は文書衣《ぶんしよい》服《ふく》などを占《うらな》ふには父母《ふぼ》の爻《かう》を用神《ようしん》とし、子孫甥姪及《しそんをひめいおよ》び門人弟子《もんじんでし》などを占《うらな》ふには父母《ふぼ》の爻《かう》を用神《ようしん》とするの類《るゐ》である、凡《およ》そ六親《しん》を用神《ようしん》とすることは、其占《そのうらな》ふ事柄《ことがら》に由《よ》りて種々《しゆ／″＼》に變《かは》るのである、例《たと》へば天氣《てんき》を占《うらな》ふには父母《ふぼ》の爻《かう》を雨《あめ》とし、子孫《しそん》の爻《かう》を日月《じつげつ》とするのであるが、病《やまひ》を占《うらな》ふ場合《ばあひ》には子孫《しそん》の爻《かう》を藥劑《やくざい》とし、官鬼《くわんき》の爻《かう》を病症《びやうしやう》とするの類《るゐ》で、尙《な》ほ詳細《しやうさい》は後段《こうだん》に說《と》くが、兎《と》に角此《かくこ》の五行易《ぎやうえき》の占《うらなひ》は、用神《ようしん》が明《めい》瞭《れう》でなければ、占《うらな》ふ所《ところ》が的中《てきちう》するものでない、左《さ》れば此術《このじゆつ》を學《まな》ぶ者《もの》は、深《ふか》く此點《このてん》に注意《ちうい》を拂《はら》はねばならぬのである。

すべて他人《たにん》から依頼《いらい》を受《う》けて占《うらな》ふ時《とき》は、言《い》ふ迄《まで》もなく其《そ》の依頼者《いらいしや》に代《かは》りて卜筮《ぼくぜい》するのであるから、依頼者自身《いらいしやじしん》のことを占《うらな》ふには、世爻《せかう》を以《もつ》て用神《ようしん》とするのであつて、應爻《おうかう》を以《もつ》て用神《ようしん》としてはならぬ、若《も》し其人《そのひと》から別段《べつだん》に依頼《いらく》がなくて、筮者自身《ぜいしやじしん》に占《うらな》ふのであつたならば、應爻《おうかう》を以《もつ》て用神《ようしん》とするのである。

又例《またたと》へば、其人《そのひと》が父母《ふぼ》のことを占《うらな》ふことを依頼《いらい》して來《き》た時《とき》は父母《ふぼ》を以《もつ》て用神《ようしん》とするけれども、若《も》し其人《そのひと》が父母《ふぼ》に命《めい》ぜられ、來《きた》りて卜筮《ぼくぜい》を依頼《いらい》して來《き》た場合《ばあひ》には、其人《そのひと》の父母《ふぼ》に代《かは》りて筮《ぜい》することに爲《な》るのであつて、その子《こ》に代《かは》るのではないから、世爻《せかう》を用神《ようしん》となして父母《ふぼ》を用神《ようしん》としてはならぬ、餘《よ》は皆《みな》之《これ》に準《じゆん》じて知《し》るべきである。

又例《またたと》へば凡《すべ》て婦人女子《ふじんぢよし》のことを占《うらな》ふには、父母兄弟子孫《ふぼきやうだいしそん》に屬《ぞく》するもの丶外《ほか》は、皆妻財《みなさいざい》を以《もつ》て用神《ようしん》とする事《こと》となつて居《ゐ》て應爻《おうかう》は用《もち》ゐない、尤《もつと》も婦女自身《ふぢよじしん》に占《うらな》ふときは、凡《すべ》ての男子父母兄弟子孫《だんしふぼきやうだいしそん》に屬《ぞく》する者《もの》の外《ほか》は、皆官鬼《みなくわんき》を以《もつ》て用神《ようしん》として應爻《おうかう》を用《もち》ゐぬこと丶なつて居《ゐ》る、此《かく》の如《ごと》きときは、凡《すべ》て應爻《おうかう》は男子婦人《しふじん》の家又《いへまた》は家主《いへぬし》と見《み》て判斷《はんだん》すべきであつて、婚姻《こんいん》の占法《せんぱふ》と同樣《どうやう》である。

すべて國君《こくくん》又《また》は帝王《ていわう》のことを占《うらな》ふには、五爻《かう》を以《もつ》て用神《ようしん》として、世應《せおう》六親《しん》は用《もち》ゐぬのである、餘《よ》は前《まへ》の六親所屬《しんしよぞく》及《およ》び世應《せおう》の條《でう》を參看《さんかん》して知《し》るべきである。

第二十二章　原神・忌神・仇神の說

原神《げんしん》とは用神《ようしん》を生《しやう》ずる爻《かう》を云《い》ふのであつて、忌神《きしん》とは用神《ようしん》を剋《こく》する爻《かう》を云《い》ふのである、又仇神《またきうしん》とは忌神《きしん》を生《しやう》ずると共《とも》に原神《げんしん》を剋《こく》する爻《かう》を云《い》ふのであつて、例《たと》へば父母《ふぼ》を用神《よゝしん》とするときは官鬼《くわんき》を原神《げんしん》とし、妻財《さいざい》を忌神《きしん》とし、そして子孫《しそん》を仇神《きうしん》とするのである、若《も》し子孫《しそん》を用神《ようしん》とするときは兄弟《きやうだい》を原神《げんしん》とし、父母《ふぼ》を忌神《きしん》とし、官鬼《くわんき》を仇神《きうしん》とするの類《るゐ》であるから、餘《よ》は推知《すゐち》すべきである。

凡《およ》そ用神《ようしん》が旺相《わうさう》(後《のち》に出《いだ》す)して盛《さか》んなるときには、原神《げんしん》も亦力強《またちからつよ》く盛《さか》んであるから倍々吉《ますゝきち》とすべきである、用神《ようしん》が縱《たと》ひ旬空月破休囚伏藏《じゆんくうげつぱきうしうふくざう》(是等《これら》は皆後《みなのち》に出《いだ》す)しても、原神《ようしん》が盛《さか》んなるときは、其時《そのとき》に遇《あ》へば必《かなら》ず發達《はつたつ》するものである、併《しか》し如何《いか》に用神《ようしん》が旺相《わうしやう》して盛《さか》んであらうとも、原神《げんしん》が休囚《きうしう》せられ若《も》しくは不動《ふどう》の場合《はあひ》は勿論《もちろん》、或《あるひ》は動《うご》きても墓絕《ぼぜつ》(後《のち》に出《いだ》す)冲剋等《ちうこくとう》に遭《あ》ふて力《ちから》なきか、或《あるひ》は仇神《きうしん》が力強《ちからつよ》くして原神《げんしん》は之《これ》が爲《ため》に剋《こく》せらるゝか、若《も》しくは原神《げんしん》が變《へん》じて退神《たいしん》(後《のち》に出《いだ》す)に化《くわ》するの類《るゐ》は、用神《ようしん》を生《しやう》ずることが出來《でき》ないから、恰《あだか》もその根抵《こんてい》に傷《きず》つくやうなもので、啻《たゞ》に益《えき》なきのみならず、却《かへ》つて凶《きよう》である。

第二十三章　旺相休囚死の説

凡《すべ》て何《いづ》れの卦爻《くわかう》にも、春夏秋冬《しゆんかしうとう》の四時《じ》に由《よ》りて旺相休囚死《わうしやうきうしうし》と云《い》ふことがある、即《すなは》ち旺《わう》は盛《さか》んなる義《ぎ》、又王《またわう》の義《ぎ》ともなる、相《しやう》は輔《たす》くる義《ぎ》、また宰相《さいしやう》の義《ぎ》ともなる、休《きう》は功成《こうな》り名遂《なと》げて退《しりぞ》き、休息《きうそく》する義《ぎ》、

配當／時序	旺	相	休	囚	死
春	木	火	水	金	土
夏	火	土	木	水	金
四季	土	金	火	木	水
秋	金	水	土	火	木
冬	水	木	金	土	火

囚《しう》は旺《わう》を尅《こく》しとらふる義《ぎ》、死《し》は旺《わう》に尅《こく》せられ殺《ころ》さるゝ義《ぎ》である、例《たと》へば、春《はる》に方《あた》りては木令《もくりやう》が行《おこな》はれるから、震巽《しんそん》の卦《くわ》、又《また》は寅卯《とらう》の爻《かう》なれば旺《わう》とし、離《り》の卦又《くわまた》は巳午《みうま》の爻《かう》なれば、時《じ》令《りやう》よりするときは木生火《もくしやうくわ》と生《しやう》ずるから相《しやう》とする、若《も》し乾兌《けんだ》の卦《くわ》、又《また》は申酉《さるとり》の爻《かう》なるときは、時令《じりやう》と相反《あひはん》して働《はたら》くことがないから囚《しう》とし、坎《かん》の卦又《くわまた》は亥子《ゐね》の爻《かう》であれば、水生木《すゐしやうもく》とて既《すで》に時令《じりやう》を生《しやう》じて休息《きうそく》するから休《きう》とし、艮坤《こんこん》の卦又《くわまた》は丑辰未戌《うしたつひつじいぬ》の爻《かう》なれば木尅土《もくこくど》と時令《じりやう》に尅《こく》せらるゝから死《し》である。

尚《な》ほ之《これ》を通俗《つうぞく》に解説《かいせつ》すれば、即《すなは》ち木《もく》は春《はる》盛《さか》んにして、夏《なつ》に於《おい》ては既《すで》に功《こう》を終《を》へて休息《きうそく》し、四季《き》に於《おい》ては旺《わう》を囚《とら》へ得《う》べき力《ちから》があるけれども、秋《あき》に於《おい》ては旺《わう》に尅《こく》せられ、冬《ふゆ》に於《おい》ては旺《わう》を相《たす》け、やがて春《はる》に

至《いた》りて盛《さか》んになるべき力《ちから》を有《いう》するの類《るゐ》である。

火《くわ》は夏盛《なつさか》んであつて、四季《き》に於《おい》ては既《すで》に功《こう》を終《を》へて休息《きうそく》し、秋《あき》に於《おい》ては旺《わう》を囚《とら》へ得《う》べき力《ちから》がある、併《しか》し冬《ふゆ》に於《おい》ては旺《わう》に剋《こく》せられ、春《はる》に於《おい》ては旺《わう》を相《たす》け、やがて夏《なつ》に至《いた》りて盛《さか》んになるべき力《ちから》を有《いう》するの類《るゐ》である、此他《このた》土《ど》金水《ごんすゐ》は圖《づ》を參看《さんかん》し推《お》して知《し》るべきである。

第二十四章　六甲旬空の説

六甲旬空《かふじゆんくう》は又《また》六甲空亡《かぶくうばう》、或《あるひ》は六甲孤虚法《かふこきよはふ》などゝも呼《よ》ぶもので、卜筮正宗《ほくぜいせいそう》に依《よ》れば『甲子《きのえね》の旬中《じゆんちう》には戌亥《いぬゐ》空《むな》し、甲寅《きのえとら》の旬中《じゆんちう》には子丑《ねうし》空《むな》し、甲辰《きのえたつ》の旬中《じゆんちう》には寅卯《とらう》空《むな》し、甲午《きのえうま》の旬中《じゆんちう》には辰巳《たつみ》空《むな》し、甲申《きのえさる》の旬中《じゆんちう》には午未《うまひつじ》空《むな》し、甲戌《きのえいぬ》の旬中《じゆんちう》には申酉《さるとり》空《むな》し、たとへば甲子《きのえね》の日《ひ》より癸酉《みづのと、り》に至《いた》るまでの十日《か》を一旬《じゆん》となせば、旬内《じゆんない》には戌亥《いぬゐ》なし、故《ゆゑ》に戌亥《いぬゐ》空《むな》しといふ、又甲寅《またきのえとら》の日《ひ》より癸亥《みづのとゐ》に至《いた》るまでの旬内《じゆんない》には子丑《ねうし》なし、故《ゆゑ》に子丑《ねうし》空《むな》しといふ、餘旬之《よじゆんこれ》に倣《なら》へ』と云《い》つてある、併《しか》し之《これ》では一寸諒解《ちよつとれうかい》に苦《くる》しむ者《もの》がないとも限《かぎ》らないから、左《さ》の如《ごと》く表示《へうじ》することゝしやう。

(一)	甲子	乙丑
(二)	甲戌	乙亥
(三)	甲申	乙酉
(四)	甲午	乙未
(五)	甲辰	乙巳
(六)	甲寅	乙卯

空亡								
戌亥空亡	丙寅	丁卯	戊辰	己巳	庚午	辛未	壬申	癸酉
申酉空亡	丙子	丁丑	戊寅	巳卯	庚辰	辛巳	壬午	癸未
午未空亡	丙戌	丁亥	戊子	己丑	庚寅	辛卯	壬辰	癸巳
辰巳空亡	丙申	丁酉	戊戌	巳亥	庚子	辛丑	壬寅	癸卯
寅卯空亡	丙午	丁未	戊申	己酉	庚戌	辛亥	壬子	癸丑
子丑空亡	丙辰	丁巳	戊午	己未	庚申	辛酉	壬戌	癸亥

右《みぎ》の如《ごと》く十干《かん》と十二支《し》とを順次第《じゅんじだい》一より第《だい》六まで書《か》き列《つら》ねて行《い》つて、尚《な》ほ之《これ》を書《か》き續《つゞ》けて行《ゆ》かうとすれば、乃《すなは》ち第《だい》一の甲子《きのえね》に戻《もど》つて了《しま》うのである、そして一項《こう》づゝに於《お》ける空亡日《くうはうび》は、是亦表中《これまたへうちう》の上段《じやうだん》に於《お》けるが如《ごと》く一目瞭然《もくれうぜん》たるのである。

併《しか》し之《これ》を年月《ねんげつ》に配《はい》して行《ゆ》くときは、例《たと》へば甲子巳己《きのえねゝつちのとみ》、甲戌《きのえいぬ》より巳未《つちのとひつじ》までの十二年《ねん》は、何《いづ》れも丙寅《ひのえとら》の正月《しやうがつ》にて、九月《がつ》は甲戌《きのえいぬ》に當《あた》るから、八月《がつ》までは空亡《くうはう》であるとか、戊亥九月《つちのえゐがつ》よりは空亡《くうはう》が辛酉《かのととり》であるとか云《い》ふことになると、是亦錯綜《これまたさくそう》して一寸分《ちよつとわか》り難《がた》いので、其《そ》れには左表《さへう》に據《よ》るが捷徑《はやみち》である。

亡	空		戌	亥	申	酉	午	未	辰	巳	寅	卯
甲己	至八月戌亥	九月後申酉	甲子 丙正 九甲	己巳	甲戌	己卯	甲申	己丑	甲午	己亥	甲辰	己酉
乙庚	至六月申酉	七月後午未	乙丑 戊正 七甲	庚午	乙亥	庚辰	乙酉	庚寅	乙未	庚子	乙巳	庚戌
丙辛	至四月午未	五月後辰巳	丙寅 庚正 五甲	辛未	丙子	辛巳	丙戌	辛卯	丙申	辛丑	丙午	辛亥
丁壬	至二月辰巳	三月後寅卯	丁卯 壬正 三甲	壬申	丁丑	壬午	丁亥	壬辰	丁酉	壬寅	丁未	壬子
戊癸	自正月子 至十月丑	十一月後戌亥	戊辰 甲正 十一甲	癸酉	戊寅	癸未	戊子	癸巳	戊戌	癸卯	戊申	癸丑

子	丑
甲寅	己未
乙卯	庚申
丙辰	辛酉
丁巳	壬戌
戊午	癸亥

右《みぎ》の如《ごと》くであつて、旬空《じゆんくう》とはもと〳〵空無《くうむ》の義《き》であつて、卜筮《ぼくぜい》には甚《はなは》だ妙用《めうよう》あることである、凡《すべ》て目前當座《もくぜんたうざ》のことを占《うらな》ふに方《あた》り、用神《ようしん》が旬空《じゆんくう》に遇《あ》ふのは甚《はなは》だ宜《よろ》しくない、例《たと》へば、人《ひと》を訪問《はうもん》しても、其《その》人《ひと》が他出《たしゆつ》して居《を》らぬとか、或《あるひ》は居《を》られても面會《めんくわい》することが出來《でき》ないで了《しま》ひ、或《あるひ》は何《なに》か物《もの》を求《もと》めたいと思《おもつ》て探《さが》しても其物《そのもの》が無《な》いとか、或《あるひ》は物事《ものごと》を他人《たにん》に委託《いたく》しても、其人《そのひと》が快《こゝろよ》く承諾《しようだく》しないとか、縱《よし》んば一應《おう》は承諾《しようだく》して呉《く》れても、眞心《まごゝろ》を以《もつ》て其事《そのこと》に當《あた》つて呉《く》れないと云《い》ふやうなことに終《をは》つて了《しま》う、併《しか》し後來《こうらい》の事《こと》までを占《うらな》ふときは、その旬空《じゆんくう》を出《で》てより後《のち》に應《おう》ずるのである、之《これ》を時《とき》を待《ま》つて用《よう》をなすと云《い》ふのである、けれども月日《つきひ》又《また》は動爻《どうかう》から尅《こく》されて、之《これ》を生《しやう》ずるものゝない旬空《じゆんくう》に遇《あ》ふときは、之《これ》を到底空又《また》は眞空と云《い》つて、時《とき》が過《す》ぎても應《おう》ずることのあるものでない、凡《およ》そ凶卦《きようくわ》に遇《あ》へば用爻《ようかう》の旬空《じゆんくう》を宜《よろ》しとするので、假令禍《たとへわざはひ》あるといへども免《まぬが》るゝ所以《ゆゑん》である、又吉卦《またきちくわ》に遇《あ》ふたからとて用爻《ようかう》の旬空《じゆんくう》を忌《い》むので、たとひ福《ふく》ありと雖《いへど》も享《う》くることは出來《でき》ないのである。

之《これ》を要《えう》するに、元來旬空《ぐわんらいじゆんくう》は凶《きよう》であるけれども、一概《がい》に凶《きよう》とのみ言《い》ふことは出來《でき》ないのである、即《すなは》ち

(一)用爻《ようかう》を尅《こく》する爻《かう》が空亡《くうばう》するのは吉《きち》である。
(二)用爻《ようかう》の空亡《くうばう》するのは凶《きよう》である。
(三)用爻《ようかう》が若《も》し旺《わう》なれば、たとひ空亡《くうばう》するとも、凶《きよう》とのみは言《い》ひ切《き》れない。
(四)去《さ》りながら、若《も》し夏日《かじつ》甲戌《きのえいぬ》の旬中《じゆんちう》に占《うらな》ひて申《さる》か酉《とり》の爻《かう》を得《う》るときは、則《すなは》ちいとゞ空亡《くうばう》である上《うへ》に、夏《か》は火《くわ》であつて、申《さる》も酉《とり》も金《きん》に屬《ぞく》し、火《くわ》の爲《た》めに尅《こく》せらるゝのであるから、此《かく》の如《ごと》きを稱《しよう》して眞空《しんくう》といふのである。

斯様《かやう》な次第《しだい》であるから、すべて其事《そのこと》に方《あた》りて活斷《くわつだん》すべきである。

第二十五章　父母の占用說

先《さき》に六親《しん》五類《るゐ》を擧《あ》げたが、是等《これら》は卜占上《ぼくせんじやう》如何《いか》に活用《くわつよう》すべきであるか、或《あるひ》はせらるべきものであるかと云《い》ふことに關《くわん》しては、間々《まゝ》斷片的《だんぺんてき》に說《と》き來《きた》つたけれども、其《そ》れでは綜合《そうがふ》に苦《くる》しむことゝ思《おも》はれるから、玆《こゝ》には各項《かくこう》に分《わか》ちて最《もつと》も簡明《かんめい》に說《と》くことにする。

此爻《このかう》が發動《はつどう》したときは○病占《びやうせん》なれば用藥《ようやく》の効《かう》がない○婚姻《こんいん》には子《こ》がない○買賣《ばいゝ》なれば利益《りえき》がない○音信《おんしん》なれば必《かなら》ず來《きた》る○失物《うせもの》及《およ》び逃亡《たうばう》のことなれば、共《とも》に訴《うつた》へて穿議《せんぎ》に及《およ》ぶ○身命《しんめい》のことなれば、小兒《こども》には障《さはり》がある○若《も》し變化《へんくわ》が、(一)進神《しん〳〵》(これは後《のち》に出《いだ》す)に變《へん》ずるときは凡《すべ》て文書《ぶんしよ》に關《くわん》したることなれば宜《よろ》しい、(二)子孫《しそん》に變《へん》ずるときは家内《かない》の人《ひと》には障《さは》らない、(三)官鬼《くわんき》に變《へん》ずるときは轉職《てんしよく》することがある、(四)妻財《さいざい》に變《へん》ずるときは家長《かちやう》に心配事《しんぱいごと》がある○世《よ》を持《ぢ》することには、凡《すべ》ての事《こと》が身《み》を勞《らう》する○身《み》の上《うへ》のことに關《くわん》しては、妻財《さいざい》の爻《かう》の動《うご》くときは、良《よ》き妻《つま》を得難《えがた》きか、又《また》は長壽《ちやうじゆ》を得難《えがた》きか、或《あるひ》は家督《かとく》を得《え》られない、若《も》し官鬼《くわんき》が動《うご》きて妻財《さうざい》が無事《ぶじ》であつた場合《はあひ》は、學問《がくもん》を以《もつ》て出身《しゆつしん》することを望《のぞ》むべきである。

第二十六章　子孫の占用說

此爻《このかう》が發動《はつどう》したときは○病占《びやうせん》なれば、良《よ》き醫師《いし》を得《う》ることがある○婚姻《こんいん》なれば吉《きち》てある○旅人《たびゞと》なれば安穩《あんをん》である○買賣《ばいばい》なれば平安《へいあん》である○生產《せいさん》なれば吉《きち》である○訴訟《そしよう》なれば、終《つひ》には相和《あひわ》して公訴《こうそ》に至《いた》らない○仕官《しくわん》のことには凶《きよう》である○貴人《きじん》に謁見《えつけん》することにも亦凶《またきよう》である○身命《しんめい》のことなれば、男《をとこ》の身《み》に滯《とゞこほ》りがある、○若《も》し變化《へんくわ》が、(一)退神《たいしん》(後《のち》に出《だ》す)に化《くわ》するときは、人《ひと》を求《もと》め或《あるひ》は財《ざい》を求《もと》むるの類《るい》は心《こゝろ》に適《かな》はない、(二)若《も》し父母《ふぼ》に變《へん》ずるときは、農作養蠶《のうくやうさん》は共《とも》に敗《やぶ》れが多《おほ》い、(三)若《も》し妻財《さいざい》に變《へん》するときは、凡《すべ》ての事《こと》がます〳〵榮《さか》える、(四)若《も》し官鬼《くわんき》に變《へん》ずるときは、其《そ》れを生產《せいさん》の占《せん》とすれば凶《きよう》である

○身《み》の上《うへ》のことに關《くわん》しては、すべて憂《うれひ》がない、又難《またなん》を免《まぬ》がれる、けれども生《しやう》に遇《あ》ふて尅《こく》に遭《あ》はなければ萬事皆吉《はんじみなきち》であるが、若《も》し尅《こく》に遇《あ》ふて生《しやう》ずるものが無《な》ければ萬事皆凶《はんじみなきよう》である○仕官《しくわん》のことには忌《い》む○訴訟《そしよう》のことには妨《さまた》げがない○失物《うせもの》なれば得《え》られる。

第二十七章　官鬼占用の説

此爻《このかう》が發動《はつどう》したるときは○婚姻《こんいん》なれば、中途《ちうと》に種々《しゆく》の凝滞《ぎようたい》があつて成立《せいりつ》しない○病占《びやうせん》には大《おほい》に苦《くる》しむ、又旺相《またわうしやう》して盛《さか》んなる時《とき》は發狂《はつきやう》することがある○農作養蠶《のうさくやうさん》は共《とも》に不利《ふり》である○旅人《たびびと》や逃亡《たうはう》なれば、共《とも》に災難《さいなん》がある○賭《かけ》や勝負《しようぶ》には必《かなら》ず負《ま》ける○訴訟《そしよう》なれば、獄《ごく》に下《くだ》され、法廷《はふてい》に呼出《よびだ》されることは免《まぬが》れない○買賣《ばいばい》なれば利《り》が薄《うす》い○失物《うせもの》なれば得難《えがた》いのである、○若《も》し變化《へんくわ》が、(一)進神《しんく》に化《くわ》すれば、仕官《しくわん》就職《しうしよく》は速《すみやか》に成《な》る、(二)若《ち》し妻財《さいざい》に化《くわ》すれば、病占《びやうせん》には凶《きよう》である、(三)若《も》し父母《ふぼ》に化《くわ》すれば、文書《ぶんしよ》の類《るゐ》なれば成就《じやうじゆ》する、(四)若《も》し子孫《しそん》に化《くわ》するときは、官途《くわんと》のことには故障《こしやう》がある、(五)若《も》し兄弟《けいてい》に化《くわ》すれば、家内睦《かないむつま》じからずして穏《おだや》かでない、○身《み》の上《うへ》なれば(一)凡《すべ》ての事《こと》が安穏《あんをん》でない、又種々《またしゆく》の阻滞《そたい》がある○身命《しんめい》には時々《じゞ》損失《そんしつ》がある○仕官《しくわん》なれば盛《さか》んなるを良《よ》しとする○一般《ぱん》を占《うらな》ふて墓《ぼ》(後《のち》に出《いだ》す)に入《い》るときは、憂《うれひ》多《おほ》く疑《うたがひ》が多《おほ》い、若《も》し冲《ちう》に遇《あ》へば、禍《わざはひ》を轉《てん》じて福《ふく》となすことがある。

第二十八章　妻財の占用説

此爻《このかう》が發動《はつどう》したとき○仕官《しくわん》なれば、望《のぞみ》を遂《と》げられない○婚姻《こんいん》なれば、和樂《わらく》せられる○望《のぞ》みごとは吉《きち》である○生産《せいさん》なれば容易《たやす》い○旅人《たびゞと》なれば身體《からだ》が動《うご》く○失物《うせもの》は家《いへ》の中《うち》には無《な》い○病占《びやうせん》なれば脾胃《ひゐ》に故障《こしやう》がある○家宅《かたく》のことなれば、青龍《せいりう》(後《のち》に出《いだ》す)につきて旺相《わうしやう》すれば富《とみ》を致《いた》す、○若《も》し變化《へいくわ》が、(一)進神《しんく》に化《くわ》すれば、金錢等《きんせんとう》が手《て》に入《い》る(二)官鬼《くわんき》に化《くわ》すれば心配事《しんぱいごと》がある、(三)子孫《しそん》に化《くわ》すれば悦《よろこ》び笑《わら》ふことがある、(四)父母《ふぼ》に化《くわ》すれば家長《かちやう》に宜《よろ》しい、(五)兄弟《きやうだい》に化《くわ》するときは、破財《はざい》する、○身《み》の上《うへ》には、財《ざい》を益《ま》す、若《も》し動《うご》きて兄弟《きやうだい》に變《へん》じ又《また》は官鬼《くゎんき》に變《へん》ずるときは、凡《すべ》ての占《うらなひ》は凶《きよう》である。

第二十九章　兄弟の占用説

此爻《このかう》の發動《はつどう》するときは、○病占《びやうせん》なれば癒《い》へ難《がた》い○仕官《しくわん》なれば望《のぞみ》を遂《と》げられない、又損失《またそんしつ》が多《おほ》い、又《また》竊《ひそ》かに邪魔《じやま》する者《もの》がある、併《しか》し若《も》し吉神《きちしん》を帶《お》ぶれば反《かへ》つて助《なす》けがある○待人《まちびと》は來《きた》らず○買賣《はいばい》には資本《しほん》を損《そん》する○妻妾婢《さいせふひ》女《ぢよ》の類《るゐ》は心《こゝろ》に適《かな》はぬ○身《み》の上《うへ》は女人《にょにん》に殃《わかじに》あることがある、○若《も》し變化《へんへわ》が、(一)退神《たいして》に變《くん》ずれば、凡《すべ》ての事《こと》に忌《い》むことはない、(二)父母《ふぼ》に化《くわ》すれば、妾婢《せふひ》奴僕《ごぼく》に關《くわん》して驚《おどろ》くことがある、

(三)妻財《さいざい》に化《くわ》すれば、財寶《ざいはう》の望《のぞ》みは遂《と》げられぬ、(四)官鬼《くわんき》に化《くわ》すれば、親類《しんるゐ》又《また》は兄弟《きやうだい》などの間《あひだ》に災《わざはひ》がある、(五)子孫《しそん》に化《くわ》すれば、凡《すべ》ての事《こと》は意《い》の如《ごと》くである○身《み》の上《うへ》のことなれば財《ざい》を得《え》ない、○若《も》し朱雀《しゆじやく》(後《のち》に出《いだ》す)を帶《お》ぶれば口舌《くぜつ》がある○官鬼《くわんき》が發動《はつどう》すれば禍《わざはひ》がある、若又《もしまた》發動《はつどう》して官鬼《くわんき》に變《へん》ずるときは、思《おも》ひがけない災難《さいなん》がある。

第三十章　進神及び退神の説

進神《しん〱》及《およ》び退神《たいしん》のことを論《ろん》ずるのは、何《いづ》れの爻《かう》に於《おい》ても動《うご》きて同氣《どうき》に變《へん》じたる時《とき》のことであつて、例《たと》へば寅《とら》の爻《かう》が動《うご》きて卯《う》に變《へん》ずれば、之《これ》を進神《しん〱》と云《い》ふのであるが、之《これ》に反《はん》して卯《う》の爻《かう》が動《うご》きて寅《とら》に變《へん》ずれば、之《これ》を退神《たいしん》と云《い》ふのである、何《なん》となれば、寅《とら》と卯《う》とは同《おな》じく木《き》に屬《ぞく》して同物《どうぶつ》に變動《へんどう》するからである、又子《またね》の爻《かう》が亥《ゐ》に變《へん》ずるときは之《これ》を退神《たいしん》とし、亥《ゐ》の爻《かう》が子《ね》に變《へん》ずれば之《これ》を進神《しん〱》とするの類《るゐ》であつてその詳細《しやうさい》は下圖《かづ》に示《しめ》すが如《ごと》くである。

進神				退神
	亥 子	丑 辰	寅 卯	辰 未
	巳 午	未 戌	申 酉	戌 丑

右《みぎ》の如《ごと》くであつて、例《たと》へば亥《ゐ》より子《ね》に變《へん》じ、丑《うし》より辰《たつ》に變《へん》ずる類《るゐ》は進神《しんく》とし、丑《うし》より戌《いぬ》に變《へん》じ、酉《とつ》より申《さる》に變《へん》ずる類《るゐ》は退神《たいしん》とするのである。

大體《だいく》に於《お》ける關係《くわんけい》は右《みぎ》の如《ごと》くであるとしても、

進神《しんく》には三樣《やう》の別《べつ》があつて、一に旺相《わうしやう》する進神《しんく》は即時《そくじ》に進《すゝ》むのである、二に休囚《きうしう》する進神《しんく》は時《とき》を待《ま》つて進《すゝ》むのである、三には其《そ》の動《うご》きたる爻《かう》が、又《また》は變《へん》じたる爻《かう》の中《なか》に、旬空月破《じゆんくうげつぱ》六冲《ちう》六合《がふ》に遇《あ》ふ爻《かう》のある時《とき》は、その時《とき》を待《ま》つて進《すゝ》むのである、蓋《けだ》しその時《とき》と云《い》ふは、旬空《じゆんくう》に遇《あ》ひたる時《とき》はその空亡《くうばう》を出《い》づるの時《とき》を云《い》ひ、月破《げつぱ》に遇《あ》ひたる時《とき》は、その破《は》を出《い》づるの時《とき》を云《い》ひ、六冲《ちう》に遇《あ》ひたる時《とき》は六合《がふ》の時《とき》を云《い》ひ、六合《がふ》に遇《あ》ひたる時《とき》は六冲《ちう》の時《とき》を云《い》ふのである。

退神《たいしん》にも亦《また》三樣《やう》の別《べつ》があつて、一には旺相《わうしやう》する退神《たいしん》、又《また》は日月《じつげつ》の動爻《どうかう》より生《しやう》ずる退神《たいしん》は、目前暫時《もくぜんざんじ》のことを占《うらな》ふには退《の》かないのである、二に休囚《きうしう》する退神《たいしん》は、即時《そくじ》に退《の》くのである、三には動《うご》きたる爻《かう》又《また》は變《へん》じたる爻《かう》の中《なか》に旬空月破《じゆんくうげつぱ》六冲《ちう》六合等《がふとう》に遇《あ》ふ爻《かう》のあるときは、その時《とき》を待《ま》つて退《の》くのである。

抑《そもそ》も進退神《しんたいしん》の作用《さよう》は凡《すべ》ての事《こと》の進退《しんたい》とするのである、故《ゆゑ》に仇神忌神《きうしんきしん》は動《うご》きても、退《の》くときは害《がい》がないけれども、進《すゝ》むときには宜《よろ》しくない、尤《もつと》も原神用神《げんしんようしん》は進《すゝ》むには宜《よろ》しいが、退《の》くには宜《よろ》しくない、例《たと》へば、病《やまひ》を占《うらな》ふて官鬼《くわいき》の用爻《ようかう》が動《うご》きて進神《しんく》となるは、その病勢《びやうせい》が倍々《ますく》進《すゝ》むとし、退神《たいしん》なるときは、病《びやう》勢《せい》が衰《おとろ》ふるとするの類《るゐ》で、其他《そのた》は推知《すゐち》すべきである。

第三十一章　月破の説

月破《げつぱ》とは如何《いか》なる譯《わけ》かと云《い》ふに、月建《げつけん》に冲破《ちうは》せらるゝと云《い》ふ義《ぎ》であつて、即《すなは》ち月建《げつけん》と相冲《あひちう》するの爻《かう》を云《い》ふのである、例《たと》へば、寅《とら》の月《つき》には申《さる》を月破《げつぱ》とし、卯《う》の月《つき》には酉《とり》を月破《げつぱ》とするの類《るゐ》であつて、是《こ》れまた旬空《じゆんくう》に次《つ》ぐの妙用《めうよう》があるのである。

月破《げつぱ》の爻《かう》が發動《はつどう》して、他爻《たかう》より生《しやう》ずるのみであつて尅《こく》することが無《な》ければ、その月《つき》を出《で》てから應《おう》ずるのであるから、之《これ》を出破《しゆつぱ》と云《い》ふのである。

また六合《がふ》に遇《あ》ふて應《おう》ずることがある、此《かく》の如《ごと》き場合《はあひ》を合破《がふは》と云《い》ふのである。

又《また》その月《つき》に當《あた》りて應《おう》ずることがある、此《かく》の如《ごと》き場合《はあひ》は塡實《てんじつ》と云《い》ふのである。

若《も》し動《うご》かずして、その上日月又《うへじつげつまた》は動爻《どうかう》に尅《こく》せられて、之《これ》を生《しやう》ずる者《もの》のないときは、之《これ》を到底破《たうていは》又《また》は眞破《しんぱ》と云《い》ふのである、此《こ》の場合《はあひ》は出破合破塡實《しゆつぱがふはてんじつ》しても應《おう》ずることのあるものでない。

すべて月建《げつけん》（建《けん》は初《はじ》めの義《ぎ》であつて、例《たと》へば『年《とし》の中《うち》に者立《はるた》ちかへる』抔《など》の類《るゐ》である）は節氣《せつき》を用《もち》ゐるのであるから、例《たと》へば二月初旬《ぐわつしよじゆん》に占《うらな》ふても、未《いま》だ二月《ぐわつ》の節氣《せつき》には入《い》らないのであるから、寅《とら》の寅《とら》とするの類《るゐ》で、其餘《そのよ》の月々《つき〴〵》何《いづ》れも暦面《れきめん》にある二十四氣《き》の節氣《せつき》に従《たが》ふのであるから、閏月《うるふづき》なれば、上《かみ》の半分《はんぶん》は前《まへ》の月《つき》の干支《かんし》を用《もち》ゐ、下《しも》の半分《はんぶん》は後《のち》の月《つき》の干支《かんし》を用《もち》ゐるのである。

因《ちな》みに、二十四氣《き》とは、暦《れき》にて五日を一候《こう》とし、三候《こう》を一氣《き》としたるものゝ一年間《ねんかん》の總數《そうすう》の稱《しよう》であつて、春《はる》は立春《りつしゆん》(二月三日)、雨水《うすゐ》(二月十八日)、啓蟄《けいちつ》(三月五日)、春分《しゆんぶん》(三月二十日)、清明《せいめい》(四月五日)、穀雨《こくう》(四月二十日)、夏《なつ》は立夏《りつか》(五月五日)、小滿《せうまん》(五月二十一日)、芒種《はうしゆ》(六月五日)、夏至《げし》(六月二十一日)、小暑《せうしよ》(七月七日)、大暑《たいしよ》(七月二十三日)、秋《あき》は立秋《りつしう》(八月七日)、處暑《しよ〳〵》(八月二十三日)、白露《はくろ》(九月七日)、秋分《しうぶん》(九月二十三日)、寒露《かんろ》(十月八日)、霜降《さうかう》(十月二十三日)、冬《ふゆ》は立冬《りつとう》(十一月七日)、小雪《せうせつ》(十一月二十二日)、大雪《たいせつ》(十二月七日)、冬至《とうじ》(十二月二十二日)、小寒《せうかん》(一月五日)、大寒《だいかん》(一月二十日)で、一名《めい》二十四節《せつ》とも呼《よ》ぶのである。

但《たゞ》し右《みぎ》に擧《あ》げたる月日《つきひ》は總《すべ》て太陽暦《たいやうれき》に據《よ》つたのであるけれども、閏年《うるふどし》には一日の差《さ》がある。

第三十二章　太歳及び歳破の説

太歳《たいさい》とは其年《そのとし》に方《あた》る十二支《し》をいふのであつて、即《すなは》ち前年《ぜんねん》の冬《ふゆ》十一月中《ちう》の時《とき》より、其年《そのとし》の冬《ふゆ》十一月中《ぐわつちう》の前《まへ》までの十二ヶ月《ぐわつ》の間《あひだ》である、而《しか》して其年《そのとし》の十一月中《ぐわつちう》より後《あと》は明年《みやうねん》の十二支《し》を用《もち》ゐるので、冬至《とうじ》一陽來復《やうらいふく》の時《とき》を以《もつ》て明年《みやうねん》の首《はじめ》とするのである。

和漢《わかん》三歳圖繪《さいづゑ》に據《よ》れば、三歳圖會《さいづゑ》に云《いは》く、太歳《たいさい》は木星《もくせい》の精《せい》、歳《とし》の君《きみ》なり、所在《しよざい》の辰《たつ》、修作《しうさく》すべからず、百事《じ》皆空《みなむな》しからず、之《これ》を犯《をか》せば宅長《たくちやう》を殺《ころ》し家《いへ》を破《やぶ》る、按《あん》ずるに、太歳《たいさい》は則《すなは》ち其年《そのとし》の支《し》の方《かた》なり、暦家《れきか》に云《い》ふ、此方《このかた》に向《むか》つて樹木《じゆもく》を剪《き》るべからずと、言《い》ふこゝろは是《こ》れ木精《もくせい》の精《せい》なればなりと見《み》えて居《ゐ》る、以《もつ》て推知《すゐち》すべきである。

凡《すべ》て太歳《たいさい》は帝王《ていわう》の象《かたち》とするのであるから、甚《はなた》だ重《おも》いことは言《い》ふ迄《まで》もないのであるけれども、尋常《じんじやう》一樣《やう》の占《うらな》ひの場合《はあひ》は深《ふか》くそれに拘泥《こうでん》するには及《およ》ばない、如何《いかん》となれば、その位《くらゐ》は甚《はなは》だ尊《たつと》くして、その下《くだ》し給《たま》ふ政令《せいれい》は月日《つきひ》に託《たく》して、其事《そのこと》を御自身《ごじしん》になさらないからである、併《しか》しながら身命《しんめい》や年壽《ねんじゆ》などのことを占《うらな》ふに當《あた》りては、必《かなら》ず此事《このこと》の如何《いかん》を論《ろん》ずるのである。

凡《およ》そ太歳《たいさん》が忌神《きしん》につきて發動《はつどう》し、世爻卦身又《せかうくわしんまた》は用神《ようしん》を沖剋《ちうこく》するときは災厄《さいやく》ありとするのであるから安靜《あんせい》を保《たも》つて居《ゐ》るが宜《よろ》しい、若《も》し原神《げんしん》につきて世爻卦身又《せかうくわしんまた》は用神《ようよん》を生合《しやうがふ》するときは、必《かなら》ず吉事《きちじ》があるとするのであるから、發動《はつごう》に宜《よろ》しいのである。

動爻《ごうかう》が太歳《たいさい》を沖《ちう》することを犯レ上《かみををかす》と名《なづ》けられてあるから、内外公私《ないぐわいこうし》ともに愼《つゝ》しむべきである。

太歳《たいさい》が用神《ようしん》に臨《のぞ》むは、何事《なにごと》にても官廳《くわんちやう》に係《かゝ》りあふことがあるとする。

歳破《さいは》とは和漢《わかん》三歳圖會《さいづゑ》に據《よ》るときは、三歳圖會《さいづゑ》に云《いは》く、歳破《さいは》は太歳《たいさい》の冲《ちう》するところ、天上《てんじやう》の天罡《てんかう》なり、之《これ》を犯《をか》せば宅長《たくちやう》を損《そん》す、按《あん》ずるに、冲《ちう》する所《ところ》とは、子《ね》の年《とし》の如《ごと》きは午《うま》の方《かた》に在《あ》り、午《うま》の年《とし》は子《ね》の方《かた》に在《あ》る是《これ》なり、此方《このかた》に向《むか》つて舟《ふね》に乘《の》るべからず、移徙《わたまし》すべからずとあるを見《み》れば察知《さつち》することが出《で》來《き》るのである。

第三十三章　反吟及び伏吟の説

反吟《はんぎん》といふは反覆《はんぷく》して呻吟《しんぎん》サマヨフするの義《ぎ》である、之《これ》に爻反吟《かうはんぎん》と卦反吟《くわはんぎん》との二種《しゆ》ありて、爻反吟《かうはんぎん》とは例《たと》へば坤《こん》の卦《くわ》が巽《そん》に變《へん》じ、巽《そん》の卦《くわ》が坤《こん》に變《へん》ずるを云《い》ふのである、然《しか》るに坤《こん》の卦《くわ》が巽《そん》に變《へん》ずるのは、酉《とり》の爻《かう》は卯《う》に變《へん》じて相冲《あひちう》し、亥《ゐ》の爻《かう》は巳《み》に變《へん》じて相冲《あひちう》するのである、而《し》かも巽《そん》の卦《くわ》が坤《こん》に變《へん》ずるのは之《これ》に反《はん》して居《ゐ》て、何《いづ》れもその事《こと》を反覆《はんぷく》するから宜《よろ》しからずとする、但《たゞ》し用神《ようしん》が冲尅《ちうこく》に變《へん》ぜざるときは、その事《こと》は終《つひ》に成就《じやうじゆ》することがある、卦反吟《くわはんぎん》といふは、離《り》の卦《くわ》が坎《かん》に變《へん》じ、坎《かん》の卦《くわ》が離《り》に變《へん》じ、震《しん》の卦《くわ》が兌《だ》に變《へん》じ、兌《だ》の卦《くわ》が震《しん》に變《へん》じ、乾《けん》の卦《くわ》が巽《そん》に變《へん》じ、巽《そん》の卦《くわ》が乾《けん》に變《へん》じ、坤《こん》の卦《くわ》が艮《ごん》に變《へん》じ、艮《ごん》の卦《くわ》が坤《こん》に變《へん》ずるを云《い》ふので、何《いづ》れも方位《はうゐ》が相反對《あひはんたい》するのであつて、占法《せんぱふ》は前者《ぜんしや》の爻反吟《かうはんぎん》と同《どう》一なのである。

次《つぎ》に伏吟《ふくぎん》といふは、伏《ふ》し藏《かく》れて動《うご》かずして呻吟憂鬱《しんぎんいうつ》するを稱《しよう》するのである、即《すなは》ち乾《けん》の卦《くわ》が震《しん》に變《へん》じ震《しん》の卦《くわ》が乾《けん》に變《へん》ずるを云《い》ふので、他卦《たくわ》にはなきことである、外卦《ぐわいくわ》の乾《けん》の卦《くわ》が震《しん》に變《へん》ずれば、戌《いぬ》の爻《かう》は變《へん》ずるけれども、矢張《やは》り戌《いぬ》となり、申《さる》の爻《かう》も變《へん》ずるけれども、矢張《やは》り申《さる》となるのであるから、成程《なるほど》動《うご》くには動《うご》くけれども、宛《あた》かも動《うご》かないやうになるのである、又內卦《けたないくわ》の乾《けん》の卦《くわ》が震《しん》に變《へん》ずれば、辰《しん》の爻《かう》も矢張《やは》り辰《たつ》に變《へん》じ、寅《とら》の爻《かう》も亦矢張《またやは》り寅《とら》に變《へん》ずるのである、震《しん》の卦《くわ》が乾《けん》に變《へん》じても亦同《またおな》じことである。

凡《すべ》て伏吟《ふくぎん》に遇《あ》へば何事《なにごと》も意《い》の如《ごと》くならない、例《たと》へば、官途《くわんと》のことを占《うらな》へば、久《ひさ》しく沈滯《ちんたい》して運《はこ》ばない、買賣《はい〳〵》のことを占《うらな》へば、本利《ほんり》ともに損失《そんしつ》があり、家宅《かたく》のことを占《うらな》へば、他《た》に遷徙《せんし》することが叶《かな》はない婚姻《こんいん》なれば成就《じやうじゆ》し難《がた》く、旅行《りよかう》には故障《こしやう》があり、旅人《たびゞと》は途中《とちう》で苦勞《くらう》することがあると云《い》ふの類《るゐ》である、又凡《またすべ》ての事《こと》に就《つい》て云《い》へば彼《かれ》の心《こゝろ》に愜《かな》はないか、或《あるひ》は吾《わ》が心《こゝろ》に應《おう》じないかの類《るゐ》である。

第三十四章　六神及び占用說

六神《しん》とは一名《めい》六獸《じう》とも稱《しよう》せらるゝもので、一に青龍《せいりう》、二に朱雀《しゆじやく》、三に勾陳《こうちん》、四に騰蛇《とうだ》、五に白虎《びやくこ》、六に玄武《げんぶ》であつて、青龍《せいりう》は木《き》に屬《ぞく》し、朱雀《しゆじやく》は火《ひ》に屬《ぞく》し、勾陳及《こうちんおよ》び騰蛇《とうだ》は土《つち》に屬《ぞく》し、白虎《びやくこ》は金《かね》に屬《ぞく》し、

玄武《げんぶ》は水《みづ》に屬《ぞく》するのである、而《しか》して之《これ》は占《うらな》ふ日《ひ》の十干《かん》を卦《くわ》の下《した》より數《かぞ》へて配《はい》するのである、例《たと》へば甲《きのえ》乙《きのと》の日《ひ》に占《うらな》ふたる卦《くわ》なれば、

上爻　玄武　五爻　白虎　四爻　螣蛇　三爻　勾陳　二爻　朱雀　初爻　青龍

とし、又丙丁《またひのえひのと》の日《ひ》なれば、

上爻　青龍　五爻　玄武　四爻　白虎　三爻　螣蛇　二爻　勾陳　初爻　朱雀

とするの類《るゐ》である、尚《な》ほ委《くは》しくは後《のち》に表《へう》を掲《かゝ》げて示《しめ》すことゝする。

六神《しん》の用《よう》は凡《すべ》て物《もの》の性情《せいじやう》を察《さつ》するに用《もち》ゐるものであるが、今左《いまさ》に各項《かくかう》に分《わか》ちて之《これ》が占用《せんよう》を説明《せつめい》するときは。

(一)青龍　多仁《たじん》の神《しん》とす、○もし用神《ようしん》に就《つ》きて動《うご》くときは凡《すべ》て吉《きち》とす、○仇神忌神《きうしんきしん》に就《つ》きて動《うご》くときは凡《すべ》て不利《ふり》とする、或《あるひ》は酒色《しゆしよく》の災《わざはひ》がある、若《も》し發動《はつどう》して用神《ようしん》が甚《はなは》だ盛《さかん》なるときは金錢《きんせん》を得《う》るか、又増俸《またぞうほう》さるゝ類《るゐ》の悅《よろこび》がある、又日辰月建《またにつしんげつけん》に臨《のぞ》みて動《うご》くときも亦同樣《またどうやう》である、○家宅《かたく》のことを占《うらな》ふに妻財爻《さいざいかう》につきて旺相《わうしやう》して盛《さか》んなるときは、富《とみ》を致《いた》すの象《かたち》がある、○走《はし》り人《びと》を尋《たづ》ぬるに當《あた》り、用神《ようしん》が動《うご》かずして、靑龍《せいりう》につきて世爻《せかう》より之《これ》を尅《こく》するときは、芝居《しばゐ》又《また》は酒樓《しゆろう》などにて捕《とら》へることがある。

(二)朱雀　兄弟《きやうだい》につきて動《うご》くときは口舌《くぜつ》がある、○日辰月建《につしんげつけん》に臨《のぞ》みて動《うご》くときは、凡《すべ》ての事《こと》を爲《な》す

に宜《よろ》しい、○動《うご》きて卦身《くわしん》又《また》は世爻《せかう》が用神《ようしん》を生《しやう》ずるのは官邊《くわんぺん》のことに宜《よろ》しい、又《また》は文書《ぶんしよ》の類《るゐ》が手《て》に入《い》るとする、○午《うま》の爻《かう》が官鬼《くわんき》につきて動《うご》くときは、火《ひ》を愼《つゝ》しまねば不可《いけ》ない、但《たゞ》し水《みづ》の爻《かう》に化《くわ》したときは災《わざはひ》はない。

(三)勾陳　動《うご》きて用爻《ようかう》を生《しやう》ずるときは吉《きち》である、○動《うご》くときは土地《とち》田畑等《たはたとう》に就《つ》いて憂《うれひ》がある、○土《ご》爻《かう》が官鬼《くわん》につきて動《うご》くときは、祈禱《きたう》の吟味《ぎんの》ありても宜《よろ》しい、○もし空亡《くうはう》に遇《あ》ふときは、田畑《たはた》は熟《みの》らない、又忌神《またきしん》に臨《のぞ》めば艱難困苦《かんなんこんく》する、○強盛《きやうせい》にして世《よ》を剋《こく》するは、公邊《こうへん》のことに拘《かゝ》はりて滯《とゞこほ》ることがある、○病《やまひ》を占《うらな》ふには浮腫《ふしゆ》《ムクミ》の類《るゐ》とする。

(四)騰蛇　日辰月建《につしんげつけん》が之《これ》に臨《のぞ》みて動《うご》くときは、怪事《くわいじ》が多《おほ》い、○すべて怪異《くわいい》のことゝする、又驚《またおどろ》くことがある、○怪《あや》しき夢《ゆめ》、陰《かく》れたる魔《ま》の類《るゐ》、○官鬼《くわんき》につきて用爻《ようかう》を剋《こく》するときは憂《うれひ》が多《おほ》い、○寅卯《とらう》の爻《かう》につきて空亡《くうはう》に値《あ》ふて日辰《につしん》より冲《ちう》する時《とき》は凶《きよう》である、又寅卯《またとらう》の爻《かう》につきて、卦身世爻用神《けいしんせかうようしん》を刑剋《けいこく》するときは、自《みづか》ら縊《くゝ》ることがある。

(五)白虎　動《うご》くときは喪事《さうじ》とする、○日辰月建《につしんげつけん》の之《これ》に臨《のぞ》むは破財《はざい》とする、○官途《くわんと》又《また》は病占《びやうせん》に白虎《びやくこ》の動《うこ》くには凶《きよう》とする、○凡《すべ》て用神《ようしん》を生《しやう》ずるときは吉《きち》とする、○申酉《さるとり》の爻《かう》につきて、動《うご》きて用神《よつしん》を剋《こく》するは世人《せじん》の批判《ひはん》に遭《あ》ふことがある、巳午《みうま》の爻《かう》につきて卦身世爻用神《けいしんせかうようしん》を生《しやう》ずるは吉《きち》である、○白虎《びやくこ》を血神《けつしん》とするゆゑ、生産《せいさん》には動《うご》くを吉《きち》とする、○すべて勇猛《ゆうまう》にして殺《ころ》すことを好《この》むの神《かみ》とす。

(六)玄武 動《うご》けば暗昧《あんまい》なることが多《おほ》い、○官鬼《くわんき》につきて動《うご》くときは盗難《たうなん》がある、幸《さいはひ》に世爻《せかう》を生《しやう》ずるときは障《さは》りなし、○仇神忌神《きうしんきしん》につきて動《うご》くときは、姦盗《かんたう》に遇《あ》ふことがある、○日辰月建《につしんげつけん》が之《これ》に臨《のぞ》めば内容《ないよう》の障《さは》りがある、○官鬼《くわんき》につきても、世爻《せかう》が動《うご》かないで之《これ》に生《しやう》ぜらるゝ時《とき》は、たとひ小人《せうじん》に交《まじ》はりて其《そ》の掛《か》り合《あ》ひの難《なん》に遇《あ》ふことはない。

爻＼日	甲乙	丙丁	戊	己	庚辛	壬癸
上爻	玄武	青龍	朱雀	勾陳	螣蛇	白虎
五爻	白虎	玄武	青籠	朱雀	勾陳	螣蛇
四爻	螣蛇	白虎	玄武	青龍	朱雀	勾陳
三爻	勾陳	螣蛇	白虎	玄武	青龍	朱雀
二爻	朱雀	勾陳	螣蛇	白虎	玄武	青龍
初爻	青龍	朱雀	勾陳	螣蛇	白虎	玄武

右《みぎ》の表《へう》に依《よ》るときは一見了得《けんれうとく》せらるゝのである。

第三十五章　三合會局の説

寅午戌火局　巳戌酉丑金局　申子辰水局　亥卯未木局

例《たと》へば寅午戌《とらうまいぬ》の三つが、月日《つきひ》又《また》は動爻《どうかう》に現《あら》はるゝときは、三つの者《もの》が相聚《あひあつま》りて火勢《くわせい》を助《たす》くるが故《ゆゑ》に恰《あた》かも徒黨《ととう》をなすが如《ごと》くであつて、四時休囚《じきうしう》の時《とき》を論《ろん》ぜず、必《かなら》ず盛《さか》んである、併《しか》し若《も》しも一爻《かう》が靜《しづか》であつて二爻《かう》が發動《はつどう》すれば、靜《しづか》なる爻《かう》の日《ひ》に値《あ》ふ時《とき》に應《おう》ずるのである、或《あるひ》は一爻《かう》が靜《しづか》であつて旬空《じゆんくう》に値《あ》ふか、或《あるひ》は動《うご》きて旬空《じゆんくう》に遇《あ》ふか、若《も》しくは變《へん》じて旬空《じゆんくう》に遇《あ》ふときは、その旬空《じゆんくう》を出《い》づるの時《とき》に應《おう》ずるのである、若《も》し旬空《じゆんくう》であつて合《がふ》に値《あた》ふか、或《あるひ》は靜《せい》にして合《がふ》に値《あ》ふか、或《あるひ》は動《うご》きて合《がふ》に値《あ》ふときは、冲《ちう》するのときに應《おう》ずるのである、又合《さたがふ》に變《へん》じ或《あるひ》は日《ひ》に合《がつ》し、又《また》は墓《ぼ》に變《へん》じ、或《あるひ》は暮二千日上一《にちじやうにぼする》も、亦冲《またちう》するの時《とき》に應《おう》ずるのである、それは三爻《かう》の内《うち》で一爻《かう》は病《やまひ》あり、他《た》の二爻《かう》は病《やまひ》なきを云《い》ふのである、若《も》し絶《ぜつ》(後《のち》に出《いだ》す)に變《へん》じたり、或《あるひ》は絶二于日上一《にちじやうにぜつする》ものは生《しやう》ずる時《とき》に應《おう》ずるのである、これも亦《また》三爻《かう》の内《うち》に一爻《かう》病《やまひ》あるものを云《い》ふのである。

第三十六章　十二運の說

十二運《うん》とは長生《ちやうせい》、沐浴《もくよく》、冠帶《くわんたい》、臨官《りんくわん》、帝王《ていわう》、衰《すゐ》、病《びやう》、死《し》、墓《ぼ》、絕《ぜつ》、胎《たい》、養《やう》をいふのである、此《こ》の十二運《うん》に就《つい》ては、今尙《いまな》ほ俗間《ぞくかん》に流布《るふ》する三世相大全《ぜさうたいぜん》などいふ書中《しよちう》には、十二運產月善惡《うんうみづきぜんあく》の解《かい》などゝ稱《しよう》して、之《これ》を一月《ぐわつ》より十二月《ぐわつ》までに配當《はいたう》してあるけれども此《こ》の五行易《ぎやうえき》に於《おい》ては、單《たん》に日辰《につしん》の十二支《し》ばかりを用《もち》ゐて、年月《としつき》の十二支《し》は取《と》らぬのである、それ故《ゆゑ》に、寅《とら》の年寅《としとら》の月《つき》に占《うらな》ひたる火爻《くわかう》を

運名／五行	長生	沐浴	冠帶	臨官	帝王	衰	病	死	墓	絕	胎	養
金	巳	午	未	申	酉	戌	亥	子	丑	寅	卯	辰
木	亥	子	丑	寅	卯	辰	巳	午	未	申	酉	戌
水土	申	酉	戌	亥	子	丑	寅	卯	辰	巳	午	未
火	寅	卯	辰	巳	午	未	申	酉	戌	亥	子	丑

長㆓生于年上㆒《ねんじやうにちやうせいす》とか、又《また》は長㆓生于月上㆒《げつじやうにちやうせいす》などゝは云《い》はぬのである。

そこで上圖《じやうづ》に掲《かゝ》げたるものゝ占用《せんよう》は、例《たと》へば寅《とら》の日《ひ》に占《うらな》ひて得《え》たる火爻《くわかう》は長㆓生于日㆒《ひにちやうせいす》といひ、卯《う》の日《ひ》に占《うらな》ひて得《え》たる火爻《くわかう》は沐㆓浴于日㆒《ひにもくよくす》といひ、辰《たつ》の日《ひ》に占《うらな》ひて得《え》たる火爻《くわかう》は冠㆓帶于日㆒《ひにくわんたいす》といふの類《るゐ》であ

るから、餘《よ》はみな例《れい》して知《し》るべきである、尤《もつと》も此《こ》の十二運《うん》の内《うち》でも重《おも》んずるものは長生《ちやうせい》・墓《ぼ》・絶《ぜつ》の三つである、此《こ》の三つは變爻《へんかう》にも用《もち》ゐることがある、例《たと》へば、午《うま》の爻《かう》が變《へん》じて寅《とら》となるときは墓《ぼ》に變《へん》ずと云《い》ひ、亥《ゐ》に變《へん》ずるときは絶《ぜつ》に變《へん》ずと云《い》ふのである、凡《およ》そ長生《ちやうせい》は根《ね》の深《ふか》き義《ぎ》があり、墓《ぼ》は其所《そこ》へ固着《こちやく》して了《しま》つて動《うご》かざるの義《ぎ》があり、絶《ぜつ》は廢絶《はいぜつ》しで興《おこ》らざるの意《い》である、此外《このほか》に沐浴《もくよく》は裸《ら》體《たい》にして耻《はぢ》なきゆゑ婚姻《こんいん》には忌《い》み嫌《きら》ひ、胎《たい》は產育《さんいく》を占《うらな》ふに用《もち》ゐる類《るゐ》であつて、左《さ》のみの妙用《めうよう》があるのではない。

第三十七章　長生墓絶の說

長生墓絶《ちやうせいぼぜつ》の名稱《めいしよう》は已《すで》に前章《ぜんしやう》十二運《うん》の中《なか》に掲《かゝ》げてあるのみならず、中《なか》に就《つい》て最《もつと》も重《おも》きをなすものであると云《い》つて置《お》いたが、尙《な》ほ之《これ》が占用《せんよう》に關《くわん》して詳說《しやうせつ》するときは、長生墓絶《ちやうせいぼぜつ》ともに各々《おの〳〵》三樣《やう》あるのであつて、長二生于日上《にちじやうにちやうせいす》一、墓二于日上《にちじやうにぼす》一、絶二于日上《にちじやうにぜつす》一これが其《その》一である、次《つぎ》に長二生于飛神《ひしんにちやうせいす》一（後《のち》に出《いだ》す）、墓二于飛神《ひしんにほす》一、絶二于飛神《ひしんにぜつす》一これが其《その》二である、それから動《うご》きて長生《ちやうせい》に變《へん》じ（例《たと》へば、亥《ゐ》の爻《かう》が申《さる》に變《へん》じ、午《うま》の爻《かう》が寅《とら》に變《へん》ずるの類《るゐ》を云《い》ふ）、動《うご》きて墓《ぼ》に變《へん》じ（例《たと》へば、亥《ゐ》の爻《かう》が辰《たつ》に變《へん》じ、午《うま》の爻《かう》が戌《いぬ》の爻《かう》に變《へん》ずるの類《るゐ》を云《い》ふ）、動《うご》きて絶《ぜつ》に變《へん》（例《たと》へば、亥《ゐ》の爻《かう》が巳《み》に變《へん》ずるの類《るゐ》を云《い》ふ）ずる、これが其《その》三である。

凡《およ》そ用神《ようしん》は墓絶《ぼぜつ》に値《あ》ふといへども、救《すく》ふものゝある時《とき》は大害《たいがい》はない、又忌《またき》神《しん》が長生《ちやうせい》に値《あ》ふ時《とき》は禍《わざはひ》があるとする、けれども事柄《ことがら》と場合《はあひ》とに由《よ》りて一定《てい》の法《はふ》があると云《い》ふのではないから、よく〳〵活用《くわつよう》すべきである。

第三十八章　三刑の説

三刑《けい》とは五行大義《ぎやうたいぎ》に據《よ》るに、夫《そ》れ刑《けい》とは殺罰《さつばつ》を名《な》となす、是《こ》れより不義非《ふぎひ》を刑《けい》す、故《ゆゑ》に相刑《あひけい》するなり、五行《ぎやう》は各々《おの〳〵》一方《はう》に在《あ》り、寒暑推移《かんしよすゐい》し、時《とき》に應《おう》じて動《うご》き其節《そのせつ》を失《うしな》はず、各々《おの〳〵》犯《をか》さず各々《おの〳〵》應《おう》なし、獨《ひと》り刑《けい》を受《う》くるもの但須《たゞすべか》らく之《これ》を用《もち》ゆべし、嚴《げん》ならずして治《をさ》まる、棄《す》つべからずして用《もち》ゐず、故《ゆゑ》に皆《みな》また相刑《あひけい》す、金《かね》を以《もつ》て金《かね》を治《をさ》むるが如《ごと》くなれば則《すなは》ち其器《そのうつは》を成《な》す、人《ひと》を以《もつ》て人《ひと》を治《をさ》むるときは、則《すなは》ち國政《こくせい》を成《な》す、呂氏春秋《りよししゆんじう》に云《いは》く、干戈《かんくわ》は國《くに》に偃《ふ》すべからず、笞怒《ちど》は家《いへ》に廢《はい》すべからず、故《ゆゑ》に五刑《けい》の屬《ぞく》三千、五行《ぎやう》に本《もと》づかざるは莫《な》し、周書《しうじよ》に曰《いは》く、五行相尅《ぎやうさうこく》に因《よ》りて五刑《けい》を作《つく》る、墨劓剕宮大辟《ぼくびひきうたいへき》これなり、火能《ひよ》く金色《こんじき》を變《へん》ず、故《ゆゑ》に墨《くろ》し、以《もつ》て其宍《そのしゝ》を變《へん》ず、金能《かねよ》く木《き》を尅《こく》す、故《ゆゑ》に剕《ひ》し、以《もつ》て其《そ》の骨節《こつせつ》を去《さ》る、木能《きよ》く土《つち》を尅《こく》す、故《ゆゑ》に劓《び》し、以《もつ》て其《そ》の鼻《はな》を去《さ》る、土能《つちよ》く水《みづ》を塞《ふさ》ぐ、故《ゆゑ》に宮《きう》し、以《もつ》て其《そ》の淫泆《いんいつ》を斷《た》つ、水能《みづよ》く火《ひ》を滅《めつ》す、故《ゆゑ》に大辟《たいへき》し、以《もつ》て其《そ》の生命《せいめい》を絶《た》つ、漢文《かんぶん》に至《いた》り其《そ》の宍刑《にくけい》を去《さ》り、之《これ》に代《か》ふるに鞭笞《べんち》を以《もつ》てす、其後《そのご》、梟斬流絞《けうざんりうかう》の徒《と》、並《なら》びに其《そ》の五數《すう》を越《こ》えず、尙書《しやうしよ》に云《いは》く、流《りう》には五刑《けい》を宥《いう》す、又《また》五流《りう》は相《あひ》去《さ》ること各々《おの〳〵》五百里《り》、鞭笞《べんち》の數《すう》は十より積《つ》んで百に至《いた》る、亦《また》十干《かん》の數《すう》に依《よ》る、尙書刑德考《しようしよけいとくかう》に云《いは》く、大《たい》辟《へき》は象天《しようてん》の刑罰《けいばつ》にして、之《これ》を贖《あがな》ふの數《すう》三千、天地人《てんちじん》に應《おう》ず、日辰支干《につしんしかん》の刑《けい》も亦《また》三種《しゆ》あり、天地人《てんちじん》の刑《けい》は其揆《そのき》一なり、三種《しゆ》とは、一には支相自刑《しさうじけい》、二には支刑干《しけいかん》に在《あ》り、三には干刑支《かんけいし》に在《あ》り、支自相刑《しじさうけい》とは、子刑《しけい》は卯《ぼう》にあり、卯刑《ぼうけい》は子《し》にあり、丑刑《ちうけい》は戌《じゆつ》にあり、戌刑《じゆつけい》は未《び》にあり、未刑《びけい》ば丑《ちう》にあり、寅刑《えんけい》は巳《し》にあり、巳刑《しけい》は申《しん》にあり、申刑《しんけい》ば寅《えん》にあり、辰午酉亥《たつうまとりゐ》は各々《おの〳〵》自刑《じけい》す、漢書翼奏事《かんじよよくそうじ》に云《いは》く、木《き》落《お》ちて本《き》に歸《かへ》る、故《ゆゑ》に亥卯未《ゐうひつじ》は木《き》の位《くらゐ》にして、刑《けい》は北方《ほくはう》にあり、亥《ゐ》は自刑《じけい》す、卯刑《ぼうけい》は子《し》にあり、未刑《びけい》は丑《ちう》にあり、水流《みづなが》れて未《ひつじ》に向《むか》ふ、故《ゆゑ》に申子辰《さるねたつ》は水《みづ》の位《くらゐ》にして、刑《けい》は東方《とうはう》にあり、申刑《しんけい》は寅《えん》にあり、子刑《しけい》は卯《ぼう》にあり、辰《たつ》は自刑《じけい》す、金剛《かねかた》く火強《ひつよ》くして各々《おの〳〵》其郷《そのきやう》に還《かへ》る、故《ゆゑ》に巳酉丑《みとりうし》は金《かね》の位《くらゐ》にして、刑《けい》は西方《せいはう》にあり、巳刑《しけい》は申《しん》にあり、酉《いう》は自刑《じけい》す、丑刑《ちうけい》は戌《じゆつ》にあり、寅午戌《とらうまいぬ》は火《ひ》の位《くらゐ》にして、刑《けい》は南方《なんぱう》にあり、寅刑《えんけい》は巳《し》にあり、午《ご》は自刑《じけい》す、戌刑《じゆつけい》は未《び》にあり、干《かん》の支《し》を刑《けい》するものは、寅刑《えんけい》は庚《かう》にあり、卯刑《ぼうけい》は辛《しん》にあり、辰刑《しんけい》は甲《かふ》にあり、巳刑《しけい》は癸《き》にあり、午刑《ごけい》は壬《じん》にあり、未刑《びけい》は乙《おつ》にあり、申刑《しんけい》は丙《へい》にあり、酉《いう》刑《けい》は丁《てい》にあり、戌刑《じゆつけい》は甲《かう》にあり、亥刑《がいけい》は己《い》にあり、子刑《しけい》は戊《ぼう》にあり、丑刑《ちうけい》は乙《おつ》に在《あ》り、支《し》の干《かん》を刑《けい》する者《もの》は、甲刑《かつけい》は申《しん》にあり、乙刑《おつけい》は酉《いう》にあり、丙刑《へいけい》は子《し》にあり、丁刑《ていけい》は亥《がい》にあり、戊《ぼう》刑《けい》は寅《えん》にあり、己刑《いけい》は卯《ぼう》にあり、庚刑《かうけい》は午《ご》にあり、辛刑《しんけい》は己《い》にあり、壬《じん》刑《けい》は辰《しん》にあり、戊《ぼう》癸《き》の刑《けい》は丑《ちう》未《び》にあり、此《こ》れ並《なら》びに勝《か》つ所《ところ》を以《もつ》て刑《けい》をなすなり、凡《およ》そ卜筮《ぼくぜい》に用《もち》ゆる所《ところ》、刑《けい》に遇《あ》ふは善《ぜん》にあらず、然《しか》れざも求《もと》むる所《ところ》の事《こと》、刑《けい》にあらざれば獲《え》ず、史《し》蘇《そ》龜經《き、やう》に云《いは》く、當《まさ》に成《な》るべきに成《な》らず、視兆相刑《してうあひけい》す、又《また》問《と》ふて云《いは》く、六合《がふ》これ吉《きち》にして己申《みさる》の相尅《あひこく》するものは何《なん》ぞや、答《こた》へて曰《いは》く、金《かね》は水《みづ》を帶《お》びて火中《くわちう》に生《しやう》ず、火《ひ》は金鬼《きんき》たり、水《みづ》は火鬼《くわき》たり、金《かね》は水《みづ》と共《とも》に火中《くわちう》に生《しやう》ず、則《すなは》ち鬼母子身《きぼししん》、申《さる》は是《こ》れ金位《きゐ》、兼《か》ねて復《ま》た水《みづ》を懷《いだ》く、是《こ》れ巳《み》の火位《くわゐ》、復《ま》た金《かね》を生《しやう》ずるあり、還《かへ》つて相讎《あひしふ》す、故《ゆゑ》に以《もつ》て刑《けい》となすなり、然《しか》れば則《すなは》ち上下《じやうげ》の寅刑己《えんけいし》に在《あ》るものあれば、己《し》刑《けい》をなし、上寅刑《うへえんけい》をなす、下《しも》の餘例悉《よれいことごと》く爾《しか》り、故《ゆゑ》に兵書《へいしよ》に云《いは》く、刑上《けいじやう》の風《かぜ》、來《きた》り座《ざ》するものは急《きふ》に起《おこ》り、行《ゆ》く者《もの》は急《きふ》に住《とゞ》まる、と即《すなは》ち此《こ》の謂《いひ》なり、云《いは》く、三刑《けい》とは寅刑巳《えんけいみ》にあり、巳《し》刑申《けいしん》にあり、寅《とら》の日《ひ》申《さる》の時《とき》、巳上風《しじやうかぜ》を起《おこ》し、或《あるひ》は己上妖《しじやうえう》を見《み》るが如《ごと》き、之《これ》を三刑《けい》といふなり、云云《うんねん》と說《と》いてある。

之《これ》を要《えう》するに、三刑《けい》は用神《ようしん》が休囚《きうしう》して、その上他爻《うへたかう》より尅《こく》せらるゝに、此《こ》の三刑《けい》に値《あ》ふときは凶災《きようさい》があるのである、若《も》し卦中《くわちう》に三刑《けい》が具《そな》はりても、何《いづ》れも發動《はつどう》せず、又《また》は用神《ようしん》が休囚《きうしう》もせず尅《こく》にも値《あ》はざるときは、三刑《けい》に遇《あ》ふとも凶災《きようさい》はない。

寅巳申相刑　丑戌未相刑　卯子相刑　辰午酉亥自刑

相刑《さうけい》するとば、例《たと》へば寅《とら》の爻《かう》が動《うご》きて巳申《みさる》を刑《けい》し、巳《み》の爻《かう》が動《うご》きて申寅《さるとら》を刑《けい》し、申《さる》の爻《かう》が動《うご》きて寅《とら》巳《み》を刑《けい》するの類《るゐ》を云《い》ふ、また自刑《じけい》とは、例《たと》へば、辰《たつ》の爻《かう》が動《うご》けば自《みづか》ら我《われ》を刑《けい》し、午《うま》の爻《かう》が動《うご》けば自《みづか》ら我《われ》を刑《けい》するの類《るゐ》を云《い》ふのである、尚《な》ほ委《くは》しくは前文《ぜんぶん》を参照《さんせう》して知得《ちとく》せらるべきである。

第三十九章　諸星及び占用説

星名＼十干	甲	乙	丙	丁	戊	己	庚	辛	壬	癸
天元祿	寅	卯	己	午	己	午	申	酉	亥	子
羊刄	卯	辰	午	未	午	未	酉	戌	子	丑
貴人	午　未	子　申	亥　酉	亥　酉	午　未	子　申	午　寅	午　寅	卯　己	卯　己

右《みぎ》に掲《かゝ》げたる表《へう》の見方《みかた》は、例《たと》へば、甲《きのえ》の日《ひ》に得《え》たる卦《くわ》に寅《とら》の爻《かう》があれば、之《これ》を天元祿星《てんげんろくせい》と云《い》ひ、卯《う》の爻《かう》があれば、之《これ》を羊刄星《やうじんせい》と云《い》ひ、午《うま》の爻《かう》若《もし》くは未《ひつじ》の爻《かう》があれば、之《これ》を貴人星《きじんせい》と云《い》ひ、又乙《またきのと》の日《ひ》に得《え》たる卦《くわ》に卯《う》の爻《かう》があれば、之《これ》を天元祿星《てんげんろくせい》とし、辰《たつ》の爻《かう》があれば、之《これ》を羊刄星《やうじんせい》とし、子《ね》若《もし》くは申《さる》の爻《かう》があれば、之《これ》を貴人星《きじんせい》とする、餘《よ》は推《お》して知《し》るべきである。

驛馬	申子辰 寅	亥卯未 巳	巳酉丑 亥	寅午戌 申
劫殺	申子辰 巳	亥卯未 申	巳酉丑 寅	寅午戌 亥
咸池	申子辰 酉	亥卯未 子	巳酉丑 午	寅午戌 卯

右《みぎ》の表《へう》を見《み》るには、例《たと》へば、申《さる》の日《ひ》、子《ね》の日《ひ》、辰《たつ》の日《ひ》に得《え》たる卦《くわ》に寅《とら》の爻《かう》があれば、之《これ》を驛馬《えきば》と云《い》ひ、又巳《またみ》の爻《かう》があれば、之《これ》を劫殺《けふさつ》と云《い》ひ、酉《とり》の爻《かつ》があれば、之《これ》を咸池《かんち》と云《い》ふの類《るゐ》であるから、餘《よ》は推《お》して知《し》るべきである。

天元祿《てんげんろく》や貴人《きじん》は何《いつ》れも吉星《きちせい》であつて、用神《ようしん》が旺相生扶《わうしやうしやうふ》する、且《か》つ青龍《せいりう》を帶《お》びて是等《これら》の星《ほし》に遇《あ》ふときは、身命《しんめい》などの占《うらなひ》には、祿《ろく》を増《ま》し位《くらゐ》貴《たつと》しとする、又原神《またげんしん》にあるときは、貴人《きじん》の引立《ひきた》てがあるなどゝするの類《るゐ》である。

羊刃星《やうじんせい》は血《ち》を見《み》ることを主《つかさ》どる凶神《きようしん》であつて、用神《ようしん》が刑冲尅害《けいちうこくがい》に遇《あ》ひ、且《か》つ白虎《びやくこ》を帶《お》びて是等《これら》の星《ほし》に値《あ》ふときは、劍難又《けんなんまた》はすべて身《み》に傷《きず》くことがあるの類《るゐ》とする。

驛馬《えきば》は、旅行《りよかう》には吉《きち》とする、又待人《またまちびと》は來《きた》るとする。

劫殺《けふさつ》は非理暴虐《ひりばうぎやく》のことを主《つかさ》どる凶神《きようしん》であるから、その應《おう》は推《お》して知《し》るべきである。

咸池《かんち》は男女淫慾《だんぢよいんよく》などのことがある、婚姻《こんいん》のことを占《うらな》ふに、青龍《せいりう》を帶《お》びて動《うご》けば淫夫淫婦《いんぷいんぷ》とする、一名桃花《めいとうくわ》といふ。

右《みぎ》の外《ほか》斷易易冒等《だんえきえきはうとう》の書《しよ》には四季《き》天赦《てんしや》、四季《き》小赦《せうしや》、皇恩貴《くわうおんき》、天嗣《てんし》、天耳《てんじ》、天目《てんもく》、天解《てんかい》、喝散《かつさん》、關鎖《くわんさ》、旌旗《せいき》、三丘《きう》五墓《ほ》、喪車《さうしや》、鰥寡《くわんくわ》などは春夏秋冬《しゆんかしうとう》を以《もつ》て分《わか》ち、福星貴人《ふくせいきじん》、喜神《きしん》、文昌《ぶんしやう》、解脱神《かいだつしん》、日解《にちかい》、官《くわん》事《じ》日解《にちかい》、十干天赦《かんてんしや》、日下《につか》大殺《たいさつ》、截路《せつろ》空亡《くうはう》、墓門殺《ほもんさつ》などは十干《かん》を以《もつ》て分《わか》ち、天醫《てんい》、受生《じゆせい》、大微垣《たいびえん》、活曜《くわつよう》、天財《てんざい》、地財《ちざい》、天馬《てんは》、天牛《てんぎう》、天犬《てんけん》、天猪《てんちよ》、天鼠《てんそ》、天賊《てんぞく》、天罡《てんかう》、河魁《かくわい》、雷火神《らいくわしん》、槌門《つゐもん》、官府《くわんぷ》、天獄殺《てんごくさつ》、天《てん》賊殺《ぞくさつ》、四季天賊殺《きてんぞくさつ》、天狗殺《てんぐさつ》、勾陳殺《こうちんさつ》、白虎殺《びやくこさつ》、小耗殺《せうもうさつ》、大耗殺《たいもうさつ》、隔神《かくしん》、陰殺《いんさつ》、受死《じゆし》、天哭殺《てんこくさつ》、死炁官《しきくわん》府《ふ》、地獄《ぢごく》、折煞《せつさつ》、浴盆《よくほん》、往亡《わうはう》、覆舟《ふくしう》、暗金《あんきん》、荒蕪《くわうぶ》、月空《げつくう》、月上《げつじやう》、五鬼《き》、白浪《はくらう》、天燭《てんしよく》、天火《てんくわ》等《とう》は十二支《し》を以《もつ》て分《わか》ち、其他《そのた》四利《り》三元《けん》、四吉星《きつせい》、四極神《きよくしん》、四刑殺《けいさつ》、鶴神《かくしん》、臨官《りんくわん》、天符《てんぷ》等《とう》の諸星《しよせい》ありて、各々《おの〳〵》その事《こと》に因《よ》りて、病《やまひ》を占《うらな》ふには天醫受生《てんいじゆせい》を吉星《きつせい》とし、三丘《きう》五墓《ほ》喪車受死沐浴《さうしやじゆしもくよく》を忌《い》むとし、旅行《りよかう》には往亡《わうはう》を忌《い》み、舟行《しうかう》には覆舟白浪《ふくしうはくらう》を忌《い》み、家宅《かたく》には天火天燭《てんくわてんしよく》を凶《きよう》とするの類《るゐ》が頗《すこぶ》る多《おほ》くて一々枚擧《まいきよ》に暇《いとま》あらずである、然《しか》れども用神《ようしん》の生尅《しやうこく》によりて推《お》すときは吉凶《きつきよう》ともに免《まぬか》る丶所《ところ》はないのである、若《も》し用神《ようしん》が尅害《こくがい》刑冲《けいちう》して生扶拱合《しやいふきようがふ》する者《もの》のなき時《とき》は、吉星《きちせい》ありと雖《いへど》も吉《きち》としない、が用神《ようしん》が旺相生扶拱合《わうしやうせいふきようがふ》して尅害刑《こくがいけい》冲《ちう》する者《もの》なき時《とき》は凶殺《きようさつ》に當《あた》るといへども、凶《きよう》とはしない、左《さ》れば畢竟《ひつきやう》みな深《ふか》く拘《かゝ》はるには及《およ》ばない、故《ゆゑ》に今《いま》こゝに用《もち》ゐる所《ところ》は前記《ぜんき》の五六法《はふ》に過《す》ぎないのである、此《か》く言《い》ふもの、其《そ》の五六法《はふ》とても、生尅《しやうこく》合沖等《がふちうとう》を以《もつ》て推《お》して、吉《きち》なる時《とき》は吉神《きちしん》を帯《お》ぶれば吉《きち》とし、凶《きよう》なる時《とき》は凶神《きよしん》を帯《お》ぶれば凶《きよう》と斷定《だんてい》するだけで、何《なに》も深《ふか》く拘泥《こうでい》することはないのである。

第四十章　用神多現の説

用神多現《ようしんたげん》といふは、例《たと》へば、兄弟《けいてい》を用神《ようしん》とするの占《うらなひ》に坤爲地《こんゐち》を得《う》るが如《ごと》きは、丑爻《ちうかう》と未爻《びかう》との兩兄《りやうけい》弟《てい》がある、之《これ》を兩現《りやうげん》とする、又坤爲地《またこんゐち》から地水師《ちすゐし》に變《へん》ずるが如《ごと》きは、師《し》の第《だい》二爻《かう》が辰《たつ》の官鬼坤宮《くわんきこんきう》より變《へん》ずるときは、兄弟《けいてい》となして用《もち》ゆるが故《ゆゑ》に用神《ようしん》が三つある、又坤爲地《またこんゐち》から坎爲水《かんゐすゐ》に變《へん》ずるが如《ごと》きも、坎《かん》の卦《くわ》の第《だい》二第《だい》五は辰《たつ》と戌《いぬ》とであつて、坎《かん》の卦《くわ》にありては官鬼《くわんき》とすれども、坤爲地《こんゐち》より變《へん》ずるときは矢張《やは》り兄弟《けいてい》となして用《もち》ゆるのであるから用神《ようしん》が四つあることになる、諸卦《しよくわ》ともに皆此《みなこ》の例《れい》である、總《すべ》て此《かく》の如《ごと》きの類《るゐ》を用神多現《ようしんたげん》または重疊《ちようでふ》とも云《い》ふのである、然《しか》れどもその占《うらな》ふことに用《もち》ゐる所《ところ》のものは必《かなら》ず一爻《かう》を主《しゆ》とするのであつて、第《だい》一には他爻《たかう》を取《と》らずして世《よ》を持《ぢ》する爻《かう》を用《もち》ゆ、第《だい》二には多現《たげん》の内《うち》月建日辰《げつけんにつしん》の臨《のぞ》みたる爻《かう》があつたならば、それを用《もち》ゐる、第《だい》三には動《うご》かざる爻《かう》を取《と》らないで、發動《はつどう》する爻《かう》を用《もち》ゐる、第《だい》四には月破《げつぱ》に値《あ》ふの爻《かう》を用《もち》ゐる、第《だい》五には旬空《じゆんくう》に値《あ》ふの爻《かう》を用《もち》ゐるのである、彼《か》の易《えき》冑等《ほうとう》の書《しよ》には、旬空《じゆんくう》や月破《げつぱ》に値《あ》ふの爻《かう》は全《まつた》く棄《す》てゝ用《もち》ゐないのであるが、今本書《いまほんしよ》は全《まつた》く之《これ》と相反《あひはん》するのであるけれども、凡《およ》そ卜筮《ほくぜい》の神機妙用《しんきめうよう》は、或《あるひ》は空或《くうあるひ》は破《は》の如《ごと》き、すべて病《やまひ》あるの爻《かう》にあることにして、數次試《しば〳〵こゝろ》むるに驗《しるし》あらざることはない、此《こ》の理《り》は易《えき》の義《ぎ》に深《ふか》き造詣《ざうけい》を有《も》つた者《もの》でなければ、遽《にはか》に曉《さと》り得《え》られるものではないのである。

第四十一章　飛神の伏藏説

飛神《ひしん》とは、六十四卦《くわ》に配《はい》してある十二支《し》の六親《しん》を云《い》ひ、伏神《ふくしん》とは、六十四卦《くわ》に配《はい》したる十二支《し》の内《うち》に六親《しん》が備《そな》はらずして、本宮《ほんきう》の六親《しん》を用《もち》ゐて用神《ようしん》となすを云《い》ふのである、例《たと》へば、天風姤《てんぷうこう》の卦《くわ》の飛神《ひしん》は、父母子孫兄弟官鬼《ふほしそんけいていくわんき》のみありて妻財《さいざい》の爻《かう》はない、それ故《ゆゑ》に妻財《さいざい》を用神《ようしん》とするの占《うらなひ》には、姤《こう》の本宮乾《ほんきうけん》爲《ゐ》天第《てんだい》二爻《かう》の妻財寅《さいざいとら》に屬《ぞく》するものを用《もち》ゐるのである、然《しか》るに姤《こう》の卦《くわ》の第《だい》二爻《かう》は亥《ゐ》の子孫《しそん》であるから、之《これ》を子孫《しそん》の下《した》に伏《ふく》すと云《い》ふのである、左《さ》れば其《そ》の卦《くわ》に現《あら》はれずして本官《ほんきう》の卦《くわ》にあるゆゑ、伏藏《ふくざう》して現《あら》はれずと云《い》ふ意《い》にて、之《これ》を伏神《ふくしん》と云《い》ふのである、又地雷復《またちらいふく》の卦《くわ》には父母《ふほ》の爻《かう》がないから、復《ふく》の本宮《ほんきう》坤爲地《こんゐち》の第《だい》二爻巳《かうみ》の父母《ふほ》を以《もつ》て伏神《ふくしん》となし、之《こゝ》を寅《とら》の官鬼《くわんき》の下《もと》に伏藏《ふくざう》すと云《い》ひ、又天水訟《またてんすゐしよう》の卦《くわ》には官《くわん》鬼《き》の爻《かう》がないから、訟《しよう》の本宮離《ほんきうり》爲《ゐ》火《くわ》の第《だい》三爻巳《かうみ》の官鬼《くわんき》を用《もち》ゐて伏神《ふくしん》となし、之《これ》を午《うま》の兄弟《けいてい》の下《もと》に伏藏《ふくざう》すと云《い》ふの類《るゐ》である、其餘《そのよ》は之《これ》を例《れい》して知《し》るべきである。

第四十二章　伏神の出不出説

伏神《ふくしん》は已《すで》に前章《ぜんしやう》に述《の》べたるが如《ごと》く、伏藏《ふくざう》してゐるのであるから何《なに》も用《よう》をなさぬは勿論《もちろん》であるけれども、若《も》し之《これ》を助《たす》くる者《もの》のある時《とき》は出現《しゆつげん》して用《よう》をなすのである、之《これ》を提拔《ていはつ》と云《い》つて、それには四つの方法《はうはふ》がある。

第《だい》一には、日辰月建《につしんげつけん》より之《これ》を生《しやう》じ、或《あるび》は日辰月建《につしんげつけん》の之《これ》に臨《のぞ》むものは出《い》づることを得《う》るのである。

第《だい》二には、飛神《ひしん》より之《これ》を生《しやう》じ、或《あるひ》は動爻《どうかう》より之《これ》を生《しやう》ずることを得《う》るのである、其《そ》の飛神《ひしん》より之《これ》を生《しやう》ずと云《い》ふは、例《たと》へば天風姤《てんぷうこう》の妻財寅木《さいくとらき》は、第《だい》二爻《かう》の亥水《ゐみづ》より生《しやう》ずるが如《ごと》きを云《い》ひ、又動爻《またどうかう》より之《これ》を生《しやう》ずといふは、その爻《かう》の伏《ふく》する所《ところ》の飛神《ひしん》にあらざる他《た》の動爻《どうかう》より生《しやう》ずるを云《い》ふのであつて、例《たと》へば天水訟《てんすゐしよう》の官鬼亥水《くわんきゐみづ》は、第《だい》三爻《かう》の下《もと》にあるが如《ごと》きを云《い》ふ、若《も》し第五《はい》爻《かう》の妻財申金《さんざいさるかね》の爻《かう》が動《うご》くときは動爻《どうかう》より生《しやう》ずるのである。

第《だい》三には、日月又《じつげつまた》は動爻《どうかう》より飛神《ひしん》を冲《ちう》し、或《あるひ》は尅《こく》するものは出《い》づることを得《う》るのである、例《たと》へば地山謙《ちさんけん》の妻財卯木《さいざいうき》が第《だい》二爻《かう》の下《もと》にあるが如《ごと》き、飛神《ひしん》は午火《うまひ》の官鬼《くわんき》なるゆゑ、若《も》し子《ね》の月或《つきあるひ》は子《ね》の日《ひ》に占《うらな》ひ得《え》たるときは、午火《うまひ》は月建日辰《げつけんにつしん》に冲《ちう》せらるゝ故《ゆゑ》に、その下《もと》に伏藏《ふくぞう》するものは出《い》づることを得《う》るのである、又澤雷隨《またたくらいずゐ》の子孫午火《しそんうまひ》は亥水父母《ゐみづふぼ》の下《もと》にあるが如《ごと》き、若《も》し第三爻辰土《だいかうたつど》の妻財《さいざい》が動《うご》くときは、飛神《ひしん》は亥水《ゐみづ》の父母《ふぼ》を剋《こく》する故《ゆゑ》に、午火《うまひ》の伏藏《ふくぞう》するものは出《い》づることを得《う》るのである。

第四《だい》には、飛神旬空月破《ひしんじゆんくうげつぱ》、或《あるひ》は休囚《きうしう》、或《あるひ》は墓絶《ぼぜつ》に値《あ》ふものは出《い》づることを得《う》るのである。

出《い》づるを得《う》るものは右《みぎ》の如《ごと》く四種《しゆ》であるが、又《ま》た伏神《ふくしん》の出《い》づることを得《え》ざるものにも左《さ》の四種《しゆ》がある。

第一《だい》には、休囚《きうしう》の氣《き》なくして日月《じつげつ》に剋《こく》せらるゝものは出《い》づることが出來《でき》ないのである。

第二《だい》には、飛神《ひしん》が旺相《わうしやう》して、日月《じつげつ》より飛神《ひしん》を生《しやう》じ助《たす》けて伏神《ふくしん》を剋《こく》し害《がい》するものは出《い》づることが出來《でき》ないのである。

第三《だい》には、伏神《ふくしん》が日上《にちじやう》に墓絶《ぼぜつ》し、又飛爻《またひかう》に墓絶《ぼぜつ》するものは出《い》づることが出來《でき》ないのである、即《すなは》ち伏神《ふくしん》が飛爻《ひかう》に墓絶《ぼぜつ》すると云《い》ふは、例《たと》へば山澤損《さんたくそん》の子孫《しそん》の爻申金《かうさるかね》が、第三爻《だいかう》に伏藏《ふくぞう》して、飛神《ひしん》は丑土《うしつち》の兄弟《けいてい》なるが如《ごと》きを云《い》ひ、又伏神《またふくしん》が飛爻《ひかう》に絶《ぜつ》すると云《い》ふは、例《たと》へば澤雷隨《たくらいずゐ》の子孫《しそん》の爻午火《かううまひ》が第四爻《だいかう》に伏藏《ふくぞう》するに、飛神《ひしん》は亥水《ゐみづ》の父母《ふぼ》なるが如《ごと》き類《るゐ》を云《い》ふのである。

第四《だい》には、伏神《ふくしん》が休囚《きうしう》して、その上旬空《うへじゆんくう》或《あるひ》は月破《げつぱ》に値《あ》ふものは出《い》づることが出來《でき》ないのである。

凡《すべ》て用神《ようしん》が旺相《わうしやう》して旬空《じゆんくう》に遇《あ》ふときは、その空《くう》を出《い》づるの日《ひ》は提拔《ていばつ》して出《い》づることを得《う》るのである。

第四十三章　本宮顯伏の説

本宮《ほんきう》とは八純《じゆん》の卦《くわ》を云《い》ふのであつて、即《すなは》ち乾爲天《けんゐてん》、兌爲澤《だつゐたく》、離爲火《りゐくわ》、震爲雷《しんゐらい》、巽爲風《そんゐふう》、坎爲水《かんゐすゐ》、艮《ごん》爲山《ゐさん》、坤爲地《こんゐち》を云《い》ふのである、その本宮《ほんきう》が顯《あら》はるゝと云《い》ふことは、例《たと》へば天風姤《てんぷうこう》、天山遯《てんざんとん》、天地否《てんちひ》の如《ごと》きは、上卦《じやうくわ》に本宮《ほんきう》の乾《けん》の卦《くわ》がある故《ゆゑ》に、之《これ》を外卦《ぐわいくわ》に出顯《しゆつげん》すと云《い》ひ、火天大有《くわてんたいいう》、澤天夬《たくてんくわい》、地天泰《ちてんたい》の如《ごと》きは、共《とも》に下卦《げくわ》に本宮《ほんきう》の卦《くわい》がある故《ゆゑ》に、之《これ》を内卦《ないくわ》に出顯《しゆつげん》すと云《い》ふのである、之《これ》に反《はん》して本宮《ほんきう》の伏《ふく》すると云《い》ふは、例《たと》へば風地觀《ふうちくわん》、山地剝《さんちはく》、火地晋《くわちしん》の如《ごと》きは、共《とも》に乾宮《けんきう》の卦《くわ》であるけれども、上下《しやうか》ともに本宮《ほんきう》の乾《けん》がない故《ゆゑ》に、之《これ》を内卦伏藏《ないくわふくざう》と云《い》ふので、餘《よ》は皆例《みなれい》して知《し》るべきである。

凡《およ》そ本宮《ほんきう》の顯《あら》はるゝ卦《くわ》は其事《そのこと》が明白《めいはく》なりとするが、伏藏《ふくざう》する卦《くわ》は其事《そのこと》が暗昧《あんまい》なりとする、併《しか》して逃《たう》亡《ばう》を占《うらな》ふに當《あた》り、本宮《ほんきう》の顯《あら》はるゝ時《とき》は、その行《ゆ》き藏《かく》るゝ處《ところ》は知《し》り易《やす》いが、伏藏《ふくざう》するときは知《し》れ難《がた》いさする、又人物《またじんぶつ》を占《うらな》ふて本宮《ほんきう》の伏藏《ふくざう》するときは、飄泊《へうはく》して家《いへ》なきか、或《あるひ》は遠地《ゑんち》に勤務《きんむ》するか、又《また》は人《ひと》の家宅《かたく》を借《か》りて居《を》ると判《はん》ずるの類《るゐ》である、餘《よ》は推《お》して考《かんが》ふべきである。

第四十四章　獨發と獨靜の說

凡《およ》そ何《いづ》れの卦《くわ》にありても、たゞ一爻《かう》だけ變《へん》ずるを獨發《どくはつ》といふのである、例《たと》へば乾爲天《けんゐてん》の卦《くわ》が天風姤《てんぷうこう》に變《へん》ずるのは初爻獨發《しよかうどくはつ》と云《い》ひ、天火同人《てんくわどうじん》に變《へん》ずるは第《だい》二爻獨發《かうどくはつ》と云《い》ふの類《るゐ》である、又何《またいづ》れの卦《くわ》にても、五爻《かう》ともに變《へん》じて、單《たん》に一爻《かう》のみ變《へん》ぜざるを獨靜《どくせい》と云《い》ふのである、例《たと》へば乾爲天《けんゐてん》の卦《くわ》が地雷復《ちらいふく》に變《へん》ずるが如《ごと》きは初爻獨靜《しよかうどくせい》と云《い》ひ、地水師《ちすゐし》に變《へん》ずるが如《ごと》きは第《だい》二爻獨靜《かうどくせい》と云《い》ふの類《るゐ》である、又《また》六爻《かう》ともに變《へん》じないけれども、その爻《かう》の內《うち》にその占《うらな》ふ日《ひ》より冲《ちう》せらるゝ爻《かう》のあるものは、之《これ》を冲動獨發《ちうどうどくはつ》と云《い》ふ、例《たと》へば乾爲《けんゐ》天《てん》の卦《くわ》の六爻《かう》ともに變《へん》じないけれども、若《も》し午《うま》の日《ひ》に占《うらな》ひ得《え》たるときは、初爻子《しよかうね》の子孫《しそん》の爻《かう》獨發《どくはつ》とし、申《さる》の日《ひ》に占《うらな》ひ得《え》たるときは、第《だい》二爻寅《かうとら》の妻財《さいざい》の爻《かう》を獨發《どくはつ》と云《い》ふの類《るゐ》である。

凡《およ》そ獨發獨靜《どくはつどくせい》ともに、其事《そのこと》の成敗遲速《せいはいちそく》を觀《み》るに用《もち》ゆるだけであつて、全體《ぜんたい》の吉凶《きつきよう》に至《いた》りては用神《ようしん》の生尅《しやうこく》によりて考《かんが》へねばならぬのである、易冒等《えきはつとう》の書《しよ》に、獨發獨靜《どくはつどくせい》といふは全《まつた》く周易《しうえき》の爻《かう》の辭《じ》を用《もち》ゐて、六親生尅《しんしやうこく》に拘《かゝ》はらないと云《い》ふは、甚《はなは》だ誤《あやま》りたる說《せつ》である、總《すべ》て周易卦爻《しうえきくわかう》の辭《じ》は、その占《うらな》ふ所《ところ》の事柄《ことがら》によりて皆斷案《みなだんあん》に用《もち》ゆべきであつて、たゞ獨發獨靜《どくはつどくせい》のみに限《かぎ》つたことはないのである。

第四十五章　盡靜と盡發の說

何《いづ》れの卦《くわ》にても、六爻《かう》が皆動《みなうご》かないで日辰《につしん》より冲《ちう》せらるゝ爻《かう》もないものを盡靜《じんせい》と云《い》ひ、之《これ》に反《はん》して、六爻《かう》ともに動《うご》きて、一も安靜《あんせい》の爻《かう》なきを盡發《じんはつ》と云《い》ふのである、喩《たと》へば、盡靜《じんせい》は花《はな》の蕾《つぼ》みたるが如《ごと》くであつて、後《のち》に吉《きち》なるを含《ふく》むの意《い》あるものとし、盡發《じんはつ》は已《すで》に花《はな》の滿開《まんかい》せるが如《ごと》くであつて、やがて後《のち》には散亂《さんらん》する意《い》あるものとするのである。

第四十六章　安靜と亂動の說

安靜《あんせい》といふは總《すべ》て動《うご》かざるを云《い》ふのであつて、六爻安靜《かうあんせい》といふ時《とき》は即《すなは》ち盡靜《じんせい》といふも同《おな》じことである、亂動《らんどう》とは三爻《かう》四爻或《かうあるひ》は五爻《かう》ともに皆動《みなうご》くを云《い》ふのである、五爻《かう》ともに動《うご》くのは即《すなは》ち獨靜《どくせい》であるが、六爻《かう》みな動《うご》くときは即《すなは》ち盡發《じんはつ》である。

凡《およ》そ安靜《あんせい》の卦《くわ》を得《え》て冲動《ちうどう》するものがなければ、何事《なにごと》も平穩《へいをん》にして吉兆《きちてう》とする、その冲動《ちうどう》といふは、日月或《じつげつあるひ》は卦中《くわちう》の爻《かう》にその卦中《くわちう》の爻《かう》を冲《ちう》するものあるを云《い》ふのである、亂動《らんどう》の卦《くわ》は何事《なにごと》も平穩《へいをん》でない、其事《そのこと》が種々《しゆ〴〵》に反覆《はんぷく》して一定《てい》しない、又《また》は衆人區々《しうじんちく〴〵》にして纏《まとま》りが付《つ》かない。

凡《およ》そ盡發《じんはつ》と亂動《らんどう》とは三合會局《さんがふくわいきよく》に値《あ》ふことが多《おほ》い、又卦《またくわ》によりて本卦變卦日月《ほんくわへんくわじつげつ》と合《あは》せて會局《くわいきよく》し幾通《いくとほ》りも現《あら》はるゝことがある、依《よ》つてその強弱《きやうじやく》を察《さつ》して吉凶《きつきよう》を斷《だん》ずることが最《もつと》も肝要《かんえう》である、例《たと》へば未《ひつじ》の月《つき》、乙巳《きのとみ》の日《ひ》に、謙《けん》之二无妄《むばう》一《にゆく》を得《う》るときは五爻《かう》が共《とも》に動《うご》くから獨靜亂動《どくせいらんどう》であつて、寅午戌《とらうまいぬ》の火局《くわきよく》（寅《とら》は旬空《じゆんくう》、午《うま》は本卦安靜《ほんくわあんせい》の爻幷《かうならび》に變卦《へんくわ》、第《だい》四爻《かう》の戌《いぬ》は變卦《へんくわ》の上爻《じやうかう》にあり）、亥卯未《ゐうひつじ》の木局《もくきよく》（亥《ゐ》は本卦《ほんくわ》の第《だい》五爻《かう》、卯《う》は旬空《じゆんくう》、未《ひつじ》は月建《げつけん》に臨《のぞ》めり）、巳酉丑《みとりうし》の金局《きんきよく》（巳《み》は日辰《につしん》、丑《うし》は本卦第《ほんくわだい》四爻《かう》、酉《とり》は本卦《ほんくわ》の上爻《じやうかう》にあり）、申子辰《さるねたつ》の水局《すゐきよく》（申《さる》は本卦第《ほんくわだい》三爻《かう》、子《ね》は變卦初爻《へんくわしよかう》、辰《たつ》は本卦《ほんくわ》の初爻幷《しよかうならび》に變卦《へんくわ》の第《だい》三爻《かう》にあり）、盡《ことごと》く備《そな》はつて居《ゐ》る、尙《な》ほ詳細《しやうさい》は左圖《さづ》に就《つい》て知《し》るべし。

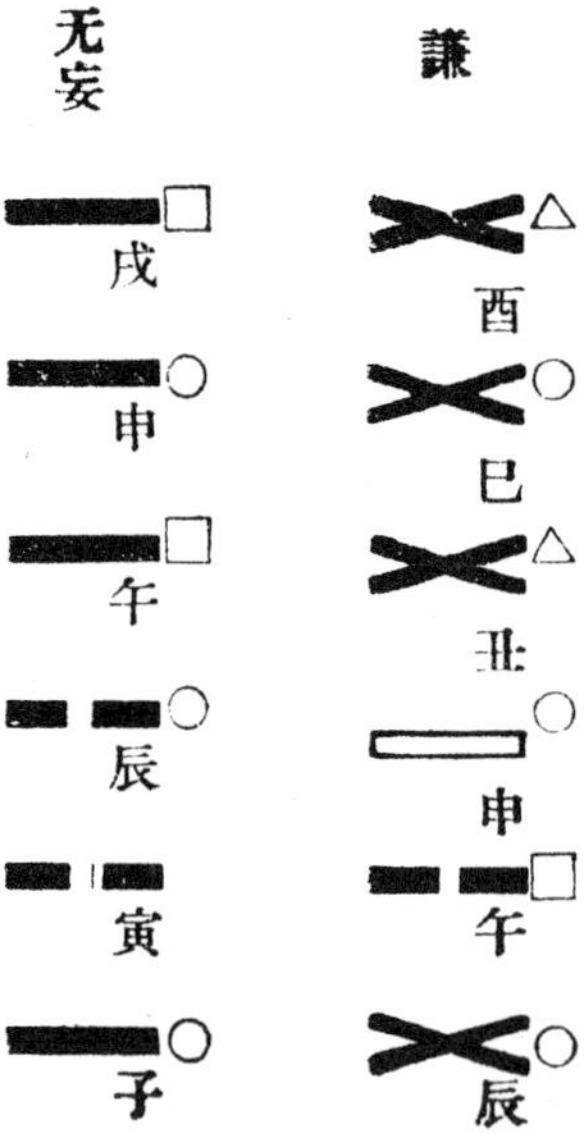

●未月乙巳△旬空□寅卯●

右《みぎ》の如《ごと》くなる時《とき》は、寅午戌《とらうまいぬ》の火局《くわきよく》は、寅《とら》が空亡《くうばう》なる故《ゆゑ》に力《ちから》が弱《よわ》い、けれども出空《しゆつくう》の時《とき》に至《いた》れば力《ちから》が甚《はなは》だ強《つよ》いのである、又巳酉丑《またみとりうし》の金局《きんきよく》は、丑《うし》の爻《かう》が日《ひ》に絶《ぜつ》し月《つき》に破《は》する故《ゆゑ》に力《ちから》が弱《よわ》い、けれども是《これ》も亦《また》出破《しゆつぱ》の時《とき》に至《いた》れば其《そ》の力《ちから》は強《つよ》いのである、併《しか》し申子辰《さるねたつ》の水局《すゐきよく》は、子《ね》の爻《かう》が日《ひ》に絶《ぜつ》し月《つき》に剋《こく》せられ、且《か》つ辰《たつ》の爻《かう》が日《ひ》に絶《ぜつ》するから、時《とき》を待《ま》つといへども力《ちから》は弱《よわ》いのである、又亥卯未《またゐうひつじ》の木局《もくきよく》は、亥《ゐ》の爻《かう》が日《ひ》に冲《ちう》せられて動散《どうさん》するばかりでなくして絶《ぜつ》に値《あ》ひ、又月建《またげつけん》に剋《こく》せられ且《か》つ卯《う》の空亡《くうばう》なるが故《ゆゑ》に其《そ》の力《ちから》はない、左《さ》れば出空《しゆつくう》の時《とき》に至《いた》りて多少《たせう》の力《ちから》はありとても、亥《ゐ》の爻《かう》が動散《どうさん》するから甚《はなは》だ弱《よわ》いとするの類《るゐ》である。

第四十七章　回頭生と回頭剋の説

回頭生剋《くわいとうしやうこく》といふことは卦爻《くわかう》にもあることであつて、先《ま》づ卦《くわ》の回頭生《くわいとうしやう》に就《つい》て云《い》はゞ、例《たと》へば乾兌《けんだ》の如《ごと》き金《きん》に屬《ぞく》する卦《くわ》が、艮坤《ごんく》の如《ごと》き土《つち》に屬《ぞく》する卦《くわ》に變《へん》ずるが如《ごと》き場合《はあひ》、その變卦《へんくわ》よりして本卦《ほんくわ》を生《しやう》ずるの類《るゐ》を云《い》ふのである、又回頭剋《またくわいとうこく》といふは、乾兌《けんだ》の如《ごと》き金《きん》に屬《ぞく》する卦《くわ》が、離《り》の如《ごと》き火《ひ》に屬《ぞく》する卦《くわ》に變《へん》ずる場合《はあひ》、その變卦《へんくわ》よりして本卦《ほんくわ》を剋《こく》する類《るゐ》を云《い》ふのである。

爻《かう》の回頭生《くわいとうしやう》も亦同《またどう》一の理《り》であつて、例《たと》へば亥子《ゐね》の爻《かう》が申酉《さるとり》に變《へん》ずるが如《ごと》き場合《はあひ》、その變爻《へんかう》よりして本卦《ほんくわ》の動爻《どうかう》を生《しやう》ずるが如《ごと》きの類《るゐ》を云《い》ふのであつて、又回頭剋《またくわいとうこく》とは、亥子《ゐね》の爻《かう》が丑辰未戌《うしたつひつじいぬ》に變《へん》ずるが如《ごと》き場合《はあひ》を云《い》ふのである。

凡《およ》そ回頭《くわいとう》の生剋《しやうこく》は尋常他《よのつねた》爻《かう》の生剋《しやうこく》よりも力強《ちからづよ》いものであつて、殊《こと》に剋《こく》するものに至《いた》りては徹底的《てつていてき》に剋《こく》し盡《つく》して了《しま》ふのであるから、原神《げんしん》や用神《ようしん》が之《これ》に値《あ》ふのは大凶《だいきよう》とするのであるが、忌神《きしん》や仇神《きうしん》が之《これ》に値《あ》ふのは却《かへ》つて吉《きち》とするのである。

第四十八章　暗動及び絆住の説

すべて動《うご》かざるの爻《かう》も、日辰《にちしん》に冲《ちう》せらるゝときは、之《これ》を暗動《あんどう》と云《い》つて、靜《せい》といへども動《うご》くとするのである、又發動《またはつどう》の爻《かう》が日辰《につしん》に合《がつ》せらるゝときは、之《これ》を絆住《はんぢう》と云《い》つて、動《うご》きても動《うご》くことが出來《でき》ぬのである、凡《すべ》て暗動《あんどう》は合《がふ》に値《あ》ふときは必《かなら》ず動《うご》くとし、絆住《はんぢう》は冲《ちう》に値《あ》ふときは必《かなら》ず動《うご》くとするのである、由來暗動《ゆらいあんどう》といふは、自《みづか》ら動《うご》くことを欲《ほつ》しないで居《ゐ》て動《うご》くのであるから、喩《たと》へば人《ひと》に誘《さそ》はれて遊山《ゆさん》に出掛《でか》るの類《るゐ》である、又《また》その事柄《ことがら》が未《いま》だ發露《はつろ》しないのであるから、外面《ぐわいめん》は毫《かう》も動《うご》かないけれども、内心《ないしん》は動《うご》くことあるので、例《たと》へば軍《ぐん》を出《いだ》さんとして謀《はかりごと》を廻《めぐ》らして居《を》るの類《るゐ》である、又絆住《またはんぢう》といふは、自《みづか》らは動《うご》きかけたにも拘《かゝ》はらず、先方《せんぱう》より止《と》められて動《うご》きかぬるのであるから、譬《たと》へば、今《いま》や外出《ぐわいしゆつ》せんとして門《もん》を出《い》づるに當《あた》り、突然《とつぜん》の來客《らいきやく》で足止《あしど》めされたやうな形《かたち》である、又自身《またじしん》には動《うご》く心持《こゝろもち》があるけれどもそれを果《はた》しかねるの意《い》がある、例《たと》へば酒呑上戸《さけのみじやうご》が、酒《さけ》の爲《た》めに留連《ゐつゞけ》をするやうな類《るゐ》である。

第四十九章　合起と冲起の説

何《なに》をか合起《がふき》といひ、何《なに》をか冲起《ちうき》と云《い》ふやといふに、凡《およ》そ動《うご》かざる爻《かう》であつても、日辰《につしん》に合《がつ》せらるゝときは、必《かなら》ず動《うご》くの意《い》がある、之《これ》を合起《がふき》と云《い》ふのである、冲《ちう》の時《とき》に動《うご》くことがあるけれども、暗動《あんどう》や絆住《はんぢう》に比《ひ》すれば其《そ》の勢《いきほひ》は甚《はなは》だ弱《よわ》いのである、冲起《ちうき》は即《すなは》ち暗動《あんどう》である。

第五十章　全動及び實の説

凡《すべ》て空亡《くうばう》の爻《かう》が發動《はつどう》して日辰《につしん》に冲《ちう》せらるゝのを全動《ぜんどう》と云《い》ふのであつて、これに反《はん》し、發動《はつどう》せずして日辰《につしん》に冲《ちう》せらるゝ之《これ》を實《じつ》と云《い》ふのである、左《さ》れば全動《ぜんどう》は空亡《くうばう》せざる發動《はつどう》の爻《かう》と同《おな》じで、實《じつ》は空亡《くうばう》せざる安靜《あんせい》と同《おな》じなのである、併《しか》しながら將來久遠《しやうらいきうゑん》なことを占《うらな》ふには、空亡《くうばう》せざる爻《かう》に比《ひ》すれば其《そ》の勢《いきほひ》は甚《はなは》だ弱《よわ》いのである。

第五十一章　絶處逢生と尅處逢生の説

絶處逢レ生《ぜつしよしやうにあふ》といふは、禪語《ぜんご》に大死《たいし》一番底《はんてい》と同《おな》じ意味《いみ》で、尤《もつと》も通俗《つうぞく》に云《い》ふならば、身《み》を捨《す》てゝこそ浮《うか》ぶ瀬《せ》もあれと云《い》ふ場合《はあひ》を指《さ》すので、凡て用神《ようしん》が日《ひ》に絶《ぜつ》するときは大凶《だいきよう》とするのである、けれども若しも又動爻變爻等《またどうかうへんかうとう》より長生《ちやうせい》するものある時《とき》は、之《これ》を絶處逢生《ぜつしよほうしやう》といふのであつて、救《すく》ふことあるが故《ゆゑ》に、その初《はじ》めは凶《きよう》であつても終《つひ》には吉《きち》とするのである、次《つぎ》に尅處逢レ生《こくしよしやうにあふ》とは、之《これ》を年期奉公《ねんきほうこう》に譬《たと》ふれば、奉《ほう》公中《こうちう》は長《なが》い間《あひだ》の壓迫《あつぱく》を受《う》けて居《を》るけれども、それを勤《つと》め上《あ》げれば自由《じいう》の身《み》となるが如《ごと》きを云《い》ふのであつて、凡《すべ》て用神《ようしん》が月日《つきひ》に尅《こく》せらるゝのは凶《きよう》であるけれども、若《も》し動爻《どうかう》や變爻《へんかう》より之《これ》を生《しやう》ずるときは、之《これ》を克處逢レ生《こくしよはうしやう》と云《い》ふので、是亦先《これまたさき》には凶《きよう》であつても後《のち》には吉《きち》とするのである。

第五十二章　合中帶尅と合中帶刑の説

已《すで》に前《まへ》にも述《の》べたるが如《ごと》く、子《ね》と丑《うし》とは合《がふ》なれども、子《ね》の水《みづ》は丑《うし》の土《つち》に尅《こく》せらるゝから、吉中《きちちう》に凶《きよう》があるとする、例《たと》へば人《ひと》に親《した》しまるゝが爲《ため》に其身《そのみ》に禍《わざはひ》を受《う》くるが如《ごと》き類《るゐ》である、又戌《またいぬ》と卯《う》は合《がふ》であるけれども、戌《いぬ》の土《つち》は卯《う》の木《き》に尅《こく》せらるゝから同《おな》じことである、此《がく》の如《ごと》きを合中帶レ尅《がふちうにこくをおぶ》と云《い》ひ、又合《またがふ》三尅《こく》七とも云《い》ふのである、若《も》し旺相《わうしやう》して月日《つきひ》の生扶《しやうふ》、又《また》は動爻《どうかう》の助《たすけ》ある時《とき》は合《がふ》を以《もつ》て斷《だん》ずるのである、然《しか》らざる時《とき》は尅《こく》を以《もつ》て論《ろん》ずべきである、之《これ》は子丑《ねうし》の合《がふ》と卯戌《ういぬ》の合《がふ》との二《ふた》つに限《かぎ》つてあることである。

次《つぎ》に己《み》と申《さる》とは合《がふ》であるけれども、己申《みさる》は相刑《あひけい》する故《ゆゑ》に、吉中《きちちう》に凶《きよう》がある、然《しか》れども申《さる》の爻《かう》が己《み》に變《へん》ずるのは長生《ちやうせい》なるが故《ゆゑ》に、刑尅《けいこく》は輕《かる》いのである、長生《ちやうせい》を以《もつ》て重《おも》しとする故《ゆゑ》に、月日《つきひ》や動爻《どうかう》の助《たすけ》がなくとも、合《がふ》を以《もつ》て斷《だん》じ長生《ちやうせい》を以《もつ》て論《ろん》ずるのである、併《しか》し寅《とら》の月日《つきひ》に占《うらな》ひ得《え》たる時《とき》は、三刑《けい》が會聚《くわいしう》して且《か》つ申《さる》は寅《とう》に冲《ちう》せらるゝ故《ゆゑ》に、刑尅《けいこく》を以《もつ》て斷《だん》ずべきである。

第五十三章　冲處逢合と合處逢冲の說

凡《およ》そ六冲《ちう》の卦《くわ》（六冲卦《ちうくわ》とは、八純《じゆん》の卦《くわ》及《およ》び天雷无妄《てんらいぶはう》、雷天大壯《らいてんたいさう》の十卦《くわ》を云《い》ふ）は冲散《ちうさん》するゆゑに、萬事《ばんじ》が順《じゆん》ならずして不吉《ふきつ》とする、然《しか》れども若《も》し變《へん》じて六合卦《がふくわ》（六合卦《がふくわ》とは、地天泰《ちてんたい》、天地否《てんちひ》、雷地豫《らいちよ》、山火賁《さんくわひ》、地雷復《ちらいふく》、澤水困《たくすゐこん》、火山旅《くわざんりよ》、水澤《すゐたくぜつ》の八卦《くわ》を云《い》ふ）となるか、又《また》は日辰月建《につしんげつけん》より爻《かう》に合《がつ》する（例《たと》へば、乾爲天《けんゐてん》の卦《くわ》は六冲《ちう》なれども、丑《うし》の月日《つきひ》に占《うらな》ひ得《え》たる時《とき》は、子水《ねみづ》の子孫《しそん》と合《がつ》す、或《あるひ》は亥《ゐ》の月日《つきひ》に占《うらな》ひ得《え》たる時《とき》は、寅木《とらき》の妻財《さいざい》と合《がつ》するの類《るゐ》である）か、又《また》は動爻《どうかう》が變《へん》じて（例《たと》へば、乾爲天《けんゐてん》の卦《くわ》が天《てん》風姤《ふうこう》に變《へん》ずるときは、子水《ねみづ》は變《へん》じて丑土《うしつち》となる、又《また》風天小畜《ふうてんせうちく》に變《へん》ずるときは、午火《うまひ》は變《へん》じて未土《ひつじつち》となるの類《るゐ》であつて、子《ね》と丑《うし》とは合《がふ》であつて、午《うま》と未《ひつじ》も同樣《どうやう》である）合《がふ》に化《くわ》するを冲處逢レ合《ちうしよがあふにあふ》と云《い》つて却《かへ》つて吉《きち》とする、凡《すべ》て冲處合《ちうしよがふ》に逢《あ》ふときは、先《さき》には散《ち》りて後《のち》には聚《あつま》り、先《さき》には難《かた》くして後《のち》には易《やす》く、先《さき》には疎《うと》くして後《のち》には親《した》しいのである。

次《つぎ》に六合卦《がふくわ》は合聚《がふしう》するのであるから、萬事《ばんじ》が順成《じゆんせい》して吉《きち》とするのである、然《しか》れども變《へん》じて六冲卦《ちうくわ》となるか、又《また》は月建日辰《げつけんにつしん》より爻《かう》を冲《ちう》する（例《たと》へば、地天泰《ちてんたい》の卦《くわ》は六合《がふ》なれども、若《も》し午《うま》の月日《つきひ》に占《うらな》ひ得《え》たる時《とき》は、子水《ねみづ》の妻財《さいざい》を冲《ちう》し、又申《またさる》の日《ひ》に占《うらな》ひ得《え》たる時《とき》は、寅木《とらき》の官鬼《くわんき》を冲《ちう》するの類《るゐ》である）か、又《また》は動爻《どうかう》が變《へん》じて冲《ちう》に化《くわ》する（例《たと》へば、地天泰《ちてんたい》の卦《くわ》が風天小畜《ふうてんせうちく》に變《へん》ずる時《とき》は、酉金《とりきん》は變《へん》じて卯《う》の木《き》となり、亥水《ゐみづ》は變《へん》じて巳《み》の火《ひ》となるが如《ごと》き類《るゐ》で、酉《とり》と卯《う》とは冲《ちう》し、亥《ゐ》と巳《み》とは冲《ちう》するのである）が如《ごと》き、之《これ》を合處逢レ冲《がふしよちうにあふ》と云《い》ひて却《かへ》つて凶《きよう》とする、凡《すべ》て合處冲《がふしよちう》に逢《あ》ふときは、先《さき》には聚《あつま》り後《のち》には散《ち》り、先《さき》には親《した》しくして後《のち》には疎《うと》く、先《さき》には易《やす》くして後《のち》には難《かた》いとするのである。

第五十四章　相害の説

相害《さうがい》は一名《めい》六害《がい》とも稱《しよう》するのであつて、五行大義《ぎやうたいぎ》に據《よ》れば、相害《さうがい》とは逆行《ぎやくかう》して相逢《あひあ》ひ、十二辰《しん》に於《おい》て兩々相害《りやう〳〵さうがい》す、名《なづ》けて六害《がい》と爲《な》す、戌《いぬ》と酉《とり》と、亥《ゐ》と申《さる》と、子《ね》と未《ひつじ》と、丑《うし》と午《うま》と、寅《とら》と巳《み》と、卯《う》と辰《たつ》と、是《こ》れ六害《がい》なり、是《こ》れ殺傷《さつしやう》の義《ぎ》なり、今此《いまこ》の六害《がい》、或《あるひ》は是《こ》れ君臣父子《くんしんふし》、或《あるひ》は是《こ》れ夫妻《ふさい》、理應《りおう》ぜずして害《がい》す、孝經《かうきやう》に云《いは》く、其親《そのしん》を愛《あい》せずして他人《たにん》を愛《あい》するもの之《これ》を悖德《はいとく》と謂《い》ふ、既《すで》に其《そ》の慈愛《じあい》の性《せい》に違《たが》ふ、故《ゆゑ》に怒戮《どりく》の理《り》あり、五行《ぎやう》の悪《にく》む所《ところ》その破衝《はしよう》に在《あ》り、今《いま》の相害《さうがい》は以《もつ》て破衝《はしよう》と合《がつ》す、故《ゆゑ》に父《ちゝ》は其慈《そのじ》を失《うしな》ひ、子《こ》は其孝《そのかう》に違《たが》ひ、妻《つま》は敬順《けいじゆん》ならず、夫《をつと》は和同《わごう》を棄《す》て、並合讎念理成相害《へいがふしふねんりせいあひがい》す、命《めい》の如《ごと》きに至《いた》りては熊蹯《ゆうはん》を待《ま》ち、飢《うゑ》て雀鷇《じやくこく》を探《さぐ》る、重耳外《ちようじほか》に奔《はし》り、申生書《しんせいしよ》を河内《かだい》に賜《たま》ふ、則《すなは》ち夫婦《ふうふ》相残《あひそこな》ひ、塞外《さいぐわい》は則《すなは》ち君臣殺《くんしんさつ》奪《だつ》す、此《こ》れ豈《あ》に害《がい》に非《あら》ざらんや、辰卯《たつう》は害《がい》を為《な》すもの、卯《う》と戌《いぬ》と合《がつ》し、戌《いぬ》は辰《たつ》に破《は》せらる、辰土《たつゝち》は卯《う》木《き》の妻《さい》たり、戌辰同《いぬたつおな》じ、卯《う》と戌《いぬ》と合《がつ》すと雖《いへど》も、便《すなは》ち是《こ》れ辰《たつ》を棄《す》て酉《とり》と合《がつ》す、酉《とり》は卯《う》を衝破《しようは》す、辰《たつ》は卯《ほう》妻《さい》たり、酉《とり》は卯讎《ほうしふ》たり、辰《たつ》と酉《とり》と合《がつ》す、酉能《とりよ》く卯《う》を尅《こく》す、婦干外夫本夫《ふかんぐわいふほんぷ》を殺《ころ》すの象《かたち》なり、己《み》と申《さる》と合《がつ》す、申《さる》は寅《とら》に衝《しよう》す、己《み》は寅子《えんし》たり、申能《さるよ》く寅《とら》を尅《こく》す、己《み》と申《さる》と合《がつ》す、子逆行《しぎやくかう》あり、丑午相害《うしうまさうがい》するとは、丑《うし》と子《ね》と合《がつ》す、子午《ねうま》を衝破《しようは》す、午《うま》は未《ひつじ》と合《がつ》す、未《ひつじ》の丑《うし》を破《は》するも亦是《またこ》れ父子《ふし》相害《さうがい》の義《ぎ》なり、未子《びし》相害《さうがい》とは、未《ひつじ》と午《うま》と合《がつ》し、午子未《うまねひつじ》を衝破《しようは》す、土《つち》は君子《くんし》たり、水《みづ》は臣《しん》たり、午火《うまひ》を子《ね》となす、水《ろう》の財《ざい》は君《くん》たり、財《ざい》を以《もつ》て臣《しん》を害《がい》するの象《かたち》なり、子《ね》と丑《うし》と合《がつ》す、丑《うし》は未《ひつじ》に破《は》せらる、丑《うし》は又是《またこ》れ土《つち》、子《ね》と丑《うし》と合《がつ》す、外君《ぐわいくん》を引《ひ》いて共《とも》に其主《そのしゆ》を害《がい》せんと欲《ほつ》す、此《こ》れ則《すなは》ち臣逃亡《しんたうばう》の象《かたち》あるなり、申亥《さるゐ》相害《さうがい》とは、亥《ゐ》と寅《とら》と合《がつ》し、寅《とら》は申《さる》に衝《しよう》す、申《さる》と己《み》と合《がつ》し、己《み》は亥《ゐ》に衝《しよう》す、亦是《またこ》れ父子《ふし》相害《さうがい》の義《ぎ》なり、夫《そ》れ相生《さうしやう》は必《かなら》ず相生《さうしやう》せず、相害必《さうがいかなら》ず相害《さうがい》せず、猶《な》ほ火《ひ》の能《よ》く物《もの》を焼《や》くも、遂《つひ》に災洲《さいしう》の火《ひ》ありて物《もの》を焼《や》く能《あた》はざるが如《ごと》し、水《み》は能《よつ》く物《もの》を潤《うるほ》す、洪潦暴《こうれうはう》に至《いた》る、亦草樹《またさうじゆ》をして芸黄《うんくわう》ならしむ、此《こ》は此《こ》れ相生《さうしやう》の相害《さうがい》に反《はん》し、相害《さうがい》の相生《さうしやう》に反《はん》するものなり、木《き》を鑽《き》りて火《ひ》を得《う》、而《し》かも雲雨《うんう》掣電《せいでん》相因《あひよ》りてあり、此《こ》は此《こ》れ相害《さうがい》の相生《さうしやう》に反《はん》するなり、水本《みづもと》と火《ひ》を害《がい》す、膏油《かうゆ》漬《し》灶《ちう》すれば燈火《とうくわ》ますます明《あきら》かなり、亦是《またこ》れ相害《さうがい》の相生《さうしやう》に反《はん》するなり、陰陽《いんやう》五行《ぎやう》は萬物《ばんぶつ》の存《そん》する所《ところ》、吉凶《きつきよう》の應《おう》は各々《おのおの》その類《るゐ》を以《もつ》て之《これ》を言《いひ》、或《あるひ》は吉中《きちちう》に凶《きよう》あり、凶中《きようちう》に吉《きち》あり、凶《きよう》は則《すなは》ちその救《すく》ふ所《ところ》を視《み》、吉《きち》は則《すなは》ちその害《がい》する所《ところ》を觀《み》る、凶《きよう》にして救《すく》ふあれば禍《わざはひ》に至《いた》らず、吉《きち》にして害《がい》あれば慶《よろこび》に及《およ》ばず、純凶《じゆんきよう》は則《すなは》ち禍大《くわだい》なり、純吉《じゆんきち》は則《すなは》ち福深《ふくふか》し、丑午《うしうま》相害《さうがい》するが如《ごと》き、子《ね》を以《もつ》て午《うま》を衝《しよう》破《は》す、子《ね》は王水《わうすゐ》あり、此《これ》を純凶《じゆんきよう》となす、未《ひつじ》は丑《うし》を破《は》す、丑《うし》は相《しやう》の木《き》能《よ》く未土《ひつじつち》を制《せい》し、爲《ため》に救《すく》ふあらんと欲《ほつ》するあるなり、未子《ひつじね》相害《さうがい》す、午《うま》は子《ね》を衝破《しようは》す、子《ね》は是《こ》れ王水《わうすゐ》なり、水《みづ》能《よ》く午火《うまひ》を制《せい》す、凶中《きようちう》に吉《きち》ありと爲《な》す、子《ね》と丑《うし》と合《がつ》す、丑土《うしつち》は反《かへ》つて子水《ねみづ》を制《せい》す、即《すなは》ち是《こ》れ吉中《きちちう》に凶《きよう》あり、生害《しやうがい》の義例《ぎれい》皆《みな》斯《かく》の如《ごと》しと説《と》いてある、宜《よろ》しく翫味《ぐわんみ》すべきである。

第五十五章　貪生忘尅と貪合忘冲の説

凡《およ》そ用神《ようしん》を尅《こく》するの爻《かう》(即《すなは》ち忌神《きしん》なり)は發動《はつどう》を忌《い》むのであるけれども、若《も》し用神《ようしん》を生《しやう》ずるの爻《かう》(即《すなは》ち原神《げんしん》なり)も發動《はつどう》するときは却《かへ》つて吉《きち》とする、それは忌神《きしん》が動《うご》きて原神《げんしん》を助《たす》くるが故《ゆゑ》に、原神《げんしん》の氣《き》がますます盛《さか》んなるからである、是《こ》れ原神《げんしん》は用神《ようしん》を生《しやう》じ、忌神《きしん》は原神《げんしん》を生《しやう》じて、忌神《きしん》より用神《ようしん》を尅《こく》することは忘《わす》るゝが如《ごと》くなる故《ゆゑ》に貪レ生忘レ尅《しやうをむさぼりてこくをわする》といふのである、例《たと》へば、乾爲天《けんゐてん》の卦《くわ》は、世爻《せかう》の戌土《いぬつち》を用神《ようしん》とするとき、官爻《くわんかう》の午火《うまひ》と妻爻《さいかう》の寅木《とらき》の二爻《かう》が動《うご》く如《ごと》き場合《はあひ》、寅木《とらき》はたゞ午火《うまひ》を生《しやう》じて戌土《いぬつち》を尅《こく》せないのである。

次《つぎ》に發動《はつどう》の爻《かう》が用神《ようしん》を冲《ちう》するは忌《い》むことなれども、若《も》し卦中《くわちう》又《また》は變爻《へんかう》に、その發動《はつどう》の爻《かう》と合《がつ》する者《もの》のある時《とき》は、其《そ》の合《がつ》するに力《ちから》を專《もつぱ》らにするゆゑ、用神《ようしん》を冲《ちう》することを忘《わす》るゝを貪レ合忘レ冲《がふをむさぼりてちうをわする》といふのである、例《たと》へば、官鬼《くわんき》を用神《ようしん》とするの占《うらなひ》に、乾爲天《けんゐてん》の天風姤《てんぷうこう》に變《へん》ずるが如《ごと》き場合《はあひ》、子水丑土《ねみづうしつち》に合《がつ》する爲《た》めに、午火《うまひ》を冲《ちう》することを忘《わす》るゝのである。

右《みぎ》の二項《こう》に對《たい》する餘例《よれい》は類推《るゐすゐ》すべきである。

第五十六章　物來尋我と我去尋物の説

凡《およ》そ動爻《どうかう》の方《はう》から世爻《せかう》を尅《こく》するときは、己《おの》れを害《がい》することになるのであるから凶《きよう》とするのであるけれども、併《しか》し人《ひと》を待《ま》つとか、或《あるひ》は物《もの》を求《もと》むるの類《るゐ》は、その用神《ようしん》が動《うご》きて世爻《せかう》を尅《こく》するのは、向《むか》ふより來《きた》る意《い》にて物來尋レ我《ものきたりてわれをたづね》といふのであつて、却《かへ》つて吉《きち》とする、或《あるひ》は動《うご》きて世爻《せかう》を冲《ちう》し、動《うご》きて世爻《せかう》を生合《しやうがふ》するのも、亦《また》みな我《われ》を尋《たづ》ぬるの意《い》であつて、遲速《ちそく》の別《べつ》こそあるけれども皆吉《みなきち》である、併《しか》しながら、若《も》し生《しやう》じもせず、尅《こく》しもせず、冲《ちう》しもせず、合《がつ》しもしないのは、之《これ》を我去尋物《われさつてものをたづね》と云《い》つて、其物《そのもの》を得《え》難《がた》きゆゑに却《かへ》つて凶《きよう》とするのである、但《たゞ》し玆《こゝ》に我去《われさ》つてと云《い》ひたるは、自己《じこ》の居所《きよしよ》を離《はな》れ、先方《せんはう》へ出《で》掛《か》けて行《い》つての意《い》であつて、決《けつ》して打捨《うちす》てるの義《ぎ》ではないから、之《これ》を取《と》り違《ちが》ひては不可《いけ》ない。

第五十七章　反徳扶人の説

凡《およ》そ用神《ようしん》が發動《はつどう》しても、世爻《せかう》を生合《しやうがふ》せずして、反《かへ》つて應爻又《おうかうまた》は外《ほか》の爻《かう》を生合《しやうがふ》するのは、恰《あだ》かも我《われ》の恩徳《おんとく》に背《そむ》きて外《ほか》の人《ひと》を助《たす》くるの意《い》となるから、之《これ》を反レ徳扶レ人《とくにそむきひとをたすく》と云《い》つて凶《きよう》とする、尤《もつと》も占《うらな》ふ事柄《ことがら》によりては己《おの》れの爲《た》めに媒《なかだち》するの意《い》もあるけれども、多《おほ》くは宜《よろ》しからずとするのである、若《も》し世爻《せかう》を冲《ちう》尅《こく》して他爻《たかう》を助《たす》くるが如《ごと》きは全《まつた》く凶《きよう》とするのである。

第五十八章　去煞留恩と留煞害命の説

凡《およ》そ日辰又《につしんまた》は變爻《へんかう》より用神《ようしん》に合《がつ》して忌神《きしん》を冲《ちう》する場合《はあひ》を指《さ》して去レ煞留レ恩《さいをさりおんをとどむ》と云《い》ふのである、即《すなは》ち忌《き》煞《さい》を除《のぞ》きて我《われ》に恩《おん》を加《くは》ふる意《い》であつて、萬事《ばんじ》みな吉《きち》とするのである、次《つぎ》に用神《ようしん》を冲《ちう》して忌神《きしん》に合《がふ》するものを指《さ》して留レ煞害レ命《さいをとどめめいをがいす》と云《い》ふのである、即《すなは》ち忌《き》煞《さい》を留《とゞ》めて我《わ》が本命《ほんめい》を損《そこな》ふといふ意《い》であるから、萬事《ばんじ》みな凶《きよう》とする。

右《みぎ》は何《いづ》れも冲處逢合《ちうしよはうがふ》の卦《くわ》、又《また》は合處逢冲《がふしよはうちう》の卦《くわ》に多《おほ》いのであるから、その詳細《しやうさい》は第《だい》五十三章《しやう》を參看《さんかん》して知《し》らるべきてある。

第五十九章　泄氣の說

凡《およ》そ用神《ようしん》が刑冲剋害等《けいちうこくがいとう》に値《あ》はなければ凶兆《きようてう》はないのであるけれども、若《も》し發動《はつどう》して他爻《たかう》を生《しやう》ずるときは之《これ》を泄レ氣《きをもらす》と云《い》つて凶《きよう》とする、若《も》し原神《げんしん》も發動《はつどう》して之《これ》を生《しやう》ずるか、又《また》は月日《つきひ》より之《これ》を生《しやう》ずるときは其《そ》の害《がい》はないのである、例《たと》へば、寅《とら》や卯《う》の月日《つきひ》でなくて、乾爲天《けんゐてん》が風天小畜《ふうてんせうちく》に變《へん》ずるが如《ごと》き場合《ばあひ》は、午火《うまび》が動《うご》きて未土《ひつじつち》を生《しやう》ずるから泄氣《えいき》とする、其《そ》れが若《も》し寅《とら》か卯《う》の月日《つきひ》か、又《また》は寅《とら》の爻《かう》が發動《はつどう》するときは、生《しやう》ずるものがあるから凶《きよう》とはしないのである。

第六十章　併不併と冲不冲の說

併《へい》とはその卦《くわ》の内《うち》にある爻《かう》に日月《じつげつ》の臨《のぞ》むを云《い》ふのであつて、例《たと》へば、亥《ゐ》の日《ひ》に占《うらな》ひたる卦中《くわちう》に亥《ゐ》の爻《かう》のあるときは之《これ》を日併《にっぺい》と云《い》ひ、又《また》亥《ゐ》の月《つき》に占《うらな》ひたる卦中《くわちう》に亥《ゐ》の爻《かう》のあるときは之《これ》を月併《ぐわつぺい》と云《い》ふのである、つまり臨《のぞ》むと云《い》ふも同《おな》じ義《ぎ》である、併《へい》すれども不レ併《あはせず》といふは、例《たと》へば、亥《ゐ》の日《ひ》に占《うらな》ひたる卦《くわ》に亥《ゐ》の爻《かう》があつて用神《ようしん》となるときは、日併《ひへい》であるから大吉《だいきち》とするのであるけれども、若《も》し發動《はつどう》して墓絶《ぼぜつ》動沖等《どうちうとう》に變《へん》ずるときは、啻《たゞ》に吉《きち》なること能《あた》はざるのみならずして、其日《そのひ》に當《あた》りて却《かへ》つて凶《きよう》がある、これを日辰變壞《にちしんへんくわい》といふのである。

次《つぎ》に沖《ちう》すれども不レ沖《ちうせず》といふは、例《たと》へば、亥《ゐ》の日《ひ》に占《うらな》ひたる卦《くわ》に己《み》の爻《かう》がありて用神《ようしん》となるときは、日辰《にちしん》に沖《ちう》せらるゝから大凶《だいきよう》とするのであるけれども、若《も》しその卦中《くわちう》に亥《ゐ》の爻《かう》がありて發動《はつどう》し墓絶沖剋《ぼぜつちうこく》等《とう》に變《へん》ずるときは、啻《たゞ》に己《み》の爻《かう》を害《がい》すること能《あた》はざるのみならずして、其日《そのひ》に當《あた》りて却《かへ》つて吉《きち》がある、之《これ》を日辰化壞《にっしんくわくわい》と云《い》ふのである、尤《もつと》もこれは何《いづ》れも日併《にっぺい》の爻《かう》がありて發動《はつどう》した場合《はあひ》のことである。

第六十一章　助鬼傷身の説

官鬼《くわんき》の爻《かう》が發動《はつどう》し日辰《にっしん》に長生《ちやうせい》して、世爻又《せかうまた》は用神《ようしん》を沖剋《ちうこく》するのを助レ鬼傷レ身《きをたすけみをやぶる》と云《い》ふのであつて、凡《すべ》ての占《うらなひ》は頗《すこぶ》る凶《きよう》にして、殊《こと》に詞訟《しよう》や病症《びやうしやう》のことには大《おほ》いに忌《い》むのである、此《こ》の場合若《はあひも》し救《すく》ふものが多《おほ》くないのは刑罰死亡《けいばつしばう》を免《まぬが》れ難《がた》いのである、例《たと》へば、世爻《せかう》を用神《ようしん》とするの占《うらなひ》に、申《さる》の日《ひ》に離爲火《りゐくわ》の火雷《くわらい》噬嗑《ぜいかふ》に變《へん》ずるが如《ごと》きが即《すなは》ちそれである。

第六十二章　隨官入墓の說

本命《なんみい》（その人《ひと》の生《うま》れ歳《どし》の十二支《し》をいふ）が官鬼《くわんき》の爻《かう》につきて日《ひ》に墓《ぼ》する、之《これ》を隨レ官入レ墓《くわんにしたがひぼにいる》といふのであつて、凡《すべ》ての占《うらなひ》に宜《よろ》しくないのである、殊《こと》に病占《びやうせん》には多《おほ》くは死亡《しばう》を免《まぬが》れない、例《たと》へば、巳《み》の年《とし》に生《うま》れたる人《ひと》が、戌《いぬ》の日《ひ》に占《うらな》ひて澤地萃《たくちすゐ》の卦《くわ》を得《う》るが如《ごと》きが即《すなは》ちそれである。

第六十三章　避凶と避空の說

凡《およ》そ日月《じつげつ》又《また》は動爻《どうかう》より用神《ようしん》を沖尅《ちうこく》すといへども、用神《ようしん》の伏藏《ふくざう》するときは其《そ》の沖尅《ちうこく》を受《う》けない、之《これ》を避レ凶《きようをさく》と云《い》ふのである、又用神《またようしん》が旬空《じゆんくう》に値《あ》ふて發動《はつどう》しなければ、伏藏《ふくざう》せずといへども、亦《また》その沖尅《ちうこく》を受《う》けるといふことはない、これを避レ空《くうにさく》と云《い》ふのであつて、皆凶《みなきよう》を免《まぬか》るゝとするのである、然《しか》れども月《つき》日《ひ》が忌神《きしん》を生扶《しやうふ》したり、又《また》は忌神《きしん》が重疊《ぢうでふ》して用神《ようしん》を沖尅《ちうこく》するときは、伏藏《ふくざう》して居《ゐ》ても、出現《しゆつげん》の時《とき》に至《いた》りて毒《どく》を受《う》け、又空亡《またくうばう》すといへども出空《しゆつくう》の時《とき》に至《いた》りて害《がい》に値《あ》ふのであるから、終《つひ》には凶《きよう》を免《まぬが》れないのである、能《よ》く此《こ》の箇別《かんべつ》を誤《あやま》らぬやうにしなければならない。

第六十四章　幹化の說

幹化《かんくわ》といふは、十幹《かん》が相合《あひがふ》して成《な》すところの五行《ぎやう》を云《い》ふのであつて、其《そ》の方法《はうはふ》は左《さ》の如《ごと》くである。

甲《きのえ》己《つちのと》土　乙《きのと》庚《かのえ》金　丙《ひのえ》申《さる》水　丁《ひのと》壬《みづのえ》木　戊《つちのえ》癸《みづのと》火

であつて、例《たと》へば、甲《きのえ》の日《ひ》に己《つちのと》（己《つちのと》は離《り》の卦《くわ》の納甲《なつかふ》である）の卦《くわ》を得《う》るときは、土《つち》を成《な》すゆゑに金《きん》を生《しやう》じ水《みづ》を尅《こく》する等《とう》の用《よう》がある、然《しか》れども之《これ》は前《まへ》に述《の》べたる三合會局《がふくわいきよく》等《とう》の如《ごと》く、左《さ》まで重用視《ちようようし》するには足《た》らないのであつて、三刑《けい》や十二運《うん》などの類《るゐ》と同視《どうし》すべきものである。

第六十五章　陰陽交重の説

前《まへ》にも陳《の》べたるが如《ごと》く、老陽《らうやう》は□を畫《くわく》して重《ぢう》と名《な》づけ、老陰《らういん》は×を畫《くわく》して交《かう》と名《なづ》くるので、老陽《らうやう》は已往《きわう》の事《こと》とし老陰《らういん》は未來《みらい》の事《こと》とする、又《また》すべての陽《やう》を男《をとこ》とし、すべての陰《いん》を女《をんな》とするのであるから、胎内《たいない》の男女《なんによ》を辨知《べんち》するとか、或《あるひ》は婚姻《こんいん》の成敗《せいはい》を考察《かうさつ》するには甚《はなは》だ肝要《かんえう》なる事《こと》とする、是《こ》れ男女《なんによ》は陰陽《いんやう》の分《わかれ》であつて五行《ぎやう》の數《すう》を待《ま》たぬのであるから、全《まつた》く周易《しうえき》の陰陽《いんやう》を主《しゆ》とするの占法《せんぱふ》と同《おな》じくして五行《ぎやう》の數《すう》に拘《かゝ》はらぬのである、それ故《ゆゑ》に五行《ぎやう》の占法《せんぱふ》は周易《しうえき》と同《おな》じからざることがありと雖《いへど》も、その事《こと》によりて全《まつた》く周易《しうえき》の義《ぎ》に通《つう》ぜざれば的中《てきちう》せしむることは出來《でき》ないのである。

地篇　卦象説

第六十六章　卦象と爻象の説

卦象《くわしやう》とは、乾《けん》を天《てん》とし、首《かうべ》とし、兌《だ》を澤《たく》とし、口《くち》とし、離《り》を火《ひ》とし、目《め》とするの類《るゐ》であつて、尚《なほ》はその梗概《かうがい》は下段《げだん》に掲出《けいしゆつ》する、次《つぎ》に爻象《かうしやう》とは、初爻《しよかう》を下民《かみん》とし、井《ゐど》とし、二爻《かう》を士《し》とし、田地《でんち》とし、三爻《かう》を諸侯《しよこう》（現今《げんこん》は地方長官《ちはうちやうくわん》即《すなは》ち知事《ちじ》と見《み》るが妥當《だたう》である）とし、牀《ゆか》とするの類《るゐ》であつて、是亦《これまた》これが概要《がいえう》は下《しも》に掲《かゝ》げる。

凡《すべ》て易《えき》は象《しやう》を以《もつ》て吉凶《きつきよう》を示《しめ》したるものであるから、卦爻《くわかう》の象《しやう》が明瞭《めいれう》でさへあれば、納甲《なつかふ》とか生尅等《しやうこくとう》を待《ま》たざることがある、之《これ》は決《けつ》して私議《しぎ》ではない、易冒《えきぼう》（書名《しよめい》）に、仕官《しくわん》を占《うらな》ふに晋升《しんしよう》の二卦《くわ》を得《う》るときは納甲《なつかふ》を論《ろん》ぜず、必《かなら》ずその升進《せうしん》を許《ゆる》すと斷定《だんてい》してある、是《これ》は啻《たゞ》に晋升《しんしやう》のみではない、例《たと》へば、天氣《てんき》を占《うらな》ふて天火同人《てんくわどうじん》を得《う》る時《とき》は、青天《せいてん》に白日《はくじつ》の附《つ》きたる象《かたち》であるから、必《かなら》ず晴天《せいてん》とする、若《も》し變《へん》ずるときは又別《またべつ》に斷《だん》ずるのである、又婚姻《またこんいん》の成敗《せいはい》を占《うらな》ふて澤雷隨《たくらいずゐ》を得《う》るときは、必《かなら》す成《な》るとする、又何《またなに》か事《こと》の成敗《せいはい》を占《うらな》ふて水雷屯《すゐらいちゆん》を得《う》るときは、屯難《ちゆんなん》にして容易《ようい》ならずとするの類《るゐ》である、併《しか》しながら若《も》し變《へん》ずる時《とき》は別《べつ》に判斷《はんだん》の方法《はうはふ》があるけれども、みな卦象《くわしやう》に明《あきら》かであるから、象《しやう》を本《もと》とし主《しゆ》とし、納甲《なつかふ》を以《もつ》て末《すゑ》とし輔《ほ》とするのである、故《ゆゑ》に五行易《ぎやうえき》の占法《せんぱふ》といへども、周易《しうえき》の象《しやう》を　《し》らずして、單《たん》に納甲《なつかふ》のみに拘《こう》泥《でい》するときは的中《てきちう》しないことがある、然《しか》れども卦《くわ》象《しやう》爻《かう》象《しやう》ともに天地《てんち》萬物《ばんぶつ》を包含《はうがん》するゆゑに、廣大無《くわうだいむ》窮《きう》であつて之《これ》を詳《つまびらか》にすることは容易《ようい》のことではない、是《こゝ》を以《もつ》て易《えき》に志《こゝろざし》あるものは朱子本義《しゆしほんぎ》を主《しゆ》とし之《これ》に交《まじ》ゆるに諸家《しよか》の象數《しやうすう》を論《ろん》ずるの諸説《しよせつ》を推《お》し窮《きは》むるときは、自然《しぜん》にその大要《たいえう》を得《え》て、中《あた》らずと雖《いへど》も遠《とほ》からざることであらう、今《いま》その概要《がいえう》を左《さ》に掲《かゝ》げて初學者《しよがくしや》に示《しめ》すことゝする。

○上卦《じやうくわ》　外《ぐわい》。上《じやう》。天《てん》。夜《よ》。遠《ゑん》。貴《き》。後《ご》。淸《しん》。動《どう》。出《しゆつ》。行《かう》。上爻《じやうかう》。終《しう》。後《ご》。末《まつ》。浮《ふ》。顯《けん》。明《めい》。開《かい》。危《き》。乾《けん》。

○下卦《げくわ》　內《ない》。下《げ》。地《ち》。盡《じん》。近《きん》。賤《せん》。先《せん》。濁《だく》。靜《せい》。入《にふ》。休《きう》。初爻《しよかう》。初《しよ》。先《せん》。本《ほん》。沈《ちん》。藏《ざう》。暗《あん》。閉《へい》。安《あん》。濕《しつ》。

○初爻《しよかう》　國中下民《こくちうかみん》。奴婢《どひ》。趾《し》。首《しゆ》角耳。卯辰《うたつ》。北《ほく》。地《ち》。地《ち》。

○二爻《かう》　士太夫有司《したいふいうし》。子女《しぢよ》。腓《ひ》。前足《ぜんそく》。己午《みうま》。中《ちう》。地《ち》。人《じん》。

○三爻《かう》　卿大臣諸侯《けいだいじんしよこう》。夫《ふ》。股《こ》。身《しん》。未申《ひつじさる》。西《さい》。人《じん》。天《てん》。

○四爻《かう》　公皇女太子執政《こうくわうぢよたいししつせい》。妻《さい》。身《しん》。身《しん》。酉戌《とりいね》。南《なん》。人《じん》。地《ち》。

○五爻《かう》　天子《てんし》王母《わうぼ》。母《はゝ》。腒《》。後足《こうそく》。亥子《ゐね》。中《ちう》。天《てん》。人《じん》。

○上爻《じやうかう》　上皇《じやうくわう》。父《ふ》。首《しゆ》。尾《び》。丑寅《うしとら》。東《とう》。天《てん》。天《てん》。

□乾《けん》　天《てん》。圜《くわん》。寒《かん》。冰《ひよう》。玉《ぎよく》。金《きん》。君《くん》。父《ふ》。首《しゆ》。馬《は》。良馬《りやうは》老馬《らうは》瘠馬《せきは》駁馬《しゆんめ》。木果《もくくわ》。大赤《たいせき》(以上說卦傳《いじやうせつくわでん》)龍《りう》。

□坤《こん》　地《ち》。臣《しん》。母《ほ》。妻《さい》。腹《ふく》。衆《しう》。輿《よ》。釜《ふ》。牛《ぎう》。文《ぶん》。布《ふ》。吝嗇《りんしよく》。均《きん》(以上說卦傳《いじやうせつくわでん》)。師《し》。邑《いふ》。國《こく》。城《じやう》隍《くわう》。

□震《しん》　雷《らい》。大塗《たいと》。長子《ちやうし》。足《そく》。龍《りう》。馬《は》。善鳴作レ足《よくなきあしをおこす》、馵足的顙《ひようそくてきさう》。竹《ちく》。萑葦《すゐ》。稼《か》。玄黃《げんくわう》。旉《はなふさ》。健《けん》。決躁《けつさう》。蕃鮮《はんせん》(以上說卦傳《いじやうせつくわでん》)。侯《こう》。長子《ちやうし》。

□巽《そん》　風《ふう》。長女《ちやうぢよ》。寡髮《くわはつ》。廣顙《くわうさう》。白眼《はくがん》。股《こ》。鷄《けい》。工《こう》。市《し》。木《ぼく》。白《はく》。臭《しう》。長《ちやう》。高《かう》。繩直《じようちよく》。進退《しんたい》。不果《ふくわ》。躁《さう》卦《くわ》(以上說卦傳《いじやうせつくわでん》)。婦《ふ》。月《げつ》。雨《う》。臀《でん》。楊《やう》。牀《しやう》。

□坎《かん》　月《げつ》。雨《う》。雲《うん》。泉《せん》。水《すゐ》。溝瀆《こうとく》。中男《ちうなん》。加レ憂《うれひをくはふ》。心病《しんびやう》。耳痛《につう》。血卦《けつくわ》。盜《たう》。弓輪《きうりん》。輿《よ》。馬《は》。豕《し》。赤《せき》。隱伏《いんぷく》。道《だう》。矯揉《けうじう》(以上說卦傳《いじやうぜつくわでん》)。穴《けつ》。幽谷《いうこく》。濡《じゆ》。泥《でい》。冠《くわん》。酒《しゆ》。輪《りん》。弧矢《こし》。桎梏《てつこく》。狐《きつね》。

□離《り》　日《にち》。明《めい》。火《くわ》。雷《らい》。中女《ちうぢよ》。目《もく》。大腹《たいふく》。甲冑《かつちう》。戈兵《くゝへい》。鼈《べつ》。蟹《かい》。蠃《ら》。蚌《ほう》。龜《き》。雉《ち》。木《もく》科上槁。乾卦《けんくわ》(以《い》上說卦傳《じやうせつくわでん》)。

□艮《ごん》　山《さん》。徑路《けいろ》。小石《せうせき》。手《しゆ》。少男《せうなん》。指《し》。門闕《もんけつ》。閽寺《こん》。果蓏《くわら》。狗《く》。鼠《そ》。黔喙《きんかい》。木《もく》堅多節(以上說卦傳《いじやうせつくわでん》)。童《どう》蒙《まう》。廬《ろ》。背《はい》。牀《きう》。僮僕《どうぼく》。丘《きう》。

□兌《だ》　地《ち》。澤《たく》。少女《せうぢよ》。妾《せふ》。巫《ふ》。口舌《こうぜつ》。毀折《きせつ》。附決《ふけつ》。羊《やう》(以上説卦傳《いじやうせつくわでん》)。涕洟《ていゐ》。眇《べう》。跛《ひ》。

第六十七章　六十四卦の大意

凡《およ》そ卦《くわ》には必《かなら》ず象《しやう》と義《ぎ》とがある、例《たと》へば乾《けん》を天《てん》とするのは象《しやう》であつて、健《けん》とするのは義《ぎ》である、今《いま》次項《じかう》に述《の》ぶる所《ところ》は其《そ》の象《しやう》と義《ぎ》とを混《こん》じて大意《たいい》を示《しめ》すのである。

凡《およ》そ諸卦《しよくわ》ともに變《へん》ずるときは吉凶《きつきよう》の相反《あひはん》することがある、例《たと》へば、天氣《てんき》を占《うらな》ひて乾《けん》の卦《くわ》を得《え》たるときは晴明《せいめい》とするのであるけれども、それが若《も》し他卦《たくわ》に變《へん》ずるときは却《かへ》つて雨《あめ》の降《ふ》ることがある、又《また》たとひ變《へん》じなくとも、五行生剋《ごぎやうしやうこく》の理《り》によりて雨《あめ》と斷《だん》ずることもある、それ故《ゆゑ》に此説《このせつ》を讀《よ》むものは、須《すべか》らく變卦《へんくわ》及《およ》び日月生剋合冲等《じつげつしやうこくがふちうとう》の法《はふ》を参《まじ》へて活斷《くわつだん》しなければならない、徒《いたづ》らに一偏《ぺん》にのみ拘泥《こうでい》すべきではない。

第一款　乾爲天の占用解

乾《けん》は至尊《しそん》の極《きよく》、至大《しだい》の極《きよく》、至誠《しせい》の極《きよく》、至健《しけん》の極《きよく》なる故《ゆゑ》に、常人《じやうじん》には凶《きよう》である、但《たゞ》し大義《たいぎ》のことには、誠《まこと》ありて怠《おこた》らざれば必《かなら》ず成《な》る、不義《ふぎ》の事《こと》には大凶《たいきよう》である○小人《せうじん》には病苦劍難《びやうくけんなん》、或《あるひ》は水火盗賊《すゐくわたうぞく》破財《はざい》等《とう》すべて意外《いぐわい》の厄《やく》がある○小人《せうじん》の此卦《このくわ》を得《う》る者《もの》は、貴《き》を恃《たの》み富侈《ふし》を肆《ほしいまゝ》にして忌《い》み憚《はゞか》ることのない象《かたち》であるから、後《のち》に必《かなら》ず大禍《たいくわ》がある、但《たゞ》し其心《そのこゝろ》を改《あらた》め謙遜《けんそん》し退讓《たいじやう》し謹畏《きんゐ》し戒懼《かいく》して怠《おこた》ることがなければ禍《わざはひ》を免《まぬ》かれる○百事《じ》間違《まちが》ひ障《さは》りあり、疑慮《ぎりよ》ありて迷《まよ》ふとする○人《ひと》の難《なん》を蒙《かうむ》ることを防《ふせ》ぐべし○すべて大望《たいもう》ある意《い》あり、遂《と》げ難《がた》し、但《たゞ》しもし其事《そのこと》が天心《てんしん》に叶《かな》ふことにて、又少《またすこ》しも怠《おこた》らざるときは成《な》るべし、君父《くんぷ》の仇《あだ》を報《むくゆ》るが如《ごと》きの類推《るゐすゐ》して知《し》るべし○萬事《はんじ》定體《ていたい》なく又空虚《またくうきよ》となるの意《い》あり、故《ゆゑ》に勞《らう》して功《こう》なきこと多《おほ》し○すべて退《しりぞ》くに利《よろ》しく進《すゝ》むに利《よろ》しからず○止《や》み難《がた》き事《こと》は速《すみやか》に爲《な》すべし、遲《おそ》ければ時《とき》を失《うしな》ふ○萬事《はんじ》平穩《へいをん》ならず、安靜《あんせい》ならず、憂苦《いうく》ありて喜《よろこび》なし○天時《てんじ》は晴朗《せいらう》○身命勞多《しんめいらうおほ》し、又大量《また、いりやう》の人《ひと》、手本《てほん》となりて貴《たつと》ばる、人《ひと》○婚姻《こんいん》は利《り》あらず○胎產《たいさん》は安《やす》からず、有無《うむ》を占《うらな》ふは孕《はら》まずとす○居處《きよしより》利あらず○仕官《しくわん》は忠《ちう》義《き》の心深《こゝろふか》き者《もの》は吉《きち》、然《しか》らざれば凶《きやう》○旅行《りよかう》は利《り》あらず○待人來《まちびときた》らず、來《きた》るとも遲《おそ》し、音信《おんしん》を占《うらな》ふは無《な》しとす○財《ざい》を求《もと》むるも得難《えがた》し○病《やまひ》は凶《きやう》○失物《うせもの》は得難《えがた》し、或《あるひ》は物《もの》によりて諸處《しよく》に散亂《さんらん》してあるか○捕逃《ほたう》は見難《ゆがた》し、人多《ひとおほ》く聚《あつ》まる所《ところ》、或《あるひ》は神社佛閣《じんじやぶつかく》、諸《もろ〳〵》の役所《やくしよ》などを尋《たづ》ぬべし○訴訟《そしよう》ごとは凶《きよう》。

第二款　坤爲地の占用解

坤《こん》は柔順《じうじゆん》なる者《もの》、慈悲《じひ》ある者《もの》には萬事《はんじ》吉《きち》○吉凶《きつきよう》の岐《ちまた》とす、筮《ぜい》することに應《おう》ずべし、百事《じ》將《まさ》に成《な》らんとするの兆《てう》、然《しか》れども時《とき》を待《ま》ちて急《きふ》にすべからず、若《も》し速《すみやか》に成《な》らんことを欲《ほつ》して急《きふ》にする時《とき》は勞《らう》して功《こう》なし○疑慮《ぎりよ》ありて決《けつ》せず、變《へん》じて他《た》の卦《くわ》に之《ゆ》く時《とき》は障《さは》りあることを察《さつ》すべし○居《きよ》を移《うつ》し國《くに》を去《さ》るの類《たぐひ》、平《たひらか》なれども動氣《うごくき》なし○常人《じやうじん》には大吉《だいきち》とするに足《た》らざれども、亦凶禍《またきやうくわ》あること少《すくな》し、然《しか》れども人《ひと》に乖《そむ》き逆《さから》ふときは禍《わざはひ》あり○人《ひと》の爲《ため》に勞《らう》することあり○人《ひと》と力《ちから》を協《あは》せて事《こと》をなす時《とき》は終《をはり》に成《な》る○凡《すべ》て大事《だいじ》變革《へんかく》のことは利《り》あらず、然《しか》れども衆人《しうじん》の願《ねが》ふ所《ところ》に從《したが》ふて大事《だいじ》を企《くはだ》て、衆人《しうじん》の智力《ちりよく》を用《もち》ゐて其事《そのこと》を急《きふ》にせざれば永久《えいきふ》の大利《たいり》あり○損財憂苦《そんざいうく》等《とう》の事《こと》ありと雖《いへで》も、皆後《みなのち》の利《り》となる意《い》あり○天時《てんじ》は陰暗又《いんあんまた》は霖雨《りんう》○身命《しんめい》は勞多《らうおほ》し、又人《またひと》に親《した》しまるゝ人《ひと》、又氣力薄弱《またきりよくはくじやく》の人《ひと》○婚姻《こんいん》は平《たひら》なり○居處安《きよしよやす》し○仕官《しくわん》は發達《はつたつ》ぜずと雖《いへど》も、年《とし》を積《つ》みて出身《しゆつしん》することあり○旅行《りよかう》は良《よ》き同伴《どうはん》を得《う》れば吉《きち》○待人遲《まちびとおそ》し、又來《またきた》らず○求財《きうざい》は得《う》ることあり、急《きふ》にすべからず○病重《やまひおも》し、治《ち》するとも長《なが》し○失物《うせもの》は見《み》え難《がた》し○捕逃《ほたう》は廣《ひろ》く尋《たづ》ねざれば得難《えがた》し、都市郷村《としきやうそん》すべて平坦《へいたん》の處《ところ》○訴訟《そしよう》は凶《きよう》、或《あるひ》は黨類多《たうるゐおほ》くして速《すみやか》に決《けつ》せず。

第三款　水雷屯の占用解

屯《ちゆん》は諸事屯難《しよじちゆんなん》にして時《とき》を待《ま》つて發達《はつたつ》す、急《きふ》にする時《とき》は害《がい》あり○相談《さうだん》ごとの類取締《るゐとりしま》りなき意《い》あり○財《ざい》を求《もと》め事《こと》を望《のぞ》むの類《るゐ》、小事《せうじ》は成《な》る○すべて事《こと》に障《さはり》あり、艱難《かんなん》を忍《しの》びて後《のち》の榮《さかえ》を待《ま》つべし、妄《みだ》りに動《うご》く、時《とき》は凶《きよう》である○衆人《しうじん》に勝《すぐ》れたる者《もの》は必《かなら》ず後《のち》に吉《きち》あり○己《おの》れ一分《ぶん》の爲《ため》にすること、又我意《またわがい》を以《もつ》てすることは皆《みな》成《な》らず○物聚《ものあつ》まり人《ひと》に從《したが》ふの意《い》あり、凡《すべ》て人《ひと》を助《たす》くる時《とき》は吉《きち》なり○居處《きよしよ》の難《なん》あり○凡《すべ》て物事《ものごと》を改《あらた》めんとする意《い》あり宜《よろ》しからず、時過《ときす》ぎて機會《きくわい》あるべし、待《ま》つに利《よろ》し○天時《てんじ》は雷雨《らいう》、又陰《またくも》る○身命《しんめい》は自在《じざい》ならざる人《ひと》、又人《またひと》の首《をさ》たる人《ひと》、運悪《うんわる》き人《ひと》○婚姻《こんいん》は利《り》あらず、若《も》し成敗《せいはい》を占《うらな》ふは、妨《さまたげ》ありといへども後《のち》に成《な》る○胎産《たいさん》は少《すこ》し難《なん》あり、又《また》五六ケ月《げつ》の間《あひだ》は殊《こと》に愼《つゝし》むべし○居處《きよしよ》は意《い》の如《ごと》くならず○仕官《しくわん》は艱苦《かんく》することあり○旅行《りよかう》は不利《ふり》、舟行《しうかう》は大凶《だいきよう》、凡《すべ》て水難《すゐなん》を戒《いまし》むべし○求財《きうざい》は意《い》の如《ごと》くならず○失物《うせもの》は場所違《はしよちが》ひなるべし○待人遲《まちびとおそ》し○病《やまひ》は長引《ながびく》○捕逃《ほたう》は得《う》べし、水邊《すゐへん》を尋《たづ》ぬべし○訴訟《そしよう》は利《り》あらず、時《とき》としては牢獄《らうごく》に入《い》ることあるべし。

第四款　山水蒙の占用解

此卦《このくわ》は童蒙《どうもう》の義《ぎ》にして、物事《ものごと》を明白《めいはく》に決斷《けつだん》して調《とゝの》ふこと成《な》り難《がた》き卦《くわ》なり、然《しか》れども段々《だん〴〵》に童《わらべ》の智恵《ちゑ》づく意《い》にて、次第《しだい》に宜《よろし》きに向《むか》ふと知《し》るべし、然《しか》れども其初《そのはじ》めは蒙昧疑惑憂愁《もうまいぎわくいうしう》の意《い》であつて諸事《しよじ》は決《けつ》せず、思慮《しりよ》が定《さだ》まらず○凡《およ》そ大事《だいじ》は成《な》らず、又急《またきふ》にすることは不利《ふり》である○百事意《じい》の如《ごと》くならず、辛苦《しんく》煩勞《はんらう》多《おほ》し○飮食男女等《いんしよくだんぢよとう》の慾《よく》によりて憂苦疑惑《いうくぎわく》するか、凡《すべ》て人《ひと》に表《あら》はして言《い》ひ難《がた》きことがある○明智《めいち》の人《ひと》に從《した》へば吉《きち》、凡《すべ》て人《ひと》の助《たす》けを假《か》るべし、獨立《どくりつ》すれば害《がい》あり、諸事《しよじ》よく思慮《しりよ》して誤《あやま》らざるやうに心掛《こゝろが》くべし○朋友《ほういう》の交《おじはり》を擇《えら》むべし、愼《つゝし》まざれば害《がい》を招《まね》くことあり○或《あるひ》は狐狸《こり》に魅《み》され、奸人《かんじん》に欺《あざむ》かるゝの類《たぐひ》のことあり○奸曲不實《かんきよくふじつ》の者《もの》は百事凶《じきよう》なり○人《ひと》に疑《うたが》はれ、或《あるひ》は慢《あなど》られ、すべて妨《さまたげ》あり○天時《てんじ》は陰雨《いんう》す○身命《しんめい》は憂多《うれひおほ》し、又愛《またあい》に溺《おぼ》れたる人《ひと》○婚姻《こんいん》は意《い》の如《ごと》くならず、成敗《せいはい》を占《うらな》ふは成《な》らず○胎産《たいさん》は平《たひら》にして乳《ちゝ》汁多《おほ》く○居處《きよしよ》は意《い》の如《ごと》くならず○仕官《しくわん》は發達《はつたつ》せず○求財《きうざい》は妨《さまたげ》あり、或《ある》ひは少《すこ》しく得《う》るか○捕逃《ほたう》は遠《とほ》く去《さ》らず○失物《うせもの》は尋《たづ》ね難《がた》し○病《やまひ》は長《なが》く、欝滯《うつたい》の類多《るゐおほ》し○待人《まちびと》は途中《とちう》に滯《とゞこほ》りて來《きた》らず、小兒《せうに》又《また》は門《もん》弟《てい》などの類《るゐ》なれば來《きた》ることあり○訴訟《そしよう》ごとは利《り》あらず。

第五款 水天需の占用解

百事《じ》待《ま》ちて後《のち》に成《な》る、急《きふ》にすれば禍《わざはひ》あり、即事《そくじ》はすべて成《な》らず○質素《しつそ》を守《まも》り、篤實《とくじつ》なる者《もの》は後《のち》に吉《きち》なり○人《ひと》と事《こと》を共《とも》にする類《るゐ》は齟齬《そご》することが多《おほ》い○爭訟《さうしよう》を戒《つゝし》むべし○人《ひと》に待《ま》たるゝ人《ひと》を待《ま》つ、すべて待《ま》つことあり○飲食《いんしよく》のこと、又《また》は人《ひと》に假《か》り求《もと》むる類《るゐ》のことあり○物《もの》を顚倒《てんたう》する象《かたち》あり○巧《かう》を用《もち》ゐる力《ちから》を用《もち》ゐて成《な》り難《がた》きことをなして一旦《たん》の功《こう》を立《た》つることあり、永久《えいきう》のことは必《かなら》ず成《な》らず○天時《てんじ》は雲《くも》ありて雨《あめ》なし、又夜《またよ》晴《はれ》る○身命《しんめい》は性急《せいきふ》なる人《ひと》、閑散《かんさん》なる人《ひと》、部屋《へや》住《すみ》の類《るゐ》○婚姻《こんいん》は凶《きよう》、成敗《せいはい》を占《うらな》ふは成《な》らず○胎產《たいさん》は平《たひら》なり○居處《きよしよ》は安《やす》からず○仕官《しくわん》は主君《しゆくん》に厭《いと》はるゝか、又祿《またろく》を增《ま》すの慶《けい》あり○旅行《りよかう》は利《り》あらず○盜難《たうなん》を戒《いまし》むべし○求財《さうざい》は少《すこ》しく得《う》べし○待人《まちびと》は時《とき》を過《す》ぎて來《きた》る、又來《またきた》らず○病《やまひ》は癒《なほ》る、少《すこ》し長引《ながび》くべし○失物《うせもの》は急《きふ》に得難《えがた》し○捕逃《ほとう》は得難《えがた》し、又尋《またたづ》ね來《きた》るを待《ま》つことあり○訴訟《そしよう》ごとは利《り》あらず。

第六款 天水訟の占用解

此卦《このくわ》は理《り》を非《ひ》とせられて喜《よろこび》の憂《うれひ》と變《かは》る時《とき》なれば、萬事《ばんじ》を懼《おそ》れて愼《つゝし》み心《こゝろ》靜《しづか》に常《つね》を守《まも》りて轉動《てんどう》するこゝなければ咎《とがめ》なし○百事《じ》成《な》らず、又平穏《またへいをん》ならずして憂懼《いうく》を懷《いだ》き、心《こゝろ》を勞《らう》すること甚《はなはだ》し○人《ひと》の疑《うたがひ》を受《う》くるか、又《また》は妨《さまた》げらるゝ爲《ため》に、事《こと》の成《な》らざること多《おほ》し○常人《じやうじん》は人《ひと》の讒謗《ざんばう》を受《う》け、親身《しんみ》を失《うしな》ひ、苦《く》勞《らう》して功《こう》なきこと多《おほ》し○細事《さいじ》といへども輕卒《けいそつ》にすれば敗《やぶれ》あり○爭訟《さうしよう》を戒《いまし》むべし○奸邪《かんじや》の人《ひと》は大禍《たいくわ》あり○すべて待《ま》つ意《い》あり○天時《てんじ》は雨《あめ》ふりて速《すみやか》に晴《は》るゝか○身命《しんめい》は憂苦《いうく》多《おほ》し又君父《またくんぷ》に背《そむ》く人《ひと》、又險惡《またけんあく》な人《ひと》○婚姻《こんいん》は凶《きよう》、又成《またな》らず○胎產《たいさん》は平《たひら》なり○居處安《きよしよやす》からず○仕官《しくわん》は主君《しゆくん》の意《い》に適《かな》はざることあり○旅行《りよかう》は利《り》あらず○求財《きうざい》は艱苦勞動《こんくらうどう》して得《う》ることあり、或《あるひ》は得《え》ざることあり○待人來《まちびときた》る、或《あるひ》は來《きた》るといへども逢《あ》はざることあり、或《あるひ》は來《きた》らず○病《やまひ》は治《ち》すべし○失物《うせもの》はよく尋《たづ》ぬれば得《う》ることあり○捕逃《ほたう》は得難《えがた》し、遠《とほ》く去《さ》るか○訴訟《そしよう》は利《り》あらず、然《しか》れども己《おの》れ正《たゞ》しくして仁明《じんめい》の人《ひと》に聽《き》かるゝときは吉《きち》なることあり。

第七款　地水師の占用解

此卦《このくわ》は凡《すべ》て常人《じやうじん》には吉《きち》ならず、併《しか》し人《ひと》の師《し》たり、人《ひと》の長《かさ》たる程《ほど》の才德《さいとく》ある者《もの》は謹畏《きんゐ》すれば平《たひら》とす○物事入《ものごとい》り組《く》みて遂《と》げ難《がた》き意《い》あり○事財《じさい》を求《もと》むるの類《るゐ》、大人《たいじん》は得《う》べし小人《せうじん》は成《な》らず、然《しか》れども凡《すべ》の人《ひと》の爲《ため》に計《はか》りて自己《じこ》の慾《よく》にせざるは成《な》るべし○大事《だいじ》を企《くはだ》つる者《もの》、必《かなら》ず艱苦《かんく》を耐《た》へて後《のち》に成就《じやうじゆ》す○萬事《じ》平穏《へいおん》ならず、凡《すべ》て輕々《かるかる》しく動《うご》くべからず、又不意《またふい》の難《なん》を戒《いまし》むべし○人《ひと》を侮《あなど》り輕《かろ》んじ、自《みづか》ら誇《ほこ》る者《もの》は凶禍《きようくわ》あり○和順《わじゆん》にして爭《あらそ》ふ心《こゝろ》なき時《とき》は人《ひと》に親《した》しまるゝとす、然《しか》れども相共《あひとも》に負《ま》けざる心《こゝろ》を含《ふく》む○人《ひと》を多《おほ》く聚《あつ》むることあり、又人《またひと》の従《したが》ふ意《い》ありと雖《いへど》も、其助《そのたす》けを得《う》ること少《すくな》し○人《ひと》を欺《あざむ》き、智謀《ちほう》を廻《めぐら》し、人《ひと》を損《そこな》ふ類《るゐ》のことあり、又人《またひと》に欺《あざむ》かれ悩《なや》まさるゝことを戒《いまし》むべし○もし不意《ふい》の幸福《かうふく》あらばよく〳〵吟味《ぎんみ》あるべし、却《かへ》つて禍《わざはひ》の根《ね》となることあらん○女災盗難《ぢよさいたうなん》を戒《いまし》むべし○争闘《さうとう》あり、又争《わたあらそふ》に及《およ》ばずと雖《いへど》も相共《あひとも》に怒《いか》ることあり○凡《すべ》て少《すこ》したりとも正《たゞ》しからざることあれば必《かなら》ず禍《わざはひ》あり○天時《てんじ》は晴《は》れ又《また》は雨又《あめまた》は陰《くも》る○身命《しんめい》は労多《らうおほ》し、又人《またひと》の師《し》たり、長《をさ》たる人《ひと》、又智《またち》謀《ほう》を運《めぐ》らす人《ひと》○婚姻《こんいん》は私《わたくし》に通《つう》ずるの口舌《くぜつ》あり、妨《さまたげ》あり、凶《きよう》○胎産《たいさん》は安《やす》からず、有無《うむ》を占《うらな》ふは積塊《せきくわい》などあり、孕《はら》まざることあらん○居處《きよしよ》は安《やす》からず○仕《し》官《くわん》は大《おほい》に信任《しんにん》せらるゝことあり○旅行《りよかう》は利《り》あらず○求財《きうざい》は得難《えがた》し○待人《まちびと》は來《きた》る○病《やまひ》は危急《ききふ》とす、或《あるひ》は長《なが》し○失物《うせもの》は得難《えがた》し○捕逃《ほたう》は能《よ》く尋《たづ》ぬれば得《う》べし、湊又《ろなとまた》は其人《そのひと》の同類《どうるゐ》の所《ところ》に隠《かく》るゝか○訴訟《そしよう》は我《われ》の黨《たう》類《るゐ》の多《おほ》き時《とき》は平《たひら》なるも、然《しか》らざるときは凶《きよう》とす。

第八款　水地比の占用解

據《よ》る所《ところ》ありて之《これ》に従《したが》ひ、見《み》る所《ところ》ありて之《これ》に依《よ》るの意《い》あり、又此《またこれ》を以《もつ》て彼《かれ》を校《かんが》へ、彼《かれ》を以《もつ》て此《これ》を計《はか》るの義《ぎ》あり、故《ゆゑ》に小人《せうじん》は必《かなら》ず疑《うたが》ひ迷《まよ》ふの意《い》あり、必《かなら》ず願《ねがひ》あり、先《さき》に艱《くるし》み後《のち》に吉《きち》なり○諸事《しよじ》親和《しんわ》々《わ》平《へい》の意《い》正《たゞ》しき事《こと》は急《きふ》にするに利《り》し、若《も》し疑《うたが》ひ心《こゝろ》を懐《いだ》き、或《あるひ》は怠《おこた》りて進《すゝ》まざる時《とき》は、人《ひと》に疎《うと》まれ或《あるひ》は事《こと》を敗《やぶ》る○すべて半《なかば》を得《え》て全《ぜん》を忘《わす》れざる意《い》、故《ゆゑ》に心《こゝろ》に充《み》たざることあり○百事《じ》大禍《たいくわ》なし、然《しか》れども亦大功《またゝいこう》を立《た》つること少《すくな》し○人《ひと》の親《した》しみを得《う》、又助《またたす》くる者多《ものおほ》し、然《しか》れども十分《ぶん》の全功《ぜんこう》を成《な》さず○貴人又《きじんまた》は高徳《かうとく》の人《ひと》に從《したが》ふに利《よろ》し○凡《すべ》て交友《かういう》を擇《えら》ぶべし、妄《みだ》りに人《ひと》に親《したし》むときは却《かへ》つて害《がい》となること多《おほ》し○破財《はざい》を戒《いまし》むべし、損失《そんしつ》あれば終《つひ》に復《ふく》し難《がた》し○天時《てんじ》は晴《は》るゝ時《とき》は雨《あめ》、雨《あめ》ふる時《とき》は晴《はれ》、或《あるひ》は陰《くも》り又微雨《またびう》○身命《しんめい》は人《ひと》に親《した》しまるゝ、又萬事自在《またばんじじざい》なる人《ひと》、又人《またひと》の長《ちやう》たる人《ひと》○婚姻《こんいん》は平吉《へいきち》、若《も》し成敗《せいはい》を占《うらな》ふは、速《すみやか》にせざれば敗《やぶ》る○胎産《たいさん》は平《たひら》、又小兒《またせうに》の病《やまひ》あり○居所《きよしよ》は平安《へいあん》、或《あるひ》は安《やす》からず、動《うご》きて後《のち》に安《やす》し○妻財《さいざい》を望《のぞ》むの類《るゐ》、誠《まこと》なれば人《ひと》より我《われ》を助《たす》くる義《ぎ》あり○仕官《しくわん》は吉《きち》○求財《きうさい》は得《う》る○待人《まちびと》は來《きた》る、音信《おんしん》を占《うらな》ふは有《あ》りとす○病《やまひ》は重《おも》からずと雖《いへど》も大抵長《たいていなが》し、或《あるひ》は治《ち》せず○失物《うせもの》は見《み》え易《やす》し、或《あるひ》は減少《げんせう》することあり○捕逃《ほたう》は尋《たづ》ね易《やす》し、自《みづか》ら歸《かへ》ることあり○訴訟《そしよう》は利《り》あらず、又訟《またうつた》へに至《いた》らぬことあり。

第九款　風天小畜の占用解

百事滞《じとゞこほ》りありて成《な》り難《がた》し、又物《またもの》に繋《つなが》れて本意《ほんい》を達《たつ》し難《がた》し○變卦《へんくわ》に大畜《たいちく》を得《う》るときは甚《はなは》だしき苦勞《くらう》ありと知《し》るべし○萬事取締《じとりしま》りなき意《い》あり○親《した》しき人《ひと》と隔《へだ》り、又己《またおの》れをして兎角便《とかくたよ》りとすべからず○大才《たいさい》大徳《たいとく》ある者《もの》、志《こゝろざし》を遂《と》げずして欝悶《うつもん》す、然《しか》れども終《つひ》には吉《きち》なり、緩《ゆるや》かに時《とき》を待《ま》つべし、小人《せうじん》には凡《すべ》て凶《きよう》なり○今人《こんじん》は仁徳少《じんとくすくな》し、故《ゆゑ》に望事破《のぞみごとやぶ》れ易《やす》し○諸事心《しよじこゝろ》に服《ふく》せざる意《い》あり、又氣《またき》を縮《ちゞ》め心《こゝろ》を屈《くつ》し、或《あるひ》は忌《い》み嫌《きら》ふの意《い》あり○半《なか》ば親《した》しみ半《なか》ば疎《うと》んずる意《い》○夫婦相安《ふうふあひやす》んぜる意《い》○色《いろ》に溺《おぼ》れ、又女《またをんな》に惑《まど》はさるゝことあり〇天時《てんじ》は陰《くも》り又《また》は風雨《ふうゝ》〇身命《しんめい》は志《こゝろざし》を遂《と》げず、快活《くわいくわつ》ならざる人《ひと》、又養子入婿《またやうしいりむこ》などの類《るゐ》、或《あるひ》は牢獄《らうごく》にある人《ひと》〇婚姻《こんいん》は男女共《だんぢよとも》に情慾《じやうよく》の感深《かんふか》しと雖《いへど》も、總《すべ》て調子《てうし》の合《あ》はざることありて和合《わがふ》せず、若《も》し成敗《せんはい》を占《うらな》ふは、再三《さいさん》にして後《のち》に成《な》るべし〇胎産《たいさん》は安《やす》からず〇居所《きよしよ》は意《い》の如《ごと》くならず、改《あらた》むるは利《よろ》し〇仕官《しくわん》は志《こゝろざし》を遂《と》げず〇旅行《りよかう》は障《さはり》あり〇求財《きうざい》は得《う》ることあれども障多《さはりおほ》し〇待人來《まちびときた》らず、又遲《またおそ》く來《きた》る〇病《やまひ》は甚《はなは》だしからず〇失物《うせもの》は見《み》え難《がた》し〇捕逃《ほたう》は得難《えがた》し、速《すみやか》に尋《たづ》ぬれば得《う》ることあり、妓館《ぎくわん》又寺院《またじゐん》、樹木茂《じゆもくしげ》き所《ところ》〇訴訟《そしよう》は利《り》あらずと雖《いへど》も、己《おの》れ正《たゞ》しければ終《つひ》に本意《ほんい》を達《たつ》することあり。

第十款　天澤履の占用解

凡《すべ》て正《たゞ》しき事《こと》には、始《はじ》め安《やす》からざるが如《ごと》しといへども、終《つひ》には安平《あんぺい》とす〇行《ゆ》く者《もの》は行《ゆ》いて其所《そのところ》に至《いた》り、來《きた》る者《もの》は必《かなら》ず來《きた》りて其事《そのこと》に應《おう》ず〇身分《みぶん》より大《だい》なる望《のぞ》みあることあるべし〇禮義《れいぎ》の心《こゝろ》あり、又進《またすゝ》むの義《ぎ》あり、始《はじ》めは驚《おどろ》くことありて後《のち》には喜《よろこび》となる意《い》あり〇和順溫厚《わじゆんをんこう》の者《もの》には吉《きち》なれども暴虐《ばうぎやく》の者《もの》には禍《わざはひ》あり〇進《すゝ》むに利《よろ》しく退《しりぞ》くに利《よろ》しからず、然《しか》れども其進《そのすゝ》むは人《ひと》に從《したが》ふべし、先立《さきだ》ちて進《すゝ》むは利《よろ》しからず〇禮儀作法《れいぎさはふ》のこと、慶賀又《けいがまた》は謁見等《えつけんとう》のことあり〇凡《すべ》て窮屈《きうくつ》に思《おも》ふ心《こゝろ》あり、又危《またあや》ぶむ心《こゝろ》あり〇隨跟《とも》の象《かたち》〇人《ひと》の眞似《まね》をする意《い》〇人《ひと》を戀《こ》ひ慕《した》ふの意《い》〇天時《てんじ》は陰《くも》り又雨《またあめ》〇身分《みぶん》は正《たゞ》しき人《ひと》、分《ぶん》に過《す》ぎたることをする人《ひと》〇婚姻《こんいん》は婿《むこ》の家大《いへだい》にして婦《をんな》の家小《いへせう》なる類《るゐ》は平《たひら》、若《も》し年配或《ねんはいあるひ》は貴賤匹敵《きせんひつてき》なる類《るゐ》は和《わ》せざることあり○好色《かうしよく》の悩《なや》みあり、又憂國《またいうこく》の意《い》あり○居國《きよこく》を去《さ》るの類《るゐ》遠《とほ》く行《ゆ》くに宜《よろ》し○胎産《たいさん》は平《へい》、胎孕前《たいようぜん》より占《うらな》へば驚《おどろ》くことあり○居所《きよしよ》は平安《へいあん》○仕官《しくわん》は平《へい》、又君寵《またくんちよう》を受《う》くることあり○旅行《りよかう》は愼《つゝし》めば害《がい》なし○求財《きうざい》は得《う》る○待人《まちびと》は來《きた》る、音信《おんしん》を占《うらな》ふは有《あ》りとす○病《やまひ》は危《あやふ》しといへども治《ち》することあり○失物《うせもの》は見《み》え難《がた》し○捕逃《ほたう》は遠《とほ》く去《さ》る心《こゝろ》あり、速《すみやか》に尋《たづ》ぬべし○訴訟《そしよう》は止《や》むことを得《え》ずして應《おう》ずる者《もの》は平《へい》、我《われ》より起《おこ》す者《もの》は凶《きよう》。

第十一款　地天泰の占用解

地天泰《ちてんたい》は萬事《ばんじ》盛滿《せいまん》の極《きよく》、奢侈《しやし》安逸《あんいつ》を肆《ほしひまゝ》にし、漸々《ぜん〳〵》衰微《すゐび》に至《いた》り、樂極《らくきは》まりて哀生《あいしやう》ずるの兆《てう》、若《も》しよく質素《しつそ》勤儉《きんけん》を力《つと》め、敬畏《けいゐ》して怠《おこた》らざれば長《なが》く保《たも》つべし○象《しやう》を論《ろん》ずれば、賤《いやし》きものの貴《たつと》きを侵僭《しんせん》す、此卦《このくわ》を得《う》れば下《くだ》るに宜《よろ》しく上《のぼ》るに宜《よろ》しからず、事《こと》を減《げん》ずるに宜《よろ》しく益《ま》すに宜《よろ》しからず○物事《ものごと》捗《はかど》らず○和《やは》らぎ過《す》ぎて禮《れい》を失《うしな》ふ○心中《しんちう》に苦悩多《くなうおほ》く、諸事《しよじ》は表面《へうめん》宜《よ》く見《み》ゆれども終《をはり》には宜《よろ》しからず○萬事《ばんじ》間違《まちがひ》ありて苦勞多《くらうおほ》し○願望《ぐわんばう》は年久《としひさ》しく過《す》ぎて調《とゝの》ふことあらん○大徳殊能《たいとくしゆのう》ある者《もの》は志《こゝろざし》を遂《と》ぐる、小人《せうじん》は驕慢放蕩《けうまんはうたう》して禍《わざわひ》を買《か》ふ○すべて和合《わがふ》の意《い》、百事《じ》通達《つうだつ》す○油斷《ゆだん》なる意《い》あり、嚴密《げんみつ》を心掛《こゝろが》くべし○婦女《ふぢよ》の災《さい》を戒《いまし》むべし○すべて減少《げんせう》に宜《よろ》しく増益《ぞうえき》に利《り》あらず○新《あらた》に事《こと》を起《おこ》し、或《あるひ》は進《すゝ》みて滿盈《まんえい》を望《のぞ》むの類《るゐ》は、終《をはり》に至《いた》りて大《おほい》に敗亂《はいらん》し、身《み》を亡《ほろ》ぼし家《いへ》を傾《かたむ》ける○天時《てんじ》は雨又《あめまた》は陰《くも》る○身命《しんめい》は安樂《あんらく》なる人《ひと》、怜悧《れいり》なる人《ひと》○婚姻《こんいん》は平吉《へいきち》、婿《むこ》の家《いへ》が婦《をんな》の家《いへ》に及《およ》ばぬものは更《さら》に吉《きち》、少《すこ》しく口舌《くぜつ》を含《ふく》む○胎産《たいさん》は平《へい》なり○居處《きましよ》は變動《へんどう》す、改《あらた》むるに利《よ》し○仕官《しくわん》は吉《きち》なり○旅行《りよかう》は吉《きち》なり○求財《きうざい》は得《う》る、交易《かうえき》は利《り》あらン、間違《まちがひ》あり○待人《まちびと》は來《きた》る、音信《しん》を占《うらな》ふは有《あ》りとす○病《やまひ》は癒《なほ》る、或《あるひ》は治《ち》せず○失物《うせもの》は來《きた》る所《ところ》を違《たが》へて忘《わす》れたるか、或《あるひ》は婦人老人《ふじんらうじん》など持去《もちさ》るか、盗《ねずみ》にあらずして或《あるひ》は破壞《はくわい》の意《い》を帶《お》ぶ、或《あるひ》は女人老人《によにんらうじん》の便宜《べんぎ》を尋《たづ》ぬべし○捕逃《ほたう》は得難《えがた》し、或《あるひ》は遊樂放逸《いうらくはういつ》に耽《ふけ》りて歸《かへ》らざるか○訴訟《そしよう》は大凶《だいきよう》である。

第十二款　天地否の占用解

凡《すべ》て事《こと》の初《はじ》めは皆乏《みなとほ》しくして足《た》らず、窮《きう》して達《たつ》せず、故《ゆゑ》に賴《たの》めども人親《ひとした》しまず、說《と》けども人肯《ひとうけが》はず、これ不幸《ふかう》の時《とき》なり、而《しか》して天地《てんち》隔《へだ》たりて萬物《ばんぶつ》を生育《せいいく》す、故《ゆゑ》に即時《そくじ》の占《うらなひ》には否塞通《ひそくつう》ぜざるの意《い》あれども、將來《しやうらい》の事《こと》には通《つう》じて成就《じやうじゆ》の義《ぎ》とす、吉《きち》なり○萬事《ばんじ》後吉《こうきつ》の兆《てう》、即事《そくじ》は凡《すべ》て滯《とどこほ》りて成《な》らず○人《ひと》と合《あ》はず親《した》しまず、掩《おほ》はれ、塞《ふさ》がれ、志《こゝろざし》達《たつ》せずして欝悶《うつもん》すといへども、將來《しやうらい》に至《いた》りては悉《ことごと》く相反《あひはん》して吉《きち》となる○同類《どうるゐ》の助《たすけ》あるが如《ごと》しといへとも賴《たの》むに足《た》らず○大才大德《たいさいたいとく》ある者《もの》には吉《きち》とすべからず、然《しか》れども君《くん》子《し》小人共《せうじんとも》に大凶禍《だいきようくわ》あることなし○天時《てんじ》は晴《はれ》る○身命《しんめい》は運惡《うんあ》しき人《ひと》、忠孝《ちうかう》の人《ひと》、又君父《またくんぷ》に敵《てき》する人《ひと》、晩《ばん》年《ねん》よき人《ひと》○婚姻《こんいん》とゝのふべし、併《しか》しさゝはり遲《おそ》し○胎產《たいさん》は平《へい》なり○居所《きよしよ》を移《うつ》すの類《るゐ》は吉《きち》○仕官《しくわん》は滯《とどこほ》る、又人《またひと》の妨《さまた》げあり○旅行《りよかう》は利《よろ》しからず○事財《じざい》を求《もと》むるの類《るゐ》、先《さき》には難《かた》く後《のち》に七八分《ぶ》を得《う》べし、交易《かうえき》は利少《りすくな》し○待人《まちびと》は來《きた》らず、來《きた》るとも逢《あ》ひ難《がた》し○病《やまひ》は長《なが》し、痞塞《ひそく》の類多《るゐおほ》し○失物見《うせものみ》え難《がた》し○捕逃《ほたう》は得難《えがた》し、或《あるひ》は境《きやう》を隔《へだ》て山河《さんか》海《かい》などを仕切《しき》りたる處《ところ》に居《を》る○訴訟《そしよう》は長《なが》し、終《つひ》には平《へい》なりとす。

第十三款　天火同人の占用解

此卦《このくわ》は人心《じん〳〵》が同《おな》じくして親《した》しみ深《ふか》き意《い》の卦《くわ》なり、ゆゑに萬事調《ばんじと〻の》ひて立身出世《りつしんしゆつせ》あるべしとす○公共正直《こうきようしやうちき》のことには順成《じゆんせい》す、姦邪《かんじや》のことには成《な》らざるのみならず、大禍《たいくわ》あり○我慢《がまん》のものは衆人《しうじん》に憎《にく》まれ、又《また》は溫和正直《をんわしやうちき》のものは衆人《しうじん》の助《たすけ》を得《え》て大功《たいこう》を立《た》つることあり○一己《こ》の私《わたくし》を營《いとな》みて人《ひと》の利害《りがい》を顧《かへり》みず、又《また》は密計陰事《みつけいいんじ》は破《やぶ》れて調《と〻の》はず○身退《みしりぞ》くの意《い》あれども禍《わざはひ》に至《いた》らず○心《こゝろ》を柔和《にうわ》に持《も》ちて能《よ》く人《ひと》に從《した》がふときは立身出世《りつしんしゆつせ》あり○短氣《たんき》なることを愼《つゝし》むべし○人《ひと》と親《した》しみ深《ふか》き意《い》○善惡《ぜんあく》ともに凡《すべ》て諸人《しよにん》の評《ひやう》にあひ、又《また》は目《め》につくことあり○立身發達《りつしんはつたつ》の兆《てう》○天明《てんめい》は晴明《せいめい》又《また》は雨《あめ》ふる○身命《しんめい》は人《ひと》に愛《あい》せらるゝ人《ひと》、上《うへ》より引立《ひきた》てられたる人《ひと》○婚姻《こんいん》は吉《きち》、或《あるひ》は婦人《ふじん》不貞《ふてい》なるか、又《また》は再《さい》三嫁《か》するか○胎產《たいさん》は平《へい》なり○居所《きよしよ》は平《へい》、居國《きよこく》を移《うつ》すの類《るゐ》障《さは》りなし○仕官《しくわん》は大吉《だいきち》○旅行《りよかう》は吉《きち》なり○求財《きうざい》は得《う》る○待人來《まちびときた》る、音信《おんしん》を占《うらな》ふは有《あ》りとす○病《やまひ》は凶《きよう》○失物《うせもの》は見《み》え易《やす》し、親《した》しき人《ひと》を吟味《ぎんみ》あるべし○捕逃《ほたう》はあり、處《ところ》を知《し》るか○訴訟《そしよう》は我《われ》に少《すこ》しも不正《ふせい》なきときは吉《きち》、然《しか》らざるときは大凶《だいきよう》とす。

第十四款　火天大有の占用解

寬仁明白《くわんじんめいはく》にして衆人《しうじん》の我《われ》に歸服《きふく》するの卦《くわ》なり、當今《たうこん》の俗《ぞく》いづくんぞ此德《このとく》あらん、是《こ》れ凶兆《きようてう》の名《な》ありて形《かたち》なし、小利《せうり》に迷《まよ》ふて勞《らう》することを重《かさ》ぬべからず○凡《すべ》て時《とき》を得《え》て寛大豊滿《くわんだいほうまん》なるの意《い》、ゆゑに貴人《きじん》又《また》は大徳《たいとく》の人《ひと》には吉《きち》、細民常人《さいみんじやうじん》には吉《きち》を得難《えがた》し、又人《またひと》の爲《ため》に損財《そんざい》の兆《てう》とす○繁華充盛《はんくわじうせい》すと雖《いへど》も我《われ》の有《もの》となること能《あた》はず、百貨《くわ》の市《いち》を流觀《りうくわん》して空《むな》しく歸《かへ》るが如《ごと》きの意《い》○好色放蕩等《かうしよくはうたうとう》によりて禍《わざはひ》あること多《おほ》し、戒《いまし》むべし○文學發達《ぶんがくはつたつ》の兆《てう》○死喪疾病破財《しさうしつぺいはざい》の憂患等《いうくわんとう》の兆《てう》、貞愼《ていしん》すべし○五爻《かう》の變《へん》ずるは大凶《だいきよう》なり○心中《しんちう》に惱苦《なうく》を懷《いだ》き常《つね》に安《やす》からざるの意《い》○天時《てんじ》は晴《は》れる時《とき》は雨《あめ》ふり、雨《あめ》ふる時《とき》は晴《は》れる○身命《しんめい》は富《と》み榮《さか》ゆる人《ひと》、人《ひと》に貴《たつと》ばるゝ人《ひと》、人《ひと》の手本《てほん》になる人《ひと》○婚姻《こんいん》は遲《おそ》し、女人短氣驕慢《によにんたんきけうまん》なることあり○胎產《たいさん》は安《やす》からず、又流產《またりうざん》を防《ふせ》ぐべし○居處《きよしよ》は平吉《へいきち》、居國《きよこく》を去《さ》るの類《るゐ》、又人《またひと》と同居同行《どうきよどうかう》に宜《よろ》し○仕官《しくわん》は發達《はつたつ》す○旅行《りよかう》は平《へい》○求財《きうざい》は得《う》る○事財《じざい》を望《のぞ》むの類《るゐ》、文學《ぶんがく》のことは發達《はつたつ》すべし、世上《せじやう》一樣《やう》時俗《じぞく》のことは成《な》るが如《ごと》くにして成《な》らず○待人《まちびと》は來《きた》る○病《やまひ》は凶《きよう》なり○失物《うせもの》は有《あ》り、處《ところ》を知《し》ると雖《いへど》も得難《えがた》きことあり○捕逃《ほたう》は得難《えがた》し○訴訟《そしよう》は利《り》あらず。

第十五款　地山謙の占用解

徳《とく》ありて自《みづか》ら卑下《ひげ》するの義《ぎ》なり、山《やま》の高《たか》きを以《もつ》て地《ち》の下《もと》にあり、これ謙《けん》なり○萬事《はんじ》先《さき》に屈《かゞ》み後《のち》に伸《のび》るの兆《てう》、正人《せいじん》には大吉《だいきち》とす、然《しか》れども目前《もくぜん》の即事《ぞくじ》はすべて成《な》らず○すべて心《こゝろ》に充《み》たず、又殘念《またざんねん》と思《おも》ふ意《い》、傲慢《がうまん》の者《もの》には萬事《はんじ》缺《か》くること多《おほ》し○人《ひと》に從《したが》ふて事《こと》を爲《な》し、獨立《どくりつ》し難《がた》き意《い》、諸事謙遜退讓《しよじけんそんたいじやう》に利《よろ》し○

虚夢《きよむ》を見《み》、又《また》は思《おも》ひよらざる化物《ばけもの》などの象《かたち》○和順《わじゆん》なれば必《かなら》ず後《のち》に福《ふく》あり○福《ふく》を益《ま》すの卦《くわ》なり○始《はじ》め無《な》きが如《ごと》くにして能《よ》く終《をはり》ありて萬事《じ》吉《きち》なり○辛苦《しんく》難義《なんぎ》を堪忍《かんにん》して自《みづか》ら正《せい》を守《まも》る時《とき》は虚《むな》しからざるの好事《よきこと》來《きた》る○天時《てんじ》は陰《くも》り又雨《またあめ》ふる○身命《しんめい》は人《ひと》に愛《あい》せらるゝ人《ひと》、臆病《おくびやう》なる人《ひと》○居處《きよしよ》は意《い》の如《ごと》くならず、又不意《またふい》のことあり○居國《きよこく》を去《さ》るの類《るゐ》、先《さき》に困《くるし》み後《のち》に榮《さか》ふ○婚姻《こんいん》は平《へい》、又淫《またいん》に耽《ふけ》る意《い》あり○仕官《しくわん》は發達《はつたつ》せず○胎産《たいさん》は平《へい》なるも遲《およ》し○旅行《りよかう》は利《り》あらず○求財《きうざい》は人《ひと》の助《たすけ》あらば終《つひ》には得《う》べし○待人《まちびと》は來《きた》り難《がた》し、來《きた》るも遲《おそ》し○病《やまひ》は輕《かる》きが如《ごと》しと雖《いへど》も終《つひ》には重《おも》し○失物《うせもの》は思《おも》ひよらざる處《ところ》にあり、容易《ようい》には見《み》えず○捕逃《ほたう》は深《ふか》く隱《かく》れて尋《たづ》ね難《がた》し○訴訟《そしよう》は利《り》あらず、然《しか》れども事《こと》により却《かへ》つて吉《きち》とすることあり。

第十六欵　雷地豫の占用解

此卦《このくわ》は悅《よろこび》の義《ぎ》あり、人立身出世《ひとりつしんしゆつせ》の悅《よろこび》ありとす○新規《しんき》に物《もの》を取組《とりく》むの意《い》あり○怠《なま》け心《ごころ》を生《しやう》ずれば驚《おどろ》くことあり○萬事和合悅豫《はんじわがふえつよ》の意《い》、正人《せいじん》には吉《きち》、小人《せうじん》は怠惰游蕩《たいだいうたう》の失《しつ》あり、戒《いまし》むべし○德《とく》ありて久《ひさ》しく沈滯《ちんたい》する者《もの》は、時《とき》を得《え》て發達《はつたつ》するとし、小人操守《せうじんさうしゆ》なき者《もの》は、衰落《すゐらく》して家鄕《かきやう》を去《さ》り、或《あるひ》は身《み》を亡《うしな》ひ家《いへ》を敗《やぶ》るの兆《てう》とす○世《よ》に名譽《めいよ》を發《はつ》する意《い》、又《また》すべて人《ひと》の耳《み》だつことあり○人《ひと》に誘引《いういん》せらるゝ意《い》あり、好色游蕩《かうしよくいうたう》等を戒《いまし》むべし○國家《こくか》の大事《だいじ》、臣民《しんみん》を治《をさ》むる類《るゐ》の正事《せいじ》には吉《きち》○住居《ぢうきよ》に勞《らう》あり○驚《おどろ》くことあり○猶豫決《いうよけつ》せざるの意《い》あり○居國《きよこく》を去《さ》るの類《るゐ》は平《へい》なり、俄《にはか》に變動《へんどう》すべからず、遲《おそ》きに宜《よろ》し○天時《てんじ》は晴《は》れ又雷《またらい》○身《しん》命《ない》は高名《かうめい》なる人《ひと》、人《ひと》の信仰《しんかう》ある人《ひと》、騒《さわが》しき人《ひと》○婚姻《こんいん》は平吉《へいきち》、但《たゞ》し女家《ぢよか》に物《もの》いひあり、又新婚《またしんこん》は成《な》らず胎産《たいさん》は安《やす》からず○仕官《しくわん》は發達《はつたつ》す○旅行《りよかう》は吉《きち》○求財《きうざい》は前以《ぜんもつ》て能《よ》く企《くはだ》てたることは得《う》べし、遽《にはか》には得難《えがた》し○病《やまひ》は凶《きよう》なり○待人《まちびと》は來《きた》る、又來《またきた》らずと雖《いへど》も音信《おんしん》あり○失物《うせもの》は得難《えがた》し○捕逃《ほたう》は有《あ》り、處《ところ》を知《し》ると雖《いへど》も得難《えがた》し、得《う》るといへども又逃《またのが》るゝことあるべし○訴訟《そしよう》は事《こと》によりて平《へい》とす。

第十七欵　澤雷隨の占用解

萬事和合順成《ばんじわがふじゆんせい》の兆《てう》、然《しか》れども若《も》し其事《そのこと》の不正《ふせい》なるときは皆禍《みなわざはひ》を買《か》ふの媒《なかだち》となる、愼《つゝし》むべし○欲《よく》に從《したが》ひ不義《ふぎ》に動《うご》く意《い》○心中《しんちう》に多情《たじやう》を含《ふく》みて安《やす》からざるの意《い》あり○牛馬《ぎうば》に物《もの》を荷《つ》けて遠方《ゑんはう》に通《つう》ずるの意《い》あり○動《うご》きて悦《よろこ》ぶの意《い》なる故《ゆゑ》に、時《とき》に從《したが》ふて變動《へんどう》するに利《よろ》し、居《きよ》を移《うつ》し、業《げふ》を易《かへ》るの類《るゐ》、又《また》は隱居退職《いんきよたいしよく》など皆可《みなか》なり○人《ひと》の姦詐《かんさ》に陷《おちい》ることを戒《いまし》むべし○不義《ふぎ》の財《ざい》を得《え》、又《また》は好色《かうしよく》を愼《つゝし》むべし、又或《またあるひ》は淫奔《いんぽん》のこ　あり○天時《てんじ》は雨《あめ》ふる○身命《しんめい》は世《よ》に關《かま》はぬ人《ひと》、萬事心《ばんじこゝろ》の儘《まゝ》なる人《ひと》○願望調《ぐわんばうとゝの》ふ○婚姻《こんいん》は吉《きち》、或《あるひ》は男《なん》女禮《によれい》に由《よ》らざるの配偶《はいぐう》あり○胎産《たいさん》は平《へい》なり○居處《きよしよ》は安《やす》からず、變移《へんい》を占《うらな》ふは吉《きち》とす○仕官《しくわん》は君寵《くんちやう》を得《え》ることあり○旅行《りよかう》は吉《きち》○求財《きうざい》は得《う》る○待人《まちびと》は來《きた》る、又音信《またおんしん》あり○病《やまひ》は凶《きよう》とす○失物《うせもの》は得難《えがた》し、或《あるひ》は婦《ふ》人《じん》に從《したが》ふて求《もと》むるときは得《う》ることあり、又婦人《またふじん》取《と》り去《さ》るか、自身《じしん》あやまり失《うしな》ふ○捕逃《ほたう》は婦女《ふぢよ》を誘《さそ》ひ、婦女《ちよ》を慕《した》ふて去《さ》るか、急《きふ》に歸《かへ》ることあるまじ○訴訟《そしよう》は平《へい》にして、多《おほ》くは和解《わかい》して訟《うつたへ》に至《いた》らず。

第十八款　山風蠱の占用解

蠱《こ》は壞《やぶ》るゝなり、亂《みだ》るゝなり、又人《またひと》を惑《まど》はすなり、又亂極《またらんきは》まりて治《をさ》まる、故《ゆゑ》に事《こと》に通《つう》ず○萬事敗壞《ばんじはいくわい》亂逆《らんぎやく》の兆《てう》、すべて內《うち》より禍難《くわなん》を生《しやう》ず○諸事《しよじ》敗《やぶ》れ終《をは》りたる後《のち》に此卦《このくわう》を得るときは大德高才《たいとくかうさい》の者《もの》は轉《てん》じて吉《きち》を得《う》ることあり、常人《じやうじん》には能《あた》はざるゆゑ大凶《だいきよう》とす○苦勞災難遠《くらうさいなんとほ》きにあらずして近《ちか》きに在《あ》り、外《そと》より入《い》らずして內《うち》より出《い》づる意《い》なり、萬事愼《ばんじつゝし》むべし○女色《ぢよしよく》に沈溺《ちんでき》して、身《み》を失《うしな》ひ家《いへ》を敗《やぶ》ることあり、愼《つゝし》むべし○父子《ふし》の間《あひだ》に勞《らう》することあり○萬事《ばんじ》成《な》らず、辛苦甚《しんくはなは》だ多《おほ》し○病難盜難破財爭鬪《びやうなんたうなんはざいさうとう》を愼《つゝし》むべし、容易《ようい》に免《のが》れ難《がた》し○天時《てんじ》は大風又《たいふうまた》は風雨《ふうゝ》あり○身命《しんめい》は身《み》を失《うしな》ひ家《いへ》を敗《やぶ》る人《ひと》、病身《びやうしん》の人《ひと》、事《こと》を任《にん》ずる才《さい》ある人《ひと》○婚姻《こんいん》は夫婦不和《ふうふふわ》、或《あるひ》は和《わ》すといへども家《いへ》を破《やぶ》る○胎產《たいさん》は安《やす》からず、臨產《りんさん》を占《うらな》ふに、子《こ》に禍《わざはひ》あること多《おほ》し、或《あるひ》は母《はゝ》に害《がい》あり○居處《きよしよ》は凶《きよう》、居國《きよこく》を去《さ》るの類《るゐ》、行《ゆ》くも止《とゞ》まるも利《り》あらず○仕官《しくわん》は爭《あらそひ》あり、又事《またこと》を敗《やぶ》る、或《あるひ》は君臣相疎《くんしんあひうと》んずることあり○旅行《りよかう》は利《よろ》しからず○求財《きうざい》は得《え》難《がた》し○待人《まちびと》は大切《たいせつ》の用事《ようじ》あるもの來《きた》ることあり○病《やまひ》は癒《い》えず、或《あるひ》は內傷虛損《ないしやうきよそん》の類《るゐ》○失物《うせもの》は家內《かない》に有《あ》ることあり、速《すみやか》に尋《たづ》ぬべし、或《あるひ》は損壞《そんくわい》して用《よう》をなさず、又或《またあるひ》は遠《とほ》く去《さ》りて得《う》べからず○捕逃《ほたう》は遠《とほ》く去《さ》る、得《え》難《がた》し、或《あるひ》は行《ゆ》くことを果《はた》さずして皈《かへ》ることあり○訴訟《そしよう》ごとは對決《たいけつ》に及《およ》ぶことあり、又遽《またにはか》に決《けつ》し難《がた》し、すべて利《り》あらずとす。

第十九款　地澤臨の占用解

此卦《このくわ》は貴《き》賤《せん》相交《あひまじは》りて親《した》しむ卦《くわ》なり、故《ゆゑ》に物事柔和《ものごとにうわ》にして吉《きち》、剛氣《がうき》なることは凶《きよう》○諸事《しよじ》漸々《だん〳〵》に成《な》らんとするの兆《てう》、急《きよ》にすべからず、又剛強《またがうきやう》に宜《よろ》しからず○必《かなら》ず願望《ぐわんばう》する所《ところ》あり、百事吉兆《じきつてう》○進《すゝ》んで物《もの》に迫《せま》る意《い》あり、爭論《さうろん》を愼《つゝし》むべし○人《ひと》に迷《まよ》はされて進《すゝ》む意《い》あり、故《ゆゑ》に女難《ぢよなん》を愼《つゝし》むべし○すべて隔《へだゝ》りて通《つう》ずる意《い》、仲人《なかうど》、牙儈《すあひ》、口入等《くちいれとう》、或《あるひ》は傍人《はうじん》より事《こと》を妨《さまた》ぐる類《るゐ》○正人《せいじん》は萬事《ばんじ》吉《きち》、漸々《だん〳〵》に福《ふく》あり○人《ひと》を侮《あなど》り輕《かろ》んずることを戒《いまし》むべし○すべて人《ひと》の助《たすけ》あり、又爭《またあらそひ》あり○人《ひと》の知《し》らぬ色《いろ》ごとあり○物事不意《ものごとふい》にして出來《しゆつたい》するか○悅《よろこ》びて順《したが》ふゆゑ聚《あつま》るの意《い》あり、漸々《ぜん〳〵》に長《ちやう》ずるゆゑ益《ま》す意《い》あり、陽進《やうすゝ》みて聚《あつま》り益《ま》す、故《ゆゑ》に大《だい》なる意《い》あり、善惡《ぜんあく》ともに凡《すべ》て慮《おもんぱか》る所《ところ》より大《だい》なりと知《し》るべし○天時《てんじ》は雨《あめ》ふり又大雷《まただいらい》○身命《しんめい》は物事《ものごと》を輕《かろ》んずる人《ひと》、勢《いきほひ》ある人《ひと》○婚姻《こんいん》は平《へい》、又口《またく》舌《ぜつ》を含《ふく》む○胎產《たいさん》は平《へい》、但《たゞ》し起《き》居飲食《きよいんしよく》を愼《つゝし》み、小《こ》兒《ども》に害《がい》なきやうにすべし○居國《ぎよこく》を去《さ》るの類《るゐ》は吉《きち》、居處心《きよしよこゝろ》に叶《かな》はずといへども害《がい》なし○仕官《しくわん》は君臣相和《くんしんあひわ》す、或《あるひ》は上《かみ》を慢《あなど》ることを戒《いまし》むべし○旅行《りよかう》は平《へい》とす○求財《きうざい》は得《う》べし、人《ひと》に託《たく》するに利《よろ》し○待人《まちびと》は來《きた》る、又音信《またおんしん》あり○病《やまひ》は漸々《ぜん〳〵》重《おも》し○失物《うせもの》は遲《おそ》ければ空《むな》し、同類《どうるゐ》あり、段々《だん〳〵》に人《ひと》の手《て》を經《ふ》るか、速《すみやか》に廣《ひろ》く尋《たづ》ぬべし○捕逃《ほたう》は速《すみやか》に尋《たづ》ぬべし、遲《およ》ければ歸《かへ》らず○訴訟《そしよう》は上《かみ》を畏《おそ》れ和柔順正《くわじうじゆんせい》なるものは吉《きち》なれども、然《しか》らざるものは凶《きよう》とす。

第二十款　風地觀の占用解

凡《すべ》て衆人《しうじん》に觀《み》らるゝ意《い》ゆゑ、高德殊能《かうとくしゆのう》の者又《ものまた》は俳優娼妓等《はいゝうしやうぎとう》には吉《きち》、神佛《しんぶつ》のことも亦吉《またきち》、常人《じやうじん》は之《これ》に當《あた》らざるゆゑ、徒《いたづ》らに人《ひと》の非《ひ》判《はん》を受《う》くること多《おほ》し○虚《きよ》を賣《う》り錢《せん》を求《もと》めず身《み》を飾《かざ》り、又人《またひと》を迷《まよ》はす意《い》あり○萬事《ばんじ》安靜《あんせい》ならず、不意《ふい》のことあり○小人《せうじん》を相手《あひて》とすること皆己《みなおの》れの損《そん》となる、愼《つゝし》むべし○すべて周流徧歴《しうりうへんれき》の意《い》、游山玩水《ゆさんぐわんすゐ》の出行《しゆつぎやう》、又《また》は賣筮賣藥《ばいぜいばいやく》、或《あるひ》は諸《もろ〳〵》の技藝《ぎげい》を以《もつ》て諸國《しよこく》に徘徊周游《はいくわいしういう》する類《るゐ》には可《か》なり○すべて足《あし》を止《とゞ》めず掛《か》け流《なが》しの類《るゐ》のことには吉《きち》、永《なが》く安靜《あんせい》のことには利《よろ》しからず○居住安寧《ぢうきよあんねい》ならず心身安穩《しん〳〵あんをん》ならず、常《つね》に煩雜《はんざつ》なる苦勞《くらう》を懷《いだ》くとす、又人《またひと》の爲《ため》に迷《まよ》ひ損失《そんしつ》あるべし○始《はじ》めは宜《よ》く終《をは》りは宜《よろし》からずとする意《い》○目《め》に覩《み》て手《て》に入《い》り難《がた》き意《い》○天時《てんじ》は陰《くも》り又風《またかぜ》ふく○人《ひと》に惡《にく》まるゝの意《い》あり、人《ひと》によりて考《かんが》へ合《あは》すべし○身命《しんめい》は貴《たつと》び仰《あほ》がるゝ人《ひと》、力《ちから》ある人《ひと》○婚姻《こんいん》は左右《さいう》より婚《こん》を爭《あらそ》ふの意《い》あり○胎產《たいさん》は平《へい》なるも外邪《ぐわいじや》を防《ふせ》ぐべし、少《すこ》し難《かた》し○居《きよ》を移《うつ》し國《くに》を去《さ》るの類《るゐ》利《よろ》しからず○財事《ざいじ》を求《もと》むる類《るゐ》、婦人《ふじん》の妨《さまた》げ又《また》は讒人《ざんにん》ありて成《な》り難《がた》し○待人《まちびと》は來《きた》らんとして障《さはり》あるか、又《また》は轉《てん》じて他《た》に赴《おもむ》くか○病《やまひ》は凶《きよう》なり○失物《うせもの》は容易《ようい》には得《え》ず、高《たか》き所《ところ》を尋《たづ》ぬべし、或《あるひ》は諸所《しよ〳〵》に散亂《さんらん》するか○捕逃《ほたう》は見《み》え易《やす》くして捕《とら》へ難《がた》し、神社佛閣《じんじやぶつかく》又《また》は妓樓劇場《ぎらうげきぢやう》など尋《たづ》ぬべし○訴訟《そしよう》は利《り》あらずとす。

第二十一款　火雷噬嗑の占用解

百事《じ》阻《そ》隔《かく》せらるゝも、辛勤《しんきん》して後《のち》に通《つう》ずるの兆《てう》○諸事《しよじ》急《きふ》に成《な》らずといへども、一旦《たし》に片付《かたづ》くべきことは却《かへ》つて速《すみやか》に成《な》る○集聚繁榮《しふ〳〵はんえい》の義《ぎ》あり○甚《はなは》だ進《すゝ》むに利《よろ》しからず、又甚《またはなは》だ退《しりぞ》くに利《よろ》しからず○利欲《りよく》の爲《ため》に禍《わざはひ》を受《う》くることあり、又不意《またふい》の災難《さいなん》を防《ふせ》ぐべし○人《ひと》を叱《しか》り又人《またひと》に叱《しか》らるゝの意《い》、すべて口舌《くぜつ》あり○夫婦《ふうふ》の爭《あらそひ》、又女色《またぢよしよく》の難《なん》、すべて色情《しきじやう》のことあり○一旦盛《たんさか》んにして後《のち》に跡《あと》なき意《い》○爭訟《さうしよう》を愼《つゝし》むべし、すべて温和《をんわ》に宜《よろ》し○飲食《いんしよく》のことあり○すべて永久《えいきう》のこと、反覆《はんぷく》のことあり○すべて速《すみやか》に進《すゝ》みて速《すみやか》に退《しり》ぞくに利《よろ》し、進《すゝ》みて退《しりぞ》かざると退《しりぞ》きて進《すゝ》まざると何《いづ》れも利《よろ》しからず○天時《てんじ》は烈日俄《れつじつにはか》に雷雨《らいう》する、又俄《またにはか》に晴《は》るゝ○身命《しんめい》は短氣《たんき》なる人《ひと》、一旦盛《たんさか》んにして末衰《すゑおとろ》ふる人《ひと》○婚姻《こんいん》は口舌《くぜつ》を含《ふく》む、又成《またな》るの兆《てう》もあり、夫婦《ふうふ》は不和《ふわ》○胎產《たいさん》は安《やす》からず、飲食《いんしよく》を愼《つゝし》むべし○居處《きよしよ》は安《やす》からず、或《あるひ》は變動《へんどう》す、居《きよ》を移《うつ》し國《くに》を去《さ》るの類《るゐ》、人《ひと》ありて妨《さまた》ぐれども、誠實《ぜいじつ》を以《もつ》て求《もと》むるは終《つひ》に遂《と》ぐべし○仕官《しくわん》は大《おほい》に發達《はつたつ》することあり、又人《またひと》に妨《さまた》げらるゝことあり○旅行《りよかう》は吉《きち》○求財《きざい》は妨《さまた》げあれども得《う》べし○待人《まちびと》は速《すみやか》に來《きた》る○病《やまひ》は暴烈《ばうれつ》なるものは或《あるひ》は速《すみやか》に癒《なほ》ることあり、烈《はげ》しからざるものは長《なが》し○失物《うせもの》は遠《とほ》く去《さ》らず、速《すみやか》に尋《たづ》ぬべし、二人之《ふたりこれ》を失《うしな》ふ爭論《さうろん》あり、又尋《またたづ》ぬべし○捕逃《ほたう》は遠《とほ》く去《さ》らず、速《すみやか》に尋《たづ》ぬべし、遲《おそ》ければ得難《えがた》し○訴訟《そしよう》ごとは我《わ》れ正《たゞ》しくして、少《すこ》しも非理《ひり》なきときは吉《きち》、苟《いやし》くも奸曲《かきよく》ある者《もの》は大凶《だいきよう》とす。

第二十二款　山火賁の占用解

常人《じやうじん》は萬事《ばんじ》平吉《へいきち》なれども、大事《だいじ》はすべて成《な》らず○宮室《きうしつ》衣服《いふく》器財《きざい》を飾《かざ》り容儀《かたち》を粧《よそほ》ふの類《るゐ》、すべて觀美《かざり》をなすの意《い》あり○是非《ぜひ》まちがひの意《い》あり、爭論《さうろん》の破兆《はてう》を愼《つゝし》むべし、終《をはり》に吉《きち》○文學《ぶんがく》のこと大吉《だいきち》、但《たゞ》し遠《とほ》きに及《およ》ばず○是《ぜ》を非《ひ》とし、無《む》を有《いう》とし、苦《く》を樂《らく》とするの類《るゐ》、或《あるひ》は心《こゝろ》に服《ふく》せずして面《おもて》にて從《したが》ふの類《るゐ》あり故《ゆゑ》に凡《すべ》て深《ふか》く察《さつ》し遠《とほ》く慮《おもんばか》りて誤《あやま》らざるやうにすべし○短氣《たんき》を以《もつ》て事《こと》を破《やぶ》り、或《あるひ》は間違《まちがひ》て人《ひと》と隔《へだ》たる類《るゐ》を戒《いまし》むべし○百事《じ》目前《もくぜん》に障《さは》りあることは後《のち》に吉《きち》、目前《もくぜん》に宜《よろ》しきことは後《のち》に散《さん》ず○身分《みぶん》より大《だい》なることを欲《ほつ》すれば必《かなら》ず損《そん》あり、小《せう》なるに利《よろ》し○天時《てんじ》は雨《あめ》ふり又《また》は先《さき》に晴《は》れて後《のち》に陰《くも》る○身命《しんめい》は美人《びじん》、短氣《たんき》なる人《ひと》、文學《ぶんがく》ある人《ひと》、實少《じつすくな》き人《ひと》、又婦人《またふじん》孕《はら》むことあり○婚姻《こんいん》は成《な》るといへども終《をはり》を遂《と》げず、或《あるひ》は婦人《ふじん》短氣《たんき》なるか、又外睦《またほかむつま》しく内和《うちわ》せざることあるか○胎產《たいさん》は少《すこ》し難《なん》あり○住居《ぢうきよ》を改《あらた》むるに吉《きち》、居國《きよこく》を去《さ》るの類《るゐ》は始《はじ》め吉《きち》、終《をはり》は平《たひら》○仕官《しくわん》は發達《はつたつ》して吉《きち》○旅行《りよかう》は吉《きち》○求財《きうざい》は自身短《じしんたんき》にて破《やぶ》ることあり、又遲《またおそ》しといへども得《う》べし○待人《まちびと》は來《きた》る、遠方《ゑんぱう》の人《ひと》は音信《おんしん》あるべし○病《やまひ》は甚《はなは》だ重《おも》し○失物《うせもの》は近《ちか》きに在《あ》り、能《よ》く尋《たづ》ねざれば見《み》えず○捕逃《ほたう》は遠《とほ》く去《さ》らず、文學《ぶんがく》の所《ところ》、又《また》は鍛冶《かぢ》鑄物師《いものし》などの家《いへ》に内《うち》に在《あ》るか○訴訟《そしよう》は決《けつ》し難《がた》し、或《あるひ》は間違《まちがひ》の裁斷《さいだん》なるべし。

第二十三款　山地剝の占用解

萬事《ばんじ》安靜《あんせい》にして時《とき》を待《ま》つときは後吉《のちきち》の兆《てう》○舊《きう》を改《あらた》め新《しん》を生《しやう》ずるの意《い》ありと雖《いへど》も、只愼《たゞつゝし》み守《まも》りて自然《しぜん》の時《とき》の至《いた》るを待《ま》つに利《よろ》し、速《すみやか》に動《うご》くは凶《きよう》○すべて腫物《はれもの》を護《まも》るが如《ごと》く、危《あや》ぶみて大事《だいじ》とするの意《い》、又傾《またかたむ》かんとするを持《も》ち、危《あやふ》きを扶《たす》くる意《い》○凡《すべ》て改《あらた》まらんとして未《いま》だ改《あらた》まざるの界《さかひ》なるゆゑ、安心《あんしん》せざる意《い》あり、妄《みだ》りに動《うご》かずんば終《をはり》に安堵《あんど》すべし○女難盗難《ぢよなんたうなん》を戒《いまし》むべし○人《ひと》に妨《さまた》げらるゝこと多《おほ》し○時《とき》を失《うしな》ひ後悔《こうくわい》する意《い》あり○天時《てんじ》は雨《あめ》ふる○身命《しんめい》は衆人《しうじん》の上《うへ》に立《た》つ人《ひと》、終《をはり》あしき人《ひと》○婚姻《こんいん》は利《よろ》しからず○胎産《たいさん》は凶《きよう》なり、臨産《りんさん》を占《うらな》ふは害《がい》なし○居《きよ》を移《うつ》し國《くに》を去《さ》るの類《るゐ》、吉兆《きつてう》あれども急《きう》なるは宜《よろ》しからず○仕官《しくわん》は讒《ざん》に遇《あ》ふことあり、危《あやふ》し○旅行《りよかう》は凶《きよう》とす○財事《ざいじ》を求《もと》むるの類《るゐ》、十に七八分《ぶ》を成《な》すといへども、他人《たにん》の爲《ため》に反覆《はんぷく》せらる○待人《まちびと》は來《きた》る○病《やまひ》は大凶《だいきよう》とす○失物《うせもの》は空《むな》し、又時過《またときす》ぎて得《う》ることあり、高《たか》き所又《ところまた》は遠《とほ》き所《ところ》を尋《たづ》ぬべし○捕逃《ほたう》は遠《とほ》く去《さ》りて形《かたち》を改《あらた》め業《げふ》を易《かへ》るか、能《よ》く尋《たづ》ねば歸《かへ》ることあらん○訴訟《そしよう》は決《けつ》し難《がた》し或《あるひ》は訟《うつたへ》に至《いた》らずとす。

第二十四款　地雷復の占用解

萬事《じ》漸々《だん〳〵》に成立《せいりつ》するの兆《てう》、然《しか》れども若《も》し輕卒急遽《けいそつきふきよ》にする時《とき》は却《かへ》つて事《こと》を破《やぶ》る○すべて滯《とゞこほ》り凝《さは》りなき意《い》といへども再三《さい》反覆《はんぷく》することあり○凶年《きようねん》の後始《のちはじ》めて登《みの》り、戰國《せんごく》の世《よ》の平治《へいち》せし如《ごと》く、舊《ふる》きに牽《ひか》れて悉《こと〳〵》く平安《へいあん》ならず、故《ゆゑ》に住居安《ぢつきよやす》からず、不足《ふそく》の意《い》あり○すべて獨立《どくりつ》して衆人《しうじん》に同《おな》じからざる意《い》、然《しか》れども人《ひと》の助《たすけ》あることあり○不意《ふい》の福《ふく》あることあり○凡《すべ》て此卦《このくわ》は重再《ちうさい》の意《い》を離《はな》れず、故《ゆゑ》に事《こと》みな反覆《はんぷく》することあるべし、然《しか》れども破《やぶ》れて又成就《またじやうじゆ》す、或《ある》は改變《かいへん》して後成《のちな》るの意《い》あり○一たび敗《やぶ》れて再興《さいこう》するの象《かたち》、又《また》一たび離《はな》れて復合《またあ》ふの意《い》○天時《てんじ》は雨《あめ》ふる、又再《またふたゝ》び晴《はれ》となり又再《またふたゝ》び雨《あめ》となる○身命《しんめい》は再興《さいこう》する人、獨立《どくりつ》する人《ひと》○婚姻《こんいん》は平《へい》とす○胎産《たいさん》は平《へい》なり、四五ヶ月《がつ》までの間《あひだ》を愼《つゝし》むべし○居所《きよしよ》は安《やす》からずと雖《いへど》も終《をはり》に吉《きち》、居國《きよこく》を去《さ》るの類《るゐ》も亦同《またおな》じ○仕官《しくわん》は吉《きち》なり○旅行《りよかう》は吉《きち》○財事《ざいじ》を求《もと》むの類《るゐ》、障《さはり》あれども終《をはり》に妨《さまたげ》とならず、遲《おそ》しと雖《いへど》も得《う》べし○待人《まちびと》は來《きた》る○病《やまひ》は漸々《ぜん／＼》に重《おも》し、又速《またすみやか》に癒《い》ゆといへども再發《さいはつ》す○失物《うせもの》は得《う》べし、すべて物《もの》の下《した》にあるか○捕逃《ほたう》は自《みづか》ら歸《かへ》ることあり、再《ふた》び出《い》づるならん、戒《いまし》むべし○訴訟《そしよう》ごとは平《へい》なり、或《あるひ》は人《ひと》より助《たす》けらるゝことあり。

第二十五款　天雷无妄の占用解

史記《しき》には无望《むまう》に作《つく》る、此義《このぎ》にては、此《こ》の代《かは》りに是《これ》を得《う》ると云《い》ふやうなる利欲《りよく》の心《こゝろ》なき意《い》にて、己《おの》れが當然《たうぜん》を務《つと》めて身分《みぶん》の外《ほか》を願《ねが》はぬことなり○物《もの》を覆《おほ》ひ包《つゝ》む象《かたち》あり、故《ゆゑ》に百事速《じすみやか》に調《とゝの》はず○百事成《じな》らず、又不意《またふい》の禍《わざはひ》あり○虛詐私欲《きよさしよく》のことは必《かなら》ず禍《わざはひ》を受《う》く、一毫《がう》も不正《ふせい》なく、又《また》一毫《がう》も欲心《よくしん》なければ平吉《へいきち》○すべて吉凶《きつきよう》ともに不意《ふい》のことあり、逃亡又《たうはうまた》は盜難火難病難等《たうなんくわなんびやうなんとう》殊《こと》に愼《つゝし》むべし○驚《おどろ》くことあり、又恐《またおそ》れ縮《ちゞ》まる意《い》あり○思《おも》ふこと一切通《さいつう》じ難《がた》し、強《しひ》てすれば却《かへ》つて災《わざはひ》を受《う》くべし○迷《まよ》ふて仕損《しそん》ずることあり○非理《ひり》の爭訟《さうしよう》などに遇《あ》ふことあり、不實不正《ふじつふせい》なく利欲等《りよくとう》の心《こゝろ》なければ禍《わざはひ》を免《まぬが》る○神佛《しんぶつ》のこと、忠孝仁義《ちうかうじんぎ》のこと等《とう》、誠實篤《せいじつあつ》く義理《ぎり》正《たゞ》しきことには凡《すべ》て吉《きち》○分外《ぶんぐわい》の願《ねがひ》は凡《すべ》て禍《わざはひ》の根《ね》となるべし○天時《てんじ》は風吹《かぜふ》きて晴《に》れる、又雷震或《またらいしんあるひ》は思《おも》はざるに雨《あめ》ふり或《あるひ》は風《かぜ》ふく○身命《しんめい》は威勢《ゐせい》ある人《ひと》、正直《しやうぢき》なる人《ひと》○居所《きよしよ》は安《やす》からず○

婚姻《こんいん》は遲《おそ》し、又凶《またきよう》○胎産《たいさん》は驚《おどろ》きあれども害《がい》なし○旅行《りよかう》は吉《きち》○仕官《しくわん》は凶《きよう》、或《あるひ》は主君《しゆくん》の怒《いかり》に遭《あ》ふことあり○求財《きゞざい》は己《おの》れの爲《ため》にあらざれば得《う》ることあり○待人《まちびと》は待《ま》つ時《とき》に來《きた》らずして待《ま》たざる時《とき》に來《きた》る○病《やまひ》は危《あや》ふしと雖《いへど》も治《ち》すべし、又重病《またぢうびやう》の速《すみやか》に癒《なほ》ることあり○待《ま》つこと約諾《やくだく》のことは信《しん》あり、不意《ふい》に出《い》づることは便《びん》なし○遺失《ゐしつ》は出《い》づべし、近《ちか》く來《きた》る人《ひと》に問《と》ふべし○失物《うせもの》は思《おも》ひよらざる人《ひと》、思《おも》ひよらざる所《ところ》を穿《せん》鑿《さく》あるべし○捕逃《ほたう》は神參《かみまゐ》り、或《あるひ》は罪罰《ざいはつ》を恐《おそ》れて出《い》づる類《るゐ》、終《つひ》に歸《かへ》るべし○訴訟《そしよう》ごとは、我《わ》れ正《たゞ》しくして又止《またや》むことを得《え》ずして應《おう》ずる者《もの》は平《へい》なれども、然《しか》らざるは大凶《だいきよう》とす。

第二十六款　山天大畜の占用解

百事《じ》艱難苦行《かんなんくぎやう》し、時《とき》を待《ま》つて後《のち》に達《たつ》する意《い》○高才殊能《かうさいしゆのう》の者《もの》は官祿《くわんろく》の慶《よろこび》あり、常人《じやうじん》は諸事滯《しよじとゞこほ》りあり、又忿恨《またふんこん》を懷《いだ》くことあり○爭論《さうろん》を愼《つゝし》むべし○交《まじはり》を絶《た》つの意《い》あり○物《もの》の增《ま》し聚《あつ》まるの意《い》ありと雖《いへど》も、又《また》敗《やぶ》るゝの障《さはり》あり○凡《すべ》て我《われ》に力量《りきりやう》ありても思《おも》ふ儘《まゝ》になりかぬる意《い》○忌《い》み惡《にく》み、又《また》は鬱陶《うつたつ》しく思《おも》ふ意《い》○物《もの》を積《つ》み蓄《たくは》へ聚《あつ》むるの象《かたち》、故《ゆゑ》に久《ひさ》しく修行《しゆぎやう》ある者發達《ものはつたつ》することあり○急迫《きふはく》にすれば破《やぶ》れを受《う》くること多《おほ》し、戒《いまし》むべし○すべて安穩平和《あんをんへいわ》ならず、寛緩舒泰《くわん〳〵じよたい》に心《こゝろ》を持《も》つべし○天時《てんじ》は陰《くも》りて雨《あめ》なし、又雨《またあめ》ふる○身命《しんめい》は性急《せいきふ》なる人《ひと》、富《と》みたる人《ひと》、心《こゝろ》の儘《まゝ》ならざる人《ひと》、修行《しゆぎやう》ある人《ひと》、○婚姻《こんいん》は利《よろ》しからず、女病身《をんなびやうしん》なるべし、胎産《たいさん》は平《へい》なり、但《たゞ》し遲《おそ》し○居處《きよしよ》は安《やす》からず、居所《きよしよ》を移《うつ》すの類遲《るゐおそ》きに利《よろ》し、女《をんな》の妨《さまた》げあり○仕《し》官《くわん》は滞《とゞこほ》る、又君《またきみ》の心《こゝろ》に適《かな》はざることあり、又或《またあるひ》は大《おほい》に出身《しゆつしん》することあり○旅行《りよかう》は大凶《だいきよう》とす○求財《きうざい》は得《え》ず○待人《まちびと》は來《きた》らず、君父師長《くんぷしちやう》の類《るゐ》は來《きた》ることあれども遅《おそ》し○病《やまひ》は長《なが》し、終《をはり》に治《ち》すべし、或《あるひ》は積塊《せきくわい》などの類《るゐ》、又治《またち》せずと雖《いへど》も死《し》に至《いた》らず○失物《うせもの》は時《とき》を經《へ》て出《い》づるか、家内《かない》にあることあらん、又庫物置《またくらものおき》など尋《たづ》ぬべし○捕逃《ほたつ》は遠《とほ》く去《さ》らず、藏場《くらば》或《あるひ》は寺院《じゐん》、又關所《またせきしよ》などにて得《う》べし○訴訟《そしよう》は大凶《だいきよう》とす。

第二十七款　山雷頤の占用解

萬事滞《ばんじとゞこほ》りて自在《じざい》ならず、又大事《まただいじ》は凡《すべ》て通達《つうだつ》せず○人《ひと》を養《やしな》ひ人《ひと》に養《やしな》はるゝ、又《また》は自《みづか》ら養《やしな》ふの意《い》、故《ゆゑ》に各自《かくじ》の家業《かげふ》を務《つと》め、又《また》は食客《しよくかく》、或《あるひ》は僧尼丐兒等《そうにこじきとう》の象《しやう》とす○己《おの》れ勞《らう》して人《ひと》に従《したが》ふの意《い》、又《また》は頤《おとがひ》に物《もの》を含《ふく》むなり、故《ゆゑ》に多情《たじやう》の苦勞《くらう》を含《ふく》むと知《し》るべし○物《もの》の成就《じやうじゆ》する卦《くわ》なれども、未《いま》だ早《はや》き意《い》あり、急《きふ》にすること利《よろ》しからず○飲食《いんしよく》のことあり、○飲食《いんしよく》を愼《つゝし》むべし○親《した》しき者《もの》に離《はな》れゐて養《やしな》ひ、又《また》は養《やしな》はるゝことあり○心中《しんちう》に含《ふく》みて説《と》き出《だ》しかぬる意《い》、人《ひと》を怨《うら》み又《また》は戀《こ》を慕《した》ひ、或《あるひ》は怒《いか》り惡《にく》むの類《るゐ》○大口舌《だいくぜつ》あることあり戒《いまし》むべし○天時《てんじ》は陰《くも》り又晴《またはれ》○身命《しんめい》は人《ひと》を養《やしな》ふ人《ひと》、養《やしな》はるゝ人《ひと》、智《ち》を顯《あら》はさぬ人《ひと》○婚姻《こんいん》は和《わ》せず○胎産《たいさん》は少《すこ》し難《なん》あり、又流産《またりうさん》を防《ふせ》ぐべし、又遅《またおそ》し○居所《きよしよ》は利《り》あらず、數人同居《すうにんどうきよ》するか、或《あるひ》は一棟《むね》に數家《すうか》聚《あつ》まり居《を》る類《るゐ》は平《へい》、居國《きよこく》を去《さ》るの類平《るゐへい》なれども、急《きふ》なるは利《よろ》しからず○仕官《しくわん》は利《り》あらず、たゞ貧《ひん》の爲《ため》にするのみならば平《へい》○旅行《りよかう》は利《よろ》しからず、舟行《しうかう》は平《へい》なり○財事《ざいじ》を求《もと》むるの類《るゐ》は成《な》るべし、然《しか》れども間《ま》違《ちがつ》て速《すみやか》に調《とゝの》ひ難《がた》し○待人《まちびと》は來《きた》り難《がた》し、又迎《またむか》へて來《きた》ることあるべし○病《やまひ》は癒《いへ》ず○失物《うせもの》は多《おほ》くある物《もの》の中《なか》に混《こん》ずるか、又内外《またうちそと》か、上下《うへした》か、遠《とほ》くか近《ちか》くかに分《わか》れ〱てあるか○捕《ほ》逃《たう》は大勢入込《おほぜいいりこ》みたる内《うち》に居《を》るか、遠《とほ》く去《さ》らずと雖《いへど》も容易《ようい》に得難《えがた》し○訴訟《そしよう》は決《けつ》し難《がた》し、或《あるひ》は對決《たいけつ》に及《およ》ぶも利《り》あらず。

第二十八款　澤風大過の占用解

凡《すべ》て大事《だいじ》成《な》らず、分《ぶん》に過《す》ぎたる重荷《おもに》を負《お》ふて潰《つぶ》るゝの意《い》、故《ゆゑ》に激《はげ》しき辛勞《しんらう》あり、小人《せうじん》は身《み》を失《うしな》ひ家《いへ》を亡《ほろ》ぼすにも至《いた》るべし○諸事調《しよじとゝの》ひ難《がた》し、常《つね》に不足《ふそく》の心《こゝろ》を懷《いだ》く、又自身《またじしん》あやまちを作《つく》る意《い》あり○凡《すべ》て甚《はなは》だ後悔《こうくわい》する意《い》あり、言行共《げんかうとも》に謹《つゝし》みて容易《ようい》にすべからず、又分《またぶん》に過《す》ぐること、或《あるひ》は失策《しつさく》のことをなして自滅《じめつ》を招《まね》くの類《るゐ》を戒《いまし》むべし○住居心身安《ぢうきよしん〱やす》からず、思慮足《しりよた》らず、迷《まよ》ふ意《い》あり○即時《そくじ》の小事《せうじ》には可《か》なり○時後《ときおく》るゝの意《い》あり、爲《な》すべき程《ほど》のことは速《すみやか》に行《おこな》ふべし○表面《へうめん》は宜《よろ》しく跡《あと》なき意《い》あり○始《はじ》め苦勞《くらう》ありて久《ひさ》しくして後《のち》に榮《さかえ》るの意《い》あり○物事不順《ものごとふじゆん》なるべし○物聚《ものあつ》まる意《い》あり、又物漏《またものも》れ脫《だつ》する意《い》あり、又物朽《またものく》ち敗《やぶ》れて用《もち》ゐ難《がた》き意《い》あり、人《ひと》と組合《くみあひ》にすること宜《よ》し○大抵進《たいていすゝ》むこと利《よろし》からずと雖《いへど》も、止《や》み難《がた》きことは自《みづか》ら我《われ》の分限力量《ぶんげんりきりやう》を計《はか》り、又人《またひと》の智力《ちりよく》を假《か》り、或《あるひ》は人《ひと》と共《とも》に力《ちから》を戮《あは》せてなすべし○色情《しきじやう》のことあり○飲食及《いんしよくおよ》び男女《なんによ》のことより萬事《ばんじ》に至《いた》るまで、過度《くわど》を戒《いまし》むべし○天時《てんじ》は大雨《たいう》、又《また》は霖雨《りんう》、或《あるひ》は大旱《たいかん》○身命《しんめい》は家國《かこく》を亡《ほろ》ぼしたる人《ひと》、辛勞《しんらう》する人《ひと》、大事《だいじ》を成《な》したる人《ひと》、大《おほい》に過《あやま》りたる人《ひと》○婚姻《こんいん》は利《り》あらず○仕官《しくわん》は激《はげ》しき勞《らう》あるか、仕《つか》へ損《そこな》ひあるか○病《やまひ》は凶多《きようおほ》し、或《あるひ》は瘡毒《さうどく》の類《るゐ》、即病《そくびやう》は治《ち》すべし、婦人《ふじん》の病《やまひ》は月經《つきやく》の滯《とゞこほ》ること多《おほ》し○事財《じざい》を求《もご》むるの類《るゐ》、成《な》るべくして成《な》らず○待人《まちびと》は時後《ときおく》れて來《きた》る○失物《うせもの》は得《う》るといへども朽《く》ち敗《やぶ》るゝか、速《すみやか》に見《み》え難《がた》し○捕逃《ほたう》は出《い》でゝ後悔《こうくわい》することあれども、廣《ひろ》く尋《たづ》ねざれば得難《えがた》し、水《すゐ》邊《へん》又《また》は破《や》れたる家邸《いへやしき》、或《あるひ》は草木《さうもく》の茂《しげ》き所《ところ》○居國《きよこく》を去《さ》るの類《るゐ》、禍《わざはひ》なし行《ゆ》くべし○訴訟《そしよう》ごとは容易に決斷《けつだん》なし、或《あるひ》は時過《ときす》ぎ後悔《こうくわい》して訟《うつたへ》を止《や》むることあるか、强《しひ》て訟《うつた》ふるは大凶《だいきよう》なり。

第二十九款　坎爲水の占用解

萬事《ばんじ》艱阻《かんそ》不吉《ふきつ》の兆《てう》、すべて憂苦《いうく》多《おほ》し○此卦《このくわ》は難義《なんぎ》困窮《こんきう》の卦《くわ》なり○是《ぜ》にして非《ひ》に陷《おとし》れらるゝの類《るゐ》、すべて不意《ふい》の禍《わざはひ》あり○爭《あらそ》ふて相鬪《あひたゝか》ひ、又《また》は訟《うつたへ》に及《およ》ぶことあり○病難盜難水難《びやうなんたうなんすゐなん》を戒《いまし》むべし○色情《しきじやう》のことあり○人《ひと》を戀《こ》ひ慕《した》ふ意《い》あり、又人《またひと》に隱《かく》るゝ意《い》あり○常《つね》に變《かは》りたる怪《あや》しき意《い》ありと知《し》るべし○人《ひと》の一人《ひとり》連《つ》れ立《た》ちて行《ゆ》く意《い》あり、又欠落《またかけおち》もの或《あるひ》は故《ゆゑ》なくして出《い》づべからざる人《ひと》の類《るゐ》に出《い》づる卦《くわ》なり○二人《ふたり》水《みづ》に溺《おぼ》るゝ象《かたち》とする、故《ゆゑ》に凡《すべ》て相手《あひて》あることは相互《さうご》に利《よろ》しからず、爭訟婚配《そしようこんぱい》その外人《ほかひと》と事《こと》を共《とも》にするの類《るゐ》、みな此意《このい》を推《お》すべし○物《もの》に錠前《ぢやうまへ》などある意《い》あり○次第《しだい》〳〵に進《すゝ》む意《い》あり○思《おも》ひよらず華美《はで》なる意《い》あり○天時《てんじ》は霖雨《りんう》○身命《しんめい》は深《ふか》く人目《ひとめ》を忍《しの》ぶ人《ひと》、牢《らう》にある人《ひと》、女《をんな》を誘《さそ》ひて出奔《しゆつぽん》したる人《ひと》○すべて此卦《このくわ》を得《え》て禍《わざはひ》に逢《あ》ふもの、多《おほ》くは排脫《はいだつ》し難《がた》きの禍《わざはひ》となるべし○婚姻《こんいん》は大凶《だいきよう》とす、老夫婦《らうふうふ》の婚姻《こんいん》は平《へい》、其他《そのた》は見《み》合《あは》せて可《か》なり○胎産《たいさん》は凶《きよう》なり、或《あるひ》は母子《おやこ》ともに災《わざはひ》あり○居處《きよしよ》は凶《きよう》とす、遠《とほ》く住所《ぢうしよ》を去《さ》りて吉《きち》○仕官《しくわん》は凶《きよう》○旅行《りよかう》は凶《きよう》○財事《ざいじ》を求《もと》むるの類《るゐ》、反覆艱難《はんぷくかんなん》十に二三を得《う》るか○待人《まちびと》は來《きた》らず、遠方《ゑんぱう》の人《ひと》は來《きた》ることもあり○病《やまひ》は難病不治《なんびやうふぢ》の症《しやう》○失物《うせもの》は穴《あな》又《また》は物《もの》の隙《すき》より下《した》に陥《おちい》るか、盗賊《たうぞく》ならば一人《ひとり》にあらず、よく尋《たづ》ぬれば得《う》ることあり○捕逃《ほたう》は同伴《どうはん》あるか、或《あるひ》は男女《なんによ》誘引《いういん》して去《さ》るか、又《また》は仇《あだ》を狙《ねら》ふなどの類《るゐ》容易《ようい》に歸《かへ》らず、後《のち》には居所《きよしよ》を知《し》るべし○訴訟《そしよう》ごとは大凶《だいきよう》、或《あるひ》は桎梏《てつこく》せられ、又《また》は牢獄《らうごく》に入《はい》るの類《るゐ》、すべて利《り》あらずとす。

第三十款　離爲火の占用解

萬事《はんじ》急《きふ》にすれば成《な》ることあり、遲《おそ》きときは變《へん》ずるの意《い》○永久《えいきう》のことは半途《はんと》にして破《やぶ》るゝことあり○始《はじ》め附《つ》きて終《をはり》に離別《りべつ》す、百事《じ》首《はじめ》ありて尾《をはり》なし、外面《ぐわいめん》盛《さか》んにして裏面《りめん》衰《おとろ》ふ、言信《ことしん》ありて心《こころ》に實《じつ》なし○一旦《たん》盛《さか》んにして忽《たちま》ち衰《おとろ》へ、始《はじ》めありて終《をは》りなき意《い》○不慮《ふりよ》の災難《さいなん》、又《また》讒言《ざんげん》に遇《あ》ふ意《い》あり○剛強《がうきやう》なる者《もの》、姦巧《かんかう》なる者《もの》は禍《わざはひ》を招《まね》く、柔和《にうわ》貞實《ていじつ》なる者《もの》は人《ひと》の助《たすけ》によりて成立《せいりつ》することあり○凡《すべ》ては狎《な》るゝ意《い》、親戚朋友《しんせきほういう》に遠《とほ》ざかるの類《るゐ》○凡《すべ》て附《つ》く意《い》あり、人《ひと》を擇《えら》びて附《つ》き從《したが》ふ時《とき》は、永《なが》く離《はな》れずして吉《きち》、若《も》し擇《えら》ばざれば永《なが》く親《した》しむこと能《あた》はず、火《ひ》の木《き》に附《つ》きて燃《もえ》る意《い》を推《お》し考《かんが》ふべし○此卦《このくわ》は先《さき》に凶《きよう》にして後《のち》に利《よろ》しき義《ぎ》あれば、物《もの》によりて吉事《きちじ》とする意《い》あり○此卦《このくわ》は學者出家《がくしやしゆつけ》などには吉《きち》とす、常人《じやうじん》には大抵《たいてい》利《よろ》しからず○すべて時《とき》に隨《したが》ふて轉變《てんぺん》し、常轍《さだまり》を守《まも》らざるに利《よ》し○住所《ちうしよ》を退《しりぞ》く程《ほど》の辛勞《しんらう》あるべし○文學發達《ぶんがくはつたつ》の兆《てう》、殊能《しゆのう》の者《もの》は凡《すべ》て發達《はつたつ》あり○婦女《ふぢよ》の害《がい》を戒《いまし》むべし○罪《つみ》を受《う》け咎《とがめ》に遭《あ》ふことあり愼《つゝし》むべし○火難《くわなん》を戒《いまし》むべし○衆人《しうじん》の目《め》に付《つ》くことあり○金銀財寶《きん〱ざいほう》につき損失《そんしつ》あり○口舌《くぜつ》を憂《うれ》ふことあり○天時《てんじ》は旱《ひでり》、又雨《またあめ》ふる○婚《こん》姻《いん》は凶《きよう》○胎產《たいさん》は平《へい》○居所《きよしよ》は凶《きよう》、居國《きよこく》を去《さ》るの類《るゐ》、破財口舌《はざいくぜつ》の意《い》あれども一旦《たん》は宜《よ》し○身命《しんめい》は明智《めいち》の人《ひと》激《はげ》しき人《ひと》○仕官《しくわん》は讒《ざん》に遇《あ》ふことあり、或《あるひ》は轉職《てんしよく》す○旅行《りよかう》は平《たひら》とす○財事《ざいじ》を求《もと》むるの類《るゐ》、文學《ぶんがく》の類《るゐ》は吉《きつ》兆《てう》、其他《そのた》は中途《ちうと》に支障《しゝやう》あり○待人《まちびと》は速《すみやか》に來《きた》る、或《あるひ》は音信《おんしん》あり○病《やまひ》は暴烈《はうれつ》なれども治《ち》することあり、若《も》し久病《きうびやう》は死《し》に至《いた》る○失物《うせもの》は急《きふ》に尋《たづ》ぬれば得《う》ることあり○遺失《ゐしつ》は女《をんな》に問《と》ふべし、遲《おそ》ければ出《い》でず○捕逃《ほたう》は速《すみやか》に去《さ》るといへども遠《とほ》く逃《のが》れず、速《すみやか》に尋《たづ》ぬべし○訴訟《そしよう》ごとは平《へい》とす。

第三十一款　澤山咸の占用解

百事《じ》通達《つうだつ》す、人《ひと》に信《しん》ぜられ、人《ひと》に親《した》しまれて助《たすけ》を得《う》ること多《おほ》し○他《た》より吉兆《きつてう》を生《しやう》ずることあり○善《ぜん》惡《あく》ともに心《こゝろ》に勇《いさ》み進《い》む意《い》○色情《しきじやう》の感《かん》あり○便佞柔媚《べんねいじうび》の者《もの》を猥《みだ》りに信《しん》ずべからず、害《がい》を招《まね》くことあり○感通感發又感歎《かんつうかんぱつまたかんたん》の意《い》○天時《てんじ》は雨《あめ》ふる○身命《しんめい》は忠義孝行等《ちうぎかう〱とう》の人《ひと》、又好色《またかうしよく》の人《ひと》○婚姻《こんいん》は大吉《だいきち》とす○居所《きよしよ》は吉《きち》、居《きよ》を移《うつ》し國《くに》を去《さ》るの類《るゐ》は吉《きち》○仕官《しくわん》は吉《きち》○旅行《りよかう》は吉《きち》、或《あるひ》は歸《かへ》ることを欲《ほつ》せざる意《い》あり○財事《ざいじ》を求《もと》むるの類成《るゐな》るべし○待人《まちびと》は來《きた》る、又來《またきた》らずといへども音信《おんしん》あり○病《やまひ》は凶《きよう》なり、或《あるひ》は孕《はら》むことあり○失物《うせもの》は得《う》べし、又《また》は上《あが》り下《さが》りする所《ところ》、或《あるひ》は寢所《ねや》部屋《へや》など尋《たづ》ぬべし○捕逃《ほたう》は歸《かへ》らず、或《あるひ》は音信《おんしん》あり、多《おほ》くは遠《とほ》く去《さ》るならん○訴訟《そしよう》ごとは平《へい》なり。

第三十二款　雷風恒の占用解

貞實《ていじつ》にして守《まも》り固《かた》き者《もの》は百事《じ》平《へい》なり、虛妄輕浮《きよもうけいふ》の者《もの》は諸事《しよじ》反覆《はんぷく》す○新《あらた》に事《こと》を起《おこ》す時《とき》は終《つひ》に改《あらた》まり、新《あらた》に約《やく》を結《むす》ぶ時《とき》は終《つひ》に變《へん》ずることあり、故《ゆゑ》に凡《すべ》て舊《きう》を守《まも》るに利《よ》し○忽《たちま》ちに聚《あつ》まり速《すみやか》に散《さん》ずる意《い》、凡《すべ》て離別《りべつ》の意《い》あり○凡《すべ》て人《ひと》に從《したが》ふて謀《はか》り、人《ひと》の力《ちから》を假《か》る類《るゐ》に利《よ》し、一己《こ》の智力《ちりよく》を以《もつ》てすること利《よろ》しからず○住居《ぢうきよ》は安《やす》からず○親《した》しき人《ひと》に相別《あひわか》れ、心身憂患《しんくいうくわん》の兆《てう》、又破財虛動《またはざいきよどう》の兆《てう》○百事變《じへん》じて後《のち》に宜《よろ》しき意《い》あり○不慮《ふりよ》の災難《さいなん》、又急速《またきふそく》のことを愼《つゝし》むべし○天時《てんじ》は晴雨《せいう》共《とも》に續《つゞ》きて變《かは》らざるか、又雷雨《またらいう》○身命《しんめい》は心身《しんく》の定《さだ》まらざる人《ひと》○婚姻《こんいん》は平《へい》なり、然《しか》れども若《も》し不正《ふせい》の人《ひと》は離別《りべつ》に及《およ》ぶことあり○胎產《たいさん》は少《すこ》し難《なん》あれども害《がい》なし○待人《まちびと》は來《きた》る○居國《きよこく》を去《さ》るの類《るゐ》さはりなし○病《やまひ》は重《おも》し、或《あるひ》は孕《はら》むことあり、又藥《またくすり》によりて病《やまひ》を動《うご》かすことあり○失物《うせもの》は得難《えがた》し○捕逃《ほたう》は得難《えがた》し、或《あるひ》は同伴《どうはん》あり、速《すみやか》に尋《たづ》ぬれば得《う》ることあるべし○訴《そ》訟《しよう》ごとは速《すみやか》に決《けつ》すべし、然《しか》らざれば利《り》あらず。

第三十三款　天山遯の占用解

百事《じ》成《な》らず、勞《らう》して功《こう》なし、或《あるひ》は不意《ふい》の禍《わざはひ》あり○諸事退《しよじしりぞ》くに利《よろ》しく進《すゝ》むに利《よろ》しからず○凡《すべ》て安穩《あんをん》ならず、心身《しんく》ともに勞苦《らうく》す○即事《そくじ》の輕《かる》きことには用《もち》ゆるも可《か》なり○心《こゝろ》を正《たゞ》しくすべし、身《み》を愼《つゝし》み、德《とく》を晦《かく》して宜《よろ》し○凡《すべ》て斷絶《だんぜつ》の意《い》とす○讒謗《ざんはう》に遭《あ》ふことあり、凡《すべ》て妨害《はうがい》多《おほ》し、才德《さいとく》ある者《もの》は更《さら》に凶《きよう》なり○凡《すべ》て不幸《ふかう》の地《ち》に居《ゐ》て、之《これ》を避《さけ》んとするには平《へい》○天時《てんじ》は陰《くも》る、又大風《またいふう》あることあり、雨《あめ》なれば翌日《よくじつ》より天《てん》氣《き》續《つゞ》く○身命《しんめい》は隱退《いんたい》したる人《ひと》、艱苦《かんく》して志《こゝろざし》を遂《と》げざる人《ひと》○婚姻《こんいん》は凶《きよう》○胎產《たいさん》は凶《きよう》○居所《きよしよ》は安《やす》からず、居國《きよこく》を去《さ》るの類《るゐ》、大抵利《たいていよろ》しからず○仕官《しくわん》は凶《きよう》なり○旅行《りよかう》は凶《きよう》なるも、但《たゞ》し官《くわん》を休《や》め或《あるひ》は隱遁《いんとん》し、又家《またいへ》に歸《かへ》るの類《るゐ》の旅行《りよかう》は平《へい》○財事《ざいじ》を求《もと》むるの類妨《るゐさまた》げあり、婦人《ふじん》を忌《い》む○待人《まちびと》は來《きた》らず○病《やまひ》は凶《きよう》、多《おほ》くは死《し》を免《まぬか》れず○失物《うせもの》は尋《たづ》ね難《がた》し、遠《とほ》く去《さ》るか又高《また、か》き所《ところ》○捕逃《ほたう》は得難《えがた》し○訴訟《そしよう》ごとは利《り》あらず。

第三十四款　雷天大壯の占用解

壯《さう》は盛大《せいだい》なり、强猛《きやうもう》なり、此卦《このくわ》は花《はな》ありて實《じつ》なきが如《ごと》く、大吉《だいきち》に似《に》て吉《きち》にあらず、目《め》に見《み》て手《て》を空《むなし》ふす○萬事《はんじ》穩和《をんわ》ならずして、非理《ひり》暴虐《はうぎやく》のこと又《また》は騷擾《さうぜう》のことあり○幸半《さいはひなかは》にして親《した》しみを失《うしな》ふ意《い》あり○和順卑遜《わじゆんひそん》の者《もの》には平《へい》なるも、剛强傲虐《がうきやうがうぎやく》の者《もの》には凶禍《きようくつ》あり○人《ひと》の爲《ため》に屈伏《くつぷく》せられ、或《あるひ》は怨《うら》み怒《いか》るの意《い》あり○凡《すべ》て前後《ぜんご》を忘《わす》れて進《すゝ》む意《い》ある故《ゆゑ》に、諸事細《しよじこまか》に心《こゝろ》を碎《くだ》き、能《よ》く慮《おもんぱか》りて後悔《こうくわい》なきやうにすべし○凡《すべ》て心《こゝろ》に勇《いさ》み進《すゝ》むこと甚《はなは》だしき意《い》、又烈《またはげ》しき意《い》○大《おほい》に人《ひと》を怒《いか》り、大《おほい》に人《ひと》に怒《いか》らるゝことあり○其事《そのこと》により安固《あんこ》にして動《うご》かざる時《とき》は、後《のち》に自然《しぜん》に吉《きち》あることあり○凡《すべ》て速《すみや》かなる意《い》○文藝《ぶんげい》のことには吉兆《きちてう》

○天時《てんじ》は晴又陰《はれまたくも》り、或《あるひ》は雷《らい》○身命《しんめい》は微賤《びせん》より上《あが》りたる人《ひと》、勇猛《ゆうもう》なる人《ひと》○婚姻《こんいん》は凶《きよう》○胎産《たいさん》は安《やす》からず、母難《はゝなや》む○居所《きよしよ》は安《やす》からず、居國《きよこく》を去《さ》るの類平《るゐへい》なり、併《しか》し進《すゝ》むに利《よろ》しからず○仕官《しくわん》は大《おほい》に出身《しゆつしん》することあり、又大《またおほい》に君長《くんちやう》に怒《いか》らるゝことあり○旅行《りよかう》は愼《つゝし》めば平《へい》○此卦《このくわ》は又壯固《またさうこ》の意《い》あり○財事《ざいじ》を求《もと》むるの類《るゐ》成《な》るが如《ごと》くにして空《むな》し○待人《まちびと》は來《きた》らず、或《あるひ》は速《すみやか》に來《きた》ることあり○病《やまひ》は凶《きよう》とす○失物《うせもの》は得難《えがた》し○捕逃《ほたう》は遠《とほ》く去《さ》る心《こゝろ》あり、得《え》がたし○訴訟《そしよう》ごとは凶《きよう》なり。

第三十五款　火地晉の占用解

吉凶善惡《きつきようぜんあく》みな發顯長進《はつけんちやうしん》するの兆《てう》、又再興《またさいこう》の意《い》あり○諸事《しよじ》大抵平吉《たいていへいきち》、才能《さいのう》ある者《もの》は殊《こと》に吉慶《きつけい》あり○住《ぢう》處《しよ》の變《かは》る意《い》あり、縱《たと》ひ住所《ぢうしよ》の移《うつ》り變《かは》ることなくとも、身代《しんだい》につき今迄《いまゝで》と異《こと》なる意《い》あり、吉事《きちじ》なるべし○實義《じつぎ》のことは大抵成《たいていな》る、虚詐姦計《きよさかんけい》なる者《もの》は人《ひと》に疎《うと》まれ退《しりぞ》けらるゝ凡《すべ》て大凶《たいきよう》とす○願望《ぐわんまう》は叶《かな》ふべし、少《すこ》し遲《おそ》し○久《ひさ》しく中絶《ちうぜつ》したる人《ひと》に逢《あ》ふことあるべし、又仲惡《まだなかわる》き人《びと》と仲《なか》の直《なほ》る意《い》あり○正事《しやうじ》は凡《すべ》て進《すゝ》むに利《よろ》し○上《かみ》たる人《ひと》の恩惠《おんけい》を受《う》くることあり○人《ひと》の目《め》に立《た》つことあり○暗《くらき》を出《い》で明《あかるき》に進《すゝ》み、苦《く》を出《い》で樂《らく》に進《すゝ》む、百事《じ》吉《きち》○天時《てんじ》は晴又少《はれまたすこ》し陰《くも》る○身命《しんめい》は君寵《くんちよう》を得《え》たる人《ひと》、文學《ぶんがく》ある人《ひと》○婚姻《こんいん》は吉《きち》なれども、或《あるひ》は離別《りべつ》に及《およ》ぶことあり○胎産《たいさん》は平《へい》なり○居所《きよしよ》は安《やす》からず○仕官《しくわん》は出身《しゆつしん》す○旅行《りよかう》は吉《きち》なり○求財《きざい》は得《う》る○待人《まちびと》は來《きた》る、音信《おんしん》を占《うらな》ふは有《あ》りとす○病《やまひ》は凶《きよう》なり○失物《うせもの》は或《あるひ》は遠《とほ》く去《さ》ると雖《いへど》も得《う》べし○捕逃《ほたう》は得《え》難《がた》し○訴訟《そしよう》ごとは平《へい》とす。

第三十六款　地火明夷の占用解

萬事《じ》破《やぶ》れ傷《そこな》ひ疵《きず》つき痛《いた》むの兆《てう》○才智《さいち》を顯《あら》はし發達《はつたつ》せんとする時《とき》は、却《かへ》つて大禍《たいくわ》を受《う》くることあり、才《さい》を隱《かく》し智《ち》を晦《くら》まして時《とき》を待《ま》つに利《よ》し○大才殊能《たいさいしゆのう》あり、又《また》は忠孝《ちうかう》の德《とく》ありて不幸《ふかう》に陷《おちい》りて居《ゐ》る者《もの》此卦《このくわ》を得《う》れば、時過《ときす》ぎて必《なか》らず大《おほい》に榮達《えいたつ》す○人《ひと》と音信《おんしん》を隔《へだ》つることあり○思慮決《しりよけつ》せず住居辛苦《ぢうきよしんく》あり不慮《ふりよ》の天難《てんなん》まちがひあるべし、然《しか》れども內明《うちあきらか》に外順《そとしたが》ふ、又平易《またへいい》の義《ぎ》ありとす、憂《うれふ》ることなかれ、久《ひさ》しからずして吉《きち》○人《びと》の疑《うたがひ》を避《さ》くべし○隱《かく》れて顯《あら》はれざるに利《よろ》しく、止《や》めて爲《な》さゞるに利《よろ》し○飢寒《きかん》の苦《く》、凡《すべ》て激《はげ》しき勞苦《らうく》に値《あ》ふことあり○不意《ふい》の女難火難劍難《ぢよなんくわなんけんなん》を戒《いまし》むべし○休息《きうそく》の意《い》あり○天時《てんじ》は陰雨《いんう》す○身命《しんめい》は不幸《ふかう》なる人《ひと》、囚《とら》はれたる人《ひと》、盲目《もうもく》、すべて不具《ふぐ》の人《ひと》○婚姻《こんいん》は凶《きよう》、或《あるひ》は成《な》る、少《すこ》し口舌《くぜつ》あるべし○胎產《たいさん》は凶《きよう》なり○居所《きよしよ》は凶《きよう》○仕官《しくわん》は大凶《だいきよう》○旅行《りよかう》は大凶《だいきよう》○求財《きうざい》は難《かた》しと雖《いへど》も終《つひ》に得《う》べし○待人《まちびと》は來《きた》らず、或《あるひ》は遲《おそ》く來《きた》る○病《やまひ》は大凶《だいきよう》、危急《きゝふ》の時《とき》に占《うらな》ふは、時過《ときす》ぎて癒《なほ》ることあり○失物《うせもの》は得《え》ず○捕逃《ほたう》は皈《かへ》らず或《あるひ》は其人《そのひと》途中難《ちうなん》に値《あ》ふか○訴訟《そしよう》は大凶《だいきよう》とす。

第三十七款　風火家人の占用解

小事《せうじ》は成《な》る、大事《だいじ》は成《な》り難《がた》し○常人《じやうじん》にはすべて安平《あんぺい》とす、又正《またたゞ》しき者《もの》は凡《すべ》て禍《わざはひ》あることなし○萬事《じ》によること婦人《ふじん》を以《もつ》てすれば吉《きち》なり○人《ひと》の爲《ため》に勞《らう》することあり、又人《またひと》に助《たす》けらるゝことあり○婦女《ふぢよ》につきて悦《よろこび》あり、又憂《またうれひ》あり○すべて人《ひと》と親《した》しき意《い》○大要家内穩《たいえうかないおだや》かならず、憂苦《いうく》絶《た》えず○情《じやう》に繋《つな》がれて決斷《けつだん》しかぬる意《い》あり○嫉妬《しつと》の意《い》あり○すべて大禍《たいくわ》なしと雖《いへど》も、女難火難《ぢよなんくわなん》を戒《いまし》むべし○爭論《さうろん》を防《さまた》ぐべし○婦人多《ふじんおほ》くは妬《なた》み淫《いん》なるべし○天時《てんじ》は晴《はれ》○身命《しんめい》は柔和《にうわ》なる人《ひと》、能《よ》く世話《せわ》をする頼《たの》もしき人《ひと》、人《ひと》に愛《あい》し親《した》しまるゝ人《ひと》○婚姻《こんいん》は平《へい》なり、或《あるひ》は嫉妬《しつと》のことあり○胎產《たいさん》は平《へい》○仕官《しくわん》は吉《きち》○旅行《りよかう》は平《へい》なり、或《あるひ》は心勇《こゝろいさ》まず○居國《きよこく》を去《さ》るの類宜《るゐよろ》しからず○求財《きうざい》は過分《くわぶん》のことにあらざれば得《う》べし○待人《まちびと》は來《きた》る、但《たゞ》し他人《たにん》の婦女《ふぢよ》は來《きた》らず○病《やまひ》は漸々《ぜんぜん》重《おも》し、又內熱虛勞《またないねつきよらう》の類多《るゐおほ》し○失物《うせもの》は家內《かない》に在《あ》るか、婦女《ふぢよ》を詮議《せんぎ》すべし○逃亡《たうばう》は尋《たづ》ね易《やす》し、又自《またみづか》ら歸《かへ》ることあり、火《ひ》に緣《えん》ある所《ところ》を尋《たづ》ぬべし○訴訟《そしよう》は平《へい》なるも、或《あるひ》は久《ひさ》しく決《けつ》せず、又《また》或《あるひ》は和《わ》することあり。

第三十八款　火澤睽の占用解

此卦《このくわ》は人心相乖《じんしんあひそむ》き違《たが》ふて事《こと》を成《な》し難《がた》き卦《くわ》なり、然《しか》れども學者《がくしや》などには時《とき》として大吉《だいきち》ありとす○心中《しんちう》辛勞多《しんらうおほ》く、又財寶散亂《またざいはうさんらん》することあり○萬事和合《じわがふ》せずと雖《いへど》も、事《こと》により成《は》ること多《おほ》し○凡《すべ》て人《ひと》と事《こと》を共《とも》にする類《るゐ》は妨《さまた》げあり、或《あるひ》は欺《あざむき》を受《う》くるといへども、一分《ぶ》の事《こと》には大抵吉兆《たいていきつてう》とす○家內不和《かないふわ》、或《あるひ》は嫉《しつ》妬猜疑《とさいぎ》のことあり○婦人《ふじん》を占《うらな》ふて此卦《このくわ》を得《う》れば大凶《だいきよう》とす、其女巧《そのをんなたくみ》あり、或《あるひ》は淫婦姦曲《いんぷかんきよく》なるべし○志《こゝろざし》を合《あは》せて相反《あひはん》するの事《こと》を為《な》すの意《い》、爺《ぢゞい》は山《やま》に薪《たきゞ》を採《と》り、婆《はゞ》は河《かは》に衣《きぬ》を浣《そゝ》くが如し○多《おほ》く間違《まちが》ひ妨《さまた》げありて思《おも》ふこと遂《と》げず○人《ひと》を欺《あざむ》き詐《いつ》はること知《し》るべし○又内悦《またうちよろこ》び外文明《そとぶんめい》なり、故《ゆゑ》に小事《せうじ》に於《おい》て吉《きち》なりとす和悦《わえつ》のみにして明正《めいせい》なし、故《ゆゑ》に大事《だいじ》は成《な》り難《がた》し、然《しか》るに人《ひと》に超《こ》えたる才徳文藝《さいとくぶんげい》ある人《ひと》の為《ため》には大《おほい》に發《はつ》達《たつ》とす、常人《じやうじん》は當《あた》り難《がた》し○凡《すべ》て助《たす》くる者少《ものすくな》し、又親《またした》しき者《もの》に遠《とほ》ざかることあり○色情《しきじやう》を愼《つゝし》むべし○方《はう》圓長短《ゑんちやうたん》背《そむ》いて各々《おのおの》その用《よう》を相通《あひつう》じ、鳥飛《とりと》び獸走《じうはし》る、乖《そむ》いて身《み》を存《そん》す○悶《もだ》ゆる意《い》あり、疑《うたが》ふ意《い》あり、すべて家内安寧《かないあんねい》ならず○天時《てんじ》は一たび晴《はれ》一たび雨《あめ》○身命《しんめい》は文學《ぶんがく》ある人《ひと》、爭《あらそ》ふ人《ひと》、獨立《どくりつ》したる人《ひと》○婚姻《こんいん》は凶《きよう》○胎産《たいさん》は驚《おどろ》きあれども障《さは》りなし○居所《きよしよ》は安《やす》からず○居國《きよこく》を去《さ》るの類利《るゐよろ》し○仕官《しくわん》は凶《きよう》○旅行《りよかう》は吉《きち》とす○行《ゆ》く者《もの》は歸《かへ》らず、然《しか》れども音信《おんしん》はあるべし○求財《きうざい》は得難《えがた》し○待人《まちびと》は來《きた》らず、音信《おんしん》を占《うらな》ふは有《あ》りとす○病《やまひ》は危《あやふ》き意《い》あれども治《ち》すべし、又癒《またなほ》り難《がた》し○失物《うせもの》は得難《えがた》し○捕逃《ほたう》は得難《えがた》し○訴訟《そしよう》は利《り》あらずとす。

第三十九款　水山蹇の占用解

百事自在《じじざい》ならず、心《こゝろ》を困《くるし》むる意《い》、然《しか》れども善人《ぜんにん》は天《てん》の惠《めぐ》み人《ひと》の助《たす》けを得《え》て安堵《あんど》することあり○己《おの》れの身《み》正《たゞ》しければ身家《しんか》を棄《す》てゝ力《ちから》を添《そゆ》る者《もの》あり、又人《またひと》の為《ため》に難儀《なんぎ》して救《すく》ふことあり○此蹇《このけん》の卦《くわ》は、龍《りう》の玉《たま》を失《うしな》ふ意《い》にして、寶散《たからち》り財貧《さいまづ》しくして辛苦《しんく》あり、難甚《なんはなは》だしき卦《くわ》なり○險《けん》を見《み》て止《とゞ》まるの卦《くわ》なれば大《だい》凶《きよう》なし、人《ひと》に隨《したが》つて吉《きち》○願望《ぐわんまう》は調《とゝの》ひ難《がた》し、然《しか》れども後《のち》には利《よろ》し○安靜《あんせい》にして守《まも》る時《とき》はすべて大禍《たいくわ》なし

○心細《こゝろぼそ》き意《い》、又窮窟《またきうくつ》の意《い》○住所苦勞《ぢうしよくらう》あり○旅行《りよかう》の意《い》あるべし、是《これ》も人《ひと》に隨《したが》つて吉《きち》○住居難危《ちうきよなんき》にして心《しん》身憂苦《しんいうく》あり、謀《はか》る所《ところ》みな空《むな》し、貧窮困厄《ひんきうこんやく》の卦《くわ》なり、能《よ》く謀《はか》れば必《かなら》ず輔《たす》け助《たす》くる人《ひと》ありて、終《つひ》には吉《きち》あるべし○此卦《このくわ》は貧富《ひんぷ》を問《と》はず心中困苦《しんちうこんく》あり、疑惑《ぎわく》ありと知《し》るべし○天時《てんじ》は陰《くも》る○身命《しんめい》は不具《ふぐ》なる人《ひと》、不自由《ふじいう》する人《ひと》○婚姻《こんいん》は利《よろ》しからず○胎産《たいさん》は安《やす》からず○居所《きよしよ》は勞多《らうおほ》し○居國《きよこく》を去《さ》るの類動《るゐうご》き難《がた》し、變《へん》じて後《のち》よろし○仕官《しくわん》は難義多《なんぎおほ》し○旅行《りよかう》は利《よろ》しからず○求財《きうざい》は得難《えがた》し○待人《まちびと》は來《きた》らず○病《やまひ》は重《おも》し、或《あるひ》は腰《こし》より下《しも》の病《やまひ》、或《あるひ》は治《ち》すべし○失物《うせもの》は得難《えがた》し○捕逃《ほたう》は遠《とほ》く去《さ》らず、渡場又《わたしばまた》は關所抔《せきしよなど》にて得《う》ることあり○訴訟《そしよう》は利《り》あらずとす。

第四十款　雷水解の占用解

諸事難《しよじなん》を逃《のが》れ憂散《うれひさん》ずるの兆《てう》、大要屯《たいえうちゆん》の卦《くわ》と相對《あひたい》する意《い》あり、愼《つゝし》まざれば再《ふた》び屯難《ちゆんなん》に遇《あ》ふ○安堵《あんど》して怠《おこた》る心《こゝろ》あり、戒《いまし》むべし○物事相交《ものごとあひまじ》はりて感《かん》ずる意《い》あり、遠方《ゑんぱう》に通《かよ》ひ交《まじ》はるの意《い》あり○萬事《ばんじ》止《や》み難《がた》きことは速《すみやか》に爲《な》すべし、猶豫怠慢《いうよたいまん》すれば害《がい》を生《しやう》じて再《ふた》び補《おぎな》ふことなり難《がた》し○凡《すべ》て結《むす》ばれ聚《あつ》まりたることは解散《かいさん》するの意《い》あるゆゑに、爭訟《さうしよう》の類《るゐ》は消散《せうさん》して退《しりぞ》き、婚姻《こんいん》の如《ごと》きは睽《そむき》て別《わか》るゝの類《るゐ》、萬事是《ばんじこれ》を以《もつ》て推《すゐ》考《かう》すべし○盗賊《たうぞく》の戒《いましめ》あるべし○良《よ》き友《とも》を得《う》ることあり○一時當世《じたうせい》に流行《りうかう》する意《い》あり○損失《そんしつ》あり○思慮《しりよ》決《けつ》せず、住居安《ぢうきよやす》からず○破財《はざい》の兆《てう》あり○天時《てんじ》は雨又《あめまた》は長雨《ながあめ》、又雷雨《またらいう》○身命《しんめい》は諸方《しよはう》を周游《しういう》する人《ひと》、時《とき》を失《うしな》ひたる人《ひと》○婚姻《こんいん》は後《のち》に凶《きよう》なり○胎産《たいさん》は平《へい》なれども、但《たゞ》し産後《さんご》を愼《つゝし》むべし○居所《きよしよ》は安《やす》からず○居國《きよこく》を去《さ》るの類《るゐ》、行《ゆ》く所《ところ》あらば早《はや》く行《ゆ》くべし、若《も》し不定《ふてい》ならば動《うご》くこと勿《なか》れ○旅行《りよかう》は吉《きち》、但《たゞ》し盜賊《たうぞく》を戒《いまし》むべし○求財《きうざい》は得《え》難《がた》し、或《あるひ》は遲《おそ》く間違《まちがひ》あり○遺失《うせもの》は全《まつた》く出《い》づべからず○仕官《しくわい》は平《へい》なり○待人《まちびと》は旅行《りよかう》艱難《かんなん》するか、又《また》は六ケ敷《し》き用事《ようじ》などにて出《い》でたる類《るゐ》は速《すみやか》に來《きた》るべし、游山玩水《ゆさんぐわんすゐ》又《また》は安樂無事《あんらくぶじ》なる人《ひと》は來《きた》らず○病《やまひ》は凶《きよう》、久《ひさ》しき病《やまひ》なれば癒《なほ》ることあり○失物《うせもの》は見《み》えず○捕逃《ほたう》は歸《かへ》らず○訟訟《そしよう》は平《へい》にして、或《あるひ》は訟《うつたへ》に至《いた》らざることあり。

第四十一款　山澤損の占用解

百事《じ》大抵《たいてい》吉兆《きつてう》とす○人《ひと》を惠《めぐ》む心《こゝろ》ある者《もの》は吉《きち》、人《ひと》を欺《あざむ》くの心《こゝろ》ある者《もの》は凶《きよう》○後《のち》に利徳《りとく》を得《う》るか、又《また》は譽《ほまれ》あるか、何《いづ》れにも末《すゑ》の宜《よろ》しきことありとす○すべて己《おの》れに損《そん》あることゝ、後《のち》の益《えき》となる意《い》あり○己《おの》がことを捨《す》てゝ人《ひと》の世話《せわ》をする類《るゐ》のことあり、凶《きよう》にあらず○親子兄弟《おやこきやうだい》などに付《つい》て損《そん》あるべし、然《し》れども仁《じん》義《ぎ》の損《そん》は大益《だいえき》とす○損財《そんざい》を戒《いまし》むべし○急《きふ》にすること成《な》らず、徐々《ぢよ〳〵》にすること成就《じやうじゆ》すべし、一度《ど》にて調《とゝな》ひ難《がた》きことは、二度《ど》も三度《ど》も掛《かゝ》れば必《かなら》ず成《な》る○世話苦勞《せわくらう》多《おほ》し○立身《りつしん》あるべし○天時《てんじ》は雨《あめ》、又《また》大雨《いう》の時《とき》に占《うらな》ふは小雨《せう》となる○身命《しんめい》は人《ひと》を助《たす》け惠《めぐ》む人《ひと》、正直温順《しやうぢきをんじゆん》なる人《ひと》○婚姻《こんいん》は平吉《へいきち》なり○胎産《たいまん》は平《へい》、又《また》は安《やす》からず○居所《きよしよ》は平《へい》なり○仕官《しくわん》は升進《しようしん》することあり○旅行《りよかう》は平《へい》、或《あるひ》は行《ゆ》くことを欲《ほつ》せず、或《あるひ》は少《すく》し難《なん》あり○居國《きよこく》を去《さ》るの類《るゐ》は障《さはり》なし○求財《きうざい》は得《う》る○待人《まちびと》は來《きた》り難《がた》し、女子《ぢよし》又《また》は賤人《せんじん》などは來《きた》ることあり○病《やまひ》は癒《い》ゆべし○失物《うせもの》は得《え》難《がた》し、速《すみやか》に尋《たづ》ぬれば得《う》ることもあるべし○捕逃《ほたう》は遠《とほ》く去《さ》らず、速《すみやか》に尋《たづ》ぬべし○訴訟《そしよう》は不利《ふり》とす。

第四十二款　風雷益の占用解

此卦《このくわ》は上下《じやうげ》ともに動《うご》いて安徐《あんじよ》ならず、故《ゆゑ》に住所安《ぢうしよやす》からず、心身定《しんくさだ》まらず、みな辛苦《しんく》ありと知《し》るべし○萬事平穩《ばんじへいをん》ならず、益《えき》なく損《そん》あり○人《ひと》と力《ちから》を協《あは》せて事《こと》を爲《な》すに利《よろ》し○人《ひと》の爲《ため》に罪《つみ》を受《う》け、人《ひと》の力《ちから》に依《よ》りて功《かう》を立《た》つること、又《また》は己《おのれ》の爲《ため》に人《ひと》を罪《つみ》に歸《き》し己《おの》れの力《ちから》にて人《ひと》に功《こう》を顯《あら》はさしむることあり○大事《だいじ》を成《な》さんとする者良《ものよ》き友《とも》を得《う》ることあり、然《しか》れども又《また》その友《とも》とする者《もの》を擇《えら》ぶべし、妄《みだ》りに親《した》しみを結《むす》び事《こと》を共《とも》にするは禍《わざはひ》の媒《なかだち》となることあり○思《おも》ひよらざる害難《がいなん》あり、損耗《そんまう》あり愼《つゝし》むべし○人《ひと》に厭《いと》はるゝことあり○人《ひと》の恩惠《おんけい》を受《う》くることあり、然《しか》れども報恩《はうおん》の志《こゝろざし》なき者《もの》は終《をはり》に利《よろ》しからず○身命《しんめい》は貪《むさぼ》る人《ひと》、心《こゝろ》の落付《おちつ》かぬ人《ひと》○婚姻《こんいん》は利《よろ》しからず○養子《やうし》は利《よろ》し○胎產《たいさん》は平《へい》なり、又安《またやす》からず、或《あるひ》は少難《せうなん》あり○天時《てんじ》は雨《あめ》、又《また》は雷雨《らいう》○行所《ゆくところ》あるには利《よろ》し、旅行《りよかう》は吉《きち》とす○仕官《しくわん》は平《へい》にして或《あるひ》は祿《ろく》を增《ま》すことあり○求《きう》財《ざい》は得《う》べし○待人《まちびと》は遲《おそ》くとも來《きた》るべし○病《やまひ》は重《おも》し、或《あるひ》は餘病《よびやう》の加《くは》はるあり、又俄《またにはか》に危《あやふ》し○失物《うせもの》は急《きふ》に尋《たづ》ねざれば在所《ありか》變《へん》じて見《み》え難《がた》し○捕逃《ほたう》は急《きふ》に尋《たづ》ねざれば遠《とほ》く行《ゆ》くか、或《あるひ》は深《ふか》く隱《かく》るゝか○訴訟《そしよう》ことは平《へい》なりとす。

第四十三款　澤天夬の占用解

此卦《このくわ》は剛強《がうきやう》に過《す》ぐるの卦《くわ》なれば、性急《せいきふ》にして事《こと》を破《やぶ》ることを愼《つゝし》むべし○大器《たいき》決斷《けつだん》の人品《じんぴん》あれども柔和《にうわ》にして堪忍《かんにん》することを得《え》ざるべし○百事《じ》散亂《さんらん》敗壞《はいくわい》の意《い》○剛強《がうきやう》を恃《たの》みて輕卒《けいそつ》急遽《きふきよ》にする時《とき》は大《おほい》に事《こと》を敗《やぶ》る、柔和《にうわ》を主《しゆ》とし重《おも》んじ愼《つゝし》めば害《がい》なし○すべて殘念《ざんねん》に思《おも》ふことあり、堪忍《かんにん》すべし、人《ひと》の失禮《しつれい》を咎《とが》めて刄傷《にんじやう》に及《およ》ぶの類《るゐ》あり、戒《いまし》むべし○すべて身《み》に傷《きず》つけ血《ち》を見《み》るの類《るゐ》のことあり○女色《ぢよしよく》金銀《きんぎん》の爲《ため》に身《み》を忘《わす》るゝことあり。戒《いまし》むべし○凡《すべ》て決斷《けつだん》の意《い》あり、事《こと》によりて通達《つうだつ》す○人《ひと》を押《おし》のけて我《わ》れ先《さき》に進《すゝ》まんとする意《い》あり○人《ひと》と中絶《ちうぜつ》することあり○文書《ぶんしよ》捺印《なついん》等《とう》のことあり○天時《てんじ》は陰《くも》る○身命《しんめい》は身《み》に傷《きず》つきたる人《ひと》剛勢《がうせい》の人《ひと》○婚姻《こんいん》は利《よろ》しからず、婦人《ふじん》驕慢《けうまん》不順《ふじゆん》なることあり○胎產《たいさん》は災《わざはひ》なし、但《たゞ》し食物《しよくもつ》を節《せつ》にして怒氣《どき》を發《はつ》すること勿《なか》れ、又少《またすこ》し驚《おどろき》あり、速《すみやか》に產《さん》す○居所《きよしよ》は凶《きよう》、又變動《またへんどう》することあり○居國《きよこく》を去《さ》るの類《るゐ》よろしからず○仕官《しくわん》は君寵《くんちよう》に誇《ほこ》りて不遜《ふそん》なることあり、又不意《またふい》に出身《しゆつしん》して人《ひと》の首《かしら》たることあり○旅行《りよかう》は吉《きち》なるも又驚《またおどろ》くことあり、但《たゞ》し剛猛《がうもう》を戒《いまし》むべし○財事《ざいじ》を求《もと》むるの類《るゐ》得《う》べし、又成《またな》らず○待人《まちびと》は來《きた》る○病《やまひ》は速《すみやか》に癒《い》ゆべし、又癒《またなほ》るといへども或《あるひ》は生涯《しやうがい》の疵《きず》となることあり、痘痕《さうこん》又《また》は目盲《めもう》し耳聾《みゝろう》するの類《るゐ》○失物《うせもの》は思《おも》ひよらざる所《ところ》、或《あるひ》は高《たか》き所《ところ》にあるか、速《すみやか》に得《う》ることあり○捕逃《ほたう》は遠《とほ》く去《さ》る、速《すみやか》に尋《たづ》ねて得《う》ることあり○訴訟《そしよう》ごとは速《すみやか》に決《けつ》すべし、そして平《へい》なり、苟《いやしく》も不正《ふせい》の者《もの》は大凶《だいきよう》なり。

第四十四款　天風姤の占用解

凡《すべ》て小事《せうじ》には可《か》、大事《だいじ》には不吉《ふきつ》、すべて不意《ふい》のことあり、善人善事《ぜんにんぜんじ》には吉《きち》、惡人惡事《あくにんあくじ》には凶《きよう》○一陰《いん》にして五陽《やう》に遇《あ》へば不貞《ふてい》の女《ぢよ》の如《ごと》し、故《ゆゑ》に爭《あらそひ》ありと知《し》るべし○貴人《きじん》に近付《ちかづ》く意《い》あり○凡《すべ》て思慮《しりよ》一定《てい》せず進《すゝ》まんと欲《ほつ》する意《い》あり、退《しりぞ》かんと欲《ほつ》する意《い》あり、又聚《またあつ》まり生《しやう》ずる象《かたち》あり、散《ち》り亡《うせ》る象《かたち》あり其事《そのこと》の善《ぜん》惡《あく》によりて吉凶《きつきよう》の應《おう》あり○思《おも》ひよらずして會合《くわいがふ》するの意《い》あり○相談事《さうだんごと》すべて人《ひと》に賴《たの》みよること調《とゝの》ふ○分《ぶん》に應《おう》ぜざる大望《たいもう》あることあり、能《よ》く思慮《しりよ》せざれば大禍《たいくわ》を受《う》くることあり○すべて始《はじ》めは吉《きち》なるが如《ごと》くにして、漸々《ぜん／＼》凶《きよう》となる意《い》○不慮《ふりよ》の福《ふく》あらばよく／＼終《をはり》を考《かんが》ふべし、禍《わざはひ》の本《もと》となることあらん○貴《き》人《じん》の寵《ちよう》を受《う》くることあり○女難《ぢよなん》あり○天時《てんじ》は風《かぜ》あり、又不意《またふい》に雨《あめ》ふることあり○身命《しんめい》は上《かみ》を犯《をか》す人《ひと》、不貞《ふてい》の人《ひと》○婚姻《こんいん》は利《よろ》しからず、婦人不貞或《ふじんふていあるひ》は傲慢《がうまん》○胎產《たいさん》は平《へい》なり○居所《きよしよ》は安《やす》からず○仕官《しくわん》は不利《ふり》とす○旅行《りよかう》は艱難《かんなん》すべし、又不意《またふい》のことを戒《いまし》むべし○求財《きうざい》は得《う》べし○待人《まちびと》は來《きた》る○病《やまひ》は漸々重《ぜん／＼おも》し○失物《うせもの》は能《よ》く尋《たづ》ぬれば得《う》べし、凡《すべ》て物《もの》の下《した》など○捕逃《ほたう》は速《すみやか》に尋《たづ》ねて力《ちから》を竭《つく》さば歸《かへ》るべし○訴訟《そしよう》ごとは凶《きよう》なりとす。

第四十五款　澤地萃の占用解

百事《じ》大抵《たいてい》吉兆《きちてう》とす、然《しか》れども凡《すべ》て眞僞《しんぎ》善惡《ぜんあく》貴賤《きせん》賢愚《けんぐ》を雜《まじ》ふる意《い》あり、故《ゆゑ》に事《こと》によりて取捨《しゆしや》あるべし○凡《すべ》て繁華賑富《はんくわしんぷ》の意《い》、宴饗《えんきやう》に酒人《しゆじん》の集《あつ》まる類《るゐ》、すべて飲食男女《いんしよくだんぢよ》又《また》は利欲《りよく》のことに集《あつ》まるとす○金銀財《きんぐざい》寶集《はうあつ》まるの意《い》あれども、爭論《さうろん》の障《さはり》あり、愼《つゝし》むべし○中絶離別《ちうぜつりべつ》の人《ひと》に廻《めぐ》りあひ、又親《またした》しくなる意《い》あり○願望《ぐわんもう》は叶《かな》ふべし、婦人《ふじん》の妨《さまた》げを防《ふせ》ぐべし○賭《かけ》の勝負《しようぶ》、又《また》は贋物《にせもの》を雜《まじ》へて人《ひと》に賣《う》る意《い》○人《ひと》に愛《あい》せられ、又人《ゆたひと》を愛《あい》することあり、又人《またひと》に惡《にく》まれ人《ひと》を惡《にく》むことあり、利欲《りよく》を貪《むさぼ》り鄙吝《ひりん》なる者《もの》は惡《にく》み卑《いや》しまるゝこと多《おほ》し○今人《こんじん》は我身《わがみ》賤《いや》しけれども富貴《ふつき》の人《ひと》と交《まじ》はるべし、正《たゞ》しく持《も》つべし○此卦《このくわ》は集《あつ》まり富《と》める卦《くわ》なれども一切《さい》の人吉《ひときち》とすべからず、日々《にちゝ》に集會《しふくわい》して市《いち》をなす者《もの》、又《また》その地邊《ちへん》に住居《ちうきよ》する者《もの》には吉兆《きつてう》なしと雖《いへど》も、此卦《このくわ》の出《い》づることあり○一たび離《はな》れて復聚《またあつ》まる意《い》、再縁《さいえん》或《あるひ》は和睦《わほく》の類《るゐ》○私慾《しよく》に耽《ふけ》ること勿《なか》れ○天時《てんじ》は雨《あめ》ふる○身命《しんめい》は金銀《きんぐ》を多《おほ》く得《え》たる人《ひと》、人《ひと》に愛《あい》せらるゝ人《ひと》、婚姻《こいいん》は吉《きち》とす○胎産《たいさん》は平《へい》なるも、産後飲食《さんごいんしよく》を愼《つゝし》むべし○待人《まちびと》は來《きた》る○病《やまひ》は凶《きよう》なり○失物《うせもの》は物《もの》の聚《あつ》まる所《ところ》にあり、能《よ》く尋《たづ》ぬれば得《う》べし○遺失《ゐしつ》は出《い》づべし、遲《おそ》ければ用《よう》に立《た》たぬものとなるべし○居國《きよこく》を去《さ》るの類《るゐ》利《よろし》からず○捕逃《ほたう》は繁華賑富《はんくわしんぷ》なる所《ところ》にあるか、歸《かへ》ることを欲《ほつ》せず、能《よ》く尋《たづ》ぬれば得《う》べし○訴訟《そしよう》ごとは黨類《たうるゐ》多《おほ》し、又決《またけつ》し難《がた》し、和《わ》するを宜《よろ》しとす。

第四十六款　地風升の占用解

萬事《じ》漸々《ぜん〳〵》に吉《きち》を得《う》るの兆《てう》、急《きふ》にするは利《よろ》しからず○凡《すべ》て緩《ゆるやか》にして、時《とき》を待《ま》てば終《つひ》に成《な》る○凡《すべ》て進《すゝ》むに利《よろ》しく退《しりぞ》くに利《よろ》しからず、但《たゞ》し俄《にはか》に進《すゝ》むは害《がい》あり○疑《うたが》ふて決《けつ》せず、常《つね》に不足《ふそく》の意《い》あり○凡《すべ》て陽明《あかるみ》に向《むか》ふべし陰暗《くらやみ》に向《むか》ふべからず○人《ひと》に物《もの》を頼《たの》む類《るゐ》のこと順成《じゆんせい》すべし○立身出世《りつしんしゆつせ》のことありて却《かへ》つて苦勞《くらう》することあり○夫婦《ふうふ》口説《くぜつ》あり、慎《つゝし》むべし○立身發達《りつしんはつたつ》の兆《てう》○凡《すべ》て速《すみやか》にせざれば大禍《たいくわ》あることなし○天時《てんじ》は陰《くも》り、又《また》雨《あめ》或《あるひ》は風《かぜ》○身命《しんめい》は立身《りつしん》したる人《ひと》、苦勞《くらう》する人《ひと》○婚姻《こんいん》は後《のち》に凶《きよう》とす○胎産《たいさん》は平《へい》なれども、或《あるひ》は母《はゝ》を尅《こく》す○居所《きよしよ》は勞《らう》ありと雖《いへど》も災《わざはひ》なし○仕官《しくわん》は大吉《だいきち》○旅立《たびだち》又《また》は宿替《やどがへ》は吉《きち》○居國《きよこく》を去《さ》るの類《るゐ》利《よろ》しからず、身《み》進《すゝ》まずして事《こと》の前進《ぜんしん》することを思慮《しりよ》すべし○財事《ざいじ》を求《もと》むるの類《るゐ》成《な》り難《がた》し、久《ひさ》しふして少《すこ》く求《もと》むべし○病《やまひ》は漸々《やう〳〵》重《おも》し○失物《うせもの》は見《み》え難《がた》し、時《とき》過《す》ぎて出《い》づることあるか○捕逃《ほたう》は得《え》難《がた》し、或《あるひ》は遠《とほ》く去《さ》る遠《とほ》く去《さ》らずと雖《いへど》も心《こゝろ》に欲《ほつ》する所《ところ》は遠《とほざ》かるべし○訴訟《そしよう》は久《ひさ》しふして後《のち》に決《けつ》す、平《へい》なりとす。

第四十七款　澤水困の占用解

萬事《じ》困難窮迫《こんなんきうはく》の意《い》、凡《すべ》て自在《じざい》ならず、勞多《らうおは》し○學者此卦《がくしやこのくわ》を得《え》ば吉兆《きつてう》とす○貴人《きじん》の引立《ひきたて》を得《う》ることあり○正人君子《せいじんくんし》は目前困苦《もくぜんこんく》すと雖《いへど》も、後《のち》に榮《はえ》あるべし、小人《ぜうじん》には凶《きよう》○家郷《かきやう》を去《さ》りて困苦《こんく》する意《い》○願望《ぐわんまう》は叶《かな》ひ難《がた》く大凡凶《おほよそきよう》なりと雖《いへど》も、貴人《きじん》の救《すくひ》を得《え》て立身出世《りつしんしゆつせ》する意《い》あり○親戚上下《しんせきしやうか》の間《あひだ》につき勞《らう》すること多《おほ》し○此卦《このくわ》は難儀困窮《なんぎこんきう》の卦《くわ》にして諸事不自由《しよじふじいう》に我《わ》が志《こゝろざし》通達《つうたつ》せず、苦勞多《くらうおほ》き卦《くわ》なり○病難《びやうなん》を戒《いまし》むべし○

住所《ぢうしよ》を離《はな》る程《ほど》の辛苦《しんく》あるべし、妻子《さいし》などにつき苦勞《くらう》あり○君臣父子夫婦兄弟《くんしんふしふうふけいてい》の中《なか》に苦勞《くらう》絶《た》えず、又《また》は破財《はざい》の兆《てう》、他郷《たきやう》に徃來《わうらい》し安居《あんきよ》せざるの意《い》○譽《ほまれ》ありて誹《そしり》なし○此卦《このくわ》は險《けん》を出《い》でゝ悦《よろこび》あるの時《とき》なり○天《てん》時《じ》は雨《あめ》ふる○身命《しんめい》は志《こころざし》を遂《と》げざる人《ひと》、貧《まづ》しき人《ひと》、艱苦《かんく》したる人《ひと》○婚姻《こんいん》は平《へい》なり○胎產《たいさん》は平《へい》とす○居《きよ》所《しよ》は利《よろし》からずと雖《いへど》も凶禍《きようくわ》なし○仕官《しくわん》は難儀《なんぎ》することあり、終《をはり》には吉《きち》○居國《きよこく》を去《さ》るの類始《るゐはじ》めは間違《まちがひ》あり終《をはり》に障《さはり》なし○旅行《りよかう》ば障《さはり》あるべし○求財《きうざい》は得難《えがた》し、勞動《らうどう》して少《すこ》しく得《う》ることあるか○待人《まちびと》は遲《おそ》し○病《やまひ》ば治《ぢ》することあり近病《きんびやう》は危《あやふ》し○失物《うせもの》は見え難《がた》し、近所《きんじよ》に在《あ》りと雖《いへど》も減《げん》ずるならん○捕逃《ほたう》は歸《かへ》ることを欲《ほつ》せず、或《あるひ》は遠《とほ》く去《さ》ることを能《あた》はずして困苦《こんく》するか○訴訟《そしよう》は利《よろ》しからずとす。

第四十八款　水風井の占用解

萬事舊《じきう》を守《まも》るに利《よろ》しく、新《しん》に就《つ》くに利《よろ》しからず、妄《みだ》りに動《うご》くば皆損《みなそん》あり○窮屈《きうくつ》なる意《い》あり○安靜《あんせい》にして自《みづか》ら守《まも》り、一己《こ》の欲《よく》を貪《むさぼ》らざれば人《ひと》に親愛貴重《しんあいきちよう》せらる○少《すこ》しく通《つう》じて大《おほい》に滯《とゞこほ》る、思慮定《しりよさだ》まらず居住虛驚《きよぢうきよきやう》あるべし○愛《あい》を含《ふく》む意《い》あり○すべて同郷《どうきやう》或《あるひ》は親戚等《しんせきとう》と事《こと》を共《とも》にして私《わたくし》なければ吉《きち》○施《ほどこし》を好《この》み人《ひと》を惠《めぐ》めば自然《しぜん》に福慶《ふくけい》あり○思慮《しりよ》動《うご》かず、便《たよ》りなき心《こころ》あるべし、然《しか》れども大《だい》なる災害口舌《さいがいくぜつ》はなし○天時《てんじ》は雨《あめ》○身命《しんめい》は代々繁昌《だい〳〵はんじやう》したる人《ひと》、惠《めぐみ》ある人《ひと》○婚姻《こんいん》は平《へい》、或《あるひ》は口舌《くぜつ》の兆《てう》○胎產《たいさん》は平《へい》なるも、或《あるひ》は少難《せうなん》あり○居所《きよしよ》は平吉《へいきち》、或《あるひ》は人《ひと》の爲《ため》に勞《らう》することあり○仕官《しくわん》は滯《とゞこほ》る○旅行《りよかう》は凶《きよう》、家《いへ》に歸《かへ》るは平《へい》なり

○求財《きうざい》は得《う》べし、人《ひと》と共《とも》にするに利《よろ》し○待人《まちびと》は來《きた》る○病《やまひ》は長《なが》し、或《あるひ》は痼疾《こしつ》癒《いえ》ず○失物《うせもの》は近隣《きんりん》或《あるひ》は親戚《しんせき》など尋《たづ》ぬべし、得難《えがた》しと雖《いへど》も補《おぎな》ふことあるか○捕逃《ほたう》は近地《きち》或《あるひ》は親戚《しんせき》知音《ちいん》等《とう》の所《ところ》にあるか、歸《かへ》り難《がた》し○訴訟《そしよう》ごとは凶《きよう》なりとす、忌《い》むべし。

第四十九款　澤火革の占用解

萬事《じ》改革《かいかく》の兆《てう》ゆゑ、舊《きう》を捨《す》て新《しん》に就《つ》くに利《よろ》し○小事《せうじ》は速《すみやか》にするに宜《よろ》し、大事《だいじ》は漸々《ぜんぜん》に行《おこな》ふべし、始《はじ》めに難《かた》しと雖《いへど》も終《をはり》に成就《じやうじゆ》す○革《かく》は改《あらた》むるに利《よろ》し、惡《あく》を去《さ》るの謂《いひ》なり、妄《みだ》りに變動《へんどう》することあらず○萬事《じ》改《あらた》むるに利《よろ》し、今《いま》まで爲《な》すことの世《よ》に用《もち》ゐられざるの類《るゐ》は、速《すみやか》に其舊《そのきう》を棄《す》て新《あた》しきこと爲《な》すべし○不正《ふせい》の者《もの》は漸々《ぜんぜん》衰頽《すゐたい》するの兆《てう》○再興《さいこう》の意《い》あり○激《はげ》しき勞《らう》あり○色情《しきじやう》あり、女難《ぢよなん》を戒《いまし》むべし○内《うち》は明《あきらか》に外《ほか》悦《よろこ》ぶの義《ぎ》あれば願望《ぐわんまう》障《さは》りなし○天時《てんじ》は晴《は》るゝ時《とき》の占《せん》は雨《あめ》、雨《あめ》の時《とき》の占《せん》は晴《はれ》○住所《ぢうしよ》苦勞《くらう》あり、或《あるひ》は普請《ふしん》などの世話《せわ》あるべし○物《もの》の盡《つ》きて始《はじ》まるの意《い》あり、遲《おそ》し○爭論《さうろん》を愼《つゝし》むべし○福《ふく》あれども隔《へだ》てらるゝ意あり○身命《しんめい》は短氣《たんき》なる人《ひと》、美人《びじん》○婚姻《こんいん》は成《な》るべし、女短氣《をんなたんき》又《また》は破財《はざい》あるべし○胎産《たいさん》は平《へい》なり○居所《きよしよ》は凶《きよう》、或《あるひ》は變動《へんどう》す○居國《きよこく》を去《さ》るの類《るゐ》宜《よろ》し○仕官《しくわん》は昇進《しようしん》す○旅行《りよかう》は吉《きち》○求財《きうざい》は得《う》ることあり○待人《まちびと》は速《すみやか》に來《きた》る、又約《またやく》ある者《もの》は來《きた》らず、病《やまひ》は危急《ききふ》免《のが》れ難《がた》し、もし少《すこ》し時《とき》を過《す》ぐれば變《へん》じて平癒《へいゆ》に向《むか》ふことあり○失物《うせもの》は見《み》えず○捕逃《ほたう》は速《すみやか》に尋《たづ》ねざれば見《み》え難《がた》し、然《しか》れども終《つひ》に歸《かへ》るべからず○訴訟《そしよう》は凶《きよう》にして反覆《はんぷく》することあり。

第五十款　火風鼎の占用解

此卦《このくわ》は事《こと》を改《あらた》むるに吉《きち》○萬事變革《ばんじへんかく》の意《い》、成《な》ること多《おほ》し○烈《はげ》しき心勞《しんらう》あり、又大《またおほい》に騷亂《さうらん》することあり○損失《そんしつ》あり○大德殊能《だいとくしゆのう》ある者《もの》は家《いへ》を興《おこ》し祿《ろく》を增《ま》す等《とう》の慶《よろこび》あり、小人《せうじん》は家鄕《かきやう》を離《はな》れ產《さん》の傾《かたむ》く等《とう》の凶《きよう》あり○人《ひと》の力《ちから》を假《か》ることあり、人《ひと》に力《ちから》を添《そ》へることあり○文學發達《ぶんがくはつたつ》の兆《てう》○福《ふく》を得《う》べし、又親《またした》しき友《とも》を得《う》べし○爭《あらそひ》を愼《つゝし》むべし○文書《ぶんしよ》の類《るゐ》口舌《くぜつ》あり、愼《つゝし》むべし○恐《おそ》るゝ意《い》と傷《やぶ》るゝ意《い》とあり○破財《はざい》の兆《てう》、婦人《ふじん》の妨《さまたげ》あり○天時《てんじ》は陰《くも》り又雨《またあめ》ふる○身命《しんめい》は力《ちから》ある人《ひと》、世《よ》に用《もち》ゐらるゝ人《ひと》○婚姻《こんいん》は吉《きち》、或《あるひ》は後《のち》に離別《りべつ》のことあり○胎產《たいさん》は安《やす》からず、或《あるひ》は逆生《ぎやくじやう》することあり○居所《きよしよ》は安《やす》からず、或《あるひ》は變動《へんどう》す○仕官《しくわん》は吉《きち》とす○旅行《りよかう》は利《よろ》しからず○居國《きよこく》を去《さ》るの類《るゐ》は障《さは》りなし、同行《どうかう》に利《よろ》し○待人《まちびと》は來《きた》る○病《やまひ》は危《あやふ》し、或《あるひ》は病症《びやうしやう》變《へん》ずることあり○失物《うせもの》は見《み》え難《がた》し、又損壞《またそんくわい》することあり○捕逃《ほたう》は遠《とほ》く去《さ》らずと雖《いへど》も歸《かへ》り難《がた》し○訴訟《そしよう》ごとは凶《きよう》にして、或《あるひ》は重刑《ぢうけい》を受《う》け、祿《ろく》を奪《うば》はるゝことあり。

第五十一款　震爲雷の占用解

此卦《このくわ》はもと祥福《しやうふく》ありて繁昌《はんじやう》の卦《くわ》なれども、常人《じやうじん》には大抵《たいてい》利《よろ》しからず、聲《こゑ》ありて形《かたち》なきの卦《くわ》なれば、吉凶《きつきよう》ともに初《はじ》めて聞《き》く程《ほど》にはなしと知《し》るべし○萬事大抵凶兆《たいていきようてう》、常人《じやうじん》は性急《せいきふ》にして事《こと》を破《やぶ》ること多《おほ》し○

聲《こゑ》ありて形《かたち》なき象《かたち》なるゆゑ、耳《みゝ》に聞《き》けども目《め》に觀《み》ることならずして、心《こゝろ》を動《うご》かし安《やす》んぜざる類《るゐ》のことあり○百事《じ》平穏《へいをん》ならず、凡《すべ》て騷《さわが》しき意《い》○怒《おこ》ることあり怒《いか》らるゝことあり、又怒《またいか》りて事《こと》を敗《やぶ》ることを戒《いまし》むべし○位官《ゐくわん》の人威《ひとゐ》勢《せい》ある人物《じんぶつ》に出《い》づること多《おほ》し、物《もの》を審《つまびら》かにして斷《だん》ずべし○爭論《さうろん》を戒《いまし》むべし○虚言又《きよげんまた》は劫《おびやか》し欺《あざむ》くことあるべし、惑《まど》はぬやうにすべし○驚《おどろ》くことあり、然《しか》れどもさせる大禍《たいくわ》にあらずと知《し》るべし○物《もの》の變動《へんどう》する意《い》あり、願望《ぐわんまう》は障《さはり》あり○始《はじ》め凶《きよう》、終《をはり》は吉《きち》、大人《だいじん》には吉《きち》○常人《じやうじん》は性急《せいきふ》にして事《こと》を遂《と》げず○遠方《ゑんぱう》より便《びん》を聞《き》いて虚動《きよどう》し悶《もだ》える意《い》あり○廣《ひろ》く世《よ》に流傳《りうでん》することあり○住居安寧《ぢうきよあんねい》ならず、思慮又安《しりよまたやす》からず○天時《てんじ》は大雷雨《だいらいう》○身命《しんめい》は高名《かうめい》なる人《ひと》、威勢《ゐせい》ある人《ひと》○婚姻《こんいん》は兩所嫁《りやうしよか》を爭《あらそ》ふ不利《ふり》の兆《てう》○胎《たい》產《さん》は安《やす》からず、或《あるひ》は孿生《ふたご》ならば害《がい》なし○居所《きよしよ》は凶《きよう》○仕官《しくわん》は吉《きち》、又君上《またくんじやう》の怒《いかり》に遭《あ》ふことあり○旅行《りよかう》は平《へい》とす○財事《ざいじ》を求《もと》むる成《な》り難《がた》し、少《すこ》しく力《ちから》を得《う》べし○待人《まちびと》は來《きた》る、來《きた》らずと雖《いへど》も音信《おんしん》あり、或《あるひ》は間違《まちがひ》あり○病《やまひ》は凶《きよう》とす○失物《うせもの》は得《え》難《がた》し、速《すみやか》に尋《たづ》ぬれば在所《ありか》は知《し》るべし○捕逃《ほたう》は遠《とほ》く去《さ》る、歸《かへ》らず○訴訟《そしよう》ごとは凶《きよう》なりとす。

第五十二款　艮爲山の占用解

此卦《このくつ》は止《とゞ》まるに利《よろ》しく進《すゝ》むに損《そん》あり、又憂喜《またいうき》の二山重《さんかさ》なりたる義《ぎ》とす、故《ゆゑ》に物《もの》ごと半《なか》ば調《とゝの》ひ半《なか》ば通《つう》達《たつ》し難《がた》し○萬事滯《じとゞこほ》りありて成《な》らずと雖《いへど》も後吉《のちきち》の兆《てう》とす○凡《すべ》て靜《しづか》に利《よろ》しく動《うご》くに利《よろ》しからず○憂苦鬱悶《いうくうつもん》すること多《おほ》し○凡《すべ》て人《ひと》に知《し》られざる意《い》○危《あやふ》き難義《なんぎ》、又《また》は金銀財寶《きんぎんざいはう》に損《そん》あり、然《しか》れども外《ほか》より救《すく》ひ助《たす》くるの意《い》あり○進《すゝ》んで歸《かへ》る路《みち》を忘《わす》れ迷惑《めいわく》する意《い》あり○ねづくくごき意《い》○丁寧《ていねい》なる意《い》あり○漸々吉《ぜん〳〵きち》に向《むか》ふ○出《い》でゝ歸《かへ》らざる意《い》○損財《そんざい》を戒《いまし》むべし○辛苦《しんく》たえず、百事間違《じまちがひ》あり、又心和《またこゝろわ》せず憂《うれ》へて喜少《よろこびすくな》し○進《すゝ》む必《かなら》ず禍《わざはひ》あり○天時《てんじ》は陰《くも》り又雨《またあめ》ふる○身命《しんめい》は力《ちから》ある人《ひと》、隱者《いんじや》○婚姻《こんいん》は凶又平《きようまたへい》○胎産《たいさん》は安《やす》からず○居《きよ》所《しよ》は平《へい》とす○居國《きよこく》を去《さ》るの類利《るゐよろ》しからず○仕官《しくわん》は滯《とゞこほ》る○旅行《りよかう》は凶《きよう》、或《あるひ》は歸《かへ》らず○求財《きうざい》は得難《えがた》しと雖《いへど》も勞《らう》して少《すこし》く得《う》ることあり○待人《まちびと》は來《きた》らず○病《やまひ》は癒《い》えず○失物《うせもの》は箱引出《はこひきだ》し、架押《たなおし》入れ二階作《かいづく》り、すべて二段《だん》三段《だん》になりたる所《ところ》にあり、遠《とほ》く去《さ》らず、能《よ》く尋《たづ》ぬれば得《う》べし○遺失《ゐしつ》は尋《たづ》ぬべし○捕逃《ほたう》は遠《とほ》く去《さ》る得《え》ず○訴訟《そしよう》は平《へい》なりとす。

第五十三款　風山漸の占用解

萬事《じ》漸々成立《ぜん〳〵せいりつ》するの兆《てう》、急《きふ》になすは害《がい》あり○凡《すべ》て動《うご》くに利《よろ》しく又靜《またしづか》にも不可《ふか》なし、但《たゞ》し急《きふ》に進《すゝ》むは利《よろ》しからず○凡《すべ》て始《はじ》めを愼《つゝし》むべし、愼《つゝし》まざれば凶《きよう》に入《い》ること多《おほ》し○立身出世《りつしんしゆつせ》あり○小《せう》を積《つ》みて大《だい》を成《な》し、近《ちか》きより遠《とほ》きに至《いた》る意《い》○進《すゝ》みて歸《かへ》らざる意《い》○女子《ぢよし》の男子《だんし》を慕《した》ふ意《い》あり、又女《またをんな》は男《をとこ》につき悅《よろこび》あり、男《をとこ》は女《をんな》につき悅《よろこび》あり○すべて色情《しきじやう》あり○金銀《きん〴〵》の惱《なやみ》あり○事《こと》の由來《ゆらい》なり、此卦《このくわ》を得《う》るもの必《かなら》ず事《こと》あり苦《く》勞《らう》あるべし、破財《はざい》の兆《てう》、反覆多《はんぷくおほ》くあり、愼《つゝし》むべし○此卦《このくわ》は吉《きち》に向《むか》ふ意《い》あれども、一定《てい》すべからず、吉《きつ》凶《きよう》の間《あひだ》にありと知《し》るべし、故《ゆゑ》に愼《つゝし》みて其途《そのみち》を誤《あやま》ること勿《なか》れ○次順《じじゆん》にして吉《きち》に向《むか》ふ○天時《てんじ》は雨《あめ》ふる○身《しん》命《めい》は女《をんな》に苦勞《くらう》したる人《ひと》、立身《りつしん》したる人《ひと》○婚姻《こんいん》は大吉《だいきち》とす○胎産《たいさん》は平《へい》なり○居所《きよしよ》は平《へい》なれども少《すこ》し勞《らう》あり、又心身《またしん〳〵》常《つね》に思《おも》ひ惱《なや》む○仕官《しくわん》は升進《しようしん》す○旅行《りよかう》は吉《きち》、或《あるひ》は歸《かへ》らず○求財《きうざい》は後《のち》に得《う》べし○待人《まちびと》は來《きた》る○速《すみやか》にするもの必《かなら》ず達《たつ》す○病《やまひ》は凶《きよう》とす○失物《うせもの》は見《み》え難《がた》し○居國《きよこく》を去《さ》るの類《るゐ》利《よろ》し○捕逃《ほたう》は歸《かへ》らず○訴訟《そしよう》ごとは速《すみやか》に決《けつ》せず。

第五十四款　雷澤歸妹の占用解

萬事《じ》謀慮《ほうりよ》する所《ところ》みな齟齬《そご》するの兆《てう》、恰《あたか》も傘《かさ》を備《そな》へて晴《はれ》に遇《あ》ふが如《ごと》し○不意《ふい》に禍《わざはひ》のある卦《くわ》なれば愼《つゝし》むべし○凡《すで》て時後《ときおく》れ、又《また》まはり惡《わる》き意《い》○女《をんな》に就《つ》きて障《さはり》あり○勞《らう》して功《こう》なきこと多《おほ》し○我物《わがもの》の我用《わがよう》にならざる意《い》○相約《あひやく》することなど凡《すべ》て違變《ゐへん》する意《い》○貴《たふと》けれども賤《いやし》まれ、才德《さいとく》あれども輕《かろ》んぜらるゝ○萬事《じ》再《さい》三反覆《はんぷく》して後成《のちな》る○凡《すべ》て人《ひと》に誘《さそ》はれて悅《よろこ》びを以《もつ》て動《うご》けば必《かなら》ず後悔《こうくわい》あり、君父《くんぷ》師長《しちやう》の命令《めいれい》に非《あら》ざれば妄《みだ》りに從《したが》ふべからず○不意《ふい》に禍《わがはひ》のある卦《くわ》なれば愼《つゝし》むべし○惡人《あくにん》に沮《へだ》てられ、我《わ》が正直《しやうぢき》あらはれず、難澁《なんじふ》に遇《あ》ふことあり愼《つゝし》むべし○願望《ぐわんまう》は妨《さまた》げあり○思慮決《しりよけつ》せず、又疑《またうたがひ》あり○破財《はざい》の兆《てう》○色情《しきじやう》あり○天時《てんじ》は雨《あめ》、又雷雨《またらいう》、又天色《またてんしよく》を察《さつ》して慮《おもんぱか》る所《ところ》と相反《あひはん》す○身命《しんめい》は運命拙《うんめいつたな》き人《ひと》○欺《あざむ》かれたる人《ひと》○婚姻《こんいん》は貴賤《きせん》か老《らう》少《せう》か賢愚《けんぐ》か凡《まべ》て不偶《ふぐう》の配合《はいがふ》なるべし、終《をはり》を全《まつた》うせず○胎産《たいさん》は平《へい》とす○居所《きよしよ》は凶《きよう》とす○居國《きよこく》を去《さ》るの類《るゐ》利《よろ》しからず〇仕官《しくわん》は凶《きよう》なり〇旅行《りよかう》は凶《きよう》とす〇財《ざい》を求《もと》むるの類半《るゐなかば》にして破《やぶ》るべし、又再三反覆《またさいはんぷく》して後少《のちすこ》しく得《う》るか〇待人《まちびと》は來《きた》る、又約《またやく》ある者《もの》は來《きた》らざるか、或《あるひ》は日期《につき》を過《すぎ》るか〇病《やまひ》は良《よ》きかと思《おも》へば惡《あ》し、又婦人《またふじん》なれば死《し》に至《いた》る〇失物《うせもの》は思《おも》ひよらざる所《ところ》にあるべし〇捕逃《ほたう》は出《い》で、後《のち》に悔《くゆ》る意《い》あることあり、能《よ》く尋《たづ》ぬれば得《う》ることあり、然《しか》れども間違多《まちがひおほ》かるべし〇訴訟《そしよう》は凶《きよう》とす。

第五十五款　雷火豊の占用解

百事盛大豊滿《じせいだいほうまん》の極《きよく》にして衰微《すゐび》の始《はじ》めとす、常人《じやうじん》は大抵凶《たいていきよう》とす〇虚言謀計《きよけんぼうけい》あるべし〇貴《たふと》き物《もの》を得《う》る意《い》〇凡《すべ》て減《げん》ずるに利《よろ》しく増《ま》すに利《よろ》しからず、退《しりぞ》くに利《よろ》しく、進《すゝ》むに利《よろ》しからず〇節儉《せつけん》を勤《つと》め質素《しつそ》を守《まも》るべし〇凡《すべ》て油斷《ゆだん》なる意《い》あり、寛大《くわんだい》に失《しつ》することを戒《いまし》め、細密謹嚴《さいみつきんげん》を心掛《こゝろが》くべし、金錢《きんせん》を貸《か》して還《かへ》されぬ類《るゐ》のことあらん〇人《ひと》の誹謗《そしり》を受《う》け、刑罰羞辱《けいばつしうじよく》に遇《あ》ふことあり、戒《いまし》むべし〇文學發達《ぶんがくはつたつ》の兆《てう》〇文華《ぶんくわ》のことには吉兆《きちてう》、其外《そのほか》は大凡凶兆《おほよそきようてう》、死變等《しへんとう》の憂《うれひ》を含《ふく》めり〇損財《そんざい》あり〇思《おも》ひよらぬ驚《おどろき》あるべし〇公事訴訟《くじそしよう》喧嘩《けんくわ》などを愼《つゝし》むべし〇天時《てんじ》は陰《くも》り又雨《またあめ》〇身命《しんめい》は大業《たいげふ》を成《な》したる人《ひと》、富榮《とみさか》えたる人《ひと》〇婚姻《こんいん》は利《よろ》しからず〇胎産《たいさん》は成《な》らざるの兆《てう》〇居所《きよしよ》は凶《きよう》とす〇仕官《しくわん》は讒《ざん》に遭《あ》ひ疑《うたがひ》を受《う》くることあり〇旅行《りよかう》は利《よろ》しからず〇居《きよ》國《こく》を去《さ》るの類常人《るゐじやうじん》は大抵利《たいていよろ》しからず〇財事《さいじ》を求《もと》むるの類得難《るゐえがた》し、障多《さはりおほ》し、力《ちから》を勞《らう》して後《のち》に得《う》ることあるか〇病《やまひ》は凶《きよう》〇失物《うせもの》は見《み》え難《がた》し〇捕逃《ほたう》は得難《えがた》し〇訴訟《そしよう》は大凶《だいきよう》。

第五十六款　火山旅の占用解

小事《せうじ》は成《な》ることあり、久遠《きうゑん》の事《こと》は愼《つゝし》みて怠《おこた》らざれば終《つひ》に成《な》る○萬事《ばんじ》安堵《あんど》せず、頼《たの》み少《すく》なき意《い》○親《した》しき者《もの》に離《はな》るゝことあり、又新《またあらた》に親《した》しき者《もの》を得《う》ることあり○始《はじ》め宜《よろ》しく後《のち》に悲《かなしみ》となるの意《い》あり、萬事《ばんじ》につき愼《つゝし》むべし○月《つき》の半《なかば》に開《ひら》きたる意《い》あれば、小事《せうじ》には宜《よろ》しき義《ぎ》あり○喜《よろこ》びの中《うち》に憂《うれひ》を含《ふく》む○目下《めした》の人《ひと》の力《ちから》を得《う》ることあり○住居《ぢうきよ》につきて勞多《らうおほ》し○親《したし》みを失《うしな》ひ困窮流《こんきうる》浪人《らうにん》の意《い》あり○不自由《ふじいう》すること多《おほ》し○改《あらた》め變《へん》ずる意《い》あり、小事《せうじ》には吉《きち》○文學《ぶんがく》を以《もつ》て周遊《しういう》するの意《い》、處士《しよし》賣筮《はいぜい》等《とう》を業《げふ》とする者《もの》には平吉《へいきち》、無能《むのう》不才《ふさい》の者《もの》は漸々《せん〳〵》に家產衰微《かさんすゐび》す、或《あるひ》は困窮《こんきう》して住所《ぢうしよ》を去《さ》る程《ほど》のことあるべし○損財《そんざい》あり、又金銀《またきん〳〵》につきて勞《らう》あり○火難盜難《くわなんたうなん》を戒《いまし》むべし○居國《きよこく》を去《さ》るの類平《るゐへい》なり、盜難《たうなん》を防《ふせ》ぐべし○天時《てんじ》は朝又《あさまた》は夕晴晝陰《ゆふはれひるくも》り○身命《しんめい》は身《み》の落付《おちつ》かざる人《ひと》、文學《ぶんがく》に譽《ほまれ》ある人《ひと》○婚姻《こんいん》は利《よろ》しからず○胎產《たいさん》は少《すこ》し難《なん》あり、大害《たいがい》なし○居所《きよしよ》は安《やす》からず、或《あるひ》は終《つひ》に變動《へんどう》す○仕官《しくわん》は平《へい》にして、或《あるひ》は他《た》に駐在又《ちうざいまた》は遠行《とほゆき》のことあり○旅行《りよかう》は利《よろ》しからず、盜難及《たうなんおよ》び遺失《ゐしつ》を戒《いまし》むべし○財事《ざいじ》を求《もと》むるの類少《るゐすこ》しく得《う》べし、遠《とほ》く求《もと》むるに宜《よろ》し、近《ちか》く求《もと》むるに利《よろ》しからず○待人《まちびと》は來《きた》る、但《たゞ》し家《いへ》に歸《かへ》る者《もの》は來《きた》らず○病《やまひ》は凶《きよう》にして、縱《たと》ひ一旦《たん》は良《よ》くとも、多《おほ》くは死《し》を免《まぬが》れず○失物《うせもの》は遠《とほ》く去《さ》るか、急《きふ》に尋《たづ》ぬべし○捕逃《ほたう》は遠《とほ》く去《さ》るか、歸《かへ》り難《がた》し○訴訟《そしよう》ごとは平《へい》なりとす。

第五十七款　巽爲風の占用解

萬事《ばんじ》通達《つうだつ》せざること無《な》しと雖《いへど》も、障《さはり》多《おほ》くして十分《ぶん》なること能《あた》はず○萬事《ばんじ》永久《えいきう》のことは反覆《はんぷく》ずること多《おほ》し○凡《すべ》て進退疑惑《しんたいぎわく》して決斷《けつだん》なき意《い》○とかく人《ひと》に順《したが》ひてするに利《よろ》し○遠方《ゑんぱう》へ通《つう》ずることあるべし、觸《ふれ》流《なが》しの段々《だん〳〵》に至《いた》る意《い》あり○人《ひと》に誘《さそ》はるゝことあらば、審《つまびら》かに考《かんが》へて從《したが》ふべし、妄《みだ》りに進《すゝ》む時《とき》は大害《だいがい》に陷《おちい》ることあり○住所辛苦《ぢうしよしんく》あり、心身《しん〳〵》定《さだ》まらず迷《まよ》ふ意《い》あり、願望《ぐわんもう》は十にして五を得《う》べし○難澁《なんじふ》に遇《あ》ふことあり、又外《またほか》より助《たす》けらるゝ意《い》あり○風聞《ふうぶん》ありて其實《そのじつ》なき意《い》○伏《ふ》し藏《かく》るゝ意《い》あり○遠方《ゑんぱう》まで耳《みゝ》だつことあり、觸流《ふれなが》し又《また》は引札《ひきふだ》などする類《るゐ》○凡《すべ》て散《ち》る意《い》あり○病難《びやうなん》を戒《いまし》むべし○此卦《このくわ》は通《つう》じて達《たつ》せず、止《や》めて久《ひさ》しからず、百事《じ》名《な》ありて形《かたち》なし○常《つね》に反覆阻隔《はんぷくそかく》あるべし○虛《きよ》ありて實《じつ》なし、破財《はざい》の兆《てう》○凡《すべ》て和順《わじゆん》に宜《よろ》し○天時《てんじ》は風《かぜ》○身命《しんめい》は騷《さわ》がしき人《ひと》、心落付《こゝろおちつ》かぬ人《ひと》、柔和《にうわ》なる人《ひと》、世《よ》を渡《わた》る人《ひと》○婚姻《こんいん》は吉《きち》なるも終《つひ》に凶《きよう》とす○胎產《たいさん》は平《へい》なり○居所《きよしよ》は凶《きよう》とす○居國《きよこく》を去《さ》るの類災害《るゐさいがい》なしと雖《いへど》も、口舌《くぜつ》を愼《つゝし》むべし○仕官《しくわん》は利《よろ》しからず○旅行《りよかう》は平《へい》とす○財事《ざいじ》を求《もと》むる類少《るゐすこ》し得《う》べし、商賣《しやうばい》は大利《たいり》を得《う》ることあり○待人《まちびと》は來《きた》ると雖《いへど》も、間違《まちがつ》て面會《めんくわい》せざるか、又《また》は來《きた》らずして音信《おんしん》あるか○病《やまひ》は長《なが》し、變《へん》ずることあり○失物《うせもの》は見《み》え難《がた》し、遠《とほ》く去《さ》るか、深《ふか》く入《い》るか○遺失《ゐしつ》ば尋《たづ》ね難《がた》し、婦人《ふじん》に問《と》ふべし○捕逃《ほたう》は遠《とほ》く去《さ》るか、深《ふか》く隱《かく》るゝか得《え》難《がた》し○訴訟《そしよう》ごとは平《へい》にして、或《あるひ》は訟《うつたへ》に至《いた》らず。

第五十八款　兌爲澤の占用解

小事《せうし》は成《な》る、大事《だいじ》は成《な》らず○萬事《ばんじ》堅固《けんご》ならず、決斷《けつだん》なく、又分明《またぶんめい》ならざる意《い》○至小《しせう》の極《きよく》、至卑《しひ》の極《きよく》、至柔《しじう》の極《きよく》なるゆゑ、常人《じやうにん》には平吉《へいきち》とす、或《あるひ》は男女飲食金銀等《なんによいんしよくきん〳〵とう》の悦《よろこび》あり○此卦《このくわ》は喜《よろこび》の顯《あら》はるゝ卦《くわ》にして善《よ》き卦《くわ》なれども、然《しか》れども物事取締《ものごととりしま》りなく、埓《らち》あかざる意《い》あり、又外見《またぐわいけん》は宜《よろ》しく、內心《ないしん》の宜《よろ》しからぬ意《い》あり、喩《たと》へば佞人《ねいじん》の如《ごと》し○家內《かない》に取締《とりしま》りなく、無益《むえき》の費《つひえ》、又《また》は食客《しよくきやく》などあり○人《ひと》に頼《たの》むこと多《おほ》くは調《とゝの》ふ○色慾《しきよく》の惱《なう》あり○良《よ》き友《とも》を求《もと》めて交《まじは》れば吉《きち》を得《う》べし○願望及《ぐわんもうおよ》び病人皆過半宜《びやうにんみなくわはんよろ》しからず○心身苦勞《しん〳〵くらう》して後《のち》には宜《よろ》し○文學《ぶんがく》のことには吉《きち》○小事《せうじ》は吉《きち》、大事《だいじ》は成《な》らず○無益《むえき》のことに苦勞《くらう》することあり○心中貞實《しんちうていじ》ならず、物《もの》に變動《へんどう》する意《い》あり○口舌《くぜつ》あり○色情《しきじやう》あり○天時《てんじ》は雨《あめ》、又久雨《またきうゝ》の時《とき》に占《うらな》へば晴《はれ》となることあり○身命《しんめい》は賤《いや》しき人《ひと》、便佞《べんねい》の人《ひと》、丐兒俳優妓女《こじきやくしやあそびめ》の類《るゐ》○婚姻《こんいん》は平吉《へいきち》、或《あるひ》は口舌《くぜつ》あり○胎産《たいさん》は平《へい》、或《あるひ》は小兒不具《こごもふぐ》なることあり○居處《きよしよ》は平《へい》とす○仕官《しくわん》は平《へい》なり○旅行《りよかう》は利《よろ》しからず○居國《きよこく》を去《さ》るの類利《るゐよろ》し○財事《ざいじ》を求《もと》むるの類《るゐ》、事多《ことおほ》く疑慮《ぎりよ》ありて決《けつ》せず、大凡《おほよそな》成り難《がた》き兆《てう》、或《あるひ》は少《すこ》し得《う》べし○待人《まちびと》は來《きた》る○病《やまひ》は長《なが》し、久病《きうびやう》は癒《いゆ》ることあり○失物《うせもの》は見《み》え難《がた》し○捕逃《ほたう》は遠《とほ》く去《さ》らず、能《よ》く尋《たづ》ぬれば得《う》べし○訴訟《そしよう》ごとは平《へい》なるも、速《すみやか》に決《けつ》し難《がた》し。

第五十九款　風水渙の占用解

萬事通達《ばんじつうたつ》、凶事消散《きようじせうさん》するの兆《てう》○善人《ぜんにん》は運《めぐ》り善《よ》くして苦厄《くやく》を免《まぬが》れ、本意《ほんい》を達《たつ》することあり、常人《じやうじん》は思《し》慮《りよ》一定《てい》せず、安堵《あんど》することなし○散亂《さんらん》の義《ぎ》あり、損失《そんしつ》あるべし○久《ひさ》しく心掛《こゝろが》けたる大望《たいもう》は時《とき》を經《へ》て成《じやう》就《じゆ》することあり○遊山《ゆさん》などして欝《うつ》を散《さん》ずる意《い》○遠方《ゑんぱう》に往來《わうらい》し、又《また》は諸事《しよじ》遠路《ゑんろ》他國《たこく》より取結《とりむす》ぶ、皆障《みなさはり》なし○横合《よこあひ》より思《おも》ひよらぬ災難又《さいなんまた》は損失《そんしつ》を受《う》くること、又世《またせ》話《わ》苦《く》勞《らう》あるべし、かね〲慎《つゝし》むべし○住居《ぢうきよ》苦勞《くらう》あり、凡《すべ》て安心《あんしん》せざることあり○不意《ふい》の禍《わざはひ》あることあり○住所《ぢうしよ》苦勞《くらう》あり、宿替《やどがへ》など宜《よろ》し○心底安《しんていやす》からざる意《い》○損財《そんざい》あり○願望《ぐわんもう》は遲《おそ》く成《な》るべし○上木下水舟楫《じやうぼくげすゐしうしふ》の象《かたち》、又通達《またつうだつ》の義《ぎ》とす○心中變動《しんちうへんどう》することあり、慎《つゝし》むべし○天時《てんじ》は少雨《せうゝ》○身命《しんめい》は住居定《ぢうきよさだ》まらぬ人《ひと》、まはりよき人《ひと》、すべて衰《おとろ》ふる人《ひと》○婚姻《こんいん》は利《よろ》しからず、或《あるひ》は成《な》る、少《すこ》し説破《せつぱ》あるべし○胎産《たいさん》は平《へい》、或《あるひ》は成《な》らざるの兆《てう》、臨産《りんさん》の時《とき》は障《さはり》なし○居所《きよしよ》は安《やす》からず○居國《きよこく》を去《さ》ること平《へい》なり○仕官《しくわん》は平《へい》とす○旅行《りよかう》は利《よろ》しからず、但《たゞ》し舟行《しうかう》は吉《きち》○求財《きうざい》は得《え》ず、又事《またこと》により容易《ようい》に得《う》ることあり○待人《まちびと》は來《きた》らず、久《ひさ》しく待《ま》つものは來《きた》ることあり○病《やまひ》は速《すみやか》に治《ち》す、久病《きうびやう》は凶《きよう》とす○失物《うせもの》は得《え》難《がた》し○捕逃《ほたう》は遠《とほ》く去《さ》る、歸《かへ》り難《がた》し、速《すみやか》に尋《たづ》ぬべし○訴訟《そしよう》ごとは平吉《へいきち》とす。

第六十款　地澤節の占用解

小事《せうじ》は滯《とゞこほ》ると雖《いへど》も終《をはり》に通達《つうだつ》す、大事《だいじ》は障《さわ》ありて成《な》らず○此卦《このくわ》は物《もの》ごと滯《とゞこほり》ありて障《さはり》あるの卦《くわ》なり、又自《またし》然《ぜん》と程好《ほどよ》き意《い》もありて、物《もの》に違《たが》ひ背《そむ》くことなく通《つう》ずるとも見《み》るべし、然《しか》れども大略運《たいりやくうん》の拙《つたな》き卦《くわ》と知《し》るべし○萬事《はんじ》分限《ぶんげん》に應《おう》じて足《た》ることを知《し》る時《とき》は平《へい》とす、過分《くわぶん》の望又《のぞみまた》は奢《おごり》を好《この》む者《もの》には大凶《だいきよう》なり○凡《すべ》て静《しづか》に利《よろ》しく動《うご》くに利《よろ》しからず、妄《みだ》りに動《うご》けば自《みづか》ら穽《おとしあな》に陥《おちい》ることあり○凡《すべ》て分限《ぶんげん》を考《かんが》へ量《はか》りて大望《たいまう》を企《くはだ》つべからず○物《もの》に限《かぎ》りて止《や》めらるゝの意《い》あれば諸事手廣《しよじてびろ》くすること宜《よろ》しからず○不意《ふい》に災難《さいなん》に遇《あ》ふことあり、慎《つゝし》むべし○人《ひと》を誹《そし》り人《ひと》に謗《そし》られ、人《ひと》を咎《とが》め人《ひと》に咎《とが》めらるゝことあり○人《ひと》に欺《あざむ》かるゝことを戒《いまし》むべし○閉《と》ぢ塞《ふさ》がる意《い》あり○他國《たこく》などの便《びん》を占《うらな》ふには凶《きよう》○貞正《ていせい》の操《みさを》ある者《もの》は後榮《のちさかえ》とす○此卦《このくわ》は心《しん》操貞正《さうていせい》の義《ぎ》、常人《じやうじん》は多《おほ》く貞節《ていせつ》ならず、故《ゆゑ》に凶《きよう》とす○天時《てんじ》は雨《あめ》○身命《しんめい》は謗《そしり》を受《う》くる人《ひと》、温厚《をんこう》なる人《ひと》、酒《さけ》を好《この》む人《ひと》○婚姻《こんいん》は平《へい》なり○胎産《たいさん》は平《へい》とす○居所《きよしよ》は安《やす》し○居國《きよこく》を去《さ》るの類凶《るゐきよう》○仕官《しくわん》は平《へい》なれども讒《ざん》を防《ふせ》ぐべし○旅行《りよかう》は利《よろ》しからず○財事《ざいじ》を求《もと》むるの類《るゐ》、忠孝《ちうかう》のことは遂《と》ぐべし、然《しか》れども遲《おそ》し、其他《そのた》は成《な》らず○待人《まちびと》は來《きた》らず○病《やまひ》は凶《きよう》とす○捕逃《ほたう》は遠《とほ》く去《さ》らずと雖《いへど》も得難《えがた》し○訴訟《そしよう》ごとは利《よろ》しからずとす。

第六十一款　風澤中孚の占用解

此卦《このくわ》は誠《まこと》あるの卦《くわ》にして、心中正直丁寧《しんちうしやうぢきていねい》なれば吉《きち》とす、我《わ》が邪《よこしま》のことに此卦《このくわ》を得《え》ば大凶目前《だいきようもくぜん》に來《きた》ると知《し》るべし○貞實《ていじつ》なる者《もの》は吉《きち》、虚僞奸邪《きよぎかんじや》の者《もの》は凶《きよう》○次第《しだい》に宜《よろ》しきことありとす○同類感通遠《どうるゐかんつうとほ》しと雖《いへど》も必《かなら》ず應《おう》ず、我唱《われとな》へて彼和《かれわ》す、故《ゆゑ》に人《ひと》に誘《さそ》はるゝことあらば審《つまびら》かに考《かんが》へて從《したが》ふべし、彼《かれ》に我《われ》を欺《あざむ》き陥《おとしいれ》らるゝの意《い》なしと雖《いへど》も、誤《あやま》りて凶《きよう》を招《まね》くことあり○隔《へだ》りて情《じやう》を通《つう》ずる意《い》、音信《おんしん》を聞《き》きて尙《な》ほ床《ゆか》しく懐《おも》ふの類《るゐ》○戀《こ》ひ慕《した》ふの意《い》、又心中《またしんちう》に包《つゝ》みて顯《あら》はさざるの勞《らう》、又《また》は人《ひと》と密談《みつだん》する類《るゐ》○心誠《こゝろまこと》にして變《へん》せざれば凡《すべ》て吉《きち》、人《ひと》に親愛《しんあい》せらるゝ意《い》、又親《またした》しき者《もの》の爲《ため》に勞《らう》することあり○心《こゝろ》を一途《づ》にして變《へん》ずることなくんば願望調《ぐわんもうとゝの》ふ○初《はじめ》あしく後《のち》は吉《きち》の卦《くわ》○人《ひと》に頼《たの》むことは順成《じゆんせい》す○此卦《このくわ》もと實《じつ》ありて虚《きよ》なし、故《ゆゑ》に相感《あひかん》じて百事吉《じきち》○相應《あひおう》ずる者善《ものぜん》あり不善《ふぜん》あり、審《つまびら》かに察《さつ》すべし○心《こゝろ》を合《あは》せて變《へん》ぜざるが爲《ため》に心《こゝろ》を勞《らう》することあり、密通《みつゝう》して懷妊《くわいにん》に及《およ》び處置《しよち》に窮迫《きうはく》するの類《るゐ》○天時《てんじ》は風又旱《かぜまたひでり》○身命《しんめい》は實深《じつふか》き人《ひと》、心《こゝろ》を勞《らう》する人《ひと》○婚姻《こんいん》は吉《きち》、或《あるひ》は女子不貞《ぢよしふてい》なることあり○胎産《たいさん》は平《へい》とす○居處《きよしよ》は安《やす》からずと雖《いへど》も大害《たいがい》なし○仕《し》官《くわん》は平《へい》にして、忠義《ちうぎ》の心深《こゝろふか》きものは大吉《だいきち》○旅行《りよかう》は平《へい》、舟行《しうかう》も平《へい》○財事《ざいじ》を求《もと》むるの類《るゐ》、此卦變《このくわへん》じて他《た》に行《ゆ》く時《とき》は成《な》らざるの兆《てう》、他《た》の卦《くわ》より來《きた》る時《とき》は成《な》るべし、然《しか》れども又口舌《またくぜつ》あり○待人《まちびと》は來《きた》る、又音信《またおんしん》あり○病《やまひ》は癒《い》え難《がた》し、或《あるひ》は內傷虛損《ないしやうきよそん》の類《るゐ》○失物《うせもの》は速《すみやか》に尋《たづ》ねて得《う》るか、又《また》は久《ひさ》しくして後《のち》に在所《ありか》を知《し》るか○捕逃《ほたう》は在所《ありか》を知《し》ると雖《いへど》も好《よ》き相手《あひて》ありて歸《かへ》る心《こゝろ》なきか、或《あるひ》は婦女《ふぢよ》を慕《した》ふて去《さ》るか、能《よ》く尋《たづ》ぬれば得《う》ん○訴訟《そしよう》ごとは對決《たいけつ》に及《およ》ぶか、或《あるひ》は訟《うつたへ》に至《いた》らざるか、平《へい》なりとす。

第六十二款　雷山小過の占用解

萬事《じ》成《な》らず、耳《みゝ》に聞《き》きて目《め》に觀《み》ざる意《い》○大《だい》なる過《あやまち》はなけれども常《つね》に苦勞氣《くらうき》兼多《がねおほ》く、我身《わがみ》が我心《わがこゝろ》に任《まか》せぬ意《い》あり○すべて退《しりぞ》くに利《よろ》しく進《すゝ》むに利《よろ》しからず○人《ひと》に頼《たの》むこと肯《うけ》がはず調《とゝの》はず物《もの》の十分《ぶん》に滿《みた》んとすれば又不足《またふそく》のこと發《はつ》し、調《とゝの》ひ難《がた》き卦《くわ》なり、故《ゆゑ》に小事《せうじ》には宜《よろ》しく、大事《だいじ》には宜《よろ》しからず○すべて人《ひと》と和順《わじゆん》ならず、常《つね》に氣鬱《きうつ》する意《い》あり、忍《しの》ぶ意《い》あり○凡《すべ》て事《こと》の反覆《はんぷく》することあり、又人《またひと》と仲《なか》あしくなることあり○すべて後悔《こうくわい》する意《い》あり○相背《あひそむ》きて別《わか》るゝ意《い》あり○諸事《しよじ》憂勞多《いうらうおほ》く、又自《またじ》在《ざい》ならず、然《しか》れども大禍《たいくわ》あることなし○天時《てんじ》は雨《あめ》ふる○身命《しんめい》は隱遁《いんとん》して名《な》ある人《ひと》、輕業《かるわざ》など人《ひと》のならぬことをする人《ひと》○婚《こん》姻《いん》は凶《きよう》、或《あるひ》は妨《さまたげ》あり、疑《うたがひ》あり終《つひ》に成《な》るべし○胎產《たいさん》は平《へい》とす○居所《きよしよ》は安《やす》からず○仕官《しくわん》は凶《きよう》なり○旅行《りよかう》は凶《きよう》とす○求財《きつざい》は得《え》ず○居國《きよこく》を去《さ》るの類憂苦《るゐいうく》あり○待人《まちびと》は來《きた》らず、音信《おんしん》を占《うらな》ふは有《あ》りとす○病《やまひ》は治《ち》すべし○失物《うせもの》は得難《えがた》し○捕逃《ほたう》は歸《かへ》らず、音信《おんしん》は有《あ》ることあり○訴訟《そしよう》ごとは利《よろ》しからず、或《あるひ》は牢獄《ちうごく》に入《い》ることあり。

第六十三款　水火既濟の占用解

此卦《このくわ》は物《もの》の亂《みだ》るゝ始《はじ》めとす、一旦《たん》は成就《じやうじゆ》するとも、末《すゑ》は破《やぶ》るゝ意《い》あり、愼《つゝし》むべし○萬事《じ》今《いま》の時《とき》を失《うしな》はずして果《はた》すべし、時過《ときすぐ》れば調《とゝの》はず○すべて始《はじ》め吉後凶《きちのちきよう》なる意《い》、萬事《じ》終《をはり》を保《たも》ち難《がた》し○渡《わたし》に行《ゆき》て舟《ふね》を得《え》たる意《い》ありて宜《よろ》しきに逢《あ》ふの義《ぎ》あれども、今《いま》より後《のち》の變《かは》る卦《くわ》なれば、油斷怠慢《ゆだんたいまん》なく貞正《ていせい》を守《まも》るべし○時至《ときいた》り物滿《ものみつ》ること十五夜《や》の月《つき》の如《ごと》き意《い》、漸々衰頽《やう〳〵すゐたい》の萠《きざし》あり○諸事《しよじ》もはや事濟《ことす》みたる意《い》○不義《ふぎ》の色情《しきじやう》あることあり○少《すこ》しも油《ゆ》斷《だん》あれば必《かなら》ず禍《わざはひ》あり、深《ふか》く愼《つゝし》むべし○すべて泰《たい》の卦《くわ》と相似《あひに》たり、考合《かんがへあは》すべし又他《またゝ》卦《くわ》より此卦《このくわ》に變《へん》ずれば大抵吉《たいていきち》とす○天時《てんじ》は雨《あめ》ふる○身命《しんめい》は隱居《いんきよ》、又大願《またゝいぐわん》を遂《と》げたる人《ひと》○婚姻《こんいん》は終《をはり》を保《たも》たず、又淫行《またいんかう》あり、或《あるひ》は口舌《くぜつ》たえず○胎産《たいさん》は平《へい》なり○住居《ぢうきよ》禍《わざはひ》多《おほ》く心中常《しんちうつね》に困苦《こんく》を懷《いだ》く○仕官《しくわん》は良《よ》き時《とき》に逢《あ》ふて事《こと》をなすか、又功《またこう》ありて君《きみ》に惡《にく》まるゝか、又轉職《またてんしよく》するか○旅行《りよかう》は平《へい》なり○居國《きよこく》を去《さ》るの類平《るゐへい》とす○財事《ざいじ》を求《もと》むるの類《るゐ》、成《な》るが如《ごと》くにして成《な》らず、或《あるひ》は少《すこ》しく得《う》べし○待人《まちびと》は速《すみやか》に來《きた》る、時《とき》過《すぐ》れば來《きた》らず○病《やまひ》は凶《きよう》なり○失物《うせもの》は見《み》え難《がた》し○捕逃《ほたう》は得難《えがた》し○訴訟《そしよう》ごとは凶《きよう》なりとす。

第六十四款　火水未濟の占用解

すべて事《こと》を始《はじ》むるに利《よろ》し、終《をはり》に成就《じやうじゆ》す、但《たゞ》し急《きふ》にすべからず○願望《ぐわんもう》は調《とゝの》ふべし○心身苦勞《しんくくらう》あり○すべて後榮《のちさかえ》の兆《てう》、例《たと》へば幽谷《くらやみ》を出《いで》て喬木《あかるみ》に遷《うつ》る意《い》、婦人《ふじん》には更《さら》に吉《きち》○女人悅《によにんよろこび》あり、男《をとこ》は窮苦《きうく》ありて後《のち》に宜《よろ》しき意《い》あり○目前《もくぜん》には憂《うれひ》ありといへども、終《をはり》に喜《よろこび》をなす○すべて發《はつ》せんと欲《ほつ》して未《いま》だ發《はつ》せざるの間《あひだ》とす○身心安定《しんしんあんてい》ならず、常《つね》に不足《ふそく》あり○前《まへ》の既濟《きせい》は止《や》むを以《もつ》て主《しゆ》とし、此卦《このくわ》は始《はじ》むるを以《もつ》て主《しゆ》とす、大概《たいがい》の趣《おもむき》は既濟《きさい》に似《に》て、彼《かれ》は凶《きよう》に走《はし》り是《これ》は吉《きち》に向《むか》ふとす○色情《しきじやう》あり○すべて否《ひ》の卦《くわ》と相似《あひに》たり、考合《かんがへあは》すべし、又此卦《またこのくわ》より他《た》の吉卦《きつくわ》に變《へん》ずれば始終全吉《しじうぜんきち》とす○天時《てんじ》は小雨《せうう》とす○身命《しんめい》は正《たゞ》しき人《ひと》、事《こと》とげざる人《ひと》、初心《しよしん》、又部屋住《またへやすみ》、或《あるひ》は處女《しよぢよ》の類《るゐ》○婚姻《こんいん》は大吉《だいきち》とす○胎産《たいさん》は平《へい》なり○居所《きよしよ》は吉利《きちり》○仕官《しくわん》は吉《きち》とす○旅行《りよかう》は吉《きち》なり○財事《ざいじ》を求《もと》むるの類《るゐ》、成《な》るべきの兆《てう》、遲《おそ》し○待人《まちびと》は來《きた》らず○病《やまひ》は凶《きよう》なり○失物《うせもの》は定《また》まりたる在所《ありか》にあるべし、能《よ》く尋《たづ》ぬべし○捕逃《ほれう》は速《すみやか》に尋《たづ》ぬれは得《う》べし、或《あるひ》は近所《きんじよ》に徘徊《はいくわい》するか○訴《そ》訟《しよう》ごとは利《よろ》しからずとす。

第六十八章　天象の占法

天象《てんしやう》の占法《せんはふ》に於《おい》ては父母《ふぼ》を雨《あめ》とし、妻財《さいざい》を晴《はれ》とし、子孫《しそん》を日月《じつげつ》とし、兄弟《けいてい》を風雲《ふううん》とし、官鬼《くわんき》を雷電《らいでん》とし、應《おう》を天《てん》とし、世《せい》を地《ち》とするのである。

◎父母《ふぼ》を雨《あめ》とすと云《いふ》に就《つい》ては、旺相發動《わうしやうはつどう》すれば必《かなら》ず雨《あめ》がある、若《も》し旺相發動《わうしやうはつごう》するとも、子孫妻財《しそんさいざい》に氣《き》なき時《とき》は大雨《たいう》とする、更《さら》に日月《じつげつ》の生扶《しやうふ》あれば洪水《こうずゐ》に至《いた》るのである○三合會局《がふくわいきよく》して父母《ふぼ》をなすも亦《また》雨《あめ》がある○官鬼共《くわんきとも》に發動《はつどう》するときは、即日雨《そくじつあめ》がある○土爻《どとう》が父母《ふぼ》につきて發動《はつごう》するも亦雨《またあめ》がある○兄弟《けいてい》ともに發動《はつどう》するときは風雨《ふうう》が倶《とも》に作《おこ》る（兄弟《けいてい》が旺相《わうしやう》すれば風《かぜ》が先《さき》に起《おこ》るか、又《また》は雨《あめ》よりも甚《はなは》だしきか、若《も》し休囚《きうしう》するときは風《かぜ》が後《のち》に起《おこ》るか、又《また》は雨《あめ》より甚《はなは》だしからざるかである）、冬日《とうじつ》なれば風雪《ふうせつ》がある○兄弟《けいてい》に化《くわ》するも風雨倶《ふううとも》に作《おこ》る、先《さき》に風《かぜ》ありて後《のち》に雨《あめ》を催《もよほ》す○子孫《しそん》に化《くわ》すれば雨《あめ》の後《のち》に虹《にじ》がある○妻財《さいざい》ともに發動《はつごう》するときは半晴半雨《はんせいはんう》である（妻爻《さいかう》が旺《わう》すれば晴《はれ》が多《おほ》く、父爻《ふかう》が旺《わう》すれば雨《あめ》が多《おほ》い）○父母《ふぼ》が發動《はつごう》するとも日辰《につしん》に尅《こく》せらるゝ時《とき》は雨《あめ》はない○父母《ふぼ》が發動《はつどう》するとも、日辰《につしん》より合住《がふぢう》すれば雨《あめ》はない（日辰《につしん》が父母《ふぼ》を冲《ちう》するの時《とき》に至《いた》りて雨《あめ》がある）○父母《ふぼ》が發動《はつごう》するとも、墓《ぼ》に入《い》つて日辰又《につしんまた》は動爻《どうかう》より沖《ちう》することがなければ雨《あめ》はない○卦中發動《くわちうはつどう》の爻《かう》が父母《ふぼ》を合住《がふちう》し、官鬼《くわんき》の爻《かう》も亦發動《またはつどう》して其《そ》の動爻《どうかう》を沖《ちう》するときは、先《さき》に雷《らい》ありて後《のち》に雨《あめ》がある○父母《ふぼ》が空亡《くうはう》するときは、密雲《みつうん》すれども雨《あめ》はない（但《たゞ》し出旬逢沖《しゆつじゆんぼうちう》の日《ひ》に至《いた》りて雨《あめ》がある）若《も》し日辰《につしん》が之《これ》を沖《ちう》するときは雨《あめ》がある○父母《ふぼ》が長生《ちやうせい》に逢《あ》ふときは連日雨《れんじつあめ》がある（墓絕《ぼぜつ》の日《ひ》に至《いた》りて止《や》むべし）○父母《ふぼ》が月建《げつけん》を持《ぢ》して子孫妻財《しそんさいざい》の發動《はつどう》がなければ、霖雨《りんう》數《すう》十日《にち》に及《およ》ぶのである○父母《ふぼ》が暗動《あんどう》するのも亦雨《またあめ》がある。

◎妻財《さいざい》を晴《はれ》とすると云《い》ふに就《つい》ては、旺相發動《わうしやうはつどう》する時《とき》は必《かなら》ず晴《は》れ、若《も》し旺相發動《わうしやうはつどう》して官鬼《くわんき》や父母《ふぼ》に氣《き》のない時《とき》は旱《ひでり》とする、更《さら》に日月《じつげつ》の生扶《しやうふ》があるときは大旱《だいかん》とする○妻財《さいざい》が發動《はつどう》して日辰《につしん》に生扶《しやうふ》せらるゝ時《とき》は烈日《れつじつ》とする○妻爻《さいかう》が發動《はつどう》し變《へん》じて乾《けん》の卦《くわ》に入《い》り、又月日《またげつじつ》の動爻《どうかう》の合助生扶《がふぢよしやうふ》に値《あ》ふときは大旱《だいかん》とする○三合會局《がふくわいきよく》して妻財《さいざい》をなす時《とき》は晴《に》れて彩霞《そらやけ》がある○妻爻《さいかう》が發動《はつどう》して官鬼《くわんき》に化《くわ》するときは陰晴定《いんせいさだ》まりなしとする○官鬼《くわんき》ともに發動《はつどう》しても陰晴定《いんせいさだ》まらない、若《も》し妻爻《さいかう》が衰弱《すゐじやく》し官鬼《くわんき》が旺相《わうしやう》するときは大霧《たいむ》があつて細雨《さいう》の如《ごと》く、之《これ》に反《はん》して妻爻《さいかう》が旺相《わうしやう》して官鬼《くわんき》が衰弱《すゐじやく》するときは晴《はれ》とする○父母《ふぼ》ともに發動《はつどう》する時《とき》は半晴半雨《はんせいはんう》である（父爻《ふかう》が旺相《わうしやう》すれば雨多《あめおほ》く、妻爻《さいかう》が旺相《わうしやう》すれば晴《はれ》が多《おほ》い）○妻爻《さいかう》が暗動《あんどう》しても雨《あめ》はない○妻爻《さいかう》が發動《はつどう》したとても、日辰《につしん》が合住《がふちう》すれば晴《は》れない（日辰《につしん》が妻爻《さいかう》を沖《ちう》するの時《とき》に至《いた》りて晴《は》れる）○妻爻《さいかう》が動爻《どうかう》に合住《がふちう》せられて兄弟《けいてい》が發動《はつどう》して其《そ》の動爻《どうかう》を剋《こく》するときは、風《かぜ》がなければ晴《は》れない

○妻爻《さいかう》が木爻《もくかう》につきて發動《はつどう》し、そして世爻《せいかう》を生合《しやうがふ》する時《とき》は和《わ》風暖日《ふうだんにち》とする○妻爻《さいかう》が空亡《くうばう》するときは晴《は》れない、但《たゞ》し出旬逢冲《しゆつじゆんはうちう》の日《ひ》に至《いた》りて晴《は》れる。

◎子孫《しそん》を日月《じつげつ》とし、又虹霓《またこうげい》さすと云《い》ふに就《つい》ては（陽爻《やうかう》を日《にち》とし、陰爻《いんかう》を月《つき》とする）旺相《わうしやう》するときは日月《じつげつ》は皎潔《かうけつ》である○卦中《くわちう》に子孫《しそん》がなければ、晴《は》れてゐても久《ひさ》しくはない、何故《なにゆゑ》といふに妻財《さいざい》の原神《げんしん》であるからである○子孫《しそん》が休囚墓絶《きうしうぼぜつ》するときは、日月《じつげつ》は皎潔《かうけつ》でない、子孫《しそん》が空伏《くうふく》してゐる時《とき》は、蒙蔽《もうへい》して見《み》えない○若《も》し晴兆《せいてう》を得《え》て子孫《しそん》が發動《はつどう》するときは、電光《でんくわう》或《あるひ》は彩虹《さいこう》がある○子孫《しそん》が木爻《もくかう》につきて發《はつ》動《どう》し、そして應爻《おうかう》と合《がつ》するか、或《あるひ》は應《おう》につきて世身《せいしん》を生合《しやうがふ》するときは、和風暖日《わふうだんじつ》とする○子孫《しそん》が刑《けい》を帶《お》びて官鬼《くわんき》に化《くわ》するか、又《また》は官鬼《くわんき》が發動《はつどう》して子孫《しそん》を刑《けい》し、或《あるひ》は父母《ふぼ》が螣蛇《とうだ》を帶《お》びて子孫《しそん》を剋《こく》するときは、皆日蝕《みなにつしよく》か或《あるひ》は月蝕《げつしよく》とする。

◎兄弟《けいてい》を風雲《ふううん》（若《も》し順風《じゆんぷう》か逆風《ぎやくふう》かを占《うらな》ふときは、子孫《しそん》と官鬼《くわんき》とを用《よう》とする）とすと云《い》ふに就《つい》ては、旺相發動《わうしやうはつどう》するときは、大風《たいふう》或《あるひ》は濃雲《のううん》みなぎるとする○休囚安靜《きうしうあんせい》なれば、小風《せうふう》若《もし》くは淡雲《うすぐも》とする○長生《ちやうせい》にあふときは連日風《れんじつかぜ》がある○兄爻《けいかう》が父母《ふぼ》に化《くわ》するときは、先《ま》づ風《かぜ》があつて後《のち》に雨《あめ》を催《もよほ》ふする○兄爻《けいかう》が父母《ふぼ》と共《とも》に發動《はつどう》するときは、風雨《ふうう》が倶《とも》に作《つく》る○兄弟《けいてい》が木爻《もくかう》につきて旺相發動《わうしやうはつどう》し、巽《そん》の卦《くわ》にありて世爻《せいかう》を刑剋《けいこく》する時《とき》は颶風《ぐふう》の變《へん》がある。

◎官鬼《くゎんき》を雷《らい》とし又煙霧《えんむ》とすと云《い》ふに就《つい》ては、震卦《しんくわ》にありて發動《はつどう》するときは、必《かなら》ず雷鳴《らいめい》がありて旺相《わうしやう》するか、又《また》は進神《しんく》に化《くわ》する時《とき》は霹靂《へきれき》とする、若《も》し卦中《くゎちう》に父母《ふほ》がなければ、雷鳴《らいめい》があるだけで雨《あめ》はない（父母《ふほ》が日《ひ》に値《あ》ふのときに雨《あめ》がある）、若《も》し冬日《とうじつ》なれば霜雪氷雹《さうせつひようはく》の類《るゐ》がある（注意《ちうい》、冬日《ふゆじつ》は震卦《しんくわ》がありとても、猥《みだ》りに雷《らい》を以《もつ》て判斷《はんだん》しては不可《いけ》ない）○官爻《くわんかう》が離宮《りきう》にありて發動《はつどう》すれば電光《でんくわう》がある、若《も》し又《また》火爻《くわかう》につきて動《うご》くも亦同様《またごうやう》である○官爻《くわんかう》が長生《ちやうせい》に値《あ》ふときは連日陰雨《れんじついんう》とする○官爻《くわんかう》が旺相發動《わうしやうはつどう》して父《ふ》母《ほ》が空亡《くうはう》せざれば雨《あめ》があるであらう、若《も》し父母《ふほ》が空亡《くうはう》する時《とき》は、密雲《みつうん》が凝滯《ぎようたい》して散《さん》ぜざるの象《かたち》とする○若《も》し晴兆《せいてう》を得《え》て官鬼《くわんき》が發動《はつどう》する時《とき》は、濃烟重霧惡風陰晦等《のうえんぢうむあくふういんくわいとう》の變《へん》がある、又冬時《またとうじ》なれば大寒《だいかん》、夏時《かじ》なれば大熱等《だいねつとう》の類《るゐ》○官鬼《くわんき》が金爻《きんかう》につきて發動《はつどう》して世身或《せいしんあるひ》は應爻《おうかう》を冲剋《ちうこく》し、又《また》は應爻《おうかう》を冲動《ちうどう》する時《とき》は濃烟《のうえん》や重霧《ぢうむ》が覆《おほ》ひ塞《ふさ》がるとする。

◎應《おう》を天《てん》とすると云《い》ふに就《つい》ては、子孫《しそん》を持《ぢ》すれば天色《てんしよく》が清明《せいめい》である○妻財《さいざい》につきて子孫《しそん》に化《くわ》しても亦天色《またてんしよく》は清明《せいめい》である○應爻《おうかう》が空亡《くうはう》に値《あ》ふときは、雨《あめ》は霽《は》れ難《がた》いのである、應爻《おうかう》が官鬼《くわんき》を持《ぢ》して發動《はつどう》するときは、濃烟《のうえん》や重霧《ぢうむ》が覆《おほ》ひ塞《ふさ》がる。

◎世《せい》を地《ち》とすと云《い》ふに就《つい》ては、子孫《せそん》を持《ぢ》して發動《はつどう》する時《とき》は、縱《たと》ひ官鬼《くわんき》が旺相發動《わうしやうはつどう》して雨《あめ》があるとも雷聲《らいせい》はない○世爻《せいかう》が兄弟《けいてい》を持《ぢ》して發動《はつどう》するときは、縱《たと》ひ財爻《ざいかう》が旺相發動《わうしやうはつどう》するとも天色《てんしよく》は清明《せいめい》でない○

世爻《せいかう》が若《も》し動爻《どうかう》の刑尅《けいこく》に値《あ》へば非常《ひじやう》の變《へん》がある○世爻《せいかう》が土《つち》の官鬼《くわんき》につきて發動《はつどう》して父母《ふぼ》が空伏《くうふく》する時《とき》は沙《いさご》を降《ふ》らすことがあり、父母《ふぼ》が出空《しゆつくう》の日《ひ》に至《いた》りて雨《あめ》となるてあらう。

之《これ》を要《えう》するに、凡《すべ》て雨《あめ》を占《うらた》ふ場合《ばあひ》は父母《ふぼ》を用神《ようしん》とし、官鬼《くわんき》を原神《げんしん》とする、又時《またとき》を占《うらな》ふ場合《はあひ》は妻財《さいざい》を用神《えうしん》とし、子孫《しそん》を原神《げんしん》とする、たとひ用神《ようしん》に病《やまひ》がありとても、原神《げんしん》が強盛《きやうせい》なるときは時《とき》を得《え》て應《おう》ずとする、故《ゆゑ》にその時《とき》を知《し》らんと欲《ほつ》するならば、前述《せんじゆつ》せる斷期《だんき》の法《はふ》によりて細《こまか》に推知《すゐち》すべきである。

第六十九章　年時の占法

年時《ねんじ》の占法《せんぽふ》に於《おい》ては、初爻《しよかう》より五爻《かう》に至《いた》るまでを君民上下《くんみんしやうか》の位《くらゐ》とし、上爻《じやうかう》を天《てん》とするのである、而《しか》して又應《またおう》を天《てん》とし世《せい》を地《ち》とし、太歳《たいさい》を以《もつ》て主《しゆ》とし、官鬼《くわんき》を災禍《さいくわ》とし、騰蛇《とうだ》を變怪《へんくわい》とするのである。

◎初爻《しよかう》を五穀桑麻《こくさうま》禽獸草木等《きんじうさうもくとう》とするのであつて、妻財《さいざい》や子孫《しそん》を持《ぢ》すれば吉《きち》とし、官鬼《くわんき》を持《ぢ》すれば凶《きよう》とする。

◎二爻《かう》を百姓《しやう》町人又《ちやうにんまた》は無官無役《むくわんむやく》の諸士等《しよしとう》とするのてあつて、子孫《しそん》を持《ぢ》すれば年中安樂《ねんぢうあんらく》であるが、官鬼《くわんき》を持《ぢ》すれば年中《ねんぢう》 禍《わざはひ》が多《おほ》い。

◎三爻《かう》を諸役人《しよやくにん》とするのであつて、世爻《せいかう》を生合《しやうがふ》するときは人民《じんみん》を憐《あはれ》み、物《もの》を愛《あい》する心《こゝろ》がある、子孫《しそん》を持《ぢ》すれは潔白正直《けつぱくしやうちき》が多《おほ》い、官鬼《くわんき》を持《ぢ》すれば不仁貪暴《ふじさとんばう》なることが多《おほ》い、兄弟《けいてい》を持《ぢ》して發動《はつごう》して世《せい》を尅《こく》するときは種々《しゆ〴〵》の徵税《ちようせい》に遇《あ》ひ、又《また》は諸職人夫《しよしよくにんぷ》を使《つか》ふこと等《とう》が苛酷《かこく》である。

◎四爻《かう》を地方長官其他《ちはうちやうくわんそのた》の官公吏《くわんこうり》とするのであつて、子孫《しそん》を持《ぢ》して世身《せいしん》を生合《しやうがふ》するときは、正直《しやうちき》にして私曲《しきよく》なく、民《たみ》を憐《あはれ》み國《くに》を憂《うれ》ふとする。

◎五爻《かう》を君上《くんじやう》とするのであつて、發動《はつごう》し、世爻《せいかう》を刑尅《けいこく》するときは、其年《そのとし》は必《かなら》ず下民《かみん》より徵發《ちようはつ》すること等《とう》があり、妻財《さいざい》や子《し》孫《そん》を持《ぢ》して世爻《せいかう》を生合《しやうがふ》するときは恩惠《おんけい》があり、父母《ふぼ》に化《くわ》すれば恩赦《おんしや》がある、若《も》し空動《くうごう》するときは名《な》ありて實《じつ》がない。

◎上爻《じやうかう》は前述《ぜんしゆつ》せるが如《ごと》く天《てん》とするのであつて、もし空亡《くうばう》にあふときは、其年《そのとし》は怪異《くわいい》が多《おほ》いのである。

◎應《おう》も亦前記《またぜんき》せるが如《ごと》く天《てん》とするのであつて、世《せい》を尅《こく》するときは氣候不順《きこうふじゆん》とする、但《たゞ》し應爻《おうかう》は又他《また》國《こく》とすることがある。

◎世《せい》を地《ち》とすることは前記《ぜんき》の如《ごと》くであつて、空亡《くうばう》に遇《あへ》ば凡《すべ》て災《わざはひ》が多《おほ》いのである○世爻《せかう》は又我《またわ》が當國《たうこく》となすことがあり、或《あるひ》は國中《こくちう》一統《とう》の人民《じんみん》、五穀果實等《こく〳〵わじつとう》となすことがある、故《ゆゑ》に妻財《さいざい》や子孫《しそん》を持《ぢ》して旺《わう》相《しやう》するときは凡《すべ》て吉《きち》である、若《も》し歳月日《としつきひ》又《また》は動爻《どうかう》の尅《こく》を受《う》くるときは凡《すべ》て障《さはり》が多《おほ》いとする。

◎太歳《たいさい》が子孫及妻財《しそんおよびさいざい》に就《つ》くのは吉《きち》であるが、他《た》の三類《るゐ》につくのは不利《ふり》とする○若《も》し兄弟《けいてい》につきて動《うご》けば其年《そのとし》は風《かぜ》が多《おほ》い、世《せい》を尅《こく》するときは風災《ふうさい》が多《おほ》い○太歳《たいざい》が官鬼《くわんき》につきて發動《はつどう》するときは、雷多《らいおほ》きか又《また》は凡《すべ》ての災《わざはひ》が多《おほ》い、卦中《くわちう》の六爻及《かうおよ》び年月《としつき》ともに官鬼《くわんき》なきか、又《また》は有《あ》りといへども衰絶《すゐぜつ》すれば皆吉《みなきち》である○太歳《たいさい》が父母《ふは》につきて發動《はつどう》して子孫《しそん》が衰弱《すゐじやく》なれば大水《おほみづ》がある○太歳《たいさい》が妻財《さいざい》につきて發動《はつどう》して父母《ふほ》が衰弱《すゐじやく》なれば旱《ひでり》である。

◎官鬼《くわんき》が火爻《くわかう》につきて發動《はつどう》するときは火災《くわさい》がある、世爻《せいかう》に掛《か》り合《あ》ふことなくて應爻《おうかう》に掛《か》り合《あ》ふのみなれば隣人《りんじん》の災《さい》とする、そして其《そ》れが內卦《ないくわ》にあれば近《ちか》く、外卦《ぐわいくわ》にあれば遠《とほ》いのである○官鬼《くわんき》が水爻《すゐかう》につきて發動《はつどう》するときは水災《すゐさい》がある、それが外卦《ぐわいくわ》にあれば他所《たしよ》とし、內卦《ないくわ》にあれば近所《きんじよ》とする、若《も》し世《せ》爻《かう》を尅《こく》しなければ、洪水《こうずゐ》がありても害《がい》はない○官鬼《くわんき》が金爻《きんかう》につきて發動《はつどう》するときは兵亂《へいらん》がある、應爻《おうかう》を沖尅《ちうこく》して五爻《かう》を生合《しやうがふ》するときは、上《うへ》より命《めい》ぜられて討手警固等《たうしゆけいごとう》に出《いづ》ることの騷動《さうどう》とする、若《も》し外卦《ぐわいくわ》にありて他宮《たきう》に屬《ぞく》し、五爻《かう》を尅《こく》し或《あるひ》は太歳《たいさい》を尅《こく》するときは他國《たこく》より攻《せ》め寄《よ》るとす、或《あるひ》は兩官鬼《りやうくわんき》ありて共《とも》に發動《はつどう》するときは、一所《ひとところ》のみに非《あら》ずと知《し》るべし、然《しか》れども若《も》し回頭尅又《くわいとうこくまた》は日月動爻《じつげつどうかう》の尅刑《こくけい》あるときは大害《たいがい》はない、若《も》し又休囚《またきうしう》して發動《はつどう》するときは、百姓等《しやうとう》の一揆《き》或《あるひ》は無賴《ぶらい》の徒黨《とたう》とする○官鬼《くわんき》が上爻《じやうかう》につきて發動《はつどう》するか、又《また》は白虎《びやくこ》を帶《お》びて發動《はつどう》するときは疫病《えきびやう》が流行《りうかう》する、若《も》し世爻《せいかう》を尅《こく》するときは人《ひと》が多《おほ》く死《し》す、若《も》し制《せい》するものがあれば甚《はなは》だしくはない○官鬼《くわんき》が朱雀《しゆじやく》につきて發動《はつどう》し身世《しんせい》を尅《こく》するときは蝗蟲《いなむし》の災《わざはひ》がある○官鬼《くわんき》が勾陳《こうちん》につくときは必《かなら》ず豊年《ほうねん》でない、若《も》し世《せい》を持《ぢ》し又《また》は世《せい》を尅《こく》するときは必《かなら》ず凶年《きやうねん》である、妻財爻《さいくかう》が兄弟《けいてい》に化《くわ》し、或《あるひ》は官鬼《くわんき》と共《とも》に發動《はつどう》するときは饑饉《ききん》とする○官鬼《くわんき》が玄武《げんぶ》につきて發動《はつどう》し世爻《せいかう》を尅《こく》するときは、其年《そのとし》は盗賊《たうぞく》が多《おほ》い、若《も》し金爻《きんかう》につきて太歳《たいさい》又《また》は五爻《かう》を冲尅《ちうこく》するときは謀《む》叛《ほん》する者《もの》がある○すべて官鬼《くわんき》が上爻《じやうかう》につきて發動《はつどう》するときは變異《へんい》がありとする。

◎騰蛇《とうだ》が官鬼《くわんき》につきて發動《はつどう》して乾宮《けんきう》にあれば天象《てんしやう》に變《へん》がある○騰蛇《とうだ》が官鬼《くわんき》につきて發動《はつどう》して震宮《しんきう》にあれば雷《らい》の變異《へんい》がある、例《たと》へば雲《くも》なくして雷鳴《らいめい》あるの類《るゐ》、若《も》し辰爻《しんかう》に臨《のぞ》み又《また》は辰爻《しんかう》に變《へん》ずれば龍《りう》の現《あら》はるゝことがある○騰蛇《とうだ》が官鬼《くわんき》につきて發動《はつどう》して艮宮《ごんきう》にあれば、山《やま》の變異《へんい》がある、例《たと》へば山崩《やまくづ》るゝの類《るゐ》○騰蛇《とうだ》が官鬼《くわんき》につきて發動《はつどう》して坤宮《こんきう》にあれば地震《ぢしん》がある、若《も》し刑《けい》に遇《あ》へば地《ち》が裂《さ》ける○騰蛇《とうだ》が官鬼《くわんき》につきて發動《はつどう》して坎宮《かんきう》にありて父母《ふは》に化《くわ》するときは物《もの》を雨《あめ》ふらすの變《へん》がある、例《たと》へば血《ち》を雨《あめ》ふらし、毛《け》を雨《あめ》ふらし、土《つち》を雨《あめ》ふらすの類《るゐ》○騰蛇《とうだ》が官鬼《くわんき》につきて發動《はつどう》して巽宮《そんきう》にありて兄弟《けいてい》に化《くわ》するときは風《かぜ》の變《へん》がある、例《たと》へば旋風黒風《せんぷうこくふう》などの類《るゐ》、尤《もつと》も兄弟《けいてい》に化《くわ》しない場合《はあひ》は草木禽獣《さうもくきんじう》の變異《へんい》とする○騰蛇《とうだ》が官《くわ》鬼《き》につきて發動《はつどう》して離宮《りきう》にあれば日《ひ》の變《へん》がある、例《たと》へば日《ひ》の中《なか》に黒星《こくせい》あり、或《あるひ》は耳《みゝ》を生《しやう》じ、或《あるひ》は兩《りやう》日《じつ》が並出《へいしゆつ》する等《とう》の類《るゐ》。若《も》し午爻《ごかう》に臨《のぞ》めば火《ひ》の變異《へんい》がある、例《たと》へば天火《てんくわ》の類《るゐ》○騰蛇《とうだ》が官鬼《くわんき》につきて發動《はつどう》して兌宮《だきう》にあれば、井又《ゐさまた》は池沼《ちせう》に變《へん》がある。
以上騰蛇《いじやうとうだ》の發動《はつどう》が空亡《くうばう》に値《あ》ふか、又《また》は空亡《くうばう》に化《くわ》するか、或《あるひ》は冲《ちう》に値《あ》ふの類《るゐ》あれば、風説《ふうせつ》のみにして實《じつ》なきことがある、又變異《またへんい》の方向《はうかう》を知《し》らんと欲《ほつ》するならば、十二支《し》の方位《はうゐ》によりて察《さつ》すべきである
又本宮《またほんきう》の內卦《ないくわ》は家中《かちう》とし、外卦《ぐわいくわ》は屋外《をくぐわい》とするの類《るゐ》である。
◎子孫《しそん》が强盛《きやうせい》にして妻財《さいぐ》が空亡《くわばう》せず、官鬼《くわんき》が衰《おとろ》へて安靜《あんせい》なれば必《かなら》ず豐年《ほうねん》とす、又世應《またせいおう》が相生《さうしやう》し、六爻《かう》が相合《さうがふ》するときは、氣候《きこう》は順《じゆん》であつて風雨《ふうゝ》好《よ》く調《とゝな》ふとする、又官鬼《またくわんき》や兄弟《けいてい》が空亡《くうばう》に遇《あ》ふか、或《あるひ》は卦《くわ》中《ちう》に官鬼《くわんき》や兄弟《けいてい》がなければ凡《すべ》て國家《こくか》は安平《あんぺい》とする。
◎寒暑《かんしよ》を考《かんが》へるのは水火爻《すゐくわかう》を以《もつ》てするのであつて（彼《か》の水旱《すゐかん》を察《さつ》するには妻財《さいぐ》と父母《ふぼ》を以《もつ》てするのであつて、此《こゝ》に言《い》ふものとは同《おな》じからずと知《し》るべし）、旺相發動《わうしやうはつどう》して世《せい》を尅《こく》するときは、火爻《くわかへ》は大暑《たいしよ》とし水爻《すゐかう》は大寒《だいかん》とするのである、若《も》し水爻《すゐかう》が空亡死《くうばうし》絕《ぜつ》するときは冬暖《ふゆあたゝか》とし、火爻《くわかう》が空亡死《くばうし》絕《ぜつ》するときは夏涼《なつすゞし》とするのである。

第七十章　身命の占法

身命《しんめい》の占法《せんぽふ》をなすに方《あた》りては、世《せい》を己《おのれ》の身《み》とし、應《おう》を妻《さい》とするのである。

◎世爻《せいかう》が旺相《わうしやう》して日辰動爻《につしんどうかう》の生合《しやうがふ》あれば富貴長命《ふつきちやうめい》とし、休囚《きうしう》して氣《き》なくして日辰動爻《につしんどうかう》に尅制《こくせい》せらるゝときは貧賤短命《ひんせんたんめい》とする○年月日《としつきひ》の生合《しやうがふ》に値《あ》ふときは諸人《しよにん》に愛敬《あいけい》せらるゝとし、年月日《としつきひ》の冲尅《ちうこく》に値《あ》ふときは諸人《しよにん》に輕《かろ》んじ疎《うと》まるゝとする○卦宮《くわきう》が強盛《きやうせい》であつて世爻《せいかう》が發動《はつどう》し、月日動爻《つきひどうかう》の生扶《しやうふ》なきは、人《ひと》の助《たすけ》なくして自力《じりき》を以《もつ》て成立《せいりつ》すとする、若《も》し卦宮《くわきう》が衰弱《すゐじやく》にして月日動爻《つきひどうかう》の生扶《しやうふ》あるときは、人《ひと》の力《ちから》を得《え》て成立《せいりつ》すとする○世爻《せいかう》が墓《ぼ》に入《い》るときは一生愚痴《しやうぐち》であつて、凡《すべ》ての 謀《はかりごと》 は成《な》り難《がた》い○世爻《せいかう》が空亡《くうばう》に値《あ》へば一生諸事《しやうしよじ》ともに成《な》り難《がた》い。

◎世爻《せいかう》が子孫《しそん》を持《ぢ》するときは、官途《くわんと》の升進《しようしん》は成《な》り難《がた》い、但《たゞ》し一生刑罰《しやうけいばつ》にあふことは無《な》い○世爻《せいかう》が子孫《しそん》を持《ぢ》するときは、其子《そのこ》は孝順《かうじゆん》にして必《かなら》ず恩《おん》を報《はう》ずる○世爻《せいかう》が子孫《しそん》を持《ぢ》して盛《さか》んなる時《とき》は、衣食《いしよく》ともに滿足《まんぞく》し安樂自在《あんらくじざい》とする○世爻《せいかう》が子孫《しそん》を持《ぢ》して盛《さか》んなるは、高遠《かうゑん》の 志《こゝろざし》 ありて功名富貴《こうみやうふうき》を顯《あら》はす 若《も》し子孫《しそん》の氣《き》がなければ、俗《ぞく》を離《はな》れ衆《しつ》に超《こ》えたる貧士《ひんし》とする○世爻《せいかう》が子孫《しそん》を持《ぢ》し、朱雀《しゆじやく》を帶《お》びて應爻《おうかう》を生合《しやうがふ》するときは怜悧《れいり》の人《ひと》とし、又《また》は亂舞狂言《らんぶきやうげん》などの類《るゐ》とする○世爻《せいかう》が子孫《しそん》を持《ぢ》して父母《ふほ》が青龍《せいりう》を帶《お》びて之《これ》を生合《しやうがふ》するときは、其子《そのこ》は學《がく》を好《この》むのである、若《も》し世爻《せいかう》が官鬼父母《くわんきふほ》ともに皆墓絶等《みなぼぜつとう》に遇《あ》はざれば終《わはり》に成就《じやうじゆ》するのである○世爻《せいかう》が妻財《さいぐ》を持《ぢ》し白虎《びやくこ》を帶《お》びて旺相《わうしやう》するときは、無學文盲《むがくもんもう》といへども能《よ》く富《と》み榮《さか》える○世爻《せいかう》が父母《ふほ》を持《ぢ》する時《とき》は苦勞《くらう》が多《おほ》い、若《も》し發動《はつどう》すれば子孫《しそん》を尅《こく》するのである○世爻《せいかう》が父母《ふほ》を持《ぢ》するとき、小兒《こども》を育《いく》することを占《うらな》へば、啻《たゞ》に辛苦《しんく》が多《おほ》いばかりでなく、其兒《そのこ》に災《わざはひ》が多《おほ》いとする○世爻《せいかう》が父母《ふぼ》を持《ぢ》し勾陳《こうちん》を帶《お》ぶるときは農民《のうみん》とする○世爻《せいかう》が申酉《さるとり》の父母《ふは》を持《ぢ》し白虎《びやくこ》を帶《お》ぶるときは、屠《と》殺者又《さつしやまた》は獵師《れふし》の類《るゐ》、凡《すべ》て畜類《ちくるゐ》を殺《ころ》すことを業《げふ》とする者《もの》とする○世爻《せいかう》が官鬼《くわんき》を持《ぢ》する時は一生《しやう》病《やまひ》が多《おほ》い、或《あるひ》は公事《くじ》訴訟《そしよう》に遇《あ》ふことが多《おほ》い、若《も》し貴人《きじん》を帶《お》ぶれば貴《たふと》しとする○世爻《せいかう》が官鬼《くわんき》を持《ぢ》して玄武《げんぶ》を帶《お》ぶるは竊盜《せつたう》を好《この》むとする○世爻《せいかう》が兄弟《けいてい》を持《ぢ》ずるときは妻《さい》を尅《こく》し、すべて破《やぶ》れが多《おほ》い、又財寶《またざいはう》を得難《えがた》いとする。

◎子孫《しそん》が旺相空《わうしやうくう》せずして傷害《しやうがい》がなければ賢子《けんし》が多《おほ》い○子孫《しそん》が世爻《せかう》を生扶《しやうふ》し、世爻《せかう》が吉神《きちしん》を帶《お》びて旺《わう》相發動《しやうはつどう》するときは、賢子《けんし》がありて父《ち、》の業《げふ》を成《な》し遂《と》げる○子孫《しそん》が發動《はつどう》して月破《げつは》に變《へん》じて官鬼兄弟《くわんきけいてい》の兩爻《りやうかう》が相合《しやうがふ》し、或《あるひ》は動爻變爻《どうかうへんかう》か玄武《げんぶ》を帶《お》ぶるか、又《また》は玄武《げんぶ》の官鬼《くわんき》と合《がつ》するときは、其子《そのこ》は不肖《ふせう》とする○子孫《しそん》が空亡《くうばう》に値《あ》ふときは子《こ》がない○子孫《しそん》の爻《かう》が死世絶空《しぼぜつくう》に値《あ》ふて、世爻《せいかう》が尅《こく》せらるゝ時《とき》は、他人《たにん》に從《したが》ふて食《しよく》を求《もと》むるとする○子孫《しそん》の爻《かう》が妻財《さいゞ》と共《とも》に死墓絶空《しぼぜつくう》に遇《あ》ふときは孤獨《こどく》の兆《てう》とする○子孫《しそん》の爻《かう》が妻財《さいゞ》と共《とも》に旺相發動《わうしやうはつどう》するときは、目前《もくぜん》の運《うん》は惡《わる》いけれども終《つひ》に發達《はつたつ》する○子孫《しそん》が青龍《せいりう》を帶《お》びて妻財《さいゞ》を生《しやう》ずるか、又《また》は妻財《さいゞ》が青龍《せいりう》を帶《お》びて子孫《しそん》に化《くわ》する時《とき》は、賢徳慈仁《けんとくじじん》の婦人《ふじん》を得《う》べし○卦《くわ》に子孫爻《しそんがう》ありて、又變《またへん》出《しゆつ》にも子孫爻《しそんかう》ありて世身《せいしん》を生合《しやうがふ》するときは、他人《たにん》の子《こ》を養《やしな》ふことあるべし○子孫《しそん》が他宮《たきう》より化出《くわしゆつ》する時《とき》は養子《やうし》とする、若《も》し妻財《さいざい》と合《がつ》して咸池《かんち》玄武《げんぶ》を帯《おぶ》る時《とき》は、妻妾《さいせふ》と密通《みつゝう》することを戒《いまし》め防《ふせ》ぐべし○子孫《しそん》が發動《はつどう》する時《とき》は夫《をつと》を剋《こく》す、然《しか》れども貞潔《ていけつ》を守《まも》るのである。

◎子《こ》の多少《たせう》を知《し》らんと欲《ほつ》するならば、五行《ぎやう》生《しやう》成《せい》の數《すう》を以《もつ》て推知《すゐち》すべきである○子孫《しそん》が日辰月建《につしんげつけん》に遇《あ》ふときは、父母《ふぼ》が發動《はつどう》して之《これ》を剋《こく》したとても其子《そのこ》に大害《たいがい》はない○子孫《しそん》が太歳《たいさい》を持《ぢ》する時《とき》は、其子《そのこ》は大志《たいし》がある、若《も》し官鬼《くわんき》に傷剋《しやうこく》がなければ大《おほい》に發達《はつたつ》する○子孫《しそん》が旺相《わうしやう》して傷害《しやうがい》なければ其子《そのこ》は肥《こ》えて強《つよ》い、もし休囚《きうしう》して剋《こく》に値《あ》ふ時《とき》は瘦《やせ》て弱《よわ》く變《へん》が多《おほ》い○子孫《しそん》が旺相《わうしやう》して祿馬貴人《ろくばきじん》に臨《のぞ》むときは、其子《そのこ》は少年《せうねん》の中《うち》より貴《たふと》く顯《あら》はれる○子孫《しそん》が旺相《わうしやう》する時は乳《ちゝ》か多《おほ》い、併《しか》し休囚空破《きうしうくうは》するときは乳《ちゝ》が少《すく》い、父母《ふぼ》が發動《はつどう》し、或《あるひ》は發動《はつどう》せずと雖《いへど》も父母《ふぼ》に冲《ちう》せらるゝ時《とき》は、乳《ちゝ》がないか又《また》は育《そだ》ち難《がた》い○子孫《そん》が祿馬貴人《ろくばきじん》を帯《おぶ》るときは、其子《そのこ》は他日《たじつ》貴《たふと》く顯《あら》はれる○子孫《しそん》が休囚《きうしう》して父母《ふぼ》に化《くわ》し、又《また》は官鬼《くわんき》に化《くわ》するときは其子《そのこ》の死《し》兆《てう》とする○子孫《しそん》が墓《ぼ》に入《い》り、又《また》は官鬼《くわんき》に化《くわ》し、又《また》は官鬼《くわんき》に化《くわ》するときは其子《そのこ》は死《し》す○子孫《しそん》が墓絶《ぼぜつ》に遇《あ》ふて又剋害《またこくがい》ある時《とき》は、其子《そのこ》は凶《きよう》とす○子孫《しそん》の胎爻《たいかう》が官鬼《くわんき》につき、或《あるひ》は官鬼《くわんき》に化《くわ》し、或《あるひ》は官鬼《くわんき》より冲剋《ちうこく》せらるゝ時《とき》は、其子《そのこ》は生《うま》れて後《のち》死《し》して復蘇《またよみがへ》ることがある○子孫《しそん》が乾宮《けんきう》にありて青龍《せいりう》又《また》は凡《すべ》ての吉神《きつしん》に値《あ》ふ時《とき》は、其子《そのこ》は幼《をさな》より聰敏《そうびん》である○子孫《しそん》が震宮《しんきう》にありて、官鬼《くわんき》又《また》は凡《すべ》ての凶神《きようしん》に刑剋《けいこく》せらるゝ時《とき》は、其子《そのこ》は足《あし》に疾《やまひ》がある○小兒《こども》を占《うらな》ふて八純《じゆん》の卦《くわ》を得《う》るときは、其子《そのこ》は頑劣強悍《ぐわんれつきやうかん》である、若《も》し六合《がふ》卦《くわ》を得《う》れば聰明伶悧《そうめいれいり》とする○子孫《しそん》が陽卦《やうくわ》にありて陽爻《やうかう》につきたる時《とき》は聰明伶悧《そうめいれいり》とする、陰卦《いんくわ》にありて、陰爻《いんかう》につきたるは愚頑《ぐぐわん》とする。

◎妻財《さいくゝ》が發動《はつどう》するときは早《はや》く親《おや》を喪《うしな》ふ○妻爻《さいかう》が白虎《びやくこ》を帯《お》びて刑害《けいがい》に遇《あ》ふときは、其妻《そのさい》は淫亂《いんらん》にして強暴《きやうばう》である○妻爻《さいかう》が玄武《げんぶ》を帯《お》びて發動《はつどう》し、應爻又《おうかうまた》は他爻《たかう》と合《がつ》する時《とき》は、其妻《そのさい》は淫行《いんかう》がある○妻爻《さいかう》が子《し》孫《そん》に化《くわ》して世身《せいしん》を生合《しやうがふ》する時《とき》は、賢婦《けんぷ》を得《う》る○妻財爻《さいくゝかう》が兄弟《けいてい》に化《くわ》し沐浴《もくよく》を帯《お》ぶるときは、其妻《そのさい》は貞潔《ていけつ》ならざる上《うへ》に短命《たんめい》である○妻爻《さいかう》が空亡《くうばう》に遇《あ》ふて、他爻《たかう》が發動《はつどう》して之《これ》に合《がつ》し、或《あるひ》は玄武《げんぶ》咸池《かんち》の剋合《こくがふ》がある時《とき》は、他人《たにん》より劫《おびやか》し挑《いど》むと雖《いへど》も其《そ》の婦人《ふじん》は從《したが》ばざることがある○六合卦《がふくわ》を得《え》て妻爻《さいかう》が陰《いん》に屬《ぞく》して發動《はつどう》する時《とき》は、其《そ》の婦人《ふじん》は淫亂無恥《いんらんむち》とする、併《しか》しながら世爻《せいかう》と合《がつ》する時《とき》は然《しか》らずとする。

◎官鬼《くわんき》や兄弟《けいてい》が旺相發動《わうしやうはつどう》する時《とき》は、目前《もくぜん》には吉利《きちり》であるけれども、終《をはり》には破《は》敗貧窮《はいひんきう》する○官鬼《くわんき》が旺《わう》相《しやう》し、世身《せいしん》も亦旺相《またわうしやう》して貴《き》人祿馬《じんろくば》、又《また》は父《ふ》母《ぼ》より世身《せいしん》を生合《しやうがふ》するときは他日出身《たじつしゆつしん》する○官鬼《くわんき》が本宮《ほんきう》にありて財爻《ざいかう》を沖剋《ちうこく》する時《とき》は、其妻《そのさい》は生《い》きながら離《り》別《べつ》することがある○官鬼《くわんき》が月日《つきひ》動變等《どうへんとう》に顯《あら》はれて妻《さい》財《さい》に合《がつ》するものは、若《も》し其《そ》の妻財《さいくゝ》が玄武《げんぶ》や咸池《かんち》等《とう》を帯《お》びざれば其妻《そのさい》は再嫁《さいか》する○官鬼《くわんき》が兩爻《りやうかう》ありて、倶《とも》に發動《はつどう》して妻財《さいくゝ》を生合《しやうがふ》し、又父《またふ》母《ぼ》より刑冲《けいちう》し、妻財《さいくゝ》が空亡《くうばう》に値《あ》ふ時《とき》は、兩男《りやうだん》が娶《めと》ることを爭《あらそ》うて、父《ふ》母《ぼ》より強《し》ひらるゝに從《したが》はざることがある○婦《ふ》人身命《じんしんめい》の占《うらなひ》に、官鬼《くわんき》が旺相《わうしやう》し青龍祿馬《せいりうろくば》貴人《きじん》を帯《お》ぶるときは貴顯《きけん》の賢夫《けんぷ》を得《う》る、若《も》し衰弱《すゐじやく》するとも生扶《しやうふ》があれば吉《きち》である〇婦人身命《ふじんしんめい》の占《うらなひ》に官鬼《くわんき》が空亡《くうばう》して居《を》るのは利《よろ》しくない、又衰弱《またすゐじやく》してゐるのも利《よろ》しくない、若《も》し衰弱《すゐじやく》なれば不肖《ふせう》の夫《をつと》に嫁《か》するとする、又衰《またすゐ》弱《じやく》して生扶《しやうふ》も合助《がふじよ》もなく、且《か》つ勾陳《こうちん》や騰蛇《とうだ》を帶《おぶ》るときは、其夫《そのをつと》たるものは愚蒙不正《ぐまうふせい》である上《うへ》に容貌《ようはう》が醜惡《しうあく》である〇六合卦《がふくわ》を得《え》て世爻官鬼《せいかうくわんき》の刑尅《けいこく》に化《くわ》するときは、婦人《ふじん》の占《うらなひ》には、夫《をつと》に始《はじ》めは親《した》しまれるが後《のち》には疎《うと》まれるとする。

◎父母《ふぼ》が發動《はつどう》するときは子《こ》を尅《こく》す〇父母《ふぼ》の爻《かう》が白虎《びやくこ》や騰蛇《とうだ》を持《ぢ》して發動《はつどう》するときは子孫《しそん》を喪《うしな》ふ〇父母《ふぼ》の爻《かう》が青龍《せいりう》を帶《お》びて世身《せいしん》や子孫《しそん》を生合《しやうがふ》する時《とき》は、其子《そのこ》は學問《がくもん》が好《すき》である〇父母《ふぼ》が陰爻及《いんかうおよ》び陰卦《いんくわ》に屬《ぞく》し、世爻《せいかう》も亦陰爻《またいんかう》であれば、妾腹《せふふく》の子《こ》である〇卦中《くわちう》に父母《ふぼ》があり、又別《またべつ》に變出爻《へんしゆつかう》に父母《ふぼ》ありて世身《せいしん》を生合《しやうがふ》するときは、他人《たにん》の養子《やうし》となることがある〇兄弟《けいてい》が發動《はつどう》するときは早《はや》く妻《さい》を喪《うしな》ふ〇兄弟《けいてい》が世爻《せいかう》と生合《しやうがふ》するときは、其《そ》れが本宮《ほんきう》にあれば兄弟《けいてい》兄弟從《いとこ》に睦《むつま》じいが、他宮《たきう》にあれば朋友《ほういう》に信《しん》があり、内卦《ないくわ》にあれば親《した》しき兄弟《けいてい》とし、外卦《ぐわいくわ》にあるは遠《とほ》き從兄弟等《いとことう》とする〇兄弟《けいてい》が内卦《ないくわ》にありて、應爻或《おうかうあるひ》は財爻《ざいかう》と合《がふ》するときは、其妻《そのさい》の兄弟《けいてい》と密通《みつつう》することを戒《いまし》めねばならぬ。

◎世爻《せいかう》が父母《ふぼ》を生合《しやうがふ》するときは孝順《かうじゆん》の子《こ》とする〇世爻《せいかう》が兄弟《けいてい》を持《ぢ》して旺相發動《わうしやうはつどう》し、白虎騰蛇《びやくことうだ》を帶《お》びて應爻《おうかう》を刑害《けいがい》し、應爻《おうかう》に氣《き》なければ妻《さい》を尅《こく》する〇世應《せいおう》が相生合《さうしやうがふ》するときは夫婦《ふうふ》は和睦《わぼく》する、若《も》し相冲《あひちう》尅《こく》するときは睦《むつま》しくない○應爻《おうかう》が世《せい》を沖尅《ちうこく》するときは妻《さい》の言《げん》を信《しん》ずる○應爻《おうかう》か世《せい》を尅《こく》するは凶《きよう》とするけれども、若《も》し世爻《せいかう》が兄弟官鬼白虎螣蛇《けいていくわんきびやくことうだ》等《とう》の凶神《きようしん》を帶《お》ぶれば、却《かへ》つて我《われ》の病《やまひ》を去《さ》ると名《なづ》けて吉《きち》とする、賢妻《けんさい》ありて我《われ》を助《たす》くるであらう○應爻《おうかう》が子孫《しそん》を持《ぢ》し、勾陳《こうちん》を帶《お》びて旺相《わうしやう》して傷害《しやうがい》なければ、其妻《そのさい》の容《よう》貌《ばう》は醜《みにく》しといへども賢徳《けんとく》がある○應爻《おうかう》が妻財《さいざい》を持《ぢ》して合《がふ》する者《もの》、多《おほ》くそのうへ玄武《げんぶ》を帶《お》びて刑害《けいがい》する者《もの》は、其妻《そのさい》は妓女《うかれめ》である。

◎六沖《ちう》の卦《くわ》を得《う》れば、始《はじめ》ありて終《をはり》なし、沖中逢合《ちう〱はうがふ》は後《のち》に成《な》るとする○六合《がふ》の卦《くわ》を得《う》れば謙遜《けんそん》にして人《ひと》に親《した》しまれ家《いへ》を開《ひら》くことがある、けれども合處逢冲《がふしよはうちう》は後《のち》に敗《やぶ》れる○六爻《かう》が皆安靜《みなあんせい》にして沖破尅害《ちうはこくがい》なく、相生《あひしやう》じ相合《あひがつ》するのみなれば一家和睦《かわほく》する○六爻《かう》が動亂《どうらん》し、沖尅刑害《ちうこくけいがい》あれば、一家親戚不和《かしんせきふわ》にして害《がい》が多《おほ》い。

◎生涯《しやうがい》の官途《くわんと》を占《うらな》ふは、子孫《しそん》が發動《はつどう》しては利《よろ》しくない、世爻《せいかう》が官鬼《くわんき》を持《ぢ》して日月動爻《じつげつどうかう》の刑沖尅害《けいちうこくがい》なく、日月動爻《じつげつどうかう》の生扶拱合《しやうふきようがふ》あり、又《また》九五の爻《かう》の生合《しやうがふ》を得《う》るのを大吉《だいきち》とする。

◎子息《しそく》を占《うらな》ふは、子孫《しそん》が空伏墓絶《くうふくぼぜつ》に逢《あ》ひ、日月動爻《じつげつどうかう》が之《これ》を尅《こく》するは利《よろ》しくない、若《も》し日月動爻《じつげつどうかう》の生《しやう》扶《ふ》や提拔《ていはつ》あるときは、其《そ》の生扶提拔《しやうふていはつ》の年《とし》に當《あた》りて子《こ》を生《う》むとする。

◎晩年《はんねん》の運《うん》を占《うらな》ふは、世爻《せいかう》が休囚《きうしう》し、日月動爻《じつげつどうかう》に尅沖《こくちう》せらるゝことを忌《い》む、若《も》し子孫《しそん》が發動《はつどう》して世《せい》を生《しやう》ずるときは、晩年《ばんねん》に子《こ》又《また》は孫《まご》ありて孝養《かうやう》を竭《つく》すのである、若《も》し妻財《さいざい》が世《せい》に合《がつ》するときは夫婦《ふうふ》は睦《むつま》じい○若《も》し世爻《せいかう》が旺相《わうしやう》して子孫《しそん》の尅《こく》を受《う》くるときは、たとひ長壽《ちやうじゆ》なりとも、子孫《しそん》は悖逆《はいぎやく》で宜《よろ》しくない○若《も》し子孫《しそん》が空絶《くうぜつ》して救《すく》ひ助《たす》くる者《もの》なく、妻財《さいざい》が氣《き》なければ老年《らうねん》に至《いた》りて孤獨《こどく》とする。

◎壽數《じゆすう》を占《うらな》ふには、別《べつ》に一卦《くわ》を起《おこ》して判斷《はんだん》しなければならぬ、その要旨《えうし》は、世《せい》を生《しやう》ずるの爻《かう》を刑冲《けいちう》尅害《こくがい》するの年月《としつき》を考《かんが》へ、又世《またせい》を刑冲尅害《けいちうこくがい》するの年月《としつき》を推《お》すときは長短《ちやうたん》を知《し》り得《え》らるゝのである。

◎すべて本卦《ほんくわ》は既往《きわう》の事《こと》とし、變卦《へんくわ》は將來《しやうらい》の事《こと》とする、依《よ》つて本卦《ほんくわ》の凶《きよう》なる時《とき》は、是迄《これまで》の運惡《うんあ》しゝと知《し》るべし、又變卦《またへんくわ》の吉《きち》なる時《とき》は、此後《このご》の運利《うんよ》しと知《し》るべし、然《しか》れども始《はじめ》より將來《しやうらい》ばかりを占《うらな》ふことを命《めい》ずれば、本卦《ほんくわ》といへども矢張《やは》り將來《しやうらい》の事《こと》と知《し》るべきである。

第七十一章　婚姻の占法

婚姻《こんいん》の占法《せんぱふ》に於《おい》ては、官鬼《くわんき》を婿《むこ》とし、妻財《さいざい》を婦《つま》とし、應《おう》を彼《かれ》の家《いへ》とし、世《せい》を我《われ》の家《いへ》とし、間爻《かんかう》を媒《ばい》酌《しやく》とする、然《しか》れども若《も》し子《こ》の爲《ため》に婦《つま》を求《もと》むれば、子孫《しそん》を婿《むこ》として官鬼《くわんき》を用《もち》ひない、又女子《またぢよし》の爲《ため》に夫《をつと》を求《もと》むれば、子孫《しそん》を婦《ふ》として妻財《さいざい》を用《もち》ゐない、又兄弟《またけいてい》の爲《ため》に求《もと》むるときは、兄弟《けいてい》を用《もち》ひ、父母《ふぼ》の爲《ため》に求《もと》むるときは父母《ふぼ》を用《もち》ひて官鬼《くわんき》や妻財《さいざい》を用《もち》ひない、又始《またはじめ》より媒介《ばいかい》を占《うらな》ふのであつたならば、別《べつ》に一卦《くわ》を起《おこ》し、應爻《おうかう》を以《もつ》て用神《ようしん》とすべきである、若《も》し六親《しん》に屬《ぞく》するものであつたならば、六親《しん》を用《もち》ひて應爻《おうかう》を用《もち》ひぬのである。

◎男女《だんぢよ》の性情《せいじやう》や容貌《ようばう》を知《し》らんと欲《ほつ》する時《とき》は、旺相《わうしやう》を肥《ひ》とし休囚《きうしつ》を瘠《せき》とし、白虎玄武勾陳等《びやくこげんぶこうちんとう》を帶《お》び、又土爻火爻《またどかうくわかう》に屬《ぞく》するを醜《しう》とし、青龍《せいりう》を帶《お》び、水爻金爻《すゐかうきんかう》に屬《ぞく》するを美《び》とするのである、併《しか》し休囚《きうしう》して生《しやう》扶《ふ》にあふは醜《しう》なれども才能《さいのう》ありとし、旺相《わうしやう》して墓《ぼ》に入《い》るは美《び》なれども愚《ぐ》とする、此《か》く言《い》ふものゝ尚《な》ほ其《そ》の詳細《しやうさい》を知《し》らんと欲《ほつ》するならば、別《べつ》に一卦《くわ》を立《た》てゝ判斷《はんだん》しなければならぬ○男女共《だんぢよとも》に其《そ》の本命《ほんめい》に當《あた》る爻《かう》（例《たと》へば、午《うま》の年《とし》に生《うま》れたる人《ひと》を占《うらな》ふに其卦中《そのくわちう》に午《うま》の爻《かう》あれば本命《ほんめい》とするが如《ごと》し）が。妻財子孫《さいざいしそん》、青龍貴人等《せいりうきじんとう》の吉星《きちせい》、又《また》は日辰動爻《につしんどうかう》の生扶拱合《しやうふきようがふ》あるは榮華《えいぐわ》の兆《てう》とし、兄弟官鬼白虎等《けいていくわんきびやくことう》の凶星《きようせい》、又《また》は日辰《につしん》動爻《どうかう》の刑冲尅害《けいちうこくがい》に逢《あ》ふときは發達《はつたつ》しないとする○男女共《だんぢよとも》に其《そ》の本命《ほんめい》に當《あた》る爻《かう》が父母《ふぼ》を持《ぢ》するときは技藝《ぎげい》を好《この》むとし、若《も》し青龍《せいりう》を帶《お》ぶる時《とき》は文學《ぶんがく》を好《この》むとし、兄弟《けいてい》を持《ぢ》する場合《ばあひ》は賭《かけ》の勝負《しようぶ》又《また》は金錢財物《きんせんざいぶつ》を費《つひや》すことを好《この》むとし、子孫妻財《しそんさいざい》を持《ぢ》するは能《よ》く世帯《せたい》を保《たも》ち家《いへ》を治《をさ》むとし、官鬼《くわんき》を持《ぢ》し凶神《きようしん》を帶《お》ぶるは疾《しつ》病《べい》がある、けれども刑罰《けいばつ》に逢《あ》ふことはない、若《も》し貴人《きじん》を帶《お》ぶれば貴《たつと》い、凶神《きようしん》を帶《お》ぶれば役所《やくしよ》などに使《つか》はれる人《ひと》とする、此外《このほか》みな類《るゐ》を以《もつ》て推考《すゐかう》すべきである○妻財官鬼《さいざいくわんき》が刑冲尅害《けいちうこくがい》なければ、老後《らうご》まで夫婦《ふうふ》和睦《わぼく》する、若《も》し刑冲尅害《けいちうこくがい》があれば睦《むつま》じく行《ゆ》かない○男家《だんか》の占《せん》に妻財《さいざい》が空亡《くうばう》にあふときは妻亡《つまほろ》ぶとし、女家《ちよか》の占《せん》に官鬼《くわんき》が空亡《くうばう》にあふときは夫亡《をつとほろ》ぶとする（若《も》し子孫《しそん》の爲《ため》に占《うらな》ひ兄弟《けいてい》の爲《ため》に占《うらな》ふ類《るゐ》は皆其《みなそ》の用《よう》神《しん》を見《み》るべし、妻財官鬼《さいざいくわんき》に拘《かゝ》はるべからず）○男家《だんか》の占《せん》に、妻財《さいざい》の爻《かう》が空亡《くうばう》の官鬼《くわんき》の下《もと》に伏藏《ふくざう》するときは、其女《そのぢよ》は先《さき》に縁約《えんやく》があつたが、婚姻《こんいん》の前《まへ》に其夫《そのをつと》が死《し》んだのである、若《も》し白虎《びやくこ》を帶《お》びて發動《はつどう》するときは、已《すで》に嫁《か》したる後夫《のちをつと》が死《し》んだのである○官爻《くわんかう》が妻財《さいざい》の下《もと》に伏藏《ふくざう》するときは妻《さい》ある男子《だんし》とする、又《また》妻爻《さいかう》が官鬼《くわんき》の下《もと》に伏藏《ふくざう》するときは夫《をつと》あるの女《ぢよ》とする、若《も》し官鬼《くわんき》が空亡《くうばう》せずして、動爻又《どうかうまた》は日辰《につしん》より妻《さい》財《ざい》を沖剋《やうこく》するときは、既《すで》に嫁《か》して離別《りべつ》したる女《ぢよ》とする○官鬼《くわんき》の爻《かう》が財妻《さいざい》の下《もと》に伏藏《ふくざう》して空亡《くうばう》に逢《あ》はざるときは夫《をつと》ある婦人《ふじん》とする、若《も》し日辰又《につしんまた》は動爻《どうかう》に提起《ていき》せられて世爻《せいかう》を刑剋《けいこく》するときは、後《のち》に爭訟《さうしよう》があるであらう○男家《だんか》の占《せん》に、妻財《ざいざい》が兩爻《りやうかう》あるは再嫁《さいか》の女《ぢよ》とし、女家《ぢよか》の占《せん》に、官鬼《くわんき》が兩爻《りやうかう》あるは再縁《さいえん》の男《だん》子《し》とする、若《も》し官鬼《くわんき》の兩爻《りやうかう》ともに發動《につどう》するときは、兩所《りやうしよ》より爭《あらそ》ふて娶《めと》るとする○妻財爻《さいざいかう》が世身《せいしん》につきて玄武《げんぶ》を帶《お》びて動《うご》かず合《がつ》せざるは、其婦《そのふ》は能《と》く舅姑《きうこ》に事《つか》へない○妻財爻《さいざいかう》が子孫《しそん》と化《くわ》するときは、其婦《そのふ》は小兒《こども》を伴《つ》れて來《きた》ることがある、若《も》し空亡《くうばう》に遭《あ》ふときは短命《たんめい》である、若《も》し其《そ》の妻財爻《さいざいかう》が退神《たいしん》に化《くわ》して沖《ちう》にあふ時《とき》は、後日夫《ごじつをつと》に背《そむ》きて再嫁《さいか》するか、又《また》は里方《さとかた》に退《しりぞ》くことがある○妻財爻《さいざいかう》が進神《しんく》に化《くわ》するときは、其《そ》の婦人《ふじん》は下女下男《げぢよげなん》を伴《つ》れて來《きた》ることがある、若《も》し沖《ちう》にあふ時《とき》は、其《そ》の下部《しもべ》は出奔《しゆつぽん》することがある○男家《だんか》の占《せん》に、世爻《せいかう》が動《うご》きて妻財《さいざい》と合《がつ》ずる時《とき》は、先《さき》に密通《みつつう》して後《のち》に婚姻《こんいん》を議《ぎ》するとする、妻財《さいざい》が動《うご》きて世爻《せいがう》に合《がつ》するも亦同《またおな》じである、若《も》し妻財《さいざい》が動《うご》きて他爻《たかう》と合《がつ》する時《とき》は他人《たにん》に情《じやう》があるのであつて、他爻《たかう》が動《うご》きて妻財《さいざい》に合《がつ》するも亦同《またおな》じである○官鬼《くわんき》の爻《かう》が官鬼《くわんき》に化《くわ》するときは、進神《しん〳〵》と退神《たいしん》とを論《ろん》ぜず皆反覆《みなはんぷく》することありとする。

◎男家《だんか》の占《せん》に世陽應陰《せいやうおういん》、女家《ぢよか》の占《せん》に世陰官陽《せいいんくわんやう》を吉《きち》とする、之《これ》に反《はん》ずるものは凶《きよう》である○男家《だんか》の占《せん》に世陽妻財陰《せいやうさいざいいん》、女家《ぢよか》の占《せん》に世陰官鬼陽《せいいんくわんきやう》を吉《きち》とするが、之《これ》に反《はん》するは凶《きよう》とする○男家《だんか》の占《せん》に世爻用神《せかうようしん》が陰《いん》爻《かう》に屬《ぞく》し、應爻妻財《おうかうさいざい》が陽爻《やうかう》に屬《ぞく》するは、凡《すべ》て利《よろ》しからずとするのである、けれども入婿《いりむこ》の占《せん》には却《かへ》つて吉《きち》とする○男家《だんか》の占《せん》に世爻《せいかう》が官鬼《くわんき》を持《ぢ》し、應爻《おうかう》が妻財《さいざい》を持《ぢ》するは吉《きち》である、若《も》し之《これ》に反《はん》する時《とき》は、妻《つま》たる者《もの》が夫《をつと》の權《けん》を奪《うば》ふから利《よろ》しくない、但《たゞ》し入婿《いりむこ》の占《せん》には吉《きち》とする○世《せい》より應《おう》を生合《しやうがふ》し、應《おう》より世《せい》を生合《しやうがふ》するときは、その始《はじ》め成《な》り易《やす》くして後《のち》ともに吉利《きちり》とする、用神《ようしん》より世《せい》を生合《しやうがふ》するのも亦同様《またどうやう》である、但《たゞ》し變《へん》じて空亡《くうばう》となるときは、成《な》りて後《のち》に悔《く》ゆるとする○應爻《おうかう》が安靜《あんせい》にして世爻《せいかう》を生合《しやうがふ》する時《とき》は、その約束《やくそく》は成立《なりた》つべし、若《も》し應爻《おうかう》が發動《はつどう》し、或《あるひ》は空亡《くうばう》或《あるひ》は冲《ちう》に遇《あ》ふときは許《ゆる》さずとする○世應《せいおう》が相生《さうしやう》するは吉《きち》とする、けれども若《も》し動爻《どうかう》が日辰《につしん》に冲剋《ちうこく》せらるゝときは、妨《さまた》ぐる人《ひと》があつて成《な》り難《がた》い、世應《せいおう》が相冲剋《あひちうこく》するは凶《きよう》とするけれども、動爻《どうかう》と日辰《につしん》の兩方《りやうはう》を生合《しやうがふ》する時《とき》は、斡旋《あつせん》する人《ひと》があつて成《な》るてあらう、その斡旋《あつせん》する人妨害《ひとはうがい》する人《ひと》を知《し》らんと欲《ほつ》するならば、五類《るゐ》を以《もつ》て之《これ》を推考《すゐかう》すべきであつて其《そ》れが父母《ふぼ》ならば尊長《そんちやう》の伯父伯母《をぢをば》の類《るゐ》である、又外卦他卦《またぐわいくわたくわ》は他人《たにん》の類《るゐ》である○世應《せいおう》が比和《ひわ》し日辰《につしん》が世應《せいおう》に合《がつ》するか、或《あるひ》は間爻《かんかう》が發動《はつどう》して世應《せいおう》に合《がつ》するときは、全《まつた》く媒介《ばいかい》の力《ちから》によりて成《な》るであらう、世應《せいおう》が生合又《しやうがふまた》は比和《ひわ》して、その上官鬼妻財《うへくわんきさいざい》の兩爻《りやうかう》が同卦《どうくわ》の中《うち》にあるときは、豫《かね》て知音《ちいん》の家《いへ》であらう、若《も》し合《がふ》に非《あら》ざれば豫《かね》て相知《あひし》るといへども出會《しゆつくわい》せざることがある、合《がつ》するときは面會《めんくわい》したのである○世應《せいおう》ともに空《くう》するのは相倶《あひとも》に成《な》ることを欲《ほつ》しない、或《あるひ》は成立《なりた》つたとても意《い》に叶《かな》はない○世爻《せいかう》が旺相《わうしやう》して衰弱《すゐじやく》の應爻《おうかう》を尅《こく》するときは、富貴《ふつき》の勢《いきほひ》を以《もつ》て強《しひ》て娶《めと》ることがある○官鬼《くわんき》が發動《はつどう》して世《せい》を尅《こく》するときは、婚《こん》を結《むす》ぶを欲《ほつ》せざるのみならず、禍害《くわがい》を生《しやう》ずることがある○應爻《おうかう》が空亡《くうばう》にあふて、父母爻《ふぼかう》が空亡又《くうばうまた》は伏《ふく》藏《ざう》するときは、婚《こん》を司《つかさど》る人《ひと》がない、若《も》し妻財《さいざい》が卦身《わしん》につく時《とき》は、其《そ》の婦人《ふじん》は自《みづか》ら主《つかさ》どる○妻財爻《さいざいかう》が世《せい》を生合《しやうがふ》するときは、その調度《てうど》は豊盈《ほうえい》とする、又日辰動爻《またにつしんどうかう》の生扶《しやうふ》あるときは化粧料《けしやうれう》がある、勾陳《こうちん》に臨《のぞ》むときは知行《ちぎやう》や田地《でんち》とする○應爻《おうかう》が旺相《わうしやう》するときは彼《かれ》の家《いへ》が富《と》む、休囚《きうしう》すれば貧《まづ》し、應爻《おうかう》が旺相《わうしやう》して妻《さい》財《ざい》が休囚《きうしう》するときは、富《と》むといへども女子《ぢよし》の容貌《ようばう》は美《び》でない。

◎父母《ふぼ》が發動《はつどう》するときは子孫甥姪《しそんをひめい》に睦《むつま》しくない○父母《ふぼ》が旺相發動《わうしやうはつどう》して子孫《しそん》が墓絶《ぼぜつ》にあふ時《とき》は子《こ》がない○父母《ふぼ》が身世《しんせい》につくのも亦子《またこ》がない○父母《ふぼ》が旺相發動《わうしやうはつどう》して子孫《しそん》が旬空《じゆんくう》に値《あ》ふときは却《かへ》つて子《こ》を得《う》る但《たゞ》し子孫《しそん》が出空《しゆつくう》の年《とし》に至《いた》りて死《し》することがある○父母《ふぼ》が發動《はつどう》して妻財《さいざい》に合《がつ》するときは、舅《しうと》が其婦《そのふ》に淫《いん》することがある○父母《ふぼ》が兩爻《りやうかう》ありて倶《とも》に發動《はつどう》するときは、婚《こん》を主《つかさ》どる人《ひと》が兩人《りやうにん》あるであらう、左《さ》なくば兩方《りやうはう》に縁約《えんやく》することがある○父母爻《ふぼかう》が官鬼《くわんき》に化《くわ》し、又官鬼爻《またくわんきかう》が父母《ふぼ》に化《くわ》するか、或《あるひ》は父母官鬼《ふぼくわんき》ともに發動《はつどう》するときは爭《あらそひ》のあることがある○父母《ふぼ》の爻《かう》が日辰《につしん》と合《がつ》し、或《あるひ》は日辰《につしん》が父母《ふぼ》にあたる時《とき》は婚禮《こんれい》の日《ひ》が定《さだ》まるとする。

◎兄弟《けいてい》が發動《はつどう》するときは、妻妾《さいせふ》の間《あひだ》に和《わ》せざることがある、若《も》し日月《じつげつ》が之《これ》に臨《のぞ》むときは、啻《たゞ》に和《わ》せざるのみならずして刑尅《けいこく》がある○兄弟《けいてい》が發動《はつどう》して朱雀《しゆじやく》を帶《お》ぶるときは口舌《くぜつ》がある○兄弟《けいてい》が發動《はつどう》し玄武《げんぶ》騰蛇《とうだ》を帶《お》びて世身《せいしん》を刑冲《けいちう》する時《とき》は、中《なか》に奸計《かんけい》を企《くはだつ》るものがある、若《も》し世應《せいおう》が生合等《しやうがふとう》の吉兆《きつてう》を得《う》る時《とき》は入費《にふひ》は餘計《よけい》に掛《か》ゝるが成就《じやうじゆ》する。

◎間爻《かんかう》を媒介《ばいかい》とすと云《い》ふに就《つい》ては、世《せい》を生合《しやうがふ》する時《とき》は我《われ》に親《した》しき人《ひと》とし、應《おう》を生合《しやうがふ》する時《とき》は彼《かれ》に親《した》しき人《ひと》とし、世應《せいおう》の兩方《りやうはう》を生合《しやうがふ》するときは兩方《りやうはう》に親《した》しき人《ひと》とし、旺相《わうしやう》するは新《あらた》に親《した》しき人《ひと》とし、休囚《きつしう》するは昔親《むかしした》しき人《ひと》とし、本宮《ほんきう》にある時《とき》は親族《しんぞく》とし、他宮《たきう》に在《あ》るときは他人又《たにんまた》は縁類《えんるゐ》とする○間爻《かんかう》が陽《やう》爻《かう》なれば男媒《だんばい》とし、陰爻《いんかう》なれば女媒《ぢよばい》とし、發動又《はつどうまた》は衰弱《すゐじやく》するは老人《らうじん》とし、安靜又《あいせいまた》は旺相《わうしやう》するは若《わか》き人《ひと》とする○間爻《かんかう》が安靜《あんせい》にして世爻《せいかう》が應爻《おうかう》に冲起《ちうき》せられ、又《また》は合起《がふき》せられ、或《あるひ》は日辰《につしん》に冲起《ちうき》せられ又《また》は日《につ》辰《しん》に臨《のぞ》まるゝ時《とき》は、其人《そのひと》は媒介《ばいかい》するを好《この》まぬけれども、賴《たの》まるゝによりて口入《くちいれ》するものとす○世應《せいおう》が

相冲《ひあちう》し相尅《あひこく》して、間爻《かんかう》より生合《しやうがふ》して世《せい》を動《うご》かし應《おう》を動《うご》かすときは、全《まつた》く媒介《はいかい》の力《ちから》によりて成《な》るとする

○間爻《かんかう》が兩爻共《りやうかうとも》に發動《はつどう》するときは兩人《りやうにん》の媒介《はいかい》がある、或《あるひ》は兩爻共《りやうかうとも》に官鬼《くわんき》に變《へん》ずる時《とき》は爭《あらそ》ふことがある旺衰并《わうすゐならび》に制《せい》するものゝ有無《うむ》を以《もつ》て其《そ》の強弱《きやうじやく》を察《さつ》すべきである、間爻《かんかう》が應爻《おうかう》に冲尅《ちうこく》せらるゝ時《とき》は、彼《かれ》の家《いへ》では其說《そのせつ》を信《しん》じもしなければ用《もち》ひもしない、應爻《おうかう》より間爻《かんかう》を生合《しやうがふ》するときは、其說《そのせつ》を信《しん》じて成《な》るとする○間爻《かんかう》が日辰《につしん》の動爻又《ごうかうまた》は官鬼《くわんき》や妻財《さいざい》に冲尅《ちうこく》せらるゝ時《とき》は、其《そ》の媒介《ばいかい》は怨《うら》まれる、世《せい》より冲尅《ちうこく》する時《とき》は男家《だんか》が怨《うら》み、應爻《おうかう》より冲尅《ちうこく》せらるゝ時《とき》は女家《ぢよか》で怨《うら》むとする○世應《せいおう》に日辰又《につしんまた》は子《し》孫妻財《そんさいざい》を持《ち》して間《かん》爻《かう》を生合《しやうがふ》する時《とき》は禮物《れいもつ》がある、そして旺相《わうしやう》は多《おほ》く休囚《きうしう》は少《すくな》い、世旺《せいわう》は男家《だんか》が多《おほ》く、應旺《おうわう》は女家《ぢよか》が多《おほ》い

○間爻《かんかう》が騰蛇朱雀兄弟等《とうだしゆじやくけいていとう》を帶《お》ぶる時《とき》は、媒介《ばいかい》に巧者《かうしや》であつて利《り》を得《え》たる人《ひと》とする。

第七十二章　胎産の占法

胎產《たいさん》の占法《せんぽふ》にありては、五類《るゐ》を以《もつ》て產母《さんぼ》とする（他人又《たにんまた》は其夫《そのをつと》が占《うらな》ふときは妻財《さいざい》を以《もつ》て產母《さいぼ》とし、兄弟《けいてい》が占《うらな》へば兄弟《けいてい》を產母《さんぼ》とするの類《るゐ》である）、子《し》孫《そん》を生《う》む所《ところ》の兒《こ》とし、產母《さんぼ》の胎爻《たいかう》を胎《たい》とし、間爻《かんかう》を產《さん》婆《ば》とする、若《も》し別《べつ》に產婆《さんば》を占《うらな》ふには、間爻《かんかう》を用《もち》ひずして妻財《さいざい》を用《もち》ゆるのである、又若《またも》し乳母《うは》を占《うらな》ふには別《べつ》に一卦《くわ》を起《おこ》して、妻財《さいざい》を用神《ようしん》とし應爻《おうかう》を其家《そのいへ》とするのである。

◎孕《はら》むと孕《はら》まざるとを決《けつ》することは、胎爻《たいかう》を主《しゆ》として子孫《しそん》を論《ろん》じない、卦中《くわちう》六爻《かう》の内《うち》に胎爻《たいかう》があるか、又《また》は年月日《ねんぐわつひ》に胎《たい》に當《あた》るものゝある時《とき》は孕《はら》むとする、若《も》し卦中《くわちう》になくとも動爻化出《ごうかうくわしゆつ》して胎爻《たいかう》となる時《とき》は、目下《もくか》孕《はら》まずと雖《いへど》も、後《のち》には必《かなら》ず孕《はら》むとする〇八卦《くわ》にありては震《しん》を孕《はら》むとし、六神《しん》にありては青《せい》龍《りう》を喜神《きしん》とする、子孫《しそん》が震宮《しんきう》にありて青龍《せいりう》を帯《お》びて發動《はつどう》する時《とき》は、胎爻《たいかう》がなくとも孕《はら》むことがある、男女《だんぢよ》を決《けつ》するの法《はふ》に就《つい》ては、六爻《かう》が安靜《あんせい》なれば、陰《いん》の陽《やう》を包《つゝ》むを男《をとこ》とし、陽《やう》の陰《いん》を包《つゝ》むを女《をんな》とする、（大過小過乾豫師比《だいくわせうくわけんよしひ》を陽《やう》を包《つゝ》むの卦《くわ》とし、意中孚小畜履同人大有《いちうふせうちくりどうじんたいいう》を陰《いん》を包《つゝ》むの卦《くわ》とする）、又《また》子孫《しそん》の爻《かう》が陽卦《やうくわ》に屬《ぞく》するものを男《をとこ》とし、陰卦《いんくわ》に屬《ぞく》するものを女《をんな》とする（乾震坎艮《けんしんかんごん》を陽卦《やうくわ》とし、坤巽離兌《こんそんりだ》を陰卦《いんくわ》とする）、又《また》子孫《しそん》が陽爻《やうかう》に屬《ぞく》するを男《をとこ》とし、陰爻《いんかう》に屬《ぞく》するを女《をんな》とする、若《も》し子孫《しそん》が陽卦《やうかう》に屬《ぞく》して陰爻《いんかう》又《また》は陰卦《いんくわ》に屬《ぞく》して陽爻《やうかう》なるときは、卦《くわ》が旺相《わうしやう》して爻《かう》が衰弱《すゐじやく》なれば卦《くわ》を以《もつ》て斷《だん》ずるのであつて、爻《かう》が旺相《わうしやう》して卦《くわ》が衰弱《すゐじやく》なれば爻《かう》を以《もつ》て斷《だん》ずるのである〇子孫《しそん》が發動《はつごう》する時《とき》は老陰《らういん》を男《をとこ》とし、老陽《らうやう》を女《をんな》とする、若《も》し兩爻《りやうかう》ありて皆發動《みなはつごう》する時《とき》は、旺相《わうしやう》するものを以《もつ》て斷《だん》ずるのである〇子孫《しそん》が發動《はつごう》しないで他爻《たかう》が發《はつ》動《ごう》する時《とき》は、陰卦《いんくわ》の變《へん》じて陽卦《やうくわ》となるを男《をとこ》とし、陽卦《やうくわ》の變《へん》じて陰卦《いんくわ》となるものを女《をんな》とする、若《も》し内外《ないぐわい》兩卦《りやうくわ》ともに發動《はつごう》する時《とき》は、其旺衰強弱《そのわうすゐきやうじやく》によりて斷《だん》ずるのである〇子孫《しそん》が月建青龍《げつけんせいりう》に臨《のぞ》み、或《あるひ》は月建《げつけん》青龍《せいりう》を帯《お》びて子孫《しそん》を生合《しやうがふ》する時《とき》は男子《だんし》にして聰明《そうめい》とし、若《も》し子孫《しそん》が月建《げつけん》にあらず日辰《につしん》にあらず、又月《またげつ》建日辰《けんにつしん》より生《しやう》ずることなき時《とき》は女子《ぢよし》とする、胎爻《たいかう》が陰《いん》に屬《ぞく》し、休囚《きうしう》して月日動爻《げつじつどうかう》の生合《じやうがふ》ありて、凶神《きようしん》の刑尅《けいこく》なきときは女《をんな》を生《う》むとする。

◎子《し》孫《そん》が旺相生扶《わうしやうしやうふ》するときは其子《そのこ》は肥大康强《ひだいかうきやう》とし、休囚氣《きうしうき》なきは弱小《じやくせう》とする○子《し》孫《そん》と妻財《さいざい》と胎爻《たいかう》の三つのものが月日動爻《げつじつどうかう》の生扶《しやうふ》ありて刑冲尅害《けいちうこくがい》がなければ、産《さん》は安《やす》く子《こ》は養《やしな》ひ易《やす》い、若《も》し刑冲尅害《けいちうこくがい》があり、或《あるひ》は化《くわ》して死墓《しぼ》絕空《ぜつくう》に入《い》るときは、産母《さんぼ》は災《わざはひ》あり、生《うま》れた子《こ》は養《やしな》ひ難《にく》い○子《し》孫《そん》の爻《かう》が發動《はつどう》し、或《あるひ》は安靜《あんせい》でありとても、日辰動爻《につしんどうかう》に冲《ちう》せらるゝ時《とき》は産婦《さんぷ》は無事《ぶじ》である○子《し》孫《そん》が發動《はつどう》して日辰胎爻《につしんたいかう》を冲《ちう》するときは其兒《そのこ》は已《すで》に生《うま》るゝとする○子《し》孫《そん》も胎爻《たいかう》も共《とも》に發動《はつどう》せず、又暗動《またあんどう》なき時《とき》は生《うま》るゝことが遲《おそ》い、之《これ》は冲《ちう》するの日《ひ》を待《ま》たねばならぬ○子《し》孫《そん》と胎爻《たいかう》の發動《はつどう》するときは生《うま》れ易《やす》いけれども、官鬼又《くわんきまた》は父母《ふぼ》の爻《かう》に發動《はつどう》して合《がつ》せらるゝか、又《また》は日辰《につしん》に合《がつ》せらるゝ時《とき》は、産《さん》に臨《のぞ》みて生《うま》れ難《がた》い、併《しか》し冲《ちう》の日《ひ》に至《いた》りて生《うま》れ落《おつ》る○子《し》孫《そん》と妻財《さいざい》と胎爻《たいかう》の内《うち》に青龍《せいりう》を帶《お》びて發動《はつどう》するものあるときは、産期《さんき》は甚《はなは》だ速《すみやか》であつて當日《たうじつ》にも生《うま》れる○子《し》孫《そん》が墓絕《ぼぜつ》に遇《あ》ひ、その上《うへ》月日動爻《げつじつどうかう》に刑冲尅害《けいちうこくがい》せらるゝのは大凶《だいきよう》である○子《し》孫《そん》が妻《さい》財墓《ざいぼ》絕《ぜつ》に遇《あ》ふは凶《きよう》とする、けれども若《も》し日辰動爻《につしんどうかう》の生扶《しやうふ》あるときは救《すく》ふことがある○卦中《くわちう》に子《し》孫《そん》の爻《かう》がなくて、胎爻《たいかう》があつて月建日辰又《げつけんにつしんまた》は動爻《どうかう》に刑尅《けいこく》せらるゝ時《とき》は、其子《そのこ》は亡《ほろ》ぶるとする、若《も》し子《し》孫《そん》がありとても、衰弱《すゐじやく》にして刑尅《けいこく》を受《う》くる場合《ばあひ》も亦同《またおな》じである○子《し》孫《そん》が兩爻《りやうかう》ありて、又胎爻《またたいかう》が二つあるのは發動《はつどう》せずといへども双生《ふたご》とする、若《も》し子孫《しそん》が化《くわ》して子孫《しそん》となり、胎爻《たいかう》が化《くわ》して胎爻《たいかう》となるときは、若し退神《たいしん》に化《くわ》すれば二つながら育《そだ》たない、陰陽動静《いんやうどうせい》によりて男女《だんぢよ》を分《わか》つので、一動《どう》一靜《せい》又《また》は一陰《いん》一陽《やう》は一は男《をとこ》とし一は女《をんな》とするの類《るゐ》である○子孫《しそん》が空亡《くうはう》に遇《あふ》ときは、忌神《きしん》が發動《はつどう》するとも害《がい》はない（忌神《きしん》は即《すなは》ち父母《ふぼ》なり）、○子孫《しそん》が空亡《くうはう》に遇《あ》ふて、官鬼白虎《くわんきびやくこ》を帶《お》びて發動《はつどう》する時《とき》は半產《はんざん》とする○子孫《しそん》が空亡《くうはう》にあふて、又空亡《またくうはう》に化《くわ》するも亦半產《またはんざん》とする○子孫《しそん》が空亡《くうはう》にあふて冲散《ちうさん》せらるゝ者《もの》も亦小產《またせうさん》とする○子孫《しそん》が青龍《せいりう》を帶《お》びて空亡《くうはう》にあふて制《せい》を受《う》け、且《か》つ胎爻《たいかう》が發動《はつどう》して日辰動爻《につしんどうかう》に冲《ちう》せらるゝは墮胎《だたい》すとする○子孫《しそん》が白虎《びやくこ》を帶《お》びて發動《はつどう》するときは、其胎《そのたい》は破《やぶ》るゝとする○子孫《しそん》の爻《かう》が官鬼《くわんき》に化《くわ》するときは死胎《したい》とする。

◎胎爻《たいかう》が旺相《わうしやう》し又生扶合助《またしやうふがふじよ》あり、官鬼父母《くわんきふぼ》を持《ぢ》せず空亡《くうはう》に遇《あ》はざるときは其胎《そのたい》は必《かなら》ず成《な》る、陽爻《やうかう》あれば更《さら》に育《いく》し易《やす》い○胎爻《たいかう》が父母《ふぼ》を持《ぢ》するは初胎《しよたい》とす○胎爻《たいかう》が官鬼《くわんき》を持《ぢ》するときは孕婦《ようふ》は疾《やまひ》がある○胎爻《たいかう》が官鬼《くわんき》を持《ぢ》し又《また》は月日《げつじつ》に刑冲《けいちう》せらるゝときは、皆傷害《みなしやうがい》がある○胎爻《たいかう》が土《つち》に屬《ぞく》して勾陳《こうちん》を帶《お》ぶる時《とき》は其胎《そのたい》は顯《あら》はれて見《み》え易《やす》い、胎爻《たうかう》が子孫《しそん》にして青龍《せいりう》を帶《お》ぶる時《とき》は、其胎《そのたい》は隱《かく》れて見《み》え難《がた》い、更《さら》に六合《がふ》にあふときは必《かなら》ず隱《かく》るゝとする○胎爻《たいかう》が　虎《びやくこ》を帶《お》びて冲《ちう》にあふか、又《また》は發動《はつどう》して官鬼《くわんき》に化《くわ》するときは小產《せうさん》とする○胎爻《たいかう》が玄武《げんぶ》を帶《お》ぶるは密夫《みつぷ》の兒《こ》である○胎爻《たいかう》が空亡《くうはう》に値《あ》ふときは形《かたち》を成《な》さずして散《さん》じて了《しま》ふ、若《も》し發動《はつどう》するときは胎成《たいな》るとする、但《たゞ》し變《へん》じて墓絶《ぼぜつ》に入《い》れば終《つひ》に育《そだ》たない。

◎妻財《さいざい》が發動《はつどう》して子孫《しそん》に化《くわ》する時《とき》は安産《あんざん》である○妻財爻《さいざいかう》が白虎《びやくこ》を帯《お》びて發動《はつどう》するときは、其胎《そのたい》は破《やぶ》れる○妻財《さいざい》が白虎《びやくこ》を帯《お》びて官鬼《くわんき》に化《くわ》する時《とき》は、小産《せうさん》して其子《そのこ》は育《そだ》たない○妻財《さいざい》が玄武《げんぶ》を帯《お》びて他爻《たかう》と合《がつ》し、又《また》は玄武《げんぶ》を帯《お》びたる應爻《おうかう》と合《がつ》するときは、密通《みつつう》して孕《はら》むとする○妻財爻《さいざいかう》が官鬼《くわんき》に化《くわ》する時《とき》は産《さん》後《ご》に疾《やまひ》がある。

◎父母《ふぼ》が發動《はつどう》するときは子《こ》に害《がい》がある。

◎官鬼《くわんき》が白虎《びやくこ》を帯《お》びて動《うご》くときは、小産《せうさん》して其子《そのこ》は育《そだ》たない○卦《くわ》に官鬼《くわんき》なく、或《あるひ》は有《あ》りとても眞空《しんくう》墓《ぼ》絶《ぜつ》にあふときは、其《そ》の婦人《ふじん》の夫《をつと》は已《すで》に死《し》して遺腹《ゐふく》の子《こ》である○官鬼《くわんき》が伏藏《ふくざう》して旺相《わうしやう》し提抜《ていはつ》あるときは、其夫《そのをつと》は遠方《ゑんぱう》に居《を》り、留守《るす》に生《うま》るゝ子《こ》とす○官鬼爻《くわんきかう》が子孫《しそん》に化《くわ》するときは、産前《さんぜん》に病《やまひ》がある○游魂《いうこん》の卦《くわ》を得《え》て官鬼空亡《くわんきくうばう》に値《あ》ふ時《とき》は、其夫《そのをつと》は外《ほか》にある。

◎兄弟《けいてい》が發動《はつどう》するときは、妻財《さいざい》を産母《さんぼ》とするの占《せん》は凶《きよう》である○兄弟《けいてい》が世爻《せいかう》につくときは、養子《やうし》の手《て》當《あた》て食物《しよくもつ》など行届《ゆきとゞ》かぬことがある○三合《がふ》會局《くわいきよく》して兄弟《けいてい》をなすときは産婦《さんぷ》の乳《ちゝ》が少《すくな》い、若《も》し妻財《さいざい》を産《さん》母《ぼ》とするの占《せん》には妻《さい》を尅《こく》することがある。

◎應爻《おうかう》の空亡《くうばう》するときは、産婦《さんぷ》の里方《さとかた》より贈物《おくりもの》が乏《とぼ》しい。

◎間爻《かんかう》が發動《はつどう》して妻財《さいくゞ》を生合《しやうがふ》するときは、産婆《さんば》の力《ちから》を得《う》ることが多《おほ》い。

◎産婆《さんば》を占《うらな》ふには妻財《さいくゞ》を以《もつ》て用神《ようしん》とし、乳母《うば》を占《うらな》ふも亦同《またおな》じである○妻財《さいくゞ》の爻《かう》が子孫《しそん》に合《がつ》するときは、産婆《さんば》は巧者《こうくや》とし、乳母《うば》は多乳《たにう》とする○卦身《くわしん》が子孫《しそん》に合《がつ》するも亦同《またおな》じである○子孫《しそん》が發動旺相《はつどうわうしやう》して制伏《せいふく》を受《う》けず、妻財《さいくゞ》を生扶《しやうふ》するも亦同《またおな》じである○兄弟《けいてい》が發動《はつどう》する時《とき》は産婆乳母《さんばうば》ともに貪《むさぼ》る心《こゝろ》が深《ふか》い、玄武《げんぶ》を帯《お》ぶるときは更《さら》に甚《はなはだ》しい○官鬼《くわんき》が發動《はつどう》するときは禍《わざはひ》があり、世身《せいしん》を刑尅《けいこく》せざるは凶《きよう》とすと雖《いへど》も、猶免《なほまぬが》るゝことがある、若《も》し尅害《こくがい》するときは大禍《たいくわ》がある○子孫爻《しそんかう》が妻財又《さいくゞまた》は卦身《くわしん》に刑冲尅害《けいちうこくがい》せらるゝ時《とき》は、小兒《こども》は禍害《くわがい》を受《う》くることがある。

第七十三章　養人の占法

養人《やうじん》の占法《せんぱふ》に於《おい》ては、妻婢奴僕《さいひどぼく》は妻財《さいくゞ》を用神《ようしん》とし、他人《たにん》の子《こ》を得《え》て繼嗣《けいし》とするは子孫《しそん》を用神《ようしん》とし、其他流浪《そのたるらう》の人《ひと》を養《やしな》ひ、難《なん》あるの人《ひと》を匿《かく》すの類《るゐ》は、豫《かね》て交《まじ》はる所《ところ》の分《ぶん》を以《もつ》て用神《ようしん》とし、朋友《ほういう》や同學《どうがく》には兄弟《けいてい》を用《もち》ゐ、尊長《そんちやう》や師匠《しゝやう》には父母《ふぼ》を用《もち》ゐ、婦女《ふぢよ》には妻財《さいくゞ》を用《もち》ゆるの類《るゐ》である。

◎用爻《ようかう》が發動《はつどう》するときは、其人《そのひと》は永《なが》く留《とゞ》まらない○用爻《ようかう》が旺相《わうしやう》して身世《しんせい》につくか、又《また》は世爻《せいかう》を生合《しやうがふ》するは大吉《だいきち》とする○用爻《ようかう》より世爻《せいかう》を生合《しやうがふ》するときは、其人《そのひと》は心《こゝろ》を用《もち》ゐ力《ちから》を竭《つく》す○用爻《ようかう》が世身《せいしん》を冲尅《ちうこく》するときは、其人《そのひと》は心服《しんぷく》しない○用爻《ようかう》が重疊大過《ちようでふたいくわ》するか、又《また》は空亡《くうはう》にあふときは、其人《そのひと》は反覆不實《はんぷくふじつ》であつていたづら心《ごゝろ》がある○用爻《ようかう》が墓《ぼ》に入《い》るときは、其人《そのひと》は慵懶《ようらい》である○用爻《ようかう》が衰弱氣《すゐじやくき》なく、或《あるひ》は空亡《くつはう》にあひ、或《あるひ》は絶《ぜつ》にあふときは、其人《そのひと》は埒明《らちあ》かぬものとす○用爻《ようかう》が衰弱《すゐじやく》にして日辰動爻《につしんどうかう》に刑尅《けいこく》せられて救《すく》ふ者《もの》がなければ短命《たんめい》である○用爻《ようかう》が發動《はつどう》して空亡《くうはう》に化《くわ》する時《とき》は、其人《そのひと》は始《はじめ》は宜《よろ》しく後《のち》は悪《わる》い○用爻《ようかう》が靑龍《せいりう》を帶《お》び發動《はつどう》して子孫《しそん》に化《くわ》して世爻《せいかう》を生合《しやうがふ》する時《とき》は、其人《そのひと》は篤實忠信《とくじつちうしん》であつて、金銀《きん〲》を託《たく》するとも能《よ》く守《まも》りて利《り》を主人《しゆじん》に歸《き》するのである○用爻《ようかう》が騰蛇《とうだ》を帶《お》びて發動《はつどう》して官鬼《くわんき》に合《がつ》するときは、其人《そのひと》は智《ち》謀《ぼう》ありとも奸詐不實《かんさふじつ》である、其《そ》れが婦人《ふじん》であれば凡《すべ》て貞潔《ていけつ》でない○用爻《ようかう》が玄武《げんぶ》を帶《お》びて兄弟《けいてい》に化《くわ》するときは、其人《そのひと》は貪欲《とんよく》甚《はなはだ》しく、好色《かうしよく》が深《ふか》い○合處逢冲《かふしよはうちう》は、始《はじめ》は吉《きち》なるが如《ごと》きも、終《をはり》は甚《はなは》だ凶《きよう》である○妾婢《せうひ》を占《うらな》ふに、妻財《さいゞ》が發動《はつどう》して子孫《しそん》に化《くわ》する時《とき》は、小兒《こども》を伴《つ》れ來《きた》ることがある、若《も》し妻財《さいゞ》は世爻《せいかう》を生《しやう》合《がふ》して、化出《くわしゆつ》の子孫《しそん》は世爻《せいかう》を刑尅《けいこく》するときは、其《そ》の婢妾《ひせう》は吉《きち》といへども、其子《そのこ》は頑劣《ぐわんれつ》にして使用《しよう》に堪《た》へない。

◎月建日辰動爻變爻等《げつけんにつしんどうかうへんかうとう》より世爻《せいかう》を尅《こく》するときは、其人《そのひと》を養《やしな》つては不可《いけ》ない、世爻《せいかう》が衰《おとろ》ふるの時《とき》に至《いた》りて害《がい》があることがある、若《も》し月日動變《げつじつどうへん》の生扶合助《しやうふがふじよ》あるときは吉《きち》とする○世爻《せいかう》が發動《はつどう》するときは、我《われ》の心《こゝろ》が改《あらた》まりて成《な》らざることがある○世爻《せいかう》が兄弟《けいてい》を持《ぢ》するときは金錢《きんせん》を費《つひや》すことがある、若《も》し婢妾《ひせう》を養《やしな》ふときは其力《そのちから》を得《え》ない、殊《こと》に凶神《きようしん》を帶《お》びて旺相發動《わうしやうはつどう》するときは必《かなら》ず破財《はざい》がある、又人心《またじん〳〵》の離《はな》るゝことがある○世爻《せいかう》が兄弟《けいてい》を持《ぢ》するときは、金錢《きんせん》に乏《とぼ》しくして事《こと》の成《な》らざることがある○世爻《せいかう》が官鬼《くわんき》を持《ぢ》するときは、我《われ》の心《こゝろ》に猶豫《いうよ》して決《けつ》しかぬることがある、故《ゆゑ》に成《な》り難《がた》きことがある○卦身《くわしん》を占《うらな》ふ所《ところ》の事《こと》の體《たい》とし人《ひと》の身《み》とす、世爻《せいかう》より生合《しやうがふ》するときは、其人《そのひと》を寵用《ちようよう》するとする○世爻《せいかう》が卦身《くわしん》と相合《さうがふ》し相生《さうしやう》し比和《ひわ》するは吉《きち》で、相尅《さうこく》し相冲《さうちう》し相刑《さうけい》するは凶《きよう》である○婢僕《ひほく》を養《やしな》ふことを占《うらな》ふに、應《おう》より世《せい》を生《しやう》ずるときは事《こと》は成《な》り易《やす》い、けれども世《せい》より應《おう》を生《しやう》ずるときは事《こと》は成《な》り難《がた》い○應爻《おうかう》が發動《はつどう》して世爻《せいかう》を生合《しやうがふ》するときは、更《さら》に成《な》り易《やす》い、若《も》し合處逢冲《がふしよはうちう》か又《また》は尅《こく》にあふ時《とき》は、人《ひと》ありて妨《さまた》ぐる、その何人《なんびと》なるかを知《し》らんと欲《ほつ》するならば、合《がふ》を冲《ちう》し或《あるひ》は尅《こく》するの爻《かう》の五類《るゐ》を以《もつ》て之《これ》を推《お》すべきである○世應《せいかう》が相冲尅《あひちうこく》するときは事《こと》は成《な》り難《がた》い、若《も》し日辰動《につしんどう》の生扶合助《しやうふがふじよ》あるときは、貴人《きじん》などの世話《せわ》ありて調《とゝの》ふべし。

◎兄弟《けいてい》が發動《はつどう》するときは破財口舌《はざいくぜつ》とする、又或《またあるひ》は虚詐《きよさ》あることがある、故《ゆゑ》に安靜《あんせい》を保《たも》つが利《よろ》しい○兄弟官鬼《けいていくわんき》ともに發動《はつどう》するときは後日《ごじつ》に至《いた》りて口舌訴訟等《くぜつそしようとう》がある、若《も》し合住《がふぢう》に値《あ》ふとも後日《ごじつ》利《よろ》しくない○兄弟官鬼《けいていくわんき》ともに發動《はつどう》して、應爻《おうかう》より世爻《せいかう》を尅《こく》することあるときは、謀《はかりごと》を以《もつ》て欺《あざむ》き僞《いつ》はることがある○兄弟官鬼《けいていくわんき》ともに發動《はつどう》して世爻《せいかう》を尅《こく》して、その上應爻《うへおうかう》よりも世爻《せいかう》を刑尅《けいこく》するときは、たとひ間爻《かんかう》より世爻《せいかう》を生合《しやうがふ》することありとも、實意《じつい》にあらずして謀《はかりごと》を合《あは》すると知《し》るべし。

◎官鬼《くわんき》が發動《はつごう》するときは禍《わざはひ》がある、或《あるひ》は疾病《しつぺい》とする○卦中《くわちう》に官鬼《くわんき》が兩爻《りやうかう》ありて發動《はつどう》して、又父母《またふぼ》が兩爻《りやうかう》ありて倶《とも》に發動《はつごう》するときは、その事《こと》は兩方《りやうはう》に掛《かゝ》り合《あひ》あると知《し》るべし○官鬼《くわんき》が空亡《くうはう》に遇《あ》ふて、發動《はつどう》して應爻《おうかう》と合《がふ》するときは、主《しゆ》を欺《あざむ》きて金錢《きんせん》を貪《むさほ》る類《るゐ》のことを謀《はか》ることがある。

◎父母《ふぼ》を證文請狀《しようもんうけじやう》とし、又受合《またうけあひ》の人等《ひとゝう》とする、若《も》し卦中《くわちう》に父母爻《ふぼかう》がなければ、主《おも》だちて引請世話《ひきうけせわ》する人《ひと》のないことがある、若《も》し變出《へんしゆつ》の爻《かう》に父母《ふぼ》ある時《とき》は、他《た》より立入《たちい》つて世話《せわ》することがある○父母《ふぼ》が發動《はつどう》して兄弟《けいてい》に化《くわ》するときは、其《そ》の事體《じたい》は不實《ふじつ》が多《おほ》く、證文等《しようもんとう》にも僞《いつはり》などあるか、又卦中《またくわちう》に父母《ふぼ》爻《かう》がなくして、兄弟爻《けいていかう》が變《へん》じて父母《ふぼ》となるも亦同然《またどうぜん》である。

◎間爻《かんかう》を口入世話人《くちいれせわにん》とし、若《も》し兄弟又《けいていまた》は官鬼《くわんき》を持《ぢ》して發動《はつごう》するときは、中《なか》に立《た》ちていたづらありと知《し》るべし。

◎間爻《かんかう》より世爻《せいかう》を生《しやう》じ或《あるひ》は合《がつ》するときは、仲人《ちうにん》が我《われ》に向《むか》つて勸《すゝ》むるとする、而《しか》して其人《そのひと》を知《し》らんとならば、五類《るゐ》を以《もつ》て之《これ》を推考《すゐかう》すべきである、間爻《かんかう》が二爻《かう》ともに空亡《くうはう》に値《あ》ふときは、仲《なか》に立入《たちい》る者《もの》がない、故《ゆゑ》に別《べつ》に人《ひと》を頼《たの》むべきである。

◎應爻《おうかう》が空亡《くうはう》に遇《あ》ふときは、彼《かれ》の意《い》に欲《ほつ》せず肯《うけが》はずとするのであるから、力《ちから》を竭《つく》すとも無益《むえき》である。

◎凡《およ》そ其人《そのひと》の性情《せいじやう》や才器《さいき》を察《さつ》せんとならば、別《べつ》に一卦《くわ》を起《おこ》して八卦《くわ》五類《るゐ》六神《しん》五行《ぎやう》を以《もつ》て斷《だん》ずべきである、その方法《はうはふ》は○八卦《くわ》は乾《けん》を剛《がう》とし大志《たいし》とし恣《ほしいまゝ》とし、坤《こん》を柔順《じうじゆん》とし遲拙《ちせつ》とし阿《おも》ねるとし、震《しん》を相《さう》とし正直《しやうぢき》とし暴戾《ばうれい》とし、巽《そん》を伶悧《れいり》とし猶豫《いうよ》とし浮氣《うはき》とし、坎《かん》を巧《こう》とし奸曲《かんきよく》とし、離《り》を明知《めいち》とし烈《はげ》しとし、艮《ごん》を篤實《とくじつ》とし靜《せい》とし訥《とつ》とし、兌《だつ》を佞眉《ねいび》とし辯口《べんこう》とす○五類《るゐ》は父母《ふぼ》を智慧《ちゑ》才能《さいのう》とし、子孫《しそん》を善良忠實《ぜんりやうちうじつ》とし、官鬼《くわんき》を强梁我慢《きやうりやうがまん》とし、妻財《さいく》を藝能器用《けいのうきよう》とし、兄弟《けいてい》を詭詐《きさ》奸謀《かんぼう》とす○六神《しん》は靑龍《せいりう》を喜悅《きえつ》慈仁《じじん》とし、朱雀《しゆじやく》を文華能辯《ぶんくわのうべん》とし、勾陳《こうちん》を遲鈍忠實《ちどんちうじつ》とし、螣蛇《とうだ》を輕浮《けいふ》虛騷《きよさう》とし、白虎《びやくこ》を武烈刻薄《ぶれつこくはく》とし、玄武《けんぶ》を奸計《かんけい》隱密《いんみつ》とす○五行《ぎやう》は木《き》を慈仁《じじん》とし柔懦《じうだ》とし、火《ひ》を急敏暴烈《きふびんばうれつ》とし、土《つち》を信實《しんじつ》とし、愚劣《ぐれつ》とし、金《きん》を剛決《がうけつ》とし、强橫《きやうわう》とし、水《みづ》を智巧《ちこう》とし、陰賊《いんぞく》とす○凡《およ》そ六合《がふ》の卦《くわ》は、男子《だんし》は才敏《さいびん》にして人《ひと》に親《した》しまるゝ故《ゆゑ》に吉《きち》とする、婦人《ふじん》は貞潔《ていけつ》ならざることがある、六冲《ちう》の卦《くわ》は、男子《だんし》は遲鈍《ちどん》にして人《ひと》に疎《うと》まるゝことがある、婦人《ふじん》は貞實《ていじつ》なることが多《おほ》いとする。

第七十四章　家宅の占法

家宅《かたく》の占法《せんぱふ》に於《おい》ては、第《だい》二爻《かう》を宅舍《たくしや》として之《これ》を宅爻《たくかう》と云《い》ひ、第《だい》五爻《かう》を住居《ちうきよ》する人《ひと》として之《これ》を人爻《じんかう》と云《い》ふのである、而《しか》して二爻《かう》に合《がつ》するを門《もん》とし、二爻《かう》を冲《ちう》するを路《みち》とする（合冲《がふちう》ともに卦中《くわちう》になしと云《い》ふとも、之《これ》を以《もつ》て門《もん》とし路《みち》とする、例《たと》へば天風姤《てんぷうこう》の卦《くわ》の二爻《かう》は亥水《ゐみづ》なるゆゑ、寅《とら》を門《もん》とし巳《み》を路《みち》とする、姤《こう》の卦中《くわちう》に寅巳《とらみ》の二爻《かう》はないのであるけれども之《これ》を用《もち》ゆるのである）、其他《そのた》六爻上下《かつじやうげ》の位《くらゐ》に屬《ぞく》する五行《ぎやう》五類《るゐ》六神等《しんとう》を察《さつ》し、又住居《またぢうきよ》する人《ひと》の本命《ほんめい》を考《かんが》へて吉凶《きつきよう》を推《お》すべきである。

◎大凡家《おほよそか》宅《たく》の占《せん》に於《おい》て最《もつと》も重《おも》んずるものは宅爻《たくかう》と人爻《じんかう》とである、すべて宅爻《たくかう》から人爻《じんかう》を生《しやう》ずるは吉《きち》であつて、剋《こく》するは凶《きよう》である、人爻《じんかう》より宅爻《たくかう》を剋《こく》するは吉《きち》であつて、生《じやう》ずるも凶《きよう》ではない○宅爻《たくかう》が發《はつ》動《どう》して世爻又《せいかうまた》は卦身《くわしん》を生《しやう》ずるときは、近年《きんねん》の内《うち》に轉宅《てんたく》することがある○宅爻《たくかう》が發動《はつどう》するときは、生剋《しやうこく》ともに新《あらた》に造作《ざうさく》することがある○太歳又《たいさいまた》は月建又《げつけんまた》は日辰《につしん》が宅爻《たくかう》につきて、父母官鬼靑龍貴人《ふぼくわんきせいりうきじん》の内《うち》の何《いづ》れにても帶《お》ぶる時《とき》は、官職《くわんしよく》ある高貴《かうき》の家《いへ》とする○太歳月建日辰《たいさいげつけんにつしん》の内《うち》の何《いづ》れにても宅爻《たくかう》につき、妻財官《さい〱くわん》鬼靑龍貴人《きせいりうきじん》の内《うち》の何《いづ》れにても帶《おび》て、世爻又《せいかうまた》は主人本命《しゆじんほんめい》の爻《かう》を生《しやう》ずるときは、家内《かない》は甚《はなは》だ賑《にぎ》はしい○宅《たく》爻《かう》が歳月日《さいげつじつ》の三破《は》にあはずして、歳月日又《さいげつじつまた》は動爻《どうかう》より生《しやう》ぜられ、妻財爻《さい〱かう》に旺相氣《わうしやうき》あるときは大《おほい》に繁榮《はんえい》する○世爻《せいかう》が日辰《につしん》ともに同《おなじ》く宅爻《たくかう》を剋《こく》するときは、先祖《せんぞ》は不安《ふあん》とする○宅爻《たくかう》が月破《げつは》にあふて、發動《はつどう》して世爻又《せいかうまた》は卦身《くわしん》を剋《こく》するときは、禍《わざはひ》が絶《た》えない○世爻《せいかう》に日辰《につしん》を持《ち》して發動《はつどう》し、宅爻《たくかう》と同《おな》じきは（例《たと》へば亥《ゐ》の日占《ひうらな》ふて大過《たいくわ》を得《え》、丑《うし》の日占《ひうらな》ふて明夷《めいい》を得《う》るの類《るゐ》）他人《たにん》の住居《ぢうきよ》であつて、地代《ちだい》や宿料《しゆくれう》などが要《か》る○宅爻《たくかう》と世爻《せいかう》と同《おな》じきか（例《たと》へば明夷《めいい》の卦《くわ》の第《だい》二爻《かう》が丑《うし》であつて、世爻《せいかう》も亦丑《またうし》なるの類《るゐ》）又《また》は變爻《へんかう》の世爻《せいかう》と同《おな》じく（例《たと》へば明夷《めいい》の卦《くわ》が家人《かじん》に變《へん》ずるときは、家人《かじん》の世爻《せいかう》も亦丑《またうし》なるの類《るゐ》）發動《はつどう》するときは、父母《ふぼ》を離《はな》れて別居《べつきよ》するとし、宅爻《たくかう》なるときは同處《ごうしよ》に分《わか》れ居《を》るとする○應爻《おうかう》につきたる十二支爻《しかう》が宅爻《たくかう》と同《おな》じきときは、他人《たにん》と同居《ごうきよ》することがある、若《も》し日辰《につしん》が之《これ》に同《おな》じきときは、假《か》りの住居《ぢうきよ》とする○應爻《おうかう》につきたる十二支爻《しかう》が宅爻《たくかう》と同《おな》じくして妻《さい》の本命《ほんめい》を生合《しやうがふ》するときは、他《た》の人《ひと》が來《きた》りて夫《をつと》となることがある○兄弟《けいてい》が宅爻《たくかう》につき又《また》は宅爻《たくかう》に合《がつ》するときは、兩家《りやうか》が同居《どうきよ》することがある○宅爻《たくかう》が騰蛇《とうだ》を帶《お》び木《き》を持《ぢ》して休囚《きうしう》にあふときは、甚《はなは》だ貧《まづ》しき住居《ぢうきよ》とする○宅爻《たくかう》が玄武《けんぶ》の爻《かう》と合《がつ》し、又沐浴《またもくよく》の爻《かう》ありて發動《はつどう》するときは、女人《によにん》に淫亂《いんらん》なることがある○宅爻《たくかう》が空亡《くうはう》にあひ、且《か》つ主人《しゆじん》の本命《ほんめい》が旬空《じゆんくう》（例《たと》へば主人《しゆじん》が甲子《きのえね》の歳《とし》の生《うま》れなれば、戌亥《いぬゐ》を本命《ほんめい》の旬空《じゆんくう》とするの類《るゐ》）にあふときは、荒《あ》れ廢《すた》りたる所《ところ》、又死《またしに》絶《た》ゑ或《あるひ》は逃去《にげさ》りたるの跡《あと》とする。

◎青龍《せいりう》が發動《はつどう》し空亡《くうはう》に値《あ》はずし旺相《わうしやう》するときは新《あらた》に造作《ざうさく》するとし、休囚《きうしう》するは修覆《しゆふく》とする、妻財《さいぐ》につくは勝手臺所《かつてだいどころ》、父母《ふほ》につくは座敷《ざしき》、兄弟《けいてい》につくは門戸《もんこ》、子孫《しそん》につくは部屋《へや》、官鬼《くわんき》につくは表座敷《おもてざしき》とする○青龍《せいりう》が木爻又《もくかうまた》は水爻《すゐかう》につき妻財《さいぐ》を持《ぢ》し氣《き》ありて夫《をつと》の本命《ほんめい》を持《ぢ》するときは、妻《つま》の財物《ざいぶつ》を得《う》るとする○勾陳《こうちん》が發動《はつどう》して玄武《けんぶ》の妻財《さいぐ》を剋《こく》するときは、妻《さい》が死《し》する○白虎《びやくこ》が發動《はつどう》し休囚墓《きうしうぼ》絶《ぜつ》にあふときは、久《ひさ》しき住居《ぢうきよ》にて破《やぶ》れたりとする○家内《かない》の人《ひと》の本命《ほんめい》が玄武《げんぶ》又《また》は咸池《かんち》を帶《お》ぶるときは、酒色《しゆしよく》に耽《ふけ》るとする○白虎《びやくこ》が發動《はつどう》して、靑龍《せいりう》の官鬼《くわんき》を剋《こく》するときは、夫《をつと》が死《し》する○年月日時《ねんけつにちじ》ともに白虎《びやくこ》につくときは家内《かない》の者《もの》は皆死亡《みなしはう》する、若《も》し子孫《しそん》が發動《はつどう》するときは悲喜相半《ひきあひなかは》するの象《かたち》とする。

◎子孫《しそん》や妻財《さい〲》が旺相生扶《わうしやう〱ふ》して宅爻《たくかう》又《また》は人爻《じんかう》につき、或《あるひ》は卦身《くわしん》を生《しやう》じ又《また》は世爻《せいかう》を生《しやう》ずるときは、其家《そのいへ》は繁昌《はんじやう》する○子孫《しそん》が內卦《ないくわ》にありて世爻《せいかう》を生《しやう》ずるときは、多《おほ》く金銀等《きん〲とう》を得《う》るとする○子孫《しそん》が他宮《たきう》にありて本命爻《ほんめいかう》の下《もと》に伏藏《ふくざう》する十二支《し》と同《おな》じきは、他人《たにん》を養子《やうし》とすることがある○本宮《ほんきう》の子孫《しそん》が應爻《おうかう》の下《もと》に伏藏《ふざう》する十二支《し》と同《おな》じきは、我子《わがこ》を他人《たにん》へ養子《やうし》にすることがある○子孫《しそん》が妻《さい》の本命《ほんめい》を持《ぢ》して發動《はつどう》し、世爻《せいかう》につきて日辰《につしん》を帶《お》ぶるときは、其妻《そのさい》は嫁《か》する時《とき》に子《こ》を伴《つ》れ來《きた》る○子孫《しそん》が本命《ほんめい》の旬空《じゆんくう》にあふときは子《こ》を得《う》ることが遲《おそ》い○子孫《しそん》が絶《ぜつ》にあふて且《か》つ刑剋《けいこく》を受《う》くるときは、子《こ》の育《そだ》ち難《がた》いことが多《おほ》い○子孫《しそん》が或宮《あるきう》に夫《をつと》の命爻妻《めいかうさい》の命爻《めいかう》ともにありて何《いづ》れか子孫《しそん》に合《がつ》するときは、親類重緣《しんるゐぢうえん》又《また》は近所懇志《きんじよこんし》の妻緣《さいえん》とする。

◎妻財《さい〲》が世《せい》につき化《くわ》して子孫《しそん》となるときは、仕官《しくわん》の人《ひと》には利《よろ》しくない○妻財《さい〲》が發動《はつどう》して父母休囚《ふぼきうしう》に値《あ》ふときは、父母《ふぼ》を剋《こく》して凶《きよう》である○妻財《さい〲》が日辰《につしん》を持《ぢ》し發動《はつどう》して夫《をつと》の命爻《めいかう》を剋《こく》し應爻《おうかう》を合《がつ》するときは妻《つま》は再緣《さいえん》する、若《も》し咸池《かんち》を帶《お》ぶるときは、妻《さい》と外人《ぐわいじん》と夫《をつと》を殺《ころ》すことを謀《はか》る、若し老陰《らういん》に屬《ぞく》するときは未來《みらい》の事《こと》とする、用心《ようじん》あるべし○妻財《さい〲》が應爻《おうかう》と合《がつ》し咸池玄武《かんちげんぶ》を帶《お》ぶるときは妻《さい》は二心《ふたごゝろ》がある、世爻《せいかう》が日辰《にちしん》を持《ぢ》して妻財《さい〲》と應爻《おうかう》とを剋《こく》するときは、夫《をつと》は其《そ》れを見《み》あらはす。

◎官鬼《くわんき》が發動《はつどう》して、世爻《せいかう》又《また》は宅爻《たくかう》を尅《こく》するときは、禍災《わざはひ》が絶《た》えない○官鬼《くわんき》が發動《はつどう》して人《ひと》の本命《ほんめい》を尅《こく》するを催死《さいし》煞《さい》とするから凶《きよう》である○官鬼《くわんき》が父母《ふぼ》に貴人《きじん》を帶《お》びて世旺《せいわう》につき、日辰《につしん》を持《ぢ》して發動《はつどう》するときは、仕官《しくわん》の者《もの》は榮轉《えいてん》の喜《よろこび》がある○官鬼《くわんき》が白虎《びやくこ》を帶《お》びて發動《はつどう》するときは、其《そ》の冲尅《ちうこく》を受《う》くる爻《かう》を本命《ほんめい》とする人《ひと》に害《がい》がある○官鬼《くわんき》に貴人祿等《きじんろくとう》を帶《お》ぶるは出身《しゆつしん》する人《ひと》とする○官鬼《くつんき》が本命《ほんめい》の爻《かう》につきて墓《ぼ》に入《い》り、卦身《くわしん》は凶神《きようしん》を帶《お》びて制尅《せいこく》を受《う》くるときは大凶《だいきよう》の兆《てう》とする○年月日時《ねんげつじつじ》が皆官鬼《みなくわんき》に臨《のぞ》みて、世爻《せいかう》又《また》は卦身《くわしん》又《また》は本命《ほんめい》につくは災《わざはひ》がある○官鬼《くわんき》なければ兄弟《けいてい》に權《けん》あり、財物耗散《ざいぶつはうさん》す、但《たゞ》し發動《はつどう》するは利《よろ》しくない。

◎父母《ふぼ》が發動《はつどう》して子孫《しそん》が死絶《しぜつ》にあふときは、子《こ》を尅《こく》して凶《きよう》である○父母《ふぼ》が應爻《おうかう》につき發動《はつどう》して本命《ほんめい》の爻《かう》を生《しやう》ずるときは、妾腹《せふふく》の子《こ》又《また》は先妻及《せんさいおよ》び後妻《ごさい》の子《こ》とする○卦身命尅《くわしんめいこく》ともに父母《ふぼ》を持《ぢ》するときは、二人《にん》の親《おや》を見《み》るべし○父母《ふぼ》が空亡《くうはう》にあひて氣《き》なく、且《か》つ應爻日辰動爻《おうかうにつしんどうかう》が化《くわ》して父母《ふぼ》となりて宅爻《たくかう》を生《しやう》合《がふ》するときは、地代《ちだい》や宿料《しゆくれう》などの掛《か》る住居《すまひ》である。

◎兄弟《けいてい》が發動《はつどう》して妻《つま》の命爻《めいかう》を尅《こく》し、或《あるひ》は兄弟《けいてい》が夫《をつと》の命爻《めいかう》につきて發動《はつどう》するときは、後妻《ごさい》があるのであらう○兄弟《けいてい》が日辰《につしん》を持《ぢ》して兄《あに》の命爻《めいかう》を尅《こく》するか、又《また》は弟《おとゝ》の命爻《めいかう》を尅《こく》するときは兄弟《けいてい》の間《あひだ》は不和《ふわ》である。

◎世應《せいおう》ともに命爻《めいかう》にあふときは兩姓《りやうせい》がある○世爻《せいかう》應爻《おうかう》妻財《さいざい》と三合《がふ》會《くわい》局《きよく》をなし、又《また》官鬼《くわんき》が兩爻《りやうかう》ありて妻《つま》の命爻《めいかう》に合《がつ》するときは兩夫《りやうふ》あるの象《かたち》とする○世應《せいおう》が空亡《くうばう》に遇《あ》はずして相隔《あひへだ》ち、且《か》つ妻財《さいざい》世爻《せいかう》と相《あひ》隔《へだ》ちて空亡《くうばう》して冲《ちう》に遇《あ》ふときは、其夫《そのをつと》は他郡《たぐん》他國《たこく》の人《ひと》である○世爻《せいかう》が發動《はつどう》して妻《つま》の命爻《めいかう》を帶《お》ぶるときは、妻《つま》と共《とも》に妻《つま》の家《いへ》に就《つ》くことがある。

◎木性《きしやう》の人《ひと》が火《ひ》の官鬼《くわんき》を得《え》、火性《ひしやう》の人《ひと》が土性《つちしやう》の官鬼《くわんき》を得《え》、土性《つちしやう》の人《ひと》が金性《かねしやう》の官鬼《くわんき》を得《う》るの類《るゐ》は之《これ》を本命助鬼《ほんめいきをたすく》と云《い》つて不吉《ふきつ》とする、若し卦體《くわたい》に官鬼《くわんき》を剋《こく》し本命《ほんめい》を生《しやう》ずるものあるものは差支《さしつかへ》ない（木性《きしやう》に火《ひ》の官鬼《くわんき》は本命助鬼《ほんめいきをたすく》とするけれども、若《も》し水《みづ》のあるときは、木性《きしやう》を生《しやう》じ火《ひ》の官鬼《くわんき》を剋《こく》するが如《ごと》し）○木性《きしやう》の人《ひと》は金爻《きんかう》を以《もつ》て官鬼《くわんき》とし、土爻《どかう》を以《もつ》て妻財《さいざい》とする、妻財《さいざい》の多《おほ》いのは吉《きち》のやうであるけれども、官鬼《くわんき》を助《たす》くるが故《ゆゑ》に凶《きよう》である○木性《きしやう》の人《ひと》は土《つち》の官鬼《くわんき》を恐《おそ》れず、火性《ひしやう》の人《ひと》は金《かね》の官鬼《くわんき》を恐《おそ》れず、之《これ》は我《われ》より制《せい》するから發動《はつどう》しても妨《さまた》げぬのである○木性《きしよう》の人《ひと》は水鬼《すゐき》を恐《おそ》れず、火性《ひしやう》の人《ひと》は木鬼《もくき》を恐《おそ》れず、是《こ》れ我《われ》を生《しやう》ずるからである。

◎夫《をつと》の身爻《しんかう》が發動《はつどう》して妻《つま》の命爻《めいかう》に遇《あ》ふときは、早《はや》く妻《つま》を娶《めと》る、妻《つま》の身爻《しんかう》が發動《はつどう》して夫《をつと》の命爻《めいかう》に遇《あ》ふときは早《はや》く嫁《か》するとする○夫《をつと》の身爻《しんかう》が日辰《につしん》を持《ぢ》し發動《はつどう》して妻《つま》の命爻《めいかう》を剋《こく》するときは、夫《をつと》その妻《つま》に和《わ》せず○夫爻《ふかう》が妻《つま》の命爻《めいかう》を刑剋《けいこく》し、又《また》は妻財《さいざい》を刑剋《けいこく》して、剋《こく》を受《う》くる妻財《さいざい》が兩爻《りやうかう》あるときは夫《をつと》は兩妻《りやうさい》を剋する、若《も》し夫《をつと》に日辰《につしん》を帶《お》びて旁爻《はうかう》の妻財《さいざい》に合《がつ》するときは再《ふたゝ》び娶《めと》るとする○夫爻《ふかう》が日辰《につしん》又《また》は動爻《どうかう》と同《おな》じく三刑羊刃等《けいやうじんとう》を帶《お》びて妻《つま》の命爻《めいかう》を剋《こく》するときは、其妻《そのつま》を殺《ころ》すことがある○夫《をつと》の命爻《めいかう》が妻《つま》の本命祿星《ほんめいろくせい》につき（妻《つま》たる人《ひと》が甲子歳《きのえねどし》の生《うま》れなれば、甲《きのえ》の祿《ろく》は寅《とら》にありとするの類《るゐ》）生旺《しやうわう》して氣《き》あるときは、夫《をつと》たる人《ひと》が妻《つま》の養《やしなひ》を受《う》くるとする、若《も》し羊刃旬空月破等《やうじんじゆんくうげつぱとう》にあふときは然《しか》らず○命爻《めいかう》が發動《はつどう》して妻《つま》の命爻《めいかう》に合《がつ》するときは、妻《つま》と倶《とも》に妻《つま》の家《いへ》につくことがある○妻《つま》の命爻《めいかう》が第《だい》五爻《かう》につきて世爻《せいかう》を生合《しやうがふ》するときは、夫《をつと》を助《たす》けて能《よ》く内《うち》を治《をさ》むる妻《つま》とする、若《も》し世爻《せいかう》を沖剋《ちうこく》するときは、夫《をつと》を蔑《ないがしろ》にし又《また》は夫《をつと》の家《いへ》を破《やぶ》る○妻《つま》の身爻《しんかう》が日辰《につしん》を持《ぢ》し發動《はつどう》して夫《をつと》の命爻《めいかう》を刑《けい》するときは、妻《つま》は其夫《そのをつと》に和《わ》しない○妻《つま》の命爻《めいかう》が夫《をつと》の身爻《しんかう》を沖《ちう》し、又《また》は夫《をつと》の命爻《めいかう》が妻《つま》の身爻《しんかう》を沖《ちう》するときは、夫婦《ふうふ》は不和《ふわ》である○妻《つま》の命爻《めいかう》が玄武《げんぶ》咸池《かんち》を帶《お》びて應爻《おうかう》と合《が》するときは、妻《つま》に二心《ふたごゝろ》がある、夫爻《ふかう》が日辰《につしん》を持《ぢ》して妻又《つままた》は應爻《おうかう》を剋《こく》するときは見《み》あらはすのである○妻《つま》の命爻《めいかう》が日辰《につしん》を帶《お》び、發動《はつどう》して夫爻《ふかう》を剋《こく》し應爻《おうかう》と合《がつ》するときは、妻《つま》は再嫁《さいか》する、若《も》し咸池《かんち》を帶《お》びて夫《をつと》の身爻命爻《しんかうめいかう》を剋《こく》するときは、他人《たにん》と倶《とも》に夫《をつと》を殺《ころ》すことを謀《はか》る、若《も》し老姻《らういん》なれば未來《みらい》の事《こと》とする、用心《ようじん》すべし○妻《つま》の命爻《めいかう》が月破《げつは》にあひ、兄弟白虎《けいていびやくこ》を帶《お》びて發動《はつどう》するときは、夫《をつと》の家《いへ》を破《やぶ》る○夫《をつと》にても妻《つま》にても、命爻《めいかう》に合《がつ》する爻《かう》が官鬼《くわんき》を帶《お》ぶるときは、婚姻《こんいん》が明《あきら》かでない○子《こ》の命爻《めいかう》が第《だい》五爻《かう》につきて世爻《せいかう》を生合《しやうがふ》する時《とき》は、父《ちゝ》に代《かは》りて能《よ》く家《いへ》を治《をさ》むる子《こ》とする、若《も》し世爻《せいかう》を沖剋《ちうこく》する時《とき》は悖逆不肖《はいぎやくふせう》にして、父《ちゝ》の業《げふ》を繼《つ》ぐことは出來《でき》ない○第二爻《だいかう》を嫁《よめ》とす、姑《しうとめ》の命爻《めいかう》を相刑《さうけい》し相冲《さうちう》するときは不孝《ふかう》とする、生合《しやうがふ》するときは孝順《かうじゆん》である○世爻《せいかう》が身爻《しんかう》と日辰《につしん》、又《また》は動爻《ごうかう》と同《おな》じ十二支《し》にて、倶《とも》に生合《しやうがふ》するときは雙胎《ふたご》がある○身命《しんめい》が絶《ぜつ》にあひ又空亡《またくうはう》にあひ、官鬼《くわんき》より身命《しんめい》を尅《こく》することあるときは、死亡《しはう》の禍《わざはひ》がある○用神《ようしん》が死絶《しぜつ》にあふて、その上日辰動爻忌煞凶神《うへにつしんどうかうきさいきようしん》を帶《お》びて尅《こく》せらるゝか、又《また》は本命《ほんめい》を尅《こく》せらるゝときは、死亡《しはう》の禍《わざはひ》がある○男《をとこ》の命爻《めいかう》が發動《はつごう》して女《をんな》の命爻《めいかう》に合《がつ》し、且《か》つ女《をんな》の命爻《めいかう》が發動《はつごう》して男《をとこ》の命爻《めいかう》に合《がつ》するときは淫亂《いんらん》のことがある、若《も》し夫婦《ふうふ》なれば密通《みつゝう》して後《のち》に娶《めと》るとする○何《いづ》れにても命爻《めいかう》に玄武咸池《けんぶかんち》を帶《お》ぶるときは酒色《しゆしよく》に耽《ふけ》るとする。

◎年月日《ねんがつにち》が凶神《きようしん》を帶《お》びて世爻又《ぜいかうまた》は卦身又《くわしんまた》は命爻《めいかう》を尅《こく》するときは、家内《かない》の人《ひと》に禍《わざはひ》がある、太歳《たいさい》は一年《ねん》の禍《わざはひ》であつて、月建《げつけん》は數月《すうげつ》の災《わざはひ》とする○年月日《ねんがつにち》の三破《は》にあふときは頽破《たいは》とする、兄弟《けいてい》は門戸墻垣《もんこしやうえん》、子孫《しそん》は部屋《へや》、妻財は勝手《かつて》、父母《ふほ》は座敷《ざしき》、官鬼《くわんき》は表座敷《おもてざしき》とする。

◎三刑羊刄《けいやうじん》二つともに全《まつた》くして身《み》を尅《こく》し官鬼《くわんき》に臨《のぞ》むときは刑罰《けいばつ》にあふか、又《また》は刄傷《にんじやう》のことがある、玄武《けんぶ》劫殺《けふさつ》を帶《お》ぶるは盜賊《たうぞく》とし、世爻日辰《せいかうにつしん》を持《ぢ》し又《また》は動爻《ごうかう》と同《おな》じくして應爻《おうかう》を尅《こく》するときは、他人《たにん》が我《われ》を殺《ころ》す、若《も》し子孫《しそん》が發動《はつごう》するときは凶中《きようちう》に吉《きち》があることがある。

◎土爻《どかう》が化《くわ》して金爻《きんかう》となり、金爻《きんかう》が化《くわ》して土爻《どかう》となるときは新《あらた》に地形《ちぎやう》を拵《こしら》へるとする。

◎初爻《しよかう》が土《つち》に屬《ぞく》するは地形《ちぎやう》とする、月破《げつは》の冲破《ちうは》にあふときは窪《くぼ》み破《わ》れ緩《ゆる》み等《とう》がある○初爻《しよかう》が水《みづ》に屬《ぞく》するは井《ゐど》とする、子孫妻財《しそんさい〲》を持《ぢ》するは吉《きち》である、官鬼《くわんき》を持《ぢ》し又《また》は忌神《きしん》にあふときは凶《きよう》である○初爻《しよかう》が水《みづ》に屬《ぞく》して白虎《びやくこ》を帶《お》ぶるときは橋《はし》のあることがある、子孫妻財《しそんさい〲》を持《ぢ》するときは吉《きち》で、冲《ちう》にあふは破《やぶ》れる○初爻《しよかう》が水《みづ》に屬《ぞく》し玄武《げんぶ》を帶《お》ぶるときは溝《みぞ》や堀《ほり》がある○初爻《しよかう》が木《き》に屬《ぞく》し官鬼《くわんき》を持《ぢ》するときは、家《いへ》の近《ちか》き所《ところ》に樹木《じゆもく》ありて、其根《そのね》が地形《ちぎやう》の下《した》に入《はい》ることがある○初爻《しよかう》が寅《とら》に屬《ぞく》して吉神《きちしん》を帶《お》ぶるときは、良《よ》き猫《ねこ》がありて鼠《ねずみ》を捕《と》る○初爻《しよかう》が酉《とり》の爻《かう》と生合《しやうがふ》し、又《また》は刑冲剋害《けいちうこくがい》するときは、雞《にはとり》又《また》は凡《すべ》ての鳥《とり》の吉凶《きつきよう》を推《すゐ》すべし○初爻《しよかう》に官鬼父母白虎《くわんきふぼびやくこ》等《とう》の發動《はつどう》なきときは、小兒《こども》は平安《へいあん》とする、若《も》し是等《これら》の忌神《きしん》が發動《はつどう》するときは、小兒《こども》に災《わざはひ》がある○初爻《しよかう》に鬼墓《きぼ》を持《ぢ》するときは（鬼墓《きぼ》とは官鬼《くわんき》の墓爻《ぼかう》をいふ、申酉《さるとり》の官鬼《くわんき》は丑《うし》を鬼墓《きぼ》とし、寅卯《とらう》の官鬼《くわんき》は未《ひつじ》を鬼墓《きぼ》とするの類《るゐ》を云《い》ふ）近邊《きんぺん》に古《ふる》き墓《はか》のあることがある。

◎第《だい》二爻《かう》が木《き》に屬《ぞく》して官鬼《くわんき》を持《ぢ》するときは、竈《かまど》の上《うへ》に横梁《よこはり》がある○二爻《かう》が木《き》に屬《ぞく》して金日金爻《きんにちきんかう》より冲《ちう》せらるゝときは、鍋蓋《なべぶた》が破《わ》れる○二爻《かう》が三合會局《がふくわいきよく》して金《きん》を成《な》して冲《ちう》せらるゝときは、竈《かまど》に破《わ》れ鍋《なべ》がある○二爻《かう》が火《ひ》に屬《ぞく》し、官鬼《くわんき》を持《ぢ》し朱雀《しゆじやく》を帶《お》ぶるときは火災《くわさい》がある○二爻《かう》が土《つち》に屬《ぞく》し金《きん》に化《くわ》し、又《また》は金《きん》に屬《ぞく》して土《つち》に化《くわ》するときは、新《あらた》に造作《ざうさく》する○二爻《かう》が父母《ふぼ》を持《ぢ》するときは、五行《ぎやう》ともに何《いづ》れにても奥《おく》座敷《ざしき》とする、旺相安靜《わうしやうあんせい》は吉《きち》、休囚破剋《きうしうはこく》にあふときは破《やぶ》れ漏《も》る○二爻《かう》が子孫妻財《しそんさい〲》を持《ぢ》し、旺相有氣《わうしやういうき》は其《その》家《いへ》は富饒豊足《ふねうほうそく》する、若《も》し休囚破尅《きうしうはこく》にあふときは其家《そのいへ》甚《はなは》だ貧《まづ》し○二爻《かう》が世《せい》を持《ち》し官鬼《くわんき》を帯《お》ぶるときは、其家《そのいへ》は必《かなら》ず先祖《せんぞ》の傳來《でんらい》ではない○二爻《かう》が戌《いぬ》の爻《かう》を生尅合冲《しやうこくがふちう》するときは、家《いへ》に畜《か》ふ犬《いぬ》の吉凶《きつきよう》を推《すゐ》すべし、子孫《しそん》が妻財《さいぐ》を持《ち》するは吉《きち》、忌煞《きさい》を持《ち》するは凶《きよう》、應爻《おうかう》が二爻《かう》と同《おな》じ十二支《し》にあふときは、他人《たにん》と同居《どうきよ》することがある。

◎第三爻《だいかう》が兄弟《けいてい》を持《ち》するは門戸《もんこ》とする、若《も》し卯爻《うかう》の兄弟《けいてい》なるときは門戸《もんこ》としない、牀《ゆか》を上《あ》げ或《あるひ》は二階作《かいづく》りとする、子孫妻財《しそんさいぐ》を持《ち》するときは美《うつく》しいとする、若《も》し騰蛇官鬼《とうだくわんき》を帯《お》ぶるときは、其婦女《そのふぢよ》は意外《いぐわい》に驚《おどろ》くことなどがある○三爻《かう》が官鬼《くわんき》を持《ち》するは祠堂《しだう》とする、若《も》し金爻《きんかう》の官鬼《くわんき》なれば祭器《さいき》が破損《はそん》する、若《も》し木爻官鬼《もくかうくわんき》が青龍《せいりう》を帯《お》びて旺相《わうしやう》するときは、神主《しんしゆ》（俗《ぞく》に位牌《ゐはい》といふに同《おな》じ）祭器《さいき》ともに美《うつく》しいとする○三爻《かう》が若《も》し日月又《じつげつまた》は動爻《どうかう》に冲尅《ちうこく》せらるゝときは、其家《そのいへ》は小門《こもん》を通用《つうよう》して本門《ほんもん》を通用《つうよう》しない○三爻《かう》が若《も》し第四爻《だいかう》に發動《はつどう》して冲尅《ちうこく》せらるゝときは、門戸《もんこ》と門戸《もんこ》と相向《あひむか》ふて其間《そのかん》を通行《つうかう》することなどある○三爻四爻《かうかう》ともに兄弟《けいてい》を持《ち》するは、其家《そのいへ》は少《すこし》く門戸《もんこ》が多《おほ》く、金錢耗散《きんくはうさん》するの象《かたち》とする。

◎第四爻《だいかう》が兄弟《けいてい》を持《ち》するは戸《と》とする、若《も》し第二爻《だいかう》と合《がつ》するときは動靜《どうせい》ともに大門《だいもん》とする○四爻《かう》が兄弟《けいてい》を持《ち》すといへども、玄武《げんぶ》を帯《お》ぶれば戸《と》としない、池水《ちすゐ》ありて浸《ひた》すべし、若《も》し二爻《かう》を冲尅《ちうこく》するときは、家居《いへゐ》に障《さは》る○四爻《かう》が兄弟《けいてい》を持《ち》すといへども騰蛇《とうだ》を帯《お》ぶるときは戸《と》としない、隣家《りんか》の雪隱又《せついんまた》は土《つち》とり穴《あな》など障《さは》りとなることがある○四爻《かう》が官鬼《くわんき》を持《ち》し玄武《げんぶ》を帶《お》ぶるときは、門破《もんやぶ》れ又《また》は見苦《みぐ》るし○四爻《かう》が官鬼《くわんき》を持《ち》し朱雀《しゆじやく》を帶《お》ぶるときは訟《うつたへ》がある○四爻《かう》が青龍《せいりう》を帶《お》び妻財子孫《さいくしそん》を持《ち》して二爻《かう》と生合《しやうがふ》するときは、門新《もんあらた》にして美《うつく》し○四爻《かう》が日月又《じつげつまた》は動爻《どうかう》の冲剋《ちうこく》にあふときは、小門《せうもん》を通用《つうよう》して大門《だいもん》を出入《でいり》しない○四爻《かう》が旬空又《じゆんくうまた》は月破《げつぱ》にあふときは、大門《だいもん》がないか又《また》は門《もん》が破《やぶ》るゝとする。

◎第《だい》五爻《かう》を人《ひと》とする、二爻《かう》を剋《こく》するときは家内安穏《かないあんをん》である、然《しか》れども發動《はつどう》して剋《こく》するのは宜《よろ》しくない○五爻《かう》を宗領《そうりやう》の子《こ》とする、若《も》し官鬼《くわんき》を持《ち》して白虎騰蛇《びやくことうだ》を帶《お》ぶるときは宗領《そうりやう》に障《さは》りがある○五爻《かう》が若し白虎《びやくこ》の爻《かう》に發動《はつどう》して刑冲剋害《けいちうこくがい》せらるゝときは、其家《そのいへ》に癇疾驚風《かんしつきやうふう》を患《うれ》ふる者《もの》がある○五爻《かう》が陰爻《いんかう》であつた世《せい》を持《ち》するときは、其人《そのひと》は入婿《いりむこ》となることがある○五爻《かう》が若《も》し二爻《かう》に冲破剋害《ちうはこくがい》せらるゝときは、夫婦《ふうふ》に恩情《おんじやう》がない○五爻《かう》が水《みづ》に屬《ぞく》して二爻《かう》を生合《しやうがふ》し、又《また》は世爻《せいかう》と生合《しやうがふ》するときは近邊《きんぺん》に水《みづ》がある、若《も》し兄弟《けいてい》を持《ぢ》する場合《はあひ》は、垣《かき》の内《うち》に穴《あな》などがあつて障《さは》りとなることがある○丑《うし》の爻《かう》が發動《はつとう》して上爻《じやうかう》を剋《こく》するか、又《また》は五爻《かう》と相刑剋《あひけいこく》するときは牛《うし》を蓄《か》ふに利《よろ》しからず。

◎上爻《じやうかう》が妻財《さいく》を持《ち》するときは奴僕《どほく》とする、若《も》し旬空月破《じゆんくうげつぱ》にあふときは奴僕《どほく》が用《よう》に立《た》たない○上爻《じやうかう》が日辰又《につしんまた》は卦中《くわちう》の爻《かう》に冲《ちう》せらるゝときは、奴僕《ごほく》が逃亡《たうほう》することがある○上爻《じやうかう》が父母《ふほ》を持《ち》するときは祖父母《そふほ》等《とう》とする、若《も》し陽爻《やうかう》にして木《き》に屬《ぞく》するときは祖輩《そはい》としないで棟梁《とうりやう》とする、陰爻《いんかう》にして木《き》に屬《ぞく》するときは庭柱《には・しら》とする、其《そ》の生尅合冲等《しやうこくがふちうとう》を以《もつ》て吉凶《きつきよう》を斷《だん》ずるのである○上爻《じやうかう》が父母《ふほ》を持《ち》して土《つち》に屬《ぞく》するときは塀垣《へいかき》とする○上爻《じやうかう》に官鬼《くわんき》を持《ち》して朱雀《しゆじやく》を帶《お》ぶるときは、女人《によにん》が癲癇《てんかん》を患《わづら》ふことがある○上爻《じやうかう》が卯木《うぼく》を持《ち》するときは藩籬《はんり》とする、生尅合冲《しやうこくがふちう》を以《もつ》て吉凶《きつきよう》を斷《だん》ずる、若《も》し卯木《うぼく》が空亡《くうばう》に遇《あ》ふときは、是《これ》まで籬《まがき》ありとする、若《も》し發動《はつどう》して世《せい》を尅《こく》するときは凶《きよう》で、生合《しやうがふ》せらるゝときは吉《きち》である○上爻《じやうかう》に酉金《とりきん》を持《ち》して月日《ぐわつじつ》又《また》は動爻《どうかう》に冲《ちう》せらるゝときは、其家《そのいへ》に破《やぶ》れ鍋《なべ》がある○上爻《じやうかう》が若《も》し鬼墓《きぼ》を持《ち》するときは墓地《ぼち》とする○上爻《じやうかう》に卦身《くわしん》又《また》は世爻《せいかう》あるときは、其人《そのひと》は父祖《ふそ》の家《いへ》を離《はな》れて新《あらた》に家《いへ》を爲《な》すとする。

第七十五章　種作並田圃の占法

種作《しゆさく》の占法《せんぱふ》に於《おい》ては、妻財《さいざい》を五穀《こく》并《ならび》に凡《すべ》て種《たね》なるものとし、官鬼《くわんき》を災禍《わざはひ》とし、應《おう》を天《てん》とし、世《せい》を地《ち》とし又作人《またさくにん》とする、又田地《またでんち》を占《うらな》ふには父母《ふほ》を以《もつ》て用神《ようしん》として別《べつ》に一卦《くわ》を立《た》てゝ判斷《はんだん》しなければならぬ。

◎妻財爻《さいざいかう》が發動《はつどう》するときは、官鬼《くわんき》に氣《き》ありて損耗《そんもう》がある、故《ゆゑ》に安靜《あんせい》を吉《きち》とする、但《たゞ》し子孫《しそん》に化《くわ》するときは發動《はつどう》するとも吉《きち》である○妻財《さいざい》が旺相《わうしやう》して子孫《しそん》に化《くわ》するときは豐熟《ほうじゆく》とする○妻財《さいざい》が旺相《わうしやう》に臨《のぞ》む場合《ばあひ》は、時《とき》を急《いそ》いで作《つく》り收《をさ》めをなすべし、遲《おそ》ければ收納《しうなふ》が少《すく》い○妻財《さいざい》が重疊大過《ちようでうたいくわ》する時《とき》は、多《おほ》く土《つち》を掛《か》けるには利《よろ》しくない、若《も》し兄弟《けいてい》が動《うご》かずして子孫《しそん》が發動《はつどう》すれば、多《おほ》く土《つち》を掛《か》けるほど宜《よろ》しい○妻財《さいざい》が卦中《くわちう》に現《あら》はれず、又《また》は空破《くうは》墓《ぼ》絶《ぜつ》にあひ、或《あるひ》は休囚《きうしう》なきは皆凶《みちきよう》である○動爻《どうかう》が妻財《さいくわ》に化《くわ》するのは吉《きち》である。

◎子孫《しそん》が旺相發動《わうしやうはつどう》するは吉《きち》である○子孫《しそん》が發動《はつどう》して官鬼《くわんき》に化《くわ》するときは、始《はじ》めは茂《しげ》りて終《をはり》は空虚《くうきよ》する○子孫《しそん》が世爻卦身《せいかうくわしん》を持《ぢ》して妻財《さいくわ》に刑尅《けいこく》なきときは、其物《そのもの》は收納《しうなふ》が多《おほ》い○子孫《しそん》が空亡《くうばう》に値《あ》ふ時《とき》は損耗《そんもう》がある。

◎兄弟《けいてい》が發動《はつどう》するときは豊熟《ほうじゆく》せざるか、又《また》は原種人夫食糧等《げんしゆにんぷしよくりやうとう》に乏《とぼ》しい、若《も》し子孫《しそん》亦《また》發動《はつどう》するときは貪生忘尅《とんしやうばうこく》とするが、却《かへ》つて全熟《ぜんじゆく》とする○兄弟《けいてい》が發動《はつどう》して妻財《さいくわ》に化《くわ》するときは、始《はじ》めに損傷《そんしやう》があるとも後《のち》には吉《きち》とする○父母《ふぼ》が發動《はつどう》するときは辛勤苦勞《しんきんくらう》する、收納《しうなふ》も減《げん》ずる○父母《ふぼ》が發動《はつどう》して妻財《さいくわ》に化《くわ》するときは、辛苦《しんく》すれば收納《しうなふ》が多《おほ》い。

◎官鬼《くわんき》が木《き》に屬《ぞく》して發動《はつどう》して世身《せいしん》を尅《こく》するときは風《かぜ》に妨《さまた》げられ、若《も》し水爻《すゐかう》に化《くわ》するか、又《また》は水爻《すゐかう》と同《おな》じく發動《はつどう》するときは大風海嘯《たいふうつなみ》洪水等《こうずゐとう》の災《わざはひ》がある、若《も》し發動《はつどう》せざれば登《みのり》が宜《よろ》しくない、若《も》し又子孫《またしそん》が發動《はつどう》せず、妻財休囚氣《さいくわきうしうき》なくして木爻《もくかう》の官鬼《くわんき》に遇《あ》ふときは、花《はな》あるのみにて實《みの》らない○官鬼《くわんき》が火《ひ》に屬《ぞく》し旺相《わうしやう》して發動《はつどう》するときは水《みづ》に事《こと》を缺《か》き、若《も》し世爻又《せいかうまた》は卦身《くわしん》を刑冲尅害《けいちうこくがい》すれば、苗《なへ》が枯《か》れる、併《しか》し制《せい》するものがあれば差支《さしつかへ》はない○官鬼《くわんき》が土《つち》に屬《ぞく》して發動《はつどう》するときは、水旱《すゐかん》が調《とゝの》はない、又《また》は村郷《そんがう》に障《さは》りあるか又《また》は不熟《ふじゆく》とする○官鬼《くわんき》が金《きん》に屬《ぞく》し發動《はつどう》して世爻卦身《せいかうくわしん》を剋《こく》するときは、蟲《むし》つきの災《わざはひ》がある、若《も》し世《せい》爻卦身《かうくわしん》を剋《こく》しないで妻財《さいゝ》が安靜旺相《あんせいわうしやう》するときは害《がい》をなさない○官鬼《くわんき》が水《みづ》に屬《ぞく》し旺相《わうしやう》して發動《はつどう》するときは苗《なへ》が朽《く》ちるとする、若《も》し月日動爻《げつにちどうかう》より生扶《しやうふ》のある場合《はあひ》は洪水《こうずゐ》に流《なが》される○官鬼《くわんき》が子孫《しそん》に化《くわ》するときは、先《さき》には損傷《そんしやう》ありて後《のち》には意《い》の如《ごと》くなる○官鬼《くわんき》が二爻《かう》にあるは春作《しゆんさく》に障《さは》りがある、又《また》五爻《かう》にあるは秋取《あきどり》に障《さはり》がある。

◎前《まへ》にも云《い》へるが如《ごと》く、田畑《たはた》を占《うらな》ふには、別《べつ》に一卦《くわ》を起《おこ》し、父母《ふぼ》を以《もつ》て用神《ようしん》とする、若《も》し父母《ふぼ》が外《ぐわい》卦《くわ》にあるときは其田《そのた》は高《たか》き所《ところ》にあり、內卦《ないくわ》にあるときは低《ひく》い、生旺《しやうわう》するは肥田《こえだ》とし、墓絕《ぼぜつ》にあふは瘠《やせ》田《だ》とする、而《しか》して木《き》に屬《ぞく》するものは田形《でんけい》が長《なが》く、土《つち》に屬《ぞく》するものは田形《でんけい》が短《みじか》い、火《ひ》に屬《ぞく》するものは乾《かわ》き地《ち》とし、水《みづ》に屬《ぞく》するものは濕地《しつち》とし、金《かね》に屬《ぞく》するものは沙地《すなち》とする、此《か》くて日辰《につしん》より沖剋《ちうこく》するものは人《ひと》の欲《ほつ》せざる田地《でんち》とし、生合《しやうがふ》するものは上田《じやうでん》とする○父母《ふぼ》が乾宮《けんきう》にあるは、下卦《げくわ》にありとも地《ち》の高《たか》き所《ところ》とする○父母《ふぼ》が兌宮《だきう》にあるは、其邊《そのへん》に用水堀《ようすゐほり》があるか、又《また》は池沼《いけぬま》などに近《ちか》い○父母《ふぼ》が離宮《りきう》にあるは旱《ひでり》にあふて水《みづ》の不自由《ふじいう》なる所《ところ》とする○父母《ふぼ》が震巽《しんそん》の宮《きう》にあるは、其邊《そのへん》に樹木《じゆもく》がある○父母《ふぼ》が坎宮《かんきう》にあるは、江河《こうが》の近邊《きんぺん》である○父母《ふぼ》が艮宮《ごんきう》にあるは、山《やま》に近《ちか》き田地《でんち》である○父母《ふぼ》が坤宮《こんきう》にあるは、村里《むらざと》に近《ちか》き田地《でんち》とする○父母《ふぼ》が陽卦《やうくわ》の陽爻《やうかう》にあるは、或《あるひ》は官有《くわんいう》の田地《でんち》なるべし○父母《ふぼ》が化《くわ》して子孫《しそん》又《また》は妻《さい》財《さい》となるは善《よ》き地所《ちしよ》であつて、堺《さかひ》や堀《ほり》なども明白《めいはく》であり、價《あたひ》も亦高《またゝか》い○父母《ふぼ》が化《くわ》して兄弟《けいてい》となるは價《あたひ》賤《やす》く、又堺《またさかひ》も明白《めいはく》でない、或《あるひ》は他人《たにん》の田地《でんぢ》と入組《いりく》んでゐるか、若《も》し卦身《くわしん》につくときは共同《きようどう》にて作《つく》る田《でん》地《ぢ》であらう○父母《ふぼ》が化《くわ》して官鬼《くわんき》となるときは惡田《あくでん》である○父母《ふぼ》が安靜《あんせい》にして衰弱《すゐじやく》の動爻《どうかう》より冲《ちう》せらるゝときは、新《あらた》に開墾《かいこん》するの田地《でんぢ》とする○父母《ふぼ》が衰弱《すゐじやく》にして發動《はつどう》するも亦新發《またしんぱつ》の田《た》とする○父母《ふぼ》が太歳《たいさい》又《また》は月建《げつけん》を持《ぢ》するは父祖傳來《ふそでんらい》の田地《でんぢ》である○父母《ふぼ》が世爻《せいかう》につきて發動《はつどう》するときは、其《そ》の田地《でんぢ》を改《あらた》め變《へん》ずることがある○父母《ふぼ》が空亡《くうばう》に化《くわ》するか、又《また》は空亡《くうばう》して應爻《おうかう》に合《がつ》するは、他《た》へ賣渡《うりわた》すことがある○父《ふ》母《ぼ》が空亡《くうばう》に遇《あ》ふは植付《うゑつけ》の成《な》り難《がた》き田地《でんち》か、又《また》は最早荒廢《もはやくわうはい》したる田地《でんぢ》とする○卦中《くわちう》に父母《ふぼ》が兩爻《りやうかう》あるか又《また》は化出《くわしゆつ》して兩爻《りやうかう》あるか、又《また》は卦身《くわしん》の兩爻《りやうかう》あるのは、皆兩所《みたりやうしよ》の田地《でんぢ》を耕《たがや》すとする○日辰又《につしんまた》は動爻《どうかう》より父《ふ》母《ぼ》を冲尅《ちうこく》するときは、其田《そのた》は平坦《へいたん》でない、或《あるひ》は牛馬《ぎうば》又《また》は往來《わうらい》の人《ひと》の踏《ふ》み荒《あら》したる田地《でんぢ》なるべし○卦《くわ》中《ちう》に父母《ふぼ》なくして、世爻《せいかう》が化《わ》して父母《ふぼ》となるは、自己《じこ》の手《て》にて取《と》りたる田地《でんち》とする○卦中《くわちう》に父母《ふぼ》なく、して、妻財《さいざい》が化《くわ》して父母《ふぼ》となるときは、妻《つま》の化粧料《けしやうれう》に附《つ》け來《きた》る田地《でんぢ》とする○卦中《くわちう》に父母《ふぼ》なくして、兄《けい》弟《てい》が化《くわ》して父母《ふぼ》となるは、寄合《よりあひ》に作《つく》る田地《でんぢ》とする○卦中《くわちう》に父母《ふぼ》なくして、官鬼《くわんき》が化《くわ》して父母《ふぼ》となるときは官有《くわんいう》の田地《でんぢ》とする○卦中《くわちう》に父母《ふぼ》なくして、應爻《おうかう》が化《くわ》して父母《ふぼ》となるときは他人《たにん》の田地《でんぢ》とする○官《くわん》鬼《き》が兩爻《りやうかう》ありて出現《しゆつげん》するか、又《また》は官鬼《くわんき》が應爻《おうかう》につきて發動《はつどう》して世爻《せいかう》に合《がつ》するか、又《また》は日辰《につしん》が官鬼《くわんき》を帶《お》びて世爻《せいかう》と合《がつ》するか、又《また》は兄弟《けいてい》に合併《がつぺい》せらるゝは、皆寄合《みねよりあひ》の耕作《かうさく》となすことがある○入作《いりさく》の田地《でんち》を占《うらな》ふには、父母《ふぼ》の出現《しゆつげん》するは、其《そ》の卦宮《くわきう》によりて何人《なんぴと》の田地《でんち》なるかを知《し》るべきである、若《も》し伏藏《ふくざう》するときは、兄弟《けいてい》の下《もと》にあれば隣家《りんか》組合等《くみあひとう》の田地《でんち》と知《し》るの類《るゐ》である、若《も》し動爻《どうかう》が變《へん》じて父母《ふぼ》となるときは、動爻《どうかう》に由《よ》りて知《し》るべきである、妻財《さいく》が發動《はつどう》して化《くわ》するときは婦人《ふじん》の田地《でんち》とするの類《るゐ》である。
◎初爻《しよかう》が旺相《わうしやう》するときば、種《たね》が澤山《たくさん》にあり、空亡《くうはう》にあふときは不足《ふそく》する○四爻《かう》が旺相《わうしやう》するときは牛《ぎう》馬《は》の類《るゐ》は強《つよ》い、空亡《くうはう》にあふときは牛馬《ぎうは》がない、尤《もつと》も空亡《くうはう》といへども子孫《しそん》に化《くわ》するか、又《また》は丑爻《ちうかう》牛爻《ごかう》に化《くわ》して應爻《おうかう》と合《がつ》するときは、人《ひと》の牛馬《ぎうは》の力《ちから》を假《か》りて用《もち》ゆることになるであらう。

第七十六章　養蠶桑の占法

養蠶《やうさん》の占法《せんぱふ》に於《おい》ては、子孫《しそん》を蠶《かひこ》とし、妻財《さいく》を絲繭《しけん》とし、又桑葉《またさうえふ》の價《あたひ》とし、又養蠶《またやうさん》の婦女《ふぢよ》とする。
◎子孫《しそん》が旺相發動《わうしやうはつどう》して刑冲剋害《けいちうこくがい》がなければ、蠶苗《さんべう》は盛《さか》んなりとする○子孫《しそん》が衰弱《すゐじやく》といへども、日辰《につしん》動爻《どうかう》の生扶拱合《しやうふきようがふ》あるときは大吉《だいきち》である○子孫《しそん》が巳午《みうま》の二爻《かう》につくときは大吉《だいきち》である○子孫《しそん》が水《みづ》に屬《ぞく》するときは、夏蠶《かさん》を養《やしな》ふには却《かへ》つて吉《きち》とする○子孫《しそん》が安靜出現《あんせいしゆつげん》して日辰又《につしんまた》は動爻《どうかう》に冲《ちう》せらるゝときは、分《わ》けるときに損《そん》し傷《そこな》ふことを用心《ようじん》せねばならぬ。

◎妻財《さいざい》を絲繭《しけん》とすることは前述《ぜんじゆつ》の如《ごと》くであつて、之《これ》が旺相《わうしやう》して冲尅《ちうこく》なければ、絲繭《しけん》は多《おほ》い○三合會局《がふくわいきよく》して妻財《さいざい》をなすときは大吉《だいきち》である○妻財《さいざい》が休囚死絶《きうしうしぜつ》にあひ、又《また》は日辰動爻《につしんどうかう》に刑冲尅害《けいちうこくがい》せらるゝときは良《よ》き繭《まゆ》がない、又良《またよ》き絲《いと》がない○妻財《さいざい》を又養蠶《またやうさん》の婦女《ふぢよ》とする、太歳《たいさい》を持《ぢ》するときは巧者《かうしや》なる人《ひと》とする、子孫《しそん》に化《くわ》するときは念《ねん》を入《い》るゝ人《ひと》とする、父母《ふぼ》に化《くわ》するときは不得手《ふえて》にし成《な》り難《がた》い、官鬼《くわんき》に化《くわ》するときは病《やまひ》がある、兄弟《けいてい》に化《くわ》し又《また》は墓絶《ぼぜつ》に化《くわ》するときは災難《さいなん》がある、子孫胎《しそんたい》につくか又《また》は子孫胎《しそんたい》に化《くわ》するときは孕《はら》むことがある、應爻官鬼《おうかうくわんき》を持《ぢ》して妻財《さいざい》と合《がつ》するときは、其婦《そのふ》は他人《たにん》と密通《みつつう》の情《じやう》があり、若《も》し冲尅《ちうこく》にあふときは其事《そのこと》が露顯《ろけん》する。

◎兄弟《けいてい》が卦身《くわしん》につくときは桑葉《さうえふ》を多《おほ》く費《つひや》すとする○兄弟《けいてい》が發動《はつどう》して世《せい》を冲尅《ちうこく》するときは、養《やしな》ひ手當《てあて》が屆《とど》かずして絲《いと》の收穫《じうくわく》も少《すくな》い○兄弟《けいてい》が死絶《しぜつ》にあひ、又《また》は空亡伏藏安靜《くうばうふくざうあんせい》なるときは、絲《いと》を望《のぞ》むの占《せん》には吉《きち》であるが、蠶《かひこ》ばかりを占《うらな》ふときは凶《きよう》である、もし桑葉《さうえふ》の價《あたひ》を占《うらな》ふときは貴《たふと》いのである。

◎父母《ふぼ》が世爻卦身《せいかうくわしん》につくときは、安靜《あんせい》なりとも辛勞《しんらう》せざれば成《な》らない○父母《ふぼ》が發動《はつどう》して妻財《さいざい》に化《くわ》するは吉《きち》である○三合會局《がふくわいきよく》して父母《ふぼ》をなすときは大凶《だいきよう》である○蠶室《さんしつ》を占《うらな》ふも父母《ふぼ》を用神《ようしん》とする、旺相生《わうしやうしやう》扶《ふ》するは堅固《けんご》とし、死絶刑害《しぜつけいがい》にあふは破敗《はばい》とする、水爻自刑《すゐかうじけい》を帶《お》ぶるは雨漏《あまもり》とし、父母爻《ふぼかう》が水《みづ》に化《くわ》し、水爻《すゐかう》が父母《ふぼ》に化《くわ》するも亦同《またおな》じである。

◎官鬼《くわんき》が發動《はつどう》して木《き》に屬《ぞく》するは、窓障子戸口等《まどしやうじとぐちとう》より風《かぜ》が入《はい》つて蠶《かひこ》を害《がい》する○官鬼《くわんき》が發動《はつどう》して火《ひ》に屬《ぞく》するは火災《くわさい》の用心《ようじん》が肝要《かんえう》である、然《しか》らずば大熱《だいねつ》にて風《かぜ》が入《はい》らざるによりて害《がい》する○官鬼《くわんき》が發動《はつどう》して土《つち》に屬《ぞく》するは、寒暖《かんだん》の加減《かげん》が惡《わる》く、又《また》は葉《は》をかけることが不平均《ふへいきん》な爲《た》め眠起《ねおき》が一樣《やう》でない、又《また》は分《わ》けることが遲《おく》れた爲《た》め蠶床《さんご》に熱氣《ねつき》を發《はつ》し、蒸《む》して害《がい》するの類《るゐ》である○官鬼《くわんき》が發動《はつどう》して金《きん》に屬《ぞく》するは、霧露《むろ》ありて蠶兒《さんぢ》が多《おほ》く死《し》する○官鬼《くわんき》が發動《はつどう》して水《みづ》に屬《ぞく》するは、濡葉《ぬれは》を食《しよく》して蠶《かひこ》が下痢《げり》をする○官鬼《くわんき》が發動《はつどう》するは凡《すべ》て損耗《そんもう》がある、若《も》し子孫《しそん》に化《くわ》するときは妨《さまた》げはない、けれども驚《おどろ》くことがある○三合會局《がふくわいきよく》して官鬼《くわんき》をなすときは大凶《だいきよう》である○卦中《くわちう》に絕《たえ》て官鬼《くわんき》がなければ甚《はなは》だ安平《あんへい》とする。

◎日辰《にっしん》より世爻《せかう》卦身《くわしん》を冲尅《ちうこく》するか、又《また》は應爻《おうかう》が發動《はつどう》して尅《こく》するときは、穢《けが》れたる人《ひと》が蠶室《さんしつ》に入《い》りて蠶兒《さんじ》を變壞《へんくわい》することがある。

第七十七章　六畜を養ふの占法

六畜《ろくちく》を養《やしな》ふの占法《せんはふ》に於《おい》ては、子孫《しそん》を以《もつ》て用神《ようしん》とし、妻財《さいざい》を以《もつ》て價《あたひ》とするのである。

◎子孫《しそん》が旺相氣《わうしやうき》ありて空《くう》せざるは育《そだ》ち易《やす》い、又長《またなが》く養《やしな》ふことが出來《でき》る○子孫《しそん》が休囚墓絕《きうしうぼぜつ》、或《あるひ》は空亡《くうばう》にあひ或《あるひ》は卦中《くわちう》になきときは、決《けつ》して用《よう》をなさないから畜《か》はぬが宜《よろ》しい○子孫《しそん》が旺相《わうしやう》するときは肥《こえる》とし、休囚《きうしう》するときは瘠《やせる》とす、又發動《またはつどう》するは强健《きやうけん》とする○子孫《じそん》が世爻《せかう》を生合《しやうがふ》するときは、能《よ》く擾《なつ》き又我《またわれ》に益《えき》がある、冲剋《ちうこく》するときは性質《せいしつ》が惡《わる》くて擾《なつ》かない○子孫《しそん》が刑《けい》を帶《お》ぶるときは必《かなら》ず破相《はさう》がある○子孫《しそん》が官鬼《くわんき》に冲《ちう》せらるゝときは病《やまひ》がある○子孫爻《しそんかう》が日月動爻《じつげつどうかう》より並《ならび》に刑剋《けいこく》せらるゝときは病死《びやうし》する○畜類《ちくるゐ》を賣《う》り商《あきな》ふを占《うらな》ふには、子孫《しそん》が發動《はつどう》するときは子《こ》を産《う》むことが多《おほ》い、世爻《せかう》を生合《しやうがふ》するときは賣《う》れ安《やす》い、世爻《せかう》を冲剋《ちうこく》するときは商《あきなひ》にならない○子孫《しそん》が鬼墓《きぼ》に臨《のぞ》むときは病《やまひ》がある○子孫《しそん》が化《くわ》して兄弟《けいてい》となるときは、食《しよく》は細《ほそ》いが口《くち》は奢《おご》るとする○子孫《しそん》が化《くわ》して妻財《さいざい》となるときは、食《しよく》は粗《あら》く口雜《くちざつ》とする○子孫《しそん》が發動《はつどう》するときは良畜《りやうちく》とする、若《も》し父母《ふぼ》に化《くわ》するときは、之《これ》を使《つか》ふ人《ひと》が劬《した》はる心《こころ》がないから害《がい》をする○子《し》孫《そん》が化《くわ》して官鬼《くわんき》となるときは、後日人《ごじつひと》に盜《ぬす》まるゝか又《また》は病死《びやうし》する。

◎妻財《さいざい》を力《ちから》とし又利《またり》とする、旺相《わうしやう》するは力強《ちからつよ》く、善《よ》く走《はし》り、又利《またり》が多《おほ》い、若《も》し休囚墓絶《きうしうほぜつ》にあふときは、力弱《ちからよわ》く利《り》が薄《うす》い○妻財《さいざい》が出現不空氣《しゆつげんふくうき》あり、世《せい》を持《ぢ》し世《せい》を生合《しやうがふ》して兄弟官鬼《けいていくわんき》に化《くわ》せざるときは利《り》がある、其《そ》れが絶《ぜつ》に化《くわ》し剋《こく》に化《くわ》する類《るゐ》は利《り》がない○妻財《さいざい》が化《くわ》して兄弟《けいてい》となるときは、人《ひと》の養《やしな》ひ届《とど》かずして飢《うゑ》を致《いた》すとする○妻財《さいざい》が化《くわ》して空亡《くゝはう》にあふときは、暫時《ざんじ》宜《よろ》しくして久遠《きうゑん》の用《よう》をなさい。

◎父母《ぶぼ》が發動《はつどう》するは損傷《そんしやう》がある、その上子孫鬼《うへしそんき》なく絶《ぜつ》にあふときは必《かなら》ず死《し》す、すべて辛勞《しんらう》ありとする。

◎兄弟《けいてい》が發動《はつどう》するときは育《そだ》て難《がた》い、若《も》し子孫《しそん》も亦動《またうご》けば養《やしな》ひ易《やす》く亦利《またり》も多《おほ》い○兄弟官鬼共《けいていくわんきとも》に發動《につどう》するか、又《また》は官鬼《くわんき》が化《くわ》して兄弟《けいてい》となるときは、此畜《このちく》によりて口舌《くぜつ》がある。

◎官鬼《くわんき》が發動《はつどう》して木《き》に屬《ぞく》するは内羅《ないら》の病《やまひ》がある○官鬼《くわんき》が發動《はつどう》して火《ひ》に屬《ぞく》するは暑熱《しよねつ》を恐《おそ》れる○官鬼《くわんき》が發動《はつどう》して土《つち》に屬《ぞく》するは瘟病《をんびやう》を受《う》ける○官鬼《くわんき》が發動《はつどう》して金《きん》に屬《ぞく》するは脾胃《ひゐ》の障《さはり》がある、若《も》し世爻《せかう》を尅《こく》するときは傍《そば》へ立寄《たちよ》られない、その上世爻《うへせいかう》が又絶《またぜつ》にあふときは怪我《けが》に逢《あ》ふことがある○官鬼《くわんき》が發動《はつどう》して水《みづ》に屬《ぞく》するは寒病《かんびやう》がある○官鬼《くわんき》が朱雀《しゆじやく》を帶《お》びて發動《はつどう》するときは口舌爭訟《くぜつさうしよう》がある○官鬼《くわんき》が騰蛇《とうだ》を帶《お》びて發動《はつどう》するときは、後日此畜《ごじつこのちく》は怪異驚愕《くわい、きやうがく》がある○官鬼《くわんき》が白虎《びやくこ》を帶《お》びて發動《はつどう》するときは、跌《つまづ》き倒《たふ》るゝこと等《とう》がある○官鬼《くわんき》が玄武《げんぶ》を帶《お》びて發動《はつどう》するときは、盗《ぬすみ》の用心《ようじん》せねばならぬ。

◎世爻《せいかう》が空亡《くうばう》にあふときは必《かなら》ず意《い》に叶《かな》はない、又始《またはじ》めありて終《をはり》がない。

◎形體《けいたい》は八卦《くわ》によりて分《わか》ち、毛色《けいろ》は六神《しん》を以《もつ》て辨《べん》ずるのである○乾《けん》を頭《かしら》とし、兌《だ》を口《くち》とし、離《り》を目《め》とし、震《しん》を前足《まへあし》とし、巽《そん》を腰《こし》とし、坎《かん》を耳《み》とし、艮《ごん》を後足《あとあし》とし、坤《こん》を腹《はら》とする○青龍《せいりう》は青《あを》、朱雀《しゆじやく》は赤《あか》、勾陳《こうちん》と騰蛇《とうだ》とは倶《とも》に黄《き》、白虎《びやくこ》は白《しろ》、玄武《げんぶ》は黒《くろ》とする○子孫《しそん》ある所《ところ》の八卦六神《くわしん》を本身《ほんしん》の色《いろ》とし、發動《はつどう》して生尅《しやうこく》する八卦六神《くわしん》を以《もつ》て別所《べつしよ》の異色《いしよく》とする、例《たと》へば子孫《しそん》が玄武《げんぶ》に臨《のぞ》み、乾宮《けんきう》にありて坤宮《こんきう》より動《うご》きて尅《こく》せらるゝときは黒身《こくしん》にして黄足《きそく》とし、又艮宮《またごんきう》に子孫《しそん》ありて白虎《びやくこ》より動《うご》きて尅《こく》せらるゝときは黄身《くわうしん》にして白足《はくそく》とするの類《るゐ》である、凡《すべ》て尅《こく》せらるゝ所《ところ》は生《しやう》せらるゝ所《ところ》より多《おほ》い、尅《こく》する力《ちから》は強《つよ》いからである、衰弱《すゐじやく》の所《ところ》は旺相《わうしやう》の處《ところ》より少《すくな》い。

◎牝牡雌雄《めすをすしいう》を分《わか》つことは、子孫《しそん》が陰《いん》に屬《ぞく》するか又《また》は陽《やう》に屬《ぞく》するかを以《もつ》て辨別《べんべつ》するのである。

◎子孫《しそん》の胎爻《たいかう》が卦身《くわしん》につくときは胎《たい》あるの畜《ちく》とする、子孫爻《しそんかう》が胎爻《たいかう》に化《くわ》するも亦同《またおな》じである○子孫《しそん》の胎爻又《たいかうまた》は養爻《やうかう》の世爻《せいかう》につくは駒馬子《こま》犢牛子《こうし》羔羊子《こひつじ》雛雛子《ひな》の類《るゐ》とする。

◎畜類《ちくるゐ》の病《やまひ》を療《れう》するを占《うらな》ふには、子孫《しそん》が旺相有氣《わうしやういうき》で刑尅《けいこく》にあはず、而《しか》して父母《ふぼ》官鬼休囚《くわんきゝうしう》墓絶《ぼぜつ》にあふは吉《きち》であつて、或《あるひ》は發動《はつどう》するとも制《せい》する者《もの》のあるときは差支《さしつかへ》はない。

第七十八章　師を求むるの占法

師《し》を求《もと》むるの占法《せんぱふ》に於《おい》ては、其《そ》の門人《もんじん》（現今《げんこん》でいふ塾生學生門弟生徒書生門生弟子《じゆくせいがくせいもんていせいとしよせいもんせいでし》等《とう》の總稱《そうしよう》である）となるべき人《ひと》が自《みづか》ら占《うらな》ふには父母《ふぼ》を以《もつ》て用神《ようしん》とし、若《も》し父母《ふぼ》たる人又《ひとまた》は他人《たにん》にても、旁《かたはら》より其《そ》の門人《もんじん》となるべき人《ひと》の爲《ため》に占《うらな》ふは皆應爻《みなおうかう》を以《もつ》て用神《ようしん》とする、而《しか》して道學又《だうがくまた》は詩文連俳凡《しぶんれんぱいすべ》ての文事《ぶんじ》は父母《ふぼ》を以《もつ》て書籍《しよせき》とし、又《また》は學力《がくりよく》の淺深《せんしん》とし、弓砲刀槍凡《きうはうたうさうすべ》ての武藝《ぶげい》は官鬼《くわんき》を以《もつ》て武器《ぶき》とる、又修行《またしゆぎやう》の鍛錬《たんれん》とする、唯馬術《たゞばじゆつ》のみは子孫《しそん》を以《もつ》て馬《うま》とすべきである、其他《そのた》百工《こう》は妻財《さい〲》を用神《ようしん》とし、亂舞狂言茶湯挿花《らんぶきやうげんちやのゆいけばな》の類《るゐ》は子孫《しそん》を以《もつ》て用神《ようしん》とする、此《か》く其事《そのこと》によりて各々《おの〳〵》同《おな》じからずと雖《いへど》も、弟子《でし》たる者《もの》は師《し》を以《もつ》て父母《ふぼ》とすることは凡《すべ》て異《こと》なることはないのである。

◎用神《ようしん》が旺相《わうしやう》するは、其師《そのし》は模範《もはん》となるべきの才器《さいき》がある、併《しか》し休囚《きうしう》するは人《ひと》を導《みちび》くの才器《さいき》が乏《とぼ》しい○用神《ようしん》は安靜《あんせい》に利《よろ》しく發動《はつどう》に利《よろ》しくない、又旺相《またわうしやう》に利《よろ》しく空亡《くうばう》に利《よろ》しくない○用神《ようしん》が發動《はつどう》して空亡《くうばう》にあふときは誠實《せいじつ》が少《すくな》い、安靜《あんせい》にして空亡《くうばう》にあふは敎導《けうだう》に懶《うと》い、發動《はつどう》して空亡《くうばう》に化《くわ》するも亦同《またおな》じである○用神又《ようしんまた》は卦身《くわしん》に太歲《たいさい》を持《ぢ》するときは、專《もつぱ》ら人《ひと》を敎《をし》ゆるを業《げふ》として束修《そくしう》（今《いま》は月謝《げつしや》を目的《もくてき》）を以《もつ》て親家《しんか》を養《やしな》ふ人《ひと》とする○用神《ようしん》が月建《げつけん》を持《ぢ》して靑龍《せいりう》を帶《お》ぶるは、永《なが》く存生《ぞんじやう》して敎《をし》ゆる人《ひと》とする○父母《ふぼ》が卦身《くわしん》につくか、又《また》は旺相生扶《わうしやうしやうふ》するは、才學《さいがく》の衆《しう》に起《こ》えたる人《ひと》とする○用神《ようしん》が世爻《せいかう》と生合《しやうがふ》するときは、兼《かね》て親《した》しき人《ひと》とする、若《も》し世爻《せかう》と同宮《どうきう》に非《あら》ざるときは知《し》り人《びと》とする○用神《ようしん》が本宮《ほんきう》にあるときは其處《そのところ》の人《ひと》他宮《たきう》にあるときは他所《たしよ》の人《ひと》、外卦《ぐわいくわ》にあるは遠方《ゑんぱう》、內卦《ないくわ》にあるは近所《きんじよ》とする○父母《ふぼ》が他宮《たきう》の外卦《ぐわいくわ》にあり安靜《あんせい》にして子孫發動《しそんはつどう》して合《がつ》するときは、遊學《いうがく》して隨身《ずゐしん》するとす○卦中《くわちう》に父母《ふぼ》ありて、本宮《ほんきう》の變化《へんくわ》に父《ふ》母爻《ぼかう》が又顯《またあら》はるゝときは、妻財より化《くわ》するを妻《つま》の家《いへ》より別《べつ》の師《し》を勸《すゝ》め來《きた》るとし、兄弟《けいてい》より化《くわ》するを朋《ほう》友《いう》より別《べつ》の師《し》を取持《とりも》つとす○父母《ふぼ》が應爻《おうかう》につき世爻《せいかう》が發動《はつどう》して之《これ》を生合《しやうがふ》するときは、他《た》の家《いへ》に請待《しやうたい》する師《し》に就《つい》て往《ゆ》いて學《まな》ぶとする○用神《ようしん》が化《くわ》して官鬼《くわんき》となるときは、其人《そのひと》は後《のち》に貴《たふと》くなるであらう、若《も》し白虎《びやくこ》を帶《お》ぶるときは病《やまひ》ある人《ひと》とする○父母《ふぼ》が化《くわ》して官鬼《くわんき》となりて世爻《せいかう》を刑冲尅害《けいちうこくがい》するときは、後日爭訟《ごにつさうしよう》がある○父母《ふぼ》が化《くわ》して子孫《しそん》となるときは、文章《ぶんしやう》を書《か》く人《ひと》とする、刑尅《けいこく》あるは文章《ぶんしやう》を書《か》くとも粗漏《そろう》が多《おほ》い、若《も》し子孫《しそん》が月建《げつけん》を持《ぢ》して青龍《せいりう》を帶《お》ぶるは詩《し》又《また》は文《ぶん》に巧者《かうしや》とする、若《も》し子孫《しそん》に化《くわ》して父母《ふよ》と合《がつ》するときは、其師《そのし》は小兒《こども》を伴《つ》れて來《きた》ることがある○父母《ふは》が發動《はつどう》して白虎《びやくこ》又《また》は刑《けい》を帶《お》ぶるときは、過嚴《くわげん》にして弟子《でし》となり難《がた》い○用神《ようしん》が墓《ぼ》に入《い》るは、其師《そのし》は安逸《あんいつ》を好《この》みて敎導《けうだう》に進《す》まない、或《あるひ》は未熟《みじゆく》の業《わざ》とする、墓《ぼ》に化《くわ》し空亡《くうばう》に化《くわ》するも亦同《またおな》じである、若《も》し日辰《につしん》より墓《ぼ》を冲《ちう》するときは然《しか》らずとする○用神《ようしん》が白虎《びやくこ》を帶《お》びて、その上刑《うへけい》を帶《お》ぶるときは、過嚴《くわげん》にして慈愛少《じあいすく》なき人《ひと》とする○父母《ふぼ》が子孫《しそん》の下《もと》に伏藏《ふくざう》するときは、先年寺院《せんねんじゐん》などに居《ゐ》たる人《ひと》とすることがある○父母《ふぼ》が世爻《せいかう》の下《もと》に伏藏《ふくざう》するときは昔《むかし》の師《し》とする。

◎官鬼《くわんき》が發動《はつどう》して世爻《せかう》や子孫《しそん》を刑尅《けいこく》するときは凶《きよう》である、若《も》しその上妻財《うへさいざい》が發動《はつどう》し、官鬼《くわんき》を生合《しやうがふ》して助《たす》くるときは殊《こと》に大凶《だいきよう》である○官鬼《くわんき》が化《くわ》して兄弟《けいてい》となり、兄弟《けいてい》が化《くわ》して官鬼《くわんき》となるときは、何《いづ》れにても奸詐《かんさ》がある、若《も》し世爻《せいかう》を刑尅《けいこく》するときは口舌《くぜつ》がある○官鬼《くわんき》が化《くわ》して父母《ふぼ》となるときは後日爭訟《ごにつさうしよう》があり、或《あるひ》は官鬼父母《くわんきふぼ》ともに發動《はつどう》して世《せい》を刑冲尅害《けいちうこくがい》するも亦同《またおな》じである○卦中《くわちう》に官鬼《くわんき》のなきときは武術《ぶじゆつ》が未熟《みじゆく》とする。

◎子孫《しそん》が氣《き》ありて空亡《くうばう》にあはざるときは吉《きち》である、○若《も》しその上月日動爻《うへげつにちどうかう》の生合《しやうがふ》あるは、學問《がくもん》が進《しん》益《えき》する、若《も》し父母《ふぼ》又《また》は應爻《おうかう》を用神《ようしん》とするもの却《かへ》つて衰弱《すゐじやく》なるは師匠《しゝやう》に優《まさ》るとする。

◎世應《せいおう》ともに發動《はつどう》するときは、其師《そのし》を兩家《りやうけ》より請待《しやうだい》せんとする、兩爻《りやうかう》ともに空《くう》にあふときは、何《いづ》れも成《な》らず○父《ちゝ》たる人《ひと》が子弟《してい》を師《し》に託《たく》することを占《うらな》ふは、世《せい》を我《われ》とし、應《おう》を師《し》とし、子孫《しそん》を子弟《してい》とする、若《も》し世爻子孫《せいかうしそん》ともに刑剋《けいこく》にあふときは、後日《ごじつ》禍《わざはひ》がある。

◎離乾坤《りけんこん》の三宮《きう》に父母《ふぼ》あるときは經書《けいしよ》を專《もつぱ》らとするの師《し》とし、兌巽震坎艮《だそんしんかんごん》の五爻《かう》に父母《ふぼ》のあるときは雜學《ざつがく》の師《し》とする。

第七十九章　授業の占法

凡《およ》そ諸《もろ〳〵》の指南《しなん》を事《こと》として門弟《もんてい》を聚《あつ》めるのは、文武《ぶんぶ》の大小《だいせう》に拘《かゝ》はらず、之《これ》を徒弟《とてい》に授《さづ》くると云《い》ふのである、其《そ》の占法《せんぱふ》に於《おい》ては、世爻《せいかう》を自身《じしん》とし、子孫《しそん》を門弟《もんてい》とし、應爻《おうかう》を授業場《じゆげふぢやう》の主人《しゆじん》とする、若《も》し我家《わがや》に居《ゐ》て教《をし》ゆるは應爻《おうかう》を論《ろん》じない、而《しか》して妻財《さいざい》を謝物《しやぶつ》とし、兄弟《けいてい》を同術同藝《どうじゆつどうげい》の師《し》たる人《ひと》とする。

◎子孫《しそん》が旺相《わうしやう》するときは門弟《もんてい》が多《おほ》い、休囚《きうしう》するときは少《すくな》い○子孫《しそん》が衰弱《すゐじやく》といへども、日辰《につしん》又《また》は動爻《どうかう》の生合扶助《しやうがふふじよ》あるは、始《はじ》めは學徒《がくと》が多《おほ》くないけれども後《のち》に段々《だん〳〵》盛《さか》んになる○子孫《しそん》が發動《はつどう》して日辰《につしん》又《また》は動爻《かう》に冲《ちう》せらるゝときは、門弟《もんてい》の内《うち》に師《し》に背《そむ》きて去《さ》る者《もの》がある、若《も》し世爻《せいかう》に冲《ちう》せらるゝときは、先生《せんせい》より退《しりぞ》くるとする○子孫《しそん》が青龍《せいりう》を帶《お》び月建《げつけん》の生合《しやうがふ》を得《え》て、その上金爻水爻《うへきんかうすゐかう》に屬《ぞく》するときは、非常《ひじやう》に聰明《そうめい》伶俐《れいり》なる門弟《もんてい》がある○子孫《しそん》が白虎《びやくこ》を帶《お》ぶるときは、凡庸《ぼんよう》の門弟《もんてい》が多《おほ》い○子孫《しそん》が陽卦《やうくわ》の陽爻《やうかう》につき、金《きん》爻又《かうまた》は水爻《すゐかう》に屬《ぞく》して旺相《わうしやう》して生扶《しやうふ》あり、そして空亡《くうばう》に遇《あ》はざるときは拔群《ばつぐん》の童子《どうじ》がある○子孫《しそん》が陰卦《いんくわ》の陰爻《いんかう》につくときは、女人《によにん》の門弟《もんてい》がある○子孫《しそん》が兩爻《りやうかう》ありて、倶《とも》に發動《はつどう》して相冲《あひちう》するときは、門弟中《もんていちう》互《たがひ》に志《こゝろざし》の合《あ》はざる者《もの》がある、若《も》し世爻《せいかう》を刑冲尅害《けいちうこくがい》するときは、其事《そのこと》によりて先生《せんせい》にまで及《およ》ぶことがある、若《も》し兩子孫《りやうしそん》ともに世爻《せいかう》を生合《しやうがふ》するときは、皆弟子《みなでし》の禮《れい》を失《うしな》はない。

◎妻財《さい〴〵》を束修謝物《そくしうしやぶつ》とする、それが旺相《わうしやう》して伏藏《ふくざう》せず、日月動爻《じつげつどうかう》の傷尅《しやうこく》なきときは缺《か》くることはない

◎妻財《さい〴〵》が發動《はつどう》するは、請待《しやうだい》せらるゝことを占《うらな》ふには、父母《ふぼ》を尅《こく》するから成《な》るべからずとする、たとひ成《な》るとも凶《きよう》とする○妻財《さい〴〵》に氣《き》なしと雖《いへど》も、節々《せつ〳〵》の謝物《しやぶつ》は宜《よろ》しとする○妻財《さい〴〵》が絶《ぜつ》にあひ、又《また》は尅《こく》にあひ、又《また》は空亡《くうばう》にあひ、又《また》は墓《ぼ》に入《い》り、又《また》は伏藏《ふくざう》するの類《るゐ》は、謝物《しやぶつ》が甚《はなは》だ薄《うす》い○妻財《さい〴〵》が化《くわ》して父母《ふぼ》となるときは、金銀《きん〴〵》を以《もつ》て謝物《しやぶつ》をする、父母《ふぼ》が化《くわ》して妻財《さい〴〵》となるも亦同《またどう》一である○月建《げつけん》が日辰動爻《につしんどうかう》の内《うち》に妻財《さい〴〵》を帶《お》びて世爻《せいかう》を生合《しやうがふ》するときは、門弟《もんてい》が廻《まは》り持《もち》に膳《ぜん》などを拵《こしら》へ出《だ》すとする、旺相《わうしやう》するは厚《あつ》く休囚《きうしう》するは薄《うす》い○卦中《くわちう》に妻財《さい〴〵》なくして兄弟官鬼等《けいていくわんきとう》が化《くわ》して妻財《さい〴〵》となりて世爻《せいかう》を生合《しやうがふ》するときは、訟《うつたへ》に及《およ》びて謝《しや》物《ぶつ》を得《う》ることがある。

◎父母《ふぼ》を授業場《じゆげふぢやう》とする、旺相《わうしやう》するときは良《よ》き家作《かさく》とする○卦中《くわちう》に父母《ふぼ》なく或《あるひ》は空亡《くうはう》にあふときは、授業場《じゆげふぢやう》はない○請待《しやうたい》する主人《しゆじん》を占《うらな》ふに、父母《ふぼ》が休囚《きうしう》して空亡《くうはう》にあふときは、其人《そのひと》は父母《ふぼ》がない、若《も》し旺相《わうしやう》するか又《また》は發動《はつどう》するか、又《また》は沖《ちう》にあふときは、空亡《くうはう》にあふと雖《いへど》も片親《かたおや》はある。

◎兄弟《けいてい》が間爻《かんかう》にありて、發動《はつどう》して世爻《せいかう》を沖尅《ちうこく》するときは、妨《さまた》げをなす者《もの》がある○兄弟《けいてい》が卦身《くわしん》につくときは、世話《せわ》する人《ひと》に禮物《れいもの》を贈《おく》りて後《のち》、請待《しやうたい》せらるゝことが調《とゝの》ふとする。

◎官鬼《くわんき》が發動《はつどう》するときは障《さはり》がある、若《も》し吉神《きちしん》を帶《お》びて世爻《せかう》又《また》は卦身《くわしん》を生合《しやうがふ》するときは、貴人《きじん》の引立《ひきた》てであることがある○官鬼《くわんき》が化《くわ》して兄弟《けいてい》となるときは、世話《せわ》する人《ひと》に禮物《れいもの》を贈《おく》りて後《のち》に請待《しやうたい》せらるゝことが調《とゝの》ふ○新《あらた》に授業場《じゆげふぢやう》を取立《とりた》てるには官鬼《くわんき》を以《もつ》て門弟《もんてい》を取立《とりた》つる人《ひと》とする、若《も》し卦中《くわちう》に官鬼《くわんき》なきか又《また》は空亡《くうはう》にあふときは、世話《せわ》する者《もの》がない、けれども若《も》し變出《へんしゆつ》の爻《かう》に官鬼《くわんき》あるときは、始《はじ》めは無《な》いけれども後《のち》に引立《ひきた》てる者《もの》がある。

◎應爻《おうかう》を授業場《じゆげふぢやう》を造《つく》り、先生《せんせい》を請待《しやうだい》して置《お》く所《ところ》の主人《しゆじん》とする、旺相《わうしやう》するは富《とみ》とし、休囚《きうしう》するは貧《ひん》とする○應爻《おうかう》が旺相《わうしやう》するは少年《せうねん》の人《ひと》とする○應爻《おうかう》が墓《ぼ》に入《い》るは老年《らうねん》の人《ひと》とする○應爻《おうかう》が官鬼《くわんき》を持《ぢ》するときは、官祿《くわんろく》ある人役人《ひとやくにん》などの類《るゐ》とし、若《も》し貴人《きじん》を帶《お》ぶるときは富貴《ふつき》の人《ひと》とし、白虎《びやくこ》を帶《お》ぶるは病人《びやうにん》とする○應爻《おうかう》が父母《ふぼ》を持《ぢ》し勾陳《こうちん》を帶《お》ぶるときは農作《のうさく》の家《いへ》とし、朱雀《しゆじやく》を帶《お》ぶるは凡《すべ》て文事《ぶんじ》を事《こと》とする家《いへ》とし、白虎《ひやくい》を帶《お》ぶるは獵師《れふし》の類《るゐ》とし、騰蛇《とうだ》を帶《お》ぶるは百工諸職《こうしよしよく》の家《いへ》とする○應爻《おうかう》が子孫《しそん》を持《ち》し金爻《きんかう》に屬《ぞく》するときは寺院《じゐん》の類《るゐ》とする○應爻《おうかう》が妻財《さいぐ》を持《ち》し、陰卦《いんくわ》の陰爻《いんかう》にありて卦中《くわちう》に官鬼《くわんき》なきは、婦人《ふじん》の生立《をひた》ちたる家《いへ》とし、化《くわ》して妻財《さいぐ》となり又《また》は子孫《しそん》となるは商人《しやうにん》の家《いへ》とする○應爻《おうかう》が子孫《しそん》と妻財《さいぐ》を持《ち》するは富《ふつ》貴《き》の家《いへ》とする○應爻《おうかう》が世爻《せいかう》と刑冲尅害《けいちうこくがい》するときは、後日其人《ごじつそのひと》と不和《ふわ》とする、若《も》し刑冲《けいちう》して生合《しやうがふ》に化《くわ》するは後《のち》に親《した》しくなるとする○應爻《おうふう》が妻財《さいぐ》を持《ち》して世爻卦身《せいかうくわしん》を生合《しやうがふ》するは、朝夕《てうせき》の膳《ぜん》を拵《こしら》へて出《だ》すとする、旺相《わうしやう》するは厚《あつ》く休囚《きうしう》するは薄《うす》い○應爻《おうかう》か兄弟《けいてい》を持《ち》して發動《はつどう》するは、外《ほか》より爭《あらそ》ふて其所《そこ》に來《きた》らんとする同術《どうじゆつ》の人《ひと》があらう○應爻《おうかう》が世爻《せいかう》と生合比和《しやうがふひわ》するときは情意《じやうい》が厚《あつ》い、若《も》し冲尅《ちうこく》に化《くわ》するときは後《のち》に不和《ふわ》とする○應爻《おうかう》が子孫《しそん》と生合比和《しやうがふひわ》するときは門弟《もんてい》と情意《じやうい》が厚《あつ》い、若《も》し冲尅《ちうこく》するときは睦《むつ》ましくない○應爻《おうかう》が空亡《くうはう》にあふときは請待《しやうだい》する人《ひと》がない、若《も》し空亡《くうはう》すといへども、發動《はつどう》するか又《また》は化《くわ》して空亡《くうはう》となるときは請待《しやうだい》すといへども實意《じつい》が籠《こも》つてゐない。

◎世爻《せかう》が妻財《さいぐ》を持《ち》して發動《はつどう》するときは、請待《しやうだい》せらるといへども自炊《じすゐ》しなければならぬことがある○世爻《せいかう》が衰弱《すゐじやう》にして子孫《しそん》が發動《はつどう》し、或《あるひ》は化《くわ》して世爻《せいかう》を生合《しやうがふ》するときは門弟《もんてい》の才器《さいき》が上達《じやうたつ》するとする○月《げつ》日又《にちまた》は動爻變爻等《どうかうへんかうとう》より世爻《せいかう》を刑尅《けいこく》するときは不意《ふい》の凶災《きようさい》がある○世爻《せいかう》が空亡《くうはう》にあふときは凡《すべ》て意《い》の如《ごと》くならざることがある、若《も》し請待《しやうだい》する人《ひと》ありとも成就《じやうじゆ》しない○世爻卦身《せいかうくわしん》の何《いづ》れにても月日動爻《げつにちどうかう》の刑尅《けいこく》にあふときは、後日疾病《ごじつしつぺい》あるか又《また》は凡《すべ》て障《さはり》がある○卦中《くわちう》に官鬼《くわんき》がありて、世爻《せかう》が化《くわ》し又官鬼《またくわんき》となるは人《ひと》の引立《ひきた》て再三《さい》に及《およ》びて後《のち》に請待《しやうだい》せられる○應爻《おうかう》より世《せい》を尅《こく》することなく、父母《ふぼ》は空亡《くうばう》に遇《あ》はず、兄《けい》弟《てい》官鬼《くわんき》が發動《にどう》せずして月日動爻《げつにちどうかう》より生合《しやうがふ》するもののなきときは、請待《しやうだい》せらるゝと雖《いへど》も其《そ》の取扱《とりあつかひ》は粗略《そりやく》である○人《ひと》の請待《しやうだい》を占《うらな》ふに、卦身《くわしん》が兄弟《けいてい》を持《ぢ》するときは、同術《どうじゆつ》の人《ひと》が爭《あらそ》ふて其所《そこ》に來《きた》ることを求《もと》むることがある。

◎凡《およ》そ束修謝物《そくしうしやぶつ》を占《うらな》ふに、卦身應爻子孫妻財《くわしんおうかうしそんさいゞ》の四つのものが空亡《くうう》にあつたり、又《また》は出現《しゆつげん》せざることは絶《たえ》て無《な》いことである。

第八十章　仕官の占法

仕官《しくわん》の占法《せんぱふ》に於《おい》ては、官鬼《くわんき》を用神《ようしん》とし、妻財《さいゞ》を俸祿《ほうろく》とし、九五を君上《くんじやう》とし、兄弟《けいてい》を同僚同輩《どうれうどうはい》とし、父母《ふぼ》を上書喚出狀《じやうしよよびだしじやう》の類《るゐ》とする。

◎官鬼《くわんき》が旺相《わうしやう》するときは大官《たいくわ》高祿《かうろく》である、死絶《しぜつ》するときは小官卑職《せうくわんひしよく》である、若《も》し發動《はつどう》して世爻《せいかう》を生《しやう》合《がふ》し、或《あるひ》は月日《げつにち》より生扶《しやうふ》するときは拔擢《ばつてき》さるゝとする○官鬼《くわんき》が身世《しんせ》につき、或《あるひ》は動《うご》きて世爻《せいかう》を生合《しやうがふ》して月日《げつにち》の沖尅《ちうこく》を受《う》けざるときは凡《すべ》ての謀望《ぼうぐ》は意《い》の如《ごと》くである○官鬼《くわんき》が發動《はつどう》して世爻《せいかう》を生合《しやうがふ》し、日月動《じつげつどう》爻《かう》ともに冲尅《ちうこく》なきは必《かなら》ず良《よ》き譽《ほまれ》があり、その上《うへ》妻財《さいぐ》より生扶合助《しやうふがふじよ》するときは内徳《ないとく》がある、若《も》し妻財《さいぐ》が空伏死絶《くうふくしぜつ》するときは、名譽《めいよ》あるのみにて内徳《ないとく》はない○官鬼《くわんき》が月建《げつけん》を持《ぢ》し、又世爻《またせいかう》を生扶《しやうふ》するときは、遠國往來《ゑんごくわうらい》の官《くわん》ではない、必《かなら》ず首都《しゆと》の重役《ぢうやく》である○官鬼《くわんき》が發動《はつどう》して世爻《せいかう》を刑冲尅害《けいちうこくがい》するときは凶禍《わざはひ》がある○官鬼《くわんき》が發動《はつどう》して太歳月日《たいさいげつじつ》と同《おな》じく世爻《せいかう》を傷尅《しやうこく》するときは大凶《だいきよう》である、若《も》し世爻《せいかう》が空亡《くうはう》に遇《あ》ふときは、速《すみやか》に避《さ》くれば禍《わざはひ》を免《まぬ》がれる○遠國巡行《ゑんごくじゆんぎやう》の官《くわん》は官鬼《くわんき》の發動《はつどう》するに利《よろ》しい、遠國當國《ゑんごくたうごく》ともに居付《ゐつき》の官《くわん》は安靜《あんせい》に利《よろ》しい、若《も》し發動《はつどう》して子孫《しそん》に化《くわ》するときは、別官《べつくわん》の者《もの》が來《きた》りて入《い》れ代《かは》りとなる○官鬼《くわんき》が旺《わう》相《しやう》して父母《ふぼ》の衰弱《すゐじやく》なるは小職《せうしよく》ではない、たゞ閑靜《かんせい》で事柄《ことがら》の少《すくな》い役所《やくしよ》とする、若《も》し官鬼《くわんき》とも衰弱《すゐじやく》なるは小官卑職《せうくわんひしよく》である○官鬼《くわんき》が卦身世爻《くわしんせかう》につくか、又《また》は世爻《せいかう》の下《もと》に伏藏《ふくざう》するときは、責罰《せきばつ》を受《う》くるけれども官職《くわんしよく》は安全《あんせん》である○官鬼《くわんき》が卦身世爻《くわしんせいかう》に臨《のぞ》まず、世下《せいか》に伏《ふく》せず、又《また》は世下《せいか》に伏《ふく》すといへども空亡《くうはう》に遇《あ》ふときは、必《かなら》ず黜《しりぞ》けらるゝことがある○官鬼《くわんき》が子午卯酉《ねうまうとり》は主立《おもだ》ちたる役《やく》とし、寅申巳亥《とらさるみゐ》は副役下役《そへやくしたやく》の類《るゐ》とし、辰戌丑未《たついぬうしひつじ》は雜職《ざふしよく》とする○官鬼《わんき》が月建日辰《げつけんにつしん》を持《ぢ》するときは頭分《かしらぶん》すべて重役《ぢうやく》とする。

◎父母《ふぼ》を凡《すべ》ての文書《ぶんしよ》とする、奉書差紙又《ほうしよさしがみまた》は上書等《じやうしよとう》の類《るゐ》は旺相《わうしやう》に利《よろ》しく休囚《きうしう》に利《よろ》しくない、世爻《せいかう》を生《しやう》合《がふ》する類《るゐ》は凡《すべ》て吉《きち》である○父母《ふぼ》が太歳《たいさい》を持《ぢ》し氣《き》ありて世爻《せいかう》を生合《しやうがふ》するときは、上《かみ》より召出《めしいだ》さるゝことがある○父母《ふぼ》が月建《げつけん》を持《ぢ》し氣《き》ありて世爻《せいかう》を生合《しやうがふ》するときは、上《かみ》より褒賞《ほうしやう》せらるゝこと等《とう》がある○父母《ふぼ》が空亡《くうばう》に遇《あ》ふときは、上《かみ》より召出《めしいだ》さるゝの類《るゐ》は適《かな》はない。

◎妻財《さいざい》が發動《はつどう》して官鬼《くわんき》を生扶《しやうふ》するときは、金銀等《きんぎんとう》を入《い》れて出身《しゆつしん》を望《のぞ》むべきである（これは賄賂《わいろ》のことではない、身元保證金《みもとほしようきん》の類《るゐ》の意《い》）〇妻財《さいざい》が發動《はつどう》して白虎《びやくこ》を帶《お》ぶるときは、若《も》し父母《ふぼ》が衰弱《すゐじやく》なれば不《ふ》幸《かう》にあふて奉書《ほうしよ》を受《う》けざることがある〇妻財《さいざい》が發動《はつどう》して凡《すべ》ての冲《ちう》に遇《あ》ふときは、尅《こく》ありて俸《ほう》を減《げん》ぜらるゝことがある〇卦中《くわちう》に妻財《さいざい》なきか、又《また》は伏臟《ふくざう》して旬空《じゆんくう》にあふときは、下《くだ》さる手當《てあて》が頗《すこぶ》る乏《とぼ》しい。

◎兄弟《けいてい》を同役朋輩《どうやくほうはい》とする〇兄弟《けいてい》が發動《はつどう》するときは金銀《きんぎん》の費《つひえ》が多《おほ》い、又《また》は譏《そしり》を受《う》ける、若《も》し子孫《しそん》ともに發動《はつどう》するか、又《また》は子孫《しそん》に化《くわ》するときは俸祿《ほうろく》を減《げん》ぜらるゝことがある〇兄弟《けいてい》が發動《はつどう》して世爻《せいかう》を刑害《けいがい》するときは同役《どうやく》は不和《ふわ》とする、或《あるひ》は兄弟《けいてい》が化《くわ》して官鬼《くわんき》となりて世爻《せいかう》を冲尅《ちうこく》するも亦同《またおな》じである〇世爻《せいかう》が發動《はつどう》して兄弟《けいてい》を冲尅《ちうこく》するときは、我《われ》より同役《どうやく》を凌《しの》ぎ犯《をか》すとする〇兄弟《けいてい》が世爻《せいかう》につくも卦身《くわしん》につくも凡《すべ》て不吉《ふきつ》である。

◎子孫《しそん》が發動《はつどう》するときは、凡《すべ》て意《い》に叶《かな》はない、或《あるひ》は免職《めんしよく》さるゝことがある〇凡《すべ》て子孫《しそん》を官途《くわんと》の忌神《きしん》とするけれども、若《も》し大將《たいしやう》となりて敵《てき》を征伐《せいはつ》するの類《るゐ》は、子孫《しそん》が發動《はつどう》するときは必《かなら》ず討勝《うちかつ》とする。太《たい》歳《さい》や月建《げつけん》より世爻《せいかう》を生合《しやうがふ》するときは恩賞《おんしやう》がある、此《かく》の如《ごと》きの時《とき》は官鬼《くわんき》を官職《くわんしよく》としないで寇賊敵讐《かうぞくてきしふ》とするからである、又應《またおう》を以《もつ》て敵《てき》とするのも素《もと》より一法《はふ》である。

◎世爻《せかう》が日辰《につしん》に刑冲尅害《けいちうこくがい》せらるゝときは譏《そしり》を受《う》くるとする、五類《るゐ》によりて其由《そのよし》を考《かんが》ふべし、兄弟《けいてい》を帶《お》ぶるは賄《まひなひ》を貪《むさぼ》り、又《また》は取立《とりた》ての嚴《きび》しき類《るゐ》の故《ゆゑ》とし、妻財を帶《お》ぶるは取立《とりたて》がきかぬ類《るゐ》の故《ゆゑ》ゞし、子孫《しそん》を帶《お》ぶるは飲酒遊樂《いんしゆいうらく》して勤務《きんむ》を惰《おこた》るなどの故《ゆゑ》とし、父母《ふぼ》を帶《お》ぶるは事《こと》の間《ま》に合《あ》はず行届《ゆきとゞ》かぬなどの故《ゆゑ》とし、官鬼《くわんき》を帶《お》ぶるは嚴《きび》しく喧《やか》ましきか、又《また》は同役不和《どうやくふわ》の類《るゐ》とする、若《も》し世爻《せいかう》に月建《げつけん》を持《ぢ》すれば、謗《そしり》ありといへども妨《さまた》げをなさない○世爻《せいかう》が發動《はつどう》して空亡《くうはう》にあふときは、生扶拱合《しやうふきようがふ》するもののなきときは大《だい》難《なん》があり、凡《すべ》て事《こと》は調《とゝの》はない○世爻《せいかう》が發動《はつどう》して日辰《につしん》又《また》は動爻《どうかう》に冲《ちう》せらるゝも、久《ひさ》しく勤《つと》めない○世爻《せいかう》が空亡《くうはう》にあひ、六爻《かう》ともに安靜《あんせい》にして太歳月日《たいさいげつにち》より冲尅《ちうこく》するときは、役《やく》を退《しりぞ》くの兆《てう》とする○世爻《せいかう》が五爻《かう》につきて空亡《くうはう》にあひ月日《つきひ》の冲尅《ちうこく》あるときは、巡見等《じゆんけんとう》の役《やく》ならば、途中《とちう》で不意《ふい》の禍難《くわなん》があるであらう。

◎太歳《たいさい》を君上《くんじやう》の象《かたち》とする、世爻卦身《せいかうくわしん》を生合《しやうがふ》するときは吉事《きちじ》があり、冲尅《ちうこく》するときは貶《おと》さるゝことがある○太歳《たいさい》が父母《ふぼ》につきて官鬼《くわんき》又《また》は世爻《せいかう》を生扶《しやうふ》するは恩惠《おんけい》があり、殊《こと》に生旺《しやうわう》するときは大吉《だいきち》である○太歳爻《たいさいかう》が世爻《せいかう》を傷《そこな》ふときは咎《とが》め貶《おと》さるゝことがある、殊《こと》に三刑《けい》にあひ、白虎騰蛇《びやくことうだ》を帶《お》ぶるときは、召《めし》捕《と》られ又《また》は手錠《てぢやう》などの類《るゐ》に遇《あ》ふことがある○上書《じやうしよ》して事《こと》を陳《の》べ諫《いさめ》を言《い》ふの類《るゐ》に太歳《たいさい》より世爻《せいかう》を刑尅《けいこく》するときは甚《はなは》だ忌《い》むべし、必《かなら》ず禍《わざはひ》があるであらう、若《も》し太歳月建《たいさいげつけん》より世爻《せいかう》を生合《しやうがふ》するときは、其說《そのせつ》を聽《き》き用《もち》ゐられる○月建《げつけん》を執政《しつせい》の官《くわん》とする、世爻卦身《せいかうくわしん》を生合《しやうがふ》するときは吉《きち》、冲尅《ちうこく》するは凶《きよう》である○月建《げつけん》より官鬼《くわんき》又《また》は世爻《せいかう》を扶《たす》くるは清高《せいかう》の官《くわん》とする○月建日辰《げつけんにつしん》より妻財《さいく》を冲《ちう》して、世爻《せいかう》又《また》は官鬼《くわんき》を刑尅《けいこく》するときは職《しよく》を放《はな》され俸祿《ほうろく》を差止《さしと》めらるゝことがある。

◎凡《すべ》て民《たみ》を取扱《とりあつか》ふの役《やく》には、妻財《さいく》が旺相《わうしやう》して動《うご》かず、父母《ふほ》の生扶《しやうふ》ありて空亡《くうばう》に遇《あ》はざるを好《よ》き所《ところ》とする、若《も》し妻財《さいく》が空亡《くうばう》にあひ、又《また》は絶《せつ》にあひ、父母《ふほ》制《せい》を受《う》くるは、土地《とち》が悪《わる》く、民《たみ》は貧《まづ》しく、且《か》つ扱《あつか》ひ難《がた》い、父母《ふほ》が發動《はつどう》して世爻《せいかう》につくときは事《こと》が繁《しげ》しい、兄弟《けいてい》が世爻《せいかう》につくときは租税《そぜい》が上《あが》つて來《こ》ない或《あるひ》は民《たみ》が貧《まづ》しく治《をさ》め難《がた》い。

◎鎮守警護《ちんじゆけいご》の類《るゐ》の職《しよく》は、六爻《かう》の安靜《あんせい》なるに利《よろ》しい、又月建日辰《またげつけんにつしん》の尅《こく》がなければ安全無事《あんぜんぶじ》とする、若《も》し官鬼《くわんき》が發動《はつどう》して世應相冲尅《せいおうあひちうこく》する類《るゐ》は、必《かなら》ず騷動《さうどう》が多《おほ》い。

◎僧官《そうくわん》（これは今《いま》はないから、彼等《かれら》の階級《かいきふ》に於《お》ける稱《しよう》と見《み》れば宜《よろ》しい）又《また》は醫官《いくわん》の占《せん》には子孫《しそん》を以《もつ》て用神《ようしん》とする、父母《ふほ》が發動《はつどう》すれば用神《ようしん》を害《がい》する、殊《こと》に醫官《いくわん》は藥《くすり》の効《かう》あらはれず、世爻《せいかう》を生《しやう》ずるは吉《きち》である、刑冲尅害《けいちうこくがい》する類《るゐ》はよく／＼分別《ふんべつ》して斷《だん》じなければならぬ。

第八十一章　財を求むるの占法

金錢財物等《きんせんざいぶつとう》を營《いとな》み求《もと》むるの術《じゆつ》は多端《たたん》であつて一樣《やう》でないけれども、其《そ》の大要《たいえう》は皆妻財《みなさいく》を本《もと》とし、子《し》孫《そん》を利益《りえき》とする、貸借又《たいしやくまた》は賭《かけ》の勝負或《しようぶあるひ》は凡《すべ》ての商賣等《しやうはいとう》は世應《せいおう》を以《もつ》て考《かんが》ふべきである、而《しか》して是亦《これまた》みな妻財子《さいぐし》孫《そん》を疎外《そぐわい》することは出來《でき》ぬのである。

◎妻財《さいぐ》が旺相《わうしやう》して子孫《しそん》の發動《はつどう》するときは、凡《すべ》て意《い》の如《ごと》くである○子孫《しそん》が發動《はつどう》し妻財世爻又《さいぐせいかうまた》は卦身《くわしん》を生合《しやうかふ》するときは、求《もと》むるに從《したが》つて必《かなら》ず得《え》て盡《つ》きざるの象《かたち》とする、妻財《さいぐ》が化《くわ》して子孫《しそん》となる時《とき》も亦同《またおな》じである○妻財《さいぐ》が世爻《せいかう》につくときは、氣《き》がなくとも得易《えやす》い○妻財《さいぐ》が旺相《わうしやう》して世爻《せいかう》を持《ち》するか、又《また》は世爻《せいかう》を生合《しやうがふ》するときは必《かなら》ず得《う》る、若《も》し日月《じつげつ》に尅《こく》せらるゝときは、其日《そのひ》を過《す》ぎてから得《う》る○妻財《さいぐ》が世《せい》を持《ち》し世《せい》を尅《こく》し世《せい》を生合《しやうがふ》する類《るゐ》は得易《えやす》い、然《しか》らずして世爻《せいかう》に掛《かゝ》り合《あ》はざるときは得難《えがた》い○妻財《さいぐ》が世爻《せいかう》につくときは求《もと》め易《やす》い、併《しか》し空亡《くうはう》に遇《あ》ふときは、自《みづか》ら疑惑《ぎわく》して進《すゝ》まざるが故《ゆゑ》に得《え》られない○妻財《さいぐ》か發動《はつどう》して世《せい》を生合《しやうがふ》するときは得易《えやす》いけれども、若《も》し日辰又《につしんまた》は動爻《どうかう》より妻財《ざいぐ》を合住《がふぢう》するときは、抑《おさ》へる人《ひと》があつて俄《にはか》に我手《わがて》に入《はい》らない、その抑《おさへ》る者《もの》は何人《なんぴと》であるかを知《し》らんと欲《ほつ》するならば五類《るゐ》を以《もつ》て考《かんが》ふべきてある(例《たと》へば、兄弟《けいてい》に合住《がふぢう》せらるゝは朋友《ほういう》など妨《さまた》ぐるとするの類《るゐ》である)、若《も》し又何《またいづ》れの日《ひ》に至《いた》りて手《て》に入《い》るかを知《し》らんとするときは、冲《ちう》に逢《あ》ふの日《ひ》を待《ま》つべきである○妻財子《さいぐし》孫《そん》ともに伏藏空亡《ふくざうくうはう》するときは決《けつ》して得《え》られない○妻財《さいぐ》が伏藏《ふくざう》すといへども、子孫兄弟《しそんけいてい》ともに發動《はつどう》するときは、却《かへ》つて得《え》られる○妻《さい》財子《ざいし》子《そん》が空亡伏藏墓絶刑尅《くうはうふくざうぼぜつけいこく》にあふて、生扶拱合《しやうふきようがふ》するもののなきときは、何事《なにごと》も叶《かな》はない○三合會局《がふくわいきよく》して妻財《さいく》を成《な》し發動《はつどう》して世爻《せいかう》を生合《しやうがふ》する時《とき》は財利《ざいり》は窮《きはま》りない、若《も》し妻財《さいく》が旺相《わうしやう》すれば財利《ざいり》は萬倍《まんばい》とする○三合會局《がふくわいきよく》して子孫《しそん》を成《な》し、發動《はつどう》して世爻《せいかう》を生《しやう》ずるも亦同《またおな》じである○正卦變卦《せいくわへんくわ》に妻財《さいく》が三四爻《かう》も出現《しゆつげん》するときは大過《たいくわ》と云《い》つて却《かへ》つて得難《えがた》い、若《も》し妻財《さいく》の墓爻世爻又《ぼかうせいかうまた》に卦身《くわしん》を持《ぢ》するときは大利《たいり》を得《う》る○正卦變卦《せいくわへんくわ》とも妻財《さいく》なきか、又《また》は有《あ》りといへども空亡《くうばう》にあふて其《そ》の上伏藏《うへふくざう》するときは、凡《すべ》て本《もと》がないのであるから求《もと》むることが出來《でき》ない○妻財《さいく》が子孫太歳《しそんたいさい》を持《ぢ》するときはその年中利《ねんちうり》が多《おほ》い○妻財《さいく》が化《くわ》して官鬼《くわんき》となり又《また》は兄弟《けいてい》となるときは損失《そんしつ》が多《おほ》く不吉《ふきつ》である、若《も》し世爻《せいかう》を傷《そこな》ふときは財《ざい》によりて禍《わざはひ》を致《いた》す○人《ひと》と共同《きようどう》に商賣《しやうばい》するのに世應《せいおう》ともに妻財《さいく》を持《ぢ》するときは思《おも》ふ儘《まゝ》である。

◎父母《ふぼ》が兄弟《けいてい》と共《とも》に發動《はつどう》するときは決《けつ》して得《え》られない○父母《ふぼ》が兄弟《けいてい》と共《とも》に氣《き》あるは、資本《しほん》を損《そん》するの恐《おそれ》がある○父母《ふぼ》が化《くわ》して妻財《さいく》となるときは、辛苦《しんく》して得《え》られる○父母《ふぼ》が太歳《たいさい》を持《ぢ》するときは、其《そ》の年中辛苦《ねんぢうしんく》する。

◎兄弟《けいてい》が卦身《くわしん》につき、又《また》は世爻《せいかう》につくは、何《なん》の商賣《しやうばい》にても利《り》がない○兄弟《けいてい》が世爻《せいかう》につきて發動《はつどう》するときは、殊《こと》に宜《よろ》しくない○兄弟《けいてい》が重疊大過《ちようでふたいくわ》するときに子孫《しそん》が發動《はつどう》すれば大吉《だいきち》である、若《も》し子孫《しそん》が安靜《あんせい》なれば凶《きよう》である○兄弟官鬼《けいていくわんき》ともに發動《はつどう》するは口舌《くぜつ》がある○兄弟《けいてい》が太歳《たいさい》を持《ぢ》するときは其《そ》の年中利《としぢうり》がない○兄弟《けいてい》が化《くわ》して妻財《さいざい》となるときは、先《さき》に不利《ふり》であるけれども後《のち》には利《よろ》しい○人《ひと》と共同《きようどう》に商賣《しやうばい》することには兄弟《けいてい》を忌《い》まない、但《たゞ》し發動《はつどう》するは利《よろ》しくない。

◎官鬼《くわんき》の發動《はつどう》するは障《さはり》がある○官鬼《くわんき》なきときは損耗《そんもう》が多《おほ》い○官鬼《くわんき》が化《くわ》して妻財《さいざい》となり世爻卦身《せいかうくわしん》を生《しやう》合《がふ》するときは、官邊《くわんぺん》又《また》は貴人《きじん》に求《もと》むるか、或《あるひ》は藝能《げいのう》ある人《ひと》は十分《ぶん》に得《う》るとする、若《も》し世爻卦身《せいかうくわしん》を尅《こく》するときは助鬼傷身《じよきしやうしん》として凡《すべ》て凶《きよう》である○官鬼《くわんき》が玄武《けんぶ》を帶《お》び、發動《はつどう》して世《せい》を尅《こく》するときは、往來《わうらい》して商《しやう》賣《はい》する者《もの》などには盜賊《たうぞく》の難《なん》があるであらう○官鬼《くわんき》が第《だい》二爻《かう》にありて發動《はつどう》するときは、家《いへ》に居《ゐ》て財《ざい》を求《もと》むる者《もの》は必《かなら》ず障《さはり》がある、火《ひ》の官鬼《くわんき》であつたならば燈《とも》し火《び》など用心《ようじん》すべきである、若《も》し子孫《しそん》が世爻《せいかう》につくときは妨《さまた》げはない、左《さ》もなくして子孫《しそん》が發動《はつどう》するときは店《みせ》を替《か》へて宜《よろ》しい○官鬼《くわんき》が第《だい》五爻《かう》にありて發動《はつどう》するときは、旅《たび》に出《で》て財《ざい》を求《もと》むる者《もの》には必《かなら》ず障《さはり》がある、即《すなは》ち白虎《びやくこ》を帶《お》ぶるときは風波《ふうは》の難《なん》、玄武《げんぶ》を帶《お》ぶるときは盜賊《たうぞく》の難《なん》とするの類《るゐ》である。

◎藝能《げいのう》を以《もつ》て財《ざい》を求《もと》むる者《もの》は、官鬼《くわんき》が發動《はつどう》して世爻《せいかう》を生合《しやうがふ》するを吉《きち》とする、若《も》し世爻《せいかう》を刑尅《けいこく》するときは大凶《だいきよう》である。

◎官邊《くわんぺん》より財《ざい》を求《もと》むるには、官鬼《くわんき》の發動《はつどう》を忌《い》むことはない、旺相《わうしやう》して世爻《せいかう》を生合《しやうがふ》するときは得《う》る、若《も》し世爻《せいかう》を刑尅《けいこく》するときは禍《わざはひ》が速《すみやか》に至《いた》るとする。

◎人《ひと》に求《もと》むる財《ざい》は、其《そ》の用神《ようしん》が日辰動爻《につしんどうかう》の刑尅《けいこく》があり、或《あるひ》は空亡《くうばう》にあひ、或《あるひ》は空亡《くうばう》に化《くわ》する類《るゐ》は出《しゆつ》會《くわい》しない、縦《たと》ひ出會《しゆつくわい》するとても調《との》はない。

◎人《ひと》に貸《か》したる財《ざい》は、世應《せいおう》ともに兄弟《けいてい》を持《ち》するか、又《また》は世應《せいおう》ともに空亡《くうばう》にあふときは取返《とりかへ》し得《え》ない若《も》し其上《そのうへ》に妻財《さいざい》が絶《ぜつ》にあふときは元金《ぐわんきん》ともに無《な》くなるべし。

◎人《ひと》に物《もの》を借《かり》ることを占《うらな》ふは、應爻《おうかう》が空亡《くうばう》にあふときは調《との》はない、若《も》しその借《かり》る物《もの》の爻《かう》（金錢《きんせん》は妻《さい》財《ざい》、衣服《いふく》は父母《ふぼ》を用神《ようしん》とするの類《るゐ》をいふ）空亡《くうばう》せざれば、緩《ゆるや》かに求《もと》むれば得《え》られるであらう。

◎賭《かけ》の勝負《しようぶ》を占《うらな》ふは、世強《せいつよ》く應弱《おうよわ》きか、又《また》は世《せい》より應《おう》を尅《こく》するときは勝《かち》とする、世弱《せいよわ》く應強《おうつよ》きか、爻《かう》は應《おう》より世《せい》を尅《こく》するときは負《まけ》とする○世應共《せいおうとも》に空亡安靜《くうばうあんせい》なるときは勝負《しようぶ》はない○世爻《せいかう》が官鬼《くわんき》を持《ち》するときは、彼《かれ》より我《われ》を騙《たば》かることを防《ふせ》ぐべきである○官鬼兄弟《くわんきけいてい》が發動《はつどう》して世爻《せいかう》を尅《こく》し、又《また》は世爻《せいかう》が兄《けい》弟《てい》を持《ち》し、又《また》は世爻《せいかう》が空亡《くうばう》にあふのも負《まけ》とする○間爻《かんかう》は官鬼兄弟《くわんきけいてい》がありて發動《はつどう》するときは、爭《あらそひ》あることが多《おほ》い。

◎店《みせ》を開《ひら》きて商賣《しやうばい》することを占《うらな》ふには、世應《せいおう》ともに空亡《くうばう》にあはず、妻財子孫《さいざいしそん》に缺《か》くることなく、官《くわん》鬼氣《きき》ありて安靜《あんせい》に、父母《ふぼ》衰弱《すゐじやく》にして安靜《あんせい》なるを大吉《だいきち》とする、若《も》し其上《そのうへ》にも日月動爻《じつげつどうかう》より世爻《せいかう》を生合《しやうがふ》することあるときは大《おほい》に繁昌《はんじやう》する、應爻《おうかう》が空亡《くうばう》にあへば買人《かひて》は少《すくな》い○官鬼兄弟《くわんきけいてい》が發動《はつどう》するときは口舌等《くぜつとう》がある。

◎物《もの》を買《か》ひ蓄《たくはへ》ることを占《うらな》ふは、諸爻《しよかう》ともに凡《すべ》て安靜《あんせい》なるを宜《よろ》しとする、唯《たゞし》子孫《そん》だけは發動《はつどう》するを吉《きち》とする○妻財《さいざい》が發動《はつどう》するときは變《へん》がある○妻財《さいざい》が空亡《くうばう》にあふときは損失《そんしつ》などがある○官鬼《くわんき》が發動《はつどう》するときは損《そん》があるであらう○父母《ふぼ》が化《くわ》して官鬼《くわんき》となりて世《せい》を刑尅《けいこく》するときは、雨《あめ》に濡《ぬ》れ朽《く》つるの類《るゐ》を防《ふせ》がねばならぬ。

◎物《もの》を賣出《うりだ》すことを占《うらな》ふは、妻財《さいざい》が發動《はつどう》するときは賣《う》れ易《やす》い○世爻《せいかう》が發動《はつどう》するも亦同様《またどうやう》である○妻財《さいざい》が外卦《ぐわいくわ》にありて、發動《はつどう》して世《せい》を生《しやう》ずるときは他《た》へ出《だ》して賣《う》るが宜《よ》い、内卦《ないくわ》にありて發動《はつどう》して世《せい》を生《しやう》ずるときは其所《そこ》にて賣《う》るが宜《よろ》しい○妻財《さいざい》が世爻《せいかう》につき、子孫《しそん》が外卦《ぐわいくわ》にありて發動《はつどう》するも他《た》へ出《だ》して賣《う》るが宜《よろ》しい。

◎ふり賣《うり》の商《あきなひ》に、應爻《おうかう》が空亡《くうばう》に遇《あ》ふときは利《り》がない。

◎凡《すべ》ての賣買《ばいゝ》に、應《おう》より世《せい》を生合《しやうがふ》するときは成《な》り易《やす》いが、世《せい》を刑尅《けいこく》するときは難《かた》い○官鬼兄弟《くわんきけいてい》ともに發動《はつどう》するときは、謀《はかりごと》を巧《たく》み欺《あざむ》かるゝ類《るゐ》を防《ふせ》ぐが宜《よ》い○間爻《かんかう》に官鬼兄弟《くわんきけいてい》が發動《はつどう》するときは、仲人《ちうにん》の謀《はかりごと》に欺《あざむ》かるゝことを防《ふせ》がねばならぬ。

◎牛馬《ぎうば》六畜《ちく》の類《るゐ》の賣買《ばいゝ》は子孫《しそん》を用神《ようしん》とする、別《べつ》に六畜《ちく》の條《でう》があるから就《つい》て考《かんが》ふべきである。

◎何《いづ》れの時日《じじつ》に於《おい》て財物《ざいぶつ》が手《て》に入《い》るかと云《い》ふことを占《うらな》ふは、妻財《さいざい》の旺衰生合等《わうすゐしやうがふとう》によりて考《かんが》ふべきてある。
◎何れ《いづ》の時日《じじつ》に於《おい》て直段《ねだん》が良《よ》くなるかと云《い》ふを占《うらな》ふにも、亦妻財《またさいざい》の旺衰生合等《わうすゐしやうがふとう》によりて考《かんが》ふべきである。
◎又子孫《またしそん》の旺衰《わうすゐ》をも合《あは》せて考《かんが》へねばならぬ○妻財《さいざい》が長生《ちやうせい》に遇《あ》ふときは一日増《にちま》しに高《たか》くなるとし、帝《てい》旺《わう》に遇《あ》ふときは、眼前《がんぜん》は高値《たかね》であつて、時過《ときすぐ》れば下値《したね》となる。

第八十二章　出で行くことの占法

出《い》で行《ゆ》くことの占法《せんぱふ》に於《おい》ては、父母《ふぼ》を荷物《にもつ》とし、妻財《さいざい》を旅費《りよひ》とし、應爻《おうかう》を行先《ゆくさ》きの地《ち》とし、間爻《かんかう》を途中《とちう》とし又同伴《またどうはん》の人《ひと》とする。
◎世爻《せいかう》が衰弱《すゐじやく》なるは疲《つかれ》とし、旺相《わうしやう》するは健《けん》とする○世應《せいおう》ともに發動《はつどう》するは、速《すみやか》に行《ゆ》くを利《よ》しとする○世爻《せいかう》が發動《はつどう》して官鬼《くわんき》に化《くわ》するときは禍《わざはひ》に逢《あ》ふことがある○世爻《せいかう》が發動《はつどう》して日辰又《につしんまた》は動爻《どうかう》の合住《がふぢう》にあふときは、將《まさ》に行《ゆ》かんとして障《さはり》ありて滯《とどこほ》るの象《かたち》である、若《も》し間爻《かんかう》より合住《がふぢう》するときは同伴《どうはん》の爲《ため》に繋《つな》がるゝとする、發足《ほつそく》の日限《にちげん》を知《し》らんとするときは、沖《ちう》の日《ひ》を待《ま》たねばならぬ○世爻《せいかう》が發動《はつどう》して空亡《くうばう》に遇《あ》ふときは、半途《はんと》より戻《もど》ることがある、退神《たいしん》に化《くわ》するも亦同《またおな》じである○世《せい》より應《おう》を剋《こく》するときは通達《つうだつ》して障《さはり》はない、應《おう》より世《せい》を剋《こく》するときは障《さはり》が多《おほ》く、凡《すべ》て意《い》の如《ごと》くならない、若《も》し其上《そのうへ》にも日辰又《につしんまた》は動《どう》爻《かう》の刑剋《けいこく》あるときは殊《こと》に凶《きよう》である○世爻《せいかう》の安靜《あんせい》なるときは日限《にちげん》が定《さだ》まらない、發動《はつどう》するときは定《さだ》まれる日《ひ》がある○世爻《せいかう》が安靜《あんせい》であつて、日辰《につしん》の冲《ちう》に遇《あ》ふときは、人《ひと》の爲《た》めに出《い》づるとする○世爻《せいかう》が安靜《あんせい》であつて合《がふ》に遇《あ》ふも、亦人《またひと》の爲《たあ》に出《い》づるとする○世爻《せいかう》が日辰《につしん》を持《ぢ》して發動《はつどう》するも亦同《またおな》じである○世爻《せいかう》が官鬼《くわんき》を持《ぢ》するときは、疑《うたが》ひ惑《まど》ふて進《すゝ》まざるの象《かたち》とする、若《も》し子孫《しそん》に化《くわ》するときは禍《わざはひ》ありとも畏《おそ》るゝに足《た》らない○世爻《せいかう》が兄弟《けいてい》を持《ぢ》するときは無益《むえき》の費《つひえ》が多《おほ》い○世爻《せいかう》が空亡《くうはう》に逢《あ》ふときは行《ゆ》くことが出來《でき》ない縱《たと》ひ行《ゆ》くとも徒《いたづ》らに勞《らう》して益《えき》がない、但《たゞ》し藝術《げいじゆつ》などを以《もつ》て利《り》を謀《はか》り、すべて本手《もとで》でなくして金錢《きんせん》を得《う》るには却《かへ》つて吉《きち》である○世爻《せいかう》が太歳《たいさい》の冲剋《ちうこく》にあふときは、其《そ》の年中他《としぢうた》へ出《で》で行《ゆ》くには利《よろ》しくない、若《も》し白虎《びやくこ》を帶《おぶ》るときは殊《こと》に不吉《ふきつ》である。

◎父母《ふぼ》を荷物《にもつ》とする、旺相《わうしやう》するときは多《おほ》く、休囚《きうしう》するときは少《すくな》い、若《も》し旺相《わうしやう》しても空亡《くうはう》にあふときは、有《あ》つても澤山《たくさん》ではない、併《しか》し刑剋《けいこく》を帶《お》ぶるときは舊物《きふぶつ》が破損《はそん》する○父母《ふぼ》を又辛勤勞苦《またしんきんらうく》の神《しん》とする發動《はつどう》すれば途中《とちう》で艱難《かんなん》する、若《も》し世爻《せいかう》を刑剋《けいこく》するときは、風雨《ふうゝ》などに妨《さまた》げらるゝことがある○父母《ふぼ》を又舟船《またしうせん》とする、發動《はつどう》して世《せい》を剋《こく》するときは、舟船行《しうせんかう》は殊《こと》に凶《きよう》である。

◎妻財《さんぐ》を旅費《りよひ》とする、旺相《わうしやう》するときは多《おほ》く、休囚《きうしう》するときは少《すくな》い○妻財《さいぐ》を又商買《またしやうばい》の物件《ぶつけん》とする、旺《わう》相《しやう》するときは多《おほ》く、休囚《きうしう》するときは少《すくな》い、若《も》し兄弟《けいてい》が化《くわ》して妻財《さいく》となるときは、人《ひと》と共同《きようどう》の物件《ぶつけん》又《また》は人《ひと》より假《か》りたるものとする○妻財《さいく》が發動《はつどう》して世爻《せいかう》を刑尅《けいこく》するときは、金錢《きんせん》によりて禍《わざはひ》を招《まね》くことがある○妻財《さいく》が世爻《せいかう》と合《がつ》し、化《くわ》して官鬼《くわんき》となりて世爻《せいかう》を刑尅《けいこく》するときは、好色《かうしよく》によりて禍《わざはひ》を招《まね》くことがある、よく〳〵愼《つゝし》まねばならぬ○妻財《さいく》が旺相《わうしやう》して月建《げつけん》を持《ぢ》して世爻《せいかう》を生合《しやうがふ》し刑尅《けいこく》なきときは、十分《ぶん》の利益《りえき》を得《う》るのである。

◎兄弟《けいてい》が騰蛇《とうだ》を帶《お》びて發動《はつどう》するときは、詐欺《さぎ》にあふことがあるから用心《ようじん》せねばならぬ○兄弟《けいてい》が白虎《びやくこ》を帶《お》び又《また》は忌神《きしん》を帶《お》びて發動《はつどう》して世《せい》を尅《こく》するときは、風波《ふうは》の難《なん》がある。

◎官鬼《くわんき》が玄武《げんぶ》を帶《おぶ》るときは盗賊《たうぞく》とする、若《も》し世爻《せいかう》を刑尅《けいこく》するときは盗難《たうなん》を免《まぬか》れない○官鬼《くわんき》が寅《とら》に屬《ぞく》して艮宮《ごんきう》にある時《とき》は豺狼《さいらう》とする、世《せい》を尅《こく》する時《とき》は害《がい》を受《う》ける、應《おう》を尅《こく》するときは他人《たにん》を噉《うかゞ》ふとする○官鬼《くわんき》が間爻《かんかう》にありて發動《はつどう》するときは、同伴《どうはん》の者《もの》に不和《ふわ》があるか又《また》は病《やまひ》がある、世《せい》を尅《こく》するときは我《われ》も亦凶《またきよう》である○卦中《くわちう》に官鬼《くわんき》なきときは凡《すべ》て吉《きち》とする、若《も》し有《あ》りといへども安靜《あんせい》又《また》は伏藏《ふくざう》、又《また》は制《せい》する者《もの》のあるときは禍《わざはひ》はない。

◎子孫《しそん》が世爻《せいかう》につくときは大吉《だいきち》である、良《よ》き同伴《どうはん》に遇《あ》ふことがあり、途中《とちう》も平安《へいあん》である、若《も》し貴人《きじん》に謁見《えつけん》する類《るゐ》の出行《しゆつかう》には、官鬼《くわんき》を尅《こく》するから凶《きよう》とする○卦中《くわちう》に子孫《しそん》なく、或《あるひ》は有《あ》りと雖《いへど》も空亡《くうばう》に遇《あ》ふときは禍《わざはひ》あることを用心《ようじん》せねばならぬ。

◎應爻《おうかう》が空亡《くうはう》にあふときは、凡《すべ》て意《い》に叶《かな》はずして事《こと》が成就《じやうじゆ》しない。

◎間爻《かんかう》を途中經歴《とちうけいれき》の所《ところ》とする、發動《はつどう》すれば途中《とちう》に障《さはり》があり、安靜《あんせい》なるは吉《きち》とする○間爻《かんかう》が子孫妻財《しそんさいく》を持《ぢ》して發動《はつどう》するときは、途中《とちう》に望《のぞ》むことにて叶《かな》ふことがある○間爻《かんかう》が兩爻《りやうかう》ともに空亡《くうはう》にあふときは途中《とちう》は凡《すべ》て障《さはり》はない、獨行《どくかう》するに利《よろ》しい、同伴《どうはん》の厄介《やくかい》はない。

◎火爻土爻《くわかうどかう》を陸路《くがぢ》とし、水爻木爻《すゐかうもくかう》を船路《ふなぢ》とする、何《いづ》れも子孫妻財《しそんさいく》を持《ぢ》すれば吉《きち》であるが、官鬼兄弟《くわんきけいてい》を持《ぢ》するは凶《きよう》である。

◎官鬼方《くわんきかた》、鬼墓《きぼ》の方《かた》、世墓《せいぼ》の方等《かたとう》、世《せい》を剋《こく》するの方《かた》は皆凶《みなきよう》とするから往《い》つてはならぬ、子孫《しそん》の方《かた》、妻財《さいく》の方等《かたとう》、世《せい》を生《しやう》ずるの方《かた》を吉《きち》とする、往《い》つて宜《よろ》しい。

◎六冲《ちう》の卦《くわ》にあふときは凡《すべ》て不吉《ふきつ》である、六冲《ちう》の卦《くわ》が亂動《らんどう》するときは殊《こと》に凶《きよう》である。

第八十三章　船舶に就ての占法

凡《およ》そ船《ふね》を傭《やと》ひ又《また》は船《ふね》を買《か》ふの占法《せんぱふ》に於《おい》ては、船《ふね》を以《もつ》て船頭《せんどう》とし、初《しよ》二爻《かう》を艫《へ》先《さき》とし、五上爻《じやうかう》を艫《とも》とする。

◎船《ふね》の新舊《しんきう》を察《さつ》するには世《せい》を持《ぢ》する五類《ごるゐ》を以《もつ》て考《かんが》ふべきである、即《すなは》ち子孫妻財《しそんさいざい》を新《しん》とし、父母《ふぼ》を舊《きう》とし、兄弟《けいてい》を半新半舊《はんしんはんきう》とする、官鬼《くわんき》は新舊《しんきう》に拘《かゝ》はらず、驚《おどろ》き又《また》は妨《さまた》げらるゝことがある、五類《ごるゐ》ともに皆《みな》その旺相休囚《わうしやうきうしう》を以《もつ》て、又其内《またそのうち》の善悪《ぜんあく》を考《かんが》ふべきである、子孫《しそん》を持《ぢ》すと雖《いへど》も休囚《きうしう》するときは十分《ぶん》の新《しん》造堅固《ざうけんご》とせざるの類《るゐ》である。

◎官鬼《くわんき》が發動《はつどう》するときは、其《そ》の五行《ぎやう》を以《もつ》て病《やまひ》を察《さつ》するのであつて、金爻《きんかう》は釘《くぎ》が少《すくな》く、土爻《どかう》は白灰《しろはひ》が少《すくな》く、木爻《もくかう》は接合《つぎあは》せが多《おほ》く、水爻《すゐかう》は漏《も》る所《ところ》がありとし、火爻《くわかう》は乾破《ひわれ》があるの類《るゐ》である。

◎乘出《のりだ》すことを占《うらな》ふには、父母《ふぼ》を船頭《せんどう》とする、若《も》し船《ふね》ばかりを占《うらな》ふには、父母《ふぼ》を船《ふね》となして船頭《せんどう》とはしない、何《いづ》れも旺相《わうしやう》して世爻《せかう》を生合《しやうがふ》するは吉《きち》であつて、發動《はつどう》して世爻《せいかう》を冲剋《ちうこく》するときは凶《きよう》である。

◎青龍《せいりう》を船尾《せんび》とする、子孫妻財《しそんさいゞ》を持《ぢ》して旺相發動《わうしやうはつどう》し、世《せい》を持《ぢ》し世《せい》を生合《しやうがふ》する類《るゐ》は吉《きち》である○騰蛇《とうだ》を纜《とづな》とする、若《も》し休囚又《きうしうまた》は空亡《くつはう》にあふときは、朽《く》ち弱《よわ》りたりとする、旺相《わうしやう》して吉神《きつしん》を帶《お》ぶるは堅固《けんご》である。

◎白虎《びやくこ》を白帆《しらほ》とする、旺相生扶《わうしやうしやうふ》し、子孫妻財《しそんさいゞ》を帶《お》び世爻卦身《せいかうくわしん》を生合《しやうがふ》するときは、順風《じゆんぷう》にして帆《ほ》も良《よ》しとする、若《も》し官鬼凶神《くわんききようしん》を帶《お》びて旺相發動《わうしやうはつどう》し世爻卦身《せいかうくわしん》を冲剋《ちうこく》するときは、逆風《ぎやくふう》に遇《あ》ひ傾覆《けいふく》することがある。

◎反吟卦《はんぎんくわ》にあふときは逆風傾覆《ぎやくふうけいふく》の患《うれひ》がある。

◎凡《すべ》て子孫《しそん》が妻財世爻《さいくせかう》又《また》は卦身《くわしん》を持《ぢ》して動爻《どうかう》の冲尅《ちうこく》なく、六爻生合《かうしやうがふ》して吉神《きちしん》を帯《お》ぶるときは、四海《かい》を乗廻《のりまは》すとも災《わざはひ》を受《う》くることはない。

◎自《みづか》ら船頭《せんどう》となりて船《ふね》を以《もつ》て家居《いへゐ》の如《ごと》くする者《もの》は、其《そ》の占法《せんはふ》に於《おい》ては船《ふね》を傭《やと》ふとは異《こと》なることがある、故《ゆゑ》に上下六爻《じやうかかう》を細《こまか》に分《わか》ちて吉凶《きつきよう》を推断《すゐだん》しなければならぬ○初爻《しよかう》を船《ふね》の艫《へさき》とする、父母《ふぼ》を持《ぢ》して刑《けい》冲《ちう》に遇《あ》ふときは風浪《ふうらう》の難《なん》がある、官鬼《くわんき》を持《ぢ》するときは魔障《ましやう》があり、兄弟《けいてい》が發動《はつどう》するときは怪木《あやしぎ》を取換《とりか》へるであらう、妻財尅《さいくこく》にあふときは是非口舌《ぜひくぜつ》があり、空亡《くうばう》にあふときは艫《へさき》が破損《はそん》する○二爻《かう》を獵木《れふぎ》とする、青龍《せいりう》を帯《お》ぶるときは利益《りえき》があり、朱雀《しゆじやく》を帯《お》ぶるときは口舌《くぜつ》があり、勾陳《こうちん》を帯《お》ぶるときは財物《ざいぶつ》を損耗《そんもう》し、騰蛇《とうだ》を帯《お》ぶるときは怪異《くわい》があり、白虎《びやくこ》を帯《お》ぶるときは人《ひと》を損《そん》し禍《わざはひ》を招《まね》き、玄武《げんぶ》を帯《お》ぶるときは盗賊又《たうぞくまた》は憂疑《いうぎ》とし、官鬼《くわんき》にあふときは纜縄《ともづな》を損《そこな》ふとする○三爻《かう》を倉口《くらぐち》とする、刑冲尅害《けいちうこくがい》にあふときは別《べつ》して忌《い》むべし○四爻《かう》を桅杆《ほばしら》とする、凶神《きようしん》にあふときは、蓬《とま》が開《ひら》きて漏《も》ることがある○五爻《かう》を纜《ともづな》とする、空亡《くうばう》にあふときは憂疑《いうぎ》がある○上爻《じやうかう》を櫓蓬《ろとま》とする、生《しやう》にあふときは船《ふね》を出《いだ》し富《とみ》を致《いた》す、冲尅《ちうこく》にあふときは禍《わざはひ》が多《おほ》い、上爻《じやうかう》を又《また》舵門《だもん》とする、凶神《きようしん》に遇《あ》ふときは、手入《てい》れしたり取替《とりか》へても宜《よろ》しい。

◎世爻《せいかう》が青龍《せいりう》を帯《お》ぶるときは危《あやふ》きことがある時《とき》に救《すく》ふ者《もの》がある○世爻《せいかう》が朱雀《しゆじやく》を帯《お》びて發動《はつどう》するとき

は、桅《ほばしら》を折《を》ることがある〇世爻《せいかう》が勾陳《こうちん》を帶《お》ぶるときは、船《ふね》を覆《くつが》へし船《ふね》を損《そん》する〇世爻《せいかう》が騰蛇《とうだ》を帶《お》びて發動《はつどう》するときは、急病《きふびやう》を患《わづら》ふことがある〇世爻《せいかう》が白虎《びやくこ》を帶《お》ぶるときは水中《すゐちう》に墮《お》つることがある〇世爻《せいかう》が玄武《げんぶ》を帶《お》ぶるときは盜難《たうなん》がある。

第八十四章　待人及び來信の占法

待人《まちびと》の占法《せんはふ》に於《おい》ては、五類《るゐ》の屬《ぞく》を以《もつ》て用神《ようしん》とし、其他《そのた》は應爻《おうかう》を以《もつ》て用神《ようしん》とし、而《しか》して父母《ふぼ》を以《もつ》て音信《おんしん》とする。

◎用神《ようしん》が發動《はつどう》するときは、其人《そのひと》は已《すで》に發足《ほつそく》してゐる〇用神《ようしん》が世爻卦身《せいかうくわしん》につきて出現發動《しゆつげんはつどう》、或《あるひ》は世爻《せいかう》につきて發動《はつどう》するときは即時《そくじ》に來《きた》る〇用神《ようしん》が發動《はつどう》して世爻空亡《せいかうくうばう》にあふときは、其人《そのひと》は速《すみやか》に至《いた》る〇用神《ようしん》が發動《はつどう》して世爻《せいかう》を剋《こく》するも亦《また》その人《ひと》速《すみやか》に至《いた》る〇用神《ようしん》が發動《はつどう》して世爻《せいかう》を生合《しやうがふ》するときは、來《きた》るとも遲《おそ》い〇用神世爻《ようしんせいかう》ともに發動《はつどう》して世《せい》より用神《ようしん》を剋《こく》するときは、其人《そのひと》は發足《ほつそく》しても他方《たはう》に轉《てん》じて行《ゆ》くとする〇用神世爻《ようしんせいかう》ともに發動《はつどう》すと雖《いへど》も、皆空亡《みなくうばう》にあふときは其人《そのひと》は來《こ》ない〇用神《ようしん》が發動《はつどう》するとも、日辰《につしん》又《また》は動爻《どうかう》に合《がつ》せらるゝときは剋《こく》ありて來《きた》り難《がた》い、冲《ちう》にあふときは年月日《ねんがつにち》に至《いた》りて來《きた》る〇用神《ようしん》が世爻《せいかう》の剋《こく》にあふときは其人《そのひと》は來《こ》ない〇用神《ようしん》が日辰《につしん》の剋《こく》にあふときは來《きた》らない〇用神《ようしん》が第《だい》三第《だい》四爻《かう》につきて發動《はつどう》するときは、程《ほど》なく來《きた》る（三四爻《かう》を門戸《もんこ》とするからである）若《も》し其上《そのうへ》用神《ようしん》を制《せい》するものなく、又世爻《またせいかう》を生合《しやうがふ》するときは即時《そくじ》に來《きた》る○用神《ようしん》が墓《ぼ》に入《い》り或《あるひ》は墓《ぼ》に化《くわ》し、鬼墓《きぼ》を持《ぢ》し鬼墓《きぼ》の下《もと》に伏藏《ふくざう》する類《るゐ》は、病《やまひ》があつて來《こ》ない○用神《ようしん》が安靜《あんせい》にして日辰動爻《につしんとうかう》の冲《ちう》なきときは、歸《かへ》ることを思《おも》はない○用神《ようしん》が安靜《あんせい》にして日辰《につしん》の冲《ちう》にあふときは、其人《そのひと》が來《こ》やうかと云《い》ふ情《じやう》がある、若《も》し月建又《げつけんまた》は動爻《とうかう》の尅《こく》にあふときは、發《ほつ》足《そく》することが出來《でき》ない○用神《ようしん》が安靜《あんせい》にして世爻《せいかう》より之《これ》を冲起《ちうき》し又《また》は合起《がふき》するか、或《あるひ》は用神《ようしん》が伏藏《ふくざう》して世爻《せいかう》より提拔《ていはつ》し、或《あるひ》は用神《ようしん》が墓《ぼ》に入《い》りて世爻《せいかう》より墓《ぼ》を冲破《ちうは》するときは、皆我《みなわれ》より迎《むか》へ尋《たづ》ねて來《きた》るべし○六爻《かう》の安靜《あんせい》なる時《とき》は其人《そのひと》は來《く》ることを思《おも》はない、但《たゞ》し用神《ようしん》より世爻《せいかう》を生合《しやうがふ》する時《とき》は、身體《しんたい》は動《うご》かないけれども心中《しんちう》には來《こ》やうと思《おも》つて居《を》る○近地《きんち》に出《い》でたる人《ひと》を占《うらな》ふには、用神《ようしん》が伏藏《ふくざう》するときは、何《なに》か事《こと》ありて歸《かへ》らずとする、其日《そのひ》にあふて歸《かへ》るべし、若《も》し安靜《あんせい》なるときは冲《ちう》の日《ひ》、若《も》し安靜《あんせい》にして空亡《くうはう》に逢《あ》ふときは、出旬逢冲《しゆつじゆんほうちう》の日《ひ》に歸《かへ》るとする○用神《ようしん》が伏藏《ふくざう》するときは、飛神《ひしん》を冲《ちう》するの日《ひ》に來《きた》る○用《よう》神《しん》が伏藏《ふくざう》して其《そ》の飛神《ひしん》が空亡《くうはう》に逢《あ》ふときは、日辰動爻《につしんどうかう》の合《がつ》すれば即《すなは》ち來《きた》ること速《すみや》かなれば當日《たうじつ》とし、遲《おそ》ければ其日《そのひ》にあふて來《きた》る○用神《ようしん》が官鬼《くわんき》の下《もと》に伏藏《ふくざう》するときは凶事《きようじ》に掛《かゝ》りて來《こ》らない、勾陳《こうちん》を帶《お》ぶるときは怪我《けが》などがあり、螣蛇《とうだ》を帶《お》ぶる時《とき》は何《なに》か引《ひき》つりある遠慮《ゑんりよ》などにて來《こ》らない、白虎《びやくこ》を帶《お》ぶる時《とき》は病氣《びやうき》で來《こ》ない、玄武《げんぶ》を帶《お》ぶる時《とき》は盜賊《たうぞく》に妨《さまた》げられ又《また》は色情《しきじやう》の爲《ため》に來《こ》らない○用神《ようしん》が玄武《げんぶ》の下《もと》に伏藏《ふくざう》して妻財《さい〲》の合《がふ》なきときは、其人《そのひと》は盗賊《たうぞく》にあふて來《こ》らない○用神《ようしん》が第《たい》五爻《かう》の官鬼《くわんき》の下《もと》に伏藏《ふくざう》する時《とき》は、道《みち》止《ど》め又渡場《またわたしば》などの滯《とゞこほ》りの爲《ため》に來《こ》らない○用神《ようしん》が官鬼《くわんき》の下《もと》に伏藏《ふくざう》して白虎《びやくこ》を帶《お》ぶる時《とき》は、入牢《じゆらう》して來《こ》らぬことがある○用神《ようしん》が兄弟《けいてい》の下《もと》に伏藏《ふくざう》するときは賭勝負《かけしようぶ》などの事《こと》などにて來《こ》らない、朱雀《しゆじやく》を帶《お》ぶる時《とき》は是非口舌《ぜひくぜつ》の爭《あらそひ》、白虎《びやくこ》を帶《お》ぶる時《とき》は風波《ふうは》に妨《さまた》げられる○用神《ようしん》が子孫《しそん》の下《もと》に伏藏《ふくざう》するときは、飲酒遊樂《いんしゆいうらく》又《また》は子孫幼輩《しそんえうはい》六畜僧尼《ちくそうに》等《とう》の關係《くわんけい》の爲《た》めに來《こ》ない○用神《ようしん》が父母《ふぼ》の下《もと》に伏藏《ふくざう》する時《とき》は、文書又《ぶんしよまた》は父母尊長《ふぼそんちやう》等《とう》の關係《くわんけい》の爲《た》めに來《こ》らない○用神《ようしん》が妻財《さい〲》の下《もと》に伏藏《ふくざう》するときは、賣買利益金銀等《ばい〱りえききん〲とう》の關係《くわんけい》の爲《ため》に來《こ》ない、若《も》し妻財《さい〲》が空亡《くうばう》し又《また》は兄弟《けいてい》の發動《はつどう》するは損失《そんしつ》の爲《た》めとし、咸池《かんち》を帶《お》ぶるは女色《ぢよしよく》の故《ゆゑ》とする○用神《ようしん》が應《おう》爻陰財《かういんざい》の下《もと》に伏藏《ふくざう》するときは人《ひと》の家《いへ》に居《ゐ》る、若《も》し陽爻《やうかう》につき世爻《せかう》や卦身《くわしん》を生合《しやうがふ》するときは、人《ひと》に代《かは》りて金錢《きんせん》を取扱《とりあつか》つてゐて來《こ》ない○用神《ようしん》が妻財《さい〲》の墓爻《ぼかう》の下《もと》に伏藏《ふくざう》するときは、富家《ふうか》にありて金錢《きんせん》を取扱《とりあつか》つてゐる、若《も》し用神《ようしん》が墓絶《ぼぜつ》にあふときは無益《むえき》の日《ひ》を暮《くら》してゐる○用神《ようしん》が玄武《げんぶ》を帶《お》び、發動《はつどう》して妻財《さい〲》に合《がふ》住《ぢう》せられ、又《また》は玄武《げんぶ》の妻財《さい〲》の下《もと》に伏藏《ふくざう》するときは、女色《ぢよしよく》を慕《した》ふて來《こ》ない、或《あるひ》は合《がつ》する爻《かう》を冲《ちう》するの日《ひ》に來《く》るか。

◎游魂《いうこん》の卦《くわ》を得《え》て用神《ようしん》が發動《はつとう》するときは、其人《そのひと》は諸方《しよはう》を徘徊《はいくわい》して一方《はう》に落付《おちつ》かず、若《も》し游魂《いうこん》が化《くわ》して游魂《いうこん》となるときは定《さだ》まりたる所《どころ》がない、併《しか》し游魂《いうこん》より歸魂《きこん》に化《くわ》するときは、游歷《いうれき》し終《をは》りに家《いへ》に歸《かへ》るとする。
◎凡《およ》そ遠方出行《ゑんぱうしゆつぎやう》の人《ひと》を占《うらな》ふに、用神《ようしん》が伏藏《ふくざう》せず、傷剋《しやうこく》を受《う》けず、眞空眞破《しんくうしんは》に逢《あ》はざるときは何事《なにごと》もない、若《も》し墓絶《ぼぜつ》にあひ、或《あるひ》は日月動變等《じつげつどうへんとう》の刑剋《けいこく》を受《う》くるは不吉《ふきつ》である。
◎音信《おんしん》の有無《うむ》を占《うらな》ふに、父母《ふぼ》が發動《はつどう》するときは音信《おんしん》がある○世爻《せいかう》が妻財《さいざい》を持《ぢ》して發動《はつどう》するときは音《おん》信《しん》は無《な》い。

第八十五章　病症の占法

病症《びやうしやう》の占法《せんぱふ》に於《おい》ては、官鬼《くわんき》を以《もつ》て病《やまひ》となし、其《そ》の旺衰強弱《わうすゐきやうじやく》を以《もつ》て輕重《けいぢう》とし、卦宮《くわきう》及《およ》び六爻上下《かうじやうか》の位《くらゐ》を以《もつ》て病患《びやうくわん》の所《ところ》とし、五行《ぎやう》六親《しん》六神《しん》を以《もつ》て其《そ》の病症《びやうしやう》とし、又病因《またびやういん》ともする、若《も》し獨發《どくはつ》するときは、亦《また》その爻《かう》の所屬《しよぞく》を以《もつ》て病因《びやういん》とする。
◎木爻《もくかう》の官鬼《くわんき》は肝經《かんけい》の病《やまひ》であつて、其症《そのしやう》は感冒風寒或《かんぼうふうかんあるひ》は眼目《がんもく》の諸病《しよびやう》とする○火爻《くわかう》の官鬼《くわんき》は心經《しんけい》の病《やまひ》であつて、其症《そのしやう》は發熱咽乾《はつねつのどかわ》き口燥《くちかわ》くの類《るゐ》とする○土爻《どかう》の官鬼《くわんき》は脾經《ひけい》の病《やまひ》であつて、其症《そのしやう》は浮腫發黃《ふしゆはつくわう》或《あるひ》は瘟疫《をんえき》の類《るゐ》とする○金爻《きんかう》の官鬼《くわんき》は肺經《はいけい》の病《やまひ》であつて、其症《そのしやう》は咳嗽喘息吐痰《がいそうぜんそくとたん》の類《るゐ》とする○水爻《すゐかう》の官鬼《くわんき》は腎經《じんけい》の病《やまひ》であつて、其症《そのしやう》は惡寒盜汗自汗遺精白濁《をかんたうかんじかんゐせいはくだく》の類《るゐ》とする。

以上《いじやう》は五臟《おう》が病《やまひ》を受《う》くるの大略《たいりやく》を述《の》べたのであるから、更《さら》に八卦《くわ》五類及《るゐおよ》び六神等《しんとう》を參酌《さんしやく》して推斷《すゐだん》しなければならぬのであつて、強《あなが》ち本文《ほんもん》に拘泥《こうでい》してはならぬ。

◎上爻《じやうかう》に官鬼《くわんき》のあるときは頭面《とうめん》の部分《ぶぶん》に患《うれ》ふる所《ところ》がある、例《たと》へば頭痛《づつう》、頭重《づおも》、頭眩《づげん》、頭旋等《づせんとう》の類《るゐ》○五爻《かう》に官鬼《くわんき》のあるときは、面部項頸咽喉鼻目等《めんぶこうけいいんこうびもくとう》の部分《ぶぶん》に患《うれ》ふる所《ところ》がある、例《たと》へば面目浮腫《かほやめのはれ》、咽喉不利《のどわる》、鼻衄《はなぢ》、目澁痛《めのしぶりいたみ》或《あるひ》は眩暈《めまひ》、口苦《くちにが》、舌硬《したのこはゞり》、牙歯疼痛《はのいたみ》の類《るゐ》○四爻《かう》に官鬼《くわんき》あるときは、心胸腹背等《しんきようふくはいとう》に患《うれ》ふる所《ところ》がある、例《たと》へば心下痞梗《むねつかへ》、胸膈不利《むねわる》、腹痛《はらいたみ》、胸滿《むねはり》、心腹飽脹等《むねはらのはりとう》の類《るゐ》○三爻《かう》に官鬼《くわんき》のあるときは腰《こし》に患《うれ》ふる所《ところ》がある、即《すなは》ち腰痛《こしいたみ》、腰弱等《こしよわとう》の類《るゐ》○二爻《かう》に官鬼《くわんき》のあるときは股《もゝ》、膝《ひざ》、腓等《こむらとう》に患《うれ》ふる所《ところ》がある例《たと》へば脚氣《かつけ》、陰囊腫痛《いんなうはれいたみ》の類《るゐ》○初爻《しよかう》に官鬼《くわんき》のあるときは足《あし》に患《うれ》ふる所《ところ》がある○間爻《かんかう》(世應中間《せおうちうかん》の兩爻《りやうかう》)を胸膈《むね》とし、官鬼《くわんき》を持《ぢ》するときは痞塞不通《ひそくふつう》、木鬼《もくき》は心痒嘈雜《しんしやうさうざつ》の類《るゐ》、火鬼《くわき》は心痛《しんつう》の類《るゐ》、土鬼《どき》は飽悶不寛《はうもんふくわん》の類《るゐ》、金鬼《きんき》は骨痛《ほねいたみ》の類《るゐ》、水鬼《すゐき》は痰飲塡塞《たんいんてんそく》の類《るゐ》である、若《も》し妻財《さいざい》に化《くわ》し或《あるひ》は妻財《さいざい》より官鬼《くわんき》に化出《くわしゆつ》するときは、宿食不消《たべものがこなれず》して胸膈不利《むねわる》 類《るゐ》である。

◎乾宮《けんきう》の官鬼《くわんき》は概《おほむ》ね頭《あたま》に患《うれ》ふ所《ところ》がある、即《すなは》ち頭痛《づつう》、頭重《づおも》、頭旋《づせん》の類《るゐ》、木爻《もくかう》に化《くわ》するときは頭風《づよう》、眩《め》暈《まひ》とす、木爻《もくかう》が動《うご》きて官鬼《くわんき》に化《くわ》するも又同《またおな》じである、水《みづ》に屬《ぞく》するは面部《めんぶ》の浮腫《ふしゆ》である○兌宮《だきう》の官鬼《くわんき》は多《おほ》くは口舌牙歯咽喉《くちぜつがしいんこう》、又《また》は金瘡打傷《きりきずうちみ》の類《るゐ》を患《うれ》ふ、例《たと》へば口中惡味《こうちうあくみ》を生《しやう》じ、或《あるひ》は口燥《くちかわ》き舌乾《したかわ》き、或《あるひ》は咽《の》喉木利《よわる》、又《また》は腫痛《はれいたみ》、或《あるひ》は咳嗽《せき》、或《あるひ》は嘔吐《おうと》、或《あるひ》は牙齒《はの》疼痛《いたみ》等《とう》の類《るゐ》である、木《き》に屬《ぞく》するは舌硬《したもつれ》とし、火《ひ》に屬《ぞく》するは舌上生瘡《ぜつじやうしやうさう》とし、土《つち》に屬《ぞく》するは咽《の》喉腫痛《どはれいたみ》とし、金《きん》に屬《ぞく》して忌神《きしん》に化《くわ》し、或《あるひ》は忌神《きしん》が金鬼《きんき》に化《くわ》するときは牙疔《がちやう》とし、忌神《きしん》に化《くわ》せざるときは齒痛《しつう》とし、安靜《あんせい》にして冲《ちう》にあふは齒搖《はゆる》ぐとする○離宮《りきう》の官《くわん》鬼《き》は、多《おほ》くは眼部《がんぶ》或《あるひ》は諸熱《しよねつ》を患《うれ》ふ、即《すなは》ち眼部《がんぶ》の諸病《しよびやう》、又《また》は眼《め》暗《くら》く、眼痛《がんつう》、或《あるひ》は内熱上氣《ないねつじやうき》、煩渴《はんかつ》或《あるひ》は中《ちう》暑《しよ》、或《あるひ》は火動《くわどう》の類《るゐ》の如《ごと》し、木《き》に屬《ぞく》するは肝火《かんくわ》、目赤澁《めあかしぶり》とし、火《ひ》に屬《ぞく》するは火動《くわどう》とし、土《つち》に屬《ぞく》するは胃《ゐ》熱《ねつ》とし、水《みづ》に化《くわ》するは痰火《だんくわ》とし、水爻《すゐかう》より官鬼《くわんき》に化《くわ》するも又同《またおな》じである、若《も》し水爻《すゐかう》が離宮《りきう》に動《うご》くときは、官鬼《くわんき》にあらずと雖《いへど》も表寒裏熱《へうかんりねつ》とする、日辰《につしん》を帶《お》ぶるときは瘧疾《おこり》である○震宮《しんきう》の官鬼《くわんき》は足部瘡毒《そくぶさうどく》或《あるひ》は胎氣《たいき》を患《うれ》ふるのである、併《しか》し震《しん》の卦《くわ》の外卦《ぐわいくわ》に顯《あら》はるゝものは、足部《そくぶ》とせないで坐臥不安心神恍惚《ざぐわふあんしん〳〵くわうこつ》の類《るゐ》とする、震卦《しんくわ》が騰蛇《とうだ》を帶《お》びて發動《はつどう》するときは顛狂驚癇《てんきやう〳〵かん》の類《るゐ》とする、若《も》し小兒《こども》なれば驚風《きやうふう》とするのである、冲《ちう》にあへば馳出《かけだ》し逝廻《にげまは》る類《るゐ》のことがあり、勾陳《こうちん》を帶《お》ぶるときは足腫《そくしゆ》とし、白虎《びやくこ》を帶《お》ぶるときは足《あし》を折衝《せつしやう》するの類《るゐ》とし、木《き》に屬《ぞく》するときは酸疼麻木《さんとうまほく》とし、火《ひ》に屬《ぞく》するときは瘡毒《さうどく》又《また》は怒火《どくわ》或《あるひ》は胎氣《たいき》不安《あん》とし、土《つち》に屬《ぞく》して木爻《もくかう》に化《くわ》するときは脚氣《かつけ》とし、金《きん》に屬《ぞく》するときは刀傷《たうしやう》或《あるひ》は脚膝《きやくしつ》の疼骨痛《とうこつつう》とし、水爻《すゐかう》に屬《ぞく》するときは濕氣《しつけ》を受《う》けるとする○巽宮《そんきう》の官鬼《くわんき》は股肱《もゝひぢ》或《あるひ》は風寒《ふうかん》に感冒《かんはう》し癱瘓瘍風《だんくわんえきふう》の類《るゐ》とする○坎宮《かんきう》の官鬼《くわんき》は耳部血分勞役《じぶけつぶんらうえき》等《とう》の類《るゐ》とする、即《すなは》ち耳聾《じろう》、耳鳴《みゝなり》、耳内痒《じないやう》、或《あるひ》は崩漏《みぢだれ》、帶下《こしけ》、經閉《けいへい》めぐりのないこと、或《あるひ》は五勞《らう》の類《るゐ》を云《い》ふ、金《きん》に屬《ぞく》するは汗症《かんしやう》とし、木《き》に屬《ぞく》するは寒冷《かんれい》とし、子孫《しそん》に化《くわ》するは房事《ばうじ》とする、子孫《しそん》より官鬼《くわんき》に化《くわ》するも又同《またおな》じである、妻財《さいざい》に化《くわ》するは宿食《しゆくしよく》とし、妻財《さいざい》より官鬼《くわんき》に化《くわ》するも又同《またおな》じである、若《も》し火爻《くわかう》が坎宮《かんきう》に動《うご》くときは、官鬼《くわんき》でなくとも内寒外熱《ないかんげねつ》とし、日辰《につしん》を帶《お》ぶるは瘧疾《おこり》とする○艮宮《ごんきう》の官鬼《くわんき》は手鼻背《てはなせ》又《また》は腫物《はれもの》、又《また》は滯氣《たいけ》を患《うれ》ふるとす、即《すなは》ち手指《てゆび》の痲痺《しびれ》又《また》は厥冷《ひえ》、又《また》は顫動《ふるひ》又《また》は沈重《ちんぢう》、或《あるひ》は項背《こうはい》の拘急《こうきふ》又《また》は疼痛《とうつう》の類《るゐ》の如《ごと》し、艮宮《ごんきう》より土爻《どかう》の官鬼《くわんき》に變出《へんしゆつ》するは浮腫蠱脹《ふしゆこちやう》とし、火爻《くわかう》に屬《ぞく》するは癰疽《ようそ》とし、土爻《どかう》に屬《ぞく》するは手《て》の沈重《ちんぢう》とする○坤宮《こんきう》の官鬼《くわんき》は腹部内傷元氣不足《ふくぶないしやうげんきふそく》の類《るゐ》とする、即《すなは》ち腹痛《ふくつう》、拘攣《ひきつり》、飽悶等《はうはりとう》の如《ごと》し、木爻《もくかう》に屬《ぞく》するは飽脹《はうちやう》とし、土爻《どかう》に屬《ぞく》するは身重《みおも》く腹堅《はらかた》しとする、

◎青龍《せいりう》の官鬼《くわんき》は酒色《しゆしよく》を過度《くわど》、虛弱無力《きよじやくむりき》とする○朱雀《しゆじやく》の官鬼《くわんき》は狂言亂語《きやうげんらんご》、身熱《みねつ》し面赤《かほあか》しとする○勾陳《こうちん》の官鬼《くわんき》は胸滿《むねの》腫脹《ふくれ》、脾胃《ひゐ》の不調和《ふてうわ》とする○螣蛇《とうだ》の官鬼《くわんき》は坐臥不安《ざぐわふあん》、心神定《しんしんさだ》まらずとする○白虎《びやくこ》の官鬼《くわんき》は跌打《てつだ》、氣悶《きもだ》え、筋《すぢ》を傷《きずつ》け、骨《ほね》を損《そん》し、女人《によにん》の血崩血暈《けつぽうけつうん》、產後《さんご》の諸症《しよしやう》とする○玄武《げんぶ》の官鬼《くわんき》は色欲大過《しよくよくたいくわ》憂悶心《いうもんむね》にあり、本宮《ほんきう》に在《あ》るは陰虛《いんきよ》とし、子孫《しそん》に化《くわ》するは男子《だんし》の陰症陰虛《いんしやういんきよ》とする。

◎官鬼《くわんき》が發動《はつどう》して父母《ふぼ》に化《くわ》するときは、造作普請《ざうさくふしん》などの所《ところ》にて病《やまひ》を受《う》けるか、若《も》し五爻《かう》にありて水《みづ》に屬《ぞく》するときは、途中《とちう》で雨《あめ》に遇《あ》ふて病《やまひ》を得《う》るか、又《また》は勞心勞力憂慮《らうしんらうりよくいうりよ》して精神《せいしん》を損《そこな》ふか、或《あるひ》は尊長《そんちやう》の爲《ため》に受《う》け、或《あるひ》は土《つち》を動《うご》かす爲《ため》に受《う》ける病《やまひ》とする、官鬼爻《くわんきかう》が父母《ふぼ》の下《もと》に伏藏《ふくざう》するときも又同《またおな》じである○官《くわん》

鬼《き》が發動《はつどう》して兄弟《けいてい》に化《くわ》するときは、口舌毆擊《くぜつちやうちやく》などによりて病《やまひ》を得《う》るか、又《また》は食傷《しよくしやう》停食《ていしよく》、又《また》は咒咀《のろひ》にあふか、若《も》し三爻《かう》にあれば房中體《ばうちうたい》を露《あら》はして風寒《ふうかん》に感冒《かんばう》する、官鬼爻《くわんきかう》が兄弟《けいてい》の下《もと》に伏藏《ふくざう》するも又同《またおな》じである○官鬼《くわんき》が發動《はつどう》して子孫《しそん》に化《くわ》するときは、寺院《じゐん》又《また》は漁獵游戲《ぎよれふいうぎ》によりて病《やまひ》を得《う》るか、或《あるひ》は酒《さけ》に醉《ゑ》ひ、或《あるひ》は房事《ばうじ》を過《すご》し、或《あるひ》は夏日風涼《かじつふうりやう》、冬日暖火《とうじつだんくわ》などの過《す》ぐるか、又《また》は補藥《ほやく》などによりて發《はつ》するとする、官《くわん》鬼爻《きかう》が子孫《しそん》の下《もと》に伏藏《ふくざう》するも又同《またおな》じである○官鬼《くわんき》が發動《はつどう》して妻財《さいざい》に化《くわ》するときは、妻妾婦女《さいせふふぢよ》又《また》は賣買《ばいばい》金錢等《きんせんとう》のことによりて病《やまひ》を得《う》るか、官鬼爻《くわんきかう》が妻財《さいざい》の下《もと》に伏藏《ふくざう》するも又同《またおな》じてある、又食《またしよく》に飢《う》ゑ又《また》は飽《あ》によりて得《う》るとする○官鬼《くわんき》が進神《しんしん》に化《くわ》するときは病《やまひ》は增《ま》し、退神《たいしん》に化《くわ》するときは病《やまひ》が減《げん》ずる○官鬼《くわんき》が絶所逢生《ぜつしよほうしやう》には、病《やまひ》は輕《かる》いけれども再發《さいはつ》する○官鬼《くわんき》が出現《しゆつげん》せざるときは、其病《そのやまひ》は何《なん》に由《よ》つて得《え》たるかを知《し》ることは出來《でき》ない○官鬼《くわんき》が世下《せいか》に伏藏《ふくざう》するときは舊病《きうびやう》が再發《さいはつ》する○官鬼《くわんき》が水《みづ》に屬《ぞく》して土爻《どかう》に化《くわ》するときは、本宮《ほんきう》の初爻《しよかう》にあれば小便不通《せうべんふつう》とし、陰《いん》に屬《ぞく》するを大便不通《だいべんふつう》とする、陽宮陰象《やうきういんしやう》陰宮陽象《いんきうやうしやう》は二便《べん》ともに不通《ふつう》である、若《も》し白虎《びやくこ》を帶《お》ぶるときは、陽爻《やうかう》を尿血《ねうけつ》とし陰爻《いんかう》は下血《げけつ》とし、刑害《けいがい》あるときは痔《ぢ》漏《ろう》とする○官鬼《くわんき》が兩爻《りやうかう》あるときは、内外兩感《ないぐわいりやうかん》ともに動《うご》き、靜《せい》なるは一同《どう》に病《やまひ》を受《う》くるとする○官鬼《くわんき》が内外《ないぐわい》の兩卦《りやうくわ》にありて、一は旺相《わうしやう》し、一は旬空《じゆくう》、或《あるひ》は一は動《うご》き一は靜《せい》なるは、晝《ひる》は輕《かる》く夜《よ》は重《おも》いとする○官鬼《くわんき》が兩爻《りやうかう》ありて相冲《あひちう》するときは、思《おも》はず癒《いへ》ることがある○官鬼《くわんき》が卦中《くわちう》にありて、又變出《またへんしゆつ》にもあるは新舊《しんきう》の兩病《りやうびやう》さする○官鬼《くわんき》が內卦《ないくわ》にあるときは、病《やまひ》は夜重《よるおも》い、外卦《ぐわいくわ》にあるときは晝重《ひるおも》いさする○官鬼《くわんき》が下《した》三爻《かう》にあるときは內傷《ないしやう》であるが、上《かみ》三爻《かう》にあるときは外感《ぐわいかん》である○官鬼《くわんき》が本宮《ほんきう》にあるときは、家內《かない》にて得《え》たる病《やまひ》であつて、他宮《たきう》にあるときは、外《そと》にて得《え》たる病《やまひ》さする。

◎妻財《さいぐ》の發動《はつどう》が上卦《じやうくわ》にあれば吐《と》さし、下卦《げくわ》にあれば瀉《しや》さする、若《も》し合住《がふぢう》にあふ時《とき》は吐《はか》んさして吐《は》かず、瀉《しや》せんさして瀉《しや》せない○妻財爻《さいぐかう》が外卦《ぐわいくわ》にありて火爻《くわかう》の官鬼《くわんぎ》に冲《ちう》せらるゝときは嘔吐《おうと》する、重《おも》ければ胃《ゐ》から突返《つきかへ》して食《しよく》しられない○卦中《くわちう》に妻財《さいぐ》のなきときは飲食《いんしよく》しない○妻財《さいぐ》が空亡《くうはう》にあふときは飲食《いんしよく》を欲《ほつ》しない。

◎世爻《せいかう》が官鬼《くわんき》を持《ぢ》するときは舊病《きうびやう》さする、若《も》し然《しか》らずば、其病《そのやまひ》は終《つひ》に體《たい》を離《はな》れない、卦身《くわしん》が官鬼《くわんき》を持《ぢ》するも又同《またどう》一である○世爻《せいかう》が木《き》に屬《ぞく》するときは疼痛《とうつう》又《また》は痒瘙《やうく》さす、寅《とら》は痛《つう》さし、卯《う》は痒《やう》さする○世爻《せいかう》が墓《ぼ》に入《い》るときは昏沈《こんちん》さする、旺相有氣《わうしやううき》は動作《どうさ》に懶《ものう》く、休囚《きうしう》して氣《き》なきは言《い》はず語《かた》らず、明《あい》を怕《おそ》れ暗《あん》を喜《よろこ》び、飲食《いんしよく》を思《おも》はず、眠《ねむ》りを愛《あい》して起《おき》ることを怕《おそ》れ眼《め》を開《ひら》くに懶《ものう》い、更《さら》に陰宮《いんきう》にをるは陰症《いんしやう》さする○用爻《ようかう》が墓《ぼ》に入《い》り、原神《げんしん》の墓《ぼ》に入《い》るも又同《またおな》じで、鬼墓《きぼ》を持《ぢ》するも又同《またおな》じである○用爻《ようかう》が應爻《おうかう》の下《もと》にあるときは他人《たにん》の家《いへ》に病臥《びやうぐわ》する○應爻《おうかう》が官鬼《くわんき》を持《ぢ》して世爻用神《せかうようしん》に合《がつ》するときは、人《ひと》の病《やまひ》が傳染《でんせん》する、若《も》し土鬼《どき》なれば時行《じかう》の疫癘《えきれい》である。

◎木爻《もくかう》が發動《はつどう》するときは土《つち》を損《そこな》ふ、皮骨傷損《ひこつしやうそん》の類《るゐ》である○火爻《くわかう》が發動《はつどう》するときは金《きん》を損《そこな》ふ○土爻《どかう》の發動《はつどう》するときは水《みづ》を損《そこな》ふ、小便不通《せうべんふつう》とする○金爻《きんかう》の發動《はつどう》するときは木《き》を損《そこな》ふ、支節酸痛《しせつさんつう》の類《るゐ》○水爻《すゐかう》の發動《はつどう》するときは火《ひ》を損《そこな》ふ○水爻《すゐかう》が化《くわ》して火爻《くわかう》となり、火爻《くわかう》が化《くわ》して水爻《すゐかう》となりて用神《ようしん》を刑冲剋害《けいちうこくがい》するときは、官鬼《くわんき》にあらずと雖《いへど》も皆寒熱往來《みなかんねつわうらい》の症《しやう》とする、水火《すゐくわ》の旺衰《わうすゐ》を以《もつ》て寒熱《かんねつ》を推知《すゐち》すべきである○發動《はつどう》の爻《かう》が用神世爻《ようしんせいかう》を生扶《しやうふ》して化出《くわしゆつ》の爻《かう》が用神世爻《ようしんせいかう》を刑剋《けいこく》するときは、朝涼暮熱《てうりやうぼねつ》又《また》は日輕夜重《につけいやちう》とする、若《も》し動爻《どうかう》が剋《こく》して化出《くわしゆつ》の爻《かう》の生《しやう》ずるのは之《これ》と相反《あひはん》するのである。

第八十六章　痘疹の占法

凡《およ》そ痘疹《とうしん》を占《うらな》ふの法《はふ》に於《おい》ては、官鬼《くわんき》を以《もつ》て痘花《とうくわ》とし、五類應爻《ごるゐおうかう》を以《もつ》て用神《ようしん》とし、そして原神忌神《げんしんきしん》の旺衰《わうすゐ》を以《もつ》て安危《あんき》を決《けつ》することは病體《びやうたい》の占法《せんぽふ》と同《どう》一である。

◎用神《ようしん》が出現《しゆつげん》して日月動爻《じつげつどうかう》の刑冲剋害《けいちうこくがい》なきときは大吉《だいきち》である○用神《ようしん》が旺相《わうしやう》するとも、原神《げんしん》が發動《はつどう》しないて死絶《しぜつ》に逢《あ》ひ、又《また》は發動《はつどう》するとも化《くわ》して冲剋《ちうこく》に値《あ》ふときは、目前《もくぜん》には恙《つゝが》ないなけれども時過《ときす》ぎて不意《ふい》なることがあらん○用神《ようしん》が休囚《きうしう》して原神《げんしん》にも日月《じつげつ》の生扶《しやうふ》なきときは後《のち》に變《へん》がある○用神《ようしん》が休囚《きうしう》して又冲剋《またちうこく》にあひ、その上原神《うへげんしん》が死絶《しぜつ》にあふときは、旦夕《たんせき》の間《あひだ》も甚《はなは》だ危《あやふ》い○用神《ようしん》が長生《ちやうせい》にあひ又《また》は長生《ちやうせい》に化《くわ》するときは、百年《ねん》の内《うち》と雖《いへど》も恙《つゝが》はない○用神《ようしん》が墓《ぼ》に入《い》るときは始《はじ》め起發《きはつ》し難《がた》いのみならず、後《のち》に氣分《きぶん》が宜《よろ》しくない○用神《ようしん》が白虎《びやくこ》を帶《お》び又《また》は忌神《きしん》が白虎《びやくこ》を帶《お》びて用神《ようしん》が日月動變《じつげつどうへん》の刑冲尅害《けいちうこくがい》あるときは種痘《しゆとう》はしてはならない、若《も》し施《ほどこ》せば却《かへ》つて大害《たいがい》がある○用神《ようしん》が白虎《びやくこ》を帶《お》びて日月動爻《じつげつどうかう》の刑冲尅害《けいちうこくがい》にあふときは痰《たん》を生《しやう》ずるか、左《さ》なくば結毒《けつどく》とする、乾宮《けんきう》にあれば頭面《とうめん》、坤宮《こんきう》にあれば腹《はら》、震宮《しんきう》にあれば足《あし》巽宮《そんきう》にあれば股《もゝ》、離宮《りきう》にあれば目《め》、坎宮《かんきう》にあれば耳《みゝ》、艮宮《ごんきう》にあれば手《て》、兌宮《だきう》にあれば口《くち》とするのであるが、尙《な》ほ部分的《ぶぶんてき》の詳細《しやうさい》は類推《るゐすゐ》すべきである○用神《ようしん》が生尅《しやうこく》にあふといへども、原神月日動爻《げんしんじつげつどうかう》の助《たすけ》あるは妨《さまた》げない○用神《ようしん》が伏藏《ふくざう》してその上日月動爻《うへじつげつどうかう》の刑冲尅害《けいちうこくがい》にあふときは、四五日《にち》を過《す》ぎざる中《うち》に大禍《たいくわ》がある○原神《げんしん》が空亡《くうばう》にあひ又《また》は伏藏《ふくざう》して生尅《しやうこく》なきときは、虛弱《きよじやく》にして起發《きはつ》することは出來《でき》ない、たとひ起發《きはつ》しても灌漿《くわんしやう》の力《ちから》がない○原神《げんしん》が眞空眞破《しんくうしんぱ》にあひ、或《あるひ》は伏藏《ふくざう》して刑冲尅害《けいちうこくがい》にあふこと多《おほ》く、或《あるひ》は回《くわい》頭尅《とうこく》に化《くわ》するときは凶《きよう》である。

◎卦身《くわしん》の爻《かう》を痘人始終《とうにんしじう》の事《こと》とする、子孫《しそん》が吉神《きつしん》を持《ぢ》するときは痘毒《とうどく》はない○官鬼《くわんき》を持《ぢ》するときは結《けつ》毒疾《どくしつ》となる所《ところ》がある○卦身《くわしん》が官鬼《くわんき》を持《ぢ》して木爻《もくかう》に屬《ぞく》するときは、肝經《かんけい》の火毒《くわどく》かサッパリとしない、兩《りやう》眼《がん》の内《うち》に痘《とう》を出《いだ》し、或《あるひ》は右耳《みぎみゝ》に障《さはり》がある○卦身《くわしん》が官鬼《くわんき》を持《ぢ》して火爻《くわかう》に屬《ぞく》するときは、心經《しんけい》の火毒《くわどく》がサッパリとしないから、舌乾《したかわ》き又《また》は眼疾《がんしつ》がある○卦身《くわしん》が官鬼《くわんき》を持《ぢ》して土爻《どかう》に屬《ぞく》するときは、脾經《ひけい》の火毒《くわどく》がサッパリとしないから、口《くち》は魚口《うをぐち》の如《ごと》く窄《すぼ》く鼻梁《はなばしら》に障《さはり》がある○卦身《くわしん》が官鬼《くわんき》を持《ぢ》して金爻《きんかう》に屬《ぞく》するときは、肺經《はいけい》の火毒《くわどく》がサッパリしないから、鼻孔《びこう》の内《うち》に瘡《さう》を生《しやう》じ、或《あるひ》は左耳《さじ》に障《さはり》がある○卦身《くわしん》が官鬼《くわんき》を持《ぢ》して水爻《すゐかう》に屬《ぞく》するときは、腎經《じんけい》の火毒《くわどく》がサッパリとしないから、兩耳《りやうじ》が乾《かわ》き又《また》は脣《くちびる》に障《さはり》がある。

以上《いじやう》卦身《くわしん》につきたる官鬼《くわんき》が休囚《きうしう》して子《し》孫《そん》が發動《はつどう》するときは藥《くすり》でもつて癒《なほ》るけれども、若《も》し子《し》孫《そん》が發《はつ》動《どう》しないで官鬼《くわんき》に白虎《びやくこ》を帶《お》ぶるときは生涯《しやうがい》の病《やまひ》となると知《し》るべし。

◎官鬼《くわんき》を痘瘡《とうさう》とする、安靜《あんせい》に利《よろ》しく發動《はつどう》に利《よろ》しからず、發動《はつどう》するときは變《へん》がある○官鬼《くわんき》が衰弱安靜《すゐじやくあんせい》なるときは瘡《さう》は少《すくな》い、けれども旺相發動《わうしやうはつどう》するときは痘《とう》は多《おほ》い○官鬼《くわんき》が發動《はつどう》して世爻卦身用神《せいかうくわしんようしん》を沖剋《ちうこく》し妻財《さいざい》の發動《はつどう》あるときは、飲食《いんしよく》によりて病《やまひ》を增《ま》し、或《あるひ》は出痘《しゆつとう》の前《まへ》より停食《ていしよく》がある○官鬼《くわんき》が年月日《ねんぐわつじつ》三建《けん》の沖《ちう》に値《あ》ふときは、灌漿《くわんしやう》の後《のち》に潰《つぶ》れ破《やぶ》るゝことを戒《いまし》むべきである○官鬼《くわんき》が空亡《くうばう》又《また》は月破《げつぱ》に値《あ》ひ、その上《うへ》日辰動爻《につしんどうかう》の剋害《こくがい》に値《あ》ふときは、たとひ起發《きはつ》するとも七八日目《にちめ》に至《いた》りて灌漿《くわんしやう》しないで宜《よろ》しくない○官鬼《くわんき》が空亡《くうばう》にあひ、或《あるひ》は伏藏《ふくざう》して子孫青龍《しそんせいりう》を帶《お》びざるときは、たとへ種痘《しゆとう》しても出《で》ない○官鬼《くわんき》が木爻《もくかう》に屬《ぞく》するときは風邪《ふうじや》は發散《はつさん》しない、肝經《かんけい》に毒《どく》を受《う》け癰《よう》を發《はつ》し、又《また》は兩目直視《りやうもくちよくし》又《また》は嗆喘《きうたん》などがある○官鬼《くわんき》が火爻《くわかう》に屬《ぞく》するときは、心經《しんけい》の大毒《たいどく》が初起《しよき》の時《とき》に發班《はつはん》が續《つゞ》き、發瘡《はつさう》或《あるひ》は舌《した》の先縮《さきちゞ》まり硬《こは》ばる、旺相發動《わうしやうはつどう》するときは重《おも》く伏囚安靜《きうしうあんせい》なるは輕《かる》いとする○官鬼《くわんき》が土爻《どかう》に屬《ぞく》するときは、大粒《おほつぶ》の痘《とう》が隙間《すきま》なく出《で》て麻《あば》面《た》、口《くち》は魚口《うをぐち》の如《ごと》くなることがあるから戒《いまし》むべきである○官鬼《くわんき》が金爻《きんかう》に屬《ぞく》するときは、肺經《はいけい》の毒《どく》の爲《ため》めに身體痛《しんたいいた》み、或《あるひ》は咳嗽《がいそう》、或《あるひ》は鼻搨《はなふくれ》を患《わづら》ふとする○官鬼《くわんき》が水爻《すゐかう》に屬《ぞく》するときは、腎經《じんけい》の毒《どく》を受《う》けて腰痛《つう》、或《あるひ》は兩耳乾《りやうみゝかわ》き、或《あるひ》は寒食停積《かんしよくていせき》、發熱縮漿等《はつねつしゆくしやうとう》がある○官鬼《くわんき》が靑龍《せいりう》を帶《お》び日月動爻《じつげつどうかう》の刑沖尅害《けいちうこくがい》に遇《あ》はざるときは種痘《しゆとう》の占《うらなひ》には大吉《だいきち》である○官鬼《くわんき》が火爻《くわかう》に屬《ぞく》して朱雀《しゆじやく》を帶《お》ぶるときは血熱火毒《けつねつくわどく》の症《しやう》であるから、大黄《たいくわう》や黄蓮等《わうれんとう》の劑《ざい》を用《もち》ゐて火《ひ》を冷《ひや》し毒《どく》を下《くだ》すが宜《よろ》しい、若《も》し遲《おそ》く用《もち》ゆるときは斑《はん》が甚《はなはだ》しく痘《とう》は隱《かく》れ焦黑《こげくろ》くなりて直《なほ》らない○官鬼《くわんき》が勾陳《こうちん》を帶《お》ぶるときは脹悶黄浮《ちやうもんわうふ》がある○官鬼《くわんき》が木爻《もくかう》に屬《ぞく》し騰蛇《とうだ》を帶《お》ぶるときは初《はじ》め起點《きてん》の見《み》えざるときに驚風《きやうふう》に似《に》たることがある○官鬼《くわんき》が白虎《びやくこ》を帶《お》びて日月動爻《じつげつどうかう》の刑《けい》沖尅害《ちうこくがい》にあふときは痰《たん》を生《しやう》ずるか、左《さ》なくば結毒《けつどく》とする、卦宮《くわきう》によりて其《そ》の何《いつ》れの所《ところ》なるかを知《し》るべきであつて、例《たとへ》ば乾宮《けんきう》にあれば頭面《とうめん》とするの類《るゐ》である○官鬼《くわんき》が白虎《びやくこ》を帶《お》びて乾宮《けんきう》にある時《とき》は頭《あたま》に疾《やまひ》があり、兌宮《だきう》にあるは面《かほ》に疾《やまひ》があり、離宮《りきう》にあるは目《め》に疾《やまひ》があり、震宮《しんきう》にあるは足《あし》に疾《やまび》があり、巽宮《そんきう》にあるは肢《し》に疾《やまひ》があり、坎宮《かんきう》にあるは耳《みゝ》に疾《やまひ》があり、艮宮《こんきう》にあるは手《て》に疾《やまひ》があり、坤宮《こんきう》にあるは腹《はら》に疾《やまひ》があるとするのである、而《しか》して右何《みぎいづ》れも子孫《しそん》の發動《はつどう》するときは治療《ちれう》は叶《かな》ふのであるが、若《も》し然《しか》らざるときは終身《しうしん》の病《やまひ》となると知《し》るべし○官鬼《くわんき》が玄武《げんぶ》を帶《お》ぶるときは陰虛《いんきよ》の症《しやう》であるから、縮漿黑陷《しゆくしやうこくかん》を防《ふせ》がねばならぬ○官鬼《くわんき》が多《おほ》く現《あら》はるゝ時《とき》は利《よろ》しくない、何《なん》となれば、多《おほ》ければ痘瘡《とうさう》に大小《だいせう》が雜《まじ》つてゐるそれ故《ゆゑ》に子孫《しそん》の出現《しゆつげん》がなければ其内《そのうち》に賊痘《ぞくとう》があつて外《ほか》の痘瘡《とうさう》まで皆惡《みなわる》くなるからである〇子孫《しそん》が安静《あんせい》にして氣《き》のあるのは利《よろ》しい、發動《はつどう》して傷尅《しやうこく》に化《くわ》するときは大凶《だいきよう》である、子孫《しそん》が旺相《わうしやう》して官鬼衰弱《くわんきすゐじやく》なるときは、痘花《とうくわ》は甚《はなは》だ少《すく》なくして良《よ》く經過《けいくわ》する〇子孫《しそん》の多《おほ》く現《あら》はるゝ時《とき》は宜《よろ》しくない、若《も》し多《おほ》く現《あら》はるゝ時《とき》は補藥《ほやく》を用《もち》ゐてはならぬ、又補物《またほぶつ》を食《しよく》してもならぬ、補《おぎな》ふは却《かへ》つて害《がい》あるからである、子孫《しそん》が發《はつ》動《どう》して日月生尅《じつげつしやうこく》に遇《あ》はざる時《とき》は、用藥《ようやく》の占《うらなひ》には即效《そくかう》がある〇もし兄弟《けいてい》の發動《はつどう》する時《とき》は食慾《しよくよく》が進《すゝ》まないけれども子孫《しそん》が發動《はつどう》して世爻卦身用神《せいかうくわしんようしん》を生《しやう》ずる時《とき》は、始《はじめ》に飲食《いんしよく》を思《おも》はないけれども、何《なに》か好《この》みの一品《ぴん》によりて食慾《しよくよく》の進《すゝ》みとなることがある〇子孫《しそん》が青龍《せいりう》を帶《お》び日月動爻《じつげつどうかう》の刑冲尅害《けいちうこくがい》なき時《とき》は、種痘《しゆとう》の占《うらなひ》には大吉《だいきち》である。

◎妻財《さいざい》の旺相《わうしやう》には利《よろ》しいが空亡《くうはう》には利《よろ》しくない、空亡《くうはう》するときは飲食《いんしよく》を思《おも》はない、安静《あんせい》に利《よろ》しく發《はつ》動《どう》するに利《よろ》しくない、發動《はつどう》すれば官鬼《くわんき》を生助《しやうじよ》して多食《たしよく》し、それが爲《た》め脾胃《ひゐ》を傷《そこな》ふからである。

◎兄弟《けいてい》が發動《はつどう》するときは飲食少《いんしよくすくな》く、又《また》は保養《ほやう》が行届《ゆきとゞ》かない、若《も》し間爻《かんかう》にある時《とき》は胸膈《きようかく》を寛《ゆる》べ氣《き》を開《ひら》くが宜《よろ》しい。

◎青龍《せいりう》が原神《げんしん》につきて、發動《はつどう》して用神《ようしん》を生合《しやうがふ》するときは大吉《だいきち》である〇白虎《びやくこ》が忌神《きしん》につきて、發動《はつどう》して用神《ようしん》を傷尅《しやうこく》し、原神《げんしん》より助《たす》くることなきは大凶《だいきよう》である〇玄武《げんぶ》が妻財《さいざい》につきて、發動《はつどう》して世爻卦身用《せいかうくわしんよう》神《しん》を冲《ちう》する時《とき》は經水《けいすゐ》の汚《けが》れある婦人《ふじん》によりて痘瘡《とうさう》の變《へん》ずることがある、玄武《げんぶ》が應爻《おうかう》につきて、發動《はつどう》して世爻卦身用神《せいかうくわしんようしん》を冲《ちう》するも亦外人《またぐわいじん》の穢《けが》れによりて痘瘡《とうさう》の變《へん》ずることがある。

◎亂動《らんどう》の卦《くわ》や伏吟《ふくぎん》の卦《くわ》は皆凶《みなきよう》である○六冲《ちう》の卦《くわ》は近病《きんびやう》の占《うらなひ》には吉《きち》とするけれども、痘瘡《とうさう》の占《うらなひ》には凶《きよう》とする、始《はじ》めに起發《きはつ》し難《がた》く、終《をは》りも亦痂《またか》せ方《かた》が悪《わる》いからである。

◎六合《がふ》の卦《くわ》は起發《きはつ》し易《やす》く、生合《しやうがふ》に逢《あ》ふときは殊《こと》に吉《きち》とする。

第八十七章　病體の占法

病人《びやうにん》の生死安危《じやうしあんき》は、其《そ》の占法《せんぱふ》は病症《びやうしやう》とは異《ちが》つてゐるのであるから、別《べつ》に一卦《くわ》を起《おこ》して考《かんが》へねばならぬ、乃《すなは》ち其法《そのはふ》は子孫《しそん》を以《もつ》て醫藥祈禱《いやくきたう》すべて病《やまひ》を去《さ》るの用神《ようしん》とする、而《しか》して旺相發動生扶拱合《わうしやうはつどうしやうふきようがふ》するは大吉《だいきち》でとる、但《たゞ》し父母官鬼《ふぼくわんき》を用神《ようしん》とするの占法《せんぱふ》は子孫《しそん》の發動《はつどう》するのは利《よろ》しくない、何故《なぜ》なれば、發動《はつどう》するときは官鬼《くわんき》を剋《こく》するからである。

◎用神《ようしん》が月建《げつけん》に臨《のぞ》み、又日辰《またにつしん》の生扶拱合《しやうふきようがふ》ありて、その上動剋《うへどうこく》の生扶《しやうふ》あるものは大壯大剛《たいさうたいがう》にして却《かへ》つて利《よろ》しからず、日辰動爻《につしんどうかう》の刑剋《けいこく》あるときは旺相《わうしやう》を吉《きち》とする○用神《ようしん》が月建《げつけん》に臨《のぞ》み、又動爻《またどうかう》の生扶《しやうふ》ありて日辰《につしん》に臨《のぞ》むは大凶《だいきよう》とする、刑剋《けいこく》あるは妨《さまた》げない○用神《ようしん》が墓絶空破《ほぜつくうは》にあふて生扶拱合《しやうふきようがふ》するものがなければ必《かなら》ず死《し》するとする、若《も》し生扶拱合《しやうふきようがふ》あるは妨《さまた》げない○用神《ようしん》が絶《ぜつ》に遇《あ》ふといへども動爻《どうかう》より生《しやう》ずるときは、絶所逢生《ぜつしよほうしやう》と云《い》つて危《あや》ふいけれども救《すく》はれる○用神《ようしん》が回頭尅《くわいとうこく》に變《へん》じて月日動爻《じつげつどうかう》の扶《たす》けなきものは、目前《もくぜん》が甚《はなは》だ危《あやふ》い、用神《ようしん》が太弱《たいじやく》なれば病人《びやうにん》の氣體《きたい》は甚《はなは》だ薄弱《はくじやく》であつて、其病《そのやまひ》は癒《なほ》り難《がた》い、若《も》し日辰動爻《につしんどうかう》の生扶《しやうふ》あるときは、重《おも》いけれども死《し》なぬ○用神《ようしん》が伏藏《ふくざう》するときは縱《たと》ひ提拔《ていはつ》があらうとも、日辰《じつしん》にあひ月《つき》にあひ年《とし》にあふを待《ま》たねば癒《なほ》らない、近病《きんびやう》は月日《つきひ》を以《もつ》て斷《だん》じ、久病《きうびやう》は年月《としつき》を以《もつ》て斷《だん》ずるのである○用神《ようしん》又《また》は卦身《くわしん》の前後《ぜんご》に官鬼《くわんき》が二つありて之《これ》を夾《はさ》む、之《これ》を名《なづ》けて双官夾用《さうくわんけふよう》と云《い》つて死《し》にはせぬが、終身《しうしん》の病《やまひ》とする、卦身《くわしん》に官鬼《くわんき》を持《ぢ》して、又動爻變出卦身《またどうかうへんしゆつくわしん》となりて官鬼《くわんき》を持《ぢ》するも亦同《またおな》じである、官鬼《くわんき》が用《よう》神《しん》の前後《ぜんご》にあるは、子孫用神《しそんようしん》の占《うらなひ》に雷風恒《らいふうこう》の卦《くわ》を得《う》るが如《ごと》きを云《い》ひ、卦身《くわしん》に官鬼《くわんき》を持《ぢ》して變出《へんしゆつ》の卦身《くわしん》も亦官鬼《またくわんき》となるは、地天泰《ちてんたい》の艮爲山《ごんゐさん》に變《へん》ずるが如《ごと》き類《るゐ》である。

◎世爻《せいかう》が官鬼《くわんき》を持《ぢ》するときは、病《やまひ》は輕《かる》いけれども其身《そのみ》を離《はな》れない○自己《じこ》の病《やまひ》を占《うらな》ふて、世爻《せいかう》が官鬼《くわんき》を持《ぢ》して日辰《につしん》に墓《ぼ》し、又《また》は母爻《ぼかう》に化《くわ》するときは、之《これ》を隨官入墓《ずゐくわんにふぼ》と云《い》つて大凶《だいきよう》とする○世爻《せいかう》に鬼墓《きぼ》を持《ぢ》して發動《はつどう》するも亦大凶《まただいきよう》である、例《たと》へば風火家人《ふうくわかじん》の官鬼《くわんき》が酉金《とりかね》であつて其《そ》の墓《ぼ》は丑《うし》にありて世爻《せいかう》の丑《うし》につく、地風升《ちふうしよう》も亦然《またしか》りである、之《これ》は世爻《せいかう》に鬼墓《きぼ》を持《ぢ》するからである、其他《そのた》火山旅《くわざんりよ》、風澤中孚《ふうたくちうふ》、乾爲天《けんゐてん》の三卦《くわ》がある○世爻《せいかう》が兄弟《けいてい》を持《ぢ》するは、飲食《いんしよく》が頗《すこぶ》る減《げん》ずるか又《また》は飲食《いんしよく》によりて得《う》るの病《やまひ》とする。

◎卦身《くわしん》が子孫《しそん》を持《ぢ》するは、縦《たと》ひ病勢《びやうせい》は重《おも》いと云《い》つても、必《かなら》ず癒《い》ゆる、若《も》し父母爻《ふぼかう》が發動《はつどう》するときは利《よろ》しからず、然《しか》れども父母《ふぼ》を制《せい》する者《もの》があれば妨《さまた》げはない。

◎官鬼《くわんき》が發動《はつどう》するときは病勢《びやうせい》は必《かなら》ず重《おも》い、殊《こと》に長生《ちやうせい》に化《くわ》するときは日増《ひま》しに重《おも》くなる○官鬼《くわんき》が發動《はつどう》するとも日辰《につしん》又《また》は動爻《どうかう》より冲《ちう》すれば、凶《きよう》とは云《い》ひながらも死《し》することはない○日辰《につしん》に官鬼《くわんき》を帶《お》びて、用神《ようしん》又《また》は世爻《せいかう》を生合《しやうがふ》するときは、祈禱《きたう》して免《まぬが》るゝことがある、其《そ》の祈《いの》るべき神《かみ》は五類《るゐ》六親《しん》によりて推《すゐ》考《かう》すべきであつて、例《たと》へば用神《ようしん》が父母《ふぼ》であつて青龍《せいりう》を帶《お》ぶるものを日辰《につしん》より生合《しやうがふ》するには天滿天神《てんまてんじん》を祈《いの》るに宜《よろ》しく、用神《ようしん》が妻財《さいざい》であつて勾陳《こうちん》を帶《お》ぶるには田《た》の神《かみ》を祈《いの》るに宜《よろ》しき類《るゐ》である○官鬼《くわんき》が空亡《くうばう》にあふて又伏藏《またふくざう》するときは、甚《はなは》だ不吉《ふきつ》であるから必《かなら》ず用心《ようじん》しなければならぬ。

◎妻財《さいざい》を飲食《いんしよく》とする、卦中《くわちう》に妻財《さいざい》なきか、又《また》は空亡《くうばう》にあふときは飲食《いんしよく》を思《おも》はない。

◎父母《ふぼ》の發動《はつどう》するときは藥餌《やくじ》の効《かう》がない、尤《もつと》も兄弟《けいてい》の病《やまひ》を占《うらな》ふには、父母《ふぼ》の發動《はつどう》するを吉《きち》とする、それは原神《げんしん》であるからである。

◎子孫《しそん》を醫藥《いやく》とし又酒肉《またしゆにく》とする、卦中《くわちう》に子孫《しそん》なきか又《また》は死絶空亡《しぜつくうばう》に遇《あ》ふときは養生《やうじやう》に適《てき》する食物《しよくもつ》はない○子孫《しそん》が發動《はつどう》するときは病勢《びやうせい》は減《げん》ずる、併《しか》し回頭尅《くわいとうこく》に遇《あ》ふときは、病氣《びやうき》は少《すこ》し癒《なほ》りかけたに拘《かゝは》らず、不謹愼《ふきんしん》の爲《た》めに再《ふたゝ》び重《おも》くなる、子孫《しそん》が官鬼《くわんき》に化《くわ》するも又同《またおな》じ。

◎鬼墓《きぼ》（その卦《くわ》の官鬼《くわんき》の墓《ぼ》する爻《かう》をいふ）世墓《せいぼ》（その卦《くわ》の世爻《せいかう》の墓《ぼ》する爻《かう》をいふ）主墓《しゆぼ》（用神《ようしん》の墓《ぼ》する爻《かう》をいふ）の三つの內《うち》、何《いづ》れにても卦中《くわちう》にあるか、又《また》は官鬼世爻用神《くわんきせいかうようしん》の三つのものが變《へん》じて墓《ぼ》に入《い》るときは、其病《そのやまひ》は甚《はなは》だ危《あやふ》いばかりでなく困《くる》しむ○鬼墓《きぼ》が二つありて卦身用神世爻《くわしんようしんせいかう》を夾《はさ》むものは必《かなら》ず死《し》す、若《も》し日辰動爻《につしんどうかう》より墓《ぼ》を冲《ちう》するときは恙《つゝが》ないのである。

◎應爻《おうかう》が發動《はつどう》して用神《ようしん》を生合《しやうがふ》するときは、病《やまひ》を訪《と》ひ尋《たづ》ぬる人《ひと》がある、子孫《しそん》が妻財《さいぐ》を帶《お》ぶる時《とき》は贈物《おくるもの》がある、兄弟《けいてい》を帶《お》ぶる時《とき》は贈物《おくりもの》はない、若《も》し應爻《おうかう》より生合《しやうがふ》するとも、用神《ようしん》が變《へん》じて妻財《さいぐ》となるか、又《また》妻財《さいぐ》に刑冲尅害《けいちうこくがい》せらるゝときは、必《かなら》ず其《そ》の贈《おく》られたる物《もの》を飲食《いんしよく》してはならぬ、若《も》しそれを用《もち》ゆれば却《かへ》つて害《がい》を生《しやう》ずる、父母《ふぼ》を用神《ようしん》とする占《せん》には殊《こと》に忌《い》まねばならぬ。

◎凡《およ》そ病《やまひ》の安危《あんき》を占《うらな》ふには子孫《しそん》を輕《かろ》んじて原神《げんしん》を重《おも》んじ、官鬼《くわんき》を輕《かろ》んじて忌辰《きしん》を重《おも》んずるのであるそれ故《ゆゑ》に原神《げんしん》が旺相發動《わうしやうはつどう》するときは、用神《ようしん》は衰弱《すゐじやく》するとも病《やまひ》は全快《ぜんくわい》する、之《これ》に反《はん》して忌神《きしん》が旺相發動《わうしやうはつどう》するときは、用神出現不空《ようしんしゆつげんふくう》といへども死《し》に至《いた》るのである。

第八十八章　醫藥の占法

醫藥《いやく》の占法《せんぽふ》に於《おい》ては、應爻《おうかう》を醫者《いしや》とし子孫《しそん》を藥餌《やくじ》とする。

◎應爻《おうかう》が太歳《たいさい》にあふときは代々《たい〳〵》の醫者《いしや》とす○應爻《おうかう》が日辰《につしん》を持《ち》するは官祿《くわんろく》ある醫者《いしや》とす○應爻《おうかう》が子孫《しそん》を持《ち》するは必《かなら》ず下手《へた》ではないから賴《たの》みて宜《よろ》しい○應爻《おうかう》が官鬼《くわんき》を持《ち》するは良醫《りやうい》でない、若《も》し世身《せいしん》が用神《ようしん》を刑尅《けいこく》するときは藥餌《やくじ》の間違《まちがひ》にて障《さは》ることがある○應爻《おうかう》が忌神《きしん》を持《ち》するときは其《そ》の藥餌《やくじ》を服《の》んではならぬ○應爻《おうかう》が世爻《せいかう》と比和《ひわ》するとも、卦中《くわちう》に子孫《しそん》のない時《とき》は、別《べつ》の醫者《いしや》に改《あらた》め取換《とりか》へるが宜《よろ》しい○應爻《おうかう》が空亡《くうはう》にあふときは、他出《たしゆつ》にて來《きた》らざるか、又《また》は其《そ》の藥餌《やくじ》の效《かう》なきか。

◎子孫《しそん》が旺相《わうしやう》するときは、その藥餌《やくじ》が病氣《びやうき》に勝《か》つて吉《きち》である、若《も》し子孫《しそん》が休囚《きうしう》して官鬼《くわんき》が旺相《わうしやう》するときは、藥《くすり》は輕《かる》く病《やまひ》は重《おも》くして、服《の》んでも效《かう》がない○子孫《しそん》が進神《しんく》に化《くわ》するときは、其《そ》の藥《くすり》は效《かう》がある、若《も》し退神《たいしん》に化《くわ》するときは效《かう》がない○子孫《しそん》が發動《はつどう》して回頭尅《くわいとうこく》にあふ時《とき》は效《かう》がない○子孫《しそん》が發動《はつごう》するとも忌神《きしん》に化《くわ》するときは、却《かへ》つて藥《くすり》によりて命《いのち》を害《がい》する○子孫《しそん》が墓絶刑尅等《ほぜつけいこくとう》にあふ時《とき》は、その藥《くすり》は效《かう》がない○子孫《しそん》が離宮《りきう》にありて火爻《くわかう》に屬《ぞく》するときは熱藥又《ねつやくまた》は灸治《きうぢ》に利《よろ》しい○子孫《しそん》が坎宮《かんきう》にありて發動《はつごう》し、或《あるひ》は水《みづ》に屬《ぞく》して發動《はつごう》するときは發汗《はつかん》に宜《よろ》しい○子孫《しそん》が金爻《きんかう》に屬《ぞく》するときは、針治《しんぢ》又《また》は小刀鑷《こがたなけぬき》などの療治《れうぢ》に宜《よろ》しい○子孫《しそん》が空亡《くうはう》にあへて、其上妻財官鬼《そのうへさい〳〵くわんき》ともに發動《はつごう》するときは、その藥《くすり》は殊《こと》に效《かう》がない○子孫《しそん》が空亡《くうはう》し官鬼《くわんき》も又空亡《またくうはう》して冲《ちう》なく併《へい》なければ、其病《そのやまひ》は自然《しぜん》に癒《なほ》る、敢《あへ》て藥《くすり》を待《ま》たない○日辰《につしん》が臨《のぞ》みて用神《ようしん》を生合《しやうがふ》するときは、圖《はか》らざる醫者《いしや》の療治《れうぢ》によりて效《かう》のあることがある○子孫官鬼《しそんくわんき》二つともに發動《はつごう》するときは、藥《くすり》が的中《てきちう》しない譯《わけ》ではないが、鬼身《きしん》の祟《たゝり》などがあるのだから、服藥《ふくやく》と祈禱《きたう》の兩樣《りやうやう》を用《もち》ゆるが宜《よろ》しい○卦中《くわちう》に子孫《しそん》が兩爻《りやうかう》ありて共《とも》に發動《はつどう》するときは、兩樣《りやうやう》の藥《くすり》を隔貼《いつぷくおき》に用《もち》ゆるが宜《よろ》しい○第《だい》五爻《かう》が發動《はつどう》して子孫《しそん》に化《くわ》するときは、途中《とちう》で逢《あ》つた醫者《いしや》の藥《くすり》が効《かう》がある○子孫《しそん》の方位《はうゐ》等《とう》を以《もつ》て醫者《いしや》を求《もと》むるには、子水《ねみづ》の子孫《しそん》は北方《ほくはう》の醫者《いしや》が宜《よ》い、丑土《うしつち》の子孫《しそん》は東北方《とうほくはう》の醫者《いしや》が宜《よろ》しいとするの類《るゐ》である又寅卯《またとらう》の子孫《しそん》は、其姓名《そのせいめい》は木偏草冠《きへんくさかんむり》の醫者《いしや》が宜《よ》い、又《また》は寅《とら》の年卯《としう》の年生《としうま》れの醫者《いしや》を宜《よろ》しとするの類《るゐ》であるから、他《た》は類推《るゐすゐ》すべきである。

◎官鬼《くわんき》が發動《はつどう》するときは、妙藥《めうやく》ありとも急速《きふそく》に効《かう》を成《な》さない、墓絶《ぼぜつ》に至《いた》りて効《かう》を見《み》るであらう○官《くわん》鬼《き》が進神《しんく》に化《くわ》する時《とき》は病勢《びやうせい》が定《さだ》まらない、或《あるひ》は益〻《ますく〵》盛《さか》んとなる、退神《たいしん》に化《くわ》するときは漸次《ぜんじ》に減《げん》ずる○官鬼《くわんき》が日辰《につしん》を持《ぢ》して發動《はつどう》する時《とき》は、慢性《まんせい》ではなくて急性《きふせい》のものである○卦中《くわちう》に官鬼《くわんき》がなくして日辰《につしん》に官鬼《くわんき》を帶《お》ぶる時《とき》は、急激《きふげき》の病《やまひ》であつて此日《このひ》を過《す》ぎてから藥《くすり》の効《かう》がある○官鬼《くわんき》が世爻《せいかう》又《また》は卦身《くわしん》につくときは其藥《そのくすり》は効《かう》がない○官鬼《くわんき》が卦身《くわしん》を持《ぢ》するときは、縱《たと》ひ衰弱《すゐじやく》といへども其病《そのやまひ》は癒《い》え難《がた》い○官鬼《くわんき》が世爻《せいかう》用神《ようしん》の下《もと》に伏藏《ふくざう》するときは、其病《そのやまひ》は治《なほ》つても根絶《こんぜつ》しないで、後日《ごじつ》に再發《さいはつ》する○官鬼《くわんき》が發動《はつどう》して間爻《かんかう》を冲尅《ちうこく》するか、又《また》は間爻《かんかう》にありて發動《はつどう》するときは胸膈《きようかく》が利《よろ》しくないのであるから、胸膈《きようかく》を寬《ゆる》べ開《ひら》くの藥《くすり》を用《もち》ゆべきである○官鬼《くわんき》が木爻《もくかう》に屬《ぞく》するは、風邪《ふうじや》を除《のぞ》きて後《のち》に藥効《やくかう》がある○官鬼《くわんき》が木《き》に屬《ぞく》するは寒藥《かんやく》を忌《い》むべし、火《ひ》に屬《ぞく》するは風藥《ふうやく》を忌《い》むべし、土《つち》に屬《ぞく》するは熱藥《ねつやく》を忌《い》むべし、金《きん》に屬《ぞく》するは丸藥《ぐわんやく》を忌《い》むべし、水《みづ》に屬《ぞく》するは針刀《しんたう》を忌《い》むべきである○官鬼《くわんき》が火《ひ》に屬《ぞく》して陰宮陰爻《いんきういんかう》にあるときは陰虚火動《いんきよくわどう》の症《しやう》であるから、滋陰降火《じいんがうくわ》の劑《ざい》が宜《よろ》しい、水《みづ》に屬《ぞく》して内卦《ないくわ》にあるときは血氣虚損《けつききよそん》の症《しやう》であるから、補中益氣《ほちうえき》の劑《ざい》が宜《よろ》しい、其餘《そのよ》は皆此類《みなこのるゐ》を推考《すゐかう》すべきである○官鬼《くわんき》が火《ひ》に屬《ぞく》するときは其病《そのやま》は熱《ねつ》とする、故《ゆゑ》に涼《りやう》藥《やく》が宜《よろ》しい、金水《きんすゐ》に屬《ぞく》するは其病《そのやまひ》は寒《かん》とする、故《ゆゑ》は溫熱《をんねつ》の劑《ざい》が宜《よ》い、又官鬼《またくわんき》が火《ひ》に屬《ぞく》して旺相生扶《わうしやう〳〵ふ》するときは大寒《だいかん》の藥《くすり》を用《もち》ゐ、水《みづ》に屬《ぞく》して旺相生扶《わうしやう〳〵ふ》するときは大熱《だいねつ》の劑《ざい》を用《もち》ゆるに利《よろ》しい○卦中《くわちう》に官鬼《くわんき》なきか又《また》は伏藏《ふくざう》するときは、其病《そのやまひ》は隱伏《いんぷく》して病因《びやういん》を知《し》り難《がた》いので、無暗《むやみ》に藥《くすり》を用《もち》ゐても効《かう》がないから、專門醫《せんもんい》に診《み》て貰《もら》ふが宜《よろ》しい。

◎父母《ふぼ》が卦身又《くわしんまた》は世爻《せいかう》につくときは其藥《そのくすり》は効《かう》がない○父母《ふぼ》が發動《はつどう》するときは藥効《やくかう》がない、故《ゆゑ》に安靜《あんせい》するに利《よろ》しい、若《も》し日辰動爻《につしんどうかう》より尅《こく》するときは、其藥《そのくすり》を多《おほ》く服《の》んでから後《のち》に効《かう》がある○卦中《くわちう》に父母《ふぼ》なきときは、謂《いは》ゆる藪井竹庵老《やぶゐちくあんらう》の類《るゐ》であつて醫方《いはう》に明《あきら》かならざる所《ところ》があるか○父母《ふぼ》が發動《はつどう》して世爻用神《せいかうようしん》卦身《くわしん》を生合《しやうがふ》するときは、藥《くすり》を服《の》まないで閑靜無事《かんせいぶじ》を以《もつ》て養生《やうじやう》すべきである。

◎妻財《さいぐ》が發動《はつどう》するときは病《やまひ》を助《たす》けて凶《きよう》である○妻財《さいぐ》が發動《はつどう》して水《みづ》に屬《ぞく》するは魚物冷物《ぎよぶつれいぶつ》を忌《い》むが宜《よ》い火《ひ》に屬《ぞく》するは熱物熬物《ねつぶつがうぶつ》の類《るゐ》を忌《い》むべし、金《きん》に屬《ぞく》するは堅《かた》き物鹽《ものしほ》からき物《もの》を忌《い》むべし、木《き》に屬《ぞく》するものは風《かぜ》を動《うご》かす物《もの》を忌《い》むべし、土《つち》に屬《ぞく》するは油強《あぶらつよ》きもの滑《なめら》かなる物《もの》を忌《い》むべし○妻財《さいくわ》が外卦《ぐわいくわ》にあるときは吐《はく》とす、若《も》し用神《ようしん》を生合《しやうがふ》するときは吐劑《とざい》を用《もち》ゐても宜《よろ》しい。

◎世爻《せかう》が空亡《くうばう》にあふときは、醫藥《いやく》を求《もと》むるの心《こゝろ》が專《もつぱ》らならず、或《あるひ》は其《そ》の醫者《いしや》を信用《しんよう》しないから、其《その》藥《くすり》を用《もち》ゐないことがある○用神《ようしん》が休囚墓絶《きうしうぼぜつ》に逢《あ》ふか、又《また》は變《へん》じて墓絶《ぼぜつ》に入《い》りて其上《そのうへ》に剋害《こくがい》あるは、縱《たと》ひ良醫《りやうい》と雖《いへど》も救《すく》ふことは出來《でき》ない○用神《ようしん》が休囚《きうしう》し墓絶《ぼぜつ》にあふときは、補藥《ほやく》を用《もち》ひて効《かう》がある。

◎青龍《せいりう》が木爻《もくかう》につきて用神《ようしん》を生合《しやうがふ》するときは、家事《かじ》を拋《なげう》ちて胸中《きようちう》を寬《ゆる》べ放《はな》ちて藥《くすり》を用《もち》ひねば不可《いけ》ない。

第八十九章　詞訟の占法

詞訟《しゝよう》の占法《せんぽふ》に於《おい》ては、卦身《くわしん》を詞訟《しゝよう》の事體《じたい》とし、世《せい》を己《おの》れとし、應《おう》を相手《あひて》とし、間爻《かんかう》を證人《しようにん》又《また》は中人《ちうにん》とし、父母《ふぼ》を訴狀《そじやう》とし、官鬼《くわんき》を聽訟《ちやうしよう》の役人《やくにん》とし、子孫《しそん》を和解《わかい》の人《ひと》とし、妻財《さいくわ》を理《り》とし、兄弟《けいてい》を衆人《しうじん》とするのであつて、之《これ》が勝敗《しようはい》は世應《せいおう》の強弱《きやうじやく》を察《さつ》し、罪《つみ》の輕重《けいぢう》は官鬼《くわんき》の旺衰《わうすゐ》を考《かんが》へ、消散《せうさん》は子孫《しそん》の生旺《しやうわう》と官鬼《くわんき》の墓《ぼ》に入《い》るの時《とき》を以《もつ》て斷《だん》ずるのである。

◎世爻《せいかう》が旺相生扶《わうしやうしやうふ》し應爻《おうかう》が休囚死絶《きうしうしぜつ》するときは我強《われつよ》くして彼《かれ》は弱《よわ》い、之《これ》に反《はん》すれば彼強《かれつよ》く我《われ》は弱《よわ》いのである○世爻《せかう》より應爻《おうかう》を冲剋《ちうこく》するときは、彼《かれ》に勝《か》つには非《あら》ずして、彼《かれ》を侮《あなど》り欺《あざむ》くとする、若《も》し應《おう》より世《せい》を冲剋《ちうこく》するときは之《これ》に反《はん》する○世應《せいおう》が生合《しやうがふ》するときは和解《わかい》の意《い》がある、尙《な》ほ世《せい》より應《おう》を生《しやう》ずるは我《われ》より和《わ》せんと欲《ほつ》するのであつて、應《おう》より世《せい》を生《しやう》ずるは彼《かれ》より和《わ》せんと欲《ほつ》するのである、若《も》し世應《せいおう》ともに發動《はつどう》して空亡《くうはう》に化《くわ》するときは相倶《あひとも》に實意《じつい》ではない○世應《せいおう》が比和《ひわ》するときは相倶《あひとも》に和解《わかい》の意《い》がある若《も》し官鬼《くわんき》が發動《はつどう》して剋《こく》するときは、原被《げんぴ》の双方《さうはう》で和解《わかい》しやうとしても法廷《はふてい》で許《ゆる》さない、若《も》し子孫《しそん》の發動《はつどう》するときは遂《つひ》に内濟《ないさい》となる○世爻《せいかう》が官鬼《くわんき》を持《ち》するときは我《われ》は理《り》を失《うしな》ふことになる、若《も》し官鬼《くわんき》に化《くわ》するときは、何《なに》か官邊《くわんぺん》の事柄《ことがら》によりて身《み》を亡《ほろ》ぼすことがある、若し應爻《おうかう》が官鬼《くわんき》を持《ち》し官鬼《くわんき》に化《くわ》するときは、彼《か》れ理《り》を失《うしな》ひ身《み》を亡《ほろ》ぼすのである○世應《せいおう》ともに旺相《わうしやう》發動《はつどう》するときは其《そ》の勢《いきほひ》は甚《はなは》だ強大《きやうだい》であるけれども、若《も》し變《へん》じて墓入《ほにふ》にあひ又《また》は空亡《くうはう》となるときは、先《さき》には強《つよ》いが後《のち》には弱《よわ》い、但《たゞ》し世《せい》の變《へん》ずるは我《われ》とし、應《おう》の變《へん》ずるは彼《かれ》とする、尙《な》ほ何《いづ》れにても同《おな》じである○世爻《せいかう》が發動《はつどう》するときは我《われ》に謀《はかりごと》がある、若《も》し官鬼兄弟回頭剋《くわんきけいていくわいとうこく》の三つに化《くわ》するときは失策《しつさく》とする、應爻《おうかう》が發動《はつどう》するときは彼《かれ》に謀《はかりごと》がある、世爻《せいかう》を剋《こく》するときは凶《きよう》である、世爻《せいかう》が空亡《くうはう》に遇《あ》ふときは我《われ》に爭《あらそひ》を止《や》むる心《こゝろ》がある、應爻《おうかう》が空亡《くうはう》にあふときは兩方倶《りやうはうとも》に止《や》める○世爻《せいかう》が衰弱《すゐじやく》するとも日辰月建動爻變爻等《につしんげつけんどうかうへんかうとう》より生合《しやうがふ》するときは、貴人《きじん》の助《たすけ》があつて彼《かれ》の心《こゝろ》まかせに行《ゆ》かない、若《も》し應爻《おうかう》が衰弱《すゐじやく》するとも生合《しやうがふ》あるときは、又貴人《またきじん》が彼《かれ》を助《たす》けるから我《われ》の勝《かち》とはなり難《がた》い○世爻《せいかう》が生合《しやうがふ》するものなく其上《そのうへ》刑尅《けいこく》するものあるときは甚《はなは》だ凶《きよう》であれば決《けつ》して爭《あらそ》はぬが宜《よろ》しい○世爻《せいかう》に月建《げつけん》を帶《お》ぶるときは貴人《きじん》の助《たすけ》がある、應爻《おうかう》に帶《お》ぶるときは貴人《きじん》が彼《かれ》を助《たす》ける○世爻《せいかう》が墓《ぼ》に入《い》り墓《ぼ》に化《くわ》し鬼墓《きぼ》を持《ぢ》するときは、全體《ぜんたい》の卦體《くわたい》の凶《きよう》なるときは必《かなら》ず入牢《じゆらう》する、若《も》し白虎《びやくこ》を帶《お》ぶれば牢内《らうない》にて病《やまひ》を受《う》ける○應爻《おうかう》が旺相發動《わうしやうはつどう》すといへども生合《しやうがふ》するものなきときは、如何《いか》に彼《かれ》が強《つよ》いとても畏《おそ》るゝには足《た》らない。

◎卦身《くわしん》を詞訟《しゝよう》の事體《じたい》とする、旺相《わうしやう》するときは大《だい》とし、休囚《きうしう》すれば小《せう》とする、發動《はつどう》するは急《きふ》とし、安《あん》靜《せい》なるは緩《くわん》とする、若《も》し空亡伏藏《くうばうふくざう》するときは虛說《きよせつ》が多《おほ》い飛伏《ひふく》とも無《な》きときは其事《そのこと》は絶《た》えて虛《きよ》である。

◎間爻《かんかう》を證人又《しようにんまた》は中人《ちうにん》とする、世《せい》を生《しやう》じ世《せい》を合《がつ》するは我《われ》を助《たす》け、應《おう》を生《しやう》じ應《おう》に合《がつ》するは彼《かれ》を助《たす》ける○世《せい》に近《ちか》き間爻《かんかう》を我《われ》の證人《しようにん》とし、應《おう》に近《ちか》き間爻《かんかう》を彼《かれ》の證人《しようにん》とする○間爻《かんかう》が世《せい》を沖尅《ちうこく》するときは我《われ》を惡《にく》み、應《おう》を沖尅《ちうこく》するときは彼《かれ》を惡《にく》む○衰弱《すゐじやく》の間爻《かんかう》は我《われ》を生《しやう》じ、旺相《わうしやう》の間爻《かんかう》は彼《かれ》を生《しやう》ずるは我《われ》を助《たす》くる者《もの》力《ちから》なく彼《かれ》を助《たす》くる者《もの》は力《ちから》がある、若《も》し之《これ》に反《はん》するときは亦反《またはん》して見《み》るべし○發動《はつどう》の間爻《かんかう》は應《おう》を生《しやう》じ、安靜《あんぜい》の間爻《かんかう》は世《せい》を生《しやう》ずるは、彼《かれ》を助《たす》くる者《もの》は進《すゝ》みて我《われ》を助《たす》くる者《もの》は出《で》ない、之《これ》に反《はん》するは又反《またはん》して見《み》るべし○間爻《かんかう》が世《せい》を沖尅《ちうこく》して應《おう》を生合《しやうがふ》するときは中人《ちうにん》は謀《はかりごと》を合《あは》せて我《われ》を陷《おとしい》るゝとする、若《も》し官鬼《くわんき》より之《これ》を尅制《こくせい》するか、又《また》は日辰《につしん》より沖尅《ちうこく》するときは、その謀《はかりごと》は行《おこな》はれないで無事《ぶじ》である。

◎官鬼《くわんき》を訴《うつたへ》を捌《さば》く役人《やくにん》とする、發動《はつどう》して應《おう》を剋《こく》するときは我《われ》は勝《か》つ、世《せい》を剋《こく》するときは我《われ》は負《ま》ける○官鬼《くわんき》が第《だい》五爻《かう》にありて太歳《たいさい》を持《ぢ》するときは、其事《そのこと》は朝廷《てうてい》の關《くわん》する事《こと》であつて、單《たん》に一應《おう》の評議《ひやうぎ》のみでは濟《す》まない○官鬼《くわんき》が發動《はつどう》して世爻《せいかう》を刑剋《けいこく》するときは、此方《このはう》に道理《だうり》があつても許《ゆる》されない○官鬼《くわんき》が第《だい》五爻《かう》にありて月建《げつけん》を持《ぢ》するときは、其事《そのこと》は評議《ひやうぎ》に掛《か》つてゐて、支配《しはい》の頭人《かしら》だけでは捌《さばき》は出來《でき》ない○官《くわん》鬼《き》が兩爻《りやうかう》あるときは、擔當《たんたう》の役人《やくにん》が一手《て》でないから、事體《じたい》の反覆《はんぷく》することがある○卦中《くわちう》に官鬼《くわんき》のなきときは役人《やくにん》は取上《とりあ》げない○官鬼《くわんき》が世下《せいか》に伏藏《ふくざう》するときは、目前直《もくぜんたゞ》ちに訟《うつたへ》には至《いた》らないけれども、其根《そのね》は長《なが》く殘《のこ》つてゐて、提拔《ていはつ》の時《とき》には訟《うつたへ》となる。

◎父母《ふぼ》を訴狀《そじやう》とする、應爻《おうかう》につくときは彼《かれ》より訴《うつた》へんとし、世爻《せかう》につくときは我《われ》より訴《うつた》へんとする、發動《はつどう》すれば既《すで》に訴《うつた》へんとして謀《はか》つて居《ゐ》る、發動《はつどう》せざれば未《いま》だ訴《うつた》へない○凡《すべ》て上《かみ》へ訴《うつた》へ出《で》るは官鬼父母《くわんきふぼ》ともに氣《き》ありて、空亡《くうばう》せざれば取上《とりあ》げられない、妻財《さいざい》が發動《はつどう》して父母《ふぼ》を剋《こく》するときは成《な》らぬ○父母《ふぼ》が旺相《わうしやう》すといへども、官鬼《くわんき》が休囚《きうしう》するは、訴《うつた》へ出《い》づる事《こと》が重大《ちうだい》であるやうに見《み》えるけれども、其實《そのじつ》は些《さ》細《さい》のことである○父母《ふぼ》官鬼《くわんき》ともに發動《はつどう》すれば訟《うつたへ》を成《な》す、若《も》し父母《ふぼ》が氣《き》ありと雖《いへど》も官鬼《くわんき》が化《くわ》して子孫《しそん》となるときは、既《すで》に訴《うつた》へんとしたるに、人《ひと》が留《と》めるによりて止《やめ》ることがある○父母《ふぼ》が化《くわ》して兄弟《けいてい》となるときは訴狀《そじやう》を批難《ひなん》されることがある○父母《ふぼ》が凡《すべ》ての冲《ちう》にあふときは取上《とりあ》げられない○父母《ふぼ》が世爻《せいかう》を生《しやう》合するときは、自《みづか》ら訴《うつた》へて置《お》きながら用捨《ようしや》を受《う》くることがある○父母《ふぼ》が月建《げつけん》にあふときは、上《かみ》に立《た》つ者《もの》より手《て》を入《い》れて世話《せわ》せられる○父母《ふぼ》が化《くわ》して墓《ぼ》絶空亡《ぜつくうばう》に入《い》り、官鬼又《くわんきまた》は日辰《につしん》より世爻《せいかう》を刑沖剋害《けいちうこくがい》するときは、訴《うつた》へを取上《とりあ》げられずして却《かへ》つて咎《とが》めを受《う》ける○卦中《くわちう》に父母《ふぼ》なきは訴状《そじやう》が成立《なりた》たない、縦《たと》ひ有《あ》りといへども刑《けい》を帯《お》び生剋《しやうこく》を受《う》くるときは行届《ゆきとゞ》かない所《ところ》がある、妻財《さい〲》に化《くわ》するも又同《またどう》一である○父《ふ》母が兩爻《りやうかう》あるときは、再《ふた》び訴《うつた》へて成立《なりた》つとする。

◎妻財《さい〲》を理《り》とする、世爻《せいかう》につけば我《われ》に理《り》があり、應爻《おうかう》につけば彼《かれ》に理《り》がある○妻財《さい〲》が官鬼《くわんき》の刑《けい》にあふときは理《り》があつても許《ゆる》されない○妻財《さい〲》が發動《はつどう》するときは、既《すで》に訟《うつた》へたる後《のち》ならば、金銀等《きん〲とう》を以《もつ》て役人《にん》を扱《あつか》ふべし、若《も》し子孫《しそん》より官鬼《くわんき》を沖《ちう》すれば、如何《いか》に金錢等《きんせんとう》を費《つひや》しても無益《むえき》である。

◎兄弟《けいてい》が世爻又《せいかうまた》は卦身《くわしん》につくは、其事《そのこと》が衆人《しうじん》に關係《くわんけい》して居《ゐ》る、若《も》し發動《はつどう》するときは大《おほい》に金錢等《きんせんとう》を費《つひや》す、その上《うへ》白虎《びやくこ》を帯《お》ぶるは家《いへ》を潰《つぶ》す程《ほど》の費《つひえ》がある、若《も》し應爻《おうかう》につけば彼《かれ》に此《こ》の禍《わざはひ》がある○兄弟《けいてい》が間爻《かんかう》にあるときは、訴訟《そしよう》の文辭《ぶんじ》は諸人《しよにん》に關係《くわんけい》する、發動《はつどう》するは中人證人《ちうにんしようにん》などが金錢《きんせん》を貪《むさぼ》る、若《も》し應《おう》を剋《こく》するときは彼《かれ》より得《え》んとし、世《せい》を剋《こく》するときは我《われ》より得《え》んとする。

◎子孫《しそん》が卦身《くわしん》につきて出現發動《しゆつげんはつどう》するときは、消散《せうさん》して訟《うつたへ》を成《な》さない○六爻《かう》が安靜《あんせい》にして子孫《しそん》が獨《ひと》り發動《はつどう》するときは、世應《せいおう》が生合《しやうがふ》せずと雖《いへど》も人《ひと》の取持《とりもち》にて内濟《ないさい》となる。

◎太歳《たいさい》が世爻《せいかう》を生合《しやうがふ》するは、入牢《じゆらう》の者《もの》が赦《しや》にあふことがある○月建《げつけん》が世爻《せいかう》を生合《しやうがふ》するは、上《かみ》たる役人《やくにん》の宥免《いうめん》を受《う》けることがある○日辰《につしん》が世爻《せいかう》を生合《しやうがふ》するは、役人《やくにん》の用捨《ようしや》あることがある○日辰《につしん》が官鬼《くわんき》を尅《こく》し又《また》は冲《ちう》するときは、官鬼《くわんき》が發動《はつどう》して世爻《せいかう》を刑尅《けいこく》すとも、傍人《はうじん》の言《げん》によりて宥《たた》め免《ゆる》さる丶ことがある○世墓《せいぼ》の爻《かう》や鬼墓《きぼ》の爻《かう》が發動《はつどう》するときは入牢《じゆらう》の象《かたち》であるけれども、日辰《につしん》より刑冲尅破《けいちうこくは》するときは却《かへ》つて出牢《しゆつらう》する。

◎罪《つみ》の輕重《けいぢう》を考《かんが》ふることは官鬼《くわんき》を以《もつ》て推《お》すべきであつて、旺相《わうしやう》するは重《おも》く休囚《きうしう》するは輕《かる》い、白虎《びやくこ》を帶《お》び刑《けい》にあひ旺相發動《わうしやうはつどう》して世《せい》を尅《こく》するときは、火爻《くわかう》は極刑《きよくけい》を受《う》け、金爻《きんかう》は組《くみ》に入《い》れられ、或《あるひ》は金堀《かねほり》にせらる丶の類《るゐ》、木爻《もくかう》は敲《たゝ》きを受《う》け、水爻土爻《すゐかうどかう》は奴《やつこ》などの類《るゐ》、皆旺衰《みなわうすゐ》と制《せい》する者《もの》の有無強弱《うむきやうじやく》を以《もつ》て斷《だん》ずべきである。

◎何《いづ》れの日《ひ》に落着《らくちやく》し許容《きよよう》せらる丶かと云《い》ふことを考《かんが》ふるには、子孫《しそん》が發動《はつどう》して官鬼《くわんき》の安靜《あんせい》なるは、子孫生旺《しそんしやうわう》の月日《つきひ》を以《もつ》て斷《だん》じ、官鬼《くわんき》が發動《はつどう》して子孫《しそん》の安靜《あんせい》なるは、官鬼《くわんき》が墓《ぼ》に入《い》るの月日《つきひ》を以《もつ》て斷《だん》するのである。

第九十章　失物の占法

失物《うせもの》の占法《せんぱふ》に於《おい》ては、失《うしな》ふ所《ところ》の物《もの》は五類《るゐ》を以《もつ》て分《わか》ちて用神《ようしん》とする、例《たと》へば衣服《いふく》には父母《ふぼ》を用《もち》ゐ、金《きん》銀《ぎん》には妻財《さい〴〵》を用《もち》ゐるの類《るゐ》の如《ごと》し、官鬼《くわんき》を盗人《たうじん》とし、獨發《どくはつ》の爻《かう》も亦盗《またぬす》みたる人《ひと》、得《え》たる人《ひと》とし、子孫《しそん》を盗人《たうじん》を見付《みつ》ける人《ひと》とする、而《しか》して物《もの》のある所《ところ》、盗人《たうじん》の隠《かく》るゝ所等《ところとう》を知《し》らんと欲《ほつ》するときは、家宅逃亡《かたくたうばう》等《とう》の諸條《しよでう》を合《あは》せ考《かんが》ふべきである。

◎用神《ようしん》が内卦《ないくわ》にあるときは家《いへ》の内《うち》を尋《たづ》ぬべし、外卦《ぐわいくわ》にあるときは他《た》の所《ところ》にある○用神《ようしん》が本宮《ほんきう》の内卦《ないくわ》にあるときは、其物《そのもの》は未《いま》だ家《いへ》の外《そと》に出《で》ない、他宮《たきう》の外卦《ぐわいくわ》にあるときは、其物《そのもの》は已《すで》に家《いへ》を出《で》てゐて、尋《たづ》ね得難《えがた》い、若《も》し間爻《かんかう》にあるときは近郊《きんかう》などを尋《たづ》ぬべし○用神《ようしん》が發動《はつどう》するときは變動《へんどう》があつて尋《たづ》ぬることが容易《ようい》でない○用神《ようしん》が發動《はつどう》して日辰《につしん》の合《がふ》にあふときは物《もの》に覆《おほ》はれて見《み》えぬことがある、冲中逢合《ちう〳〵はうがふ》は得《え》られるが、合所逢冲《がふしよほうちう》は得《え》られない○用神《ようしん》が安靜《あんせい》にして世《せい》を持《ぢ》し世《せい》に合《がつ》するときは其物《そのもの》は散亂《さんらん》しないから尋《たづ》ね易《やす》い、旺相生扶《わうしやう〳〵ふ》して空亡《くうばう》にあはざれば殊《こと》に吉《きち》である○用神《ようしん》が墓《ぼ》に入《い》り墓《ぼ》に化《くわ》し墓下《ぼか》に伏藏《ふくざう》するときは何《なに》か器物《きぶつ》の中《なか》にある、墓《ぼ》を冲《ちう》するの日《ひ》に至《いた》りて發見《はつけん》すべし○用神《ようしん》が鬼墓《きぼ》を持《ぢ》するときは、寺《じ》院又《ゐんまた》は墓塲《はかば》などにある、若《も》し本宮《ほんきう》の内卦《ないくわ》なれば棺《くわん》の側又《そばまた》は座席《ざせき》の上《うへ》などにある、螣蛇《とうだ》を帯《お》ぶるときは神佛《しんぶつ》の像《ざう》ある所《ところ》、祠堂《しだう》などにあり○用神《ようしん》が化《くわ》して子孫《しそん》となり、子孫《しそん》が化《くわ》して用神《ようしん》となるときは、其物《そのもの》は禽獸《きんじう》の居《ゐ》る所《ところ》にあることがある、子《ね》の爻《かう》なれば鼠含《ねずみふく》み去《さ》る、丑《うし》の爻《かう》なれば牛小屋《うしごや》の邊《へん》、午《うま》の爻《かう》なれば厩《うまや》の邊《へん》、酉《とり》の爻《かう》なれば鳥屋《とや》の邊《へん》とするの類《るゐ》、若《も》し合《がつ》すれば其中《そのなか》に在《あ》りとし、合《がふ》なければ其《そ》の近所《きんじよ》に在《あ》りとする。

◎用神《ようしん》が木《き》に屬《ぞく》するときは、竹木《ちくぼく》の林中《りんちう》又《また》は薪材木等《まきざいもくとう》の中《なか》にあり○用神《ようしん》が火《ひ》に屬《ぞく》するときは爐《ろ》の邊《へん》竈《かまど》の邊《へん》、或《あるひ》は火《ひ》鉢《はち》燈籠《とうろう》などの類《るゐ》の所《ところ》にあり○用神《ようしん》が土《つち》に屬《ぞく》するときは瀬戸物《せともの》すべての土器《かはらけ》、或《あるひ》は土藏《どざう》納屋《なや》などの中《なか》にあり○用神《ようしん》が金《きん》に屬《ぞく》するときは、銅銕錫鉛《どうてつすゞなまり》等《とう》の器中《きちう》にあり○用神《ようしん》が水《みづ》に屬《ぞく》するときは池沼井戸《いけぬまゐど》などの邊《へん》にある。

○用神《ようしん》が初爻《しよかう》にありて水《みづ》に屬《ぞく》するときは井《ゐど》の中《なか》を尋《たづ》ぬべし○用神《ようしん》が二爻《かう》にあるときは竈《かまど》などの邊《へん》にあり○用神《ようしん》が三爻《かう》にあるときは部屋《へや》の内《うち》にあるか、若《も》し官鬼《くわんき》の下《もと》に伏藏《ふくざう》するときは祠堂《しだう》などの中《なか》にあり○用神《ようしん》が四爻《かう》にあるときは門戸《もんこ》の邊《へん》にあるか○用神《ようしん》が五爻《かう》にあるときは道路《だうろ》を尋《たづ》ぬべし○用神《ようしん》が上爻《じやうかう》にあるときは棟梁《はり》の上《うへ》などにある。

因《ちなみ》に、右《みぎ》二段《だん》に於《お》ける五行《ぎやう》の分屬《ぶんぞく》、六爻《かう》の位《くらゐ》を以《もつ》て大略《たいりやく》を述《の》べたが、其《そ》の詳細《しやうさい》なることは後段《こうだん》に於《お》ける家《か》宅逃亡《たくたうばう》等の諸條《しよでう》を合《あは》せ考《かんが》へて活斷《くわつだん》すべきであつて、徒《いたづ》らに拘《かゝ》はるべきでない、尚《な》ほ下段《げだん》の伏藏《ふくざう》を論《ろん》ずる所《ところ》も又同様《またどうやう》である。

◎用神《ようしん》が伏藏《ふくざう》して動爻又《どうかうまた》は日辰《につしん》の暗冲《あんちう》にあふときは、若《も》し官鬼《くわんき》が安靜《あんせい》なれば盗《ぬす》まれたのではなくて人《ひと》に置所《おきどころ》を換《か》へられたのである○用神《ようしん》が應爻《おうかう》の下《もと》に伏藏《ふくざう》し、或《あるひ》は應爻《おうかう》につきて世爻《せいかう》に合《がつ》し、その上官《うへくわん》鬼《き》空亡《くうばう》又《また》は伏藏《ふくざう》又《また》は死絶安靜《しぜつあんせい》なれば、自《みづか》ら人《ひと》に假《か》したるを忘《わす》れたるにて盗《ぬす》まれたのではない○用神《ようしん》が子孫《しそん》の下《もと》に伏藏《ふくざう》するときは、寺院《じゐん》又《また》は卑幼《ひえう》の者《もの》の所《ところ》にあり○用神《ようしん》が父母《ふぼ》の下《もと》に伏藏《ふくざう》するときは、座敷《ざしき》又《また》は尊長《そんちやう》の所《ところ》にあり、或《あるひ》は合《がふ》あるは衣服簞笥《いふくたんす》又《また》は書物箱《しよもつはこ》などの内《うち》にあり、合《がふ》なきは衣服書物《いふくしよもつ》などの内《うち》にあり○用神《ようしん》が兄弟《けいてい》の下《もと》に伏藏《ふくざう》するときは、本宮《ほんきう》は兄弟從兄弟《けいていいとこ》の所《ところ》、他宮《たきう》は朋友同學同役《ほういうどうがくどうやく》などの所《ところ》にあり○用神《ようしん》が官鬼《くわんき》の下《もと》に伏藏《ふくざう》するときは、貴人《きじん》又《また》は寺院《じゐん》などの所《ところ》にある。

◎官鬼《くわんき》の發動《はつどう》するときは人《ひと》に盗《ぬす》まるゝとする○官鬼《くわんき》が旺相發動《わうしやうはつどう》して世爻《せいかう》を刑尅《けいこく》するときは、盗人《ぬすびと》を捕《とら》へんとして却《かへ》つて害《がい》を受《う》くることがある○官鬼《くわんき》が陽《やう》なるは男《をとこ》が盗《ぬす》み、陰《いん》に屬《ぞく》するは女《をんな》が盗《ぬす》む○官鬼《くわんき》が陰爻《いんかう》にして化《くわ》して陽爻《やうかう》となるときは女《をんな》が盗《ぬす》みて男《をとこ》に渡《わた》し、陽爻《やうかう》が化《くわ》して陰爻《いんかう》となるときは男《をとこ》が盗《ぬす》みて女《をんな》に渡《わた》すとする○官鬼《くわんき》が生旺《しやうわう》するときは壯年《さうねん》の人《ひと》、墓絶《ぼぜつ》にあふは老年《らうねん》の人《ひと》、胎養《たいやう》にあふときは小兒《こども》とし、刑害《けいがい》を帶《お》ぶるときは病人《びやうにん》が盗《ぬす》むとする○官鬼《くわんき》が本宮《ほんきう》の内卦《ないくわ》にあるときは家内《かない》の人《ひと》が盗《ぬす》み、他宮《たきう》の内卦《ないくわ》にあるときは借地借家《しやくちしやくや》などの人《ひと》、又《また》は家内《かない》に居《ゐ》る他人《たにん》が盗《ぬす》むとする○官鬼《くわんき》が日辰《につしん》の合《がふ》にあふときは、盗人《ぬすひと》を隱《かく》し置《お》く者《もの》があつて見出《みだ》し難《がた》い◎官鬼《くわんき》が日辰《につしん》又《また》は動爻《どうかう》の刑尅《けいこく》にあふときは、盗人《ぬすびと》は其時《そのとき》に當《あた》りて驚《おどろ》き迷《まよ》ふことなどあるから、あはよくば捕《とら》へられる○官鬼《くわんき》が月建《げつけん》を持《ち》するときは强盗《がうたう》である

○官鬼《くわんき》が太歳《たいさい》を持《ぢ》するときは、徒《と》黨子《たうこ》方《かた》のある盗人《ぬすびと》である○官鬼《くわんき》が氣《き》なく又死絶《またしぜつ》にあふて動爻日辰《どうかうにつしん》の助《たす》けにあふときは、豫《かね》て慣《な》れたる盗人《ぬすびと》とする○官鬼《くわんき》が墓《ぼ》に入《い》り又《また》は化《くわ》して墓《ぼ》に入《い》り、又《また》は墓下《ぼか》に伏藏《ふくざう》するときは、其《そ》の盗人《ぬすびと》は深《ふか》く隱《かく》れて捕《とら》へ難《がた》い、若《も》し動爻《どうかう》が日辰墓《につしんぼ》を冲《ちう》するときは捕《とら》へることが出來《でき》る

○官鬼《くわんき》が凡《すべ》て冲《ちう》にあふときは、盗人《ぬすびと》の居《ゐ》る所《ところ》を敎《をし》へる者《もの》がある○世爻《せいかう》が發動《はつどう》して官鬼《くわんき》を冲《ちう》するときは我《わ》れ覺《さと》りて發見《はつけん》する○應爻《おうかう》が官鬼《くわんき》を冲《ちう》するときは他人《たにん》が發見《はつけん》することがある、他《た》の爻《かう》が發動《はつどう》して官鬼《くわんき》を冲《ちう》するも又同《またおな》じである○官鬼《くわんき》が化《くわ》して子孫《しそん》となり、子孫《しそん》が化《くわ》して官鬼《くわんき》となるは、僧《そう》などの入《い》り交《まじ》ることがある○官鬼《くわんき》が兩爻《りやうかう》あるときは盗人《ぬすびと》は一人《ひとり》でない、兩爻《りやうかう》ともに發動《はつどう》するときは、内《うち》に手引《てび》きする者《もの》のあることがある、内卦《ないくわ》の官鬼《くわんき》が發動《はつどう》して外卦《ぐわいくわ》の官鬼《くわんき》が安靜《あんせい》なるときは、家内《かない》の人《ひと》が盗《ぬす》みて外人《ぐわいじん》に渡《わた》す、外卦《ぐわいくわ》の官鬼《くわんき》が發動《はつどう》して内卦《ないくわ》の官鬼《くわんき》が安靜《あんせい》なるときは、家内《かない》の人《ひと》で其事《そのこと》に加《くは》はる者《もの》がある○卦中《くわちう》に官鬼《くわんき》なく、或《あるひ》は官鬼《くわんき》が空亡《くうはう》にあひ、或《あるひ》は官鬼《くわんき》が衰絶安靜《すゐぜつあんせい》なるときは、多《おほ》くは自《みづか》ら忘《わす》れたのであって盗《ぬす》まれたのではない○卦中《くわちう》に官鬼《くわんき》なく又《また》は空亡《くうはう》にあふて世爻《せいかう》の發動《はつどう》するは自《みづか》ら忘《わす》れたるものとす○盗人《ぬすびと》を捕《とら》へることを占《うらな》ふに、卦中《くわちう》に官鬼《くわんき》なきときは盗人《ぬすびと》は隱《かく》れて見《み》えず、何《いづ》れの所《ところ》に伏藏《ふくざう》すると云《い》ふことを察《さつ》して其《そ》の在所《ありか》を知《し》るべきである、若《も》し變爻《へんかう》に官鬼《くわんき》があれば伏藏《ふくざう》の爻《かう》を問《と》はない、例《たと》へば妻財《さいざい》の下《もと》に伏藏《ふくざう》するは婦人妻妾奴僕《ふじんさいせふどぼく》の所《ところ》にありとするの類《るゐ》、尙《な》ほ前《まへ》の失物用神伏藏《うせものようしんふくざう》の一段《だん》を合《あは》せて考《かんが》ふべし

○官鬼《くわんき》が世爻《せいかう》を刑冲《けいちう》するときは、其《そ》の盗人《ねすびと》は我《われ》と仲惡《なかわる》き者《もの》とする、生合《しやうがふ》する場合《ばあひ》は親《した》しき人《ひと》とする○官鬼《くわんき》が世爻《せいかう》の下《もと》に伏藏《ふくざう》して飛神《ひしん》を剋《こく》するときは、人《ひと》に匿《かく》されて捕《とら》へ難《がた》い、若《も》し世爻《せいかう》より其《そ》の伏藏《ふくざう》した る官鬼《くわんき》を剋《こく》するときは捕《とら》へることが出來《でき》る○官鬼《くわんき》が空亡《くうばう》の爻《かう》の下《もと》に伏藏《ふくざう》するときは、其《そ》の盗人《ねすびと》は借家《しやくや》して居《を》りて人《ひと》の隱《かく》すのではないから、後《のち》には發見《はつけん》される。

◎官鬼《くわんき》が木《き》に屬《ぞく》するときは、其《そ》の盗人《ねすびと》は土塀《どべい》を越《こ》え又《また》は土穴《つちあな》を潜《くゞ》りて入《い》る、即《すなは》ち木剋土《もくこくど》であるからである○官鬼《くわんき》が火《ひ》に屬《ぞく》するときは、錠《ぢやう》を破《やぶ》り掛金《かけがね》を外《はづ》す○官鬼《くわんき》が土《つち》に屬《ぞく》するときは、堀《ほり》を越《こ》え河《かは》などを渡《わた》る○官鬼《くわんき》が金《きん》に屬《ぞく》するときは、板塀《いたべい》を越《こ》え竹木《ちくぼく》の籬《まがき》を破《やぶ》る○官鬼《くわんき》が水《みづ》に屬《ぞく》するときは、燈《あかり》を消《け》し水《みづ》を注《そゝ》ぐ○官鬼《くわんき》が木《き》に屬《ぞく》して火爻《くわかう》に化《くわ》し、火《ひ》に屬《ぞく》して木爻《もくかう》に屬《ぞく》するときは、燈《あかり》を提《さ》げ棒《ぼう》を持《も》ち來《きた》ることなどある。

◎盗人《ねすびと》が何方《どちら》の者《もの》かと云《い》ふことを知《し》るには、八卦《くわ》の方位《はうゐ》を以《もつ》て推《すゐ》すべきであつて、例《たと》へば官鬼《くわんき》が乾《けん》宮《きう》にあるときは西北方《せいほくはう》の人《ひと》とするの類《るゐ》である。

◎盗人《ねすびと》の容貌《ようばう》を知《し》るには、六神《しん》の形體性情《けいたいせいじやう》を以《もつ》て考《かんが》ふべきであつて、例《たと》へば官鬼《くわんき》が螣蛇《とうだ》を帶《お》ぶるときは、長高《たけたか》く瘦《や》せたるとし、白虎《びやくこ》を帶《お》ぶるときは肥《こ》えたるとするの類《るゐ》の如《ごと》し。

◎盗人《ねすびと》が何《いつ》れの所《ところ》より忍《しの》び入《い》りたるかを知《し》るには、官鬼《くわんき》を剋《こく》する所《ところ》の六爻《かう》の位《くらゐ》を以《もつ》て分《わか》つのである即《なは》ち初爻《しよかう》を剋《こく》するは門《もん》を越《こ》えて入《い》るとし、上爻《じやうかう》を剋《こく》するは垣《かき》を越《こ》えて入《い》るの類《るゐ》である。

右《みぎ》二項《こう》は養人家《やうじんか》宅《たく》失物《うせもの》等《とう》の諸條《しよでう》を合《あは》せ考《かんが》ふべし。

◎子孫《しそん》が發動《はつどう》するときは盜人《ねすびと》を發見《はつけん》することがある○子孫《しそん》が應相發動《わうしやうはつどう》するか、又《また》は世爻《せいかう》につくか、又《また》は日月《じつげつ》を持《ぢ》するときは盜人《ねすびと》を捕《とら》へられる、其時《そのとき》は强惡《きやうあく》の屬《ぞく》でも恐《おそ》るゝには足《た》らない○子孫《しそん》が子《ね》の爻《かう》なれば海川《うみかは》の獵師《れふし》又《また》は科頭《くわとう》の人《ひと》（笠《かさ》も冠《かんむり》も帽子《はうし》も被《かぶ》らずして頭《あたま》を現《あら》はす人《ひと》）などが見付《みつ》けることがある○子孫《しそん》が丑《うし》なれば、牛飼《うしかひ》牛引《うしひき》又《また》は胴突人足《どうつきにんそく》左官《さくわん》などが見付《みつ》けることがある○子孫《しそん》が寅《とら》の爻《かう》なれば、大工《だいく》又《また》は材木屋《ざいもくや》などの類《るゐ》が見付《みつ》けることがある○子孫《しそん》が卯《う》の爻《かう》なれば、莫蓙《ござ》織《おり》草履《ざうり》作《つく》り又《また》は木挽《こびき》草刈《くさかつ》或《あるひ》は荒物賣《あらものうり》などが見付《みつ》けることがある○子孫《しそん》が辰《たつ》の爻《かう》なれば、井土《ゐど》堀堀浚《ほり〱さら》へ畑《はた》ほりなどが見付《みつ》けることがある○子孫《しそん》が巳《み》の爻《かう》なれば、針師《はりし》の女《をんな》或《あるひ》は蛇使《へびつか》ひなどが見付《みつ》けることがある○子孫《しそん》が午《うま》の爻《かう》なれば、瓦燒提燈屋《かはらやきてうちんや》又《また》は馬乘《うまのり》馬口勞《はくらう》などが見付《みつ》けることがある○子孫《しそん》が未《ひつじ》の爻《かう》なれば、灰問屋《はひどひや》又《また》は耕作人《かうさくにん》などが見付《みつ》けることがある○子孫《しそん》が申《さる》の爻《かう》なれば、鍛冶《かぢ》飾《かざ》り職《しよく》又《また》は猿廻《さるまは》しなどが見付《みつ》けることがある○子孫《しそん》が酉《とり》の爻《かう》なれば、仕立屋《したてや》又《また》は酒屋《さかや》酒呑《さけのみ》などが見付《みつ》けることがある○子孫《しそん》が戌《いね》の爻《かう》なれば、土堀《つちほ》り又《また》は狗引《いぬひき》などが見付《みつ》けることがある○子孫《しそん》が亥《ゐ》の爻《かう》なれば、水汲《みづくみ》又《また》は洗濯《せんたく》する者《もの》、又《また》は湯屋《ゆや》へ往來《わうらい》の人《ひと》などが見付《みつ》けることがある。

◎兄弟《けいてい》が發動《はつどう》するときは、妻財《さいぐ》を用神《ようしん》とする類《るゐ》の物《もの》は散亂《さんらん》して尋《たづ》ね難《がた》い。
◎妻財《さいぐ》が發動《はつどう》するときは、其《そ》の墓爻《ほかう》のある所《ところ》を盗《ぬす》みたる物《もの》を隠《かく》し置《お》きたる所《ところ》とする、例《たと》へば午《うま》の妻《さい》財《い》なれば戌《いぬ》の方《かた》にありと知《し》るの類《るゐ》である。
◎盗人《ぬすびと》の用心《ようしん》を豫《かね》て占《うらな》ふには、官鬼《くわんき》休囚《きうしう》安靜《あんせい》或《あるひ》は日辰《につしん》沖散《ちうさん》或《あるひ》は子《し》孫發動《そんはつどう》するは吉《きち》である、若《も》し官鬼《くわんき》を制《せい》するものなく、發動《はつどう》して世爻《せいかう》を尅《こく》するときは凶《きよう》である、若《も》し官鬼《くわんき》が世爻《せいかう》の下《もと》に伏藏《ふくざう》するときは、目前《もくぜん》は無事《ぶじ》であるけれども、官鬼《くわんき》が提拔《ていはつ》の時《とき》に至《いた》りて其難《そのなん》がある。

第九十一章　逃亡の占法

逃亡《たうばう》の占法《せんぱふ》に於《おい》ては、五類世應《るゐせいおう》を以《もつ》て用神《ようしん》とし、父母《ふぼ》を以《もつ》て音信《おんしん》とし、其他《そのた》は皆通常《みなつうじやう》の法《はふ》と異《こと》なることはない。
◎用神《ようしん》が發動《はつどう》するときは、其屬《そのぞく》する爻《かう》を以《もつ》て向《むか》ふ所《ところ》の方角《はうがく》とし、變《へん》ずる爻《かう》を以《もつ》て轉《てん》じたる方角《はうがく》とする、例《たと》へば用神《ようしん》が午《うま》であつて、化《くわ》して寅《とら》となるときは、始《はじ》めは正南《せいなん》に赴《おもむ》きて、それより東北《とうほく》に轉《てん》ずるとするの類《るゐ》である○用神《ようしん》の發動《につどう》するときは、其人《そのひと》は一所《ひとつところ》に止《とゞ》まつて居《ゐ》ないから尋《たづ》ぬるに容易《ようい》でない○用神《ようしん》が安靜《あんぜい》なるときは尋《たづ》ね易《やす》い○用神《ようしん》が退神《たいしん》に化《くわ》するときは捕《とら》へ難《がた》い、若《も》し世爻《せいかう》又《また》は日辰動爻《につしんどうかう》の制尅《せいこく》にあふ時《とき》は捕《とら》へられる、けれども久《ひさ》しからずして後《のち》に逃《に》げる○用神《ようしん》が尅《こく》にあふときは押《おさ》へ止《とゞ》めらるゝことがある○用神《ようしん》が日辰又《につしんまた》は動爻《どうかう》の制尅《せいこく》にあふときは捕《とら》へられる、若《も》し變出《へんしゆつ》したる爻《かう》より用神《ようしん》を生合《しやうがふ》ずるときは、捕《とら》へて後《のち》に又逃《またのが》るゝことがある○用神《ようしん》が冲《ちう》にあふ時《とき》は人《ひと》に止《とゞ》めらるゝことがある○用神《ようしん》が日辰又《につしんまた》は動爻《どうかう》の冲《ちう》にあふ時《とき》は、家内《かない》に其事《そのこと》を知《し》りて逃《のが》れしむる者《もの》のあることがある、其人《そのひと》は又《また》五類《るゐ》を以《もつ》て察《さつ》すべきである○用神《ようしん》が日辰《につしん》を持《ぢ》し、又《また》は日辰《につしん》の生扶《しやうふ》あるときは同伴《どうはん》のあることがある○用神《ようしん》が日辰又《につしんまた》は動爻《どうかう》の合《がふ》にあふときは隱《かく》し置《お》く者《もの》がある、其人《そのひと》を知《し》らんとするならば五類《るゐ》を以《もつ》て考《かんが》ふべきであつて、例《たと》へば合爻《がふかう》が父母《ふぼ》なれば尊長《そんちやう》とし、兄弟《けいてい》なれば朋友《ほういう》とするの類《るゐ》である○用神《ようしん》が發動《はつどう》して本《ほん》宮《きう》の妻財《さいざい》と合《がつ》するときは婦人《ふじん》を誘《さそ》ふて去《さ》る、若《も》し妻財《さいざい》が世爻《せいかう》の下《もと》に伏藏《ふくざう》するときは占《うらな》ふ人《ひと》の妻妾《さいせふ》とし應爻《おうかう》の下《もと》に伏藏《ふくざう》するときは他人《たにん》の妻妾《さいせふ》である○用神《ようしん》が休囚《きうしう》して死絶《しぜつ》に遇《あ》ふ時《とき》は墓所《ほしよ》の近邊《きんぺん》に居《ゐ》ることがある○用神《ようしん》が若《も》し辰戌丑未《たついぬうしひつじ》の四墓爻《ほかう》にあふ時《とき》は、辰戌丑未《たついぬうしひつじ》の方《かた》とは斷《だん》じないで五行《ぎやう》の分屬《ぶんぞく》を以《もつ》て方《はう》位《ゐ》を斷《だん》ずるのである、例《たと》へば辰《たつ》なれば亥子《ゐね》の方《かた》とし(辰《たつ》は水《みづ》の墓《ほ》なるが故《ゆゑ》なり)、戌《いぬ》なれば巳午《みうま》の方《かた》(戌《いぬ》は火《ひ》の墓《ほ》なるが故《ゆゑ》なり)とするの類《るゐ》である○用神《ようしん》が鬼墓《きほ》を持《ぢ》して發動《はつどう》するときは、寺院堂社《じゐんだうしや》などに隱《かく》れてゐる○用神《ようしん》が上爻《じやうかう》にあるときは遠《とほ》く去《さ》る○用神《ようしん》が本宮《ほんきう》の内卦《ないくわ》にあるときは其所《そこ》に居《ゐ》る、外卦《ぐわいくわ》にあるときは其國内《そのこくない》の別所《べつしよ》に居《ゐ》る、若し他宮《たきう》の内卦《ないくわ》にあるときは他國界《たこくかい》に居《ゐ》る、外卦《ぐわいくわ》にあるときは他國《たこく》へ出《で》る○用神《ようしん》が空亡《くうはう》に値《あ》ふ時《とき》は居所《きよしよ》は知《し》れない○用神《ようしん》が刑尅冲害《けいこくちうがい》に遇《あ》はず、又世爻《またせいかう》を生合《しやうがふ》することなく又世爻《またせいかう》より用神《ようしん》を尅《こく》するときは、逃《のが》れたる者《もの》は歸《かへ》る心《こゝろ》なく、尋《たづ》ぬる者《もの》も發見《はつけん》が出來《でき》ない、つまり一たび去《さ》りて歸《かへ》らざるの象《かたち》である。

◎用神《ようしん》が木《き》に屬《ぞく》して震宮《しんきう》にあるときは東都或《とうとあるひ》は西都《せいと》などへ行《ゆ》くとする○用神《ようしん》が木《き》に屬《ぞく》して坎宮《かんきう》にありて發動《はつどう》するときは舟《ふね》に乘《の》りて去《さ》る、木爻《もくかう》が水《みづ》に化《くわ》し水爻《すゐかう》が木《き》に化《くわ》し或《あるひ》は水爻《すゐかう》が本宮《ほんきう》にありて發動《はつどう》するも亦同《またおな》じである○用神《ようしん》が金《きん》に屬《ぞく》して兌宮《だきう》にあるときは寺院《じゐん》などに居《を》る。

右《みぎ》は用神《ようしん》ある所《ところ》の八卦《くわ》五行《ぎやう》を以《もつ》て一二を擧《あ》げたのであるが、詳細《しやうさい》は前《まへ》に述《の》べたる卦象《くわしやう》爻象《かうしやう》等《とう》を參《さん》照《せう》して推考《すゐかう》すべきである。

◎用神《ようしん》が伏藏《ふくざう》するときは、其《そ》の飛爻《ひかう》を以《もつ》て隱《かく》るゝ所《ところ》とする○用神《ようしん》が官鬼《くわんき》の下《もと》に伏藏《ふくざう》するときは御《お》倉《くら》場《は》の邊《へん》に居《を》る、若《も》し官鬼《くわんき》が旺相《わうしやう》して月建《げつけん》を持《ぢ》するときは大官大祿《たいくわんたいろく》の家《いへ》、休囚氣《きうしうき》なきは少官少祿《せうくわんせうろく》の家《いへ》に居《を》る○用神《ようしん》が父母《ふぼ》の下《もと》に伏藏《ふくざう》するときは伯叔《をぢ》父母《ふぼ》などの所《ところ》、或《あるひ》は藝人《げいにん》などの所《ところ》に居《を》る○用神《ようしん》が兄弟《けいてい》の下《もと》に伏藏《ふくざう》するときは兄弟朋友《けいていほういう》などの所《ところ》に居《を》る○用神《ようしん》が妻財《さいざい》の下《もと》に伏藏《ふくざう》するときは妻妾奴《さいせふど》僕《ぼく》すべての陰《かげ》人《ひと》の所《ところ》に居《を》る○用神《ようしん》が子孫《しそん》の下《もと》に伏藏《ふくざう》するときは卑《ひ》者幼者又《しやえうしやまた》は寺院《じゐん》などの邊《へん》に居《を》る○用神《ようしん》が四墓爻《ほかう》(辰戌丑未《たついぬうしひつじ》)の下《もと》に伏藏《ふくざう》するときは、官鬼《くわんき》の墓《ほ》は寺院堂社《じゐんだうしや》の邊《へん》に居《を》るとし、妻財《さいざい》の墓《ほ》は倉場《くらは》又《また》は富家《ふうか》などに居《を》るとする。

◎世爻《せいかう》が用神《ようしん》を持《ぢ》し又《また》は用神《ようしん》に合《がつ》し又《また》は用神《ようしん》の生《しやう》にあふときは、其人《そのひと》は後日《ごじつ》に歸《かへ》る程《ほど》であるから尋《たづ》ねることも容易《ようい》である○世《せ》爻《かう》が用神《ようしん》を尅《こく》するときは、其人《そのひと》は遠方《ゑんぱう》へ去《さ》るけれども捕《とら》へ易《やす》い○世爻《せいかう》が用《よう》神《しん》の尅《こく》にあふ時《とき》は尋《たづ》ね難《がた》い○世爻《せいかう》が用神《ようしん》の尅《こく》にあふときは、冲《ちう》にあふと雖《いへど》も不圖《ふと》遇《あ》ふだけであつて捕《とら》へることは出來《でき》ない○世爻《せいかう》が月建日辰動爻變爻等《げつけんにつしんどうかうへんかうとう》の冲尅《ちうこく》に値《あ》ふときは、其人《そのひと》を捕《とら》へんとして却《かへ》つて害《がい》に遇《あ》ふことがある○世爻《せいかう》が兄弟《けいてい》を持《ぢ》して發動《はつどう》するときは、尋《たづ》ぬるに金錢《きんせん》を費《つひや》すことがある○世爻《せいかう》が空《くう》亡《ばう》にあふときは尋《たづ》ぬる心《こゝろ》なきか、又《また》は尋《たづ》ぬるとも行届《ゆきとゞ》かない○世應《せいおう》ともに空亡《くうばう》にあふときは、尋《たづ》ぬべき所《ところ》がなくて歸《かへ》ることがある、若《も》し兄弟《けいてい》が獨發《どくはつ》すれば僞《いつは》りあることがあるから、尋《たづ》ねても發見《はつけん》し難《がた》い。

◎變出《へんしゆつ》の卦《くわ》が同宮《どうきう》の卦《くわ》に化《くわ》する（例《たと》へば乾《けん》の卦《くわ》が變《へん》じて姤遯否觀剝《こうとんひくわんはく》の卦《くわ》となるの類《るゐ》）ときは、其所《そこ》にありて遠《とほ》くへは去《さ》らぬ○歸魂《きこん》の卦《くわ》は其人《そのひと》に歸《かへ》る心《こゝろ》がある、若《も》し世爻《せいかう》を生合《しやうがふ》するときは自《みづか》ら歸《かへ》ることがある、又《また》尋《たづ》ねても發見《はつけん》し易《やす》い○幽魂《いうこん》の卦《くわ》は其人《そのひと》に歸《かへ》る心《こゝろ》がない、若《も》し用神《ようしん》が發動《はつどう》するときは尋《たづ》ねても分《わか》らない○用神《ようしん》が他《た》宮《きう》にありて又《また》他《た》宮《きう》に變《へん》ずるときは、遠《とほ》く去《さ》りて又他《また》へ轉《てん》ずるとする。

◎彼《かれ》の所居《ところゐ》るかと心付《こゝろづ》く所《ところ》がありて占《うらな》ふには、世應《せいおう》が生合比和《しやうがふひわ》して用神出現《ようしんしゆつげん》し、空《くう》亡《う》に遇《あ》はざれば必《かなら》ず其所《そこ》に居《ゐ》る。

◎父母《ふほ》が發動《はつどう》して世《せい》を生《しやう》じ世《せい》に合《がつ》するときは音信《おんしん》がある○父母《ふほ》が發動《はつどう》して官鬼《くわんき》となるか、官鬼《くわんき》が發《はつ》動《どう》して父母《ふほ》となるか、又《また》は官鬼父母《くわんきふほ》ともに發動《はつどう》するときは、官《くわん》に訴《うつた》へ出《で》て役人《やくにん》の尋《たづ》ねにて捕《とら》へるが宜《よ》い○父《ふ》母《ほ》が空亡《くうばう》にあふときは絶《たえ》て音信《おんしん》はない。

◎逃《のが》るゝ者《もの》が自《みづか》ら占《うらな》ふに、子《し》孫《そん》が世爻《せいかう》又《また》は卦身《くわしん》につくときは、如何《いか》なる事《こと》があらうとも障《さはり》はない○逃《のが》るゝを占《うらな》ふに、日辰《につしん》が世爻《せいかう》を生合《しやうがふ》するときは世話《せわ》する人《ひと》がある○逃《のが》るゝを占《うらな》ふに、世爻《せいかう》が墓《ほ》に入《い》るときは押《おさ》へ止《と》められて恥《はぢ》を受《う》くることがある、然《しか》らずば出《い》でゝ後《のち》に病《やまひ》あるか○動爻《どうかう》が玄武《げんぶ》を帯《お》び旺相《わうしやう》して世爻《せいかう》を尅《こく》するときは、唆《そゝの》かし欺《あざむ》きて强請《ゆす》り貪《むさぼ》る人《ひと》あることを用心《ようじん》しなければならぬ。

第九十二章　避害の占法

不意《ふい》に一揆《き》徒《と》黨《たう》の類《るゐ》などが起《おこ》り或《あるひ》は兵亂《へいらん》が發《はつ》して亂暴狼藉《らんはうらうぜき》の虞《おそれ》がありて之《これ》を避《さ》くる方法《はうはふ》を占《うらな》ふには前述《ぜんじゆつ》せる尋常《しんじやう》出行《しゆつぎやう》の場合《ばあひ》に於《お》ける避害《ひがい》の占法《せんぱふ》と同《ごう》一ではないとは云《い》ふものゝ、其《そ》の大要《たいえう》は官鬼《くわんき》の方《かた》、官鬼《くわんき》の尅《こく》する所《ところ》の方《はう》に往《ゆ》くことを忌《い》み、子《し》孫《そん》の方又《かたまた》は我《われ》を生《しやう》ずるの方《はう》に避《さ》くるを吉《きち》とする。

◎官鬼《くわんき》のある卦宮《くわきう》の方位《はうゐ》は賊《ぞく》のある所《ところ》で、子《し》孫《そん》のある方位《はうゐ》は賊《ぞく》の來《きた》らざる方位《はうゐ》とする○官鬼《くわんき》が旺相《わうしやう》發動《はつどう》するときは、亂賊《らんぞく》の勢《いきほひ》は甚《はなは》だ盛《さか》んなりとし、休囚安靜《きうしうあんせい》なるときは弱《よわ》しとする、若《も》し日辰動爻《につしんどうかう》が官《くわん》鬼《き》を制《せい》するときは凡《すべ》て無事《ぶじ》である〇亂兵《らんぺい》が我地方《わがちはう》に來《きた》るや否《いな》やを占《うらな》ふは、官鬼《くわんき》が本宮《ほんきう》の內卦《ないくわ》にありて發動《はつどう》するときは必《かなら》ず來《きた》る、他宮《たきう》の外卦《ぐわいくわ》にあるときは來《きた》らない、若《も》し世爻《せいかう》につき內卦《ないくわ》にある時《とき》は我家《わがや》の內《うち》に來《きた》る、外卦《ぐわいくわ》にありて應爻《おうかう》につくときは我家《わがや》には入《はい》らない、卦身《くわしん》に官鬼《くわんき》を帶《お》ぶるも亦來《またきた》るとする、官鬼《くわんき》が發動《はつどう》して退神《たいしん》に化《くわ》するときは他所《よそ》へ行《ゆ》く、進神《しんく》に化《くわ》するときは速《すみやか》に來《きた》るから早《はや》く避《さ》けねばならぬ。

◎內卦《ないくわ》を家《いへ》とする、官鬼《くわんき》が內卦《ないくわ》にありて發動《はつどう》するときは家《いへ》に居《ゐ》てはならぬ、外卦《ぐわいくわ》を路上《ろじやう》とする、官《くわん》鬼《き》が外卦《ぐわいくわ》にありて發動《はつどう》するときは、外《そと》に出《で》て賊《ぞく》に逢《あ》うとする〇官鬼《くわんき》が發動《はつどう》するとも世爻《せいかう》を刑冲尅害《けいちうこくがい》せざれば禍《わざはひ》に逢《あ》はない、若《も》し刑冲尅害《けいちうこくがい》するときは逃《のが》れ難《がた》い〇官鬼《くわんき》が發動《はつどう》して世爻《せかう》を刑冲尅害《けいちうこくがい》するとも、日辰發動《につしんどうかう》より官鬼《くわんき》を冲尅《ちうこく》する時《とき》は救《すく》ふことがある〇官鬼《くわんき》が發動《はつどう》すといへども、化《くわ》して死墓空絶《しぼくうぜつ》に入《い》る時《とき》は凶《きよう》である、併《しか》し大禍《たいくわ》はない〇月建日辰《げつけんにつしん》が官鬼《くわんき》を帶《お》ぶる世爻《せいかう》を刑冲尅害《けいちうこくがい》するときは、卦中《くわちう》に官鬼《くわんき》なしと雖《いへど》も禍《わざはひ》を免《まぬが》れない〇官鬼《くわんき》が發動《はつどう》して世爻《せいかう》を傷害《しやうがい》すといへども、妻財《さいざい》が發動《はつどう》して世爻《せいかう》を傷《そこな》ふときは、財物《ざいぶつ》を貪《むさぼ》るによりて禍《わざはひ》となることがある〇官鬼《くわんき》が發動《はつどう》して世爻《せいかう》を刑尅《けいこく》し妻財《さいざい》に合《がつ》するときは、其身《そのみ》は捕《とら》はれ妻妾《さいせふ》は汚《けが》さるゝことがある、その上《うへ》妻財《さいざい》が化《くわ》して兄弟《けいてい》となるときは許《ゆる》されて歸《かへ》ることは成《な》り難《がた》い〇官鬼《くわんき》が世《せい》につくときは隱《かく》れても逃《のが》れ難《がた》い、賊《ぞく》に捕《とら》へられたる時《とき》に占《うらな》ふには、逃《のが》れ歸《かへ》ることが出來《でき》ないとする、官鬼《くわんき》が火《ひ》に屬《ぞく》し、發動《はつどう》して世爻《せいかう》を尅《こく》するときは火《ひ》の禍《わざはひ》に遇《あ》ふ、水《みづ》に屬《ぞく》するときは水《ろう》の禍《わざはひ》に遇《あ》ふ○官鬼《くわんき》が發動《はつどう》するときは、日辰《につしん》又《また》は動爻《どうかう》でなくとも其冲尅《そのちうこく》を受《う》くる者《もの》は安隱《あんおん》でない、若し妻財《さいぐ》を冲《ちう》する時《とき》は婦女《ふぢよ》が散失《さんしつ》する、子孫《しそん》を冲《ちう》するときは小兒《せうに》が離《はな》れ迷《まよ》ふの類《るゐ》である○木爻《もくかう》の官鬼《くわんき》は藪叢《やぶくさむら》の中《なか》、火爻《くわかう》の官鬼《くわんき》は炭燒竈瓦燒場《すみやきかまどかはらやきば》鍛冶《かぢ》鑄物師《ゐものし》の所《ところ》、金爻《きんかう》の官鬼《くわんき》は寺院《じゐん》、水爻《すゐかう》の官鬼《くわんき》は船《ふね》の中《なか》などの類《るゐ》は皆宜《みなよろ》しくない○官鬼《くわんき》が發動《はつどう》して子孫《しそん》に化《くわ》し、又《また》は子孫妻財《しそんさいぐ》が發動《はつどう》して世爻《せいかう》を生合《しやうがふ》する時《とき》は、禍《わざはひ》によりて却《かへ》つて福《ふく》を受《う》くることがある○兄弟《けいてい》が化《くわ》して官鬼《くわんき》となるときは、騷動《さうどう》によりて近所《きんじよ》の者《もの》など劫掠《かふりやく》することがある、斯樣《かやう》な者《もの》は眞賊《しんぞく》ではない、兄弟《けいてい》が內卦《ないくわ》にあれば近隣《きんりん》、外卦《ぐわいくわ》にあれば遠方《ゑんぱう》の人《ひと》である○妻財《さいぐ》が化《くわ》して官鬼《くわんき》となる時《とき》は、騷動《さうどう》によりて奴僕《どぼく》などが物《もの》を盜《ぬす》んで隱《かく》すことがある、若《も》し外卦《ぐわいくわ》にあるときは近邊《きんぺん》の婦女等《ふぢよら》とす○官鬼《くわんき》が衰弱《すゐじやく》すと雖《いへど》も、妻財《さいざい》が發動《はつどう》して助《たす》くるときは、財物《ざいぶつ》を貪《むさぼ》るによりて禍《わざはひ》を生《しやう》ずる、世爻《せいかう》を尅《こく》する時《とき》は己《おの》れとし、應爻《おうかう》は他人《たにん》とする○卦中《くわちう》に官鬼《くわんき》が兩爻《りやうかう》ありて、共《とも》に發動《はつどう》して世爻《せいかう》を尅《こく》するときは、四面《めん》より屬《ぞく》が來《きた》る○官鬼《くわんき》が眞空眞破《しんくうしんぱ》にあふときは禍《わざはひ》はない○官鬼《くわんき》が伏藏《ふくざう》するとも、動爻日辰《どうかうにつしん》より飛神《ひしん》を冲《ちう》する時《とき》は、伏神《ふくしん》が提拔《ていばつ》するから禍《わざはひ》がある○鬼墓《きぼ》の爻《かう》が發動《はつどう》して世爻《せいかう》を刑冲尅害《けいちうこくがい》し、又《また》は世爻《せいかう》を持《ぢ》するは、墓地《ぼち》などに隱《かく》れてはならぬ○子孫《しそん》が發動《はつどう》して我《われ》を生《しやう》ずる時《とき》は、亂暴《らんばう》があつても恐《おそ》るゝには足《た》らない○子孫《しそん》が發動《はつどう》するときは、其《そ》のある方《かた》を吉《きち》とする、若《も》し子《し》孫《そん》が安静《あんせい》にして官鬼《くわんき》が發動《はつどう》して官鬼《くわんき》を冲《ちう》する爻《かう》あるときは、其冲《そのちう》する方《かた》を吉《きち》とする、若《も》し子《し》孫《そん》が安静《あんせい》にして官鬼《くわんき》を冲《ちう》するの爻《かう》もなき時《とき》は、世《せい》を生《じやう》じ世《せい》を合《がつ》するの方《かた》を吉《きち》とする○子《し》孫《そん》が旺相發動《わうしやうはつどう》するときは吉《きち》である○子《し》孫《そん》が世《せい》につき安静《あんせい》なるは吉《きち》である、それが發動《はつどう》すれば大吉《だいきち》である○子《し》孫《そん》が日辰《につしん》又《また》は月《げつ》建《けん》を持《ぢ》すれば吉《きち》である○子《し》孫《そん》が化《くわ》して官鬼《くわんき》となるときは、救援《きうゑん》の爲《た》めの徒輩《とはい》が、騒動《さうどう》にかこつけて害《がい》をする○空亡《くうはう》にあふの爻《かう》は遺《ゐ》失脱落《しつだつらく》又《また》は不意《ふい》の禍《わざはひ》を戒《いまし》むべきである、乃《すなは》ち妻財《さいざい》が空亡《くうはう》に遇《あ》ふ時《とき》は財物《ざいぶつ》を脱落《だつらく》し、或《あるひ》は妻妾《さいせふ》に禍《わざはひ》あるの類《るゐ》であるから、他《た》の四類《るゐ》は推《お》して考《かんが》ふべきである○世爻卦身《せいかうくわしん》が空亡《くうはう》にあふときは吉《きち》である。

◎三合會局《がふくわいきよく》して官鬼《くわんき》をなす時《とき》は、四面《めん》に賊《ぞく》があつて避《さ》くることが出來《でき》ない○三合會局《がふくわいきよく》して兄弟《けいてい》をなす時《とき》は、身體《しんたい》は無事《ぶじ》であつても財物《ざいぶつ》は散亡《さんばう》する○三合會局《がふくわいきよく》して父母《ふぼ》をなすときは、小兒《せうに》を注意《ちうい》しなければならぬ○三合會局《がふくわいきよく》して妻財《さいぐ》をなして世爻《せいかう》を生合《しやうがふ》するときは、却《かへ》つて財物《さいぶつ》を得《う》るであらう、若《も》し世爻《せいかう》を刑尅《けいこく》するときは、父母《ふぼ》の屬《ぞく》が散失《さんしつ》することがある○三合會局《がふくわいきよく》して子孫《しそん》をなす時《とき》は吉《きち》である。

◎用神《ようしん》が冲尅《ちうこく》にあふときは禍《わざはひ》がある、けれども旺相生扶《わうしやうしやうふ》する時《とき》は身命《しんめい》を失《うしな》ふには至《いた》らない、若《も》し衰《すゐ》弱《じやく》にして絶《ぜつ》にあふときは一刻《こく》にして命《めい》を喪《うしな》ふとする○凡《すべ》て第《だい》五爻《かう》が發動《はつどう》する時《とき》は、四方《はう》に逃《のが》れ避《さ》けて安心《あんしん》することはない、その上日辰動爻《うへにつしんどうかう》より世爻《せいかう》を冲《ちう》する時《とき》は落付《おちつ》くべき所《ところ》がない○六爻《かう》が亂動《ごうらん》又《また》は六冲卦《ちうくわ》に遇《あ》ふ時《とき》は、眷屬《けんぞく》は銘々《めい〱》に逃《のが》れ散《ち》りて一所《しよ》に居《を》ることは出來《でき》ない。

◎すべて課役《くわやく》を免《のが》れ卦亂《くわらん》を避《さ》くるの類《るゐ》は、官鬼《くわんき》が世爻《せいかう》を傷《そこな》ひ又《また》は世爻《せいかう》を持《ぢ》するときは遁《のが》るゝことは出來《でき》ない、官鬼《くわんき》が空亡安靜絶《くうはうあんせいぜつ》にあふとも世下《せいか》に伏《ふく》するときは、後《のち》に至《いた》り時《とき》を得《え》て必《かなら》ず發《はつ》する○官邊《くわんぺん》の沙汰《さた》を占《うらな》ふに、官鬼《くわんき》が發動《はつどう》するとも日辰動爻《につしんどうかう》より冲《ちう》するときは、腹心《ふくしん》の友《とも》などありて救《すく》ひ助《たす》けて免《のが》れる○官鬼《くわんき》が化《くわ》して父母《ふぼ》となり、又《また》は父母《ふぼ》が化《くわ》して官鬼《くわんき》となりて世爻《せいかう》を刑尅《けいこく》するときは、官邊《くわんぺん》の沙汰等《さたとう》の占《うらなひ》には、召捕《めしと》らるゝことがある○官鬼《くわんき》が伏藏《ふくざう》して兄弟《けいてい》に其《そ》の飛爻《ひかう》を冲《ちう》せらるゝか、又《また》は兄弟《けいてい》が發動《はつどう》して冲《ちう》するときは、親族《しんぞく》の者《もの》などが我《わ》が居所《きよしよ》を穿鑿《せんさく》することがあつて逃《のが》れ難《がた》い○官鬼《くわんき》が安靜《あんせい》にして他《た》の動爻《どうかう》が世爻《せいかう》を刑《けい》するときは下役《したやく》の者《もの》などの所爲《しよゐ》とす、若《も》し兄弟《けいてい》に化《くわ》するときは財物《ざいぶつ》を許《ゆる》すとする○卦中《くわちう》に官鬼《くわんき》なきか又《また》は空亡《くうはう》にあふも免《まぬか》るべし○官鬼《くわんき》か應爻《おうかう》を傷《そこな》ふときは人《ひと》に難儀《なんぎ》を掛《か》けることがある月建日辰《げつけんにつしん》より應爻《おうかう》を傷《そこな》ふも亦同《またおな》じである○子孫《しそん》が世爻卦身《せいかうくわしん》につき、又《また》は月建日辰《げつけんにつしん》を持《ぢ》し又《また》は發動《はつどう》するときは、官鬼《くわんき》に遇《あ》ふとも妨《さまたげ》はない、空亡墓絶《くうはうぼぜつ》にあふは凶《きよう》である○兄弟《けいてい》が發動《はつどう》するときは費《つひえ》がある○世爻卦身《せいかうくわしん》が空亡《くうはう》にあふときは官鬼《くわんき》が發動《はつどう》するとも妨《さまたげ》はない○世爻《せいかう》又《また》は用神《ようしん》が旺相《わうしやう》して刑冲尅害《けいちうこくがい》に遇《あ》ふ時《とき》は、死絶空絶《しぜつくうぜつ》に化《くわ》せざるは吉《きち》である○六爻安靜《かうあんせい》にして官鬼《くわんき》の冲《ちう》なく併《へい》なきときは、凡《すべ》ての課役《くわやん》や災難《さいなん》を免《のが》れる。

第九十三章　通斷の心得

すべて何事《なにごと》の占《うらなひ》に拘《かゝ》はらず、卦《くわ》を得《え》て其兆《そのてう》を知《し》るべき所《ところ》の斷法《だんぱふ》がある、以下《いか》其事《そのこと》を述《の》べることにする。

◎父母《ふぼ》が發動《はつどう》して子孫《しそん》を剋《こく》するときは子孫《しそん》に疾《やまひ》がある○父母《ふぼ》が青龍《せいりう》を帶《お》びて旺相《わうしやう》するときは家宅《かたく》が新《あらた》てある○父母《ふぼ》が白虎《びやくこ》を帶《お》びて休囚《きうしう》するときは家宅《かたく》は敗《やぶ》れる○卦中《くわちう》に父母《ふぼ》が兩爻《りやうかう》あるときは一家《か》に兩《りやう》姓《せい》がある。

◎官鬼《くわんき》が兩爻《りやうかう》ありて、共《とも》に旺相《わうしやう》するときは他人《たにん》と同居《どうきよ》する○官鬼《くわんき》が應爻《おうかう》につきて世《せい》を剋《こく》するときは災禍《わざはひ》がある○官鬼《くわんき》が世《せい》を持《ぢ》し朱雀《しゆじやく》を帶《お》ぶるときは口舌《くぜつ》がある○官鬼《くわんき》が螣蛇《とうだ》を帶《お》びて世《せい》を剋《こく》するときは夢《ゆめ》が多《おほ》い○官鬼《くわんき》が木《き》に屬《ぞく》し、螣蛇《とうだ》を帶《お》びて世爻《せいかう》を持《ぢ》するときは縊死《いし》がある○官鬼《くわんき》が戌《いぬ》の爻《かう》につきて螣《とう》蛇《だ》を帶《お》ぶるときは犬《いぬ》が亂《みだ》りに吠《ほ》える○官鬼《くわんき》が白虎《びやくこ》を帶《お》びて發動《はつどう》するときは病人《びやうにん》がある○官鬼《くわんき》が白虎《びやくこ》を帶《お》びて臨《のぞ》むの爻《かう》あるときは其人《そのひと》は損耗《そんもう》する○官鬼《くわんき》が玄武《げんぶ》を帶《お》びて應爻《おうかう》につくときは失脱《しつだつ》がある○官鬼《くわんき》○玄武《げんぶ》を帶《お》び發動《はつどう》して卦身《くわしん》につくときは小人《せうじん》が生《うま》れる○官鬼《くわんき》が玄武《げんぶ》を帶《お》び、水爻《すゐかう》に屬《ぞく》し急煞《きふさい》を持《ぢ》するときは、水《みづ》に身《み》を投《な》げることがある○官鬼《くわんき》が玄武《げんぶ》を帶《お》び水《みづ》に屬《ぞく》するときは鍋《なべ》の破《わ》れることがある○官《くわん》鬼《き》が玄武《げんぶ》を帶《お》びて第《だい》二爻《かう》につくときは竈《かまど》の損《そん》することがある○官鬼《くわんき》が休囚《きうしう》して空亡《くうばう》に値《あ》ふときは訟事《しようじ》は止《や》む○官鬼《くわんき》が金《かね》に屬《ぞく》して空亡《くうばう》に値《あ》ふときは佛《ほとけ》に供養《くやう》しない○官鬼《くわんき》が五爻《かう》につき丑《うし》に屬《ぞく》して空亡《くうばう》にあふときは牛《うし》を失《うしな》ふことがある○官鬼《くわんき》が初爻《しよかう》につき玄武《げんぶ》を帶《お》ぶるときは雞《とり》を失《うしな》ふことがある。

◎子孫《しそん》が青龍《せいりう》を帶《お》ぶるときは、子孫《しそん》があるか又《また》は家内《かない》に喜《よろこひ》がある○子孫《しそん》が勾陳《こうちん》を帶《お》びて土《つち》に屬《ぞく》するときは田地《でんぢ》を増《ま》すことがある○子孫《しそん》が白虎《びやくこ》を帶《お》ぶるときは子孫《しそん》の災《わざはひ》がある○子孫《しん》が白虎《びやくこ》を帶《お》びて空亡《くうばう》にあふときは小兒《せうに》が死《し》する○子孫《しそん》が空亡《くうばう》するときは我《わ》が力《ちから》となる者《もの》がない。

◎妻財《さいゞ》が發動《はつどう》するときは父母《ふぼ》に災《わざはひ》がある○妻財《さいざい》が旺相《わうしやう》して墓《ほ》に入《い》るときは大《おほい》に富《と》む○妻財《さいゞ》が青龍《せいりう》を帶《お》びて外卦《ぐわいくわ》にあるときは外《ほか》より財物《ざいぶつ》を得《う》るとする○妻財《さいざい》が青龍《せいりう》を帶《お》ぶるときは家内《かない》に人《ひと》を増《ま》す○妻財《さいゞ》が旺相《わうしやう》し子孫《しそん》が青龍《せいりう》を帶《お》ぶるときは富貴《ふうき》とす○妻財《さいゞ》が休囚《きうしう》して耗財《はうざい》を帶《お》ぶるときは貧賤《ひんせん》とす○妻財《さいゞ》が官鬼《くわんき》を帶《お》びて（妻財《さいざい》の下《もと》に官鬼《くわんき》のあるを云《い》ふ）空亡《くうばう》に遇《あ》ふときは妻妾《さいせふ》を失《うしな》ふとする○妻財《さいゞ》が勾陳《こうちん》又《また》は玄武《げんぶ》を帶《お》ぶる時《とき》は衣服《いふく》を失《うしな》ふことがある○妻財《さいゞ》が玄武《げんぶ》を帶《お》び、官鬼《くわんき》の旺相《わうしやう》するときは盜賊《たうぞく》がある○妻《さい》財《ざい》が兩爻《りやうかう》ありて旺《わう》するときは妻妾《さいせふ》がある。

◎兄弟《けいてい》が朱雀《しゆじやく》を帶《お》びて世《せい》又《また》は應《おう》につくときは爭《あらそひ》が多《おほ》い○兄弟《けいてい》が　虎《はやくこ》を帶《お》びて發動《はつどう》するときは妻妾《さいせふ》に

災《わざはひ》がある。

◎朱雀《しゆじやく》又《また》は白虎《びやくこ》が世爻《せいかう》につきて官鬼《くわんき》より生扶《しやうふ》するときは訟事《しようじ》が多《おほ》い○朱雀《しゆじやく》が水爻《すゐかう》につくときは口舌《くせつ》が來《く》る。

◎騰蛇《とうだ》が火爻《くわかう》につくときは痘疹《とうしん》を病《や》むことがある○騰蛇《とうだ》が酉爻《いうかう》につくときは雞《とり》が亂啼《みだれなき》する○騰蛇《とうだ》が白虎《びやくこ》につくときは奇怪《きくわい》がある。

◎五類《るゐ》は何《いづ》れにても氣《き》ありて吉神《きつしん》を帶《お》ぶるときは、其爻《そのかう》に當《あた》る人《ひと》は旺《わう》して盛《さか》んなりとする。

◎用神《ようしん》が墓《ぼ》に入《い》りて救《すく》ふ者《もの》なきときは其人《そのひと》は病死《びやうし》する。

◎世爻《せいかう》ともに空亡《くうはう》にあふときは待人《まちびと》は來《こ》ない。

◎六爻《かう》がみな動《うご》くときは家《いへ》が安穩《あんをん》でない。

◎卦中《くわちう》に火爻《くわかう》が二つあるときは兩竈《ふたつかまど》とす。

◎丑《うし》の爻《かう》が空亡《くうはう》にあふときは牛《うし》はない○酉《とり》の爻《かう》が空亡《くうはう》にあふときは雞《とり》がない○戌《いぬ》の爻《かう》が空亡《くうはう》にあふときは犬《いぬ》がない。

第九十四章　國事の占法

國家《こくか》の事《こと》を占《うらな》ふには、太歳《たいさい》を君《きみ》とし、太歳《たいさい》の合《がふ》を后妃《こうひ》とし、日辰《につしん》を太子《たいし》とし、月建《げつけん》を臣下《しんか》とし、他《た》宮《きう》の子孫《しそん》も亦臣下《またしんか》とし、將星《しやうせい》を臣下《しんか》の大將《たいしやう》とし（將星《しやうせい》とは卯《う》午酉子《うまとりね》の四支《し》を云《い》ふ）、本宮《ほんきう》の卦《くわ》を國家《こくか》とし、父母《ふぼ》も亦國家《またこくか》とし、五爻《かう》を君《きみ》とし、四爻《かう》を大臣《だいじん》とし、二爻《かう》を臣下《しんか》とし、初爻《しよかう》を庶民《しよみん》とする、尙《な》ほ詳細《しやうさい》は前述《ぜんじゆつ》の爻象《かうしよう》を論《ろん》ずる所《ところ》を參看《さんかん》すべし○若《も》し君《きみ》たる人《ひと》が自《みづか》ら占《うらな》ふには、世爻《せいかう》を己《おの》れとし、應爻《おうかう》を后妃《こうひ》とし、又應爻《またおうかう》を他國《たこく》の君《きみ》ともする、餘《よ》は前《まへ》と同《おな》じである○妻財《さいざい》が子《し》孫青龍等《そんせいりうとう》を持《ぢ》するときは、君《きみ》は明《めい》とし臣《しん》は忠《ちう》とし、凡《すべ》て善良《ぜんりやう》とする、官鬼《くわんき》が兄弟《けいてい》を持《ぢ》するときは、君《きみ》は暴《ばう》とし臣《しん》は諛《ゆ》とし、凡《すべ》て邪《じや》惡《あく》とする○本宮《ほんきう》が衰弱《すゐじやく》にして太歳《たいさい》の尅《こく》にあふときは國家亂亡《こくからんはう》の兆《てう》とする○右《みぎ》の外《ほか》、前《まへ》に說《と》きたる身命《しんめい》養人等《やうじんどう》の條《でう》を合《あは》せ考《かんが》ふべきである。

第九十五章　戰爭の占法

凡《およ》そ軍《ぐん》を行《や》り兵《へい》を用《もち》ふることを占《うらな》ふには、世《せい》を我《われ》とし、應《おう》を敵《てき》とし、子孫《しそん》を我《われ》の大將《たいしやう》とし及《およ》び我《われ》の士卒《しそつ》とし、官鬼《くわんき》を彼《かれ》の大將《たいしやう》とし、父母《ふぼ》を旌旗《せいき》とし、金爻《きんかう》を鐘太鼓《かねたいこ》とし、妻財《さいざい》を兵粮《ひやうらう》とし、兄弟《けいてい》を伏兵《ふくへい》とし、兄弟《けいてい》が應《おう》を尅《こく》するときは我《われ》の伏兵《ふくへい》とし、世《せい》を尅《こく》するときは敵《てき》の伏兵《ふくへい》とし、陽爻《やうかう》は晝《ひる》の伏兵《ふくへい》であつて陰爻《いんかう》は夜《よる》の伏兵《ふくへい》とするのである。

◎世爻《せいかう》が子孫《しそん》を持《ぢ》するときは大將《たいしやう》は智能《ちのう》ありて敵《てき》に勝《か》つであらう、父母《ふぼ》を持《ぢ》するときは士卒《しそつ》を惠《めぐ》む心《こゝろ》がない○世爻《せいかう》が子孫《しそん》を持《ぢ》するといへども衰弱《すゐじやく》なるときは勝利《しようり》を得《え》ない○若《も》し月建日辰《げつけんにつしん》の生扶《しやうふ》あれば骨折《ほねを》りて勝《かち》を得《う》るとす。

◎官鬼《くわんき》が暗動《あんどう》して世爻卦身《せいかうくわしん》を剋《こく》するときは、間者《かんじや》などの爲《ため》に殺《ころ》さるゝことを用心《ようじん》せよ○水爻《すゐかう》の官鬼《くわんき》が世爻卦《せいかうくわ》を傷《そこな》ふときは水軍《すゐぐん》に敗《やぶ》れる、火爻《くわかう》は圍《かこ》まるゝとする、若《も》し子孫《しそん》が旺相發動《わうしやうはつどう》するときは圍《かこ》まるゝとも勝《か》つことがある。

◎子孫《しそん》が兩爻《りやうかう》ありて世爻卦身《せいかうくわしん》を生《しやう》ずるときは、二將《しやう》が心《こゝろ》を合《あは》せて勝《か》つことがある○應爻《おうかう》が官鬼《くわんき》を持《ぢ》して旺相《わうしやう》するときは敵《てき》の大將《たいしやう》に智能《ちのう》があり、子孫《しそん》が發動《はつどう》するとも大《おほい》に勝利《しようり》は得難《えがた》い、故《ゆゑ》に自《みづか》ら守《まも》りて戰《たゝか》はざるを吉《きち》とする○子孫《しそん》が應爻《おうかう》に合《がつ》するときは、安靜《あんせい》は內通《ないつう》とし發動《はつどう》は降參《かうさん》とする○水爻《すゐかう》の子孫《しそん》が發動《はつどう》するときは舟軍《ふないくさ》に利《り》があり、火爻《くわかう》の子孫《しそん》が發動《はつどう》するときは柵《さく》を結《むす》ぶが宜《よ》い○子孫《しそん》が化《くわ》して死墓絕《しぼぜつ》空《くう》に入《い》り、應爻《おうかう》が官鬼父母《くわんきふぼ》を持《ぢ》して世爻卦身《せいかうくわしん》を傷《そこな》ふときは大敗《たいはい》とする○子孫《しそん》が兩爻《りやうかう》ありて旺相發動《わうしやうはつどう》すといへども、化《くわ》して死墓絕空《しぼぜつくう》にあふときは、敵《てき》に勝《か》ちたる後《のち》に權威《けんゐ》を爭《あらそ》ひ功《こう》を競《きそ》うて各々《おのおの》自滅《じめつ》を招《まね》くことがある。

◎卦中《くわちう》に妻財《さいざい》なきときは兵粮《ひやうらう》が少《すくな》い、若《も》し衰弱《すゐじやく》にして應爻《おうかう》に合《がつ》するときは食盡《しよくつ》きて降參《かうさん》する○子孫《しそん》が旺相《わうしやう》するとも動爻日辰《どうかうにつしん》の刑冲尅害《けいちうこくがい》あるときは、敵《てき》に謀《はかりごと》があるから急《きふ》に攻《せ》めてはならぬ○官鬼《くわんき》が衰《すゐ》弱《じやく》すると雖《いへど》も、動爻日辰《どうかうにつしん》の生扶拱合《しやうふきようがふ》あるときは、援兵《ゑんぺん》がある○すべて兵具《へいぐ》は官鬼《くわんき》を用神《ようしん》とするけれども、別《わか》ちて占《うらな》ふときは、五行《ぎやう》に於《おい》ては水木《すゐぼく》を舟《ふね》とし、火《くわ》を銕砲石火矢狼烟《てつぱういしびやらうえん》とし、金《かね》を鎗長刀弓矢《やりなぎなたゆみや》とする、八卦《くわ》に於《おい》ては乾兌《けんだ》を鎗長刀《やりなぎなた》とし、震巽《しんそん》を馬《うま》とし、艮《ごん》を楯幕《たてまく》とし、坎《かん》を穽《おとしあな》とし、離《り》を銕砲《てつぱう》とし、坤《こん》を陣屋《ぢんや》又《また》は戰場《せんぢやう》とする、是等《これら》の應爻《おうかう》を尅《こく》するものは用《もち》ひて利《り》がある、世爻《せいかう》を尅《こく》するときは敵《てき》より此《この》物《もの》を用《もち》ゆるかも知《し》れない。

因《ちなみ》に、本文中《ほんもんちう》に掲《かゝ》げたる武器類《ぶきるゐ》に就《つい》ては、日進月歩《につしんげつぽ》の文明武器《ぶんめいぶき》を參酌《さんしやく》して判斷《はんだん》すべきである。

第九十六章　報復の占法

仇讐《きうしふ》を報復《はうふく》するの占法《せんぽふ》は、君《きみ》の仇父《あだちゝ》の仇師《あだし》の仇等《あだとう》に拘《かゝ》はらず、皆應爻《みなおうかう》を以《もつ》て仇《あだ》とし、世爻《せいかう》を我《われ》とし子孫《しそん》を助太刀《すけだち》の人《ひと》とし、官鬼《くわんき》を彼《かれ》の助太刀《すけだち》の者《もの》とする、仇《あだ》を尋《たづ》ねて發見《はつけん》し得《え》らるゝか否《いな》かを占《うらな》ふには大抵逃亡《たいていたうばう》の占法《せんぽふ》に同《おな》じである、又勝負《またしようぶ》を占《うらな》ふには、世應《せいおう》の強弱《きやうじやく》を以《もつ》て考《かんが》ふべきである。

◎世爻《せいかう》が子孫《しそん》を持《ぢ》して旺相發動《わうしやうはつどう》し、又《また》は日月《じつげつ》の生扶《しやうふ》あり、應爻《おうかう》が衰弱《すゐじやく》にして月日動爻《じつげつどうかう》の生扶《しやうふ》なきときは十分《ぶん》に勝《かち》を得《う》る○世爻《せいかう》が官鬼《くわんき》を持《ぢ》して應爻旺相發動《おうかうわうしやうはつどう》し、又《また》は月建日辰《げつけんにつしん》を帶《お》びて世爻《せいかう》を冲尅《ちうこく》するとさは返《かへ》り討《うち》にあふことがある、若《も》し世爻《せいかう》が空亡《くうはう》にあふときは難《なん》を免《のが》るゝとす○世爻《せいかう》が發動《はつどう》して應爻《おうかう》を冲尅《ちうこく》するときは吉《きち》である、けれども化《くわ》して絶《ぜつ》にあひ刑《けい》にあひ日月《じつげつ》の冲尅《ちうこく》に遇《あ》ふ時《とき》は本意《ほんい》を達《たつ》して後《のち》に官邊《くわんぺん》より咎《とが》めらるゝことがある、若《も》し應爻《おうかう》を冲尅《ちうこく》せざるときは、本意《ほんい》を遂《たつ》せざる中《うち》に咎《とが》めに遇《あ》ふ事《こと》がある○世爻《せいかう》が空亡《くうはう》にあひ又《また》は空亡《くうはう》に化《くわ》するときは、志《こゝろざし》が怠《おこた》るか又《また》は力《ちから》が弱《よわ》くして本意《ほんい》を達《たつ》しない、若《も》し日辰動爻《につしんごうかう》より冲起《ちうき》し、或《あるひ》は合起《がふき》するときは、人《ひと》に勵《はげ》まされ力《ちから》を添《そ》へられて本意《ほんい》を達《たつ》することがある○世爻《せいかう》が衰弱《すゐじやく》といへども動爻《ごうかう》が旺相生扶《わうしやうしやうふ》して應爻《おうかう》を冲尅《ちうこく》するときは、我《われ》の助太刀《すけだち》が強《つよ》い爲《ため》に本意《ほんい》を遂《たつ》することがある○應爻《おうかう》が空亡《くうはう》にあふときは容易《ようい》に尋《たづ》ね得難《えがた》い、若《も》し動爻日辰《ごうかうにつしん》の冲《ちう》あれば人《ひと》に其《そ》の隱《かく》れ所《どころ》を教《をし》へらるゝことがある、應爻《おうかう》が變《へん》じて空亡《くうはう》となるも亦同《またおな》じである○間爻《かんかう》が發動《はつどう》して世爻《せいかう》を尅《こく》するときは、本意《ほんい》を達《たつ》せざる内《うち》に旅中《りよちう》などにて不意《ふい》の難《なん》を戒《いまし》むべし、若《も》し其爻《そのかう》が應爻《おうかう》を生《しやう》じ又《また》は合《がつ》する類《るゐ》は仇《あだ》の方《はう》より寄《よ》つて來《き》てせしむるとする。

◎一味《み》連判《れんはん》などして仇《あだ》を報《はう》ずるは、兄弟《けいてい》を以《もつ》て同志《どうい》の者《もの》とする、空亡伏藏《くうはうふくざう》にあひ又《また》は日月《じつげつ》の刑冲尅《けいちうこく》害《がい》にあふときは、其人《そのひと》は志《こゝろざし》が堅《かた》からざるか或《あるひ》は力弱《ちからよわ》きか、若《も》し化《くわ》して空亡《くうはう》にあひ絶《ぜつ》に遇《あ》ふときは後《のち》に違變《ゐへん》するか、或《あるひ》は果《はた》さずして死亡《しはう》する○兄弟《けいてい》が發動《はつどう》して應爻《おうかう》を生合《しやうがふ》するときは、一味《み》連判《れんぱん》の者《もの》が變《へん》心《しん》して仇《あだ》に内通《ないつう》することがある、若《も》し世應兩爻《せいおうりやうかう》を生《しやう》ずるときは、中人《ちうにん》となりて和解《わかい》を斡旋《あつせん》することがある○兄弟《けいてい》が發動《はつどう》して世爻《せいかう》を冲尅《ちうこく》するときは、應爻《おうかう》を生合《しやうがふ》せざれば一味《み》の者《もの》に妨《さまた》げらるゝことがある或《あるひ》は其謀計《そのぼうけい》などに同意《どうい》せざるの類《るゐ》とする、子孫《しそん》が發動《はつどう》して世爻《せいかう》を冲尅《ちうこく》するときは助太刀《すけだち》する者《もの》に妨《さまた》げられる○妻財が發動《はつどう》して應爻《おうかう》を冲起《ちうき》するときは、妻妾奴《さいせふど》僕《ぼく》などに密計《みつけい》などを洩《もら》さるゝことを用心《ようじん》すべし、父母子孫兄弟《ふぼしそんけいてい》にても亦同《またおな》じである、若《も》し應爻《おうかう》が空亡《くうばう》にあふて動爻《どうかう》これを冲起《ちうき》するときは、却《かへ》つて其人《そのひと》の力《ちから》によりて本意《ほんい》を達《たつ》することがある。

因《ちなみ》に、如何《いか》に君父《くんぷ》の仇《あだ》なればとて、今《いま》や我國《わがくに》に於《おい》ては絶對《ぜつたい》に報復《はうふく》といふことは禁令《きんれい》となつて居《ゐ》るから行《や》つてはならない、故《ゆゑ》に此《こ》の一章《しやう》の如《ごと》きは全《まつた》く無用《むよう》の長物《ちやうぶつ》のやうに考《かんが》へるけれども、併《しか》し物《もの》は見《み》方《かた》によりて効用《かうよう》のあるもので、強《あなが》ち刀劍類《たうけんるゐ》を以《もつ》てするのみが報復《はうふく》でないことを覺《さと》つたならば、本章《ほんしやう》の如《こと》きも亦敵愾心《またてきがいしん》の發揮《はつき》に資《し》することが鮮《すく》なからぬであらう。

第九十七章　靈祟の占法

神靈《しんれい》の祟又《たゝりまた》は生靈死靈等《いきりやうしりやうとう》のことを占《うらな》ふには、皆官鬼《みなくわんき》を以《もつ》て用神《ようしん》とする、而《しか》して旺相《わうしやう》するは神《かみ》とし生《いき》靈《りやう》とし、休囚《きうしつ》するは佛《ぶつ》とし死靈《しりやう》とし、陽爻《やうかう》は神《かみ》とし、男神《をがみ》とし、男人《をとこ》とし、陰爻《いんかう》は佛《ぶつ》とし、女神《めがみ》とし、女人《にようにん》とする、此《か》くて其《そ》の在《あ》る方角《はうがく》は卦宮《くわきう》の方位《はうゐ》を以《もつ》て推考《すゐかう》するのである。

◎何神何佛《なにかみなにぶつ》なるかを知《し》らんとするには八卦《くわ》五行《ぎやう》六神《しん》を推考《すゐかう》するので、例《たと》へば官鬼《くわんき》が乾宮《けんきう》にあり、水《みづ》に屬《ぞく》して靑龍《せいりう》を帶《お》ぶるときは天照大神《てんせうたいじん》又《また》は大日如來《だいにちによらい》の類《るゐ》とし、兌宮《だきう》にあり水《みづ》に屬《ぞく》して騰蛇《とうだ》を帶《お》ぶるときは辨財天《べんざいてん》の類《るゐ》とし、離宮《りきう》にあり金《きん》に屬《ぞく》して白虎《びやくこ》を帶《お》ぶるときは不動明王《ふどうみやうわう》の類《るゐ》とし、震宮《しんきう》にあり木《き》に屬《ぞく》して勾陳《こうちん》又《また》は白虎《びやくこ》を帶《お》ぶるときは稻荷神《いなりじん》の類《るゐ》とし、巽宮《そんきう》にありて靑龍《せいりう》を帶《お》ぶるときは藥師《やくし》の類《るゐ》とし、坎宮《かんきう》にありて玄武《げんぶ》を帶《お》ぶるときは歡喜天《くわんぎてん》（通俗《つうぞく》に摩利支天《まりしてん》又《また》は聖天《しやうでん》といふ）の類《るゐ》とし、艮宮《ごんきう》にありて白虎《びやくこ》を帶《お》ぶるときは愛宕《あたご》の類《るゐ》とし、坤宮《こんきう》にありて勾陳《こうちん》を帶《お》ぶるときは田《た》の神《かみ》又《また》は土神《つちがみ》とし、或《あるひ》は離《り》を釜《かま》の神《かみ》とし、坎《かん》を水神《すゐじん》とし、艮《ごん》を山《やま》の神《かみ》とし、兌《だ》を愛染明王《あいぜんみやうわう》又《また》は大黒天《だいこくてん》とし、震巽《しんそん》を雷神風《らいじんかぜ》の神《かみ》等《とう》とす、又子《またね》の爻《かう》は大黒天《だいこくてん》、丑《うし》の爻《かう》は牛頭天王《ごづてんのう》、巳《み》の爻《かう》は辨財天《べんざいてん》、牛《うし》の爻《かう》は馬頭觀音《はとうくわんおん》などゝすることもある、されば汎《あまね》く推《お》して活斷《くわつだん》せねばならぬ。

◎何人《なんびと》の靈《れい》であるかと云《い》ふことを推考《すゐかう》するには、官鬼《くわんき》が卦身《くわしん》を尅《こく》するときは官鬼《くわんき》の屬《ぞく》の人《ひと》とし、官《くわん》鬼《き》が卦身《くわしん》を生《しやう》ずるときは父母《ふぼ》の屬《ぞく》の人《ひと》とし、官鬼《くわんき》が卦身《くわしん》に尅《こく》せらるゝときは妻財《さいぐ》の尅《ぞく》とし、官鬼《くわんき》が卦《くわ》身《しん》に生《しやう》せらるゝときは子孫《しそん》の屬《ぞく》とし、官鬼《くわんき》が卦身《くわしん》と比和《ひわ》するときは兄弟《けいてい》の屬《ぞく》とする○官鬼《くわんき》が發動《はつどう》するときは、其《そ》の化出《くわしゆつ》する五類《るゐ》を以《もつ》て何人《なんびと》の靈《れい》なるかを知《し》るべきである○官鬼《くわんき》が伏藏《ふくざう》するときは、其《そ》の飛《ひ》爻《かう》の五類《るゐ》を以《もつ》て何人《なんびと》の靈《れい》なるかを知《し》るのである○官鬼《くわんき》が發動《はつどう》して妻財《さいぐ》に合《がつ》し、或《あるひ》は妻財《ざいぐ》が化《くわ》して官鬼《くわんき》となり、官鬼《くわんき》が化《くわ》して妻財《さいぐ》となりて自《みづか》ら合《がふ》に化《くわ》するときは密通《みつゝう》したる人《ひと》の祟《たゝり》とする○官鬼《くわんき》が刑《けい》を帶《お》ぶるときは横死者《わうししや》の靈《れい》とする、五行《ぎやう》を以《もつ》て其何《そのなに》にて死《し》したる人《ひと》と云《い》ふことを知《し》るのである、例《たと》へば木爻《もくかう》は打傷毒害《だしやうどくがい》、火爻《くわかう》は燒死《せうし》、土爻《どかう》は斷食《だんじき》、金爻《きんかう》は劍戟《けんげき》、水爻《すゐかう》は溺死《できし》等《とう》とするの類《るゐ》である○官鬼《くわんき》が絶《ぜつ》にあふときは、祀《し》を廢《はい》し墓《ほ》を掃除《さうぢ》せざる類《るゐ》の祟《たゝり》とす○官鬼《くわんき》が世《せい》につくは、神佛等《しんぶつとう》に報《はう》ずべき恩《おん》ありて謝《しや》せざるの祟《たゝり》とす○官鬼《くわんき》が第二爻《だいかう》にありて、木爻《もくかう》に屬《ぞく》して安靜《あんせい》なるか、或《あるひ》は木爻《もくかう》の官鬼《くわんき》が父母《ふぼ》の下《もと》に伏藏《ふくざう》するときは、棺《くわん》の据所《すゑどころ》が宜《よろ》しからざるによりて祟《たゝり》をなすことがある○第三爻《だいかう》が空亡《くうばう》にあふときは、其《その》家《いへ》の先祖《せんぞ》を祭《まつ》らないとする○官鬼《くわんき》が土《つち》に屬《ぞく》して勾陳《こうちん》を帶《お》ぶるときは、造作《ざうさく》の爲《ため》に土《つち》を動《うご》かすによりて祟《たゝり》をなすことがある○官鬼《くわんき》か騰蛇《とうだ》を帶《お》ぶるときは妖怪《えうくわい》の所爲《しよゐ》とすることがある○官鬼《くわんき》が騰蛇《とうだ》を帶《お》びて陰宮陰象《いんきういんしやう》にあるときは夢《ゆめ》がある、若《も》し用神《ようしん》を冲尅《ちうこく》するときは、夢中《むちう》に見《み》たる者《もの》の祟《たゝり》とする○卦中《くわちう》に官《くわん》鬼《き》の墓爻《ぼかう》があつて發動《はつどう》するときは、屍骸《しがい》の祟《たゝり》とすることがある○卦中《くわちう》に官鬼《くわんき》の墓爻《ぼかう》があつて發動《はつどう》するときは、神靈《しんれい》を安置《あんち》する所《ところ》の宜《よ》しからざるが爲《ため》に祟《たゝり》をなすことがある○卦中《くわちう》に官鬼《くわんき》なくして日辰官鬼《につしんくわんき》にあふときは新《あらた》に死《し》したる者《もの》の靈《れい》とする、若《も》し日辰官鬼《につしんくわんき》にして卦中《くわちう》に又官鬼《またくわんき》あるときは、最近《さいきん》に於《お》ける願望成就《ぐわんもうじやうじゆ》の報禮《はうれい》を神佛《しんぶつ》に致《いた》さゞるの祟《たゝり》とする。

第九十八章　墳墓の占法

墳墓《ふんぼ》の占法《せんぱふ》に於《おい》ては、世爻《せいかう》を穴《あな》とする、又亡人《またはうじん》の生《うま》れ性《しやう》の爻《かう》を穴《あな》とすることもある、例《たと》へば亡人《はうじん》が甲午乙未《きのえうまきのとひつじ》の年《とし》の生《うま》れの者《もの》なれば金性《きんしやう》とするが故《ゆゑ》に、卦中《くわちう》にある申酉《さるとり》の爻《かう》を穴爻《けつかう》とするの類《るゐ》である。

◎世爻《せいかう》が初《しよ》二の兩爻《りやうかう》の内《うち》にあるときは、後代《こうだい》に至《いた》りて公侯將相《こう〳〵しやう〳〵》を出《いだ》す、三四の兩爻《りやうかう》の内《うち》にあるときは、子孫《しそん》は富貴繁榮《ふつきはんえい》する、五上《じやう》の兩爻《りやうかう》の内《うち》にあるときは、後《のち》に至《いた》りて家系《かけい》が續《つゞ》かない○幽魂《いうこん》の卦《くわ》は動《うご》くが故《ゆゑ》に商旅《しやうりよ》の人《ひと》を出《いだ》し、歸魂《きこん》の卦《くわ》は滯《とゞこほ》るが故《ゆゑ》に不吉《ふきつ》である○六合《がふ》の卦《くわ》は吉《きち》とする○世爻《せいかう》が凡《すべ》ての生《しやう》合《がふ》にあふときは吉《きち》であるが、冲尅《ちうこく》にあふときは凶《きよう》である○世爻《せかう》が坎宮《かんきう》にありて玄武《げんぶ》を帶《お》び、歳破《さいは》又《また》は月破《げつぱ》にあふときは、家《いへ》に盜人《ぬすびと》を生《しやう》ずるか又《また》は盜難《たうなん》にて死《し》することがある、若《も》し咸池《かんち》にあひ合《がふ》に遇《あ》ふときは、女《をんな》が淫奔《いんぽん》するか又《また》は妓女《あそびめ》となることがある、或《あるひ》は世爻《せいかう》に胎爻《たいかう》を持《ぢ》して、凡《すべ》て尅《こく》を受《う》くるは難產《なんざん》又《また》は墮胎《だたい》のことがある○穴爻《けつかう》が世爻《せかう》につき又《また》は世爻穴爻《せいかうけつかう》と相生《あひしやう》じ相合《あひがつ》し、又《また》は月日動爻《がつにちどうかう》より世爻《せかう》又《また》は穴爻《けつかう》を生合《しやうがふ》するは吉《きち》とする○世爻《せいかう》が丑辰未戌《うしたつひつじいぬ》の爻《かう》にして穴爻《けつかう》を持《ぢ》し、勾陳《こうちん》を帶《お》びて凡《すべ》て冲尅《ちうこく》にあふときは、田畠《たはた》又《また》は破《やぶ》れ窪《くぼ》みなどの地《ち》とす○穴爻《けつかう》が空亡《くうばう》にあふときは、死人《しにん》の占《せん》には忌《い》むが生人《しやうじん》の占《せん》には却《かへ》つて吉《きち》とする○穴爻《けつかう》が日辰《につしん》より進神《しん〱》にあたりて子孫妻財《しそんさい〲》を持《ぢ》するときは吉慶《きつけい》が多《おほ》い、例《たと》へは戊寅《つちのえとら》の日《ひ》の占《せん》に、巳卯《みう》の穴爻《けつかう》にして子孫妻財《しそんさい〲》を持《ぢ》するの類《るゐ》である○穴爻《けつかう》より生《しやう》ずる爻《かう》が子孫《しそん》を持《ぢ》して貴人祿《きじんろく》馬等《ばとう》の吉星《きつせい》を帶《お》び、歳月日《さいがつにち》の内《うち》何《いづ》れにても之《これ》に臨《のぞ》むときは貴官《きくわん》の人《ひと》を出《いだ》す○世爻《せいかう》が穴爻《けつかう》と三合會局《がふくわいきよく》をなし、又《また》は青龍白虎《せいりうびやくこ》の二爻《かう》が穴爻《けつかう》と三合會局《がふくわいきよく》をなすは吉《きち》である○世應《せいおう》の兩爻共《りやうかうとも》に穴爻《けつかう》を生合《しやうがふ》するか、又《また》は青龍白虎《せいりうびやくこ》の二爻共《かうとも》に穴爻《けつかう》を生合《しやうがふ》し、或《あるひ》は又穴爻《またけつかう》と世應《せいおう》の間《あひだ》にあるは吉《きち》である○世應《せいおう》が青龍辰《せいりうたつ》の爻白虎寅《かうびやくことら》の爻《かう》にあふは吉《きち》であるが、若《も》し穴爻《けつかう》を剋《こく》するときは凶《きよう》である○應爻《おうかう》が亥子《ゐね》の爻《かう》につき玄武《げんぶ》を帶《お》びて水局《すゐきよく》にあふときは、溝堀池井《みぞほりいけゐど》などの地《ち》とす○五類《るゐ》の何《いづ》れにても卦中《くわちう》にありて凡《すべ》ての傷剋《しやうこく》を受《う》くるか、又《また》は卦中《くわちう》に絶《た》えてなきは其類《そのるゐ》によりて、後《のち》に鰥寡孤獨《くわんくわこどく》の人《ひと》のあるべきことを知《し》る、若《も》し父母《ふぼ》ならば孤子《こし》出《いづ》るとし、官鬼《くわんき》なれば寡婦《くわふ》出《いづ》るとするの類《るゐ》である○官鬼《くわんき》が休囚死《きうしうし》絶《ぜつ》にあふときは其側《そのそは》に古《ふる》塚《づか》がある、或《あるひ》は長生《ちやうせい》にあひ、又《また》は長生《ちやうせい》に化《くわ》するときは其側《そのそは》に壽穴《じゆけつ》がある○官鬼《くわんき》が朱雀《しゆじやく》を帶《お》び、その上《うへ》動爻日辰《どうかうにつしん》が穴爻《けつかう》に入《い》るときは、地《ち》を爭《あらそ》うて訟《うつたへ》に及《およ》ぶことがある○父母爻《ふぼかう》が發動《はつどう》して子孫之《しそんこれ》に絶《ぜつ》するときは家督《かとく》はない○青龍爻《せいりうかう》が子孫《しそん》を持《ぢ》し氣《き》ありて穴爻《けつかう》を生《しやう》ずるときは吉《きち》とする、白虎《びやくこ》の爻《かう》が父母《ふぼ》を持《ぢ》して穴爻《けつかう》を生《しやう》ずるも亦吉《またきち》である○青龍《せいりう》が穴爻《けつかう》につき年月日《ねんけつにち》の内《うち》に臨《のぞ》みて相生《さうしやう》し相合《さうがふ》するときは子孫《しそん》は多《おほ》い○青龍爻《せいりうかう》が妻財《さいぐ》を持《ぢ》し、子孫《しそん》が生旺《しやうわう》して穴爻《けつかう》と生合《しやうがふ》するときは、墓《はか》は美《うる》はしく長《なが》く保《たも》つ○白虎《びやくこ》が月《げつ》破《は》にあひ、世《せい》を持《ぢ》し穴爻《けつかう》を持《ぢ》し卦身《くわしん》を持《ぢ》するときは古《ふる》き墓地《はち》とする○玄武《げんぶ》の爻《かう》が金《きん》に屬《ぞく》して穴爻《けつかう》につき、又《また》は穴爻《けつかう》の下《もと》に伏藏《ふくざう》するときは、石《いし》ありて又水涌《またみづわ》くの地《ち》とする○亥子《ゐね》の爻《かう》が妻財又《さいぐまた》は子孫《しそん》を持《ぢ》し内卦《ないくわ》にありて世爻又《せいかうまた》は穴爻《けつかう》と生合《しやうがふ》するは吉《きち》である○旺相《わうしやう》の爻《かう》が發動《はつどう》して亥子又《ゐねまた》は巳午《みうま》なるときは、其《その》穴《あな》は民居《みんきよ》に近《ちか》い所《ところ》である。

人篇應用例

第九十九章　生尅によりて吉凶をなすもの

月生日尅《げつしやうにちこく》、日生月尅《にちしやうげつこく》の者《もの》、動爻《どうかう》の生尅《しやうこく》によりて吉凶《きつきよう》をなすものゝ例《れい》を擧《あ》ぐれば左《さ》の如《ごと》くである。

第一款　弟の大病を占ふ

辰《たつ》の月丙申《つきひのえさる》の日《ひ》
既濟《きせい》の革《かく》に之《ゆ》くにあふ

斷《だん》に曰《いは》く、用神亥《ようしんゐ》の兄弟《けいてい》は、月《つき》より尅《こく》し日《ひ》より生《しやう》じて動爻《どうかう》の生《しやう》がある、是《こ》れ甚《はなは》だ危《あや》ふいけれども救《すく》ふ者《もの》がありとする、果《はた》して其日《そのひ》酉《とり》の時《とき》に良醫《りやうい》を得《え》て、亥《ゐ》の日《ひ》に全《まつた》く快癒《くわいゆ》した。

第二款　弟の人に訟へられたるを占ふ

午《うま》の月丁未《つきひのとひつじ》の日《ひ》
困《こん》の恒《こう》に之《ゆ》くにあふ

斷《だん》に曰《いは》く、用神亥《ようしんゐ》の兄弟《けいてい》は、月《つき》より尅《こく》し日《ひ》より生《しやう》じて動爻《どうかう》の尅《こく》があるから凶《きよう》とする、彼《かれ》

問《と》ふ、何《いづ》れの時《とき》に凶《きよう》なる、答《こた》へて曰《いは》く、今歳《ことし》は辰《たつ》の年《とし》で太歳《たいさい》が用神《ようしん》に合《がつ》する、故《ゆゑ》に妨《さまたげ》はない、退神《たいしん》に化《くわ》して申《さる》となる午《うま》の年申《としさる》の月《つき》に禍《わざはひ》があらうと云《い》ひしに、果《はた》して其時《そのとき》に至《いた》りて受刑《じゆけい》を受《う》けた。

第三款　妹の臨産に吉凶を占ふ

午《うま》の月《つき》戊辰《つちのえたつ》の日《ひ》
晋《しん》の不變《ふへん》とす

巳	▅▅▅	官	
未	▅ ▅	父	
酉	▅▅▅	兄	世
卯	▅ ▅	妻	
巳	▅ ▅	官	
未	▅ ▅	父	應

斷《だん》に曰《いは》く、用神酉《ようしんとり》の兄弟《けいてい》は、月《つき》より尅《こく》し日《ひ》より生《しやう》ず、故《ゆゑ》に明日《あす》卯《う》の時《とき》(午前《ごぜん》六時《じ》)に生《うま》れて母子《ぼし》共《とも》に平安《へいあん》であると云《い》へば、果《はた》して其通《そのとほ》りであつた、卯《う》の時《とき》に應《おう》ずるは用神《ようしん》が日辰《につしん》に合住《がふぢう》せられ冲《ちう》に遇《あ》ふて開《ひら》くのである。

第四款　自身の病を占ふ

巳《み》の月《つき》乙未《きのとひつじ》の日《ひ》
大過《たいくわ》の鼎《てい》に之《ゆ》くにあふ

未化巳	╳	妻	
酉化未	○	官	
亥	▅▅▅	父	世
酉	▅▅▅	官	
亥	▅▅▅	父	
丑	▅ ▅	妻	應

斷《だん》に曰《いは》く、用神《ようしん》亥《ゐ》の世爻《せかう》は貪《たん》生忘尅《しやうばうこく》にあふから凶《きよう》を變《へん》じて吉《きち》とする、但《たゞ》し日《ひ》より尅《こく》し月《つき》より冲《ちう》するので原神酉爻《げんしんいうかう》が發動《はつどう》すといへども生《しやう》じて生《しやう》ずることが出來《でき》ぬ、故《ゆゑ》に果《はた》して卯《う》の日《ひ》に死《し》した

是《これ》は原神《げんしん》を冲《ちう》するの日《ひ》、忌神《きしん》も共《とも》に用神《ようしん》を剋《こく》するからである、元來原神忌神《ぐわんらいげんしんきしん》ともに發動《はつどう》するときは貪《たん》生忘剋《しやうはうこく》なれども、原神《げんしん》は冲《ちう》にあふ故《ゆゑ》に、忌神《きしん》より剋《こく》するのみにして生《しやう》ずる力《ちから》がないからである。

第百章　回頭剋にあふて凶とするもの

第一款　家宅の吉凶を占ふ

卯の月《つき》癸亥《みづのとゐ》の日《ひ》
需《じゆ》の乾《けん》に之《ゆ》くにあふ

断《だん》に曰《いは》く、申《さる》の子孫《しそん》が世《せ》につき回頭剋《くわいとうこく》に化《くわ》す、其身《そのみ》子孫《しそん》と共《とも》に剋《こく》を受《う》くるとする、子《ね》の妻財も亦回頭剋《またくわいとうこく》に化《くわ》す、是《こ》れ妻妾奴僕《さいせうどぼく》ともに剋《こく》を受《う》く、此《か》く一家《か》皆剋《みなこく》せられるので、後午《のちうま》の月火《つきひ》旺《わう》するの時《とき》、世《せい》を剋《こく》し土《つち》を助《たす》けて財《ざい》を剋《こく》し、財《ざい》が月破《げつぱ》にあふて家内數人皆火災《かないすうにんみなくわさい》に遇《あ》ふて焼死《せうし》した。

第二款　開店商賣の吉凶を占ふ

寅《とら》の月辛酉《つきかのとゝり》の日《ひ》
艮《ごん》の明夷《めいい》に之《ゆ》くにあふ

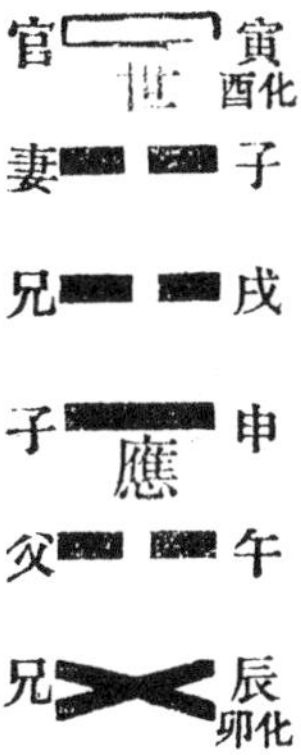

断《だん》に曰《いは》く、世爻《せいかう》は月令《げつれい》を得《え》てゐるので眼前《がんぜん》は吉昌《きちしやう》とする、但《たゞ》し日辰《につしん》が世《せい》を剋《こく》し又回頭剋《またくわいとうこく》

に化《くわ》し官鬼世爻《くわんきせいかう》につく、世墓《せいぼ》に入《い》るの時病《ときやまひ》を防《ふせ》がねばならぬと云《い》ひしに、果《はた》して未《ひつじ》の月《つき》に病《やまひ》を得《え》て、酉《とり》の月《つき》に店《みせ》の賣品《ばいひん》を欺《あざむ》き盗《ぬす》まれて官《くわん》に訴《うつた》へた。

第三款　自身の久病を占ふ

標題《へうだい》には單《たん》に自身《じしん》の久病《きうびやう》としてあるが、實《じつ》は久《ひさ》しく病臥《びやうぐわ》して居《ゐ》る者《もの》が自《みづか》らの運命《うんめい》を悲觀《ひくわん》して、今年《こんねん》中《ぢう》は無事《ぶじ》に過《すご》し得《う》るや否《いな》やを占《うらな》つたのである。

申《さる》の月《つき》戊午《つちのえうま》の日《ひ》
遁《とん》の姤《こう》に之《ゆ》くにあふ

斷《だん》に曰《いは》く、世爻《せいかう》が日辰《につしん》を持《ぢ》して居《を》るから旺相《わうしやう》して吉《きち》と云《い》ふべきである、但《たゞ》し月建《げつけん》が亥水《ゐみづ》を生《しやう》じ、回頭《くわいとう》して世《せい》を尅《こく》するから凶《きやう》とする、果《はた》して亥月戌日《ゐのつきいぬのひ》に死《し》した、是《こ》れ亥月《ゐのつき》に應《おう》ずるは午火《うまひ》は日《につ》辰《しん》なる故《ゆゑ》に、亥水《ゐみづ》の令《れい》を得《え》ざれば尅《こく》することは出來《でき》ないからである、而《しか》して戌《いぬ》の日《ひ》は午火《うまひ》の墓《ぼ》である。

第四款　品物買入れの吉凶を占ふ

卯《う》の月乙未《つききのとひつじ》の日《ひ》
家人《かじん》の小畜《せうちく》に之《ゆ》くにあふ

斷《だん》に曰《いは》く、丑《うし》の妻財《さいくく》が世《せい》につき、月《つき》より尅《こく》し日《ひ》より冲《ちう》し又《また》回頭尅《くわいとうこく》に化《くわ》する、故《ゆゑ》に唯品物《たゞしなもの》

だけでは其身《そのみ》も害《がい》せらるゝと判《はん》ぜしに、後果《のちはた》して未《ひつじ》の月世爻《つきせいかう》が月破《げつぱ》にあふのとき火災《くわさい》にて燒死《せうし》した。

第五款　何れの日に雨ふるかを占ふ

酉《とり》の月丙寅《つきひのえとら》の日《ひ》
升《しよう》の師《し》に之《ゆ》くにあふ

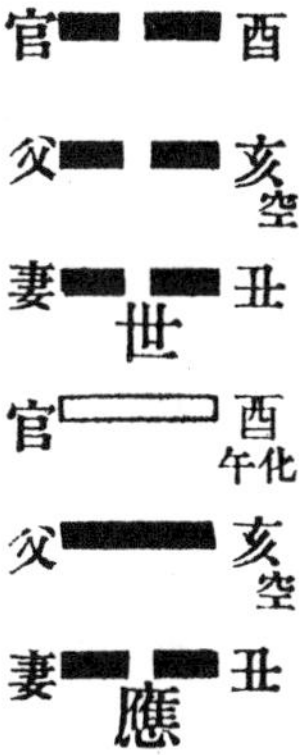

斷《だん》に曰《いは》く、用神亥《ようしんゐ》の父母《ふぼ》が空亡《くうばう》にあひ、原神酉《げんしんとり》の官鬼《くわんき》が回頭剋《くわいとうこく》に化《くわ》す、故《ゆゑ》に旬日《じゆんじつ》の內《うち》に雨《あめ》はないが、果《はた》して子《ね》の日《ひ》に至《いた》りて少《すこ》し雨《あめ》があつた、子《ね》の日《ひ》に應《おう》ずるは仇神午《きうしんうま》の冲《ちう》するからである、即《すなは》ち少《すこ》し雨《あめ》ふるはもと空亡《くうばう》にして根《ね》がないからである。

第六款　奴僕が何日歸るかを占ふ

巳《み》の月丁亥《つきひのとゐ》の日《ひ》
夬《くわい》の履《り》に之《ゆ》くにあふ

斷《だん》に曰《いは》く、用神亥《ようしんゐ》の妻財《さいざい》が日辰《につしん》を持《ぢ》する故《ゆゑ》に月破《げつぱ》とはしないけれども、土爻《どかう》が重々發動《ちやう〳〵はつどう》して之《これ》を剋《こく》するから、歸《かへ》ることが叶《かな》はずして必《かなら》ず難《なん》があるであらうと判定《はんてい》せしに、果《はた》して午《うま》の月未爻《つきみかう》に合《がつ》して土《つち》を助《たす》くるの時《とき》に途中《とちう》にて害《がい》にあへり。

第七款　自身の病を占ふ

午《うま》の月丙寅《つきひのえとら》の日《ひ》
離《り》の坎《かん》に之《ゆ》くにあふ

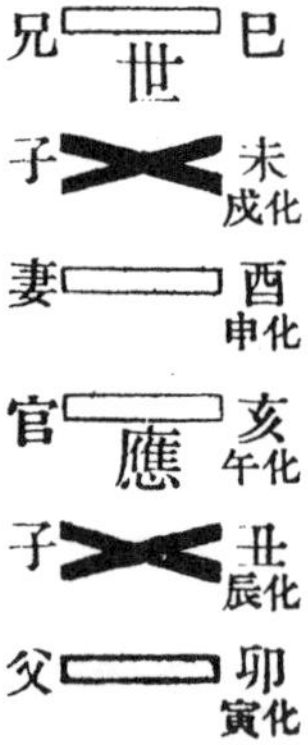

断《だん》に曰《いは》く、離《り》火《くわ》が化《くわ》して坎水《かんすゐ》となるは卦《くわ》の回頭剋《くわいとうこく》とす、用《よう》神巳《しんみ》の世爻《せいかう》が回頭剋《くわいとうこく》に化《くわ》す、

又反吟《またはんぎん》の卦《くわ》とする、目今《もくこん》は月《つき》より比《ひ》し日《ひ》より生《しやう》ずるから障《さはり》はない、けれども冬《ふゆ》に至《いた》りて凶《きよう》とする、果《はた》して戌《いぬ》の月丁亥《つきひのとゐ》の日《ひ》に死《し》した、即《すなは》ち戌《いぬ》の月《つき》は世爻《せいかう》が墓《ぼ》に入《い》るの月《つき》で、亥《ゐ》の日《ひ》は世爻《せいかう》を冲剋《ちうこく》するの日《ひ》である。

第八款　船に乗り運賃を得るの吉凶を占ふ

卯《う》の月乙酉《つききのと・り》の日《び》
坎《かん》の坤《こん》に之《ゆ》くにあふ

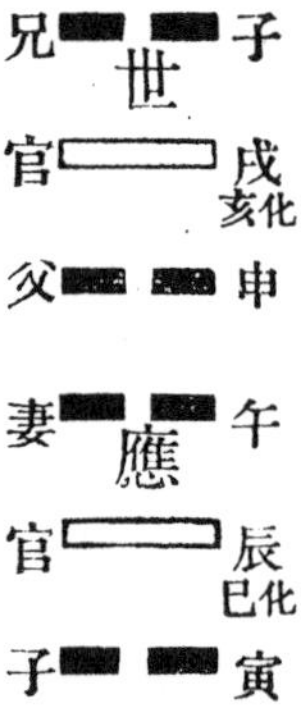

断《だん》に曰《いは》く、坎水《かんすゐ》が化《くわ》して坤土《こんど》となるも亦卦《またくわ》の回頭剋《くわいとうこく》である世爻《せいかう》が日《ひ》より生《しやう》ずと雖《いへど》も、動《どう》

爻《かう》が重々《かさね〳〵》來《きた》り剋《こく》するから不意《ふい》の禍《わざはひ》があるであらうと判《はん》せしに、後果《のちはた》して午《うま》の月舟《つきふね》を覆《くつがへ》して死《し》せり、午《うま》の月《つき》に應《おう》ずるは辰戌《たついぬ》の兩動爻《りやうどうかう》が春《はる》を過《す》ぎ、夏火《かくわ》の時《とき》に威《ゐ》を增《ま》し、世爻《せいかう》が月建《げつけん》の冲《ちう》にあふからである、此《こ》の船賃《ふなちん》を占《うらな》ふて死生《しゝやう》の告《こく》があつた、是《これ》を輕《かる》きを占《うらな》ふて重《おも》きに應《おう》ずと云《い》ふのである。

第百一章　原神の強弱によりて吉凶をなすもの

第一款　夫の近病を占ふ

申《さる》の月《つき》戌辰《つちのえたつ》の日《ひ》
同人《どうじん》の離《り》に之《ゆ》くにあふ

戌（冲・空）	━━━ 應	子
申（化未）	▭	妻
午	━━━	兄
亥（空）	━━━ 世	官
丑	━ ━	子
卯	━━━	父

断《だん》に曰《いは》く、用神亥《ようしんゐ》の爻《かう》が世《せい》につき墓《ぼ》に入《い》る、乃《すなは》ち随官入墓《ずゐくわんにふぼ》で大凶《だいきよう》である、然《しか》れども原神《げんしん》申《さる》の爻《かう》が發動《はつどう》して用神《ようしん》を生《しやう》じ、戌《いぬ》の爻《かう》が暗動《あんどう》し未《ひつじ》の爻《かう》が回頭《くわいとう》して之《これ》を助《たす》けるから其根《そのね》は甚《はなは》だ固《かた》い、但《たゞ》し亥《ゐ》の爻《かう》が空亡《くうばう》にあひて原神《げんしん》の生《しやう》を受《う》けない、己《つちのと》の日《ひ》これを冲《ちう》するの時《とき》癒《い》ゆべしと判《はん》せしに、果《はた》して己巳《つちのとみ》の日《ひ》に全《まつた》く癒《なほ》つた。

第二款　自身の近病を占ふ

丑《うし》の月《つき》戊子《つちのえね》の日《ひ》
同人《どうじん》の旅《りよ》に之《ゆ》くにあふ

戌	━━━ 應	子
申（化未）	▭	妻
午	━━━	兄
亥	━━━ 世	官
丑	━ ━	子
卯（化辰）	▭	父

断《だん》に曰《いは》く、用神亥《ようしんゐ》の世爻《せいかう》は日《ひ》より拱《きよう》し、又原神《またげんしん》より生《しやう》ず、故《ゆゑ》に不死《ふし》とする、唯原神《たゞげんしん》が化《くわ》して空亡《くうばう》となり月破《げつぱ》にあふ、是《こ》れ根《ね》なきこと〻なる、故《ゆゑ》に眼前直《がんぜんたゞ》ちに障《さはり》はない、けれども春月《しゆんげつ》に至《いた》れ

ば危《あやふ》いと判《はん》じた、果《はた》して立春《りつしゆん》の日《ひ》に死《し》した、是《これ》は原神《げんしん》が月《つき》の冲《ちう》にあひ、未《ひつじ》の爻《かう》が又春木《またしゆんぼく》の尅《こく》に遇《あ》ふからである。

第三款　父の病を占ふ

寅《とら》の月乙丑《つきおつのとうし》の日《ひ》
升《しよう》の師《し》に之《ゆ》くにあふ

酉	▅▅ ▅▅	官	
亥空	▅▅ ▅▅	父	
丑	▅▅ ▅▅	妻	世
酉化午	▭	官	
亥空	▅▅▅▅	父	
丑	▅▅ ▅▅	妻	應

斷《だん》に曰《いは》く、用神亥《ようしんゐ》の父母《ふぼ》が空亡《くうばう》にあふけれども、原神《げんしん》より生《しやう》ずる、但《たゞ》し原神《げんしん》が回頭尅《くわいとうこく》にあふから、是《これ》は根《ね》なしとする、果《はた》して卯《う》の日卯《ひう》の時《とき》に死《し》した、即《すなは》ち仇神《きうしん》が午《うま》の爻《かう》を生《しやう》じ原神《げんしん》を冲《ちう》するの時《とき》である。

第百二章　三合會局して吉凶をなすもの

第一款　兩村の水爭を占ふ

某歳旱魃《ほうさいかんばつ》が甚《はなはだ》しくて、其《そ》の灌漑《くわんがい》に大關係《だいくわんけい》ある兩村《りやうそん》が水爭《みづあらそひ》をして、今《いま》にも竹槍蓆旗《ちくさうせきき》に得物《えもの》々々を携《たづさ》へて騷然《さうぜん》たる時《とき》に、果《はた》して亂鬪《らんとう》に及《およ》ぶや否《いな》やを占《うらな》ひたるもの。

卯《う》の月丁巳《つきひのとみ》の日《ひ》
離《り》の坤《こん》に之《ゆ》くにあふ

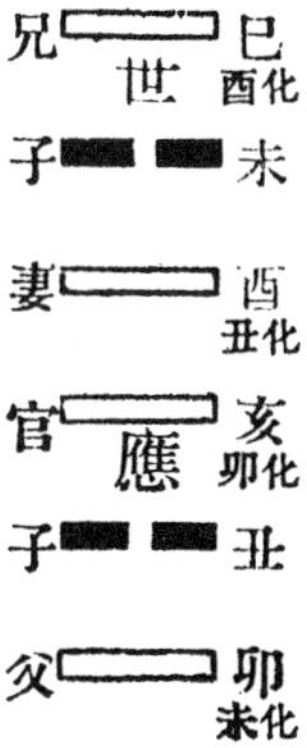

斷《だん》に曰《いは》く、内卦《ないくわ》を我村《わがむら》とし、外卦《ぐわいくわ》を彼《か》の村《むら》とす、内卦《ないくわ》は亥《ゐ》卯未《うひつじ》の木局《もくきよく》を成《な》し、外卦《ぐわいくわ》は巳酉丑《みとりうし》の金局《きんきよく》を成《な》して之《これ》を剋《こく》する、けれども木旺《もくわう》して又日辰《またにつしん》より金《きん》を剋《こく》する、殊《こと》に六冲化《ちうくわ》して六冲《ちう》となるから其事《そのこと》は散《さん》じて了《しま》う、果《はた》して其如《そのごと》くである、此占《このせん》は内外《ないぐわい》兩卦《りやうくわ》ともに局《きよく》をなすは實《じつ》に神《かみ》の妙用《めうよう》と謂《い》ふべきである。

第二款　選擧にあふの時を占ふ

寅《とら》の月丙辰《つきひのえたつ》の日《ひ》
乾《けん》の小畜《せうちく》に之《ゆ》くにあふ

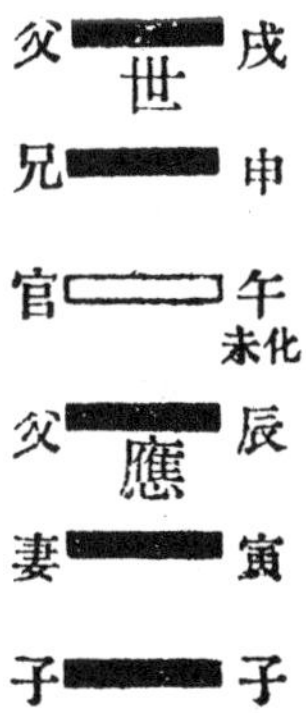

斷《だん》に曰《いは》く、用神午《ようしんうま》の官鬼《くわんき》が發《はつ》動《どう》し、戌《いぬ》の爻《かう》は暗動《あんどう》す、月建《げつけん》を合《あは》せて用神局《ようしんきよく》をなす、當月《たうげつ》選擧《せんきよ》せらるべし、此《これ》を虚レ一補レ用《いつをきよにしてようをおぎなふ》といふ、卦中《くわちう》に寅《とら》なき故《ゆゑ》に虚一《きよ》と云《い》ふのである、此《こ》の占《うらな》ひ、若《も》し寅《とら》の爻《かう》の發動《はつどう》あれば午《うま》の官鬼未《くわんきひつじ》に合《がつ》せらるゝから、冲《ちう》の月《つき》を待《ま》つて應《おう》ずるのである、今《いま》は左様《さう》でないから此《か》く斷《だん》ずるのである。

第三款　爻の急病を占ふ

丑《うし》の月《つき》己卯《つちのとう》の日《ひ》
乾《けん》の賁《ひ》に之《ゆ》くにあふ

納支	爻	六親
戌	▅▅▅ 世	父
申（化子）	▭	兄
午（化戌）	▭	官
辰	▅▅▅ 應	父
寅（化丑）	▭ ▭	妻
子	▅▅▅	子

斷《だん》に曰《いは》く、用神《ようしん》戌《いぬ》の父母《ふぼ》が日《にっ》辰《しん》の合《がふ》にあふ、近病《きんびやう》は合《がふ》に利《よろ》しからずとする、幸《さいはひ》に三合會《がふくわい》局《きよく》して原神《げんしん》となり、發動《はつどう》して用神《ようしん》を生《しやう》ずるから、明日《あす》辰《たつ》の日《ひ》に瘉《い》ゆべしと言《い》ひしに、果《はた》して其《そ》の如《ごと》くであつた、辰《たつ》に應《おう》ずるは合《がふ》にあふものが冲《ちう》を待《ま》つのである。

第四款　姑の病を占ふ

丑《うし》の月《つき》戊午《つちのえうま》の日《ひ》
離《り》の明夷《めいい》に之《ゆ》くにあふ

納支	爻	六親
巳（化酉）	▭ 世	兄
未	▅ ▅	子
酉（化丑）	▭	妻
亥	▅▅▅ 應	官
丑	▅ ▅	子
卯	▅▅▅	父

斷《だん》に曰《いは》く、用神《ようしん》卯《う》の父母《ふぼ》が三合會局《がふくわいきよく》して之《これ》を尅《こく》す、たゞ丑爻《ちうかう》が空亡《くうばう》にあふから、旬内《じゆんない》は障《さはり》はないけれども乙丑《きのとうし》の日《ひ》は危《あやふ》い、果《はた》して丑《うし》の日《ひ》酉《とり》の時《とき》死《し》した、これ出旬《しゆつじゆん》の日《ひ》に應《おう》ずるのである。

第五款　父の歸る日を占ふ

巳《み》の月《つき》丙申《ひのえさる》の日《ひ》
大畜《だいちく》の乾《けん》に之《ゆ》くにあふ

納支	爻	六親
寅	▅▅▅	官
子（化申）	✕ 應	妻
戌（化午）	✕	兄
辰	▅▅▅	兄
寅	▅▅▅ 世	官
子	▅▅▅	妻

斷《だん》に曰《いは》く、用神《ようしん》午《うま》の父母《ふぼ》が三合會局《がふくわいきよく》の內《うち》、寅《とら》の爻《かう》が日辰《につしん》の冲《ちう》にあひ又《また》絶《ぜつ》にあふ、巳亥《みゐ》

の日《ひ》歸《かへ》らんと云《い》ひしに、果《はた》して然《しか》り、これ冲中逢合《ちう〳〵ほうがふ》の時《とき》に於《お》ける絶所逢生《ぜつしよほうしやう》の時《とき》なのである。

第六款　賴母子の取れるや否やを占ふ

賴母子《たのもし》とは現今《げんこん》の通俗《つうぞく》に云《い》ふ無盡《むじん》である、それに或人《あるひと》の妻《つま》が出席《しゆつせき》するに先立《さきだ》ちて、其籤《そのくじ》を引《ひ》き當《あて》るか如何《どう》かと云《い》ふことを豫《あらかじ》め占《うらな》つたのである。

酉《とり》の月辛卯《つきかのとう》の日《ひ》
恒《かう》の蠱《こ》に之《ゆ》くにあふ

斷《だん》に曰《いは》く、子孫妻財《しそんさい〴〵》ともに發《はつ》動《どう》するから得《え》らるゝやうでもある、けれども應爻《おうかう》につきたる妻財《さい〴〵》は他人《たにん》の妻《つま》である、三合會《がふくわい》して應《おう》を生《しやう》じ世《せい》を尅《こく》し、日辰《につしん》も應《おう》に合《がつ》し世《せい》を冲《ちう》す、是《こ》れ妻財子孫《さい〴〵しそん》が出現《しゆつげん》すといへども、我《われ》に情《じやう》なく彼《かれ》に情《じやう》ありであるから、我妻《わがつま》は得《う》ることは出來《でき》まいと判《はん》ぜしに、果《はた》して隣人《りんじん》の妻《つま》が之《これ》を得《え》た。

第百三章　反吟の卦を得て吉凶に輕重あるもの

第一款　嫂の再發病の吉凶を占ふ

未《ひつじ》の月《つき》丁巳《ひのとみ》の日《ひ》
剝《はく》の坤《こん》に之《ゆ》くにあふ

寅化酉	▭	妻
子	▬ ▬ 世	子
戌	▬ ▬	父
卯	▬ ▬	妻
巳	▬ ▬ 應	官
未	▬ ▬	父

斷《だん》に曰《いは》く、艮《ごん》が變《へん》じて坤《こん》となる、此《かく》の如《ごと》き卦《くわ》を反吟《はんぎん》とする即《すなは》ち其《そ》の再發《さいはつ》の象《かたち》である、用《よう》神寅《しんとら》の妻財《さいざい》が回頭尅《くわいとうこく》に化《くわ》し、又日辰《またにつしん》の刑《けい》にあふから、申《さる》の日《ひ》が危《あや》ふいと判《はん》ぜしに、果《はた》して其《そ》の如《ごと》くであつた。

第二款　行商の利害を占ふ

此所《こゝ》にいふ行商《ぎやうしやう》とは、彼《か》の路上《ろじやう》を呼《よ》び歩《ある》く類《るゐ》を云《い》ふのではなくして、或《あ》る一人《ひとり》の商人《しやうにん》が先《さ》きに某所《ばうしよ》に行《ゆ》きて多大《ただい》の利《り》を占《しめ》たるに心動《こゝろうご》き、再《ふたゝ》び其所《そこ》へ往《ゆ》きて利《り》ありや否《いな》を託《たく》せられたるを占《うらな》ひたるのである。

己《み》の月《つき》戊申《つちのえさる》の日《ひ》
小畜《せうちく》の乾《けん》に之《ゆ》くにあふ

卯	▬▬	兄
巳	▬▬	子
未化午	✕ 應	妻
辰	▬▬	妻
寅	▬▬	兄
子	▬▬ 世	父

斷《だん》に曰《いは》く、巽《そん》が變《へん》じて乾《けん》となるの卦《くわ》は反吟《はんぎん》である、幸《さいはひ》に世《せい》爻妻財《かうさいくわ》ともに長生《ちやうせい》にあふ、又《また》應爻《おうかう》を先《さき》の所《ところ》となし回頭《くわいとう》して生合《しやうがふ》にあふから、前回《ぜんくわい》よりも利《り》ありと判《はん》じた、後《のち》に此人《このひと》は三度往來《たびわうらい》して

莫大《ばくだい》の利《り》を得《え》られた。

第三款　墓地の吉凶を占ふ

卯《う》の月戊子《つちのえね》の日《ひ》
巽《そん》の升《しやう》に之《ゆ》くにあふ

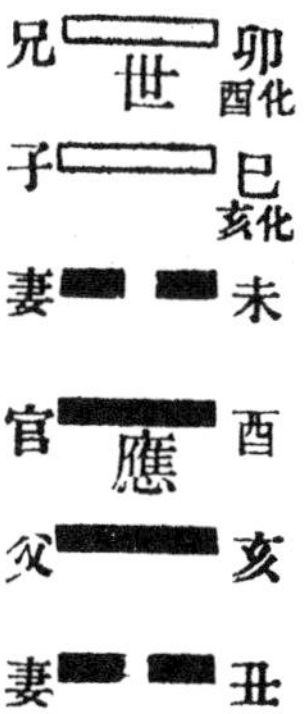

斷《だん》に曰《いは》く、世《せい》を穴《あな》とす、月建《げつけん》を持《ぢ》して日《ひ》より生《しやう》ずるから吉《きち》とするのである、けれども爻《かう》が反吟《はんぎん》にあふて子孫《しそん》世爻《せいかう》ともに沖尅《ちうこく》に化《くわ》するから葬《はう》むつては不可《いけ》ないと判定《はんてい》したにも拘《かゝ》はらず、其人《そのひと》は信《しん》ぜずして葬《はうむ》つた所《ところ》が、後《のち》四年《ねん》の内《うち》に、自身《じしん》は勿論《もちろん》他《た》に二子《し》一女《ぢよ》が漸次《ぜんじ》に死亡《しばう》して了《しま》つた。

第百四章　伏吟の卦を得て凶とするもの

第一款　避難の場所を占ふ

此項《このこう》に謂《い》ふ所《ところ》の避難《ひなん》といふは、火水《ひみづ》などではなくて、亂兵《らんぺい》が入《い》り來《きた》つたによりて、一家《か》の者《もの》は何《いづ》れへ逃《に》げたものかと云《い》ふことを占《うらな》ふたのである。

申《さる》の月乙卯《つききのとう》の日《ひ》
无妄《むはう》の大壯《たいさう》に之《ゆ》くにあふ

斷《だん》に曰《いは》く、內卦《ないくわ》は伏吟憂鬱《ふくぎんいうゝつ》の象《かたち》であるが、幸《さいはひ》に日辰《につしん》が世《せい》を生《しやう》じ月建《げつけん》は父母《ふぼ》を生《しやう》じ、皆安《みなあん》靜《せい》にして自身父母《じしんふぼ》ともに障《さはり》なしとする、たゞ兄弟《けいてい》が伏吟《ふくぎん》又《また》は月破《げつぱ》にあふから、兄弟《けいてい》に難《なん》があるであらうと云《い》へば、其人曰《そのひといは》く、我《わ》が父母《ふぼ》は西方《にしかた》に居《を》るが、恙《つゝが》なきやと、答《こた》へて曰《いは》く、西方《にしかた》は金《きん》に屬《ぞく》し父母《ふぼ》を生《しやう》ずるから無事《ぶじ》である、依《よ》つて汝《なんぢ》は東方《ひがしかた》に逃《のが》るゝが宜《よ》い、東方《ひがしかた》は木《き》に屬《ぞく》し午火《うまひ》を生《しやう》ずるから、妻僕兄《さいぼくけい》弟《てい》ともに汝《なんぢ》に從《したが》つて逃《のが》るれば、子孫《しそん》が世《せい》につく故《ゆゑ》に必《かなら》ず障《さはり》がないと云《い》へば、其人《そのひと》は之《これ》に從《したが》つて免《まぬが》るゝことを得《え》た、けれども其弟《そのおとうと》は父母《ふぼ》のことを掛念《けねん》して尋《たづ》ねて往《い》つたので途中《とちう》で害《がい》に逢《あ》つた。

第二款　父の安否を占ふ

これは單《たん》に自宅《じたく》に居《を》らるゝ父上《ちゝうへ》の安否《あんぴ》を氣遣《きづか》ふのではなくて、遠《とほ》く離《はな》れた所《ところ》に在勤《ざいきん》して居《を》らるゝ父上《ちゝうへ》の安否《あんぴ》を心配《しんぱい》しての占《うらなひ》てある。

申《さる》の月甲午《つききのえうま》の日《ひ》
姤《こう》の恒《ごう》に之《ゆ》くにあふ

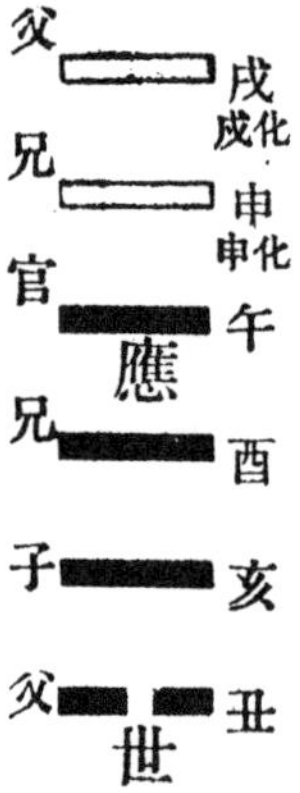

斷《だん》に曰《いは》く、外卦伏吟《ぐわいくわふくぎん》、役所《やくしよ》にありて事故《じこ》ありて呻吟《しんぎん》するとす、其人曰《そのひといは》く、彼地《かのち》騷動《さうどう》あゞ

と聞《き》く、障《さはり》ありや、答《こた》へて曰《いは》く、日辰父母《につしんふぼ》を生《しやう》ずるから決《けつ》して別事《べつじ》はない、又問《またと》ふ今年中《こんねんちう》に歸《かへ》るや否《いな》や、答《こた》へて曰《いは》く、伏吟《ふくぎん》の卦《くわ》を得《え》て歸《かへ》らんと欲《ほつ》しても出來《でき》ない、來年辰《らいねんたつ》の月《つき》に至《いた》れば役所《やくしよ》を免《ゆる》され、午《うま》の月復《つきま》た赴《おもむ》く、辰《たつ》の月《つき》に應《おう》ずるは、戌《いぬ》の父母《ふぼ》が伏吟《ふくぎん》にして又月破《またげつは》にあふ時《とき》である、午《うま》の月復任《つきふくにん》するは、日辰《にちしん》が官鬼《くわんき》に臨《のぞ》み用神《ようしん》を生《しやう》じたるものが時《とき》を得《え》て旺《わう》するのである。

第三款　旅先にて家内の安否を占ふ

寅《とら》の月乙卯《つききのとう》の日《ひ》

无妄《むはう》の乾《けん》に之《ゆ》くにあふ

答《こた》へて曰《いは》く、月建日辰《げつけんにつしん》ともに妻財《さいく》を剋《こく》す、妻妾奴僕《さいせふどぼく》の身《み》の上《うへ》なるべし、

斷《だん》に曰《いは》く、內卦《ないくわ》を我家《わがいへ》とし、伏吟《ふくぎん》にあふ、異變《いへん》あるべし、其人曰《そのひといは》く、何事《なにごと》なるべきか、其人《そのひと》これによりて其妻《そのい》の安否《あんぴ》を占《うらな》ふに次《つぎ》の如《ごと》し。

第四款　同　斷

寅《とら》の月乙卯《つききのとう》の日《ひ》

豫《よ》の否《ひ》に之《ゆ》くにあふ

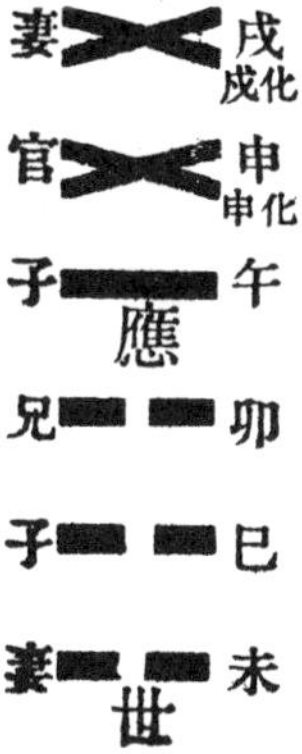

斷《だん》に曰《いは》く、妻財又伏吟《さいくまたふくぎん》にあひ、月日《つきひ》ともに剋《こく》す、令室必《れいしつかなら》ず大《だい》厄《やく》あり、其人曰《そのひといは》く、何《いつ》れの月《つき》

日《ひ》ぞ、答《こた》へて曰《いは》く、月日《つきひ》ともに剋《こく》すと雖《いへど》も日辰《にっしん》の合《がふ》がある、故《ゆゑ》に今《いま》は妨《さまたげ》なし、辰《たつ》の月《つき》に入《い》り月破《げっぱ》にあふ時《とき》は遁《のが》れ難《がた》しと云《い》ひしに、果《はた》して二月《がつ》に其妻《そのつま》は死亡《しばう》した。

第百五章　空亡を用ふるもの

第一款　財を得るの月日を占ふ

巳《み》の月戊戌《つきつちのえいぬ》の日《ひ》
益《えき》の不變《ふへん》とす

卯	巳	未	辰（沖・空）	寅	子
━━━（應）	━━━	━ ━	━ ━（世）	━ ━	━━━
兄	子	妻	妻	兄	父

斷《だん》に曰《いは》く、用神辰《ようしんたつ》の妻財《さいざい》が世《せ》につき空亡《くうばう》にあひ日《ひ》の冲《ちう》にあふ、故《ゆゑ》に今日《けふ》得《う》べしと判《はん》せしに、果《はた》して其通《そのとほ》りであつた、是《これ》は日辰《にっしん》も亦妻財《またさいざい》であつて我《われ》を冲《ちう》して起《おこ》すからである、若《も》し日辰《にっしん》が用神《ようしん》でなかつたならば、冲《ちう》すと雖《いへど》も得難《えがた》いのである。

第二款　僕の歸る日を占ふ

亥《ゐ》の月甲子《つききのえね》の日《ひ》
革《かく》の不變《ふへん》とす

未	酉	亥（空）	亥（伏午）	丑	卯
━ ━	━━━	━━━（世）	━━━	━ ━	━━━（應）
官	父	兄	兄（伏妻）	官	子

斷《だん》に曰《いは》く、用神午《ようしんうま》の妻財《さいざい》が空亡《くうばう》して兄弟《けいてい》の下《もと》に伏藏《ふくざう》し、日月《じつげつ》の剋《こく》にあふ、吉凶《きっきょう》を問《と》ふに

は凶《きよう》とする、何《いづ》れの日《ひ》に歸《かへ》るかを問《と》ふには、世爻《せいかう》が空亡《くうばう》すれば速《すみやか》に至《いた》るとする、故《ゆゑ》に旬内巳《じゆんないみ》の日《ひ》には必《かなら》ず來《きた》ると云《い》ひしに、果《はた》して巳《み》の日《ひ》に歸《かへ》つて來《き》た、蓋《けだ》し巳《み》の日《ひ》は亦是《またこ》れ用神《ようしん》であつて、飛空《ひかう》を冲去《ちうきよ》して其伏《そのふく》を顯《あら》はすからである、空下《くうか》の伏神《ふくしん》は提拔《ていはつ》し易《やす》しと云《い》ふは此事《このこと》である。

第三款　妻の病氣の癒る日を占ふ

午《うま》の月癸丑《つきみづのとうし》の日《ひ》

萃《すゐ》の比《ひ》に之《ゆ》くにあふ

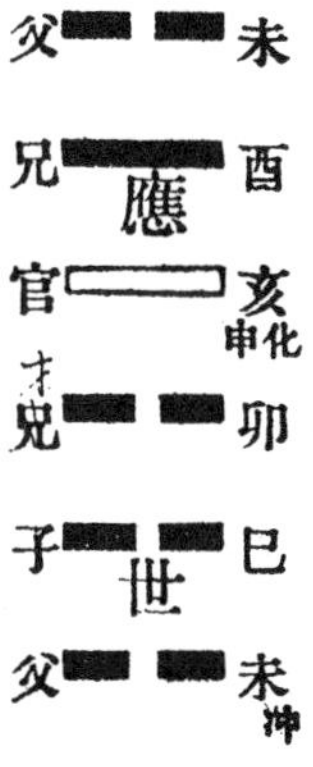

斷《だん》に曰《いは》く、用神卯《ようしんう》の妻財《さいざい》は空亡《くうばう》にあふ、原神亥《げんしんゐ》の爻《かう》が發動《はつどう》して生《しやう》ず、故《ゆゑ》に次日《つぎのひ》癒《い》ゆべし

と言《い》ひしに、傍人《ばうじん》の曰《いは》く、卯爻空亡《うかうくうばう》なれば卯《う》の日《ひ》と斷《だん》ずべきに、なぜ寅《とら》の日《ひ》と云《い》ふや、答《こた》へて曰《いは》く、甲寅《きのえとら》の日《ひ》は卯爻空亡《うかうくうばう》を出《い》づ、寅《とら》もゝとより用神《ようしん》なりと言《い》へば、果《はた》して甲寅《きのえとら》の日《ひ》に癒《なほ》つて了《しま》つた。

第四款　子供の病氣の癒る日を占ふ

寅《とら》の月庚戌《つきかのえいぬ》の日《ひ》

姤の无妄《むばう》に之《ゆ》くにあふ

斷《だん》に曰《いは》く、用神亥《ようしんゐ》の子孫《しそん》が化《くわ》して寅《とら》となり空亡《くうばう》にあふ、故《ゆゑ》に近病《きんびやう》は空亡《くうばう》にあふときは癒《なほ》

るとす、但《たゞ》し亥《ゐ》の爻《かう》が變《へん》ずるから酉《とり》の動爻《どうかう》の生《しやう》を受《う》くることが出來《でき》ない、されば寅《とら》の日《ひ》を待《ま》つて癒《なほ》ると言《い》へば、果《はた》して其如《そのごと》くであつた、此化《このくわ》して空亡《くうはう》となるは空亡《くうはう》を出《い》づるを待《ま》つのである。

第五款　岳母の近病を占ふ

酉《とり》の月庚辰《つきかのえたつ》の日《ひ》
師《し》の升《しよう》に之《ゆ》くにあふ

断《だん》に曰《いは》く、用神酉《ようしんとり》の父母《ふぼ》が空《くう》亡《はう》にあふ、近病《きんびやう》は空亡《くうはう》にあふ時《とき》は即《すなは》ち癒《なほ》る、又日辰《またにつしん》の合《がふ》にあふ、近病《きんびやう》は合《がふ》にあふ時《とき》は即《すなは》ち死《し》す、是《こ》れ吉凶相半《きつきようあひなか》ばするなり、但《たゞ》し世爻《せいかう》が忌神《きしん》を持《ぢ》して是《これ》を尅《こく》するから必《かなら》ず危《あやふ》い、問《と》ふて曰《いは》く、何《いづ》れの日危《ひあやふ》きや、答《こた》へて曰《いは》く、午《うま》の爻《かう》が化《くわ》して旬空《じゆんくう》となる、故《ゆゑ》に旬内《じゆんない》は尅《こく》することが出來《でき》ない、又近病《またきんびやう》は空亡《くうはう》にあふときは死《し》せぬ、故《ゆゑ》に旬内《じゆんない》は無難《ぶなん》であるが、乙酉《きのととり》の日《ひ》を用《よう》必せらるべしと言《い》へば、果《はた》して乙酉《きのととり》の日《ひ》の卯《う》の時《とき》に死亡《しはう》した。

第六款　弟の湖中溺死體發見を占ふ

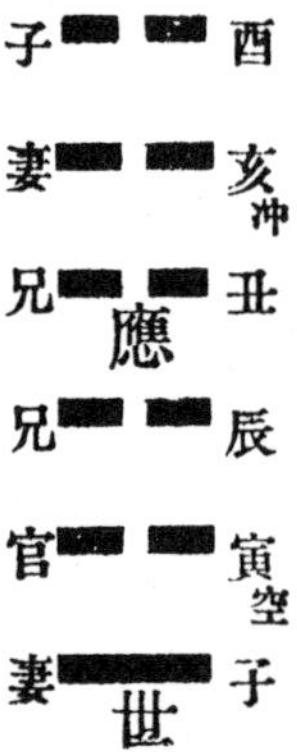

子《ね》の月乙巳《つききのとみ》の日《ひ》
復《ふく》の不變《ふへん》とす

断《だん》に曰《いは》く、用神寅《ようしんとら》の官鬼《くわんき》（死《し》骸《がい》は官鬼《くわんき》を用神《ようしん》とする）が空《くう》亡《はう》にあひ、亥《ゐ》の爻《かう》は時令《じれい》を得《え》で暗動《あんどう》して之《これ》に合《がつ》す、故《ゆゑ》に明《あきらか》に死體《したい》の水中《すゐちう》にあるの象《かたち》とす、但《たゞ》し寅《とら》の用神《ようしん》が空亡《くうはう》にあひ合《がふ》にあふ、出《しゆん》旬逢冲《じゆんほうちう》の時《しき》、庚申《かのえさる》の日《ひ》に發見《はつけん》すべしとせしに、後庚申《のちかのえさる》の日《ひ》に發見《はつけん》し得《え》なくて丑《うし》の月《つき》壬申《みづのえさる》の日《ひ》に發見《はつけん》した、是《こ》れ寅《とら》の用神《ようしん》が空亡《くうはう》を出《い》づるは同《おな》じといへども、亥《ゐ》の爻《かう》が丑《うし》の月《つき》に入《い》りて尅《こく》せられ、又空亡《またくうはう》のとき水《みづ》退《ひ》きて死骸《しがい》が現《あら》はるゝのである、壬申日《みづのえさるび》は甲子旬《きのえねじゆん》であつて戌亥空亡《いぬゐくうはう》の時《とき》である、又水《またすゐ》(亥《ゐ》)中《ちう》にあるの木《き》(寅《とら》)冲《ちう》にあはざれば起《おこ》らぬのである。

第七款　父の近病を占ふ

丑《うし》の月甲午《つききのえうま》の日《ひ》
復《ふく》の噬嗑《ぜいがふ》に之《ゆ》くにあふ

酉 化巳	✕	子	
亥	▬ ▬	妻	
丑 化酉	✕	兄	應
辰	▬ ▬	兄	
寅	▬ ▬	官	
子 冲	▬▬▬	子	世

断《だん》に曰《いは》く、用神巳《ようしんみ》の父母《ふぼ》が空《くう》亡《はう》にあひ日辰《につしん》より拱《きよう》す、近病《きんびやう》は空亡《くうはう》にあふときは死《し》せず、

六合卦《がふくわ》にあふときは近病《きんびやう》は凶《きよう》とす、是《こ》れ空亡《くうはう》六合《がふ》の吉凶相半《きつきようあひなか》ばするからである、但《たゞ》し忌神《きしん》が世爻《せいかう》につきて暗動《あんどう》し、又外卦《またぐわいくわ》が三合會局《がふくわいきよく》して忌神《きしん》を助《たす》けるから必《かなら》ず危《あやふ》いと云《い》へば、其人《そのひと》の曰《いは》く、何《なん》の日《ひ》が凶《きよう》であるか、答《こた》へて曰《いは》く、己亥《つちのとゐ》の日《ひ》なり、巳《み》の父母《ふぼ》を冲剋《ちうこく》すと雖《いへど》も空亡《くうはう》の内《うち》なるが故《ゆゑ》に妨《さまたげ》はないが、辛《かのと》亥《ゐ》の日《ひ》が危《あやふ》いと言《い》ひしに、果《はた》して其如《そのごと》くであつた、是《これ》は出旬逢冲逢尅《しゆつじゆんほうちうほうこく》の時《とき》だからである。

第八款　降雨の日を占ふ

未《ひつじ》の月《つき》甲辰《きのえたつ》の日《ひ》
小過《せうくわ》の革《かく》に之《ゆ》くにあふ

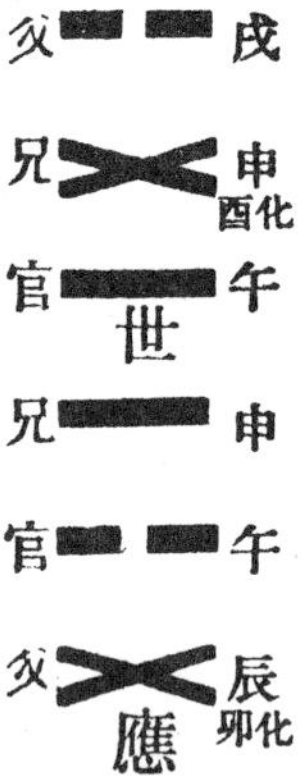

断《だん》に曰《いは》く、用神辰《ようしんたつ》の父母《ふぼ》が日《につ》辰《しん》を持《ぢ》し月建《げつけん》より比《ひ》す、又土《またど》用事《ようごと》の節《せつ》にあひ甚《はなは》だ強盛《きやうせい》とす

但《たゞ》し回頭尅《くわいとうこく》に化《くわ》し空亡《くうはう》に化《くわ》す、動爻申《どうかうさる》の爻《かう》が進神《しんく》に化《くわ》し卯《う》を尅《こく》すと雖《いへど》も、空亡《くうはう》なる故《ゆゑ》に尅《こく》を受《う》けない、乙卯《きのとう》の日出空《ひしゆつくう》の時《とき》に至《いた》りて其尅《そのこく》を受《う》け、その上暗動《うへあんどう》する戌《いぬ》の爻《かう》が酉金《とりきん》を助《たす》けて之《これ》を制《せい》す、故《ゆゑ》に此日《このひ》雨《あめ》ふるであらう、後其日《のちそのひ》に至《いた》りて雨《あめ》がなかつた、立秋《りつしう》に入《い》り辛酉《かのえとり》の日《ひ》申《さる》の時雨《ときあめ》が降《ふ》つた、是《こ》れ卦中《くわちう》の申《さる》が化《くわ》して酉《とり》となるは即《すなは》ち申《さる》の月酉《つきとり》の日《ひ》にして、乙卯《きのとう》の日《ひ》は卯爻《うかう》が旬《じゆん》を出《で》て日《ひ》に値《あ》ふといへども、動爻《どつかう》より尅《こく》し盡《つく》さない、申《さる》の月《つき》に入《い》り酉《とり》の日沖《びちう》して後《のち》に尅《こく》を受《う》けて大雨《たいう》ある事《こと》となるのである。

第百六章　月破を用ふるもの

第一款　後年就職の有無を占ふ

亥《ゐ》の月《つき》己丑《つちのとうし》の日《ひ》
兌《だ》の訟《しよう》に之《ゆ》くにあふ

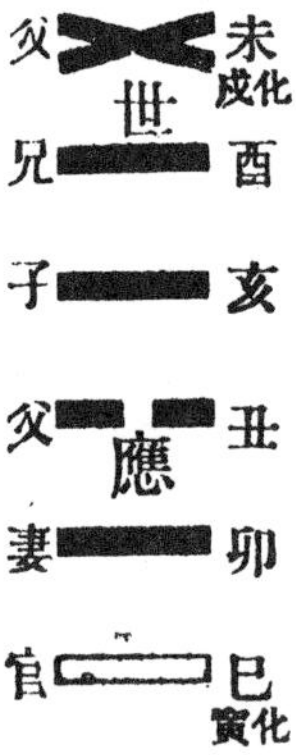

断《だん》に曰《いは》く、世爻《せいかう》が進神《しんく》に化《くわ》す、故《ゆゑ》に未《ひつじ》の爻《かう》が空亡《くうはう》すといへども、日辰《につしん》の沖《ちう》にあふ故《ゆゑ》に空亡《くうはう》

さしない、用神巳《ようしんみ》の官鬼《くわんき》が發動《はつどう》して世《せい》を生《しやう》じ長生《ちやうせい》に化《くわ》す、是《こゝ》を以《もつ》て巳《み》の年《とし》必《かなら》ず就職《しうしよく》するであらうと云へば、果《はた》して其通《そのとほ》りであつた、巳《み》の年《とし》に應《おう》ずるは實破《じつぱ》の年《とし》であるからである。

第二款　歸郷の日を占ふ

これは父《ちゝ》の近所《きんじよ》に行《ゆ》きたる者《もの》が、何《いづ》れの日《ひ》に歸《かへ》るかを占《うらな》ひたるものである。

辰《たつ》の月《つき》戊子《つちのえね》の日《ひ》
乾《けん》の夬《くわい》に之《ゆ》くにあふ

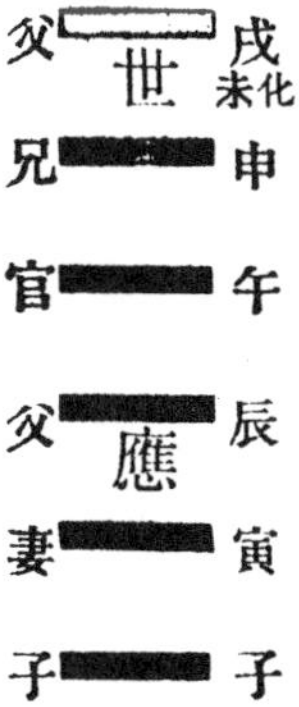

斷《だん》に曰《いは》く、用神戌《ようしんいぬ》の父母《ふぼ》が世《せい》につき、月破《げつぱ》にあふて空亡《くうばう》に化《くわ》するから、若《も》し死法《しはふ》を守《まも》つて居《を》れば歸《かへ》ることは出來《でき》ないが、轉《てん》じて他《た》に行《ゆ》くか、來《きた》りて復戻《またもど》るか、然《しか》れども朱雀《しゆじやく》を帶《お》び世《せい》につきて發動《はつどう》するから、卯《う》の日《ひ》に音信《おんしん》があり、未《ひつじ》の日《ひ》に歸《かへ》ると判《はん》ぜしに、果《はた》して其通《そのとほ》りであつた、即《すなは》ち卯《う》の日《ひ》に音信《おんしん》あるは破《は》して合《がふ》にあふの時《とき》であつて、未《ひつじ》の日《ひ》に歸《かへ》るは化出《くわしゆつ》の爻《かう》が出空《しゆつくう》の時《とき》であるからである。

第三款　將來の官途を占ふ

午《うま》の月《つき》癸卯《みづのとう》の日《ひ》
艮《ごん》の觀《くわん》に之《ゆ》くにあふ

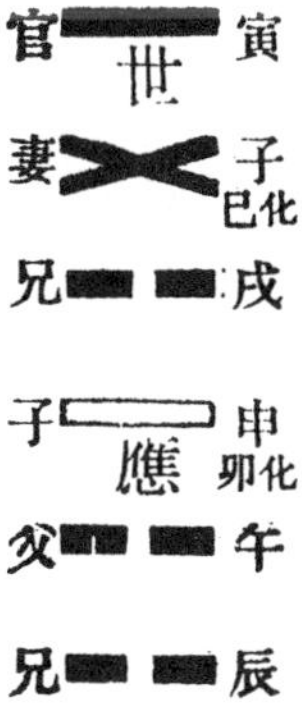

斷《だん》に曰《いは》く、用神寅《ようしんとら》の官鬼《くわんき》が世《せい》につき、申《さる》の爻《かう》が發動《はつどう》して之《これ》を剋《こく》す、今年《こんねん》七月凶兆《がつきようてう》がある、

其人曰《そのひといは》く、何事《なにごと》に由《よ》る、答《こた》へて曰《いは》く、應爻《おうかう》が發動《はつどう》して世《せい》を尅《こく》す、されば必《かなら》ず怨《うら》みある人《ひと》より起《おこ》る、若《も》し子《ね》の爻《かう》が發動《はつどう》して救《すく》ふことがなければ官職《くわんしよく》を罷《や》めらるべし、幸《さいはひ》に子《ね》の爻《かう》が發動《はつどう》するけれども、月破《げつぱ》にあふて空亡《くうばう》に化《くわ》す、階級《かいきふ》を貶《おと》さるゝ程《ほど》のことを免《まぬが》れない、果《はた》して七月《がつ》に人《ひと》の訴訟《そしよう》に遇《あ》ひ、子《ね》の月《つき》に落許《らくきよ》し、格式《かくしき》を貶《おと》さる、後子《のちね》の年《とし》四月《がつ》に至《いた》り舊《きう》の如《ごと》くに命《めい》ぜらる、是《こ》れ原神子《げんしんね》の爻《かう》が空亡月破《くうばうげつぱ》にして世《せい》を生《しやう》ずる力弱《ちからよわ》きが故《ゆゑ》に此禍《このわざはひ》がある、實破塡空《じつぱてんくう》の時《とき》に至《いた》りて用《よう》をなすのである。

第四款　子の病氣の吉凶を占ふ

寅《とら》の月甲午《つききのえうま》の日《ひ》
艮《ごん》の蒙《まう》に之《ゆ》くにあふ

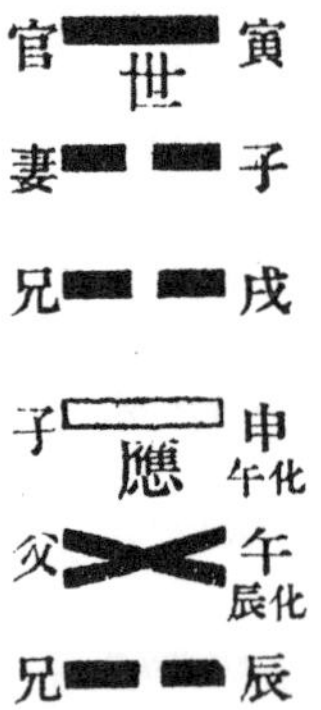

断《だん》に曰《いは》く、用神申《ようしんさる》の子孫《しそん》が月《げつ》破《ぱ》にあひ、日辰動爻《につしんどうかう》ともに之《これ》を尅《こく》し又回頭尅《またくわいとうこく》に化《くわ》す、尅《こく》ありて生《しやう》なし、速《すみやか》に家《いへ》に歸《かへ》るべし、必《かなら》ず死《し》せん、其人《そのひと》未《いま》だ去《さ》らざる間《あひだ》に人來《ひときた》りて曰《いは》く、令息申《れいそくさる》の時落命《ときらくめい》すと、是《こ》れ塡實《てんじつ》の時《とき》に尅《こく》を受《う》けて應《おう》ずるのである。

第五款　住宅買入れの吉凶を占ふ

申《さる》の月辛卯《つきかのとう》の日《ひ》
革《かく》の夬《くわい》に之《ゆ》くにあふ

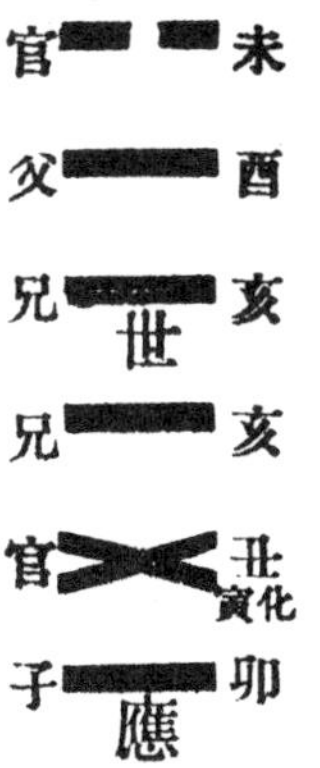

斷《だん》に曰《いは》く、月建《げつけん》より世《せい》を生《しやう》じ、酉《とり》の爻《かう》が暗動《あんどう》して世《せい》を生《しやう》ず、但《たゞ》し變出《へんしゆつ》する寅《とら》の子孫《しそん》は月破《げつぱ》にあひ、又月建並《またげつけんならび》に暗動爻《あんどうかう》の尅《こく》にあふ、子《ね》に禍《わざはひ》あり、其人遂《そのひとつひ》に此所《こゝ》に移《うつ》る、半月《はんつき》ならざるに其子《そのこ》疱瘡《はうさう》にて死亡《しばう》す。

第百七章　伏神の提抜する者あり提抜せざる者あるの占

第一款　僕の出奔するを占ふ

辰《たつ》の月丁巳《つきひのとみ》の日《ひ》
蹇《けん》の不變《ふへん》とす

斷《だん》に曰《いは》く、用神《ようしん》卯の妻財《さいざい》は午《うま》の爻《かう》の下《もと》に伏藏《ふくざう》し、伏《ふく》より飛《ひ》を生《しやう》ずるを泄氣《えいき》さす、而《しか》して世爻申金《せいかうしんきん》の尅《こく》に逢《あ》ふから逃《のが》るゝことは出來《でき》ない、盗《ぬす》みたるものは皆火《みなひ》に燒《や》くであらう、甲子《きのえね》の日捕《ひとら》ふべしと判《はん》ぜしに、果《はた》して甲子《きのえね》の日《ひ》、鍛冶《かぢ》の所《ところ》に居《を》ると聞《き》き、申《さる》の時《とき》に捕《とら》へ得《え》た、子《ね》の日《ひ》に應《おう》ずるは飛《ひ》神午《しんうま》を冲尅《ちうこく》し伏神卯《ふくしんう》を生《しやう》ずるからである、是《こ》れ伏神《ふくしん》を提抜《ていはつ》する者《もの》なき故《ゆゑ》に、志《こゝろざし》を遂《と》げずして捕《とら》へら

れたのである。

酉《とり》の月《つき》丙辰《ひのえたつ》の日《ひ》
升《しよう》の不變《ふへん》とす
ぜしに、果《はた》して然《しか》り。

卯《う》の月《つき》丙申《ひのえさる》の日《ひ》
復《ふく》の不變《ふへん》とす
ぜしに、果《はた》して然《しか》り。

第二款　子の病を占ふ

官	▅▅　▅▅		酉
父	▅▅　▅▅		亥
妻	▅▅　▅▅	世	丑 伏午
官	▅▅▅▅▅		酉
父	▅▅▅▅▅		亥
妻	▅▅　▅▅	應	丑

斷《だん》に曰《いは》く、用神《ようしん》午《うま》の子孫《しそん》は世《せい》爻丑《かうし》の下《もと》に伏藏《ふくざう》し、飛神《ひしん》旬空《じゆんくう》にあふ、午《うま》の日《ひ》癒《い》ゆべしと判《はん》

第三款　父の病を占ふ

子	▅▅　▅▅		酉
妻	▅▅　▅▅		亥
兄	▅▅　▅▅	應	丑
兄	▅▅　▅▅		辰
官	▅▅　▅▅		寅 伏巳
妻	▅▅▅▅▅	世	子

斷《だん》に曰《いは》く、用神《ようしん》巳《み》の父母《ふぼ》は寅《とら》の爻《かう》の下《もと》に伏藏《ふざう》し、飛神《ひしん》より長生《ちやうせい》す、次《つぎ》の日《ひ》癒《い》ゆべしと判《はん》

第四款　桑葉の價を占ふ

辰《たつ》の月《つき》庚申《かのえさる》の日《ひ》
既濟《きせい》の不變《ふへん》とす

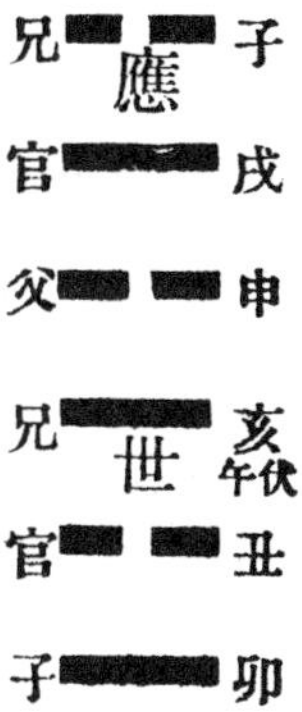

斷《だん》に曰《いは》く、用神午《ようしんうま》の妻財《さいくわ》は世《せい》爻亥《かうゐ》の爻《かう》の下《もと》に伏藏《ふくざう》して飛神《ひしん》長生《ちやうせい》にあひ、用神《ようしん》亦《また》飛神《ひしん》に絶《ぜつ》す、下直《げぢき》とす、問《と》ふて曰《いは》く、何《いづ》れの日《ひ》高《たか》く何《いづ》れの日《ひ》賤《いや》き、答《こた》へて曰《いは》く、甲子《きのえね》の旬中《じゆんちう》に入《い》り亥水空亡《ゐみづくうばう》にあふ、己午《つちのとうま》の日《ひ》高《たか》し、甲戌《きのえいぬ》の旬中《じゆんちう》に入《い》り亥水旬《ゐみづじゆん》にあふ、此後《このご》漸々《だん〱》に下落《げらく》すべしと云《い》ひしに、果《はた》して左《さ》樣《う》であつた。

第五款　病氣と祟との關係を占ふ

寅《とら》の月《つき》戊辰《つちのえたつ》の日《ひ》
小畜《せうちく》の不變《ふへん》とす

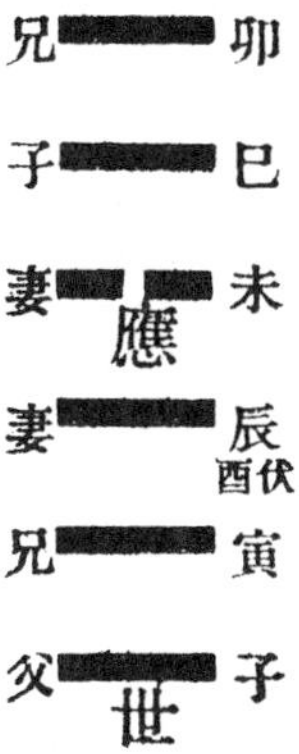

斷《だん》に曰《いは》く、用神酉《ようしんとり》の官鬼《くわんき》は辰《たつ》爻《かう》の下《もと》に伏藏《ふくざう》し、飛神《ひしん》と合《がつ》し又日辰《またにつしん》に合《がつ》せらる、伏合《ふくがふ》は藏《ざう》匿《とく》の象《かたち》とす、酉《とり》は正氣《せいき》の神《かみ》たり、第《だい》二爻《かう》は房室《はうしつ》とす、是《こ》れ房中《はうちう》の神像《しんざう》が祟《たゝり》をなすのである、其人《そのひと》曰《いは》く、觀音像《くわんおんざう》の軸《ぢく》あり、臺所《だいどころ》に藏《をさ》め置《お》く、必《かなら》ず是《こ》れなりと、是《これ》を寺《てら》に納《をさ》めて後《のち》に病《やまひ》癒ゆ○申建庚辰《しんけんかうしん》の日《ひ》、病《やまひ》あるによりて祟《たゝり》を占《うらな》ふて又此卦《またこのくわ》を得《え》たから、前《まへ》の如《ごと》く判斷《はんだん》した、其人曰《そのひといは》く、達磨《だるま》の銅像《どうざう》がある、觀《くわん》

賞《しやう》に供《きよう》せんが爲《た》め深《ふか》く藏《ざう》して匣中《かふちう》にあり、果《はた》して是《こ》れならんと、速《すみやか》に寺《てら》に納《をさ》めしめた、所《ところ》が其病《そのやまひ》は直《たゞ》ちに快癒《くわいゆ》した。

第百八章　進神及び退神に吉凶あり又遲速あるもの

第一款　何れの年に子を生むかを占ふ

酉《とり》の月庚戌《つきかのえいぬ》の日《ひ》
屯《ちゆん》に節《せつ》に之《ゆ》くにあふ

斷《だん》に曰《いは》く、用神寅《ようしんとら》の子孫《しそん》は世《せい》爻《かう》につき進神《しんく》に化《くわ》す、寅《とら》の爻《かう》空亡《くうばう》、卯《う》の爻《かう》も亦空亡《またくうばう》にして且《か》つ月破《げつぱ》にあふ、後寅《のちとら》の年卯《としう》の月《つき》に妻妾《さいせふ》ともに產《さん》して二子《し》を得《え》たり、是《こ》れ卯木月破《うぼくげつは》といへども日辰《につしん》の合《がふ》にあふ、故《ゆゑ》に時《とき》を待《ま》つて用《よう》に應《おう》ずるのである。

第二款　自ら婚姻の成否を占ふ

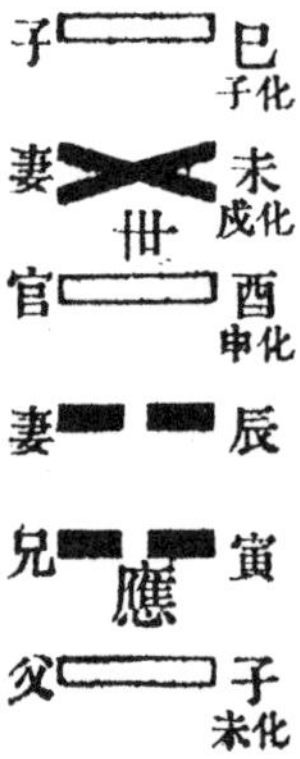

卯《う》の月乙丑《つききのとうし》の日《ひ》
噬嗑《ぜいがふ》の比《ひ》に之《ゆ》くにあふ

斷《だん》に曰《いは》く、用神未《ようしんひつじ》の妻財《さいざい》が世《せい》につき進神《しんく》に化《くわ》し、子孫發動《しそんはつどう》して之《これ》を生《しやう》ぜず、但《たゞ》し子水《ねみづ》に化《くわ》し回頭尅《くわいとうこく》にあふ、故《ゆゑ》に午《うま》の日《ひ》が子水《ねみづ》を冲《ちう》し去《さ》るの日《ひ》に成《な》るべし、即《すなは》ち午《うま》の日《ひ》は又世爻《またせいかう》を生合《しやうがふ》するの時《とき》だからである、後果《のちはた》して然《しか》り、或人問《あるひとと》ふて曰《いは》く、間爻官鬼《かんかうくわんき》が發動《はつどう》するから障《さはり》があるであらうと、答《こた》へて曰《いは》く、發動《はつどう》すと雖《いへど》も月破《げつぱ》にあひ、その上退神《うへたいしん》に化《くわ》す、障《さはり》ありといへども其力《そのちから》は甚《はなは》だ薄《うす》い、故《ゆゑ》に毫《がう》も差支《さしつかへ》はないと。

第三款　生涯の内官途に進むことを得るやを占ふ

未《ひつじ》の月《つき》丁卯《ひのとう》の日《ひ》

同人《どうじん》の革《かく》に之《ゆ》くにあふ

斷《だん》に曰《いは》く、もし子孫《しそん》が發《はつ》して用神官鬼《ようしんくわんき》を尅《こく》するを以《もつ》て論《ろん》ずるときは、終身官途《しうしんくわんと》に進《すゝ》まないのである、然《しか》れども予《よ》は辰《たつ》の年《とし》に出身《しゆつしん》すべしと判《はん》じた、果《はた》して其如《そのごと》くであつた、それは何故《なにゆゑ》かと云《い》ふに、戊土《つちのえつち》が退神《たいしん》に化《くわ》するから尅《こく》することが出來《でき》ない、而《しか》して卯日《うにち》の合《がふ》にあふ、合《がふ》は冲《ちう》にあふを待《ま》つのであるから辰《たつ》の年《とし》に應《おう》ずるのである、是《こ》れ病《やまひ》あれば醫《い》あるの法《はふ》である。

第百九章　冲處逢合合處逢冲の吉凶あるもの

第一款　他行交易の利害を占ふ

午《うま》の月丙辰《つきひのえたつ》の日《ひ》
恒《こう》の豫《よ》に之《ゆ》くにあふ

地支	卦爻	六親
戌	▬ ▬ 應	妻
申	▬ ▬	官
午	▬▬▬	子
酉 卯化	□ 世	官
亥 巳化	□	父
丑	▬ ▬	妻

斷《だん》に曰《いは》く、反吟《はんぎん》の卦《くわ》は不吉《ふきつ》であるけれども、世爻日辰《せいかうにつしん》の合《がふ》にあふから沖中逢合《ちう〱ほうがふ》とする、而《しか》して卯木《うぼく》が世爻《せいかう》を冲《ちう》するのみにして剋《こく》することはない、況《いは》んや變卦《へんくわ》も亦《また》六合《がふ》であつて、妻財戌《さい〱いぬ》の爻《かう》が暗動《あんどう》して世爻《せいかう》を生《しやう》ずるから、反覆《はんぷく》して利《り》を得《う》ると判《はん》ぜしに、果《はた》して其如《そのごと》くであつた。

第二款　借金の成否を占ふ

戌《いぬ》の月甲辰《つききのえたつ》の日《ひ》
坤《こん》の不變《ふへん》とす

地支	卦爻	六親
酉	▬ ▬ 世	子
亥	▬ ▬	妻
丑	▬ ▬	兄
卯	▬ ▬ 應	官
巳	▬ ▬	父
未	▬ ▬	兄

斷《だん》に曰《いは》く、應爻《おうかう》は空亡《くうはう》にあひ又《また》六冲卦《ちうくわ》にあふから固《もと》より成《なり》立《た》たないのであるけれども、但《たゞ》し月建《げつけん》が應爻《おうかう》に合《がつ》し世爻《せいかう》を生《しやう》じ、日辰世爻《につしんせいかう》に合《がつ》するので沖中逢合《ちう〱ほうがふ》とする、故《ゆゑ》に先《さ》きには成立《なりた》たないけれども後《のち》には出來《でき》ると云《い》へば、其人曰《そのひといは》く、前月往《ぜんげつゆ》きて求《もと》めたが貸《か》さなかつた、それに今再《いまふた》たび頼《たの》まれませうかと、予曰《よいは》く、前月許《ぜんげつゆる》さぬことは六冲《ちう》に現《あら》はれて居《を》る、けれども今求《いまもと》むれば必《かなら》ず得《え》られる、それは逢合《ほうがふ》であるからである、其人曰《そのひといは》く、何《いづ》れの日《ひ》が宜《よろ》しきや、予曰《よいは》く、甲寅《きのえとら》の旬《じゆん》に入《い》り、應爻卯《おうかうう》木《ぼく》が空亡《くうはう》を出《で》る、寅《とら》の日《ひ》又妻財《またさい〱》に合《がつ》するから甲寅《きのえとら》の日《ひ》に出來《でき》ると言《い》へば、果《はた》して其如《そのごと》くであつた。

第三款　遺失の銀を復得べきや否やを占ふ

寅《とら》の月戊戌《つきつちのえいぬ》の日《ひ》
巽《そん》の訟《しよう》に之《ゆ》くにあふ

断《だん》に曰《いは》く、六冲卦《ちうくわ》にあふと雖《いへど》も、用神未《ようしんひつじ》の妻財《さい〲》が回頭生《くわいとうしやう》合《がふ》に化《くわ》するから冲中逢合《ちう〱ほうがふ》とする、失《うしな》ふて復得《またう》るの象《かたち》なり、或人《あるひと》曰《いは》く、應爻白虎《おうかうびやくこ》の官鬼發動《くわんきはつどう》し妻財玄武《さい〲げんぶ》を帯《お》ぶ、復得《またう》べからずと、答《こた》へて曰《いは》く、應爻《おうかう》は他人《たにん》にして回頭尅《くわいとうこく》に化《くわ》す、而《しか》して冲中逢合《ちう〱ほうがふ》の卦《くわ》は世爻日辰《せいかうにつしん》の合《がふ》にあふ、必《かなら》ず得《う》べしと、其人《そのひと》曰《いは》く、何《いつ》れの日《ひ》に得《う》べきや、答《こた》へて曰《いは》く、原神巳《げんしんみ》の子孫《しそん》は空亡《くうはう》す、其病巳《そのやまひみ》にあり、故《ゆゑ》に乙巳《きのとみ》の日《ひ》得《う》べしと判《はん》せしに、果《はた》して其通《そのとほ》りであつた。

第四款　自ら婚姻の吉凶を占ふ

辰《たつ》の月丁酉《つきひのととり》の日《ひ》
否《ひ》の不變《ふへん》とす

断《だん》に曰《いは》く、此《か》くの如《ごと》き六合卦《がふくわ》は婚姻《こんいん》に最《もつと》も吉《きち》であるのであるけれども、世爻《せいかう》が日辰《につしん》の冲《ちう》に逢《あ》ひ應爻《おうかう》が月破《げつぱ》にあふので合處逢冲《がふしよほうちう》とする、故《ゆゑ》に不吉《ふきつ》であると判《はん》せしに、果《はた》して其月《そのつき》の内《うち》に其人《そのひと》は大病《たいびやう》を得《え》て、未《ひつじ》の月《つき》に至《いた》り其女《そのをんな》は病死《びやうし》して了《しま》つた、蓋《けだ》し未《ひつじ》の月《つき》は世爻妻財《せいかうさい〲》共《とも》に墓《ぼ》に入《い》るの時《とき》であるか

らである。

卯《う》の月乙卯《つききのとう》の日《ひ》

旅《りよ》の不變《ふへん》とす

第五款　人と謀りて財を得ることを占ふ

巳　未　酉冲　申　午　辰

　　　應　　　　世

兄　子　妻　妻　兄　子

斷《だん》に曰《いは》く、六合《がふ》の卦世應相生《くわせいおうあひしやう》ず、故《ゆゑ》に成立《せいりつ》しさうであるけれども、卯《う》の月日《つきひ》が應《おう》につきたる妻財《さいく》を冲《ちう》するから得難《えがた》いとする、其人曰《そのひといは》く、明日面談《あすめんだん》して約《やく》すべしと言《い》ひ來《きた》りたれば成《な》らざるの理《り》なしと、果《はた》して次《つぎ》の日約《ひやく》をなし、壬戌《みづのえいぬ》の日《ひ》に後悔違變《こうくわいゐへん》して了《しま》つた、つまり次《つぎ》の日《ひ》に約《やう》をなしたのは辰《たつ》の日《ひ》が應爻《おうかう》に合《がつ》したのであつて、戌《いぬ》の日《ひ》に變《へん》ずるのは世爻《せいかう》が冲《ちう》にあふからである、是《こ》れ合處逢冲《がふしよほうちう》である。

第六款　師の近病を占ふ

午《うま》の月辛亥《つきかのとゐ》の日《ひ》

節《せつ》の不變《へん》とす

子　戌　申　丑　卯　巳冲

　　　應　　　　世

兄　官　父　官　子　妻

斷《だん》に曰《いは》く、六合《がふ》の卦《くわ》は近病《きんびやう》を占《うらな》ふには必《かなら》ず死《し》するとする、然《しか》れども世爻《せいかう》が日辰《につしん》の冲《ちう》にあふときは合處逢冲《がふしよほうちう》となる、故《ゆゑ》に危《あやふ》しといへども救《すく》ふことがある、其人《そのひと》問《と》ふて曰《いは》く、何《いつ》れの日危《ひあやふ》く何《いつ》れの日《ひ》救《すく》ふべきや、答《こた》へて曰《いは》く、丑《うし》の日《ひ》用神《ようしん》が墓《ぼ》に入《い》るから危《あやふ》い、併《しか》し甲寅《きのえとら》の日《ひ》に用神《ようしん》が冲動《ちうどう》するから救《すく》はれると云《い》へば、果《はた》して其言《そのげん》の如《ごと》くであつた。

第七款　兄の近病を占ふ

巳	▅▅▅▅▅	官	
未	▅▅　▅▅	父	
酉	▅▅▅▅▅	兄	世
卯	▅▅　▅▅	妻	
巳	▅▅　▅▅	官	
未	▅▅　▅▅	父	應

寅《とら》の月《つき》戊辰《つちのえたつ》の日《ひ》
晉《しん》の不變《ふへん》とす

断《だん》に曰《いは》く、用神酉《ようしんとり》の兄弟《けいてい》は日《にち》辰《しん》の合《がふ》にあふ、近病《きんびやう》に宜《よろ》しからず、されど幸《さいはひ》に明日《あす》卯《う》の節《せつ》に入《い》り冲《ちう》にあふから癒《なほ》ると言《い》ひしに、果《はた》して其如《そのごと》くであつた、是《こ》れ亦合處逢冲《またがふしよほうちう》だからである。

第八款　再度の縁談を占ふ

巳	▅▅▅▅▅	父	
未	▅▅　▅▅	子	世
酉	▅▅▅▅▅	妻	
亥	▅▅▅▅▅	官	應
丑	▅▅　▅▅	子	
卯 化 辰	▭	父	

未《ひつじ》の月丁巳《つきひのとみ》の日《ひ》
離《り》の旅《りよ》に之《ゆ》くにあふ

断《だん》に曰《いは》く、六冲《ちう》が變《へん》じて六合《がふ》となる、散《さん》じて復成《またな》り離《はな》れて復合《またあ》ふの象《かたち》である、又卯木《またうぼく》が發動《はつどう》して世爻《せいかう》を生《しやう》ず、縁談《えんだん》は調《とゝの》ふべし、果《はた》して次《つぎ》の寅《とら》の年辰《としたつ》の月《つき》に復《ふたゝ》び成立《せいりつ》した、その辰《たつ》の月《つき》に應《おう》ずるのは、用神酉《ようしんとり》の妻財《さいざい》が合《がふ》にあふの時《とき》だからである、化出《くわしゆつ》したる辰《たつ》の爻《かう》は占《うらな》ふ時《とき》に現《あら》はれたる機兆《きてう》である、寅《とら》の年《とし》に應《おう》ずるは、應爻《おうかう》が暗動《あんどう》して冲《ちう》にあひたる者《もの》の合《がふ》にあふの時《とき》だからである。

第百十章　長生墓絶によりて吉凶を斷ずるもの

第一款　何れの日財を得るやを占ふ

巳《み》の月《つき》戊寅《つちのえとら》の日《ひ》

離《り》の豊《ほう》に之《ゆ》くにあふ

巳 化戌	○	世	兄
未	‥		子
酉	—		妻
亥	—	應	官
丑	‥		子
卯	—		父

斷《だん》に曰《いは》く、用神《ようしん》酉《とり》の妻財《さいざい》は安《あん》静《せい》なれば、明日《あす》卯《う》の日《ひ》冲《ちう》にあふて得《う》べし、兄弟《けいてい》が世爻《せいかう》を持《ぢ》し發動《はつどう》すと雖《いへど》も、化《くわ》して墓《ぼ》に入《い》るから尅《こく》することは出來《でき》ないからである、果《はた》して其如《そのごと》くであつた。

第二款　妻の近病を占ふ

午《うま》の月《つき》己卯《つちのとう》の日《ひ》

震《しん》の豊《ほう》に之《ゆ》くにあふ

戌	‥	世	妻
申	‥		官
午	—		子
辰 化亥	✕	應	妻
寅	‥		兄
子	—		父

斷《だん》に曰《いは》く、近病《きんびやう》の六冲《ちう》にあふは死《し》せずとす、世爻《せいかう》が日辰《につしん》の合《がふ》にあふて辰《たつ》の爻《かう》が發動《はつどう》して之《これ》を冲《ちう》す、次《つぎ》の日辰《ひたつ》の日《ひ》に癒《い》ゆべしと斷《だん》ぜしに、果《はた》して其通《そのとほ》りであつた。

第三款　出産の吉凶を占ふ

寅《とら》の月《つき》戊子《つちのえね》の日《ひ》
剝《はく》の觀《くわん》に之《ゆ》くにあふ

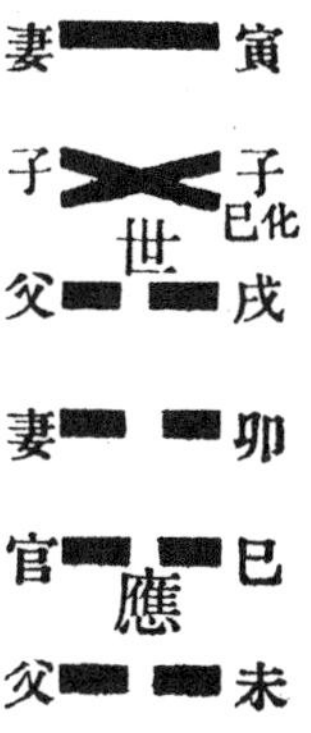

斷《だん》に曰《いは》く、子《ね》の子孫《しそん》が日辰青《につしんせい》龍《りう》を帶《お》び、發動《はつどう》して絶《ぜつ》に化《くわ》す、今日巳《けふみ》の時《とき》に生《うま》れて死《し》すべし

と言《い》ひしに、果《はた》して的中《てきちう》した、是《これ》は吉神《きつしん》が絶《ぜつ》に化《くわ》し官鬼《くわんき》に化《くわ》するからである。

第四款　子の病の吉凶を占ふ

子《ね》の月《つき》辛未《かのとひつじ》の日《ひ》
漸《ぜん》の中孚《ちうふ》に之《ゆ》くにあふ

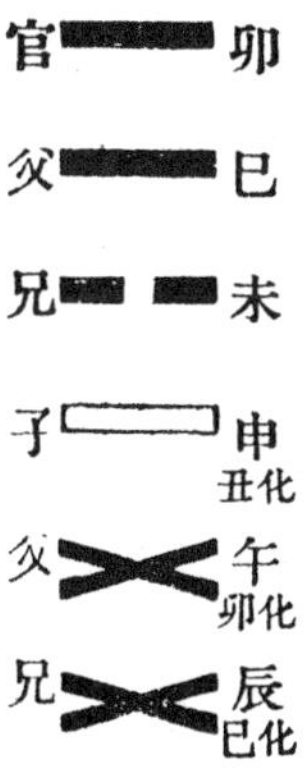

斷《だん》に曰《いは》く、用神申《ようしんさる》の子孫《しそん》が世《せい》爻《かう》につきて丑《うし》に化《くわ》し墓《ぼ》に入《い》る然《しか》れども日辰《につしん》これを冲《ちう》し、又《また》日辰動爻《につしんどうかう》ともに之《これ》を生《しやう》ず、故《ゆゑ》に今日午《けふうま》の時以後《ときいご》癒《い》ゆべしと言《い》ひしに、果《はた》して其如《そのごと》くであつた。

第五款　友の父の病を占ふ

辰《たつ》の月《つき》甲寅《きのえとら》の日《ひ》
屯《ちゆん》の震《しん》に之《ゆ》くにあふ

斷《だん》に曰《いは》く、用神申《ようしんさる》の父母《ふぼ》が絶《ぜつ》にあふて原神《げんしん》は長生《ちやうせい》に化《くわ》す、故《ゆゑ》に絶處逢生《ぜつしやほうしやう》とす、されば危《あやふ》くとも救《すく》ふべし、但《たゞ》し用神《ようしん》が回頭剋《くわいとうこく》に化《くわ》し原神《げんしん》は月破《げつぱ》にあふので、長生《ちやうせい》に化《くわ》すと雖《いへど》も日辰《につしん》の冲《ちう》にあひ

又《また》絶《ぜつ》にあふから救《すく》ふことは出來《でき》ないと判《はん》ぜしに、果《はた》して其日《そのひ》午《うま》の時《とき》に死亡《しはう》せり。

第六款　弟の病の吉凶を占ふ

申《さる》の月《つき》丙辰《ひのえたつ》の日《ひ》
既濟《きせい》の豊《はう》に之《ゆ》くにあふ

断《だん》に曰《いは》く、用神《ようしん》子《ね》の兄弟《けいてい》は空《くう》亡《はう》にあひ墓《ぼ》に入《い》るといへども原神《げんしん》は發動《はつどう》して貪生忘尅《とんしやうはうこく》にあふ、而《しか》して甲子《きのえね》の日《ひ》用神《ようしん》は空亡《くうはう》を出《い》でゝ仇神《きうしん》を冲去《ちうきよ》するから其日《そのひ》に癒《なほ》ると言《い》ひしに、果《はた》して其如《そのごと》くであつた。

第七款　他國に居る子の動靜及び歸家の日を占ふ

申《さる》の月《つき》癸丑《みづのとうし》の日《ひ》
損《そん》の不變《ふへん》とす

断《だん》に曰《いは》く、用神《ようしん》申《さる》の子孫《しそん》が墓《ぼ》に入《い》り又《また》墓下《ぼか》に伏《ふく》す、恐《おそ》らくは大難《だいなん》があらう、其人《そのひと》曰《いは》く、先日音信《ぜんじつおんしん》あり、八月《がつ》發足《ほつそく》すべしと云《い》ふ、故《ゆゑ》に占《うらな》ふと、予《よ》曰《いは》く、此卦《このくわ》は其《そ》の歸期《きき》を断定《だんてい》し難《がた》しと、更《さら》に其弟《そのおとうと》來《きた》りて曰《いは》く、我《わ》が姪平安《めいへいあん》なりや否《いな》やと、因《よつ》て又《また》占《うらな》ふに次《つぎ》の如《ごと》し。

第八款　同　断

同日《どうじつ》とす
无妄《むはう》の頤《い》に之《ゆ》くにあふ

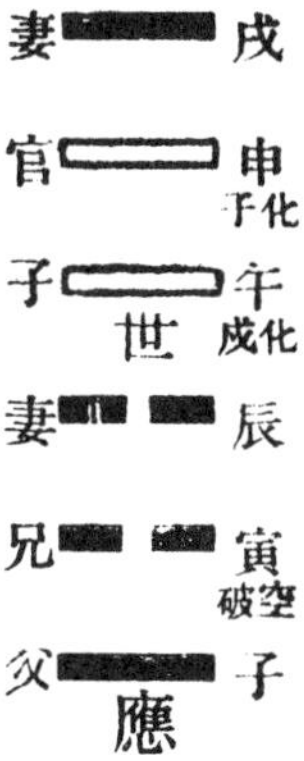

斷《だん》に曰《いは》く、前卦《ぜんくわ》は用神《ようしん》が現《あら》はれないで墓《ぼ》に入《い》り、此卦《このくわ》は用神《しん》が出現《しゆつげん》して墓《ぼ》に化《くわ》す、况《いは》んや原神《げんしん》は眞破眞空《しんぱしんくう》にして生助《しやうじよ》するものなく、又官鬼《またくわんき》は月建《げつけん》を持《ぢ》して道路《だうろ》の爻《かう》にありて發動《はつどう》するので皆《みな》大不吉《だいふきつ》とすると云《い》へば、其人曰《そのひといは》く、昨日口信《きのふこうしん》を聞《き》く、五月中舟《がつちうふね》を覆《くわがへ》して溺死《できし》すと、此便《このびん》で頗《すこぶ》る明瞭《めいれう》して居《を》るのであるけれども、餘《あま》りに卦理《くわり》の推考《すゐかう》が明白《めいはく》なるに驚《おどろ》いたので此《か》く再《ふた》び占《うらな》つたのであると。

第九款　夫の妹の病を占ふ

亥《ゐ》の月丙寅《つきひのえとら》の日《ひ》
咸《かん》の蹇《けん》に之《ゆ》くにあふ

斷《だん》に曰《いは》く、夫《をつと》の姉妹《しまい》は官鬼《くわんき》を用神《ようしん》とする、午《うま》の官鬼《くわんき》は長生《ちやうせい》にあふと雖《いへど》も、亥水《ゐみづ》が發動《はつどう》して之《これ》を尅《こく》し長生《ちやうせい》に化《くわ》す、されば必《かなら》ず死《し》すべしと判《はん》ぜしに、果《はた》して乙亥《きのとゐ》の日《ひ》に死《し》した、乙亥《きのとゐ》の日《ひ》は亥水《ゐみづ》出空《しゆつくう》の時《とき》だからである。

第十款　弟婦懷妊して病あるによりて平産するやを占ふ

卯《う》の月《つき》乙未《きのとみ》の日《ひ》
困《こん》の坎《かん》に之《ゆ》くにあふ

未	⚋	父	
酉	⚊	兄	
亥化申	□	子	應
午	⚋	官	
辰	⚊	父	
寅	⚋	妻	世

斷《だつ》に曰《いは》く、弟《おとうと》の妻《つま》は妻財《さいくわ》を用神《ようしん》とする、寅《とら》の妻財《さいくわ》が墓《ぼ》に入《い》る、是《こ》れ即《すなは》ち現在《げんざい》の病《やまひ》なり、亥《ゐ》水《みづ》長生《ちやうせい》に化《くわ》して用神《ようしん》を生合《しやうがふ》す、必《かなら》ず平産《へんさん》すべし、其人《そのひと》何《いづ》れの日《ひ》に産《さん》すべきやと問《と》ふ、答《こた》へて曰《いは》く、亥《ゐ》水《みづ》申《さる》に化《くわ》し發動《はつどう》して世爻《せかう》に合《がつ》す、是《こゝ》を以《もつ》て明日《あす》出産《しゆつさん》すると斷《だん》ぜしに、果《はた》して分娩《ぶんべん》した。

第十一款　人の惡事を上聞するに反つて害に遇ふや否やを占ふ

巳《み》の年《とし》巳《み》の月《つき》卯《う》の日《ひ》
旅《りよ》の不變《ふへん》とす

巳	⚊	兄	
未	⚋	子	
酉	⚊	妻	應
申	⚊	妻	
午	⚋	兄	
辰	⚋	子	世

斷《だん》に曰《いは》く、應爻《おうかう》酉金《とりきん》が若《も》し卯《う》日《にち》の冲《ちう》に遇《あ》はなかつたならば年月《ねんげつ》の長生《ちやうせい》にあふを以《もつ》て論《ろん》ずべきである、然《しか》るに日辰《につしん》の冲《ちう》にあふから、年月《ねんげつ》に剋《こく》せらるゝを以《もつ》て斷《だん》ずるので有傷無救《いうしやうむきう》となる、依《よ》つて彼人《かのひと》の勢《いきほひ》は必《かなら》ず衰《おとろ》ふであらう、又世爻《またせいかう》が子孫《しそん》を持《ぢ》するから必《かなら》ず己《おのれ》に害《がい》はないと言《い》ひしに、果《はた》して其《その》通《とほ》りであつた。

第百十一章　六冲六合の吉凶

第一款　姪の身上に害なきや否やを占ふ

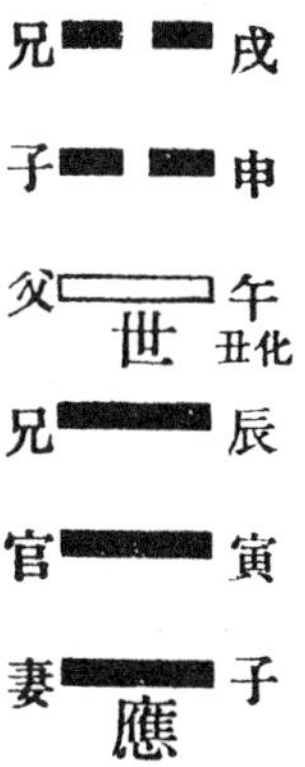

酉《とり》の月《つき》壬子《みづのえね》の日《ひ》
大壮《たいさう》の泰《たい》に之《ゆ》くにあふ

断《だん》に曰《いは》く、六冲《ちう》の卦《くわ》は凡《すべ》て事《こと》が散《さん》ずるとする、又世爻《またせいかう》につきたる父母《ふぼ》が日辰《につしん》に冲散《ちうさん》せられるから必《かなら》ず害《がい》はないと云《い》へば、其人曰《そのひといは》く、姪我方《めひわがかた》に來《きた》りしに由《よ》り嚴《げん》に之《これ》を責《せめ》たりしが、人《ひと》ありて懇《ねんご》ろに言《い》ひ宥《なだ》むるから、それにて事《こと》を濟《す》ませて了《しま》つたと、誠《まこと》に其通《そのとほ》りであつた。

第二款　文書の到る日を占ふ

巳《み》の月《つき》丁酉《ひのとゝり》の日《ひ》
乾《けん》の不變《ふへん》とす

断《だん》に曰《いは》く、父母《ふぼ》が兩爻《りやうかう》ありて、辰《たつ》の爻《かう》が空亡《くうばう》にあふ、之《これ》を用《よう》神《しん》とす、六冲《ちう》の卦《くわ》にして用神《ようしん》は日辰《につしん》の合《がふ》にあふ冲處逢合《ちうしよほうがふ》である、されば辰《たつ》の日《ひ》に到《いた》ると判《はん》せして、果《はた》して其如《そのごと》くであつた、蓋《けだ》し辰《たつ》の日《ひ》は出空《しゆつくう》の時《とき》であるからである。

第三款　開店の吉凶を占ふ

午《うま》の月丙子《つきひのえね》の日《ひ》
大壯《たいさう》の巽《そん》に之《ゆ》くにあふ

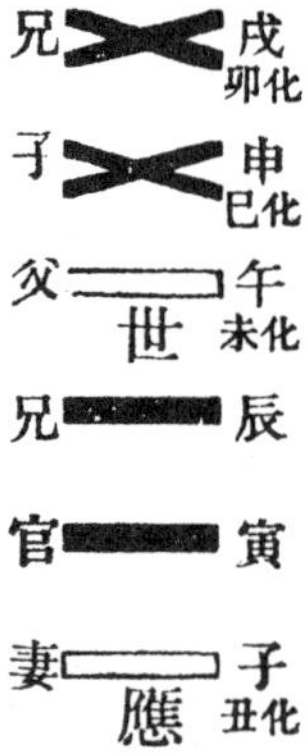

斷《だん》に曰《いは》く、六冲《ちう》の卦《くわ》が六冲《ちう》の卦《くわ》に變《へん》じたのであるから開《ひら》かぬ方《はう》が宜《よろ》しい、尤《もつと》も午《うま》の爻《かう》が日辰《につしん》の冲《ちう》にあふと雖《いへど》も、月建《げつけん》を帶《お》び合《がふ》に化《くわ》するから目下《もくか》の所《ところ》では別《べつ》に害《がい》はない、けれども冬月《とうげつ》に至《いた》れば恐《おそ》らくは變《へん》があるであらうと判《はん》ぜしに、果《はた》して其言《そのげん》の如《ごと》く、冬《ふゆ》に至《いた》り故障《こしやう》が出來《でき》て止《や》めて了《しま》つた。

第四款　父子共に捕はるゝに由り吉凶を占ふ

申《さる》の月乙卯《つききのとう》の日《ひ》
巽《そん》の坤《こん》に之《ゆ》くにあふ

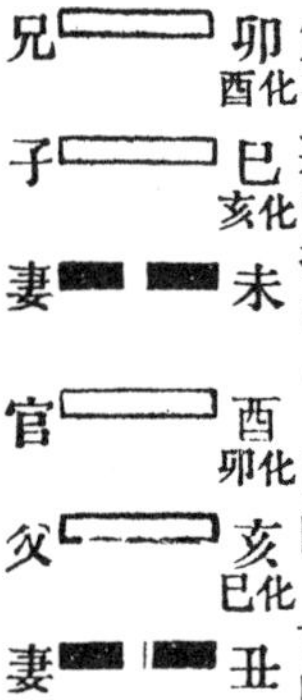

斷《だん》に曰《いは》く、六冲卦《ちうくわ》は凡《すべ》て散《さん》ずるを主《つかさ》ざる、但《たゞ》し又變《またへん》じて六冲《ちう》となり、內外卦《ないぐわいくわ》ともに反吟《はんぎん》にあふ、故《ゆゑ》に亂中亂擊《らんちうらんげき》とする、而《しか》して世爻子孫《せいかうしそん》ともに回頭剋《くわいとうこく》に化《くわ》す、故《ゆゑ》に必《かなら》ず凶《きよう》であると斷《だん》せしに、果《はた》して父子《ふし》ともに重罪《ぢうざい》に處《しよ》せられた。

第五款　往て商賣するに利益ありやを占ふ

未《ひつじ》の月乙亥《つききのとゐ》の日《ひ》
兌《だ》の震《しん》に之《ゆ》くにあふ

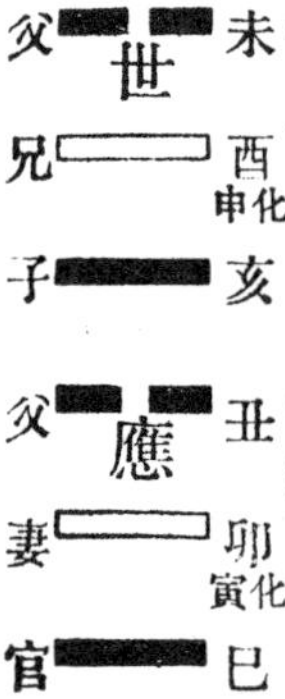

斷《だん》に曰《いは》く、六冲《ちう》の卦《くわ》が變《へん》じて六冲《ちう》となり、又內外卦《またないぐわいくわ》ともに反吟《はんぎん》にあふ、今《いま》にあたりて世《せい》

が月建《げつけん》を帶《お》ぶ、汝《なんぢ》は往《ゆ》くことに決《き》めてゐるが、若《も》し往《ゆ》けば損失《そんしつ》がある、由來反吟《ゆらいはんぎん》の卦《くわ》に買《か》はうと思《おも》ふ品物《しなもの》が拂底《ふつてい》してゐる、さればと云《い》つて別《べつ》の品物《しなもの》に換《か》へては利益《りえき》がないと言《い》へば、其人《そのひと》は安平《あんぺい》であらうか否《いな》やと問《と》ふので、答《こた》へて曰《いは》く、兌《だ》が變《へん》じて震《しん》となるときは、冲《ちう》の力《ちから》があるけれども尅《こく》の能《のう》はないから必《かなら》ず無事《ぶじ》であると判《はん》ぜしに、果《はた》して其人《そのひと》は往《い》つて蔾豆《いんげん》を買《か》はんとするに其地《そのち》に拂底《ふつてい》であつた爲《た》め、改《あらた》め棉花《めんくわ》を買入《かひい》れて終《つひ》に損失《そんしつ》を招《まね》いだ、凡《すべ》て六冲《ちう》が化《くわ》して六冲《ちう》となるは吉象《きつしやう》であるけれども、吉爻生《きつかうしやう》合等《ごふとう》にあふとも皆散《みなさん》ずるの兆《てう》である。

第六款　賭の勝負を占ふ

酉	▬ ▬	子	世
亥	▬ ▬	妻	
丑	▬ ▬	兄	
卯	▬ ▬	官	應
巳	▬ ▬	父	
未	▬ ▬	兄	

子《ね》の月《つき》己巳《つちのとみ》の日《ひ》
坤《こん》の不變《ふへん》とす

斷《だん》に曰《いは》く、世《せい》より應《おう》ずれば我《わ》が勝《かち》とする、但《たゞ》し日辰《につしん》が亥《ゐ》の妻財《さいぐ》を冲《ちう》し、應《おう》を生《しやう》じて世《せい》を助《たす》けず、故《ゆゑ》に必《かなら》ず負《ま》くべし、併《しか》し幸《さいはひ》に六冲《ちう》の卦《くわ》であるから定《さだ》めて半途《はんと》にして散《さん》ずるであらう、されば負《ま》けたとて澤山《たくさん》のことはあるまいと言《い》へば、果《はた》して錢《せん》を爭《あらそ》ふにより久《ひさ》しからざるに散《さん》じて了《しま》つた、その澤山《たくさん》に負《ま》けなかつたのは、空亡《くうばう》の妻財《さいぐ》が應《おう》を生《しやう》じたからである、爭《あらそひ》により散《さん》じたるは、朱雀《しゆじやく》が妻財《さいぐ》につきて暗動《あんどう》したからである、然《しか》らざれば大敗《たいはい》を招《まね》いたのである。

第七款　子の久病を占ふ

寅《とら》の月甲午《つききのえうま》の日《ひ》
大壯《たいさう》の不變《ふへん》とす

断《だん》に曰《いは》く、久病《きうびやう》を占《うらな》ふて六冲《ちう》にあふときは必《かなら》ず死《し》すとする即《すなは》ち用神《ようしん》申《さる》の子孫《しそん》が月破《げつは》にあひ、又日辰《またにつしん》が世爻《せいかう》につきて之《これ》を尅《こく》す、故《ゆゑ》に今日死《けふし》すべし、但《たゞ》し卦中子《くわちうね》の爻《かう》が暗動《あんどう》して午火《うまひ》を制《せい》するから、明日《あす》未《ひつじ》の日子《ひね》の爻《かう》が制《せい》を受《う》け忌神《きしん》が合《がふ》にあふ、故《ゆゑ》に辰《たつ》の時死《ときし》すべしと言《い》ひしに、果《はた》して其通《そのとほ》りであつた。

第八款　發足したる人に追付くべきやを占ふ

昔時《むかし》は當今《たうこん》の如《ごと》く郵便制度《いうびんせいど》といふものが無《な》かつたので、遠方《ゑんぱう》へ通信《つうしん》せんとするには、町村内《ちやうそんない》に其用《そのよう》を辨《べん》ずる爲《ため》に飛脚《ひきやく》なる者《もの》があつた、今本項《いまほんこう》で發足《ほつそく》したる人《ひと》といふ其者《そのもの》を指《さ》すので、それを追《お》つかけて書簡《しよかん》を託《たく》することが出來《でき》るか否《いな》やと云《い》ふのであつて、極《きは》めて機敏《きびん》を要《えう》することなのである。

卯《う》の月甲午《つききのえうま》の日《ひ》
否《ひ》の不變《ふへん》とす

断《だん》に曰《いは》く、六合《がふ》の卦《くわ》は凡《すべ》ての事《こと》が成《な》り易《やす》い、但《たゞ》し明日《あす》未《ひつじ》の時清明《ときせいめい》の節《せつ》に入《い》り辰《たつ》の月建《げつけん》となるの時應爻《ときおうかう》が冲《ちつ》にあふ、此時《このとき》は必《かなら》ず遠《とは》く去《さ》るから、今夕夜《こんゆふよ》ごほしに追掛《おひか》ければ遇《あ》ふことが出來《でき》ると判《はん》じた所《ところ》が、果《はた》して其《そ》の次《つぎ》の日《ひ》に今《いま》や船《ふね》に乘《の》つて出《で》やうとした所《ところ》に追付《おひつ》いて目的《もくてき》を達《たつ》した。

第九款　金を借ることを占ふ

巳《み》の月甲戌《つききのえいぬ》の日《ひ》
復《ふく》の豫《よ》に之《ゆ》くにあふ

斷《だん》に曰《いは》く、六合《がふ》の卦《くわ》が化《くわ》して六合《がふ》となるときは凡《すべ》て事《こと》は成《な》り易《やす》いのである、但《たゞ》し亥《ゐ》の妻《さい》財《く》が月破《げつは》にあひ、酉《とり》の原神《げんしん》は空亡《くつはう》にあひ、世爻《せいかう》につきたる妻財《さいく》は回頭剋《くわいとうこく》に化《くわ》し、又日辰《またにつしん》の剋《こく》にあひ、辰《たつ》の爻《かう》は暗動《あんどう》の剋《こく》にあひ、又丑《またうし》の剋《こく》にあふ、此《か》く剋《こく》することを重々大過《ぢうぢうたいくわ》とする、されば借金《しやくきん》の事《こと》につきては不意《ふい》の難《なん》を戒《いまし》められよ、其人曰《そのひといは》く、昨日友人《きのふいうじん》と同道《どうだう》して行《ゆ》くべしと約《やく》す、借金《しやくきん》のこと調《とゝの》ひ難《がた》きか、予曰《よいは》く、その友人《いうじん》とは如何《いか》なる人《ひと》ぞ、其人曰《そのひといは》く、遠方《ゑんぱう》の人《ひと》なりと、依《よ》つて予《よ》は强《し》ひて之《これ》を止《とゞ》むれども從《したが》はずして、同伴《ごうはん》して行《ゆ》き金《かね》を借《か》り、歸《かへ》る途中《とちう》に於《おい》て其友人《そのいうじん》の爲《ため》に殺害《せつがい》せられた。

第十款　家庭敎師を聘するの可否を占ふ

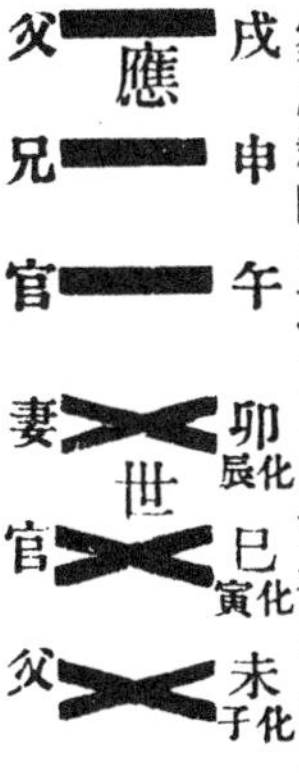

巳《み》の月甲寅《つききのえとら》の日《ひ》
否《ひ》の乾《けん》に之《ゆ》くにあふ

斷《だん》に曰《いは》く、用神戌《ようしんいぬ》の應爻《おうかう》が父《ふ》母《ぼ》を持《ぢ》す、故《ゆゑ》に學才《がくさい》は十分《ぶん》とす、但《たゞ》し六合《がふ》が化《くわ》して六冲《ちつ》となるより見《み》るときは、變《へん》ありて久《ひさ》しく遂《と》げない、それは何故《なぜ》かと云《い》ふに、初爻未《しよかうひつじ》の父母《ふぼ》が化《くわ》して子孫《しそん》となり空亡《くうはう》にあふ、父母《ふぼ》は發動《はつどう》して子孫《しそん》を尅《こく》す、是《こゝ》を以《もつ》て子孫《しそん》に災《わざはひ》があらんかと言《い》へば、果《はた》して午《うま》の月子《つきね》水《みづ》が月破《げつぱ》にあふの時《とき》、其子《そのこ》が死亡《しばう》したので教師《けうし》を辭《こと》はつた。

第百十二章　三刑にあふて凶とするもの

第一款　姪孫の病を占ふ

寅《とら》の月庚申《つきかのえさる》の日《ひ》
家人《かじん》の離《り》に之《ゆ》くにあふ

卯	━━━		兄
巳化未	▭	應	子
未化酉	✕		妻
亥	━━━		父
丑	━ ━	世	妻
卯	━━━		兄

斷《だん》に曰《いは》く、用神巳《ようしんみ》の子孫《しそん》は月《つき》より生《しやう》じ日《ひ》より合《がつ》するから、治《なほ》りさうである、けれども月《げつ》建日辰巳《けんにつしんみ》の動爻《どうかう》と三刑《けい》をなすから必《かなら》ず危《あやふ》いと言《い》へば、果して寅《とら》の日《ひ》寅《とら》の時《とき》に死亡《しばう》した。

第二款　夫の病を占ふ

辰《たつ》の月戊午《つきつちのえうま》の日《ひ》
離《り》の頤《い》に之《ゆ》くにあふ

巳	━━━	世	兄
未	━ ━		子
酉化戌	▭		妻
亥化辰	▭	應	官
丑	━ ━		子
卯	━━━		父

斷《だん》に曰《いは》く、用神亥《ようしんゐ》の官鬼《くわんき》は原《げん》神酉金《しんとりきん》の生《しやう》をうく、但《たゞ》し化《くわ》して墓《ぼ》に入《い》り、又月建回頭尅《またげつけんくわいとうこく》に

あふ、又月建日辰動爻辰午酉亥《またげつけんにつしんどうかうたつうまとりゐ》の月刑《げつけい》みな備《そな》はる、此病《このやまひ》は即日危《そくじつあやふ》しと判《はん》ぜしに、果《はた》して其日午《そのひうま》の時《とき》に死亡《しはう》した。

第三款　妻の近病を占ふ

亥《ゐ》の月戊戌《つきつちのえいぬ》の日《ひ》
巽《そん》の大有《たいう》に之《ゆ》くにあふ

斷《だん》に曰《いは》く、用神《ようしん》未《ひつじ》の妻財は化《くわ》して官鬼《くわんき》となり、又原神《またげんしん》巳《み》の爻《かう》は月破空亡《げつぱくうばう》にあふて日辰《につしん》に墓《ぼ》す、皆凶《みなきよう》である、而《しか》して丑戌未《うしいぬひつじ》の三刑《けい》は全《まつた》く備《そな》はる、即日危《そくじつあやふ》しと言《い》ひしに、果《はた》して其日未《そのひひつじ》の時《とき》に死《し》去《きよ》した。

第四款　冬中の利害得失を占ふ

戌《いぬ》の月庚子《つきかのえね》の日《ひ》
賁《ひ》の家人《かじん》に之《ゆ》くにあふ

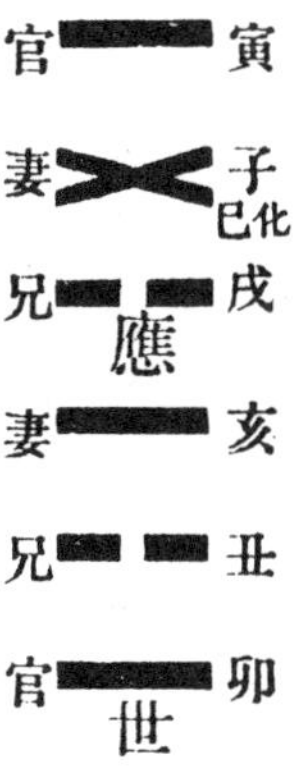

斷《だん》に曰《いは》く、世爻《せいかう》が月建《げつけん》より合《がつ》し日辰《につしん》より生《しやう》ず、子《ね》の日子《ひね》の爻世《かうせい》を刑《けい》すといへども、生《しやう》ずるを重《おも》しとす、是《これ》を貪生忘尅《とんしやうはうこく》と云《い》つて必《かなら》ず吉《きち》であると判《はん》ぜしに、果《はた》して其冬大利《そのふゆたいり》を獲得《くわくとく》した。

● 第百十三章　獨靜獨發の驗あるもの

第一款　往いて父を尋ぬるを占ふ

巳	應	官
未		父
酉		兄
辰	世	父
寅化丑		妻
子		子

友人《いうじん》に易《えき》を知《し》る者《もの》あり、此卦《このくわ》を斷《だん》じて曰《いは》く、寅《とら》の爻《かう》が獨發《どくはつ》するから、正月《しやうがつ》には會見《くわいけん》せら

午《うま》の月《つき》丙午《ひのえうま》の日《ひ》
大有《たいう》の離《り》に之《ゆ》くにあふ

れると、予《よ》曰《いは》く、用神《ようしん》辰《たつ》の父母《ふぼ》が世爻《せいかう》につき、寅《とら》の動爻《どうかう》の尅《こく》をうく、是《これ》より推《お》すときは、自身《じしん》に動《うご》くことも出來《でき》なければ父《ち、》にも會見《くわいけん》することは出來《でき》ない、蓋《けだ》し寅《とら》を沖尅《ちうこく》する月《つき》に至《いた》れは、自身《じしん》も動《うご》くことが出來《でき》れば、從《したが》つて父《ち、》にも會見《くわいけん》せらるゝであらうと判《はん》ぜしかば、其人《そのひと》は然《しか》らばとて更《さら》に一卦《くわ》を起《おこ》して次《つぎ》の卦《くわ》を得《え》たのである。

第二款　同　斷

未		官
酉		父
亥化申	世	兄
亥		兄
丑		官
卯	應	子

斷《だん》に曰《いは》く、此卦《このくわ》は正《まさ》しく前卦《ぜんくわ》に同《おな》じである、前卦《ぜんくわ》は寅爻《とらかう》を沖開《ちうかい》する者《もの》は申《さる》である、此卦《このくわ》

同《どう》日《じつ》
革《かく》の既濟《きせい》に之《ゆ》くにあふ

は世爻《せいかう》が回頭尅《くわいとうこく》にあふも亦申《またさる》である、果《はた》して申《さる》の年《とし》八月爻《がつかう》に會見《くわいけん》し得《え》て歸《かへ》つて來《き》た、即《すなは》ち申《さる》の年《とし》に應《おう》ずるは、前卦《ぜんくわ》の忌神《きしん》を冲《ちう》して後卦《ごくわ》の父母《ふぼ》に化出《くわしゆつ》して、用神《ようしん》が世爻《せいかう》を生《しやう》ずるの時《とき》であるからである。

第三款　家督を得ることを占ふ

酉冲	亥	丑	辰	寅	子
⚋	⚋	⚋ 應	⚋	⚋	⚊ 世
子	才	兄	兄	官	才

申《さる》の月辛卯《つきかのとう》の日《ひ》
復《ふく》の不變《ふへん》とす

其人曰《そのひといは》く、我《われ》もと一子《し》あり、騒亂《さうらん》の時《とき》に失《うしな》ふて在所《ありか》を知《し》らず、故《ゆゑ》に今《いま》は子《こ》なし、將來子《しやうらいこ》を得《う》べきや、斷《だん》じて曰《いは》く、月建《げつけん》が子孫《しそん》となり世爻《せいかう》を生《しやう》ず、是《こ》れ子《こ》あるの兆《てう》なり、酉《とり》の子孫《しそん》が暗動獨發《あんどうどくはつ》して世爻《せいかう》を生《しやう》じて外卦《ぐわいくわ》にあり、失《うしな》ひたる子復《こふたゝ》び來《きた》るべし、問《と》ふて曰《いは》く、何《いつ》れの歳《とし》に見《み》ることが出來《でき》ませう、答《こた》へて曰《いは》く、明年甲辰《みやうねんきのえたつ》の歳酉《としとり》の子孫《しそん》と合《がつ》するから必《かなら》ず歸《かへ》ると言《い》へば、果《はた》して其如《そのごと》くであつた是《こ》れ用神《ようしん》が獨發冲《どくはつちう》する者《もの》が合《がふ》にあふの年《とし》だからである。

第四款　麥作に霖雨の故障あるや否やを占ふ

戌未化	申	午	亥	丑	卯
〇 應	⚊	⚊	⚊ 世	⚋	⚊
子	妻	兄	官	子	父

午《うま》の月甲申《つききのえさる》の日《ひ》
同人《どうじん》の革《く》に之《ゆ》くにあふ

一友人來《いうじんきた》り問《と》ふて曰《いは》く、此卦《このくわ》は戌《いぬ》の子孫《しそん》が獨發《どくはつ》するから丙《ひのえ》戌《いぬ》の日晴《ひは》るべきであるに、猶《なほ》雨《あめ》ふるは何故《なにゆゑ》であらう、答《こた》へて曰《いは》く、麥《むぎ》の水損《すゐそん》を憂《うれ》ふるものは官鬼《くわんき》である、子孫《しそん》が獨發《どくはつ》して世上《せいじやう》の官《くわん》鬼《き》を尅《こく》し去《さ》ることは憂《うれ》ふること勿《なか》れと示《しめ》すのである、是《これ》は決《けつ》して麥作《むぎさく》に害《がい》はない、但《たゞ》し戌《いぬ》の子孫《しそん》が化《くわ》して退神《たいしん》となるも憂心《いうしん》を尅盡《こくじん》することは出來《でき》ない、それ故《ゆゑ》に雨《あめ》は止《や》まないが、卯《う》の日《ひ》戌《いぬ》に合《がつ》するの時《とき》に晴《は》れるであらうと云《い》へば、果《はた》して其如《そのごと》く晴《は》れた。

第五款　女の子の病を占ふ

寅《とら》の月庚戌《つきかのえいぬ》の日《ひ》
未濟《びせい》の蹇《けん》に之《ゆ》くにあふ

斷《だん》に曰《いは》く、此卦《このくわ》は寅《とら》の爻《かう》が獨《どく》靜《せい》する、若《も》し用神《ようしん》を看《み》なかつたならば、寅《とら》の日《ひ》に死《し》するか或《あるひ》は生《い》くるかを知《し》ることは出來《でき》ない、用神子孫《ようしんしそん》の未《ひつじ》は進神《しんくく》に化《くわ》し、辰《たつ》は回頭尅《くわいとうこく》にあふ、故《ゆゑ》に寅《とら》の日《ひ》に癒《い》ゆべしと告《つ》げしに、果《はた》して其通《そのとほ》りであつた。

第六款　爻の歸家の日を占ふ

寅《とら》の月甲辰《つききのえたつ》の日《ひ》
遯《とん》の歸妹《きはい》に之《ゆ》くにあふ

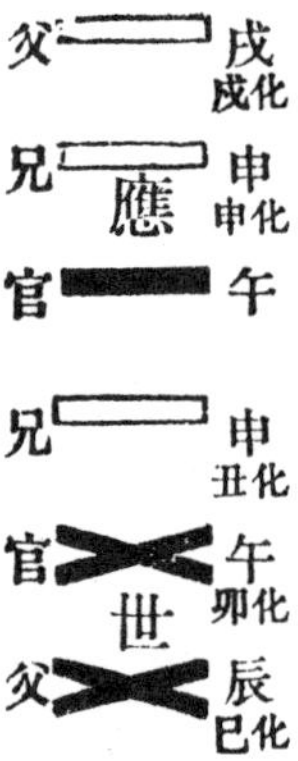

斷《だん》に曰《いは》く、外卦伏吟《ぐわいくわふくぎん》は外《ほか》にありて憂鬱《いうゝつ》するの象《かたち》なり、其人《そのひと》問《と》ふて曰《いは》く、恙《つゝが》なしや、答《こた》へ

て曰《いは》く、內卦辰《ないくわたつ》の父母《ふぼ》が巳《み》の回頭生《くわいとうしやう》に化《くわ》し、世爻《せいかう》が卯木《うぼく》に化《くわ》して巳火《みひ》を生《しやう》ず、故《ゆゑ》に害《がい》なしとす、第《だ》四爻《かう》の午火《うまひ》は獨靜《どくせい》なれば五月《がつ》に歸《かへ》るべしと判《はん》ぜしに、果《はた》して後《のち》三四の兩月外《りやうげつほか》にありて兵亂《へいらん》にあひ、五月《がつ》に恙《つゝが》なく歸《かへ》つて來《き》た。

第百十四章　盡靜盡發の吉凶あるもの

第一款　僕の歸る日を占ふ

これは僕《しもべ》を近地《きんち》に遣《つか》はしたが餘《あま》り歸《かへ》りが遲《おそ》いので、之《これ》を占《うらな》つたもので、斷《だん》に曰《いは》く、用神《ようしん》

午《うま》の月庚辰《つきかのえたつ》の日《ひ》
離《り》の不變《ふへん》とす

兄	━━━	世	巳
子	━ ━		未
妻	━━━		酉 空合
官	━━━	應	亥
子	━ ━		丑
父	━━━		卯

酉《とり》の妻財《さいぐ》は月《つき》より尅《こく》し日《ひ》より生《しやう》ずるので生尅相敵《しやうこくあひてき》するのである、而《しか》して一卦《くわ》の中此爻《うちこのかう》は空亡《くうはう》にして合《がふ》にあふ、是《こ》れ神機《しんき》の現《げん》ずる所《ところ》である、即《すなは》ち空亡《くうはう》は出旬《しゆつじゆん》を待《ま》ち合《がふ》は冲發《ちうはつ》を待《ま》つ、されば小暑《せうしよ》の節辛卯《せつかのとう》の日《ひ》に歸《かへ》ると判定《はんてい》せしに、果《はた》して其如《そのごと》く歸《かへ》つて來《き》た、是《こ》れ靜《せい》にして冲《ちう》にあひ、合《がつ》して冲《ちう》にあひ、空亡《くうはう》にして出空《しゆつくう》を待《ま》つのである。

第二款　今日入より返金を得るやを占ふ

辰《たつ》の月己卯《つきつちのとう》の日《ひ》
坤《こん》の不變《ふへん》とす

子	酉空	世
妻	亥	
兄	丑	
官	卯	應
父	巳	
兄	未	

断《だん》に曰《いは》く、原神酉《げんしんとり》の子孫《しそん》は安《あん》靜空亡《せいくうぼう》にして日辰《につしん》の冲《ちう》にあふ是《これ》を起《き》といふ、又日辰《またにつしん》が應爻《おうかう》につきて世《せい》を冲《ちう》す、されば今日巳《けふみ》の時返金《ときへんきん》すべしと云《い》ひしに、果《はた》して巳《み》の時《とき》に半金《はんきん》を返《かへ》し、乙酉《きのとゝり》の日《ひ》の巳《み》の時《とき》に皆濟《かいさい》した、蓋《けだ》し其《そ》の半分《はんぶん》を返《かへ》して來《き》たのは靜空《せいくう》の冲起《ちうき》したが爲《ため》て、其《それ》が半分《はんぶん》あるのであつて未《いま》だ半分足《はんぶんた》らぬのである、然《しか》るに乙酉《きのとゝり》の日《ひ》に皆濟《かいさい》するに至《いた》つたのは、原神《げんしん》が日《ひ》に値《あ》ふて塡實《てんじつ》し子孫《しそん》喜悅《きえつ》の神《しん》に應《おう》ずるのである。

第三款　亂軍中の父の安否を占ふ

子《ね》の月壬申《つきみづのえさる》の日《ひ》
大畜《たいちく》の萃《すゐ》に之《ゆ》くにあふ

官	寅化未	
妻	子化酉	應
兄	戌化亥	
兄	辰化卯	
官	寅化巳	世
妻	子化未	

断《だん》に曰《いは》く、六爻《かう》が亂動《らんどう》する即《すなは》ち亂軍《らんぐん》の象《しやう》である、化出《くわしゆつ》する巳《み》の父母《ふぼ》を用神《ようしん》とする、月建《げつけん》の尅《こく》にあひ、原神寅《げんしんとら》の爻《かう》は又日辰《またにつしん》の冲尅《ちうこく》にあふ、是《これ》を以《もつ》て推《お》すときは、恐《おそ》らくは生命《せいめい》を保《たも》たざるべしと判定《はんてい》せしに、果《はた》して軍中《ぐんちう》で討死《うちじに》して了《しま》つて音信《いんしん》がない。

第四款　親を葬むるの墓地を占ふ

辰《たつ》の月甲子《つききのえね》の日《ひ》
乾《けん》の坤《こん》に之《ゆ》くにあふ

戌	化酉	世	父
申	化亥		兄
午	化丑		官
辰	化卯	應	父
寅	化巳		妻
子	化未		子

斷《だん》に斷《いは》く、此卦《このくわ》は六冲《ちう》が變《へん》じて六冲《ちう》となりて六爻《かう》が亂動《らんどう》するので、其凶《そのきよう》たることは敢《あへ》て細論《さいろん》するを待《ま》たぬのである、其人曰《そのひといは》く、既《すで》に其地《そのち》を決《けつ》して掘《ほ》ることを企《くはだ》てたのである、それ故《ゆゑ》に我《われ》はたゞ今後《こんご》の安否《あんぴ》を問《と》ふだけで、今現在《いまげんざい》の事《こと》を問《と》ふのではないと、互《たがひ》に談論《だんろん》してゐる間《あひだ》に人《ひと》が馳《は》せ來《きた》つて曰《い》ふやう、墓地《ぼち》の下《した》は大石《だいせき》が無數《むすう》にゴロ〳〵して居《ゐ》て穴《あな》を掘《ほ》ることは出來《でき》ませんと。

第百十五章　用神の多く現はれるもの

第一款　財を求むることを占ふ

未《ひつじ》の月庚子《つきかのえね》の日《ひ》
小畜《せうちく》の不變《ふへん》とす

卯			兄
巳空			子
未		應	妻
辰空			妻
寅			兄
子		世	父

斷《だん》に曰《いは》く、未《ひつじ》の爻《かう》月建《げつけん》を持《ぢ》するを用神《ようしん》とする、辰《たつ》の爻《かう》は空《くう》亡《ばう》にあふ、是《これ》には必《かなら》ず何《なに》か理《り》由《いう》がある、即《すなは》ち此月甲辰《このつききのえたつ》の日《ひ》に得《う》ると云《い》へば、果《はた》して其日巳《そのひみ》の時《とき》に入手《にふしゆ》した、是《これ》は辰《たつ》の爻《かう》が出空《しゆつくう》の時《とき》であるからである、是《こ》れ不空《ふくう》を捨《す》てゝ空亡《くうばう》を用《もち》ゆるの法《はふ》である。

第二款　子の難を免れ出づる日を占ふ

亥《ゐ》の月丙午《つきひのえうま》の日《ひ》
豫《よ》の歸妹《きはい》に之《ゆ》くにあふ

斷《だん》に曰《いは》く、卦中《くわちう》に子孫《しそん》が三ッ現《あら》はれて皆世爻《みなせいかう》を生《しやう》ずるから必《かなら》ず難《なん》を免《のが》れる、而《しか》して午《うま》の子孫《しそん》が日辰《につしん》を持《ぢ》して動《うご》かない、巳《み》の子孫《しそん》は兩爻《りやうかう》ともに月破《げつぱ》にあふ、されば巳《み》の年《とし》に免《のが》れると云《い》へば、果《はた》して其如《そのごと》くであつた、是《これ》は病《やまひ》あるの爻《かう》を用《もち》ゆるの法《はふ》である。

第三款　子の歸る日を占ふ

未《ひつじ》の月丁丑《つきひのとうし》の日《ひ》
鼎《てい》の需《じゆ》に之《ゆ》くにあふ

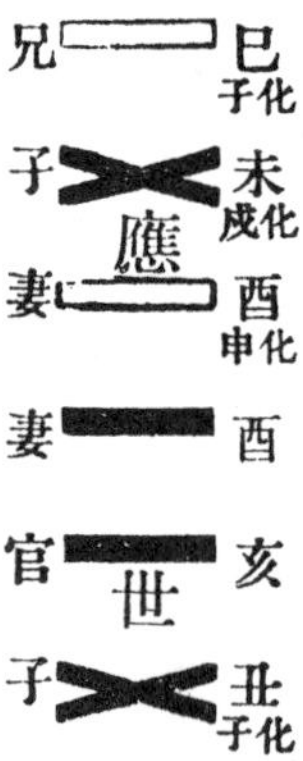

悴《せがれ》が家《いへ》を出《で》てから久《ひさ》しくなるけれども更《さら》に歸《かへ》つて來《こ》ないので、親《おや》はそれを心配《しんぱい》して何日《いつ》歸《かへ》るかを占《うらな》つたので、斷《だん》に曰《いは》く、未《ひつじ》の子孫《しそん》が進神《しんく》に化《くわ》し、日辰《につしん》の冲《ちう》にあひ丑《うし》の子孫《しそん》が子《ね》の合《がふ》に化《くわ》し、原神巳《げんしんみ》の爻《かう》が發動《はつどう》して用神《ようしん》を生《しやう》ずる、その子《ね》に化《くわ》するは回頭剋《くわいとうこく》であるから、先《ま》づ目今《もくこん》の所《ところ》では歸《かへ》らないけれども午《うま》の年《とし》には必《かなら》ず歸《かへ》ると判《はん》ぜしに、果《はた》して午《うま》の年午《としうま》の月《つき》に歸《かへ》つて來《き》た、それは午《うま》の年月《ねんげつ》は未《ひつじ》の子孫《しそん》が發動《はつどう》して冲《ちう》にあふものが合《がふ》にあふの時《とき》で、又丑《またうし》の子孫《しそん》の合《がふ》に化《くわ》するものが冲《ちう》にあふ時《とき》、又巳《またみ》

の爻《かう》の子水《ねみづ》に剋《こく》せらるゝ者《もの》が子水《ねみづ》を冲去《ちうきよ》するの時《とき》であつて、即《すなは》ち去煞留恩《きよさいりうおん》だからである。

第四款　將來子を設け得べきやを占ふ

爻	化	六親	世應
酉	化寅	子	世
亥		妻	
丑		兄	
卯	化申	官	應
巳		父	
未		兄	

寅《とら》の月《つき》癸亥《みづのとゐ》の日《ひ》
坤《こん》の艮《ごん》に之《ゆ》くにあふ

其人《そのひと》曰《いは》く、我《わ》れ子供《こども》九人《にん》ありしが皆歿《みなほつ》して、今《いま》は一人《ひとり》もなし、此《こ》の後子《ごこ》あるべしやと、

斷《だん》に曰《いは》く、子孫《しそん》が化《くわ》して官鬼《くわんき》となり、官鬼《くわんき》が化《くわ》して子孫《しそん》となる、故《ゆゑ》に子《こ》はないと判《はん》ぜしに、果《はた》して子《こ》がないので、姪《めひ》を以《もつ》て嗣《よつぎ》とした。

第五款　伯父の歸る日を占ふ

爻	化・伏	六親	世應
巳		兄	
未		子	
酉	化戌	妻	應
申		妻	
午		兄	
辰	伏卯	子	世

酉《とり》の月《つき》戊申《つちのえさる》の日《ひ》
旅《りよ》の艮《ごん》に之《ゆ》くにあふ

此卦《このくわ》は若《も》し伯父《をぢ》が平安《へいあん》であるか否《いな》やと問《と》ふのであつたらば用神《ようしん》卯の父母《ふぼ》が伏藏《ふくざう》して、月《げつ》建日辰動爻《けんにつしんどうかう》に冲剋《ちうこく》せられるから、必《かなら》ず平安《へいあん》でないのである、然《しか》るに何《いづ》れの日《ひ》に歸《かへ》るかとの問《とひ》であるから、用神《ようしん》が伏藏《ふくざう》して剋《こく》を受《う》くるので歸《かへ》らないと斷《だん》じた、果《はた》して歸《かへ》らずして、他所《よそ》に居《ゐ》て平安《へいあん》である。

第六款　將來の運命を占ふ

未《ひつじ》の月癸亥《つきみづのとゐ》の日《ひ》
艮《ごん》の不變《ふへん》とす

寅	━━━ 世	官
子	━ ━	妻
戌	━ ━	兄
申	━━━ 應	子
午	━ ━	父
辰	━ ━	兄

此人實《このひとじつ》は心中《しんちう》に仕官《しくわん》の望《のぞみ》を懷《いだ》きながら、口《くち》には將來《しやうらい》の運命《うんめい》を占《うらな》ふと告《つ》げた、元來仕官《ぐわんらいしくわん》を占《うらな》ふには官鬼《くわんき》を用神《ようしん》とし、其世爻《そのせいかう》につくを喜《よろこ》ぶのであるが、將來《しやうらい》の運命《うんめい》を占《うらな》ふには、官鬼《くわんき》を禍《わざはひ》とし世《せい》につくを忌《い》むのであるから、予《よ》は此《こ》の區別《くべつ》を說明《せつめい》せしに、其人曰《そのひといは》く、實《じつ》は人《ひと》に賴《たの》みて仕官《しくわん》を望《のぞ》むのであると云《い》ふから、依《よ》つて斷《だん》じて曰《いは》く、官鬼《くわんき》が世爻《せいかう》につきて日辰《につしん》の生合《しやうがふ》にあふから、其望《そののぞみ》は必《かなら》ず達《たつ》せられると云《い》へば、果《はた》して壬申《みづのえさる》の日《ひ》に奉書《ほうしよ》が到來《たうらい》した、此《か》く申《さる》の日《ひ》に應《おう》ずるは、日辰《につしん》の合《がふ》にあふたる者《もの》が沖《ちう》にあふの時《とき》だからである、若《も》し將來《しやうらい》の運命《うんめい》として斷《だん》ずれば大《おほい》に誤《あやま》るのである。

第七款　現官の將來を占ふ

子《ね》の月乙酉《つききのとゝり》の日《ひ》
需《じゆ》の不變《ふへん》とす

子	━ ━	妻
戌	━━━	兄
申	━ ━ 世	子
辰	━━━	兄
寅	━━━	官
子	━━━ 應	妻

此人《このひと》は他《た》に轉任《てんにん》すると不便《ふべん》であると云《い》ふので、今居《いまゐ》る所《ところ》の現職《げんしよく》が平安無事《へいあんぶじ》であるかを問《と》ふのであると云《い》ふ、然《しか》るに現職《げんしよく》のことを問《と》ふとすれば、子孫《しそん》が世《せい》につくときは必《かなら》ず役《やく》を罷《や》むるとする、若《も》し他所《よそ》へ轉任《てんにん》のことを占《うらな》ふとなれば、子孫《しそん》が世《せい》につくときは轉《てん》ずることはない、此《か》く其《そ》の意義《いぎ》

に於《おい》て相違《さうゐ》のあることを以《もつ》て問《と》ひ質《たゞ》せしに、其人《そのひと》の曰《い》ふやう、他《た》に轉任《てんにん》のことあるや否《いな》やを占《うらな》ふのであると、仍《よ》つて斷《だん》じて曰《いは》く、必《かなら》ず轉任《てんにん》せずと云《い》へば、果《はた》して轉《てん》ぜずして永《なが》く現所《げんしよ》にありて無事《ぶじ》に勤《つと》めて居《を》られた。

第八款　母の病により自己の將來を占ふ

午《うま》の月辛丑《つきかのとうし》の日《ひ》
益《えき》の无妄《むはう》に之《ゆ》くにあふ

卯	應	兄
巳		子
未（午化）		妻
辰	世	妻
寅		兄
子		父

商人《しやうにん》たる者《もの》が身《み》の上《うへ》を占《うらな》ふときは妻財《さいゝ》を要《えう》とする、此卦《このくわ》は辰《たつ》の妻財《さいゝ》が旺相《わうしやう》して世爻《せいかう》につき、未《ひつじ》の妻財《さいゝ》は回頭生合《くわいとうしやうがふ》に化《くわ》す、必《かなら》ず吉利《きちり》があると斷《だん》じた、其人曰《そのひといは》く、我《わ》が老母《らうぼ》の病《やまひ》あるによりて、來《きた》りて占《うらな》ふのである、其《そ》の安否《あんぴ》は如何《いかゞ》でせうと、予《よ》が曰《いは》く、身《み》の上《うへ》と母《はゝ》の病《やまひ》とは大《おほい》に異《ことな》つて居《ゐ》る、そこて又斷《まただん》じて曰《いは》く、甲辰《きのえたつ》の日《ひ》は甚《はなは》だ危《あやふ》いと云《い》ひしに、果《はた》して其日《そのひ》に沒《ぼつ》した、是《こ》れ辰《たつ》の空亡《くうばう》が世爻《せいかう》につきたるものが空《くう》を出《い》づるの時《とき》だからである。

第九款　仕官を占ふ

午《うま》の月辛酉《つきかのとゝり》の日《ひ》
萃《すゐ》の遯《とん》に之《ゆ》くにあふ

未（戌化）		父
酉	應	兄
亥		子
卯（申化）		妻
巳	世	官
未		父

此人《このひと》十二歲《さい》、其父《そのちゝ》これに命《めい》じて此後《このご》の官途《くわんと》を占《うらな》はしむ、若《も》し官鬼《くわんき》が世爻《せいかう》につき旺相《わうしやう》し、

父母《ふぼ》文章《ぶんしやう》の爻《かう》が進神《しんしん》に化《くわ》するを以《もつ》て斷《だん》ぜば、仕官《しくわん》は發達《はつたつ》する、併《しか》しながら其父《そのちゝ》が之《これ》に命《めい》じて占《うらな》はしむるので、もと父《ちゝ》の誠心《まごゝろ》であつて、父《ちゝ》たる人《ひと》が其子《そのこ》のことを占《うらな》ふのである、未《ひつじ》の爻《かう》が發動《はつどう》して用神亥《ようしんゐ》の子孫《しそん》を剋《こく》する、卯《う》の爻《かう》は發動《はつどう》するとも父母《ふぼ》を剋《こく》することは出來《でき》ない、是《これ》を父動剋子《ふどうこくし》といふのである、果《はた》して此子《このこ》は未《ひつじ》の月《つき》戌《いぬ》の日《ひ》に沒《ぼつ》して了《しま》つた。

第百十六章　納甲飛伏に屬するもの

第一款　暴風の止む時を占ふ

卯《う》の建戊子《けんつちのえね》の日《ひ》
萃《すゐ》の咸《かん》に之《ゆ》くにあふ

斷《だん》に曰《いは》く、用神巳《ようしんみ》の官鬼《くわんき》（惡《あく》風物《ふうもの》を害《がい》するは官鬼《くわんき》を用神《ようしん》とする）は月《つき》より生《しやう》じ日《ひ》より剋《こく》し、生剋相敵《しやうこくあひてき》す、但《たゞ》し原神《げんしん》卯の爻《かう》が發動《はつどう》して絶《ぜつ》に化《くわ》し回頭剋《くわいとうこく》に化《くわ》す、故《ゆゑ》に申《さる》の時《とき》より風漸《かぜやうや》く衰《おとろ》へ、戌《いぬ》の時《とき》に全《まつた》く歇《や》むと判《はん》ぜしに、果《はた》して止《や》んだ、その申《さる》の時《とき》より衰《おとろ》ふるは、原神《げんしん》が剋《こく》にあひ絶《ぜつ》にあふからである、戌《いぬ》の時《とき》に歇《や》むは用神《ようしん》が墓《ぼ》に入《い》り原神《げんしん》が合住《がふぢう》にあふからである。

第二款　久旱後の雨ふる日を占ふ

午《うま》の建庚子《けんかのえね》の日《ひ》

屯《ちゆん》の坤《こん》に之《ゆ》くにあふ

斷《だん》に曰《いは》く、用神申《ようしんさる》の父母《ふぼ》は安《あん》静《せい》にして月《つき》より尅《こく》するけれども、原神《げんしん》が發動《はつどう》して之《これ》を生《しやう》じ、忌神《きしん》は伏藏《ふくぞう》して動《うご》かない、仇神《きうしん》は日辰《につしん》を帯《お》びて忌神《きしん》を冲起《ちうき》するけれども月破《げつは》にあひ且《か》つ回頭尅《くわいとうこく》にあふ

されば今日《けふ》を過《す》ぎて必《かなら》ず雨《あめ》ふると云《い》ひしに、果《はた》して翌日辛丑《よくじつかのとうし》の日《ひ》少《すこ》しく雨《あめ》が降《ふ》つて、壬寅《みづのえとら》の日《ひ》は大《たい》雨《う》があつて、癸卯《みづのとう》の日《ひ》に至《いた》つても止《や》まない、その丑《うし》の日《ひ》に雨《あめ》ふるのは、仇神《きうしん》を合起《がふき》するからで、伏藏《ふくぞう》する忌神《きしん》が冲起《ちうき》しないからである、又寅《またとら》の日《ひ》に大雨《たいう》なのは用神《ようしん》を冲起《ちうき》するからである、而《しか》して卯《う》の日《じ》に至《いた》るも尚《な》は止《や》まないのは、原神《げんしん》を尅《こく》するとも合住《がふぢう》するが故《ゆゑ》に其力《そのちから》を専《もつぱ》らにしないからである、且《か》つ連日雨《れんじつあめ》の降《ふ》るのは坤《こん》の大象《たいしやう》であるからである。

第三款　明日の天氣を占ふ

午《うま》の建戊申《けんつちのえさる》の日《ひ》

履《り》の乾《けん》に之《ゆ》くにあふ

斷《だん》に曰《いは》く、子《ね》の妻財《さいくわ》は月破伏《げつぱふく》藏《ざう》してゐるけれども、飛神《ひしん》が日辰《につしん》を持《ち》して之《これ》を長生《ちやうせい》するから、晴《はれ》とすべきであるやうだが、但《たゞ》し午《うま》の父母《ふぼ》が月建《げつけん》を持《ぢ》し、原神卯《げんしんう》の官鬼《くわんき》が空亡《くうぼう》するけれども、明《あ》

日《す》酉《とり》の日《ひ》日辰《につしん》の冲起《ちうき》にあふから必《かなら》ず雨《あめ》が降《ふ》るであらう、又兄弟《またけいてい》が獨發《どくはつ》して進神《しんく》に化《くゎ》するので密雲《みつうん》の象《かたち》があると判《はん》ずるに、果《はた》して終日小雨《しうじつこさめ》があつた、此《か》く雨《あめ》の甚《はなは》だしくないのは原神《げんしん》が空亡《くうばう》してゐるからである。

第四款　妻の出產日を占ふ

子《ね》の建甲午《けんきのえうま》の日《ひ》
家人《かじん》の賁《ぶん》に之《ゆ》くにあふ

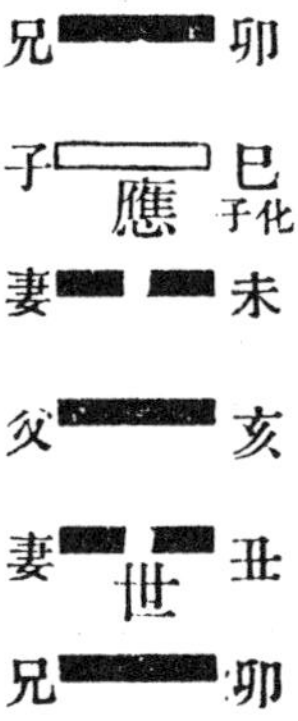

斷《だん》に曰《いは》く、巳《み》の子孫《しそん》が空亡《くうばう》にあひ、發動《はつどう》して回頭尅《くわいとうこく》に化《くわ》し虎《びやくこ》を帯《お》ぶ、白虎《びやくこ》は血神《けつしん》である、故《ゆゑ》に速《すみやか》に產《さん》する、原神《げんしん》が旺相《わうしやう》して安靜《あんせい》なれば、丁酉《ひのと、とり》の日《ひ》巳《み》の時《とき》に生《うま》れると言《い》ひしに、果《はた》して其如《そのごと》くであつた、蓋《けだ》し酉《とり》の日《ひ》に應《おう》ずるは原神《げんしん》が冲《ちう》にあふの時《とき》で、巳《み》の時《とき》は用神子《ようしんね》が其時《そのとき》に逢《あ》ふたからである。

第五款　賴母子の取れる日を占ふ

亥《ゐ》の建癸酉《けんみづのと、とり》の日《ひ》
巽《そん》の升《しやう》に之《ゆ》くにあふ

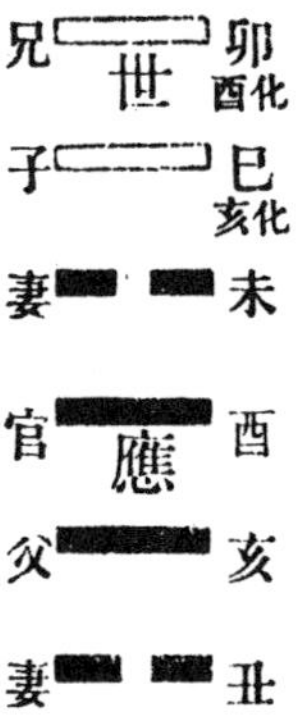

斷《だん》に曰《いは》く、用神丑未《ようしんうしひつじ》の兩爻《りやうかう》は安靜《あんせい》にして日月《じつげつ》の生扶《しやうふ》なく、世爻《せいかう》より之《これ》を尅《こく》し、且《か》つ六冲《ちう》

卦《くわ》にして外卦《ぐわいくわ》又《また》反吟《はんぎん》にあひ、世爻《せいかう》は日辰《につしん》の冲尅《ちうこく》にあひ、原神《げんしん》は亦月《またつき》より尅《こく》し月破《げつぱ》にあひ、尅《こく》に化《くわ》し冲《ちう》に化《くわ》し空亡《くうばう》に化《くわ》す、されば百凶《きよう》ありて一吉《きつ》もない、故《ゆゑ》に其何《そのいづ》れの日《ひ》に取《と》り得《う》るといふことは分《わか》らないと判定《はんてい》せしに、果《はた》して兩《りやう》三月《げつ》にして故《ゆゑ》ありて潰《つぶ》れて止《や》んで了《しま》つた、是《こ》れ卦身《くわしん》を事《こと》の體《たい》とするの驗《しるし》である。

第六款　旅行の吉凶を占ふ

申《さる》の建《けん》丁未《ひのとひつじ》の日《ひ》
大過《たいくわ》の蹇《けん》に之《ゆ》くにあふ

未	▬ ▬	妻	
酉	▬▬▬	官	
亥化申	▭	父	世
酉	▬▬▬	官	
亥化午	▭	父	
丑	▬ ▬	妻	應

斷《だん》に曰《いは》く、出行《しゆつぎやう》を占《うらな》ふて游魂《いうこん》の卦《くわ》を得《え》た、又世爻《またせいかう》が發動《はつどう》した、故《ゆゑ》に游歴《いうれき》することは遂《と》げるであらうけれども、變《へん》じて蹇《けん》となるより推《お》すときは多難《たなん》の象《しやう》がある、世爻《せいかう》が父母《ふぼ》を帶《お》び日《ひ》より尅《こく》す、是《こ》れ辛苦《しんく》の兆《てう》である、又忌神《またきしん》の兩爻《りやうかう》が一は日辰《につしん》を持《ぢ》し一は暗動《あんどう》する皆凶《みなきよう》である、但《たゞ》し月《つき》より生《しやう》じ又回《またかい》頭生《とうしやう》にあふから死《し》に至《いた》らずとするのみである、果《はた》して危難《きなん》にあふことが數次《しば〳〵》であつて歸《かへ》つて來《き》た、其《そ》の出掛《でか》けたことを後悔《こうくわい》するのも亦大過《またたいくわ》の大象《たいしやう》である。

第七款　夫より離縁狀を得るの日を占ふ

亥《ゐ》の建《けん》 癸酉《みづのととり》の日《ひ》
升《しやう》の明夷《めいい》に之《ゆ》くにあふ

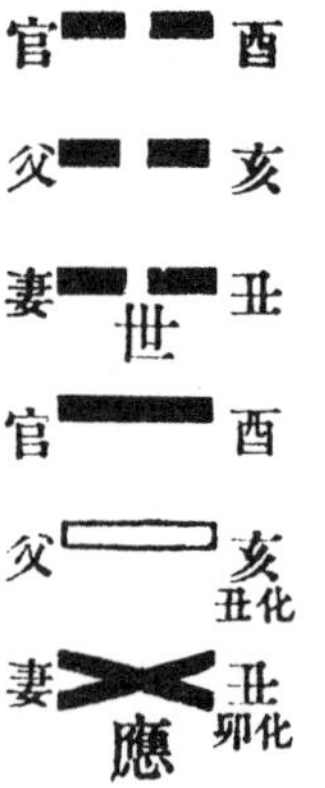

斷《だん》に曰《いは》く、酉《とり》の官鬼《くわんき》は上下《しやうか》ともに日辰《につしん》を持《ぢ》して卦身《くわしん》につき妻財《さいくわ》の爻《かう》も亦凡《またおよ》そ三現《げん》してゐる、之《これ》に由《よ》つて見《み》るときは爾《なんぢ》の夫《をつと》は既《すで》に妻《つま》を迎《むか》へたるとする、而《しか》して文書《ぶんしよ》の爻《かう》は生旺發動《しやうわうはつどう》してゐるけれども、回頭尅《くわいとうこく》にあひ又動爻《またどうかう》に尅《こく》せらる、是《こゝ》を以《もつ》て卯《う》の年官鬼《としくわんき》を冲《ちう》し文書《ぶんしよ》の忌神《きしん》を尅《こく》する時《とき》に至《いた》らねば離縁状《りえんじやう》を出《だ》さぬであらうと云《い》ひしに、後其婦《のちそのふ》人《じん》は未《いま》だ離縁状《りえんじやう》を受取《うけと》らずして子《ね》の年《とし》に死亡《しばう》して了《しま》つた、その離縁状《りえんじやう》を受取《うけと》るに至《いた》らなかつたのは明夷《めいい》に變《へん》ずるの義《ぎ》である。

第八款 婚姻の成否を占ふ

子《ね》の建《けん》 己丑《つちのとうし》の日《ひ》
履《り》の未濟《びせい》に之《ゆ》くにあふ

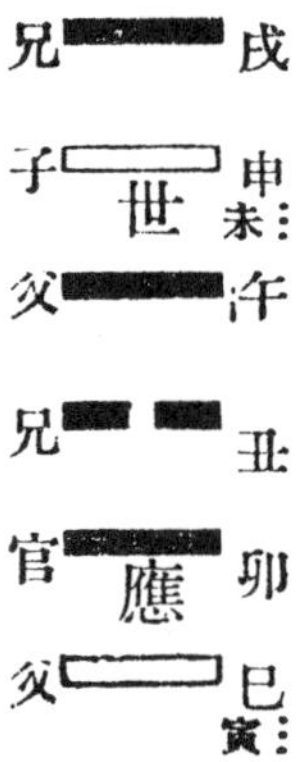

斷《だん》に曰《いは》く、用神子《ようしんね》の妻財《さいくわ》は伏《ふく》藏《ざう》してゐるけれとも、月建《げつけん》を持《ぢ》して世下《せいか》にあるから凶《きよう》ではない、但《たゞ》し兄弟《けいてい》が日辰《につしん》を持《ぢ》して用神《ようしん》と合《がつ》するより見《み》るときは、恐《おそ》らく此女《このをんな》は情夫《じやうふ》がある、果《はた》して婚約《こんやく》が定《さだま》りたる後《のち》に、其女《そのをんな》は出《で》て情夫《じやうふ》の所《ところ》に奔《はし》つて回《かへ》らない、是《こ》れ縁約《えんやく》が整《とゝの》つて結婚《けつこん》に至《いた》らなかつたのは履《り》の未濟《びせい》に變《へん》ずるの義《ぎ》である、世爻《せいかう》が空亡《くうばう》する時《とき》は後悔《こうくわい》の兆《てう》とする、父母《ふぼ》が發動《はつどう》して世爻《せいかう》に合《がつ》するの

は、其《そ》の父母《ふぼ》が我《われ》に嫁《か》することを許《ゆる》すの象《かたち》である。

第九款　父の近病を占ふ

戌	━━━	父
申	━━━	兄
午	━━━ 應	官
酉	━━━	兄
亥	━━━	子
丑 化子	✕ 世	父

未《ひつじ》の建辛酉《けんかのとゝり》の日《ひ》

姤《こう》の乾《けん》に之《ゆ》くにあふ

斷《だん》に曰《いは》く、卦《くわ》の六冲《ちう》に變《へん》じ、爻《かう》の六合《がふ》に化《くわ》するものを冲處《ちうしよ》逢合《ほうがふ》とす、近病《きんびやう》の占《せん》には冲に利《よろ》しく合《がふ》に利《よろ》しくない、又用神丑《またようしんうし》の父母《ふぼ》が空亡《くうぼう》にあひ且《か》つ月破《げつぱ》にあふ、皆大凶《みなだいきよう》の兆《てう》である、但《たゞ》し忌神《きしん》寅《とら》の爻《かう》が伏藏不動《ふくざうふどう》にして日《ひ》より尅《こく》せらるゝより推《お》すときは、暫時保《ざんじたも》つであらうと言《い》ひしに、果《はた》して甲《きのえ》子《ね》の日《ひ》に死去《しきよ》した、その甲子《きのえね》の日《ひ》に應《おう》ずるは、用神《ようしん》が空《くう》を出《で》て忌神《きしん》の飛爻《ひかう》が空亡《くうばう》にあひ、忌神《きしん》が日辰《につしん》の助《たす》けを得《え》て提抜《ていはつ》するの時《とき》だからである。

第十款　從妹の近病を占ふ

巳 化未	▭ 世	兄
未 化酉	✕	子
酉	━━━	妻
亥	━━━ 應	官
丑 化寅	✕	子
卯	━━━	父

酉《とり》の建癸未《けんみづのとひつじ》の日《ひ》

離《り》の夬《くわい》に之《ゆ》くにあふ

斷《だん》に曰《いは》く、近病《きんびやう》を占《うらな》ふて六冲《ちう》にあふときは死《し》なぬ、用神《ようしん》巳《み》の兄弟《けいてい》が化《くわ》して日辰《にっしん》となり丑《うし》の子孫《しそん》が日冲動散《にちうゝごうさん》すといへども化《くわ》して原神《げんしん》となる、されば速《すみやか》に癒《い》ゆべしと判《はん》ぜしに果《はた》して其如《そのごと》くであつた。

第十一款　勤番交替人の來る日を占ふ

明治維新前《めいぢゐしんぜん》の封建時代《ほうけんじだい》には、各藩《かくはん》ともに君侯《くんこう》は勿論《もちろん》、臣下《しんか》の者《もの》は在國《ざいこく》の時《とき》と江戸詰《えどづめ》（これを勤番《きんばん》といふ）とがあつて、大抵《たいてい》一年交替《ねんかうたい》となつて居《ゐ》たのである、今其人《いまそのひと》は坐《そゞ》ろに望郷《ぼうきやう》の念禁《ねんた》へ難《かた》くして占《うらな》つたのである。

酉《とり》の建《けんつちのとうし》己丑の日《ひ》
同人《どうじん》の不變《ふへん》とす

戌	━━━ 應	子
申	━━━	妻
午	━━━	兄
亥	━━━ 世	官
丑	━ ━	子
卯	━━━	父

斷《だん》に曰《いは》く、歸魂《きこん》の卦《くわ》は安靜《あんせい》にして日辰《につしん》の冲《ちう》がない、其人《そのひと》は家《いへ》に居《ゐ》て出《い》でざるの象《かたち》とする

用神午《やうしんうま》の兄弟《けいてい》は休囚安靜空亡《きうしうあんせいくうはう》にして月日《つきひ》の生合《しやうがふ》なく、原神《げんしん》卯の爻《かう》は月破《げつぱ》にあひ、又世爻《またせいかう》より用神《やうしん》を尅《こく》するから必《かなら》ず來《こ》ないと判《はん》ぜしに、果《はた》して交替《かうたい》の人《ひと》の來《きた》らざる内《うち》に、自身《じしん》は病《やまひ》を得《え》たので、其人《そのひと》の來《きた》るのを待《ま》たずして歸《かへ》つて了《しま》つた、その病《やまひ》によりて歸《かへ》るは、忌神《きしん》が白虎《びやくこ》を帶《お》び日辰《につしん》を持《ぢ》して卦中《くわちう》に現《あら》はるゝからである。

第十二款　妻の懷妊や否やを占ふ

亥《ゐ》の建戊寅《けんつちのえとら》の日《ひ》
履《り》の随《ずゐ》に之《ゆ》くにあふ

戌（未化）	▭	兄	
申	━━━	子	世
午	━━━	父	
丑	━ ━	兄	
卯（寅化）	▭	官	應
巳	━━━	父	

斷《だん》に曰《いは》く、世爻《せいかう》の子孫《しそん》が靑龍《せいりう》を帯《お》び空亡《くうはう》すといへども、日《につ》辰《しん》の冲《ちう》にあふ、又胎爻《また・いかう》の卯《う》木《はく》が發動《はつどう》して日辰《につしん》に化《くわ》するより見《み》れば、必《かなら》ず姙娠《にんしん》して居《を》ると言《いひ》しに、果《はた》して翌年《よくねん》三月男子《がつだんし》を出産《しゆつさん》した。

第十三款　仕官の吉凶を占ふ

卯《う》歳卯《さしう》の建庚子《けんかのえね》の日《ひ》
噬嗑《ぜいがふ》の頤《い》に之《ゆ》くにあふ

巳	━━━	子	
未	━ ━	妻	世
酉（戌化）	▭	官	
辰	━ ━	妻	
寅	━ ━	兄	應
子	━━━	父	

斷《だん》に曰《いに》く、用神酉《ようしんとり》の官鬼《くわんき》が發《はつ》動《どう》し、歳君《さいくん》は月建《げつけん》の冲《ちう》にあひ世爻亦休囚《せいかうまたきうしう》にあふ、是《こゝ》を以《もつ》て不吉《ふきつ》である、但《たゞ》し用神《ようしん》が回頭生《くわいとうしやう》に化《くわ》し、世爻亦安静《せいかうまたあんせい》であるから、幸《さいはひ》に官《くわん》を黜《しりぞ》けられ或《あるひ》は禍《わざはひ》にあふことはないと判《はん》ぜしに、後果《のちはた》して同役《どうやく》の爲《ため》に妨《さまた》げられて志《こゝろざし》を遂《と》げなかつた、その同役《どうやく》の妨《さまたげ》あることは、寅《とら》の兄弟《けいてい》が應爻《おうかう》につき歳月日《さいがつぴ》の生扶《しやうふ》を得《え》て世爻《せいかう》を剋《こく》するからである、且《か》つ物《もの》に隔《へだ》てあることは噬《ぜい》嗑《がふ》の卦《くわ》の大象《たいしやう》である。

第十四款　病によりて醫を占ふ

亥《ゐ》の建《けん》癸亥《みづのとゐ》の日《ひ》

觀《くわん》の渙《くわん》に之《ゆ》くにあふ

卯	巳	未	卯	巳化辰	未
━━━	━━━	━ ━ 世	━ ━	✕	━ ━ 應
妻	官	父	妻	官	父

斷《だん》に曰《いは》く、用神《ようしん》未《ひつじ》の應爻《おうかう》は日《じつ》月《げつ》の助《たすけ》なしといへども、尅害《こくがい》には遇《あ》はない、而《しか》して官鬼《くわんき》が發動《はつどう》して絶《ぜつ》にあひ冲《ちう》にあひ、そこで子《し》孫《そん》が空亡伏藏《くうはうふくざう》すといへども、日辰月建《につしんげつけん》は皆《みな》子《し》孫《そん》を持《ち》するから必《かなら》ず癒《なほ》ると言《い》ひしに、果《はた》して巳《み》の日《ひ》に至《いた》りて全快《ぜんくわい》した。

第十五款　急病にて迎へたる醫師の當日來るやを占ふ

卯《う》の建《けん》癸亥《みづのとゐ》の日《ひ》

无妄《むはう》の同人《どうじん》に之《ゆ》くにあふ

戌	申	午	辰化亥	寅	子
━━━	━━━	━━━ 世	✕	━ ━	━━━ 應
妻	官	子	妻	兄	父

斷《だん》に曰《いは》く、六冲《ちう》の卦《くわ》で戌《いぬ》の爻《かう》が月建《げつけん》の合《がふ》にあひ、寅《とら》の爻《かう》は日辰《につしん》の合《がふ》にあふ、之《これ》を冲處逢《ちうしよほう》合《がふ》とす、又用神子《またようしんね》の應爻《おうかう》は日辰《につしん》と相比《あひ》して世爻《せいかう》を尅《こく》するより推《お》せば皆來《みなきた》るべき象《かたち》である、けれども用《よう》神《しん》が空亡《くうはう》にあひ、間爻《かんかう》が發動《はつどう》して之《これ》を尅《こく》するから、必《かなら》ず阻《へだ》て障《さは》ることがあつて本日《ほんじつ》は來《こ》ないが、明日《あす》子《ね》の日出空《ひしゆつくう》にあふて來《きた》るべしと言《い》ひしに、其日《そのひ》申《さる》の刻《こく》に其《そ》の醫者《いしや》が來《き》て云《い》ふやう、日中將《にちうまさ》に出《で》やうとした時《とき》に、婦《ふ》人臨産《じんりんさん》に危急《ききふ》の病《やまひ》があると云《い》つて、強《しひ》て迎《むか》へられた爲《た》め甚《はなは》だ時《とき》を過《すご》しましたと、是《こ》れ始《はじめ》め待《ま》つときに來《こ》ないで、待《ま》たざる時《とき》に來《き》たのは无妄《むはう》の同人《どうじん》に變《へん》ずるの義《ぎ》である、妻財《さいゝ》が間爻《かんかう》にありて

發動《はつどう》して應爻《おうかう》を尅《こく》するのは臨產《りんさん》の婦人《ふじん》である、變出《へんしゆつ》して日辰《につしん》に臨《のぞ》み世爻《せいかう》を尅《こ》するのは當日《たうじつ》に來《きた》るの兆《てう》で、申《さる》の刻《こく》は用神《ようしん》が長生《ちやうせい》にあふの時《とき》である。

第十六款　遠出せる姪の歸る日を占ふ

酉《とり》の建《けん》辛酉《かのとゝり》の日《ひ》
同人《どうじん》の家人《かじん》に之《ゆ》くにあふ

斷《だん》に曰《いは》く、用神丑《ようしんうし》の子孫《しそん》は空《くう》亡《はう》にあふと雖《いへど》も、原神午《げんしんうま》の兄《けい》弟《てい》が發動《はつどう》して之《これ》を生《しやう》じ、卯《う》の父母《ふぼ》が暗動《あんどう》して原神《げんしん》を生《しやう》ず、之《こん》を貪生忘尅《とんしやうばうこく》とす、且《かつ》つ歸魂《きこん》の卦《くわ》にあふから、速《すみやか》に歸《かへ》る、旬《じゆん》を出《い》で冲《ちう》にあふの時未《ときひつじ》の日《ひ》歸《かへ》るであらうと云《い》ひしに、然《しか》るに巳《み》の日《ひ》に歸《かへ》つて來《き》た、是《これ》は變出《へんしゆつ》する未《ひつじ》の爻《かう》が用神《ようしん》を冲《ちう》するが故《ゆゑ》に、未《ひつじ》の日《ひ》を待《ま》たずして生《しやう》ずるの時《とき》に應《おう》ずるのである。

第十七款　婚姻の成否を占ふ

午《うま》の建《けん》癸巳《みづのとみ》の日《ひ》
益《えき》の乾《けん》に之《ゆ》くにあふ

斷《だん》に曰《いは》く、外卦《ぐわいくわ》は反吟《はんぎん》、內卦《ないくわ》又伏吟《またふくぎん》にあひ、妻財《さい〴〵》は空亡《くうはう》にして又空亡《またくうはう》に化《くわ》し、又變《またへん》じて六冲卦《ちうくわ》となるより推《お》すときは、成立《せいりつ》しないやうである、但《たゞ》し世爻妻財《せいかうさい〴〵》ともに月日《げつにち》の生《しやう》にあひ、妻財又《さい〴〵また》

月建《げつけん》に化《くわ》し、原神《げんしんみ》巳の爻《かう》は日辰《につしん》を帶《お》ぶ、又變《またへん》じて六冲卦《ちうくわ》となるけれども、午未《うまひつじ》の合《がふ》がある、妻財《さいくわ》は空《くう》亡《はう》すと雖《いへど》も旺相發動《わうしやうはつどう》して生合《しやうがふ》に化《くわ》するから、困難《こんなん》のやうであるが必《かなら》ず成立《せいりつ》すると判《はん》ぜしに、果《はた》して反《はん》覆往來《ふくわうらい》して丙申《ひのえさる》の日終《ひつひ》に約《やく》が整《とゝの》つた、蓋《けだ》し申《さる》の日《ひ》に應《おう》ずるは、妻財世爻《さいくわせいかう》ともに長生《ちやうせい》にあひ、原神《げんしん》は合《がふ》にあひ、忌神《きしん》は冲《ちう》にあふの時《とき》だからである。

第十八款　他より九月返金の約を違はざるやを占ふ

巳《み》の建庚戌《けんかのえいぬ》の日《ひ》

乾《けん》の大有《たいう》に之《ゆ》くにあふ

父	━━	世	戌
兄	▭		申（化未）
官	━━		午
父	━━	應	辰
妻	━━		寅
子	━━		子

斷《だん》に曰《いは》く、六冲《ちう》の卦《くわ》は凶《きよう》であるけれども、用神《ようしん》が空亡《くうばう》にあふので却《かへ》つて吉《きち》とする、即《すなは》ち忌神申《きしんさる》の兄弟《けいてい》が妻財《さいくわ》を冲動《ちうどう》し、世爻《せいかう》は月《つき》より生《しやう》じ日辰《につしん》を持《ぢ》し、應爻《おうかう》も亦月《またつき》より生《しやう》じ、安靜《あんせい》にして日辰《につしん》の冲《ちう》にあふ、但《たゞ》し冲《ちう》にあふて尅《こく》にあはないから、必《かなら》ず約《やく》を違《たが》ふことはないと判《はん》ぜしに、果《はた》して其如《そのごと》くであつた。

第十九款　前人退去の日を占ふ

其人《そのひと》は家《いへ》を買受《かひう》けて移《うつ》らんとするに、前住者《ぜんぢうしや》は容易《ようい》に退轉《たいてん》しないので、そこで何《いつ》れの日《ひ》に其人《そのひと》が移《い》轉《てん》するかを占《うらな》つたのである。

酉《とり》の建丙寅《けんひのえとら》の日《ひ》
大過《たいくわ》の姤《こう》に之《ゆ》くにあふ

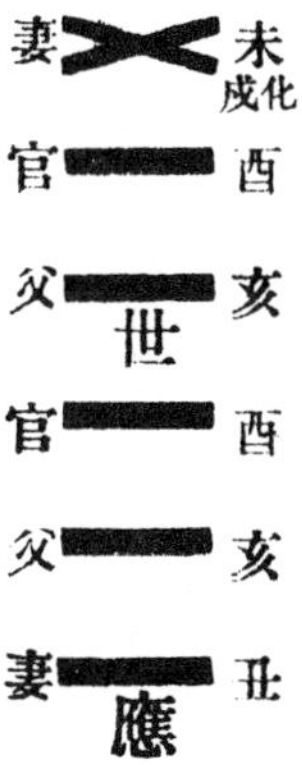

断《だん》に曰《いは》く、父母《ふほ》を家宅《かたく》とする、此卦《このくわ》は父母《ふほ》が世爻《せいかう》につき、月《つき》より生《しやう》じ日《ひ》より合《がつ》す、但《たゞ》し空《くう》亡《ばう》にあふから、出空《しゆつくう》を待《ま》つべきである、又未《またひつじ》の妻財《さいくい》は應爻《おうかう》を冲《ちう》し進神《しんくく》に化《くわ》す、之《これ》は代金《だいきん》を遣《つか》はすの象《かたち》であるが、是《こ》れ亦空亡《またくうはう》に化《くわ》するから、出空《しゆつくう》を待《ま》たねばならぬ、果《はた》して甲戌《きのえいぬ》の日《ひ》に金《かね》を送《おく》り、乙亥《きのとゐ》の日《ひ》に轉居《てんきよ》した。

第二十款　僕を傭ひ得る日を占ふ

午《うま》の建丁巳《けんひのとみ》の日《ひ》
睽《けい》の履《り》に之《ゆ》くにあふ

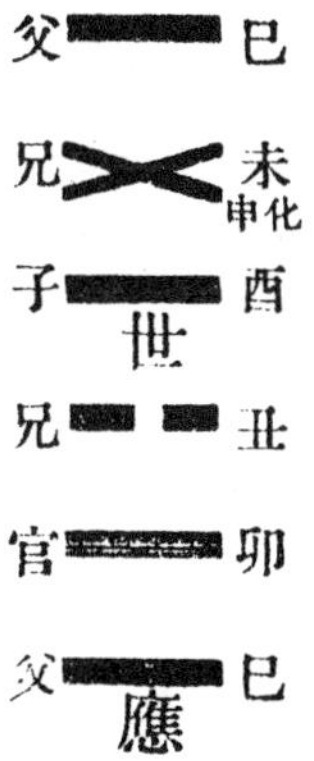

断《だん》に曰《いは》く、用神子《ようしんね》の妻財《さいくい》は未《ひつじ》の兄弟《けいてい》の下《もと》に伏藏《ふくざう》し、月破《げつは》にあひ絶《ぜつ》にあひ空亡《くうはう》にあふて發《はつ》動《どう》す、されば午《うま》の月《つき》を出《で》て丑《うし》の日《ひ》に來《きた》ると云《い》へば、果《はた》して其通《そのとほ》りであつた、その丑《うし》の日《ひ》に應《おう》ずるは、用神《ようしん》が空《くう》を出《で》て飛神《ひしん》が冲《ちう》にあふの時《とき》だからである、或人曰《あるひといは》く、此卦《このくわ》は用神《ようしん》が月破休囚伏藏《げつはきうしうふくざう》し、且《か》つ飛《ひ》神《しん》が強盛《きやうせい》にして伏神《ふくしん》が提拔《ていはつ》せられない、且《か》つ睽《けい》はソムキ離《はな》るゝの象《かたち》であるから、此卦《このくわ》は終《つひ》に得《え》られぬと断《だん》ずべきである、然《しか》るに終《つひ》に得《う》ると断《たん》ずるは如何《いか》なる譯《わけ》かと、答《こた》へて曰《いは》く、空亡伏藏《くうはうふくざう》は現在僕《げんざいしもべ》のな

い象《かたち》である、而《し》かも應爻《おうかう》が旺相《わうしやう》して日辰《につしん》を持《ぢ》し、世爻《せいかう》も亦長生《またちやうせい》にあひ用神《ようしん》を生《しやう》ずる、是《こ》れ終《つひ》に得《う》べきの兆《てう》である、且《か》つ變《へん》じて履《り》となる、履《り》は尊卑相從《そんぴさうじう》の大象《たいしやう》であるから、得《う》るとするのである。

第二十一款　移植せし梨樹の枯れざるやを占ふ

辰《たつ》の建乙巳《けんきのとみ》の日《ひ》
臨《りん》の損《そん》に之《ゆ》くにあふ

斷《だん》に曰《いは》く、用神酉《ようしんとり》の子孫《しそん》が發動《はつどう》して絶《ぜつ》に化《くわ》するけれども、月《つき》より生合《しやうがふ》し日《ひ》より長生《ちやうせい》するから決《けつ》して枯《か》れないと云《い》へば、果《はた》して能《よ》く繁茂《はんも》した、然《しか》るに兩三年《りやうさんねん》の後《のち》、友人《いうじん》が強《し》ひて乞《こ》ふて拔《ぬ》き去《さ》つた、是《これ》は世爻《せいかう》が空亡《くうばう》にして用神《ようしん》が之《これ》を沖《ちう》し、用神《ようしん》が發動《はつどう》して應爻《おうかう》に合《がつ》するからである。

第二十二款　子の持出せし金を取返し得るやを占ふ

戌《いぬ》の建乙未《けんきのとひつじ》の日《ひ》
大過《たいくわ》の解《かい》に之《ゆ》くにあふ

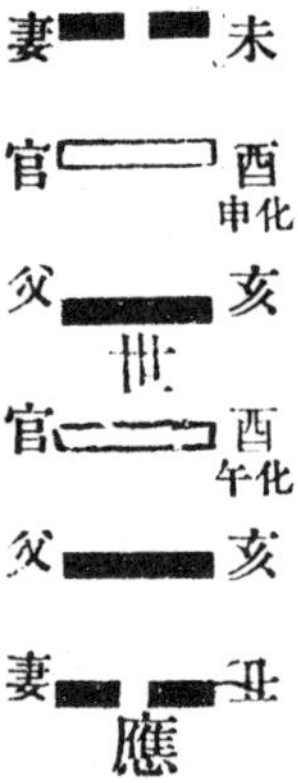

斷《だん》に曰《いは》く、未《ひつじ》の妻財《さいざい》は日辰《につしん》を持《ぢ》して他《た》の制剋《せいこく》なく世爻《せいかう》を剋《こく》するより見《み》れば得《え》られるやうである、但《たゞ》し世爻《せいかう》が日月《じつげつ》の剋《こく》にあひ、世爻《せいかう》の原神酉《げんしんとり》の爻《かう》は内外《ないぐわい》とも發動《はつどう》するけれども、一は退神《たいしん》に化《くわ》し一は回頭剋《くわいとうこく》に化《くわ》するので、是《こ》れ其身《そのみ》取返《とりかへ》すの力《ちから》はない、且《か》つ變出《へんしゆつ》する午《うま》の子孫《しそん》は妻財《さいざい》に合《がつ》し、日辰《につしん》

も亦《また》これに合《がつ》するから、是《こ》れ妻財《さい〳〵》が日辰《につしん》を持《ぢ》して出現《しゆつげん》するけれども、我《われ》に情《じやう》なく彼《かれ》に情《じやう》があることになるから、決《けつ》して得《え》られないと斷《だん》ぜしに、果《はた》して其如《そのごと》くであつた。

第二十三款　婦人は何日來るやを占ふ

申《さる》の建《けん》 己丑《つちのとうし》の日《ひ》

无妄《むはう》の隨《ずゐ》に之《ゆ》くにあふ

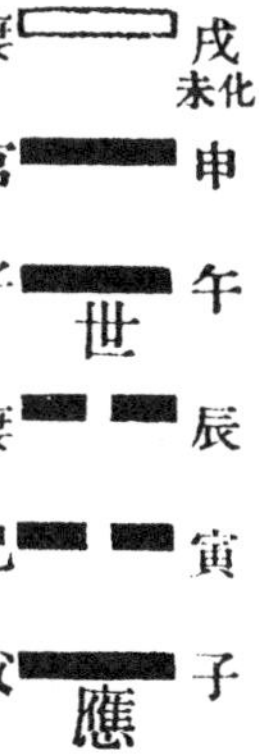

斷《だん》に曰《いは》く、卦《くわ》は六冲《ちう》にあふと雖《いへど》も、應爻《おうかう》は日辰《につしん》の合《がふ》にあひ變出《へんしゆつ》の爻《かう》は世爻《せいかう》に合《がつ》す、是《こ》れ冲處逢合《ちうしよほうがふ》なり、且《か》つ用神《ようしん》戌《いぬ》の妻財《さい〳〵》が發動《はつどう》し世爻《せいかう》は空亡《くうはう》にあふ、必《かなら》ず速《すみやか》に來《きた》るべしと云《い》へば、果《はた》して圖《はか》らざるに壬辰《みづのえたつ》の日《ひ》に來《き》た、是《こ》れまた无妄《むはう》の義《ぎ》である、或人《あるひと》曰《いは》く、用神《ようしん》が發動《はつどう》すと雖《いへど》も退神《たいしん》に化《くわ》し空亡《くうはう》に化《くわ》するときは來《きた》るべき兆《てう》ではないでないか、答《こた》へて曰《いは》く、退神《たいしん》に化《くわ》するけれども世爻《せいかう》に合《がつ》し、空亡《くうはう》に化《くわ》すといへども日辰《につしん》に冲起《ちうき》せらるゝから、寅卯《とらう》の剋《こく》を避《さ》けて辰《たつ》の日《ひ》に來《き》たのである。

第二十四款　僕を買ふを占ふ

昭代《せうだい》の今日《こんにち》に於《おい》ては僕《しもべ》を買《か》ふなどいふ人身賣買《じん〳〵はい〳〵》の蠻風《ばんぷう》は絶對《ぜつたい》に禁止《きんし》せられて居《を》るが、昔時《むかし》幕府時代《ばくふじだい》に於《おい》ては此《かく》の如《ごと》きことも行《おこな》はれたので、それを占《うらな》つたのである。

巳《み》の建《けんつちのととり》己酉の日《ひ》
節《せつ》の中孚《ちうふ》に之《ゆ》くにあふ

子 卯化	戌	申	丑	卯	巳
✕	⚊	⚋ 世	⚋	⚊	⚊ 應
兄	官	父	官	子	妻

断《だん》に曰《いは》く、用神巳《ようしんみ》の妻財《さいくわ》が世《せい》爻《かう》につき月建《げつけん》を持《ぢ》するから凶《きよう》ではない、但《たゞ》し六合《がふ》の卦《くわ》は原《げん》神《しん》卯《う》木《ぼく》が日辰《にっしん》の冲《ちう》にあふので合處逢冲《がふしよほうちう》である、是《こ》れ始《はじ》め吉《きち》にして終《をは》り凶《きよう》の象《かたち》とする、且《か》つ忌神《きしん》の子水《ねみづ》が發動《はつどう》して日《ひ》より生《しやう》ず、されば亥子《ゐね》の月《つき》に必《かなら》ず何《なに》か事故《じこ》があるであらうと云《い》へば、果《はた》して亥《ゐ》の月《つき》にもとより借《か》りたる夜具《やぐ》等《とう》を持《ぢ》して竊《ひそか》に逃《に》げ去《さ》つて了《しま》つた、その亥《ゐ》の月《つき》に應《おう》ずるは、用神《ようしん》が冲《ちう》にあひ忌神《きしん》が令《れい》を得《う》るの時《とき》だからである。

第二十五款　父の久病を占ふ

申《さる》の建《けんつちのととり》己酉の日《ひ》
泰《たい》の不變《ふへん》とす

酉	亥	丑	辰	寅	子
⚋ 應	⚋	⚋	⚊ 世	⚊	⚊
子	妻	兄	兄	官	妻

断《だん》に曰《いは》く、久病《きうびやう》を占《うらな》ふて六合《がふ》にあふときは必《かなら》ず癒《なほ》るとする即《すなは》ち寅《とら》の官鬼《くわんき》が月建《げつけん》の冲《ちう》にあふから合處逢冲《がふしよほうちう》とするけれども空亡《くうばう》にあひ、用神巳《ようしんみ》の父母《ふぼ》が月建《げつけん》の合《がふ》にあふから妨《さまたげ》はない、但《たゞ》し原神《げんしん》は日《ひ》より剋《こく》し又《また》月破《げつぱ》にあひ、又《また》空亡《くうばう》にあふて忌神《きしん》亥《ゐ》の爻《かう》は月日《げつじつ》より生《しやう》ずるから、亥子《ゐね》の月《つき》には病《やまひ》ます〱甚《はなはだ》しく、寅卯《とらう》の月《つき》より漸々《だんだん》に減《げん》じ、巳《み》の月《つき》には全快《ぜんくわい》すると云《い》へば、果《はた》して其如《そのごと》くであつた。

第二十六款　門弟を家内に養ひ置くことを占ふ

丑《うし》の建辛亥《けんかのとゐ》の日《ひ》
大壯《たいさう》の豊《ほう》に之《ゆ》くにあふ

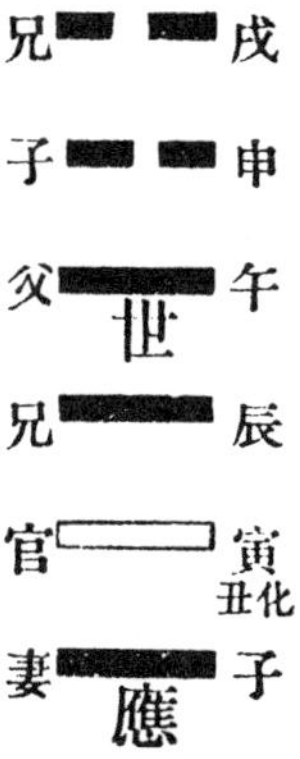

断《だん》に曰《いは》く、六冲《ちう》の卦《くわ》にして寅《とら》の爻《かう》が日辰《につしん》の合《がふ》にあひ、子《ね》の爻《かう》は月建《げつけん》の合《がふ》にあふから冲處《ちうしよ》逢合《ほうがふ》である、然《しか》るに子《ね》の爻《かう》は世《せい》を冲尅《ちうこく》し、申《さる》の爻《かう》は用神《ようしん》を冲《ちう》す、月日《げつじつ》の之《これ》に合《がつ》するは吉《きち》ではない、且《か》つ官《くわん》鬼《き》が空亡《くうはう》にあふと雖《いへど》も、日辰《につしん》の生合《しやうがふ》を得《え》て發動《はつどう》するから、寅《とら》の月《つき》に至《いた》りて必《かなら》ず事故《じこ》があると云《い》へば、果《はた》して正月《しやうがつ》に其家《そのいへ》の婢《ひ》と私《し》するを以《もつ》て之《これ》を追出《おひだ》して了《しま》つた、其婢《そのひ》と私《し》することは、官鬼《くわんき》が化《くわ》して兄弟《けいてい》となり、玄武《げんぶ》を帶《お》びて妻財《さいざい》と合《がつ》するからである、是《こ》れ冲處逢合《ちうしよほうがふ》を吉《きち》とするけれども、忌神《きしん》を生合《しやうがふ》するときは留煞害命《りうさいがいめい》の類《るゐ》であつて甚《はなは》だ凶《きよう》とするからである。

第二十七款　壽命を占ふ

巳《み》の歳末《としひつじ》の建辛卯《けんかのとう》の日《ひ》
旅《りよ》の賁《ひ》に之《ゆ》くにあふ

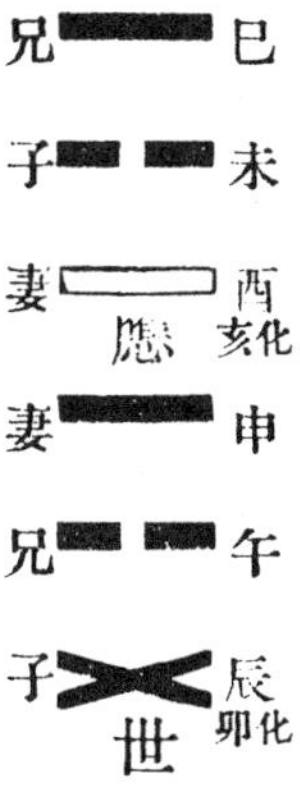

此人年《このひととし》六十餘《よ》、絶《た》えて病《やまひ》なく又長生《またちやうせい》を貪《むさぼ》るの心《こゝろ》なし、命數《めいすう》何《いづ》れの歳《とし》に盡《つく》るやを問《と》ふ、断《だん》に曰《いは》く、六合《がふ》の卦《くわ》が六合《がふ》に化《くわ》し、世爻《せいかう》は子孫《しそん》を持《ぢ》す、是《こ》れ明《あきら》かに現在壽《げんざいじゆ》を保《たも》ち病《やまひ》なきの象《かたち》とする、但《たゞ》

し世爻《せいかう》が旺相《わうしやう》すと雖《いへど》も日辰《につしん》の尅《こく》にあひ、又回頭尅《またくわいとうこく》に化《くわ》す、酉《とり》の爻《かう》は發動《はつどう》して日辰《につしん》の冲《ちう》にあふから合處《がふしよ》逢冲《ほうちう》である、又化《またくわ》して日辰《につしん》の合《がふ》にあひ世爻《せいかう》を冲《ちう》す、然《しか》れども官鬼《くわんき》は休囚伏藏安靜《きうしうふくざうあんせい》にして病《やまひ》なしと斷《だん》ぜしに、果《はた》して七年《ねん》を過《す》ぎて乙亥《きのとゐ》の歳《とし》十月《がつ》誤《あやま》りて跌《つまづ》き仆《たふ》れたるによりて、數日《すうじつ》にして終《つひ》に死去《しきよ》した、その亥《ゐ》の年月《ねんげつ》に應《おう》ずるは、忌神《きしん》を長生《ちやうせい》し原神《げんしん》を冲尅《ちうこく》して官鬼《くわんき》が提拔《ていはつ》するの時《とき》だからである、而《しか》して不意《ふい》に身《み》を害《がい》することは合處逢冲《がふしよほうちう》だからである。

第二十八款　明日の天氣を占ふ

辰《たつ》の建《けん》己酉《つちのとゝり》の日《ひ》
井《せい》の巽《そん》に之《ゆ》くにあふ

子化卯	✕	父
戌	━━ 世	妻
申	━ ━	官
酉	━━	官
亥	━━ 應	父
丑	━ ━	妻

斷《だん》に曰《いは》く、子《ね》の父母《ふぼ》は發動《はつどう》して月《つき》より尅《こく》し日《ひ》より生《しやう》ず、明日《あす》庚戌《かのといぬ》に至《いた》れば又日《またひ》より尅《こく》す

故《ゆゑ》に必《かなら》ず雨《あめ》なし、又化《またくわ》して兄弟《けいてい》となり日辰《につしん》の冲《ちう》にあふ、明日《あす》に至《いた》れば又合《またがふ》にあふ、されば必《かなら》ず風《かぜ》があると云《い》へば、果《はた》して前夜《ぜんや》に雨《あめ》があつて、其日《そのひ》の朝微雨《あさびう》があつて、終《つひ》に晴《は》れて午《うま》の時《とき》より風《かぜ》があつた、其朝微雨《そのあさびう》のあるのは、父母《ふぼ》が衰弱《すゐじやく》すと雖《いへど》も發動《はつどう》し、その上原神申酉《うへげんしんさるとり》の二爻《かう》が寅卯《とらう》の時《とき》の冲《ちう》にあふから父母《ふぼ》を生《しやう》ずるのである、風《かぜ》のあるは卯《う》の兄弟《けいてい》が日辰《につしん》の冲《ちう》にあひたるもの、此日《このひ》に至《いた》りて合《がふ》にあふからである。

第二十九款　遠方へ遣はしたる傭人の歸りを占ふ

午《うま》の建《けん》癸丑《みづのとうし》の日《ひ》

頤《い》の剝《はく》に之《ゆ》くにあふ

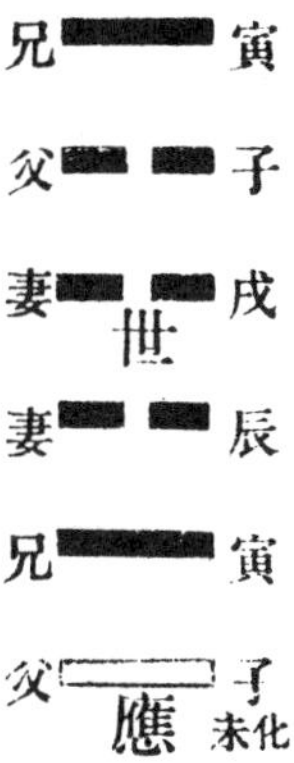

斷《だん》に曰《いは》く、用神《ようしん》子《ね》の應爻《おうかう》は月《げつ》破《ぱ》にあひ、日辰《につしん》より合《がつ》し化《くわ》して月建《げつけん》の合《がふ》にあひ日辰《につしん》の冲《ちう》にあふ、されば丙午《ひのえうま》の日《ひ》に來《きた》るべしと云《い》へば、果《はた》して其如《そのごと》くであつた、その午《うま》の日《ひ》に應《おう》ずるは、日辰《につしん》の合《がふ》にあひたる子水《ねみづ》が空亡《くうばう》に入《い》りて冲《ちう》にあふの時《とき》であつて、化《くわ》して冲《ちう》にあふたる未土《ひつじつち》が合《がふ》にあふの時《とき》だからである。

第三十款　他より返金の入手日を占ふ

午《うま》の建《けん》癸卯《みづのとう》の日《ひ》

乾《けん》の中孚《ちうふ》に之《ゆ》くにあふ

斷《だん》に曰《いは》く、六冲《ちう》の卦《くわ》の應爻《おうかう》が空亡《くうばう》にして退神《たいしん》に化《くわ》す、又午《またうま》の官鬼《くわんき》が月建《げつけん》を持《ぢ》し日《ひ》より生《しやう》合《がふ》して合《がふ》に化《くわ》するから冲處逢合《ちうしよほうがふ》である、故《ゆゑ》に吉《きち》のやうであるけれども、變出《へんしゆつ》する未《ひつじ》の爻《かう》が變出《へんしゆつ》する丑《うし》の爻《かう》と相冲《あひちう》す、逢合《ほうがふ》の内又逢冲《うちまたほうちう》である、必《かなら》ず反覆轉變《はんぷくてんぺん》して或《あるひ》は和合《わがふ》し或《あるひ》は背《そむ》き逆《さから》ひ、終《つひ》に得《う》べからずと斷《だん》ぜしに、果《はた》して其如《そのごと》くであつた。

第三十一款　子の病によりて藥方を占ふ

巳《み》の建己酉《けんつちのと・り》の日《ひ》
復《ふく》の謙《けん》に之《ゆ》くにあふ

斷《だん》に曰《いは》く、用神酉《ようしんとう》の子孫《しそん》が日辰《につしん》を持《ち》し、原神《げししん》が發動《はつどう》して之《これ》を生合《しやうがふ》し、官鬼《くわんき》は安靜《あんせい》にして父母《ふぼ》は伏藏《ふくざう》す、此藥必《これくすりかなら》ず効《かう》あるべし、但《たゞ》し辰子《たつね》の兩爻《りやうかう》が發動《はつどう》し、變出《へんしゆつ》する申《さる》の爻《かう》と三合《がふ》して水局《すゐきよく》を成《な》し官鬼《くわんき》を生《しやう》す、後必《のちかなら》ず再發《さいはつ》するであらうと云《い》へば、果《はた》して此藥《このくすり》を服《ふく》すること數《すう》十日《にち》にして其病《そのやまひ》は全《ぜん》癒《ゆ》し、冬月《とうげつ》に至《いた》りて再發《さいはつ》した、その冬月再發《とうげつさいはつ》するは、水局《すゐきよく》は時《じ》令《れい》を得《え》、空亡《くうはう》の亥水《ゐみづ》は官鬼《くわんき》を合起《がふき》するからである、且《か》つ再發《さいはつ》するは復《ふく》の卦《くわ》の大象《たいしやう》である。

第三十二款　遠方よりの返金到着日を占ふ

酉《とり》の建辛巳《けんかのとみ》の日《ひ》
艮《ごん》の噬嗑《ぜいがふ》に之《ゆ》くにあふ

斷《だん》に曰《いは》く、用神子《ようしんね》の妻財は月《つき》より生《しやう》じて世爻《せいかう》を生《しやう》ず、但《たゞ》し日辰《につしん》に絶《ぜつ》し戌《いぬ》の動爻《どうかう》の剋《こく》にあふを凶《きよう》とする、然《しか》れども忌神《きしん》が化《くわ》して原神《げんしん》となり、原神申《げんしんさる》の爻《かう》が空亡《くうはう》といへども、戌辰《いぬたつ》の二爻《かう》より生《しやう》ず、且《か》つ變出《へんしゆつ》する子《ね》の爻《かう》が動爻辰申《どうかうたつさる》の二爻《かう》と三合《がふ》して用神局《ようしんきよく》を成《な》す、申《さる》の爻《かう》は今《いま》に當《あた》りて空亡《くうはう》なる故《ゆゑ》

出空《しゆつくう》の時《とき》に來《きた》るべしと言《い》ひしに、果《はた》して丙申《ひのえさる》の日《ひ》に到達《たうたつ》した。

第三十三款　里子の歸る日を占ふ

酉《とり》の建丙辰《けんひのえたつ》の日《ひ》
頤《い》の同人《どうじん》に之《ゆ》くにあふ

斷《だん》に曰《いは》く、游魂《いうこん》の卦《くわ》が變《へん》じて歸魂《きこん》の卦《くわ》となるのであるから速《すみやか》に家《いへ》に歸《かへ》る兆《てう》である、又《また》用神《ようしん》が變出《へんしゆつ》する申《さる》の爻《かう》が動爻子辰《どうかうねたつ》の二爻《かう》と三合《がふ》して水局《すゐきよく》を成《な》し、用神《ようしん》を尅《こく》すと雖《いへど》も、子《ね》の爻《かう》が空亡《くうばう》なる故《ゆゑ》に其力《そのちから》が弱《よわ》い、されば庚申《かのえさる》の日《ひ》に歸《かへ》ると判《はん》せしに、果《はた》して其通《そのとほ》りであつた、その申《さる》の日《ひ》に應《おう》ずるは、寅《とら》の爻《かう》が冲動《ちうどう》にあふて變出《へんしゆつ》する午《うま》の爻及《かうおよ》び世爻《せいかう》につきたる戌《いぬ》の爻《かう》と三合《がふ》して用神《ようしん》となるからである。

第三十四款　母の久病を占ふ

酉《とり》の建庚午《けんかのえうま》の日《ひ》
萃《すゐ》の革《かく》に之《ゆ》くにあふ

斷《だん》に曰《いは》く、用神未《ようしんひつじ》の父母《ふぼ》は卦《くわ》身《しん》につき日辰《につしん》の生合《しやうがふ》を得《う》ると雖《いへど》も、忌神《きしん》が發動《はつどう》して長生《ちやうせい》に化《くわ》し、原神《げんしん》は安靜《あんせい》にして又《また》亥《ゐ》卯《う》未《ひつじ》三合《がふ》會局《くわいきよく》して忌神《きしん》をなす、皆不吉《みなふきつ》の兆《てう》であると云《い》ひしに、果《はた》して

戌《いぬ》の月戊子《つきつちのえね》の日《ひ》に死去《しきよ》した、その戌《いぬ》の月《つき》に應《おう》ずるは、忌神《きしん》が月破《げつぱ》を出《いで》て合《がふ》にあふの月《つき》である、戊子《つちのえね》の日《ひ》に應《おう》ずるは、亥水《ゐすい》が空亡《くうばう》を出《いで》て忌神《きしん》を生《しやう》じ原神《げんしん》を尅《こく》し、又用神《またようしん》が空亡《くうばう》に入《い》るの時《とき》である、且《か》つ久病《きうびやう》を占《うらな》ふて死《し》を免《まぬか》れざるは革《かく》の大象《たいしやう》である。

第三十五款　人よりの返金日を占ふ

午《うま》の建丙午《けんひのえうま》の日《ひ》
恒《がう》の鼎《てい》に之《ゆ》くにあふ

断《だん》に曰《いは》く、用神戌《ようしんいぬ》の妻財《さいざい》が發《はつ》動《どう》して世爻《せいかう》を生《しやう》じ月日《げつじつ》より生《しやう》ず、庚戌《かのえいぬ》の日《ひ》に還《かへ》すべしと言《い》ひしに、辛亥《かのとゐ》の日《ひ》に還《かへ》して來《き》た、是《こ》れ戌《いぬ》の爻《かう》が巳《み》の絶《ぜつ》に化《くわ》する故《ゆゑ》に、巳《み》を冲《ちう》するの日《ひ》に應《おう》ずるのてある。

第三十六款　同　断

丑《うし》の建丙寅《けんひのえとら》の日《ひ》
解《かい》の乾《けん》に之《ゆ》くにあふ

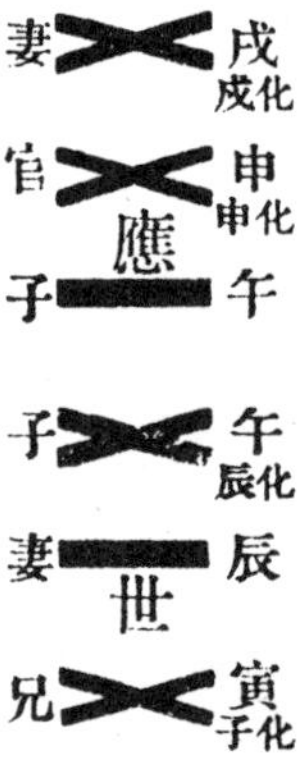

断《だん》に曰《いは》く、外卦《ぐわいくわ》は伏吟《ふくぎん》、應爻《おうかう》又日辰《またにつしん》の冲《ちう》にあふて動散《どうさん》す、彼《か》の人憂鬱沈吟辛苦勞動《ひといううつちんぎんしんくらうどう》するの象《かたち》、寅午戌三合《とらうまいぬがふ》して原神局《げんしんきよく》を成《な》し、用神發動《ようしんはつどう》して世爻《せいかう》を冲《ちう》すと雖《いへど》も空亡《くうばう》にあひ、又日《またひ》より尅《こく》し又伏《またふく》

吟《ぎん》にあふ、但《たゞ》し午《うま》の子孫《しそん》は日辰《につしん》及《およ》び動爻《どうかう》の生《しやう》を得《え》て用神《ようしん》に化《くわ》す、故《ゆゑ》に辰《たつ》の日《ひ》に還《かへ》し來《きた》るべしと言《い》ひしに、果《はた》して庚辰《かのえたつ》の日《ひ》其《そ》の半分《はんぶん》を還《かへ》して來《き》た、蓋《けだ》し辰《たつ》の日《ひ》に應《おう》ずるは、用神戌《ようしんいぬ》の爻《かう》が空亡《くうばう》を出《いで》て冲《ちう》にあふの時《とき》、又原神《またげんしん》が化《くわ》して用神《ようしん》となるの時《とき》である、而《しか》して其《そ》の半分《はんぶん》を還《かへ》し來《きた》ることは、用神《ようしん》が空亡《くばう》にあひ日《ひ》より尅《こく》するからである、其餘《そのよ》の半分《はんぶん》は終《つひ》に還《かへ》し來《きた》らず、是《こ》れ伏吟《ふくぎん》にして又《また》六冲卦《ろうくわ》となる、故《ゆゑ》に散《さん》ずるのである。

第三十七款　風呂敷を失ふたるを占ふ

辰《たつ》の建甲寅《けんきのえとら》の日《ひ》
謙《けん》の旅《りよ》に之《ゆ》くにあふ

断《だん》に曰《いは》く、世爻《せいかう》は日辰《につしん》の合《がふ》にあひ、官鬼《くわんき》は安静《あんせい》なるが故《ゆゑ》に盗《ぬす》まれたのではない、用神丑《ようしんうし》の父母《ふぼ》は空亡《くうばう》にあふと雖《いへど》も發動《はつどう》して世爻《せいかう》を尅《こく》す、依《よ》つて後日《ごじつ》必《かなら》ず發見《はつけん》すべし、又申《またさる》の兄弟《けいてい》が暗動《あんどう》し、又巳酉丑《またみとりうし》が三合《がふ》して兄弟局《けいていきよく》をなし、皆世爻《みなせいかう》を生《しやう》ず、必《かなら》ず兄弟《けいてい》從兄弟等《いとことう》の所《ところ》にありと言《い》ひしに、果《はた》して其姉《そのあね》の所《ところ》にあつた。

第三十八款　父の音信の到達日を占ふ

酉《とり》の建辛酉《けんかのと、り》の日《ひ》
艮《ごん》の巽《そん》に之《ゆ》くにあふ

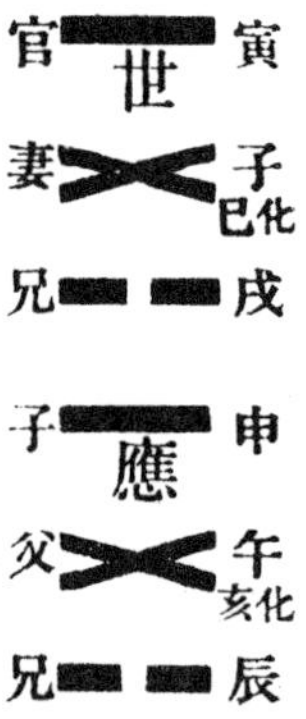

断《だん》に曰《いは》く、用神午《ようしんうま》の父母《ふぼ》が發《はつ》動《どう》すと雖《いへど》も、回頭尅《くわいとうこく》に化《くわ》し絶《ぜつ》に化《くわ》す、殊《こと》に忌神《きしん》は化《くわ》して用《よう》神《しん》となる、戌亥《いぬゐ》空亡《くうぼう》の時《とき》、午火《うまひ》を生《しやう》ずるの時《とき》、丙寅丁卯《ひとえとらひのとう》の日《ひ》に達《たつ》すべしと断《だん》ぜしに、果《はた》して丁卯《ひのとう》の日《ひ》に達《たつ》した。

第三十九款　移植の枇杷樹の枯れざるやを占ふ

卯《う》の建乙亥《けんきのとゐ》の日《ひ》
渙《くわん》の中孚《ちうふ》に之《ゆ》くにあふ

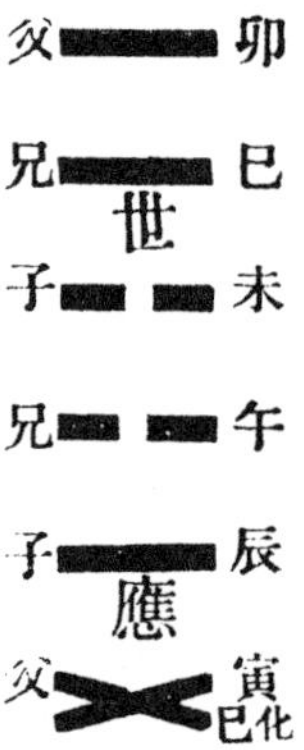

断《だん》に曰《いは》く、用神辰《ようしんたつ》の子孫《しそん》は卦《くわ》身《しん》につき、休囚安靜《きうしうあんせい》にして月《げつ》建動爻《けんきうかう》の尅《こく》にあふ、原神巳《げんしんしみ》の兄弟《けいてい》は暗動《あんどう》して之《これ》を生《しやう》ずと雖《いくど》も日辰《につしん》の冲《ちう》にあひ、忌神寅《きしんとら》の父母《ふぼ》は發動《はつどう》して日辰《につしん》の合《がふ》にあふ、是《こ》れ留煞《りうさい》害命《がいめい》の類《るゐ》である、必《かなち》ず枯《か》るべしと云《い》ひしに、果《はた》して其冬《そのふゆ》より衰《おとろ》へて戌《いぬ》の年終《としつひ》に枯《か》れて了《しま》つた、戌《いぬ》の年《とし》は用神《ようしん》が冲《ちう》にあひ原神《げんしん》が墓《ほ》に入《い》るの時《とき》だからである。

第四十款　傳説の埋金は果して有りやを占ふ

戌《いね》の建壬辰《けんみづのえたつ》の日《ひ》
益《えき》の家人《かじん》に之《ゆ》くにあふ

断《だん》に曰《いは》く、應爻《おうかう》を土中《ごちう》とする、兄弟《けいてい》を持《ち》し白虎《びやくこ》を帶《お》び休囚《きうしう》にあふ、是《こ》れ金《かね》なきの象《かたち》である

世爻《せいかう》が日辰《につしん》を持《ち》するは之《これ》を掘出《ほりいだ》さんと欲《ほつ》するのである、然《しか》れども化《くわ》して父母《ふほ》となり月日《げつじつ》より尅《こく》す、勞《らう》して功《こう》なし、又世下《まはせいか》に伏藏《ふくざう》する官鬼《くわんき》は日辰及《につしんおよ》び飛神《ひしん》の合《がふ》にあふて、發動《はつどう》して應爻《おうかう》を冲《ちう》す、即《すなは》ち掘《ほ》らんとして疑《うたが》ひ迷《まよ》ひ、或《あるひ》は憂《うれ》ひ懼《おそ》るの兆《てう》とする、然《しか》れども未《ひつじ》の妻財《さいぐ》が空亡《くうばう》にあふて月日動爻《げつじつどうかう》の生扶《しやうふ》なく、巳《み》の子孫《しそん》も亦休囚安靜《またきうしうあんせい》であるから皆金《みなかね》を得《う》るの理《り》がないと言《い》へば、其人《そのひと》は終《つひ》に掘《ほ》らなかつた、後《のち》に他《た》人《にん》が其所《そこ》を盡《ことごと》く掘《ほ》つたけれども、絶《た》えて金《かね》はなかつた。

第四十一款　僕の果して歸鄕せしか再來するかを占ふ

戌《いね》の建辛亥《けんかのとゐ》の日《ひ》
謙《けん》の不變《ふへん》とす

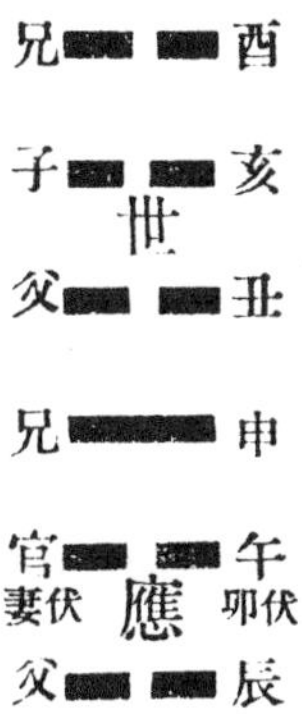

断《だん》に曰《いは》く、用神卯《ようしんう》の妻財《さいぐ》は伏《ふく》藏空亡《ざうくうばう》すと雖《いへど》も、日《ひ》より長生《ちやうせい》し月《つき》より合《がつ》す、又世爻《またせいかう》は日辰《につしん》を持《ち》して用神《ようしん》を提拔《ていはつ》す、故《ゆゑ》に必《かなら》ず歸《かへ》り來《また》るべし、而《し》かも亥《ゐ》の月辛酉《つきかのと、り》の日《ひ》求《もと》めずして來《きた》らんと云《い》ひしに果《はた》して其通《そのとほ》りてあつた、是《こ》れ用神《ようしん》が空亡《くうばう》を出《いで》て冲《ちう》にあひ、飛神《ひしん》は休囚《きうしい》し世爻《せいかう》が時令《じれい》を得《う》る時《とき》だからで

ある、且《か》つ求《もと》めずして自《みづか》ら來《きた》るは謙《けん》の大象《たいしやう》である。

第四十二款　子の病を占ふ

子《ね》の建乙巳《けんきのとみ》の日《ひ》

无妄《むばう》の乾《けん》に之《ゆ》くにあふ

斷《だん》に曰《いは》く、六冲《ちう》の卦《くわ》が六冲《ちう》に化《くわ》し、且《か》つ內卦《ないくわ》は伏吟《ふくぎん》、用神《ようしん》は月破《げつぱ》、原神《げんみん》は安靜《あんせい》であつて皆《みな》大凶《たいきよう》の兆《てう》である、用神《ようしん》は日辰《につしん》より比《ひ》し世爻《せいかう》につくの吉《きち》があるけれども、右《みぎ》の諸件《しよけん》に敵《てき》することは出《で》來《き》ない、果《はた》して其日《そのひ》戌《いぬ》の刻《こく》に死亡《しばう》した、是《これ》は用神《ようしん》が墓《ぼ》に入《い》るの時《とき》なのである。

第四十三款　入札の我手に落つるやを占ふ

戌《いぬ》の建庚寅《けんかのえとら》の日《ひ》

損《そん》の噬嗑《ぜいがふ》に之《ゆ》くにあふ

斷《だん》に曰《いは》く、世爻《せいかう》は日《ひ》より剋《こく》し又動爻《またどうかう》より剋《こく》す、應爻《おうかう》は日辰《につしん》を持《ぢ》して世爻《せいかう》を剋《こく》するより推《お》すときは必《かなら》ず得《え》られない、果《はた》して他人《たにん》の手《て》に落《お》ちた、後又傳《のちまたつた》へ聞《き》くに、其札《そのふだ》を落《おと》したる者《もの》は、札《ふだ》を開《ひら》く役人《やくにん》に賂《まいなひ》して姦計《かんけい》ありて得《え》たりと、是《こ》れ官鬼兄弟《くわんきけいてい》が發動《はつどう》して相合《あひがつ》するの象《かたち》である。

第四十四款　實家に行きたる妻の歸る日を占ふ

未《ひつじ》の建甲子《けんきのえね》の日《ひ》
中孚《ちうふ》の不變《ふへん》とす

卯	⚊	官	
巳	⚊	父	
未	⚋	兄	世
丑	⚋	兄	
卯	⚊	官	
巳	⚊	父	應

斷《だん》に曰《いは》く、用神子《ようしんね》の妻財《さいざい》は日《につ》辰《しん》を持すと雖《いへど》も、伏藏《ふくざう》して飛《ひ》神《しん》に絶《ぜつ》し、原神《げんしん》も亦丑《またうし》の兄弟《けいてい》の下《か》に伏藏《ふくざう》して、丑《うし》の爻《かう》は日辰《につしん》より合起《がふき》して妻財《さいざい》を合住《がふぢう》す、寅《とら》の日《ひ》は丑《うし》の飛神《ひしん》を剋《こく》し原神《げんしん》を冲起《ちうき》するの日《ひ》であるから、此日《このひ》歸《かへ》ると云《い》へば果《はた》して歸《かへ》つて來《き》た。

第四十五款　門弟の兄弟病重しと聞きて占ふ

未《ひつじ》の建壬午《けんみづのえうま》の日《ひ》
剝《はく》の不變《ふへん》とす

寅	⚊	妻	
子	⚋	子	世
戌	⚋	父	
卯	⚋	妻	
巳	⚋	官	應
未	⚋	父	

斷《だん》に曰《いは》く、用神子《よりしんね》の子孫《しそん》（門《もん》人《じん》は子孫《しそん》を用神《ようしん》とす、門人《もんじん》の兄《あに》も兄弟父母《けいていふぼ》等《とう》の稱《しよう》なきときは門人《もんじん》の屬《ぞく》とするから子孫《しそん》を用神《ようしん》とする）は休囚暗動《きうしうあんどう》して月《つき》より剋《こく》し、他《た》の救《すく》ふ者《もの》がない、原神申《げんしんさる》の兄弟《けいてい》は空亡伏藏《くうばうふくざう》して日《ひ》より剋《こく》す、その上月建《うへげつけん》は忌神《きしん》に臨《のぞ》み、又日辰《またにつしん》は忌神《きしん》に合《がつ》し用神《ようしん》を冲《ちう》す、是《これ》を留《りう》煞害命《さいがいめい》と云《い》ふのである、依《よ》つて凶《きやう》であると云《い》へば、果《はた》して其日未《そのひひつじ》の刻《こく》に死亡《しばう》した。

第四十六款　妻の今年の身命を占ふ

寅《とら》の建乙亥《けんきのとゐ》の日《ひ》
革《かく》の既濟《きせい》に之《ゆ》くにあふ

未	酉	亥（化申）	亥	丑	卯
▬ ▬	▬▬▬	□ 世	▬▬▬	▬ ▬	▬▬▬ 應
官	父	兄	兄	官	子

斷《だん》に曰《いは》く、用神午《ようしんうま》の妻財《さいざい》は兄《けい》弟《てい》の下《もと》に伏藏《ふくざう》して飛神《ひしん》に絶《ぜつ》す飛神《ひしん》は日辰《にっしん》を持《ち》し月建《げつけん》の合《がふ》にあひ、他《た》の冲起《ちうき》なき故《ゆゑ》に伏神《ふくしん》は提抜《ていばつ》し難《がた》い、又世爻《またせいかう》が兄弟《けいてい》を持《ち》し日辰《にっしん》を帶《お》び長生《ちやうせい》に化《くわ》して用神《ようしん》を尅《こく》す原神卯《げんしんう》の爻《かう》は旺相《わうしやう》すと雖《いへど》も發動《はつどう》しないから用神《ようしん》を救《すく》はない、されば皆大凶《みなだいきよう》である、果《はた》して其年《そのとし》十月《ぐわつ》に改《あらた》めて他《た》に嫁《か》し、十一月痘瘡《ぐわつとうさう》にて死亡《しばう》して了《しま》つた、その亥《ゐ》の月改《つきあらた》めて他《た》に嫁《か》するは、世爻《せいかう》が時令《じれい》を得《え》て用神《ようしん》が冲《ちう》にあふの月《つき》だからである、且《か》つ改《あらた》まることのあるは革《かく》の大象《たいしやう》である。

第四十七款　何日彼地に行く事となるやを占ふ

未《ひつじ》の建甲寅《けんきのえとら》の日《ひ》
比《ひ》の不變《ふへん》とす

子	戌	申	卯	巳	未
▬ ▬ 應	▬▬▬	▬ ▬	▬ ▬ 世	▬ ▬	▬ ▬
妻	兄	子	官	父	兄

斷《だん》に曰《いは》く、旅行《りよかう》を占《うらな》ふて歸魂《きこん》の卦《くわ》を得《え》たり、又世爻《またせいかう》が勾陳《こうちん》を帶《お》びて安靜《あんせい》、忌神《きしん》が暗動《あんどう》して之《これ》を制《せい》す、皆行《みなゆ》くことの出來《でき》ない兆《てう》とする、今年《こんねん》は壬申《みづのえさる》の歳《とし》で歳君《さいくん》が忌神《きしん》に臨《のぞ》んでゐるから、申《さる》酉《とり》が空亡《くうばう》にあふの歳《とし》である、されば寅卯《とらう》にあたる時《とき》に至《いた》らなければ決《けつ》して行《ゆ》くやうにはならぬと言《い》ひしに果《はた》して其通《そのとほ》りであつた。

第四十八款　妊婦自身に出産日を占ふ

戌	⚋ 應	妻
申	⚋	官
午	⚊	子
酉	⚊ 世	官
亥	⚊	父
丑	⚋	妻

酉《とり》の建《けん》丁卯《ひのとう》の日《ひ》
恒《ごう》の不變《ふへん》とす

婦人《ふじん》が已《すで》に孕《はら》みて七八ヶ月《げつ》に及《およ》び、何《いづ》れの月日《つきひ》に出産《しゆつさん》すべきやを問《と》ふので、斷《だん》に曰《いは》く、世爻《せいかう》が月建《げつけん》を持《ぢ》して暗動《あんどう》するより見《み》れば數月《すうげつ》を保《たも》たない、明日《あす》戊辰《つちのえたつ》の日《ひ》に生《うま》れる、但《たゞ》し世爻《せいかう》が官鬼《くわんき》を持《ぢ》し、子孫《しそん》は白虎《びやくこ》を帯《お》び、戌《いぬ》の爻《かう》が青龍《せいりう》を帯《お》びて空亡《くうはう》にあふから、恐《おそ》らくは吉《きち》であるまいと斷《だん》せしに、果《はた》して戊辰《つちのえたつ》の日《び》戌《いぬ》の刻《こく》小産《せうさん》して死胎《したい》を産《う》んだ、その辰《たつ》の日《ひ》に應《おう》ずるは、世爻《せいかう》の冲《ちう》にあふ者《もの》が合《がふ》にあひ、戌《いぬ》の青龍《せいりう》の日辰《につしん》の合《がふ》にあふ者《もの》が冲《ちう》にあふて世爻《せいかう》を生《しやう》ずるの時《とき》だからである。

第四十九款　妻の懐妊せしや否やを占ふ

巳	⚊ 應	兄
未	⚋	子
酉	⚊	妻
午	⚋ 世	兄
辰	⚊	子
卯	⚋	父

辰《たつ》の建《けん》己丑《つちのとうし》の日《ひ》
未濟《みせい》の不變《ふへん》とす

斷《だん》に曰《いは》く、妻財《さいざい》は青龍《せいりう》を帯《お》び月建《げつけん》の合《がふ》にあひ、子孫《しそん》の兩爻《りやうかう》の内《うち》で、一は月建《げつけん》を持《ぢ》し一は空亡《くうはう》にして冲《ちう》にあふ、之《これ》を起《き》と云《い》ふのである、又午《またうま》の胎爻《たいかう》は空亡《くうはう》にあふといへども世爻《せいかう》につくより見《み》るときは、皆孕《みなはら》むことあるの兆《てう》とす、果《はた》して其如《そのごと》くであつた。

第五十款　妻の出産日を占ふ

巳《み》の建《けん》己未《つちのとひつじ》の日《ひ》
大過《たいくわ》の不變《ふへん》とす

未	▬ ▬	妻
酉	▬▬▬	官
亥	▬▬▬ 世	父
酉	▬▬▬	官
亥	▬▬▬	父
丑	▬ ▬ 應	妻

断《だん》に曰《いは》く、午《うま》の子孫《しそん》は青龍胎《せいりうたい》爻《かう》を持《ぢ》して世爻《せいかう》の下《もと》に伏藏《ふくざう》し旺相《わうしやう》して飛神《ひしん》に絶《ぜつ》す、されば己巳《つちのとみ》の日《ひ》に生《うま》れると言《い》へば、果《はた》して其日《そのひ》生《うま》れた、その巳《み》の日《ひ》に應《おう》ずるは、飛神《ひしん》を冲去《ちうきよ》し妻財《さいく》を生《しやう》ずるの時《とき》だからである。

第五十一款　數年内に任官するやを占ふ

亥《ゐ》の歳未《としひつじ》の建《けん》癸酉《みづのとゝり》の日《ひ》
小過《せうくわ》の謙《けん》に之《ゆ》くにあふ

戌	▬ ▬	父
申	▬ ▬	兄
午化戌	□ 世	官
申	▬▬▬	兄
午	▬ ▬	官
辰	▬ ▬ 應	父

断《だん》に曰《いは》く、用神午《ようしんうま》の官鬼《くわんき》は世《せい》爻卦身《かうくわしん》につき月建《げつけん》の合《がふ》にあふ左《さ》れは吉《きち》とすべきやうであるが、但《たゞ》し空亡《くうはう》に化《くわ》し墓《ほ》に化《くわ》し、又原神《またげんしん》は休囚伏藏《きうしうふくざう》し、忌神《きしん》は歳君《さいくん》を持《ぢ》して世下《せいか》に伏《ふく》す、皆得《みなえ》難《がた》きの兆《てう》とする、然《しか》るに後丁卯《のちひのとう》の歳《とし》その望《のぞ》む所《ところ》でなかつた他國《たこく》に呼出《よびだ》されて仕官《しくわん》した、是《これ》は第《だい》二爻《かう》の官鬼《くわんき》が亦《また》卦身《くわしん》につきて、原神《げんしん》を其下《そのもた》に伏藏《ふくざう》して日辰《につしん》の冲《ちう》にあふ故《ゆゑ》に、其年《そのとし》に當《あた》りて應《おう》じたのである。

第五十二款　待人の來る日を占ふ

子《ね》の建《けん》癸卯《みづのとう》の日《ひ》
大壯《たいさう》の升《しよう》に之《ゆ》くにあふ

戌	‑ ‑	兄
申	‑ ‑	子
午化丑	▭ 世	父
辰	━	兄
寅	━	官
子化丑	～ 應	妻

斷《だん》に曰《いは》く、六冲《ちう》の卦《くわ》であつて、應爻《おうかう》が月建《げつけん》を持《ぢ》し、發動《はつどう》して合《がふ》に化《くわ》す、之《これ》を冲處逢合《ちうしよほうがふ》とす、又午火《またうまひ》は世爻《せいかう》につき用神《ようしん》を冲《ちう》し、化《くわ》して用神《ようしん》に合《がつ》す、故《ゆゑ》に戊午《つちのえうま》の日《ひ》に來《きた》ると判《はん》せしに、果《はた》して其日《そのひ》に來《き》た、蓋《けだ》し午《うま》の日《ひ》に應《おう》ずるは、午火《うまひ》は月破《げつぱ》であるから日《ひ》より生《しやう》ずと雖《いへど》も其力《そのちから》が弱《よわ》いので用神《ようしん》を冲開《ちうかい》することが出來《でき》ない、其日《そのひ》にあふて子水《ねみづ》を冲《ちう》するからである。

第五十三款　待人今日來るやを占ふ

午《うま》の建《けん》丙申《ひのえさる》の日《ひ》
訟《しよう》の不變《ふへん》とす

戌	━	子
申	━	妻
午	━ 世	兄
午	‑ ‑	兄
辰	━	子
寅	‑ ‑ 應	父

斷《だん》に曰《いは》く、用神寅《ようしんとら》の應爻《おうかう》は暗《あん》動獨發《どうどくはつ》して世爻《せいかう》を生《しやう》じ、他《た》の制尅《せいこく》はない、左《さ》れば今日《けふ》來《きた》るとする　但《たゞ》し第三爻午《だいかううま》の兄弟《けいてい》が世爻《せいかう》と同《おな》じくして世應《せいおう》の間《あひだ》にありて之《これ》を隔《へだ》て居《を》る、其人《そのひと》或《あるひ》は他《た》に行《ゆ》き隙《ひま》どりて此方《こなた》へ來《く》ることが出來《でき》ないかも知《し》れない、然《しか》るに其日《そのひ》他出《たしゆつ》の後《のち》に來《き》たが、終《つひ》に面會《めんくわい》することが出來《でき》なかつた、是《こ》れ間爻《かんかう》の隔《へだ》てある譯《わけ》である、且《かつ》來《きた》るとも遇《あ》はざるは訟《しよう》の卦《くわ》の大象《たいしやう》なればである。

第五十四款　毛拔を失ひたるを占ふ

午《うま》の建《けんつちのえいぬ》戌戌の日《ひ》
既濟《きせい》の不變《ふへん》とす

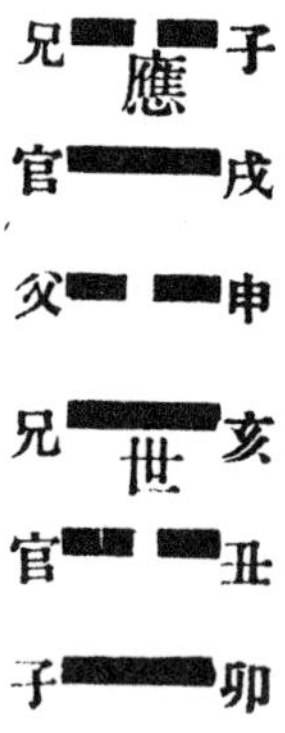

断《だん》に曰《いは》く、用神午《ようしんうま》の妻財《さいくわ》は月建《げつけん》を持《ぢ》し、世爻《せいかう》の下《もと》に伏藏《ふくざう》して墓《ぼ》に入《い》る、必《かなら》ず我家《わがや》にあり、持佛堂燈明架《ぢぶつだうとうみやうだな》などを尋《たづ》ぬべしと言《い》ひしに、果《はた》して神燈《しんとう》を奉《たてまつ》る架上《かじやう》にあつた、是《こ》れ用神《ようしん》が離宮《りきう》にありて午火《うまひ》に屬《ぞく》する故《ゆゑ》に、火《くわ》に近《ちか》き所《ところ》とし、又第三爻《まただいかう》を牀架《しやうか》、或《あるひ》は祠堂《しだう》などゝするからである、且《か》つ用神《ようしん》は内卦世爻《ないくわせいかう》の下《もと》にありて安靜《あんせい》にして墓《ぼ》に入《い》る故《ゆゑ》に、官鬼《くわんき》が日辰《につしん》を持《ぢ》すと雖《いへど》も盗《ぬす》まれたものではないとするのである。

第五十五款　銅を掘りて益あるやを占ふ

申《さる》の建《けんつちのえさる》戌申の日《ひ》
升《しよう》の井《せい》に之《ゆ》くにあふ

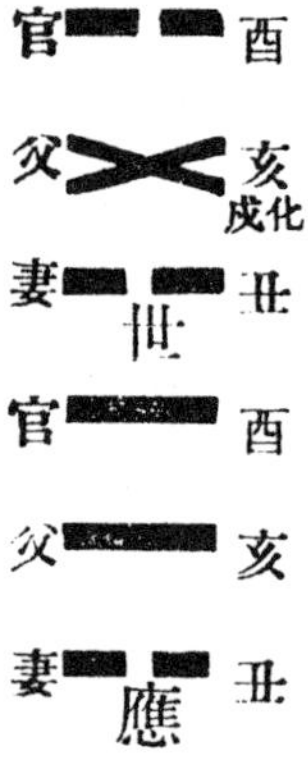

断《だん》に曰《いは》く、妻財《さいくわ》の兩爻《りやうかう》が一は世《せい》につき一は應《おう》につき、倶《とも》に長生《ちやうせい》にあふと雖《いへど》も、官鬼《くわんき》は兩《りやう》爻《かう》ともに權《けん》ありて強《つよ》く、子孫《しそん》は伏藏《ふくざう》して提拔《ていはつ》しない、又動爻《またどうかう》より之《これ》を剋《こく》す、されば勞《らう》して功《こう》がないと云《い》へば、其人曰《そのひといは》く、既《すで》に友人《いうじん》と共同《きやうどう》して數多《あまた》の資金《しきん》を投《とう》ぜり、半途《はんと》にして廢《はい》するは甚《はなは》だ殘念《ざんねん》であると予《よ》強《しひ》て之《これ》を止《とゞ》めたので、其人《そのひと》は予《よ》が説《せつ》により半途《はんと》にして止《や》めて了《しま》つた、其《そ》の友人《いうじん》は又《また》他の人《ひと》を相手《あひて》と

して其事《そのこと》を遂《と》げやうとした所《ところ》が、其後《そのご》山小屋《やまごや》が火災《くわさい》に罹《か》り、食糧《しよくりやう》及《およ》び道具類《だうぐるゐ》を皆《みな》燒失《せうしつ》して了《しま》つた、のみならず其他《そのた》種々《しゆ〴〵》の事《こと》の爲《ため》に重《かさ》ねて大《おほい》に資金《しきん》を投《とう》じたが、年月《ねんげつ》を經《へ》て資金《しきん》の繼《つゞ》がない爲《ため》に終《つひ》に止《や》めて了《しま》つたので、是迄《これまで》かけた資金《しきん》は無益《むえき》になつて了《しま》つたと云《い》ふことである。

第五十六款　僕を養ふことを占ふ

未《ひつじ》の建《けん》戊辰《つちのえたつ》の日《ひ》
解《かい》の坎《かん》に之《ゆ》くにあふ

戌	▅ ▅		妻
申 化戌	✕	應	官
午 化申	〇		子
午	▅ ▅		子
辰	▅▅▅	世	妻
寅	▅ ▅		父

斷《だん》に曰《いは》く、用神《ようしん》戌《いぬ》の妻財《さいざい》は空亡《くうばう》にして日《ひ》より冲《ちう》す、之《これ》を起《き》すと云《い》ふのである、且《か》つ世爻《せいかう》と冲《ちう》し又《また》六冲卦《ちうくわ》に變《へん》ずるので、必《かなら》ず久《ひさ》しいことはない、但《たゞ》し子孫《しそん》が發動《はつどう》して官鬼《くわんき》を制《せい》し世爻《せいかう》を生《しやう》じ、世爻《せいかう》又《また》日辰《につしん》を持《ぢ》す、すべて害《がい》あることはないと言《い》ひしに、果《はた》して數日《すうじつ》の後《のち》其《その》同郷《どうきやう》から來《き》て居《ゐ》たが、程《ほど》なく親族《しんぞく》が大病《たいびやう》の報《はう》に接《せつ》したので、代人《だいにん》を置《お》いて退《しりぞ》き去《さ》つた。

第五十七款　母の歸宅の日を占ふ

辰《たつ》の建《けん》丙子《ひのえね》の日《ひ》
比《ひ》の謙《けん》に之《ゆ》くにあふ

子	▅ ▅	應	妻
戌 化亥	〇		兄
申	▅ ▅		子
卯 化申	✕	世	官
巳	▅ ▅		父
未	▅ ▅		兄

斷《だん》に曰《いは》く、歸魂《きこん》の卦《くわ》であるから歸《かへ》ることは必《かなら》ず近《ちか》い、用神《ようしん》巳《み》の父母《ふぼ》が旺相安靜《わうしやうあんせい》で月《つき》より

戌《いぬ》の爻《かう》生《しやう》じ日《ひ》より剋《こく》し動爻《こうかう》を生《しやう》ずるからである、但《たゞ》し原神《けんしん》が發動《はつごう》し日《ひ》より生《しやう》じて絶《ぜつ》に化《くわ》し空《くう》に化《くわ》す、果《はた》して發動《はつごう》して之《これ》に合《がつ》す。故《ゆゑ》に其生《そのしやう》ずる力《ちから》を專《もつぱ》らにしない、されば癸卯《みづのとう》の日《ひ》に歸《かへ》るであらうと云《い》へば、果《はた》して其如《そのごと》くであつた、是《こ》れ原神《けんしん》が日《ひ》にあふの時《とき》で動爻《こうかう》の月破《げつぱ》にあふ者《もの》が合《がふ》にあふて合住《がふぢう》するの時《とき》だからである、且《か》つ速《すみやか》に來《きた》るは比《ひ》の大象《たいしやう》である。

第五十八款　既約の人果して來るやを占ふ

午《うま》の建《けん》戊申《つちのえさる》の日《ひ》
大畜《たいちく》の艮《ごん》に之《ゆ》くにあふ

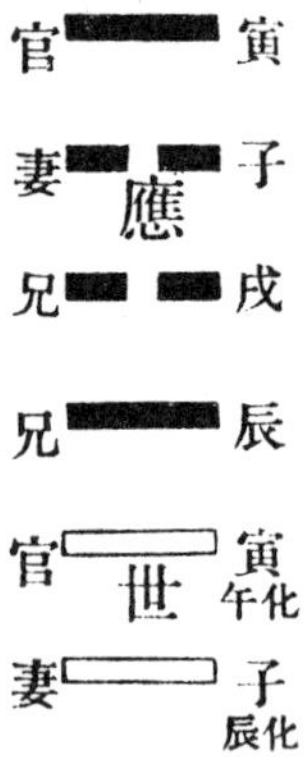

寅			官
子	應		妻
戌			兄
辰			兄
寅	化午	世	官
子	化辰		妻

断《だん》に曰《いは》く、用神子《ようしんね》の應爻《おうかう》は長《ちやう》生《せい》にあひ世爻《せいかう》を生《しやう》じ、世爻又《せいかうまた》空亡《くうはう》にあふより推《お》せば、來《きた》るやうであるけれども、應爻《おうかう》が月破《げつぱ》にあひ、世爻《せいかう》は日辰《につしん》より冲《ちう》し、化《くわ》して應爻《おうかう》と冲《ちう》す、且《か》つ六冲卦《ちうくわ》に變《へん》ず、故《ゆゑ》に來《きた》らず、但《たゞ》し初爻子《しよかうね》の妻財《さいくわ》は應爻《おうかう》に同《おな》じくして發動《はつごう》す、是《これ》には何《なに》か事故《じこ》があるであらう、果《はた》して其日夜《そのひよ》に入《い》りて其妻《そのつま》を遣《つか》はして事《こと》を濟《す》ませた、其人《そのひと》は來《きた》らなかつた、是《こ》れ六冲《ちう》に變《へん》じて散《さん》ずるからである、且《か》つ止《とゞ》まりて進《す》まず背《そむ》きて遇《あ》はざるは大畜《たいちく》の艮《ごん》に變《へん》ずるの義《ぎ》である。

第五十九款　待人の來るや否やを占ふ

丑《うし》の建《けん》壬戌《みづのえいぬ》の日《ひ》
明夷《めいい》の謙《けん》に之《ゆ》くにあふ

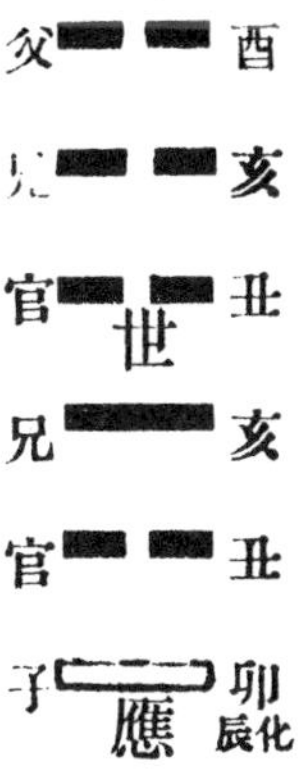

斷《だん》に曰《いは》く、游魂《いうこん》の卦《くわ》である、用神《ようしん》卯の應爻《おうかう》が發動《はつどう》して世爻《せいかう》を尅《こく》し、世爻《せいかう》が空亡《くうばう》にあふから、速《すみやか》に來《きた》るべしと云《い》へば、其人《そのひと》は又何《またいつ》れの日《ひ》に來《きた》るべきやと問《と》ふので、答《こた》へて曰《いは》く、卯《う》の爻《かう》が發動《はつどう》して日辰《につしん》に合住《がふぢう》せられ、化《くわ》して日辰《にしん》の沖《ちう》にあふから、今日《けふ》必《かなら》ず來《きた》ると言《い》ひしに、果《はた》して數刻《すこく》を過《す》ぎざる間《あひだ》に來《きた》つた。

第六十款　婚姻の吉凶を占ふ

寅《とら》の建《けん》壬辰《みづのえたつ》の日《ひ》
巽《そん》の蒙《まう》に之《ゆ》くにあふ

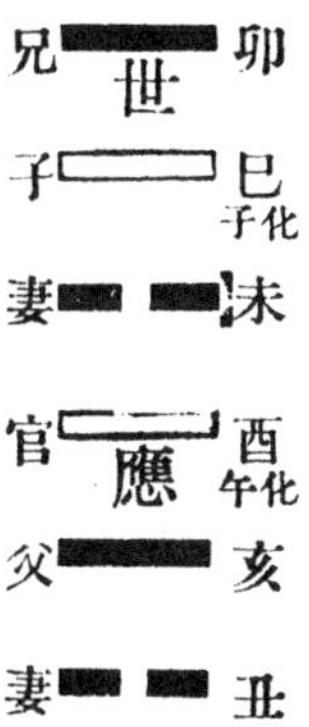

斷《だん》に曰《いは》く、六冲《ちう》の卦《くわ》であつて、妻財《さいざい》が空亡《くうばう》にあひ、官鬼《くわんき》は發《はつ》動《どう》して世爻《せいかう》を尅《こく》し、化《くわ》して空《くう》亡《ばう》に入《い》り妻財《さいざい》に合《がつ》す、子孫亦回頭尅《しそんきたくわいとうこく》にあふ、是《こ》れ皆凶《みなきよう》であると判《はん》ぜしに、果《はた》して既《すで》に娶《めと》つたが、數日《すうじつ》にして其女《そのをんな》は重病《ちうびやう》に罹《かゝ》り、辰《たつ》の月《つき》に至《いた》りて漸《やうや》く平癒《へいゆ》すると間《ま》もなく逃《に》げ去《さ》つて了《しま》つた、蓋《けだ》し辰《たつ》の月《つき》は

世爻《せいかう》が休囚《きうしう》にあひ、應爻《おうかう》は官鬼《くわんき》の生《しやう》にあひ、妻財《さい〱》の生旺《しやうわう》するの時《とき》だからである、その逃《に》げ去《さ》つたのは應《おう》に合《かつ》するからである。

五行易指南

大尾

大正十四年三月廿五日印刷
大正十四年四月一日發行
大正十四年十二月五日再版

五行易指南奥付

金貳圓五拾錢

不許複製

編輯者　梶山杏丘
東京府北豐島郡巣鴨町巣鴨一七六八

發行者　吉村藤作
東京市芝區田村町十八番地

印刷者　高橋清吉
東京市芝區田村町十八番地

印刷所　高橋清巧堂

發賣所
東京市神田區元佐久間町十番地
河野成光館書店
電話浅草七八九二番

通俗詳解 五行易指南

定価 五八〇〇円＋税

大正十四年四月一日 初版発行
平成十八年九月八日 復刻版発行

著者 桜田虎門

発行 八幡書店
東京都品川区上大崎二―十三―三十五
ニューフジビル二階
電話 〇三（三四四二）八一二九
振替 〇〇一八〇―一―九五一七四